唐密复兴与持松法师

金 海 ◎ 著

上海古籍出版社

图书在版编目（CIP）数据

唐密复兴与持松法师 / 金海著. -- 上海 ： 上海古
籍出版社, 2025. 5.-- ISBN 978-7-5732-1536-9

Ⅰ. B946.6

中国国家版本馆CIP数据核字第2025CW8568号

唐密复兴与持松法师

金海　著

上海古籍出版社出版发行

（上海市闵行区号景路 159 弄 1-5 号 A 座 5F　邮政编码 201101）

（1）网址：www. guji. com. cn

（2）E-mail：guji1@guji. com. cn

（3）易文网网址：www. ewen. co

上海颛辉印刷厂有限公司印刷

开本 700×1000　1/16　印张 41.75　插页 5　字数 620,000

2025 年 5 月第 1 版　2025 年 5 月第 1 次印刷

印数：1—1,300

ISBN 978 - 7 - 5732 - 1536 - 9

B. 1444　定价：198.00 元

如有质量问题，请与承印公司联系

作者简介

　　金海，法学博士、哲学博士，教授，现任美国哈佛大学神学院博士后研究员，曾任哈佛大学费正清中国研究中心访问学者，上海市海外高层次人才引进专家。曾就职于多家全球领先的航运公司，从事金融和管理工作。先后就学于上海复旦大学、美国哥伦比亚大学、纽约大学斯特恩商学院、上海交通大学、英国曼彻斯特商学院、挪威管理学院和中国人民大学。出版的专著和译著包括《近代早期海洋文化史》《海上帝国：缔造并扩大自由贸易时代的船东和金融家们》《海上帝国：现代航运世界的故事》等。

内容简介

　　本书以民国时期佛教密宗复兴运动的发生过程为历史背景，以持松的东密真言宗和汉地华严宗圆融佛学理论的发展演变为思想线索，在对近代密宗教史和义理进行比较分析的基础上，深入讨论了东密回传汉地过程中的重要历史问题，以及密教复兴对民国以来"人间佛教"运动的影响和启发。进而提出"沪密"的理论建构，以密宗为逻辑主线和载体，重新梳理唐密以来佛教诸宗派之间错综复杂的义理、实践和传承的交叉关系，勾画出汉地密教以及"沪密"的内容和特色，并对其展开现代性、国际性、科学性、哲学性的学术解读。

献给我的家人

金连根、汤晓燕、金辉、金明、Nathalia Jin、Alexander Jin

纪念我的父亲金连根逝世二十周年

向死而生的意义是：当你无限接近死亡，才能深切体会生的意义。

——《存在与时间》(1927 年)

马丁·海德格尔(Martin Heidegger)

我的父亲给予我们一家无尽的爱与支持，他永远都是我们一家生命中最宝贵的回忆和财富。我们都很想念他！仰望星空，因为那是父亲曾经到过而且渴望归去的故乡。

春起葫芦头，夏期八水鱼，岁岁如此不相负。
秋恋金桂香，冬捧断桥雪，年年依随人若初。
黄土羡无羁，月华伴星彩，浮生半捧长安花。
枯木逢春时，梦中有瑜伽，杭州烟雨千万家。

目　　录

序　言　一

　　呈现在我们面前的厚重著作,原是金海博士在复旦大学哲学学院宗教学系的毕业论文《唐密复兴与持松法师》,经过两年来的多次修改和充实,今公开出版,以飨学界,值得庆贺。密宗是中国佛教的重要流派,它与印度婆罗门、藏地苯教等教派思想融通,自佛教传播早期就形成了基本传统,在中国、朝鲜、日本等地产生了重要影响,延存至今。2023年5月金海通过论文答辩,评委们一致认为这是近代佛教密宗研究中的开创性著作,给出了优秀等级的评分。密宗思想与华严、法相、唯识、天台等宗派的佛学有密切联系,当然不乏有众多学者的研究,但是,作为一种有别于教理学说的佛教传播运动,尤其是作为中国近代复兴运动中的重要一支,密宗起了什么样的重要作用? 其意义又如何? 历来的著述却甚少提及,有些重要人物,比如持松法师系统研究,甚至尚付阙如。金海博士的论文以持松法师为中心,全面而细致地论述了密宗复兴对于"人间佛教"运动的意义,弥补了这方面的缺憾。

　　密宗(密教)是汉传佛教历史中经常被谈论的一个宗派,自唐代以后一直在信众中连绵不绝地流传,明清时期在江南、北京和日本的佛教界人士称为"唐密"。在江南,天台宗兼传密宗,人称"台密"。时至十七、十八世纪,日本佛教主要流派真言宗信奉的学说也是密宗,也正是天主教耶稣会士方济各·沙勿略(St. Francis Xavier,1506—1552)遭遇并与之对话的日本高僧讲道之教。日本唐密经空海大师在高野山开坛灌顶,设根本道场,随后又在平安时代的京都东寺(教王护国寺)设灌顶道场,大传其教,人称"东密"。东密教旨是把信奉释迦牟尼之"显教",与信奉大日如来之密教相融通,主要传授密教之《大日经》。清末中日之间的佛教宗教交流更加频繁,东密从东瀛回传,在上海静安寺设立道场,江南佛教界也有人因其回传自日本,称之为"东密"。此外,清末民初上海的居士、护法、高僧,乃至基督教传教士们邀请班禅、章嘉活佛等藏传佛教大师来玉佛寺、静安寺、功德林和尚贤堂等机构讲学,教界又称之为"藏密"。总之,佛教密宗运动在十九、二十世纪的中国,是一个贯通古今、超越民族、时显时密又不可忽视,且需要花费巨大精力去稽古揆今,才能从事研究的重要现象。

金海于 2020 年秋季开始在复旦大学哲学学院宗教学系学习博士课程,博士论文的研究方向为"中国宗教"和"佛教",我是金海的博士论文导师,最初我们探讨的领域是关于中国近代时期人间佛教的研究。人间佛教创自"辛亥革命"前后,是当代中国佛教中具有影响力的主流宗派。关于这场运动的革命性、现代性、世俗化和都市化,大陆和港台学界已经有了很多著述,而对于具体的题目,我们认为人间佛教领域还能够加以补充研究的是它的世界性特征,即把自杨文会、太虚、圆瑛等人提倡的革命性教义看作是国际梵学和佛教复兴运动的一部分来研究,观察中国的僧学二界与日本、东南亚、印度和欧美佛教思想界的密切交往,并从中鉴别和比较出人间佛教的世界性。金海最初决定以法舫法师(1904—1951)的生平著述(毕业于武昌佛学院,担任《海潮音》主编,曾去锡兰留学)为题,研究人间佛教与海外佛学运动的关系。随后,刚结束学位必修课程的金海就在本领域展开了高强度的阅读,他发现在上海近乎独力传播"东密"的持松法师(1894—1972)更值得研究,遂果断改作此《唐密复兴与持松法师》的论文。

1913 年,持松在汉阳归元寺受具足戒,随即到上海爱俪园华严大学,受月霞法师指导开悟。华严大学由旅沪犹太商人哈同(Silas Aaron Hardoon,1851—1931)夫妇资助,章太炎、王国维、罗振玉等学者参与,是上海世界主义比较宗教思潮中的一个重要机构。受这股思潮的激发,1922 年,持松东渡日本,在高野山真言宗道场开始学习东密。次年,持松回上海,在杭州菩提寺、武昌宝通寺等灌顶信众。持松一共有三次东渡,最终修证东密大成,携东密传承回国后加入了强大的上海佛教界。1947年,持松受邀为静安寺住持,兼任寺佛学院院长;1953年,持松在静安寺设立密宗道场,在人间佛教教脉中恢复了这一绵延不断之宗派,居功至伟。密宗复兴,对于人间佛教具有怎样的意义?对这一引人深思的问题,金海给出了一个自己的答案,即密宗在中国近代的复兴,表明了人间佛教在具有现代性、世俗性的同时,还存在着它的神圣性和世界性面向。人间佛教的世界性,来自中国佛教界人士与日本、欧洲和北美僧俗学者的密切交流,例如杨文会(1837—1911)与南条文雄(1849—1927)和马克斯·缪勒(Friedrich Max Müller,1823—1900)的交往,从东瀛找回唯识宗汉语典籍,复兴了近代唯识学;太虚法师(1890—1947)和上海的护法居士资助学僧们留学新加坡、马来西亚、锡兰和日本,打通了大小乘、中日佛教间的隔阂,共同推动了人间佛教的建设。持松法师主持的密宗坛场,是将人间佛教拓展至域外,"礼失求诸野"地引进"东密",复兴"唐密",用一种神圣性学说,补充了人间佛教的世俗性。二十世纪的新佛教——人间佛教,强调理性,力求与近代科学、西方哲学沟通;人间佛教注重"人间世",不为死人为活人,发展当代世界宗教必须具备的宗教服务、社会慈善事业,这就是人间佛教入世、干预生活的世俗性。然而,佛教无论是作为个体信仰,还是作为群体礼仪,都会被信徒们用来作为沟通前世、今世和来世的宗教,具有神圣性。密宗的复兴,即强调在世俗性的人间佛教中引入神圣性,在信仰天平的两端形成新的平衡。进入佛教修行的信徒们,除了想在今世人间过好生活之外,必然还会想要通过今世修行,来世进入庄严国土,得到永生。密宗,就是给信徒们提供了一种神圣性想象,即往生到极乐世界。

　　金海的《唐密复兴与持松法师》,在博士论文阶段就被评审导师们赞为一部原创性著述,正是因为它细致地探讨了二十世纪人间佛教的神圣性与世俗性问题。在国内外博士论文数据库,以及截至论文答辩通过日为止的出版著作中,并无其他著作曾论述过这个难题。从问题渊源来看,复旦大学哲学学院宗教学系王雷泉教授于1990年代开始提出佛教神圣性的议题,虽然这种想法与二十一世纪以来欧美宗教学从世俗性（secularity）到神圣性（divinity）的转向一致，但它确实是鉴于 1980 年代以来人间佛教的神圣性缺失之困境提出来的，是一个扎扎实实的"中国问题"。金海并非出自国内外的宗教学专业，他于中国人民大学国民经济管理专业获得本科学士学位，毕业后从事国际航海运输业。入学复旦之前，他取得了管理学、金融学硕士和法学博士学位。几十年来，他自学佛经，泛读精读，既以益智，又以解惑。但是，当他意识到需要对佛学进行宗教学的系统理解时，他选择了攻读复旦大学宗教学博士学位。复旦宗教学是一个开放的学术共同体，它不一定能够提供完美现成的答案，但肯定可以帮助学生探索不同的方法，让他们循着不同的方向，处理高难度的学术研究问题。

金海在复旦宗教学的学习中处理过如此高难度的问题，也得到了哈佛大学本专业学者的认可。金海在攻读博士学位的第二年开始，即经复旦学者们的推荐，受邀担任哈佛大学费正清研究中心访问学者。在此期间，他在文理学院东亚系和神学院、世界宗教研究中心选修课程多达二十多门，广泛结交专家学者，在哈佛导师们指导下继续深造。《唐密复兴与持松法师》中要处理的问题涉及中文、日文、英文、藏文和梵文，关系到中国、印度、欧美等大量资料文献，复旦宗教学系的资料收藏远远不够。哈佛燕京图书馆和哈佛其他图书馆丰富的东亚语言文化类典籍收藏，无疑是他能够完成这篇论文的最大助益，这通过本书的文献征引即可窥见一二。毫不夸张地说，金海取得目前的学术成果，很大程度上归功于哈佛大学强有力的学术资源支持。2022 年起，金海仿效持松去高野山求法，在高野山大学任职受托研究员进一步完善研究资料，跟随大僧正添田隆昭和佐藤隆彦教授学习东密，在佛教义理和溯源上掌握了持松一系教法传承和精华。

如上所述，金海的《唐密复兴与持松法师》将人间佛教置于中日佛教交流和世界梵学复兴的思潮中加以研究，厘清了近百年来的"密宗复兴"历史，找到了其中的关键人物持松。在我看来，本书最有意义的贡献之一，是提出了"沪密"的概念，这是中国近代佛教研究的一个突破。我的理解，"沪密"是在唐密、东密、台密、藏密之外，提出的又一种近代密宗流派。"沪密"以持松等高僧为核心,始于清末民初佛教界的宗教对话,终于在 1940 年代"人间佛教"兴旺发达的局面中,以静安寺为中心据点建立了自己的流派。这个佛学流派在上海酝酿和诞生,具有一定的地域性。但是"沪密"并不是地方学说、地方知识,而是中国近代佛教复兴运动的一个现象,是一种全局性的新佛学。这是《唐密复兴与持松法师》给我们的独特启发,复旦宗教学感谢金海的努力,并祝贺他为中国近代佛学研究作出了自己的贡献。

李天纲

复旦大学哲学学院宗教学系教授

2024 年 4 月

序　言　二

在我担任费正清中心主任期间，我们接待过数百名来自中国及其他各地的访问学者。他们来哈佛的原因各不相同，有些人仅是慕名而来，但大多数人是本着求知的目的而来，如利用我们丰富的资源、与我们的学者社群交流学习、获得不受打扰的研究时间等。本着上述所有求知目的的学者寥寥无几，而金海恰是这样一位学者，他上过我教授的几门课程，并作为最优秀的学生之一参与其中。在我与欧立德（Mark Elliott）教授共同教授的中国史学研讨班上，有限的课堂时间仅允许我们和学生们一起阅读关于特定主题相关作品的一小节，但我们时常提醒学生们空暇时可阅读的其他重要作品。我经常在哈佛燕京图书馆门口遇到金海，他总是手里拿着一大摞书，包括我们在课上提到的每一本书，有时我会开玩笑地跟他说，读书最多的人没有奖品哦。

除了大量的阅读和思考，金海在哈佛期间还花了大量时间进行翻译工作。他将《海洋文化史》译成了中文，还翻译了由我与哈佛商学院的塔伦·卡纳（韩泰云，Tarun Khanna）教授共同编辑的一本论文集，书名为《精英的造就》。这些繁冗翻译工作的付出，我们称为"义务劳动"，因为我们都很清楚，这本书中文版的出版可能非常困难。即使在新冠疫情期间，当我们许多人都很难专注于学术研究时，他依然保持相当高产。

同时我还了解到，除以上各项工作外，他还在这期间高效地做着自己的研究工作，撰写了《唐密复兴与持松法师》的手稿，这部作品同样是一种"义务劳动"，因为它至少部分源自他个人对佛教的承诺，这项研究与我的专业领域相去甚远,因此我无法就其研究或分析进行详细评论,但在其核心论点方面,它与其他关于佛教现代史的近期重要研究相呼应。我们许多人听说过二十世纪早期的佛教复兴运动,其中太虚法师是最具代表性的人物,太虚法师的核心地位很容易理解:他试图改变佛教,使其与现代性相容,但如今我们才开始了解到这一运动的复杂性,而将其简单概况为"实现佛教现代化"是错误的。例如,我想到我以前的学生贾斯汀·里茨格(Justin Ritzinger)对于太虚与无政府主义接触的研究;金海的研究工作还与另一批文献相关,这些文献涉及未被采纳的知识路径,这让我想到了马修·金(Matthew King)的《乳海与血海》,讲述了蒙古学者扎瓦·丹津(Zava Damdin)拒绝努力实现佛教现代化的事迹。

近二十年来,密宗研究在中国部分学者中比较流行。许多汉族人迷恋他们眼中与西藏有关的神秘主义。金海的书提醒我们,这种天真的痴迷只是现代中国密宗史的一面;它还有另一面,那就是深入、严肃且高度学术化的参与、反思和创新。

宋怡明(Michael A. Szonyi)
明清及中国近代社会史学家
哈佛大学东亚语言文明系中国历史学教授,前费正清研究中心主任
2023 年 12 月

序 言 三

金海博士即将于 2024 年在中国大陆出版中文新书《唐密复兴与持松法师》,邀我为之撰写序言。他有意持续从事与密宗相关的宗教研究,而我非常乐于支持他的研究工作。

2014 年,金海博士在上海交通大学凯原法学院获得了他的第一个法学博士学位,并于 2016 年之前在纽约大学斯特恩商学院及哥伦比亚法学院深造。2023 年,他在复旦大学获得了宗教研究的第二个博士学位,并在之后成为哈佛大学神学院的博士后研究员。此外,自 2023 年 2 月起,金海博士成为日本高野山大学密教文化研究所受托研究员。他希望成为日本密宗僧侣学习密法,因此我主持了他的剃度仪式并赐他法号为"海恕",意喻他的宽容如海洋般深邃。此后,在我的亲自指导下,他在我所住持的莲华定寺受戒,并完成了四个阶段的苦行修炼(四度加行),最终得以在 2023 年参加灌顶仪式,他的头顶被佛智的圣水浇灌,并被授权为高野山真言宗的阿阇梨(高级僧侣)。

金海博士的新书以他的博士论文为基础,对于日本以及全球范围内的密宗学术研究具有重要意义。首先,他研究的对象是持松法师,他三赴日本,作为日本真言宗的优秀勤奋弟子学习密宗,是前现代及当代中国密宗的关键代表。其次,上海密宗(沪密)是由持松法师在上海创立的一个新的佛教派别,可以视作日本密教学派的延伸,并随着近代的地域、社会和文化环境发展演变。再次,在传播人间佛教的同时,沪密理论和实践促进了现代化和全球化的理念,这在很大程度上受到了日本密宗的影响。持松法师对中国传统社会现代化的关注，标志着日本佛教适应中国情况的积极探索，这也是坚持"佛教与世界"的大乘精神。因此，我对金海博士的研究和他的新书给予极高的评价。

受其传统家庭的影响，金海博士在过去二十年里对佛教的起源、演变和方法论有着浓厚兴趣。迄今为止，关于日本密宗如何影响现代人间佛教的全球化，很少有学者系统地开展比较学研究，而他提出了重要的研究问题，即如何从密宗的角度突破传统单一的日本佛教研究视角，创造一种新的比较研究方法，并使用更多的西方学术传统中文献学方法来进行日本佛教的比较研究。

根据我五十多年的学术经验，我相信金海博士凭借概念和智识的优势，将在普遍认可的教育机构中表现出色，而且他具备成为一名杰出的长期严肃研究者所需的高超技能和明确动机。他已经为未来做好了充分的准备，因为他已经在中国、日本和印度密宗领域开展了广泛的研究。我希望他的书能为全球佛教社会做出有价值的贡献，并且祝愿他在未来的研究和实践中取得成功。

添田隆昭

日本高野山大学校长兼密教学教授

高野山真言宗第 524 世寺务检校执行法印

日本高野山真言宗前总务长

日本高野山莲花定寺住持

2024 年 1 月

序　言　四

　　能为金海博士卓越的研究著作撰写序言，我倍感荣耀。金海先生以中华民国时期波澜壮阔的大规模佛教复兴运动为研究核心。该运动不仅在中国历史长河中留下了深刻的印记，更是全球佛教改革运动波澜壮阔画卷中的一部分。这一复兴运动在多个层面都广为人知，这些改革运动在自我意识中追求"现代化"，力图摆脱佛教在过去千余年里形成的多种主流制度模式。

　　然而，复兴运动的另一层面尚鲜为人知。中国的佛教改革运动致力于复兴早期的密宗传统，他们认为这些传统在九世纪的"会昌天佛"运动中已在中国流失。为了重现这些传统，必须从那些仍保留着密宗传统的地区将其重新引入中国内地，还有中国西藏及日本。

　　因此，深入研究这些改革运动，需要对中国古代佛教的历史、东亚佛教的多样性，以及密宗在中华民国时期为何能够激起广泛共鸣的原因有着深刻的洞察。

　　金海博士在这本引人入胜的著作中充分展现了他的卓越理解力，他不仅深入地研究、分析了这些纷繁复杂的传统与诸多争论中至关重要的问题，更精彩地阐述了某些传统派别在特定历史瞬间何以能够焕发出巨大吸引力的原因。整部作品激荡人心，必将为我们深化对中国历史上宗教形势的复杂性，以及二十世纪宗教改革运动内在逻辑的理解提供宝贵的参考，堪称一部具有里程碑意义的学术著作。

普鸣（Michael Puett）

哈佛大学 Walter C. Klein 中国历史和人类学教授

2024 年 4 月

自　序

日月岁深，星霜荏苒。朝乾夕惕，功不唐捐。

继晷焚膏，奋楫笃行。夙兴夜寐，阳和启蛰。

　　这是一本我一直想写的书。1939 年持松写其经典著作《密教通关》只用了一个月时间，而我写这本关于持松法师的书整整用了三年。2021 年夏季，新冠疫情初现转机，哈佛大学在闭校一年多后重新开放线下教学，我于此时来到哈佛学习。哈佛大学所在的剑桥市是一个类似加尔文主义影响的清教徒居住地，强调维持象牙塔的秩序，尊重、善意和忍耐，这与我十年前在纽约大学斯特恩商学院和哥伦比亚大学法学院攻读金融和法律专业的经历截然不同，彼时纽约大都市的奢华，在剑桥却略显多余。哈佛，则更具有潜心学习的氛围。在我们本科学习的年代，普遍来说高考分数最高的同学都会申请最好的大学中最热门的金融和法律专业，毕业后可以去各行业内最好的机构和公司，努力打拼争取拥有最好的房子和车子，获得引以自豪的物质成就感。在那时，奢华理所当然地变成了普通，同学们几乎拥有了想要的现实中可以获得的一切，然而其代价就是逝去的时间不会再来，唯有经历的记忆留存。外表可以光鲜亮丽，但内心总觉空洞。偶然思考起人活一世存在的真正意义，又会暗自感叹：人在江湖，身不由己。宋朝柴陵郁禅师曾说："我有明珠一颗，久被尘劳关锁。今朝尘尽光生，照破山河万朵。"如果放弃好不容易建立起来的舒适生活和自豪感，又重新开始花费大量的不可再生的资源和精力从事回归人性、直指本心的哲学思想研究是否值得？我看到的身边的成功案例少之又少,山海尽头一路孤寂。但对我而言,这个自我怀疑的声音一直在那里,如同唯识之证自证分的坚定。我不能保证这是人活着的意义和使命,但来时路从未忘记。

在哈佛大学,我先后进修了二十门与中国和佛教有关的课程,住在学校公寓,吃在学校食堂,日常苦读,至今如此。书中自有青山碧海为伴,潜心修书的机会实属难得,不敢有片刻怠慢和懈怠。在高野山大学时常说:どんなに悲しくても、苦しくても、我慢します(无论怎样悲伤或痛苦,我都忍受以待)。我坚信以《金刚顶瑜伽千手千眼观自在菩萨修行仪轨经》修圆满忍辱波罗蜜行中害怨耐忍、安受苦忍、谛察法忍等三种功德,坚持可得端严解脱。在 2022 年写到本书中的佛教义理部分时,食欲会不自觉地减少,很难吃下去太多食物,一直保持着半饥饿的清醒状态。有时候半夜会想起 1922 年持松写的《瑜伽师地论浅释》内容,担心白天忘记以致不能入眠,赶紧起来找资料记下来。到 2023 年春季论文完成阶段时候,我已经没有饥饿感了,偶尔牙齿还是会疼,时不时头像炸裂一般,就在学校大道上慢慢地走,不想赶时间,暖暖的阳光照在身上,就如大日如来的手印加持,心就慢慢变得柔软了。当我看到了窗台上各种飞虫飞舞,就知道春天来了。我去 Star Market 和 H Mart 超市买食品时,会自觉地买一些打折的蔬菜、牛奶和豆浆,总是自然地想起断舍离。波士顿冬季很冷,父亲去世之前买给我的一件米色棉毛衫,我一直穿着,领子和袖口已经磨损起毛,机洗后依然保暖。十年前我在纽约时买过一双运动鞋,国内修鞋便宜,已经缝补过多次还可以穿。学过日语的同学们曾经告诉我学好日语最快要 3 个月,而我学了很久后才准备去日本继续学习。疫情期间,从美国要飞去日本大阪实属不易。从大阪关西机场上高野山金刚峰寺,那是一个我梦里曾经去过的地方。留着我一直在寻找的法门,那里也一直在等着我的到来。

回顾世界数千年以来有文字记载的历史,如果我们把过去四十年放在这段千年历史长河里,就会发现数千年中繁荣稳定的时间片段占比很小。牛津大学经济学家马克斯·罗瑟(Max Roser)曾说:"如果你有机会选择自己的出生年代,选择在过去数千时代中的任何时间都风险甚巨。过去几乎每个人都生活在贫困中,人们无法躲避饥饿,饥荒经常发生。"战乱、瘟疫和贫穷是我们阅读历史书目的主要标签。所以,这最近四十年的繁荣和平时期来之不易。由于业力因缘驱动,我们珍惜、感恩的心中要警惕繁荣的脆弱性。经历了1987年美国股灾、1997年全球金融危机、2001年中国互联网泡沫破灭、2008年美国次贷危机、2020年全球新冠疫情,我们眼中看到的繁荣并没有想象的那么坚不可摧,也并非理所当然。未来的不确定性和无常使我必须重新开始去寻找新的方法论和应用工具来面对未来。我看到前方的道路上哲学灯明。如果思想认知体系无法充实、没有智慧,内心一定是空洞的,魂魄都不会安宁,就像整个国民经济体系内的经济增长含量只是在商业银行之间的票据空转,自由现金流动根本就没有落实到实体经济的需求当中。这场空景犹如有着透明玻璃外壳的世界,如彼往昔,观察五蕴八识,知自性如幻、阳焰、影、声、旋火轮、乾达婆城。觉心自在。

幸福的成长时光同时拖长了惰性的影子,过去的经验不总是成为未来的依靠,我们总是期望明天会更好,虽然可能与现实生活的遭遇反复抵触,神通不敌业力,也根本无法躲避宿命。出生在1970年代以后的我们这批人是幸运的,中国的改革开放造就了我们这一代人的物质基础,但2020年全球疫情的爆发突然间叫停了我们曾经熟悉的、舒适合理的生活模式,过往令人骄傲的生存经验和曾经信心满满的成功学模型急刹车般的失效,人们对未来的期望美景突感渺茫,活在当下的压力比比皆在。有生有灭的历史周期真理一直存在,我们只是害怕自己不适应这个快速运转的世界,记忆还停留在不能割舍的旧时光里。马克·吐温说过:让你遇到麻烦的不是未知,而是你确信的事,并非如你所想。未来甚至会推倒重来。刘慈欣在《三体》中说:生存从来不是一件理所当然的事情。没有什么东西是理所当然。我们终其一生追究确定和肯定,然而确定性越强的努力,反而增加了不确定客观对象的致命性,成为三界生灭规律约束的一道风景。记忆永远会再次储藏在每个人的阿赖耶识当中,等待着下一个轮回的再次开启。

古代的日本佛教有一种观点认为:"自古至今,在迷惘的世界里有无数生死流转的存在都充满了苦恼,人们把苦恼当作故里难舍难分。与此相反,对从没降生到的安养净土却不迷恋,但是,我们在此世斩断一切烦恼罪恶,本来就是难办的事。"①相比较,近代日本佛教也经历了一个从出世到入世的思想文化转变过程,"认为佛教只是主张来世救济,而对现实生活毫无助益。这种对传统的批判,在幕末已形成广泛的思潮"。② 经过明治初期的"废佛毁释"运动冲击,近代日本佛教逐渐转向面对现实社会人生和伦理问题。那时候的汉传佛教僧伽教育理念和实践不可回避地受到了日本佛教的诸多影响。"会昌灭佛"以来,汉地佛教的诸多典籍先后失传,要振兴中国佛教必须向外求索,故将日本等地传入的典籍乃至佛教思想奉为圭臬。而中国佛教传统更加注重个人修为,在入世的程度方面极为有限,对现实社会的关注和改造远不如日本佛教。在日本佛教中,原始神道宗教思想附和在舶来的佛教思想上,实用主义的现实功利主义占据了社会文化主导地位,推动日本佛教的入世精神以及全面融入现实民生。而汉传佛教的实用主义精神却走向了哲学性发展的另一条道路。从中国魏晋时期的玄学,到中国传统的道家思想和儒家学说的熏化,都对汉传佛教的思想哲学化进程产生重要的影响。对比日本佛教始终占据日本社会主流意识形态,汉传佛教在儒道佛三教的对立和交融过程中,儒家学说和汉传佛教形成了共生、共存的社会思想和功能的结合体,即所谓"修身以儒,治心以释",③"所谓不知《春秋》,不能涉世;不精《老》《庄》,不能忘世;不参禅,不能出世"。④

　　为何会这样? 在我们的现实世界中,万事万物皆有生灭,各有因果缘起。《优婆塞戒经·业品》云:"何因缘故名果报定? 常作无悔故,专心作故,乐喜作故,立誓愿故,作已欢喜故,是故是业得果报定。"⑤心为主宰,以心造业,无论善恶,皆成果报定业。《华严经》第四会《觉林菩萨偈》称:"若人欲了知,三世一切佛,应观法界性,一切唯心造。"⑥释迦如来以莫大的机缘住世传法,留下了无量的、宝贵的精神财富。其后佛教诸宗兴盛,开花结果。其

① ［日］唯圆房:《叹异抄》,毛丹青译,北京:文津出版社,1994 年,第 24、40 页。
② ［日］村上重良:《宗教与日本现代化》,张大柘译,北京:今日中国出版社,1990 年,第 3—4 页。
③ （宋）智圆:《闲居编》卷一九,《卍新续藏》第 56 册,第 894 页中。
④ （明）德清:《憨山老人梦游集》卷三九,《卍新续藏》第 73 册,第 746 页中。
⑤ 《大正藏》第 24 册,第 1070 页下。
⑥ 《大正藏》第 10 册,第 102 页上—中。

中密教一时极盛,先代名贤传译众多。但文华意近而滞于常习,或词拙义微而难晓宗义。虽然执问道之礼,真理难以言喻,实践遥不可及。春华秋菊,恭敬日深,非大机缘不能见道。

学习密法要有莫大的当世福报机缘。二十年前我先学道家北宗龙门派和南宗紫阳派先天丹法,再学显教大乘佛学。2020 年我入四川阿坝州觉囊寺参访藏传觉囊派道场,学习"他空见"要义。在寺中参观了闭关场所。在那里传统的规定是僧人学习密法之前,需要先脱产学习大乘显教经典二十一年,以后缩短至十二年,才能开始修行密教密法。密法闭关三年一修,有的僧人出关后立即选择再次三年闭关。在上海,我拜访了觉囊派第四十七任法王健阳乐住仁波切,获赠觉囊派《山法了义海论》,学习"胜义有"理论。在日本真言宗的古代传统规定行者的四度加行学习需要顺满千日,每度二百五十日,甚至曾规定真言行者要等五十岁以后才能参加密法灌顶,成为阿阇黎。

修行密法的应机因缘极为殊胜。当我用梅洛-庞蒂的身心一元论来理解空海大师的"即身成佛义"时身心是分裂的,即使是南传佛教的奢摩他次第也无法勾勒出其逻辑关系。当我读到持松《满月世界依正庄严颂》来思考华严密法要义时,虽然中文字义都能看懂,但是放在一起就是百思不得其解,就像手心里抓住了几缕流光,但却分属的是不同的平行世界。做学问是一条难走的路。辛苦远行人,寂寞溪山路。没有懒惰寸功,还是走到一面墙的脚下,与天同高,与地同宽,无缝无断,无门可入。面对的滔天压力无法逃避,甚至喘不过气来。这时候要调整心态,停一停,歇息一下,活在当下,休息好了再出发就是最好的选择。我们每一次的选择都会被记载到阿赖耶识的种子里,因缘和合,会再次生根、发芽、开花、结果。

密法与汉地的因缘十分殊胜。印度密教由"开元三大士"传入东土大唐,日僧空海入唐求金刚界、胎藏界两部密法于惠果,一千年后持松东渡日本,求习密法回传汉地,创建以华严义学和密宗结合的沪密。

唐密祖师善无畏、金刚智都曾修学于中天竺的摩揭陀那烂陀寺,并且金、胎两部大法亦从那烂陀寺传出。玄奘去那烂陀寺取经时,从戒贤(世亲的再传弟子、护法之徒)请学《瑜伽师地论》,那时善无畏、金刚智还没有来那烂陀寺，否则的话，玄奘取经所传的唯识学可能会被密法取代。近代持松法师秉承大日如来密义，更以方便体解如来善权之用，以世间闻修之法，而助成佛法真实之见。密法微妙难知，幽深难解，唯理智不二可证，二而不二可了义。有道者得，无心者通。密宗理事繁杂，但是法尔如是，变异有序，限于我本人学力未充，尚不能完全把握与研究对象的距离、研究范围的广度和深度，陈说有余，只得相似。在持松著作中，对于佛法既对立又统一、既肯定又否定的复杂逻辑的理解，以及在持松生涯中对于他参与的"人间佛教"的世俗性和神圣性二而不二的二元关系的全面哲学理解，如人饮水，只能自知，无法以所知语言来言明其境、其意、其悲欣交集。荡尽凡情，才可能有转身的时刻。无生法忍，染净无分。

　　读持松著作时，我感受到其佛学思想从形成走向成熟的过程是漫长而曲折的。在其前期密教著作《贤密教衡》《贤密教衡释惑》和《密教通关》时期（1923—1939），到其后期所作《满月世界依正庄严颂》（1964）中，他对即身成佛探索的深度和广度在持续扩大。可惜他的重要著作《金刚顶经注疏》和1967年著《松华如来密行修证了义经》遗失，我只能从有限的著作中来还原持松法师想表达的华严密法真义。持松在1964年著《满月世界依正庄严颂》中反复提到九重月轮，而这一名相曾出现在1939年的《密教通关》中，相同出处还有《守护国界主陀罗尼经》。此经出自释尊，般若与牟尼室利译出，空海和最澄都十分推崇。该经《陀罗尼功德轨仪品》说："尔时世尊告秘密主金刚手言：'善哉，善哉！善男子，能问如来如是深义，我今为汝分别解说。善男子，有一陀罗尼，即是一切陀罗尼母，名守护国界主。若有菩萨受持证得此陀罗尼，则得其身同如意宝。众生见者所愿满足，亦能速得无上菩提。'"①在这里，持松法师得"守护"之意而通关密法真义，以金刚三昧耶印入南天铁塔得密法真传。太虚大师著《龙猛受南天铁塔金刚萨埵灌顶为密宗开祖之推论》说："密法由龙猛菩萨从南天竺铁塔传出，与《华严》之由彼自龙宫诵出，同为佛史上相传之一不思议事。但龙宫虽莫可稽考，而所谓南天

---

① 《大正藏》第19册，第565页下。

铁塔,则依日本栂尾祥云教授之《理趣经研究》,已可推测而知。"①我认为华严密法的法脉千年以来一直隐存于世间,其真解在各时期的祖师大德的说法中侧重点各有不同。如同藏密传承的伏藏师,这些汉地大德就是华严密法的伏藏取者,在其中,持松法师所倡导的沪密流派是在民国时期佛教复兴文化运动背景下产生的。华严密法思想表现出鲜明的"守护"内涵的同时,持松的"沪密"概念更加强烈地表现出"人间佛教"积极入世性的近现代中国社会的文化特色。

持松曾留下"一卷真言却付谁"的话语一直困惑着我,直到2023年我读到日僧明惠晚年时期关于华严密法的构建思考时,我突然领悟到其实华严密法的真义一直如同伏藏一样就在世间。觉苑、道殿、明惠、金山穆昭、权田雷斧和持松既是华严密法的伏藏取者,又是其传承守护者。有道者得,无心者通。虽然这些祖师相隔千年,在他们取出华严密法的同时,也同时担负起守护法脉的重大责任。虽有各自法门的取舍,但其共同守护的格局如同华严法界,气象万千、变化无尽。

其守护特色的菩萨行在上层统治阶级的信众群体当中,或以王霸,或以仁礼,或以无为气势来守护这片法界天地,心中忠信无敌,故无敌于天下,故无愧于天下,敬畏道心。一切有为无为、有相无相、有漏无漏等诸法缘起在法界中超越了二元对立,圆觉为能,真如为所,转识成智,智起依慧,成就慧身,色心一元,成为秘密庄严。在中层精英知识分子信众群体中,其菩萨行源源不断提供了神圣性和世俗性相结合的思想资粮。而在下层广大民众信众群体中,其菩萨行为安居乐业而顽强努力的社会风气提供了方便。在此,持松坚持的守护道心展现在人间佛教理论上的已经与龙树在《中论》中谈及的"世间与涅槃,无有少分别"义理无异,都强调了世间与涅槃平等之义。

在持松所描述的华严世界中,非一非无量,而一而无量。其中深深留下了密法烙印。持松晚期的佛学思想以九重月轮观来示现人生圆满,即其所行、所想、所受、所识皆在当下,已无过去和未来之纠结,已无人、佛、天地、众生之名相束缚,已无染净之分,已无颠倒,已无退转,不为因缘所惑,业力了

---

① 太虚:《太虚大师全书》第16卷,北京:宗教文化出版社,2004年,第454页。

了,因果无二,不分轮回和涅槃。持松教导活在当下的意义已经活生生地现于眼前,大音希声。我再读王弘愿的著作时,他和持松在中、晚期修学方向一致,侧重致力于密教事相部的修习。王弘愿一生在种种困难、挑战之中度过,他守护的也是他所坚信的佛法。持松和王弘愿皆为真言行者修证学习的榜样,都为民国时期佛教复兴作出了巨大贡献。他们其实是同一类人。

　　哈佛艺术博物馆对面的百老汇大街上,有一家星巴克咖啡馆。住在学校附近的我,每天早上都会去那买一大杯拿铁:"Whole milk, extra hot."有时候晚上也会去买一杯。时间久了,和店员们也熟络起来,不同的肤色、身高、体态,但皆年轻有朝气,没有因为工种不同、收入不同而面显异色。其生命幸福感跃然展现在一语一动之间,毫无掩饰,真实无比;其个体和群体之间,社会角色和心理隐私之间勾画出理性契约的约定和对生命的尊重,即使是最精致的利己主义者,也会在国际化资本逻辑的引进和后工业化革命的推动中建立起互相信任和应有的道德秩序。我看着这些店员,他(她)们心里装着佛与菩萨,一直在那里,是开悟的众生。人间佛性常在,不分西方、汉地和日本。这就是读书的意义。"心死而道生。"道元禅师已经说得很清楚,将现有的心逼入绝境,达致究竟,无自性,不可得,即心是佛观。世俗之心泯灭,神圣之道才会升起。《论语·里仁》说:"朝闻道,夕死可矣。"程树德《论语集释》引杜惟熙言曰:"闻道而死,犹老氏所谓死而不亡,释氏之入涅槃灭度,皆死其身而存其性也。"[1]人道既尽,善恶形气可死有终,而道德无终,舍其体而独存其心,天地赋予人的精神却不会消亡。《金刚经》称:"应无所住而生其心。"其心又称菩提心。心境随着时间推移会自然地发生变化。

　　不同时期,有不同的读书感悟。比如 2021 年 6 月 10 日,我学习《华严经》,求解华严法界诸法实相,染净真妄交辙,事事无碍重重无尽。读到《华严经·十住品》的十种心时,遂写下读书感悟:

　　　　世间诸苦,唯有自渡。菩提大悲,方便净土。

　　　　善观经典,如法修行。当相即道,即事而真。

　　　　一切智智,信心之力。六种无畏,究竟之果。

---

① 程树德:《论语集释》卷七,程俊英、蒋见元点校,北京:中华书局,1990 年,第 246 页。

视之不见,听之不闻。说者无言,观乃能知。

不复自觉,无其处所。有道者得,无心者通。

相性体力,因缘果报。河沙妙德,总在心源。

心是何心,自证之境。心为何情,福智悉现。

2022 年 4 月 8 日,读真言宗显密两教论述,回想华严海印三昧,观安尽还源,写道:

阡陌迎春开,沃盥礼圣贤。心中有莲月,印明三七尊。

阿字本不生,智镜圆照足。帝网重重尽,海慧遍大千。

2022 年 12 月 29 日,看到《华严经》卷四二谓魔有十种。另外读圆瑛法师《大佛顶首楞严经讲义》五十阴魔篇、如来藏义,体会空海《秘密曼荼罗十住心论》(简称《十住心论》)之秘密庄严心一节时,写道:

魔从无明生,无暂舍离时。魔众障真道,拔苦净恶趣。

魔事乳黑暗,行者信光明。魔事本不生,三三平等故。

魔性本自生,无奈欲深重。魔心绵绵缠,时空总相见。

魔果因缘生,法界无尽意。魔境大悲行,清净菩提心。

2023 年农历新年是在哈佛大学春季开学第一周中度过的。读显荫《真言密教与中华佛法关系》中的诗句,重新梳理了持松在其思想形成过程中的知行合一、解行并重的基本义理概念和重要论题,并总结其为:

菩提宝王,同归方寸。理莲智月,皆在心源。

无劳远求,即相而真。大悲清净,方便究竟。

2023 年 3 月 18 日,我再读持松 1939 年著《密教通关》,比较神秀和慧能偈颂,试图还原持松当时佛学思想应该是这样的:

身是菩提树,心如明镜台。时时勤拂拭,勿使惹尘埃。(神秀)

菩提本无树,明镜亦非台。本来无一物,何处惹尘埃。(慧能)

菩提本心种,明镜大悲动。守护究竟处,方便世间同。(还原持松1939 年佛学思想)

随着不同时期读书的领悟不同，身心也会悄然变化。南宋普润谈到"六即佛"的"分证即佛"境界时说："豁尔心开悟，湛然一切通。穷源犹未尽，尚见月朦胧。"[1]他以中道观智破无明，可见法身，六尘不碍。但生相未彻，犹如皓月为云所障，朦胧见不真切。还需时间和机缘打磨。《诗经·卫风·淇奥》说："瞻彼淇澳，绿竹猗猗。有匪君子，如切如磋，如琢如磨。瑟兮僩兮，赫兮咺兮。有匪君子，终不可谖兮。"也说了这个道理。淇水岸边，翠竹茂盛。君子文质彬彬，研究学问如加工骨器一样反复切磋，修养自身如打磨美玉和赏花一样反复琢磨。

求学总有一天要毕业，走出校门。2019 年朱棣文在哈佛大学毕业典礼上的演讲主题是："生命太短暂，你必须对某样东西倾注你的深情！"他说道，人类是不朽的，这不是因为万物当中仅他拥有发言权，而是因为他有一个灵魂，一种有同情心、牺牲精神和忍耐力的精神。诗人、作家的责任就是书写这种精神。他们有权力升华人类的心灵，使人类回忆起过去曾经使他无比光荣的东西——勇气、荣誉、希望、自尊、同情、怜悯和牺牲。当我们每个人追求个人的志向至极致时，不要忘了奉献精神，从点滴做起，尽可能地帮助改进这个不完美的世界。这也是佛教的四无量心——慈悲喜舍的教义。佛陀一直在那里，从未离开我们。众生和佛本没有不同，只是我们经常忘记而已。以前车马很慢，心情需要时间来慢慢调养。淡泊闲静，是哈佛深红的底色。君子当自强不息。

本书能够得以完成，首先我要感恩家人的温暖理解和全力支持。放弃了时间和机会成本换来苦读，家人永远比我做的更多。在世间，在任何时候，家人已经成为使我生命最具有存在意义的牵挂。每当后辈在夜晚仰望星空，我希望成为坐标给予他们信心与鼓励。有一天，当他们超越我，经过我的身旁时，也请忘记我，只留足迹。在这个薄情的世间，希望他们勇敢地走好自己的路。我愿化身星桥，不惜代价地承载他们对美好的向往。所有恩怨和过往挂碍转为八正道被甲披身，远离一切恐惧。梵行已立，所作已办，不惑轮回，不受后有。

---

[1]　(宋)法云编：《翻译名义集》卷七，《大正藏》第 54 册，第 1177 页下。

本书的完成亦离不开我的博士生导师复旦大学李天纲教授的真心鼓励和无价支持。他首先提出了"沪密"的概念，整篇书稿中都有他的无私身影。李老师著作等身，真知灼见，即使他在火车上也抽空指导我的写作。他保持着一种中国古代君子的礼仪之风：谦虚、好学、乐于帮扶、善意对待他人，从不吝惜对他人的鼓励和赞美，使学术升起对未来的希望之光。他的宗教学观点始终影响着我对"人间佛教"研究的过程。珍惜现在，未来可期。日月双轮挂上枝，鱼沫依莲映繁星。待到春风送暖日，岩头唤起百花香。

感谢我在哈佛读书期间的指导老师——费正清中国研究中心主任宋怡明教授(Michael Szonyi)。他在课堂上会对参考文献的内容提问和引用，对细节近乎苛刻，促使我在本书中留下了将近两千处注释参考。他严谨的治学风格促使我在文史哲人文科学领域中坚持苦读大量文献。这种读书的状态和感觉像极了他编著的《精英的造就：从中国到印度》书中所描述的那样，我就像以前参加乡试的应试者。考试时间很长，很辛苦。当赤脚提着篮子走进考场时，就像一个乞丐。点名的时候，紧张又激动，睁大了眼睛。在书亭里写作时，头和脚伸出亭外，就像深秋的一只蜜蜂。走出考场，茫然无措，看到变幻的宇宙，就像一只出笼的呆鸟。期待结果时，一瞬间幻想成功，大厦倾刻建成。又一瞬间，幻想失败，万念俱灰。最后，信使们疾驰而来，等待的焦灼在确认是否中榜后，瞬息转变。随后，随着时间的推移，心情逐渐平息，斗志也随之高涨，就像刚孵出的斑鸠一样，重新筑巢，再次启程。四季花事好，为学须及早。光阴不可轻，处处当勉励。

感谢哈佛大学珍妮特·嘉措教授(Janet Gyatso)。她悉心引领我进入完整的的藏传佛教认识体系，使我不枉哈佛此行。她对学生竭尽所知。Walk on, with hope in my heart. I will never walk alone. 学在哈佛，终有离别的那一天，我希望以后可以经常回忆起满眼的哈佛红。天道酬勤。惜别再相逢，欢笑情如旧。

感谢哈佛大学普鸣教授(Michael J. Puett)。他关注宗教学、人类学、历史、哲学的交互领域，注重将中国文明置于世界文明的比较视野中讨论。他允许我四个学期旁听了他讲读的六门课。获益良多。2023 年春季，我在哈佛大学普鸣教授"战国文献研究"课程上学习了郭店楚简《五行》篇。课上讲到了简本《五行》用金声来形容善，用玉振来形容圣："金声而玉振之，有德者也。金声，善也；玉音，圣也。善，人道也；德，天道也。唯有德者，然后能金声而玉振之。"帛书《五行》云："大成也者，金声玉振之也。唯金声而玉振之者，然后己仁而以人仁，己义而以人义。大成至矣，神耳矣！"《孟子·万章下》把金声和玉振分为始、终条理，又分智、圣之事。宋朝尹和靖认为金声则有隆杀高低，玉振则始终如一。智通达人伦，人道为成圣之本。圣为五行的仁、义、礼、智四德同一而不分的境界，和而为圣，已是人格圆满，通达天道。对人间佛教的世俗性和神圣性二元理解也是如此。持松修习月轮三昧，暂时搁置世俗事务，定心如镜思考，于定中见到五字真理，心览胜义，具明顿晓。僧肇《宝藏论》言："夫古镜照精，其精自形。古教照心，其心自明。"憨山大师云："以圣教为明镜，照见自心。"我也期望向祖师大德学习，"率肆"（带头修身）、"昧晨"（由暗至明）。阡陌迎春开，沃盥礼圣贤。心中有莲月，海慧照大千。

感谢哈佛大学罗柏松教授（James Robson）、汪悦进教授、柯伟林教授（William C. Kirby）、欧立德（Mark Elliott）、阿部隆一教授、艾伦·兰格教授（Ellen Langer）、埃隆·戈尔茨坦博士（Elon Goldstein）。在课上，有一种长跑中永远仰望前面某位选手的感觉。老师们工作很忙，但对学生的问题解答总是一丝不苟，支持学生在诸多领域探索与钻研，以善良期盼未来美好愿景。艺海珠英，天道酬勤。风酣日畅豆花香，春在锄头铁塔旁。月中莲藏指非指，尘烟起处有人家。

合掌感谢尊敬的宁玛派上师 Khenpo Tsewang Dongyal 仁波切、第七世帕秋仁波切（Phakchok Rinpoche）。他们传授了藏传密教要义和密法灌顶，讲解了别解脱戒、菩萨戒和三昧耶戒这三种戒的区别。梅花暂别犹多情，相约来年赶上春。满月光融香雪海，枝枝瓣瓣影随形。

合掌感谢日本高野山大学校长、教授、大僧正添田隆昭（Soeda Ryusho）和高野山大学密教文化研究所所长、教授、大僧正佐藤隆彦（Sato Ryugen）。他们仁慈、坚定地支持我在高野山完成日文资料收集，了解持松法师生前在日本学法的经历和内容。如果没有遇见他们，福报的种子可能还要等很长很久才能发芽。只有认真学习才能体悟属于自己的道心。当入无量义处三昧,身心不动时,《摩诃碎金》有天雨曼陀罗华等四花出现。《法华经·序品》说:"普佛世界,六种震动。"①这只是大道的开始。

感谢复旦大学、哈佛大学、高野山大学帮助过我的各位老师和同学,他(她)们在能力范围之内尽心尽力的帮助,是整个全球疫情期间的暖心之举。感谢诸位不愿具名的佛菩萨、龙天护法、善知识、师长、友人的加持和帮助。人间有情,关怀常在。世上善良之人总能被温柔以待。

本人对于宗教学的研究还处于学习阶段,所以对佛教名相和义理的解读非常有限,谬误必多。这本书是我对于佛学粗浅体会的第一本专著,其写作角度是学者对佛学义理的分析和研究,采用了大量叙事方法和历史分析。我在哈佛大学学习时,观察到美国老师们在多数课程教学中对于在中国历史上发生的现象、事件、文献都采用了这种方法,即保持了和研究对象的客观距离,又很好把握加入自己的主观判断和研究倾向。在现代学术语境中对涉及佛教主题的研究中,他们这种"学术义学"的方法论是对佛教义理进行纯粹客观、理性、科学的学术探讨,并且保持了与"佛教义学"属性的佛教"教团"和"佛法"教义的距离,即不是作为教团主体进行思考,也不是义理归依的信仰论证。他们对研究的热情和认真态度产出了大量高质量的学术著作。在这本著作中,我受到他们"学术义学"认知框架和标识的影响非常清晰。这本书(简称"人间卷")是我在 2020—2023 年期间的第一本关于唐密复兴的著作,从持松法师的角度阐述了唐密在近现代中国传承的历史和内容形式。佛法慈悲在人间,这也是我称第一本书为人间卷的要点。在以后三年的唐密复兴研究中,我准备写第二本著作,暂定名称《唐密枢机心要——日本真言宗僧侣圣宪〈大疏百条第三重〉释论解读》(简称"天地卷"),期望 2027 年左右可以出版发表。在第二本书里我将尝试从"佛教义学"角度来加强对密教文本理解的纯度、深度和广度。若本书能够对读者们有些许帮助的话,那一定是持松法师的渊博学识和佛学修养带来的。本人才疏慧浅的论证实属勉力而为,期盼批评指正。

愿漂泊沧桑万里河山,归来依旧一汪碧泉。

---

① 《大正藏》第 9 册,第 2 页中。

愿颠沛流离千态人间，归来不改眉目清浅。

愿无畏踏破百丈红尘，归来仍是翩翩少年。

愿夜晚有星河水有鱼，归来相见花开如前。

愿琴瑟在御岁月静好，归来柔净举止庄严。

愿时光能转故人不离，归来晴朗求遂所愿。

愿初心如磐濯缨沧浪，归来冉冉不啻微芒。

愿扶摇可接桑榆非晚，归来悠悠博山烟青。

金　海

公元 2023 年初春于哈佛大学 Widener 图书馆

前　言

　　佛教起源于印度,历史上在印度曾出现过辉煌的时期,但在十三世纪消亡。时至十九世纪,印度的佛教又重新开始出现了复兴迹象。至二十世纪,印度佛教率先掀起了复兴浪潮,引领了亚洲的佛教复兴运动。这场文化运动强调佛教的积极入世性,主张僧侣和居士都应报效服务现世社会,佛教徒要积极为维持社会道德秩序而努力。印度的佛教复兴运动具有“人间佛教”的典型思想倾向,表现出佛教生活化、社会化、人间化的特色。“人间佛教”根本思想就是要把佛国净土在现实的人世间实现。现代印度佛教复兴运动的创始人安贝卡尔博士(Dr. Babasaheb Bhimrao Ramji Ambedkar)依据佛教人本主义的理论思想,主张众生在现实社会存在中的独特稀有价值和人道主义信念,指出在日新月异的现代社会快速发展中,佛教必须面对人类民生,积极地参与现实社会的活动,通过改善、改革社会弊端而提高生命质量,实现净土在人间的理想。这场印度佛教复兴运动离不开当时全球化政治、经济、文化的发展。一方面表现为印度反殖民主义入侵的政治抗争,另一方面是在国际化融和中印度的宗教思想家对传统封闭社会中的落后习俗与制度的自我批评和推动升级。近代西方基督教文化在东方传法布道是一种新兴的文化和社会现象,其本质是亚洲本土佛教精英文化和西方文化扩张二元碰撞张力不对称所导致的变形,表现为宣扬保护民族主义的宗教运动。其影响无论成败都是二十世纪人间佛教复兴运动的泛亚洲趋势所向,而且印度佛教复兴运动直接引发了日本与中国佛教界的连锁变革。印度佛教徒领袖达摩波罗在印度菩提伽耶建立大菩提会。他曾经来华,与杨文会等取

得联系,相约共同致力复兴佛教。日本僧侣小栗栖香顶面对基督教的文化
扩张,提出日本、中国、印度联盟。他亲自来华试图实践其主张,其弟子与杨
文会等多有交往,成为中国佛教复兴文化运动的助力。在中国,"人生佛教"
或者"人间佛教"的最早倡导者是杨文会及其弟子太虚大师。这段复兴运动
所涉及的人物、社团组织、场景、事件等内容复杂繁多,场面极其宏大多变。
以密教史为逻辑主线的叙事分析非常具有学术价值,但此研究目前在学界
严重匮乏,迫切需要尽快开展起来。

　　兴起于十九世纪末、二十世纪初的中国佛教复兴文化运动,与杨文会、
太虚所倡导的中国人间佛教改革运动互相呼应,其宗旨在于振兴汉传佛
教①的宗教文化运动。民国初期中国佛教革新运动可以划分为三个阶段:
(1) 1912—1913 年为第一阶段,受民国共和立宪的影响,太虚、寄禅、欧阳竟
无等僧俗代表积极发动佛教革新活动,在成立现代化佛教组织、争取佛教界
独立自主权益方面做出了奠基性贡献;(2) 1914—1917 年为第二阶段,恰值
太虚闭关潜修之前后,以兴学布教为主要内容的教制革新活动渐兴;
(3) 1918—1922 年为第三阶段,讲经活动在全国各地兴起,形式多样的传教
组织诸如现代佛教教育机构、佛学研究社、居士修养团体等大量涌现,中国
佛教呈现出复兴的态势。②

　　在中国近代佛教史上,佛教"衰落"和"复兴"的二元话语范式经常被采
用。常驻日本的德国学者埃里克·席克坦茨(Erik Schicketanz)系统地评论
了日本对中国佛教史观与密教复兴的看法。他批判性地考察了密教"衰落"
和"复兴"的二元概念。③ 他在关注日本密教影响的同时,也介绍了近代中

---

　　① 根据法藏法师解释,就文献资料而言,"汉传佛教"指用汉文记载的佛学经典文献为研究学
习和修行实践依据的佛教,其中包含译经与祖师著作两大类。从教义思想角度看,汉传佛教指中国
本土高僧根据汉译的佛教经典和注疏来研习和实修的特定的风格和认识,具有判摄总持的特色。
汉传佛教的文献种类完整丰富,诸宗之间百千法门融摄互补,其内涵与印度佛教之间存在明显的法
脉继承痕迹。见法藏法师访谈:《法藏法师:二十一世纪汉传佛教新契机》,闽南佛学院,1987 年 11
月 12 日。

　　② 何建明:《民初佛教革新运动述论》,《近代史研究》1992 年第 4 期,第 74—92 页。

　　③ Erik Schicketanz(エリック シッケタンツ):《堕落と復興の近代中国仏教:日本仏教との
邂逅とその歴史像の構築》,京都:法藏館,2016 年。

国密教历史的发展。他基于近年来的研究认为自唐代以后，中国密教就开始进入了衰落过程。惠果作为中国最后一位公认的唐密祖师，其唐代密教正统性的传承转移到日本留存下来。其结果是诞生了以日本密教为终点的叙述场景，并主张从日本向中国回传密教的必要性。他判断"衰落"和"复兴"这两个概念正是在日本佛教的影响下才形成的。笔者认为，虽然埃里克·席克坦茨有意或者无意忽略了从惠果（746—805）到智慧轮（？—876）期间的唐密在汉地演化的历史，但是其观点反映了日本学界的普遍见解。李天纲认为，由于大批中外学者的关注、研究和扶持，中国近代佛教复兴运动首先是佛学复兴。① 近代早期欧美传教士艾约瑟（Joseph Edkins，英国籍，1823—1905）、艾德（Ernest John Eitel，德国籍，1838—1908）、艾香德（Karl Ludvig Reichelt，挪威籍，1877—1952）先后把中国佛教主题纳入"比较宗教学"的国际框架和视野中进行研究和分析，进而深研佛学教理，来判定佛教的属性。众多汉传佛教僧侣、学者和居士，包括太虚、印光、月霞、应慈、法舫、持松、杨文会、康有为、谭嗣同、欧阳竟无、章太炎、梁启超、王国维、胡适、梁漱溟、汤用彤、吕澂、王弘愿、赵朴初等，在不同地域、不同时期，从多样化的研究视角对显教和密教②佛学义理开展研究，极大丰富了佛教复兴的内涵和意义。

　　麻天祥认为："佛教作为一种宗教来说，它有区别于其它宗教的显著特征；作为一种学说来讲，它也有不同于任何其它哲学流派的基本理论。"③大清帝国晚期衰败而导致的救国救亡运动和在西方、日本文化双重冲击下的西式现代化启蒙运动，逐渐形成了中国五四运动推崇民主与科学的新文化

---

① 李天纲：《佛教复兴与都市化革命》，当代佛教与文化繁荣研讨会，2012年。本文为上海师范大学教育部都市文化研究基地委托项目"近代都市化与都市佛教"的一部分。

② 密教佛身论宣称佛有法、报、应三身，应身说是小乘，报身说大乘教，法身说是秘密教。相对密教，报、应二身说的大乘、小乘合称显教。密教中法身佛大日如来直接宣讲密法，显教化身佛释迦牟尼说显教义理。密教与显教根据众生根机而入道不同。

③ 麻天祥：《晚清佛学与近代社会思潮》卷下，台北：文津出版社，1992年，第147页。有关晚清民国以来佛教衰落和复兴现象的观察和论述，可参考 Holmes Welch, *The Buddhist Revival in China*, Harvard University Press, 1968。

思潮,这种运动范式的论调长期影响着中国近代佛教史的学术研究。①
1917年太虚在日本游化期间就非常关注日本明治维新之后把佛教带到欧
美的创举。他主张,佛教为东洋文明之代表,呼吁佛教普及世界。② 在当时
的西方世界,如同英国华威大学教授贝妮塔·帕里(Benita Parry,1931—
2020)反东方主义话语的拥护者所争论的那样,③一种关于东西方文化冲突
中不可逾越的复杂性和互动模式被动地建立和发展起来,多位美国学者认
为这看起来是一张压迫、同谋、拒绝、模仿、妥协、臣属以及反抗之间错综复
杂的关系网,而绝不是一个简单的帝国统治与本土抵抗的过程。④ 回顾这
场中国佛教复兴运动在近代史上的重要性,李天纲认为,二十世纪以上海为
基地改造成功的中国佛教,与隋唐佛教之鼎盛、明清佛学之普及相比有一个
很大不同,其倡导的"人间佛教"的基础"人间佛学"与传统佛教的"鬼神观"
相比,不是"复兴"所能概括的,确实是一场"革命"。诚如巨赞法师(1908—
1984)所称,这是一个"新佛教"。⑤ 中国二十世纪的"佛教革命",在全世界
范围内都是一件了不起的事件。在各大宗教都面临"现代化""世俗化"和
"共产主义"思潮挑战的情况下,欧美的天主教、基督教、东正教等千年教会
有的艰难转制,有的逐渐式微,还有的一蹶不振。反观中国的汉传佛教,经

---

① "佛教复兴"之说虽然存在许多问题,但近代佛教史研究学者至今依然深受此范式影响。
如李向平《救世与救心——中国近代佛教复兴思潮研究》(上海:上海人民出版社,1993年),麻天祥
《晚清佛学与近代社会思潮》,邓子美《传统佛教与中国近代化:百年文化冲撞与交流》(上海:华东
师范大学出版社,1996年),汲喆、田水晶、王启元编《二十世纪中国佛教的两次复兴》(上海:复旦大
学出版社,2016年)等。

② 太虚:《游台湾岛及日本》(原题《东瀛采真录》),《太虚大师全书》第31卷,第304页。

③ 东方主义(Orientalism)来自文化理论家爱德华·萨义德(Edward W. Said)在1978年出版
的《东方主义》书中所提出的概念。他用此揭示当时西方国家普遍存在的对亚洲、中东及北非社会
持有的高人一等的态度,导致了西方学者倾向于将东方他者化、边缘化,通过塑造停滞的、低劣的东
方文化来凸显西方文化的优越性,直接或间接地为西方帝国主义和殖民主义合理化提供证据。

④ Anne McClintock, *Imperial Leather: race, gender and sexuality in the colonial contest*
(《帝国的皮革:殖民竞赛中的种族、性别和性取向》),Routledge, 1995, p. 15; John Dunham Kelly,
A Politics of Virtue: Hinduism, Sexuality, and Countercolonial Discourse in Fiji(《政治德行:斐
济的印度教、性和反殖民主义话语》), The University of Chicago Press, 1991, p. xiv; Aiwa Ong,
Spirits of Resistance and Capitalist Discipline: Factory Women in Malaysia(《反抗精神与资本主
义的规训:马来西亚女工》),State University of New York Press, 1987, pp. 216‐217.

⑤ 巨赞:《新佛教运动的回顾与前瞻》,《狮子吼月刊》第1卷第1期,1940年。

过一百年的更新改造,焕发活力,成长为现代佛教。一百年后的今天,佛教在中国台湾、香港、澳门以及新加坡等地的华人社区香火繁盛,在美欧大都市流为时尚,更在曾经提倡"无神论"的大陆地区,如上海这样的国际大都市内艰难恢复,并有了新的发展机遇。毫无疑问,佛教仍然是中国人的一种宗教信仰,仍然是大都市市民现代生活的一部分,这是二十世纪宗教史上的一个奇迹。①

关于佛教中的密教流派,美国学者克里斯蒂安·魏德迈(Christian K. Wedemeyer)认为,尽管佛教密宗作为现代学术研究对象已经有近两百年的历史,但是学者仍然遇到大量的、迷惑的和错误的信息,即使是关于佛教经典的理解和宗教实修的最基本问题。② 回顾二十世纪上半叶这段历史时期,美国俄亥俄州立大学教授休·厄本(Hugh B. Urban)认为密教这一范畴经历了一次突如其来的新的正名与重估。密教(怛特罗)不再被简单地贬低为曾经流行的印度教的堕落形式,反而因其更深刻的哲学内容,作为奥义书③、吠陀④和其他古典系统同样复杂的传统被欣赏。⑤ 厄本希望通过西方话语体系来构建起源于东方印度的密教谱系,这种尝试可以给当代西方宗教史学者对于东、西方之间复杂的、跨文化的和充满想象的辩证逻辑关系阐述带来启示。德国佛教哲学家赫伯特·君特(Herbert Vighnāntaka

---

① 李天纲:《神圣性:当代中国佛教振兴的前景》,觉醒主编:《当代佛教的历史使命与社会责任》,北京:金城出版社,2015年,第59—71页。

② [美]克里斯蒂安·魏德迈(Christian K. Wedemeyer):《牛肉、狗肉和其他神话:大瑜伽续仪轨和经典中的涵指符号学》,孙鹏浩译,沈卫荣主编:《何谓密教? 关于密教的定义、修习、符号和历史的诠释和争论》,北京:中国藏学出版社,2013年,第347—348页。

③ 奥义书(梵语 Upaniṣad)直译为坐在近处,引申为"秘密传授"。奥义书从吠陀发展而来,广义视为吠陀文献,但其作者并不都属于婆罗门上层阶层,有些奥义书甚至对婆罗门祭司持敌视态度。相比较婆罗门教和印度教的经典文献,奥义书被看作带有神秘主义色彩的关于冥想乃至世界本质的哲学著作。在印度奥义书现存二百多种,但早期与吠陀关系较为紧密的文献稀少。十九世纪初开始,奥义书文献的翻译引起了西方学界的广泛关注和重视。

④ 吠陀(梵语 Veda)又称韦陀经、韦陀经、围陀经等,意为知识、启示,被认为是婆罗门教和印度教最根本的文献经典。吠陀起源于公元前两千年印度西北部雅利安人时期,其宗教特色为设置祭坛祭祀而祈求世间利益。广义的吠陀文献包括吠陀本集、梵书、森林书、奥义书等经典。

⑤ Hugh B. Urban, "The Extreme Orient: The Construction of 'Tantrism' as a category in the Orientalist Imagination"(《极端的东方:东方学家想象中"密教"范畴的构建》), *Religion*, 1999 (2), pp. 123 - 126.

Günther)批评说："秘密佛教的哲学意义被不负责任地应用于密教这个名字所掩盖,这可能是西方思想发展起来的最模糊的概念和误解之一。"①在这场恢复密教名誉的西方文化运动中,密教研究之父英国东方学家约翰·伍卓夫爵士(Sir John George Woodroffe)强烈坚持着对密教哲学的净化和捍卫,体现在以他为代表的辩护者和东方学家对密教(怛特罗)不道德、堕落成分的贬低而形成的辩证张力(dialectical tension)。②尽管伍卓夫爵士勉强使用密教概念,而相应代替地使用性力主义(Saktism)或密教论典(tantrasastra),但是他认为如果密教能够被西方学术界接受的话,那么学界必须广泛采用检查、辩解、净化、驯化的方式来淡化密教在历史传统中曾经使人厌恶的内容并且使其合理化。法国巴黎国家科学研究中心教授安德烈·宝道(André Padoux)宣扬密教首先以及最重要的是作为一种哲学以及思辨的形而上学的体系而存在,密教具有一种极度复杂且精妙的世界观(weltanschauung)。③美国学者葛大卫(David B. Gray)提出,这个独特的印度密教最终的形成很可能是由多重压力而促成的,其特点具有强烈的妥协与矛盾属性,并在传播以及扎根于东亚和西藏的过程中持续重塑着它的形象。④赵朴初明确肯定密教的产生绝不是偶然,而是必然的,"为随顺时势和世俗,适应时节因缘而兴起的"。⑤

---

① Herbert Vighnāntaka Günther, *The Life and Teaching of Naropa*(《那若巴的生平与学说》),Oxford University Press, 1963, p. 112. ("The philosophical significance of Mantrayana has been obscured by irresponsibly applying to it the name 'Tantrism', probably one of the haziest notions and misconceptions the Western mind has evolved. ")

② Jeffrey J. Kripal, *Kali's Child*: *The Mystical and the Erotic in the Life and Teachings of Ramakrishna*(《伽梨之子:罗摩克里希那的生平及其教法中的神秘与情色》), The University of Chicago Press,1995, pp. 28 - 29.

③ André Padoux, *Vac*: *The Concept of the Word in Selected Hindu Tantras*(《话语:印度密教词语概念选》),Sate University of New York Press, 1990, p. 31.

④ David B. Gray, "Eating the Heart of the Brahmin: Representations of Alterity and the Formation of Identity in Tantric Buddhist Discourse"(《吃婆罗门的心:密宗佛教论述中相异性的表现和身份的形成》), *Tantric Buddhist Discourse*, 2005, pp. 45 - 69.

⑤ 沈素珍、钱耕森:《赵朴初密教观之解读》,宽旭主编:《首届大兴善寺唐密文化国际学术研讨会论文集》第一编《源远流长——唐代密宗的渊源与传承》,西安:陕西师范大学出版总社,2012年,第238页。

隋朝时期梵文佛经大量翻译形成了"天下之人，从风而靡，竞相景慕，民间佛经，多于六经数十百倍"①的局面，极大促进了佛教在中国的流传和普及。民国时期的中国佛教界人士致力于复兴佛教义理，先后出现了净土宗印光大师、华严宗月霞法师、禅宗虚云禅师、南山律宗弘一大师、唯识宗欧阳竟无居士、天台宗谛闲大师等核心人物。② 民国时期中国佛教密宗的复兴，更是继唐代"开元三大士"之后密教在中国内地的第二次具有历史意义的传播与发展。③ 持松法师、王弘愿居士引领的以回传东密而再现唐密传统的弘法努力是这段文化复兴运动的璀璨篇章，历史上这段始终贯穿着以密教教义理论和密法仪轨为主线的复兴运动，体现了汉传佛教显密融合的哲学思想的激烈碰撞。

美国学者罗伯特·沙夫（Robert H. Sharf）认为，中国佛教的历史其实就是印度佛教传统的历史，体现于印度佛法东渐而逐渐渗透于中国各社会阶层所接触的浩繁经文、注疏、仪轨、流派传承中。印度佛教源头也不是单一简单的，其包含了众多相互矛盾但又相互关联的思想观点，这些观点又形成各种流派，包括根本说一切有部、中观派、瑜伽行派等。由于其严格的教规戒律体系，其印度祖师在中国传法被认为是正统或者合法的。对于中国本土佛教学者而言，这些印度教派、宗系的祖师和规范传统被明确作为"上层宗教"而崇拜，与本土民间流行的"民间宗教区分开来，印度佛教传统在汉地始终居于高高在上的位置，形成一套明确条理清晰的复杂的教义及仪规"。④ 在其中，任何具有浓重、神秘和深奥外形的佛教形式都被赋予了"密教"的名称。⑤ 密教从印度传入中国的历史是确凿无疑的。罗伯特·沙夫

---

① （唐）魏徵等：《隋书》卷三五，北京：中华书局，1973年，第1099页。

② 黄夏年：《王弘愿与〈密教讲习录〉》，宽旭主编：《首届大兴善寺唐密文化国际学术研讨会论文集》第一编，第42页。

③ 何建明：《民国密宗期刊文献集成·序言》，于瑞华、中国人民大学佛教与宗教学理论研究室主编：《民国密宗期刊文献集成》第1册，北京：东方出版社，2008年，第5页。

④ ［美］罗伯特·沙夫：《走进中国佛教：〈宝藏论〉解读》，夏志前、夏少伟译，上海：上海古籍出版社，2009年，第3页。

⑤ Burton V. Forcman, "A report on Research into the Mystic Rituals of Shingon Buddhism",《研究纪要》第11期，横滨：东洋英和女学院短期大学，1973年1月，第49页。

认为,文本、艺术历史和人类学记录几乎确切无疑地表明,密教的基本要素——信仰圣符咒和手印的仪式效力、对肖像的仪式崇拜、向神祇祈祷、追求悉地、认为佛性可以即时即刻降临——是几乎所有中国佛教传统的共同遗产,无论是精英还是民众,僧侣还是俗人。① 在中国佛教史中,唐代被称作"我国历史上佛教隆盛达于极点时期"。② 在唐朝时期由"开元三大士"形成的汉传本土唐密③体系,随后由日僧空海④等入唐八家⑤传入日本形成东密⑥,演化为有上千年历史的日本真言宗血脉传承(附录一),繁荣发展至今。

印度密教传入中国时,三部根本密法(《大日经》《金刚顶经》和《苏悉地经》)之间的关系较疏远、独立,但是善无畏弟子一行在密法传译及其注释过程中,结合三部密法中通用和补充的部分而相互贯通,建立了曼陀罗法、择地法、结界法、护摩法、劝请法、供养法、自身庄严法等。金刚智弟子不空在以瑜伽行法为基础编译的经轨诸典中突出了崇拜单独圣尊的独部法,比如阿閦法、无量寿法、文殊法、观音法以及如意轮法等,并渗透掺杂了真言、持明诸法的印明(印者印相,明者陀罗尼)。到中晚唐时期,最新传入汉地的密法和持传有所分异。般若三藏等新译密法虽然仍为瑜伽行法范畴,但已经与早期金刚智、不空所传译本不同。在仪轨方面,例如般若译《诸佛境界摄

---

① ［美］罗伯特·沙夫:《走进中国佛教:〈宝藏论〉解读》,第288页。

② 蒋维乔:《中国佛教史》,上海:上海书店,1989年,第31页。

③ 唐密属于佛教密宗流派,发源于印度,由"开元三大士"传入中国,又称真言陀罗尼宗、真言宗、金刚顶宗、大日宗、毗卢遮那宗、开元宗等。唐密主要以金刚界、胎藏界两部密法为纯密经典,在唐代时传入日本,发展为东密、台密两个流派以及诸多支流,至今传习不断。唐朝后,金、胎两部密法在中国失传,至宋代,仍有蒙山施食、放焰口等具有杂密特色的单部修行方式在汉地流传。

④ 空海(774—835),俗名佐伯真鱼,唐代著名的日本留学僧,师从长安青龙寺惠果修习唐密获完整传承付法,受法号遍照金刚。回国后创立日本真言密教,谥号弘法大师。关于空海的传记及思想,可参考高木紳元:《空海:生涯とその周辺》,东京:吉川弘文馆,1997年;武内孝善:《弘法大师空海の研究》,东京:吉川弘文馆,2006年。

⑤ 日本在平安时代(784—1192)派送了多批遣唐使团到唐朝学习工艺、美术、宗教等先进文化,其中归国后建立日本天台宗密教和真言密教的八位僧人最澄、空海、常晓、圆行、慧运、宗睿、圆仁、圆珍称"入唐八大家",又称"八家真言""真言八家祖师"。

⑥ 真言宗,指从唐朝传至日本的密宗,由空海创立的高野山真言宗随后分化为小野、广泽二流,此二流又发展出大量分派,大致可分为新义、古义二派;而由最澄传回的天台宗与唐密结合,发展为台密。

真实经》中的某些印明发生了变化。从法门寺地宫出土的捧真身菩萨上的种子真言也记载了金刚界行法的新译词语。在日本，入唐八大家所承法脉、所用经本各有来源，混杂不同，授法阿阇黎①纷杂。比如据记载，最澄在汉地明州、台州、越州等地从太素、江秘、惟象、灵光等多位汉僧受密法。在后期，以至密法、伪经泛滥。早期的开元三大士唐密传到日本后风格发生变化，支流法脉繁盛，甚至突变产生了立川派异流(tachikawa-ryu)②。美国学者詹姆斯·桑福德(James H. Sanford)对日本中世纪立川流的判断更倾向于双修的界定成分。③美国学者福勒·伯纳德(Faure Bernard)认为立川流在真言宗中积极掺杂了藏传佛教教义，其中也展现了中国道教内容。立川流宣称性爱与空海的即身成佛义(bodily Buddhahood)相一致。他发现十二至十三世纪时，日本台密僧人慈圆著《加持灌顶之论解》(bizei betsu)中记载了天皇以密宗上师身份和明妃之间的性爱仪式。④英国印藏佛教学者大卫·施奈尔格罗夫(David Snellgrove)认为立川流与传统日本真言宗相比较，其怛特罗修行中的性爱色彩上升到了新的高度，是最典型的无上瑜伽密宗仪轨。⑤西方学术界对这种性爱色彩颇有争议。美国学者理查德·佩恩(Richard Karl Payne)强调这种性爱色彩不适合所有相关的仪式。这种自

① 阿阇黎指东密、台密传承得位的传法教授师，显教者也见有阿阇黎名。持松在《密教通关》第148页说："疏云：若于支分，一切诸尊、真言手印、观行悉地皆通达，得传教灌顶，是名阿阇黎。又得两部、五部、金、胎具一的传法阿阇黎位，又毗卢遮那即如来名阿阇黎。"

② 立川流，又称内三部经流，是日本佛教真言宗的一个分支，创立于1114年镰仓时代的伊豆立川市，奉仁宽为始祖。仁宽被发配到伊豆后向娶妻食肉的俗家弟子传授各种陀罗尼，其弟子中的佼佼者武藏国的阴阳师见莲将金、胎密法与阴阳道相结合，将怛特罗密教的即身成佛的解脱法"性爱欢喜法"吸收进这一宗派之中。这一密宗分支以《理趣经》《苏悉地经》《金刚顶经》为根本经典，有专门阐发教义的文集如《受法用心集》等。据说后醍醐天皇也是这一宗派的信徒。日本南北朝初期的文观(1278—1357)是立川流的集大成者，但建武二年(1335)之后，由于真言宗弹压，文观被发配到甲斐国，立川流便随着南朝衰败而谢幕，至江户时代基本消失。(本书脚注中关于佛教名相、人物、宗派等的释义，多参考《佛光大辞典》《中华佛教百科全书》等工具书，不一一注明出处。)

③ James H. Sanford, "The Abominable Tachikawa Skull Ritual"(《令人讨厌的立川颅器仪轨》), *Monumenta Nipponica*：*Studies in Japanese Culture* 46, 1991(1), pp. 1-20.

④ Faure Bernard, *The Red Thread*：*Buddhist Approaches to Sextuality*(《红线：佛教的性观》), Princeton University Press, 1988.

⑤ David Snellgrove, *Indo-Tibetan Buddhism*：*Indian Buddhists and Their Tibetan Successors*, Shambhala, 2003, pp. 257-261.

称典型金刚乘的真言宗派别没有显示任何密教义理哲学或女性因素，也没有运用任何形式的性爱瑜伽行法。[①] 持松对其也进行了澄清："彼边道密教，以男女吻抱，性欲净化，为即身成佛之旨。兴男女易观之本尊，而成其欲事，必如是而后成就无上妙乐，必如是而后证入法身究竟。惑者不知，遂以为同一密咒，同标即身成佛之句，亦应同一造诣。又乌知夫真言中道，别有所禀之戒者乎！"[②]

原日本高野山真言宗管长松长有庆对金刚乘的提法也持不同看法。他考虑密教经典形成的历史时间顺序，把《大日经》和《金刚顶经》时期的密教称为印度中期密教，而此前时段称为初期密教，此后为后期密教。[③] 权田雷斧[④]总结日本真言宗的历史发展称："以是承和十三年（846）四月宝慧大德[⑤]于高野金堂，以宗祖大师秘诀始讲读今疏，启发学徒而来，先贤释于大疏为注者数十家，各记其所传而一一成家，以称其流派。"[⑥]而汉地密宗自唐代"会昌法难"之后，唐密体系支离破碎，直到民国时期以持松法师和王弘愿居士为代表的汉地僧俗精英东渡日本求法回传，重新引发汉地唐密热潮，成为民国时期佛教复兴运动的璀璨一页。但是这段汉地唐密复兴的辉煌时期甚为短暂，也甚为遗憾。在当时广大社会民众的思想认知中，精英知识分子所推崇的唯识学思想中庞大复杂的知识体系令普通民众望而却步，净土宗追

① ［美］理查德·K.佩恩：《〈密教在东亚〉导论》，沈丽、孔令伟译，沈卫荣主编：《何谓密教？》，第86页。

② 杨毓华主编：《持松大师全集》第一册《三昧耶戒义释》，第279页。

③ 松长有庆：《密教的历史》，京都：平乐寺书店，1974年，第54—55页。

④ 权田雷斧，生于日本弘化三年丙午（清道光二十六年，1846），年幼时受业于快顺师和快鑁法印和尚，登丰山学习俱舍、唯识、因明性相教义，后转入曹洞宗，于穆山禅师受正法眼藏，又嗣亲炙行诚上人学净土要旨。三十二岁时再上丰山董正法寺事，嗣受荣严和尚传法印信，受瑜伽教如僧正传法灌顶，在东叡山受台密法曼院流传法灌顶，于比叡山东塔受三昧院流传法灌顶。任丰山派管长，补大僧正，新义真言宗派丰山大学校长。七十一岁于东京帝国大学宣讲《密教纲要》。七十九岁时（民国十三年甲子，1924），应王弘愿请求，偕十二位阿阇黎莅广东潮州开元寺开密坛，特为慧刚、王弘愿居士等四人传法灌顶。曾作诗曰："白衣传法世间希，只为支那佛法微。"后其大传法院流真言法脉传给持松。一生著述超过八十种，经二百余卷。于民国二十三年甲戌（1934）圆寂。

⑤ 窥基《法华玄赞》卷六曰："慧命者，应云具寿。世俗之徒，皆爱身恒之寿。圣者之辈，并宝智慧之命。欲显双成，故言具寿。单言慧命，义便阙也。"（《大正藏》第34册，第771页上）

⑥ 权田雷斧：《〈大日经住心品疏〉续弦秘曲》，东京：国译密教刊行会印刷部，1921年，"跋"，第1页。

求极乐世界的来世主张缺乏刺激众生调整面对现实的积极心态和行动。相比较而言，密宗使信众不逃避现实，直面世间烦恼诸苦，强调佛力加持可以迅速改善其现实生存质量，使众生在现实世界中获得自信，积极地面对现实，所以在汉地受到上、中、下阶层民众的普遍欢迎，推广迅猛。但是密宗的快速扩张也引起了一系列争议，比如"不如法"、越三昧耶传授、非器传授等，具有正规资格的传法阿阇黎的确稀少，和其他佛教诸宗派混融的"寓宗"现象的复杂性，学法者普遍缺乏扎实的显教根基累积而急于速成，缺少严格的大乘戒律约束，甚至出现对密教教义内容误解不正知等问题。民国时期唐密复兴终究昙花一现，至今，新的求法者仍然在努力再续唐密前缘。虽然持松没有明确书面指定法嗣传承，早期更留下"一卷真言却付谁"的遗憾，但他留下大量珍贵的密教典籍及仪轨著述，待后世机缘成熟时有缘者得之，会心者通之。

清朝末年以来中国政治、经济、社会、文化、国际形势等发生了太多史无前例的变化，包括但不限于日益高涨的重构亚洲文化和亚洲主义的呼声、唯物史观、国际社会主义运动的传播和东方对西方文明的理性对话等。观察欧美的经验，其佛教学研究构建的学科分类和方法论离不开欧洲东方学谱系中的印度学传统，语文学（Philology）和哲学（Philosophy）结合文献考证，大量的西方哲学概念工具都可以加以分析和对比。观察日本佛教界的经验，自明治维新后派遣学僧前往欧洲访学，学习梵文、巴利文以及西方学术思想成果和研究方法。当时日本诸多佛学成果都领先世界。大批日本学者如南条文雄、笠原研寿、原坦山（日本曹洞宗高僧）、村上专精、高楠顺次郎、渡边海旭、常盘大定、木村泰贤、宇井伯寿、井上哲次郎、境野黄洋、塚本善隆、望月信亨、小野玄妙、前田惠云、中野达慧等的学术观点和日本佛教类工具书、资料文献开启了日本近现代佛学的研究和教育热潮，日本佛教史、佛学总论、佛学研究方法、藏经研究、各宗教义研究等日文论著被翻译成中文，也极大地影响推动了中国的佛教复兴思潮。时至今日，中日文化交流不断，东京大学教授末木文美士提出新型近现代佛教研究的方法论，主张应该联合中国学者一起研究中国佛教思想史，对东亚近代佛教的比较研究有助于区别认识东亚各国的现代化道路。梁启超、胡适、吕澂、丁福保等对当时日本学者非常关注。梁启超《论佛教与群治的关系》一文称,康有为、谭嗣同、章太炎、夏曾佑以及梁启超本人所代表的佛教思想倾向为"应用佛学"①。其思想对宗教和世界以及人性的关系重新进行梳理,辨析了宗教和哲学两个概念,试图把佛教经学转变为佛教哲学。梁启超辩称这种新佛教观念关乎"我国今后之新机运",其后出现的支那内学院倡导的"经院佛学"(包括佛学理论、哲学、艺术、仪轨制度和佛法修行实践教学)和太虚倡导的"人间佛教"都秉承了这种新佛教的"应用佛学"气质。② 太虚推行人间佛教的实践类似于空海主张"释迦真正义,自利与利他"。③ 楼宇烈认为通过"舍己利他""饶益有情"实践来完善人格、僧格,是人间佛教的根本要义。芝加哥大学教授布鲁斯·林肯(Bruce Lincoln)也认为:"宗教史在其核心处产生了一种很深的张力,因为宗教历史学家必须考察最物质性的东西,人类……实践宗教社会学……就是强调那些话语中世俗的、前后联系的、处境独特的、有利害关系的、人类的,以及物质的方面……那表明它们是永恒的、超越的、精神的、神圣的。"④更进一步来说,美国学者休·厄本认为宗教史学家(historian of the history of religions)研究密教时,应该结合自身不同的政治、社会和历史背景来追溯独立的宗教谱系。⑤ 法国学者米歇尔·福柯《尼采、系谱学、历史》(*Nietzsche,Genealogy,History*,1984)指出谱系学研究的重点不是证明过去,不同于物种进化,而是研究追寻后来者的复杂进程,它关注辨别偶然事件、瞬间误差和彻底颠覆的缺陷,由于这些缺陷存在,导致了

---

① 梁启超的"应用佛学"往往被视作近代中国佛学思潮的前身,可分为启蒙、佛理与经世思想冲突、以佛学为国教的尝试、作为学术与人生的佛教四个阶段。关于"应用佛学"的具体内涵及其在中国近代思想史上的学术价值,可以参考李春远:《略论梁启超的"应用佛学"》,《福建论坛》2001年第4期,第96—100页。

② 周霞:《中国近代佛教史学名家评述》,上海:上海社会科学院出版社,2006年,第27—34页。

③ 性洋:《空海大师与人间佛教》,邓友民主编:《空海入唐1200周年纪念文集》,西安:三秦出版社,2004年,第158—161页。

④ Bruce Lincoln, "Theses on Method"(《关于方法的论文》),*Method and Theory in the Study of Religion* 1996(3), p. 225.

⑤ Talal Asad, *Genealogies of Religion:Discipline and Reasons of Power in Christianity and Islam*)(《宗教谱系学:基督教和伊斯兰教中权力的规训和因由》),Johns Hopkins University Press,1993.

有价值的后来者不断出现。

美国哈佛大学教授范德康(Leonard W. J. van der Kuijp)认为宗教学者应该亲近宗教,至少怀有同情与同感,不应该拉开距离,这样有助于更好地理解研究客体。美国学者戴维·戈登·怀特(David Gordon White)提出从主题或现象学角度入手,以比较研究形式来综合分析密教的多种理论和修行实践。他把外部人士对密教研究的他观(etic)和内部成员看法的自观(emic)并举对照而产生一套密教式的思想体系。就像一套范畴化的"镜面",自观者理解自身在广义世界(即本体论,ontology)、宇宙能量观(即宗教体制,religious polity)、现世或超世的救赎观(即救世学,soteriology)中的修行。① 这种西方学界的"自观"概念在中国也有类似表述,尝试过和国际佛教研究体系接轨。张志强认为,以汤用彤为代表的中国学者强调佛法作为一种宗教哲学的研究方法,把佛教研究作为理解中国思想传统和中国历史的抓手,这不仅是佛教研究本身的要求,也反映了近代佛教思想史的主题意义。张晓林认为这种传统的中国佛教研究更应该是现代学术与义学传统的某种结合。② 其学科类属放在中国哲学史或中国思想史等学科框架内。张志强认为教义教理的义学研究在教界内部仍然延续保留。③

密教研究在佛教各流派中具有鲜明的特点,以其神秘主义、祭仪主义、象征主义以及性力崇拜,表现出浓厚的宗教性。④ 在密宗义学上,民国时期

---

① ［美］戴维·戈登·怀特:《〈实践中的怛特罗:勾勒一部教派传统〉导论》,李婵娜译,沈卫荣主编:《何谓密教?》,第4—5页。

② 在现代佛教学术语境中,"佛学"的概念较为模糊,既可指严格意义上的"佛教义学"或"认信义学",即"佛陀及其教法的信仰论证",也可以指关于佛教的理性言说。而后一种研究可称之为"学术义学",是对佛教之纯粹客观、理性、科学的探讨,虽然也试图阐发佛教的义理,但没有信仰归属,并且脱离了作为"佛教义学"重要标志的佛教的"教团"归属和"法"(教义)的归属,即不是教团在思考,也不以教义为归依,而是学术共同体在思考,以学术为归依,以理性为准绳,因此,根本上区别于以信仰为归依的"佛教义学"。参考张晓林:《佛教义学的若干基本问题》,《西南民族大学学报》2015年第12期,第89—94页。

③ 张志强:《中国"现代性"视野中的近现代佛教》,《博览群书》2004年第2期,第67—70页。

④ 吕建福主编:《密教的派别与图像》,北京:中国社会科学出版社,2014年,"前言",第2页。

由持松法师①和王弘愿居士②为主的缁素代表人物,从日本回传密教于汉地弘法唐密。持松一生,接临济禅宗祖师法嗣,精研华严,通晓显教天台、法相、禅宗、三论、净土教义,于唐密更是集日本东密古义真言宗、东密新义真言宗、台密之法脉大成,显密互摄,僧格严谨低调,修持有素,躬身力行,法验实证,无门派、宗门之高低分别,品德高尚,爱国护教,学识渊博,著作等身过百万字,可惜部分文稿世间难寻,僧伽与居士教育并重,实为高僧楷模,为国内国际敬仰。自唐代惠果之后千余年来在汉传佛教谱系中罕见,但是其哲学思想及其为汉传佛教复兴所作贡献很少获得现代学者的深度关注与研究。唐密在开元三大士后一千多年的演变过程中发生了很多变化,这些变化的不同特征类型具体是什么? 现代中国学术界对汉传佛教密宗的研究,既未能还原唐密体系东传日本之前的完整面貌,也没有很好地借鉴东密在日本的历史编纂学研究成果,比如汉地学界对王弘愿的研究极大限定在汉地显密义理之争,而忽略了其法脉来源的日本对于他在民国时期中国佛教复兴运动中功绩的肯定。③ 汉语语境下的学界迄今还没有形成以应用西方宗教社会学框架来研究东亚密教的完整体系和方法论构建,在中国始终缺乏汉地密教研究的匠家学辈,已有的研究成果也得不到学界重视和支持。这些原因导致了目前汉传密教历史及其哲学思想研究的严重不足,几乎无力还原以密宗为主线的民国佛教复兴运动的完整历史和客观面目。

　　什么是密教? 密教一直是佛教所有教派中争议最激烈也最受国际学界

---

　　① 持松法师(1894—1972),法名密林,湖北人,自号师奘沙门,密法灌顶号为入入金刚,乃入我我入之意。早年跟随月霞法师修习华严教义,后赴日本修习东密、台密,世称显密圆融大宗师、唐密复兴初祖、贤密初祖。

　　② 王弘愿(1876—1937),号圆五居士,广东潮安人,因爱好韩昌黎文章,自取名师愈,字慕韩。追随新义真言宗权田雷斧修习密宗,得授金、胎两部密法,成为密教第四十九代祖,密号遍照金刚,对中国近代唐密复兴做出了重要贡献,著有《密教纲要》《密教讲习录》《大毗卢遮那经供养次第法》《金刚顶经义诀》等。

　　③ Erik Schicketanz:《堕落と復興の近代中国仏教:日本仏教との邂逅とその歴史像の構築》第四章。对王弘愿在民国密教复兴的地位研究,参见第259—350页。

关注的佛教主题之一。① 美国加州伯克利大学教授罗伯特·沙夫和美国密歇根大学教授唐纳德·洛佩兹(Donald S. Lopez Jr.)认为如何定义和理解术语"密教",学者们之间始终存在巨大的分歧甚至混淆。洛佩兹甚至暗示密教可能只是"西方思维的产物"。② 法国学者安德烈·宝道认为,密教一词饱受争议和令人费解,给密教客观和科学的评判实在不易。专家学者对密教的诸多定义无法统一。但其真实存在性有时也被否定。③ 美国作家格特鲁德·斯坦因(Gertrude Stein)曾使用"There is no there there"(那里根本不存在"那个")来描述他对密教的态度。④ 西方学界抵制密教概念的理由之一是学者对密教概念化的探索类似于在印度次大陆使用印度教(Hinduism)定义研究曾经存在的主流宗教思想和实践。当把密教产物与当时政治、经济、社会、文化、艺术等场景混合研究时,密教的纯粹定义的范畴和框架非常模糊晦涩,其本质特征常常引起密教从没有真正存在过的怀疑。

国际学术界的一种流行观点否认汉传密教是后人虚构的教派。其倡导者罗伯特·沙夫认为,虽然缺乏足够的证据表明中国有一支金刚乘(密宗)派别,然而文本、艺术历史和人类学记录几乎确认无疑地表明,密教的基本要素——信仰圣符咒(真言和陀罗尼)和手印的仪式效力、对肖像(佛像)的仪式崇拜、向神祇祈祷、追求悉地⑤、认为佛性可以即时即刻降临——是几乎所有中国佛教传统的共同遗产,无论是精英还是民众,僧侣还是俗人。⑥然而,美国夏威夷杨伯翰大学教授理查德·麦克布莱德(Richard D. McBride Ⅱ)否认汉传密教的存在,认为其仅仅是"大乘佛教"的别称而已,

　　① Christian K. Wedemeyer, *Making Sense of Tantric Buddhism*: *History*, *Semiology*, *and Transgression in Indian Traditions*, Columbia University Press, 2012.

　　② Donald S. Lopez Jr., *Elaborations on Emptiness*: *Uses of the Heart Sutra*(《空之详解:〈心经〉之用》),Princeton University Press,1996,pp. 83 - 104.

　　③ André Padoux, "*Tantrism*", *The Encyclopedia of Religion*, Vol. 14, edited by Mircea Eliada, Macnillan, 1987, p. 272.

　　④ Gertrude Stein, *Everybody's autobiography*, Random House, 1937.

　　⑤ 悉地(Siddhi),译为成就、妙成就、成就悉地、悉地成就,是婆罗门教、耆那教和佛教等印度宗教用语,指通过修行获得成果,表现为获得神通或所求遂愿。分为世间或出世间法,其中出世间悉地指修行方面的成就,证量以涅槃果位为最高成就。

　　⑥ [美]罗伯特·沙夫:《走进中国佛教:〈宝藏论〉解读》,第271—288页。

与当今国际学界所称"密乘佛教"(Esoteric Buddhism 或者 Tantric Buddhism)完全异质。① 笔者在 2021 年秋季参加哈佛大学和加州大学伯克利分校联合举办的中世纪中国佛教文献阅读课程中,罗伯特·沙夫指出,学者们现在意识到佛教三论宗和天台宗、天台宗和净土宗、禅宗和新儒学、精英和民众、民众和密宗之间的分界线决不是开始所想的那么清晰。在中国,这些所谓的教派中有一些从来没有作为有自我意识的制度实体或宗教运动存在过。甚至道教、儒教和佛教之间的根本区别也需重新考虑:这些宗教没有一个能和很多教材所描述的独立的宗教、哲学体系相符合。② 但是,欧美学术界另一种声音坚定地支持汉传密教的存在。英国牛津大学汉学家杜德桥(Glen Dudbridge,1938—2017)在研究唐代戴孚《广异记》③进行总结时,引述法国汉学家斯特里克曼的观点说:"像中国西藏和日本一样,中国汉地被来自印度的坦特罗佛教的秘密知识和实践所吸引,经过长时间的发展并在八世纪时达到高潮。"杜德桥明确指出:"真言或者严格地说陀罗尼咒虽然唐以前就已形成,但是只有在八世纪,当秘密佛教在中国完全成熟时,它标志着专业化的仪轨和观想方式的出现,即用来唤起秘密世界的神灵并使他们能够服从仪轨掌控者的指令。"④芝加哥大学教授克里斯蒂安·魏德迈在其著作《为密乘佛教正名:印度传统中的历史、符号学和越规》结论部分指出:"密教的讨论和它们相应的实践事实上是和同时代印度文化场景下的实践与教义发展持续一致的。密教看起来一点也不奇怪,从修辞学的角度来看,密教史和现代史并没有极端的差异。"⑤日本学者赖富本宏明确把中国

---

① Richard D. McBride Ⅱ,"Is there really 'Esoteric' Buddhism",*Journal of the International Association of Buddhist Studies*,2004(2),pp. 329 – 356.

② [美]罗伯特·沙夫:《走进中国佛教:〈宝藏论〉解读》,第 8 页。

③ 《广异记》是唐代前期的志怪传奇小说集。原书二十卷,今存六卷,记载了大量神仙鬼怪故事,对后世的文学创作有深远影响。据顾况所作《戴氏广异记序》(《文苑英华》卷七三七)所载,戴孚曾于 757 年与顾况同登进士第,任校书郎,终于饶州录事参军,卒年五十七岁。此书大概作于大历(766—779)年间,戴孚去世后,其子请顾况为书作序行世。

④ Glen Dudbridge,*Religious Experience and Lay Society in T'ang China:a Reading of Tai Fu's Kuang-i Chi*,Cambridge Press,1995,p. 72.

⑤ Christian K. Wedemeyer,*Making Sense of Tantric Buddhism:History,Semiology,and Transgression in Indian Traditions*,pp. 200 – 206.

佛教史分为三个时期：初期从东晋到盛唐（三至七世纪），中期从中唐到晚唐（八至九世纪），晚期为五代北宋（十世纪）以后。① 日本学者田中公明认为：“北宋和辽代所汉译的密教典籍，是研究十世纪之后印度密教的珍贵资料。但是，其研究价值在过去很长一段时期内，未得到学术界的认同。其原因包括北宋时期翻译的佛经不同于唐代翻译的密教典籍，它在中国以及周边国家，没有形成新的密教。”② 著名社会学家杨庆堃（C. K. Yang）通过历史学研究，宣扬中国宗教存在的确定性。他认为中国宗教存在的显著标志是超自然要素。中国宗教分成独立宗教和混合宗教两类，由于中国宗教不具备独立的组织体系，中国宗教不可避免地走向世俗化，同时其存在为统治阶级提供超自然力量的信仰依据。外来的汉传佛教能够存活，在中国本土生长的儒家和道家思想之间谋求平衡，这必然决定了佛教形成汉传特色。

美国费尔菲尔德大学教授罗纳德·戴维森（Ronald Davidson）对于原始密教文献的学术分类研究表明，“原始密教”概念被作为书目学的使用分类，“给我们提供错觉，即不知怎么的这些文献被理解为它们曾预知往后成熟的系统，然其绝非事实”。③ 荷兰乌得勒支大学教授高德里安·图恩（Goudriaan Teun）认为密教研究极端多样复杂，研究其一千五百年的印度宗教传统的发展几乎无法给出一种单一定义。④ 美国学者戴维·戈登·怀特举例比喻密教研究的难度时说：“当一位学者考察现代日本纯密佛教这根精美坚硬的象牙时，他会发现自己极不情愿地承认，中世纪印度迦波利迦派修行（kapalika，即骷髅外道“skull-bearer”）这张沟壑纵横的兽皮实际上是东密和藏密同一密宗体系的一部分。”⑤ 当本书在西方宗教社会学框架中把以密教为

---

① 赖富本宏：《中国密教》，东京：中央公论社，1988 年，第 307—309 页。

② ［日］田中公明：《论北宋、辽代汉译密教经典中使用的特殊汉字—梵文真言、偈颂的音译》，吕建福主编：《中期密教注疏与曼陀罗研究》，北京：中国社会科学出版社，2019 年，第 226 页。

③ Ronald M. Davidson, *Indian Esoteric Buddhism：A Social History of the Tantric Movement*（《印度密教：密教运动的社会史》），Columbia University Press，2003，p. 145.

④ Sanjukta Gupta, Jan Hoens Dirk, Goudriaan Teun, *Hindu Tantrism*, E. J. Brill, 1979, p. 5.

⑤ ［美］戴维·戈登·怀特：《〈实践中的怛特罗：勾勒一部教派传统〉导论》，李婵娜译，沈卫荣主编：《何谓密教？》，第 3 页。

叙事主线的民国时期汉地佛教复兴运动作为研究对象进行分析时,就如同德国东方学家弗里德里希·马克斯·缪勒(Friedrich Max Müller)所说,对这种跨时间、跨文化的西方和东方之间辩证的,想象的,长期互相扭曲、交织、映射的密教建构形容为:"就像电流一样,通过世界范围的循环,东方思想可以流向西方,西方思想又回到东方。"①德国学者瓦尔特·本雅明(Walter Bendix Schönflies Benjamin)在《认识论,理论的发展》(*Erkenntnistheoretisches*,*Theorie des Fortschritts*,1937)中对这种混合、复杂的研究对象评价颇高。他说:"辩证的想象作为一个'充满张力的情意丛',把过去和现在、古代神话和当代意义结合在一个唯一的、富含争议的、象征性的形式中。"②休·厄本赞同本雅明的评论,他主张怛特罗(密教)可以当作"辩证想象"的一个独特例子来看待。

近年来国际学术界仍然持续对密教定义和宗教问题范畴进行着激烈讨论,其讨论内容包括密教源流、历史发展谱系、内容注释、西方语文学和文献学范畴内的文本应用等等。荷兰莱顿大学教授高延(Jan Jakob Maria de Groot)的《中国宗教体系》是西方学界研究中国宗教问题的扛鼎之作。其后出现的对中国宗教问题研究的诸多近现代西方学术界观念和方法都受其影响。③ 宗教社会学家们更加关注密教起源、组织形式、社会功能、日常实践细节等,他们把宗教作为研究对象与政治、经济、文化交互联系的社会各方面结合起来,在一个综合性的研究框架中来解读宗教现象。结合汉地已有的对密宗义理的研究传统,这种研究思路本身也反映了佛教作为一种外来文化演变为有中国特色文化的客观描述。

习近平总书记曾说:"佛教产生于古代印度,但传入中国后,经过长期演化,佛教同中国儒家文化和道家文化融合发展,最终形成了具有中国特色的

---

① Friedrich Max Müller,*Biographical Essays*(《传记散文》),Charles Scibner's Sons,1884,p. 13.

② Walter Bendix Schönflies Benjamin,*Gesammelte Schriften*(《全集》),Vol. 5,Rolf Tiedemann and Hermann Schweppenhauser ed.,Suhrkamp Press,1972,p. 595.

③ Jan Jakob Maria de Groot,*The religious system of China*,*its ancient forms*,*evolution*,*history and present aspect*,*manners*,*customs and social institutions connected therewith*,E. J. Brill,1892 - 1910.

佛教文化……中国人根据中华文化发展了佛教思想,形成了独特的佛教理论。"①据《三国志·魏书·东夷传》注引《魏略》记载,西汉哀帝元寿元年(前2),大月氏使者伊存口授《浮屠经》于博士弟子景庐,佛教开始传入汉地。《后汉书》记载了东汉明帝派使者到大月氏求取佛经。2021年,陕西省考古研究院在咸阳市渭城区北杜街道成任村东南发掘了一座东汉时期的墓葬,在编号M3015的墓地下面出土两尊金铜佛像。一尊为释迦牟尼佛立像,身穿通肩袈裟,右手施无畏印,通高10.5厘米。另一尊为铜五佛像,莲座上结跏趺坐,双手禅定印,正面浮雕坐佛五尊,通高15.8厘米。考古学家从佛像肉髻、面相、着衣方式、衣纹、制作工艺和金属成分检测结果等判断认为是典型的犍陀罗时期佛造像风格。此前中国考古发现的金铜佛像时代最早至十六国时期,这次发掘成果把佛教传入中国的时间考证提前至东汉晚期。梁武帝萧衍著《立神明成佛义》以来,中国佛教已经出现了从本土化理解来统摄整个佛教体系理论架构的尝试。② 到隋唐时期,在六朝繁荣的佛教义学研究的基础上,形成了中国汉地佛教的各个宗派,从而把中国佛教推到了极盛的局面。③ 近代以来西方学者对中国佛教哲学研究关注重视,西学东渐,同时期日本密宗回传汉地,藏传佛教进入汉地,在现代化和国际化视野下的汉传佛教研究呈现复兴局面。密教教义代表了印度大乘佛教历史后期成熟阶段的佛学思想,唐密、藏传密教各派、日本真言宗教义思想一脉相承。但是长期以来学界普遍宣称密教缺少其他佛教流派扛鼎的哲学理论和思想。密教哲学在佛教哲学研究领域是最薄弱的环节。④ 这种模糊和片面认识的形成实际上有意或无意地忽略了印度早期以来密教祖师大德对显教理论经典研究的丰厚成果。纵观密教哲学思想史,其继承和发展的佛教大乘显教思想包括中观、唯识、因明、如来藏、菩提心学说等核心内容,吸收融会了婆

---

① 《习近平在联合国教科文组织总部的演讲》(2014年3月27日,巴黎),中国政府网:https://www.gov.cn/xinwen/2014-03/28/content_2648480.htm。

② 李心苑、李永斌:《金胎合曼:密宗及其祖庭》,西安:西安电子科技大学出版社,2016年,"序一",第1—8页。

③ 孙昌武:《中国文学中的维摩与观音》,北京:高等教育出版社,1996年,第159页。

④ 吕建福:《密教论考》,台北:空庭书苑,2009年,第138页。

罗门教、印度教、西藏苯教以及中亚宗教丰富多元的义理要素，已经完备了独特的密教理论和修学体系。密教作为印度佛教发展史上的最后一个阶段，可以说在与印度教的竞争中演变，其源头深受印度教影响。① 和东密相比，印度密教传入西藏而形成的藏密的文献分类和保存传统非常完备。太虚曾说："东密在佛法的密咒行中，仅十得二三，台密十得四五，藏密十得七八。"②西方学者更广泛、普遍地受到藏密而不是日本密教的历史和教义的影响。他们大概因为密教中具有大量的类似内容而称其为"怛特罗"。③ 笔者在哈佛大学期间观察到，诸多佛教课程设置和师资方面明显更倾向于藏传佛教学习。

关于密教构成的内容要素，英国学者大卫·施奈尔格罗夫认为，"密教"必须拥有"密咒""手印"和"坛城"三个要素。④ 美国加州大学圣巴巴拉分校教授戴维·戈登·怀特在其主编的《实践中的密教》(*Tantra in Practice*)一文中主张密教要素包括坛城(mandala)、灌顶(abhiseka，dika)、瑜伽(yoga)、密教性爱(解读手印母 mudra。mud 代表喜悦，而 ru 则有引发之意，依行手印证乐空不二)等。美国学者理查德·佩恩编著《密教在东亚》(*Tantric Buddhism in East Asia*)导言部分列举了更多的密教要素和特征。美国学者唐纳德·洛佩兹增加了上师(guru)、金刚(vajra)、喜乐(sukha)、俱生(sa-haja)⑤、成就(siddhi)等主要密教特征。美国罗切斯特大学教授道格拉斯·伦弗鲁·布鲁克斯(Douglas Renfrew Brooks)也列举出十种密教要素。⑥

① 张文卓：《融会与创新——文明交流互鉴视域下的密教》，吕建福主编：《中期密教注疏与曼陀罗研究》，第 370—387 页。

② 太虚：《送谈玄法师扶桑学密》，《正信周刊》1934 年第 11 期。

③ 吕建福：《关于中国汉传密教研究中的几个问题》，《法音》1989 年第 1 期，第 8—13 页。

④ Charles D. Orzech and Henrik H. Sørensen，*Mudra，Mandra，Mandala*，in *Esoteric Buddhism and the Tantras in East Asia*，edited by Charles D. Orzech，Henrik H. Sørensen and Richard K. Payne，Brill，2011，pp. 76 – 89.

⑤ 俱生是俱生法、俱生起(梵文 Sahaja)的略称，有为法的特性，即法不孤起，必为周围联系所制约。生亦须因缘条件与其相应，故必与多法同时俱生，是与生俱有的先天心理和观念，与分别和分别起概念相对称。

⑥ Douglas Renfrew Brooks，*The Secret of the Three Cities：An Introduction to Hindu Sakta Tantrism*，University of Chicago Press，1990，p. 71.

荷兰学者图恩·古德里安甚至在其著作《印度密教》(*Hindu Tantrism*)中列举了十八种密教特征。现代法国学者安德烈·宝道撰写《宗教百科丛书》(*The Encyclopedia of Religion*)中关于"密教"词条时,曾试图综合各家之言而勾画出一个侧重实践修证的定义:"密教教法试图将欲(kama)的一切意义完全服务于解脱,不是为了牺牲现实世界利益,而是以救赎观点采用不同方式来巩固这个世界。通过欲与红尘万象获取现实和超世界的利乐(bhukti)、成就(siddhis)、实现解脱(jivanmukti),即将微观和宏观世界合一的完整宇宙观。"①但是,虽然这些学者努力尝试,密教包含的溯源、内容、特征、方法等各类要素是如此繁琐复杂,其广度和深度难以简单、单一地概括,其描述替代性的研究方法是采用"多重列特性分类法判教"(polythetic classification)范式来界定密教。随着现代学者对密教的多元化传统和复杂的历史场景构建有更多、更细致的认识和发现,笔者认为密教的定义本身也处于一个不断演化发展的更新状态中,对其任何的补充和细化尝试也只是这个过程中必然发生的现象而已。

　　在这些已有的研究框架中,根据密咒、陀罗尼、手印和坛城等密教要素判断汉传密教的源流传统和体系是一个可接受的方法。丹麦学者亨利克·瑟恩森(Henrik H. Sørensen)尝试把密教定义和用作文本的密续或者怛特罗②的特征进行区分,他这种区分使汉传密教研究摆脱了藏传佛教史的极大影响和混淆。③ 汉文大藏经中"怛特罗"一词出现频率极低,甚至宋朝以前几乎没有出现过任何大瑜伽部和无上瑜伽部密续的汉译经本。可见,汉

---

　　① "Tantra", *The Encyclopedia of Religion*, Vol. 14, edited by Mircea Eliada, p. 273. 更多解释参见 André Padoux, *Tratric Mantras: Studies on Mantrasastra (Routledge Studies in Tantric Traditions)*, Routledge, 2011.

　　② 密续(英语 Tantras)音译"怛特罗",原义为线或线的延伸、编织,意译续。原属于印度教典,据称来自湿婆,其内容是由佛、菩萨、神祇通过神秘方式进行一对一直接教授,随后笔录纸本,在师徒间秘密传授。随后被大乘佛教采用取代早先的"修多罗"(意译经)。传统汉传佛教经典多译为经或教。现代学者翻译时仿效藏传佛教用法,将其译为续。密教行者认为,密续包括仪式、咒语、修行方法,以及大乘佛教的义理,其内容极为纷杂。

　　③ Henrik H. Sørensen, *On Esoteric Buddhism in China: A working Definition*, in *Esoteric Buddhism and the Tantras in East Asia*, pp. 155 - 175.

地密教系统与七世纪后开始出现的怛特罗无关。① 按照吕建福在《中国密教史》(一)中对密教和汉传密教概念的整理和分类方法所述,②美国学者戴维·戈登·怀特按照一系列"自观"范畴把密乘佛法分为事部(kriya tantras)、行部(carya tantras)、瑜伽部(yoga tantras)和无上瑜伽部(anuttarayoga tantras)四部密续。尽管都起源于印度,密续一直被广泛用来划分佛教密宗的分支和学派。③ 英国牛津大学教授亚历克西斯·桑德森(Alexis Sanderson)明确提出:"到公元八世纪,佛教已经逐步建立起一套在结构和特点上与印度教密咒道(mantramarga)相似的怛特罗开示等级体系,按照秘密化程度依次提升,它的文献被划分为事部、行部、瑜伽部和无上瑜伽部。"④在汉地的记载表明,无上瑜伽部最早从西夏时期开始从西藏传入内地,其根本续典《喜金刚本续》由法护(北印度人,1006—1056)译为《佛说大悲空智金刚大教王仪轨经》流通,但遗憾的是其汉译本在宋代并没有像唐密经典那样对当时汉传佛教产生巨大的影响,虽然不同之处是唐密的发展围绕瑜伽部来演变,但是这种唐朝瑜伽部和宋朝无上瑜伽部的划清界限引发了近代佛教精英知识分子的反对。持松弟子杨毓华就明确宣称持松赞同唐密内容包含无上瑜伽部的概念和修持方法。顾净缘弟子吴立民也认为,从金胎不二、物质与精神的辩证统一把握密教乃至显密圆融的真谛,唐密祖师惠果到智慧轮一百多年的法脉传承也是朝着这个方向发展的。藏密无上瑜伽部的核心教义体现为大圆满(宁玛派红教)、大手印(噶举派白教)、大威德(格鲁派黄教)、大圆胜慧(宁玛派红教)等密法的雏形,揭示了印度密教中国化的趋势。⑤ 而从密教史研究和各派修证实践角度看,密教与怛特罗的差

① 沈卫荣:《关于密教的定义、历史建构和象征意义的诠释和争论》,沈卫荣主编:《何谓密教?》,第 15 页。

② 吕建福:《中国密教史》(一),台北:空庭书苑,2010 年,第 11—12 页。

③ [美]戴维·戈登·怀特:《〈实践中的怛特罗:勾勒一部教派传统〉导论》,李婵娜译,沈卫荣主编:《何谓密教?》,第 4—5 页。

④ Alexis Sanderson, *Saivism and the Tantric Tradition*, cited in Stewart Sutherland, *The World's Religions*, Routledge & Kegan Paul, 1988, pp. 660-704.

⑤ 吴立民、韩金科:《法门寺地宫唐密曼荼罗之研究》,香港:中国佛教文化出版有限公司,1998 年,第 503—504 页。

别并没有如此绝对。这本身也反映了密教内容的复杂多元的包容性。

二十世纪八十年代,美国学者乔纳森·齐特尔·史密斯(Jonathan Z. Smith)提出"想象宗教"(imagining religion)的概念。他把宗教作为人类想象的产物,即人类自身创造性比较和归纳行为的产物。[1] 瓦尔特·本雅明也提出"辩证意象"的概念(dialectical image),他认为辩证意象是历史的原始现象的呈现形式,这种视觉文化观察中的历史性与视觉性审美维度产生于西方和印度思想碰撞的映像和模仿(mirroring mimesis)。休·厄本认为密教属于"辩证范畴"(dialectical category),其本身既不是少数东方学家的虚构,也不是历史上本土演化的客观结果,而是在本土与他者之间同时发生的,是一种不断变化,由幻想、恐惧、愿望满足所构成的混合体。这个观点直接击中了我们对异域东方和当代西方建构的要害。[2] 厄本认为密教的建构经历了一个复杂、曲折的创造过程,受到了过度多样的、相互冲突和矛盾的诠释。[3] 澳大利亚昆士兰大学教授菲利普·阿蒙德(Philip C. Almond)认为将佛教作为一个统一共同的概念势必投入巨大。[4] 沈卫荣认为密教是一个非常多变、游移的范畴,随着历史、文化和政治环境而不断变化,构建密教谱系学需要考虑特定的学术背景、意识形态和政治利益来追溯密教定义的形式。现代西方学术体系往往把密教当作一个极端东方的研究对象,以此强调现代西方理性、科学、有序的世界观价值。

从以叙事方法来描述密教的角度,美国学者克里斯蒂安·魏德迈提出"元史学"(metahistory)概念,其认知工具的叙事形式体系结构化约束着密教研究的发展逻辑。受到黑格尔式史观的影响,他提出历史有机过程

---

[1]　Jonathan Z. Smith, *Imagining Religion: From Babylon to Jonestown*, Chicago University Press, 1982.

[2]　Hugh B. Urban, "Introduction: Diagnosing the 'Disease' of Tantra", in *Tantra: Sex, Secrecy, Politics, and Power in the Study of Religion*(《密教:宗教研究中的性、秘密、政治和权力》),University of California Press, 2003, pp. 1 - 43.

[3]　Hugh B. Urban, "The Extreme Orient: The Construction of 'Tantrism' as a category in the Orientalist Imagination", *Religion*, 1999(2), pp. 123 - 146.

[4]　Philip C. Almond, *The British Discovery of Buddhism*, Cambridge University Press, 1988.

(oganic process),趋向认为社会、宗教和社会制度的生命周期可以被解析为出生和成长、完善和稳定、老年和衰败,以及死亡和崩解。① 现代西方学者往往强调只有使用这种特定的历史叙事方法才能获得某种现象的真实历史,任何历史都必须遵循自然发展周期规律。荷兰学者罗伯特·梅尔(Blezer Henk Robert Mayer)对藏传佛教的考察结论认为:"怛特罗(密教)修行实体在印度本土和在亚洲扩展中都经历了相似的发展阶段。在任何一个特定时期内,我们都能够在印度和亚洲各地找到几乎一致的怛特罗。"②戴维·戈登·怀特对密教的研究表明,八世纪日本真言宗占据核心地位的大乘密教存在最规范的密教修行形式,十世纪的耆那教、印度教和佛教的怛特罗非常近似。陈永革评论说:"任何一位伟大的思想家无不都是其社会时代的历史产物,而任何一位宗教家,则既是社会时代的产物,更是其所处时代的宗教环境的产物。"③黑格尔在 1821 年出版的《法哲学原理》中宣称中国的历史就是周期性的循环,即所谓的"历史周期律"。然而法国哲学家吉尔·德勒兹(Gilles Deleuze)反对黑格尔尝试用理想完美的辩证法体系去囊括一切,通过有制度秩序的理性来建构一个内循环的同一性世界。德勒兹宣称世界本身就是"一片混沌"(un chaos),从来没有存在过所谓的秩序或规则概念。他认为传统思想的模式、方法和意识形态必须突破,跨学科、交叉领域整合才能创造清醒的观点和方法。所谓事物的本质只是哲学家自己的判断甚至杜撰而已,哲学家关注的世界本身就是事物状况,即事物的存在方式及其周围相关的联系环境(la circonstance)。④ 以密宗为主体,研究密宗和佛教诸宗派的交叉、融合关系是德勒兹研究应用的理想场景。

---

① Christian K. Wedemeyer,"*Tropes,Typologies,and Turnarounds:A Brief Genealogy of the historiography of Tantric Buddhism*"(《修辞,分类学与转向:简论佛教密宗历史编纂源流》),*History of religions*,2001(3),pp. 223 – 259.

② Blezer Henk Robert Mayer,*A Scripture of the Ancient Tantra Collection:The Phur-pa bcu-gnyis*(《古代密教经文集:十二普巴续》),Kiscadale,1996,pp. 102 – 132.

③ 陈永革:《佛教弘化的现代转型:民国浙江佛教研究(1912—1949)》,北京:宗教文化出版社,2003 年,第 151 页。

④ 高宣扬:《德勒兹的混沌哲学》,《当代法国思想五十年》(第 2 版),北京:中国人民大学出版社,2016 年,第 624 页。

　　印度佛教的消亡已经成为历史,而密教作为印度佛教衰退和消亡期的晚期产物也丰富了历史叙事结构(diachronic narrative)场景,具备了一个历史周期所要求的得以有机发展的构成完整循环的要素内容。回顾印度密教早期杂密、中期纯密和晚期无上瑜伽部的传播历史,其各自以陆路和海路方式在不同时间、地点,由不同历史阶段的精英僧侣传到汉地。"开元三大士"传译集结长安始为唐密,这个新的密教历史周期在汉地开始开花结果,赋予了佛教中国化的文化特征,然后再东传至高丽和日本,千年后至民国时期再回传汉地,形成了以汉地为中心循环的唐密发展的完整历史周期。相比较,印度佛教无上瑜伽部藏传一脉在二十世纪走向北美和欧洲,蓬勃发展落地结果,发展成为另一个藏传密教的历史循环周期。克里斯蒂安·魏德迈认为密宗不只是藏传一枝独秀,而是遍及于广泛的佛教传统中,至少在某些程度上东亚密教是被认可的研究领域。[①] 在这种近乎理想化的完美的佛教史观周期发展模型的学术范式中,我们可以主观地把其历史周期进程中的主要事件概念化、碎片化和合理化,似乎合理的解释就会自然产生,而且那么有说服力,所有表面看起来不完美、不完整、互相矛盾甚至令人沮丧失望的文献叙述中需解决的问题哺育了学者的研究动力,努力使用多元化、创新的、分析批判的学术工具持续研究,以求尽心尽力地还原历史的真实描述。佛教唯识观点讲究万物唯心造,万法不离识,研究者本人有主观局限性(bounded rationality),不脱离因缘法,也是历史发展周期中不可缺少的一部分。

　　西方学界认为宗教学是一门"解释学"的学科。诸多西方密教史学家近两百年来持续努力解读印度和藏地密教以及其宗教意义,到底对我们研究汉地密教意味着什么?[②] 新的时期已经出现,新涌现的学者仍在不懈努力探求其真实答案。从国际化视域看待民国时期由密教引导的佛教复兴历史现象,中国本土学者如何更好地应用现有国际化的学术研究方法和分析工

────────────

　　① [美]理查德·K. 佩恩:《〈密教在东亚〉导论》,沈丽、孔令伟译,沈卫荣主编:《何谓密教?》,第71—72页。

　　② [美]唐纳德·罗佩兹编:《佛教解释学》,周广荣、常蕾、李建欣译,上海:上海古籍出版社,2009年。

具来尽可能客观地还原这段历史的真实（wie es eigentlich geschehen ist/
what actually happened）？构建密教角度来叙事这段历史不只是我们中国
学者的责任，更是国际学界对我们的殷切期望。这种国际化的研究成果就
是本书所说追求学术义学价值的根本意义。举例来说，在持松法师中晚年
佛法大成期所居住的上海静安寺道场，是否存在或者形成了沪密（华严和密
法结合）这样一种密教宗派（school of practice）或者密宗流派（tradition of
practice）？如果有的话，我们需要怎样的证据和逻辑来充分支持这一论点？
如果这一论点成立的话，对应于唐密时期"开元三大士"在长安的密教弘法
的开创地位和他们无可争辩的佛学贡献，千年之后持松法师传承唐密传统
在教义和实践修证过程中产生了怎样的佛学演变？其在汉地以及国际密教
史上有着什么样的地位？这样的演变为什么会在民国时期发生？上海静安
寺至今仍然作为见证这段历史的道场，在国内外宗教史上如何定位静安寺
的历史贡献？等等。在历史周期框架中来综合比较印度佛教、南传佛教、藏
密、唐密、东密的各个时期的发展阶段，我们才能尽可能真实、客观地解释汉
地密教的起源、密教的内容和特征、宗派发展脉络和演变过程，以至于尝试
回答什么是国际视野中的汉地密教。

　　笔者认为坚持以"学术义学"方法来研究密教义理和名相至关重要。黄
忏华认为："在一切宗教一切学术当中，最广大、最精深，而又最符合真理的，
无过于佛法。而在佛法当中，以密乘为尤微妙。"①在大乘佛教教义中，密教
的诸多名相概念尤为重要。程宅安②在《密宗要义》中引用空海《显密二教
论》和《秘密宝钥》③的显密之辩义时说："显教皆报应两身说，密教为法身大

---

　　① 黄忏华：《密宗教义一斑》，张曼涛主编：《现代佛教学术丛刊》第 71 册《密宗概论》，台北：
大乘文化出版社，1979 年，第 71 页。

　　② 程宅安，四川人，持松法师皈依弟子，于二十世纪二十年代接受密法灌顶，后随日僧东渡，
师从丰山派新义真言宗权田雷斧修习密宗，毕业得阿阇梨法位，归国后著有《密宗要义》。程宅安
两位女儿皆为持松法师皈依弟子。

　　③ 《辨显密二教论》二卷，又称《显密二教论》《二教论》，空海撰，收录于《大正藏》第 77 册。本
书旨在辨析显密二教之优劣、深浅，主张密教优于显教。《秘密宝钥》一卷，日僧空海撰，乃《秘密曼
荼罗十住心论》要略。

日所说,显教谓如来果地之境界,非言思所及。故有'果分不可说'之论。"①
2022 年底笔者曾请教日本高野山真言宗中院流第五十三代阿阇梨融永法
师,他强调了深研空海《显密二教论》的重要性。密教说如来果地境界,书中
历举华严、天台、法相、三论四宗,各与密宗对照,以明密教之超胜。归结于
显教以遮情为主,密教以表德为宗。② 遮情遮遣众生迷情,表德显自心本有
德光。遮情属无相空寂言断心灭之体,表德直说显教所不说之法身真如实
相,而明大日如来③两部曼陀罗之真体。密宗行者最初即住佛地三昧道,直
修如来三密,加持无碍能证佛位。此显密不同要义。日本真言宗初祖空海
显密圆通,为密教做了教相判释。④ 空海著《十住心论》阐明其师惠果之思
想要义:"若能明察密号名字,深开庄严秘藏,则地狱、天堂、佛性、阐提、烦
恼、菩提、生死、涅槃、边邪、中正、空有、偏圆、二乘、一乘。皆是自心佛之名
字。"⑤针对有密教根机的受众,空海指出密教是成佛的最终阶段。但是从
得道解脱的佛果位来看,其实显密法性平等,并无高下之别。空海从宗派建
立角度而有意突出了密教的独特性和优越性,但也是针对受众因缘根机差
异、各自因缘不同而方便说法,其成佛经历与路径也各自不同。笔者认为简
单判断密教优于显教的论点是对空海整个显密判教体系的完全误解。

---

① 大乘瑜伽行派世亲菩萨曰:"如空中鸟迹,难说不可见。十地之义亦如是,不得说闻。我但
说一分。"他解释说:"是地所摄有二种:一因分,二果分。说者谓解释。一分者是因分。于果分为一
分故,言我但说一分。"(《大正藏》第 26 册,第 133 页下—134 页上)十地虽是菩萨修行(因分)之位,
但于一面已证得中道之理,具足与佛内证(果分)相等的智能。故十地之位摄因分果分二种德,其佛
果之德如鸟飞过的痕迹不能说明,但其一分的菩萨修行因分之德却能说明。这是就十地菩萨之
位而作的阐述。华严宗认为,如来果地之分际,为法性之妙理,非有言说之限也。

② 借否定(遮遣)迷情(即错误之见解),而消极导入真智者,称为遮情,又作遮情门。直接表
现真如之功德,即直接表现事物之实相、状态等,而积极得真智者,称为表德,又作表德门。密宗用
以解释经典、字相之"十六玄门"中,遮情、表德即属其中最初二门。又用此二门简别显、密二教,谓
一切显教为遮情门,密教为表德门。引自《大日经疏》卷七和《华严五教止观》。

③ 大日如来(梵译毗卢遮那佛),名称出现于公元七世纪善无畏译《大日经》中。大日除一切
暗,遍照宇宙万物,能利养世间一切生物,大日之光为不生不灭。摩诃为大,毗卢遮那意光明遍照,
又译大光明遍照,亦称遍照如来。大日如来遍照一切世间万物而无任何阻碍,其法体功德圆满,智
慧之光遍照一切处,无昼夜之分,世间与出世间的一切有情无情都能受到恩惠,发佛心获不可思议
之成就。

④ [日]村上专精:《日本佛教史纲》,杨曾文译,北京:商务印书馆,1999 年,第 64 页。

⑤ 《大正藏》第 77 册,第 303 页下。

　　从事相层面比较,密宗与显宗明显不同之处在于修持传承与仪轨。虽然显宗理论也有师承传授,但修持法门并不一定遵循严格的师承与仪轨,特别是中观、瑜伽或台、贤诸家。比如瑜伽"五重唯识观"①、天台"大、小止观"②以及禅宗"打坐禅修"和净土"念佛"。但是,密宗仪轨不仅需要经过认证的正统师承相传,而且其传承有繁琐严格的次第程序和受法要求。唐密传法大德普遍认为一切仪轨皆由经来。"轨"可分六类:诸佛轨(药师、阿弥陀等)、诸菩萨轨(文殊、地藏、观音等)、诸明王轨(大威德、金刚药叉等)、诸天轨(焰摩、十二天等)、诸经轨(宝楼阁、仁王等)、诸作法轨(受戒、焰口施食等)。权田雷斧认为真言密宗明确分为教相与事相两部。《大毗卢遮那成佛经·住心品》宣教相,《具缘品》以下说事相。说即身成佛教理为教相,实行教相所说法门为事相。事教二相犹如两翼、两轮,能越劫波,当得心实相。权田雷斧进一步论证事相与教相必相附而不可相离:"教相者,能被教之相状,即八心、三劫、十地、六无畏、十喻也。其中八心、三劫、十地者,真言行者心品转升次第修入阶级之相;六无畏者,行者经三劫、十地间之苏息所,即越难关而休息之所也;十喻为助三劫、十地之阿字本不生观门,离着之方便观也。该括如是教相,不出于阿字本不生,故教相之大纲为阿字。事相者,真言行者于经三劫、十地际,实修实行之作法,教相则就于事相实行,而一一说明其理。故必教事二相双修也。"③民国时期持松对此论点进行了矫正,他的显密判教思想体系在学习修证密教的几十年中闻听认知和实践的侧重点发生了演变而不断完善。持松认为:"真言宗以大日如来金刚萨埵之传承以开发如来清净秘密庄严藏而同于诸佛法身,此法身中万德包涵,故曰如来藏(即第八阿赖耶识),此如来藏,弥漫六合,周遍法界,无情有情,皆具此

---

　　① 五重唯识观属于慈恩宗的观行法门,基于《摄大乘论·入所知相分》的纲领,综合《解深密》《瑜伽》《成唯识》等义蕴,为实践区分出五重步骤,详见窥基《大乘法苑义林章·唯识义林》《般若波罗蜜多心经幽赞》。

　　② "止"(梵文 Samatha)音译为"奢摩他",又译为"止寂"或"禅定"等。"观"即智慧。"止观"则是禅定与智慧的并称,最早由隋代天台宗开祖智颛所著《摩诃止观》(又名《大止观》)提出。

　　③ [日]权田雷斧:《〈大日经住心品疏〉续弦秘曲》,王弘愿著述,于瑞华主编:《密教讲习录》第四册,北京:华夏出版社,2009 年,第 373 页。

性。"①冯达庵主张佛教显密只是教法有别。药无贵贱，对症者良；法无优
劣，当机者尚。他认为众生根器有适合显教的，也有宜于密教的，不必比而
同之。在近代汉传密教史上，毕竟信仰者多，而从事理论研究者少。密教义
理结合了大乘中观和瑜伽学派，圆融如来藏学说，融通般若学说的毕竟空与
唯识学派的胜义有。他独自提出"识大"缘起真实论证一体两用要义，更加
准确理解密教即身成佛②的奥义。《胜鬘经·如来藏章》说："圣谛者，说甚
深义，微细难知，非思量境界；是智者所知，一切世间所不能信。何以故？此
说甚深如来之藏。如来藏者，是如来境界，非一切声闻、缘觉所知。如来藏
处，说圣谛义。如来藏处甚深故，说圣谛亦甚深，微细难知，非思量境界；是
智者所知，一切世间所不能信。"③"是故显密两宗，无一不推崇毗卢遮那如
来。"④苏格兰哲学家大卫·休谟（David Hume，1711—1776）认为："多神论
或偶像崇拜必须被看作是人类最古老的宗教。美洲、非洲、亚洲原始部落都
是偶像崇拜者，无一例外。"⑤耿昇在其翻译英国学者约翰·布洛菲尔德
（John Blofeld）撰著的《西藏佛教密宗》译者序中写道：顾名思义，"密教"确
实很"神秘"，甚至到了"只能意会，不能言传"的程度。而其神秘性也是产生
好奇心来探索密教事相和教相两部的根源。

　　在教义论述上，密教哲学思想和理论体系传承久远，各类文字包括中
文、藏文、日文、西夏文注疏纷杂，名相繁多，和显教天台、华严、禅、律、净土
诸宗经典互摄判教，争议不断。现代学者申国美认为密宗为中国古代最重

---

　　①　杨毓华主编：《持松大师全集》第三册《显与密之转识成智》，第1226页。

　　②　东密真言宗修行目标为即身成佛，在这一生即获得成就。如《大日经》卷三所言："于无量
劫勤求，修诸苦行，所不能得，而真言门行道诸菩萨，即于此生而获得之。"（《大正藏》第18册，第19
页中）密宗"即身成佛"教义理论不同于净土宗所说的"即心是佛"，也不同于禅宗的"见性成佛"和天
台宗的"六即佛"。唐密曾提出三种即身成佛方式：理具成佛、加持成佛和显得成佛。理具成佛依据
体之六大，加持成佛指相大四曼，显得成佛即用大三密，唐密提倡显得成佛说。参考辽代慧苑的《大
日经义释演秘钞》卷一、持松法师的《即身成佛》《贤密教衡》等文。

　　③　《大正藏》第12册，第221页中。

　　④　曼殊揭谛：《与王弘愿论密教书》，张曼涛主编：《现代佛教学术丛刊》第73册《密宗思想论
集》，台北：大乘文化出版社，1979年，第104页。

　　⑤　David Hume，*The Natural History of Religion*，Oxford University Press，1976，pp.
26-27.

要的宗派之一。至唐代时《大日经》①总结以往密教传统，以大乘佛教思想为基础而建立了严谨的密教教义体系，宣称自心即佛心，烦恼即菩提，贪染即清净，世间即出世间，生死即涅槃，众生即佛；宣说救度众生的种种方便。自此密宗成为一个独立的宗派。② 元代发思巴上师认为："佛教总别为显密二教，其下宗派分衍，各有传承。两教中实显中有密，密不离显。体同而法异。教虽有别，成佛则一。"③藏密和东密传统皆出自印度密教，各有优势和特点。在珍妮特·嘉措的辅导课上，笔者请教了关于从事密教学术研究的经验。她表示说她个人对纯粹教义研讨保持谨慎态度，比如藏传佛教"三转法轮"之说，格鲁派持中观应成观点以二转法轮为最了义，而觉囊派持他空见如来藏以第三转判最了义。她说像这种"佛教义学"主题的学术争论持续不断，她个人更关注某个具体人物在历史发展中对社会和文化所做的贡献。借鉴她的启发，笔者认为从"学术义学"角度、以持松为人物主线重新爬梳民国时期佛教复兴运动也是一个很独特的学术贡献。再比如东密和藏密中都有大黑天护法④崇拜的传统。2022 年春季，哈佛大学范德康教授开授十七世纪藏传萨迦派传承大师阿梅扎布（A-mes-zhabs）对大黑天传统的研究的历史课程。因为授课语言是藏文，笔者向其请教课程表中的安排内容，他认

---

①　《大日经》(梵语 Mahāvairocana Tantra；Mahāvairocana Abhisaṃbodhi Vikurvita Adhiṣṭhāna Tantra)，共七卷，全名为《大毗卢遮那成佛神变加持经》，略称《毗卢遮那成佛经》《大毗卢那经》，唐善无畏、一行翻译，是中国汉传密宗胎藏界经典。据传毗卢遮那佛（大日如来）在薄伽梵如来加持金刚法界宫所说。

②　林世田、申国美编：《敦煌密宗文献集成·前言》，北京：全国图书馆文献缩微复制中心，2000 年。

③　(元)发思巴上师辑著，萧天石主编：《大乘要道密集》，台北：自由出版社，1962 年，"萧天石序"，第 1—3 页。

④　藏传佛教普遍认为大黑天是毗卢遮那佛（或称为大日如来）降魔时呈现出的忿怒相，也相传系观世音菩萨显化的大护法。有六臂、四臂、二臂玛哈嘎拉三种。六臂玛哈嘎拉是格鲁派和噶举派护法神。藏密人黑天音译 Mahakala，大威德金刚音译 Bhairava，印度教把 Bhairava 列为大黑天，最有名的例子是加德满都 kalaBhairav。汉译嘛哈嘎拉、摩诃迦罗、莫诃哥罗、大黑天、大黑天神等，意译大黑或大，又称摩诃迦神、摩诃迦罗神、大黑神、大黑天神。东密中大黑天圣尊系大日如来为降伏恶魔所示现的忿怒药叉形天神。印度教以此尊别称湿婆神，或称为湿婆之后突迦化身（或侍者），主要代表破坏、战斗性质。佛教也有称其为大自在天化身的说法。藏密和东密都非常重视大黑天，祈祷为行者除魔障，修行圆满成就和祈求福德。依《大黑天神法秘密成就次第》所述，此法至为秘密，非入室弟子不传。

为大黑天崇拜传统在藏密中非常重要。笔者在 2022 年 11 月和 12 月两次拜访日本高野山真言宗总部时发现,东密中的大黑天修法亦流行至今,香火不断。德国学者考普·卡斯滕(Colpe Carsten)认为,在对中国佛教的发展进行分析时,学者们借助融合观念,即根据两种或两种以上宗教传统之间的相互影响、相互借鉴来分析宗教现象。① 罗伯特·沙夫也赞同这一观点,他说中国佛教是来源于两种截然不同的宗教文化的碰撞,由此产生双方的相互借鉴,进而融合、和解。②

汉传大乘佛教和汉地密教皆对中国化的圆融方法有着深刻的喜好,其尝试融通的方法论本身也是中国佛教历史发展中的重要特点。持松通过显密对话的方式深入显密经论,阐释义理进行判教,颇能契合当时汉地追求圆融的传统心态。在早期他以华严判教摄解东密,在盛年时期随着其对事相部的认识成熟,他更加深刻、准确地理解空海《十住心论》即身成佛义的修证表述。其前后不同的判教立场表明了密教体系本身的复杂性。笔者认为这种理解过程并无速成捷径可言,需要长时间的知识积累和世间阅历打磨,其过程本身也反映了我们普通人在世俗中寻求佛法神圣性的心路历程。2021—2022 年笔者在哈佛大学东亚系跟随阿部隆一教授上课,学习他对空海密教经疏的阅读理解。他认为:"甚至空海本人也未曾将其'密'法构想成某一独立的传统,更遑论建立一个新的教派。"但是在东密发展过程中,空海弟子信奉其祖师作为东密创始人的超越地位,其原因也是复杂隐晦的。罗伯特·沙夫说:"空海将密宗佛教视作能够适用于几乎任何佛教经典的替代性诠释手段,因此他努力让自己的教法为业已成立的奈良僧团所接纳。"沙夫认为空海对密教的理解逻辑和龙树造《大智度论》以及智𫖮(538—597)创天台止观时存在着概念上的连续性,空海将密教定义理解为对显教的一种更为微妙且更有灵效的方式。③ 空海的重大学术贡献不局限于显密判教方法论,更重要的是他建立了一种更加广阔完备的教义体系可以同时摄入显

①　Colpe Carsten, *Syncretism*, translated by Matthew J. O'Connell, in Mircea Eliade edi., *Encyclopedia of Religion*, Vol. 14, Free Press, pp. 218 - 227.

②　[美]罗伯特·沙夫:《走进中国佛教:〈宝藏论〉解读》,第 16 页。

③　[美]罗伯特·沙夫:《论汉传密教》,张凌晖译,沈卫荣主编:《何谓密教?》,第 132 页。

密不同教义,归类区分。但是,受法者由于根机不同,必须寻找适合自己的显密教法。

对比现代学术界对印度和西藏密教史以及思想哲学的全方位重视和挖掘,唐密研究主题一直是被严重忽略的学术洼地。甚至唐代汉地密宗是否和印藏密教一样具有规范的操作体系,国际学界至今都存在一定的争议。① 葛兆光曾说:"虽然佛教的另一支即密宗在八世纪中叶的长安……它虽然丰富了古代中国的知识世界,却很难融入古代中国的思想主流,在思想史上并没有留下太多的痕迹,这也许是由于密宗教义与主流思想在道德上的冲突,也许是其神秘主义修行实践与传统人文精神在伦理上的差异。"②但是他的这一观点遭到了黄阳兴的否定。黄阳兴否认密宗在道德层面会与主流思想发生根本冲突,他认为密宗自身的神秘主义方式制约了其发展。③ 随后唐密在"会昌灭佛"打击下,传道者、道场、造像、经卷和社会资源大量流失。唐朝行琳法师哀叹:"观彼显教,代有英才;省我密宗,缁流少习。益以寇乱之后,明藏星堕,虑渐陵夷。"④

民国时期王弘愿在《金刚顶经义诀》之重刻序中评论说:"谓中国密教久绝,而实未尝绝,丛林日诵,真言之收入课本者多矣。俗僧不明三密加持⑤、

---

① 沈卫荣:《关于密教的定义、历史建构和象征意义的诠释和争论》,沈卫荣主编:《何谓密教?》,第1—34页。

② 葛兆光:《中国思想史》第二卷,上海:复旦大学出版社,2000年,第130页。

③ 黄阳兴:《咒语·图像·法术:密教与中晚唐文学研究》,深圳:海天出版社,2015年,第382—383页。

④ (唐)行琳:《释教最上乘秘密陀罗尼集序》,《房山石经》第28册,第2页。

⑤ 三密指身口意三密,为佛菩萨的身密、口密、意密。身密指一切形色,语密指一切声音,意密指一切佛理。三密加持指行者与佛菩萨等本尊三密相应,且相互摄持,成就悉地。三密的种类分为:1. 法佛三密。指四种法身曼荼罗诸尊的三密。是法佛自证之境界,其法体甚深微妙,本来平等,身等于语,语等于心,身口意三三平等,遍法界妙用。2. 众生三密。又称本有三密,是众生身口意三业,三业的实相皆六大法性作用,故住本不生位,法尔具众德。其法体与法佛三密无异,故曰本有三密。3. 修生三密。众生修行与如来三密加持感应涉入互融。4. 有相三密。手结印契,口诵真言,心住本尊三摩地。5. 无相三密。举手动足皆成密印身密,开口发声皆是真言语密,起心动念皆成妙观意密。加者,往来涉入、加被、增加等,行者修行时得到佛力照被。持者,彼此摄持,摄而不散,所化众生能任持所受如来加被力曰持。三密相应加持得悉地成就。即身成佛以父母所生的肉身证得佛果。凡夫色心即两部理智二德,凡夫三业指佛部莲花部与金刚部之性德,六大无碍,四曼不离,三密加持相应,即身成佛。

五智灌顶①大义,而徒以真言为消除业障之助道法,此中国密教之所以久绝也。"②灌顶是密教修证的核心环节。空海在《秘藏记》③中记载:"灌顶义,灌者诸佛大悲,顶者上之义。菩萨初地乃至等觉,究竟迁妙觉时,诸佛以大悲水灌顶,即自行圆满得证佛果,是顶义也。诸佛大悲是灌义,世人皆以幡号灌项,是以幡功德,先为轮王后终成佛,以到佛果名为灌顶。是故知以果名因也,若然者,从因至果,其间一切功德莫不灌顶。又于灌顶有三种:一摩顶灌顶,诸佛摩顶授记;二授记灌顶,诸佛以言说授记;三放光灌顶,诸佛放光令被其人得益。"④王弘愿和持松同样具有深厚的华严义理功底。据《密教讲习录》⑤杨勋序言介绍,王弘愿号圆五居士,广东潮安县人。四十岁时因读《华严经》而于普贤境界有所悟入,后常向开元寺(潮州黄檗宗)怡光法师请教教义,借阅经典。1924 年拜在日本新义真言宗丰山派大僧正权田雷斧门下学习东密,获得大阿阇黎位,在民国时期弘传密法。王弘愿的论述受辽代道殿⑥《显密圆通成佛心要集》和辽代觉苑《大日经义诀演密钞》影响颇

---

①　五智,密教金刚界将一切成就诸佛菩萨的智慧分为五种,并以五智配于五方佛、五部、五色等,称为五智如来。五智是法界体性智、大圆镜智、平等性智、妙观察智与成所作智。以法界体性智为中央大日如来之智,其他四智由此化育。灌顶(梵语 abhiṣeka),以四大海之水灌于头顶表示祝福之意,原为昔日印度国王册立太子之仪式。大乘佛教中以灌顶表示佛位受职,菩萨于十地中之第九地入第十法云地时,得诸佛智水灌顶,称灌顶法王。或称菩萨修至十地,即受诸佛摩顶,称灌顶,表示入佛之界。密教中以灌顶为阿阇黎向弟子印可传授时的一种仪式。行者坐于妙法莲花自在神通师子座,以本性清净智慧慈悲五瓶水(象征如来五智),具含万德而灌其心,说法王遗训,授法王印玺。以区别结缘灌顶和学法灌顶。不空解释说:"顶谓头顶,表大行之尊高。灌为灌持,明诸佛之护念。"(《大正藏》第 52 册,第 830 页上)《华严经》卷八《菩萨十住品》、《菩萨璎珞本业经》卷上《贤圣名字品》等载,菩萨十住之第十位,称为灌顶住。

②　王弘愿著述,于瑞华主编:《密教讲习录》第二册,第 654 页。

③　《秘藏记》略本一卷,广本二卷,收录于《大正藏》第 86 册。著述年代不详,相传此书为空海据其师惠果所言而作笔记,解说密教事相、教相的杂录。参考慈怡编著:《佛光大辞典》,北京:北京图书馆出版社,2005 年,第 4268 页。

④　《大正藏》第 86 册,第 8 页中。

⑤　王弘愿作为民国时期著名的居士,师从权田雷斧修习密宗,并得授传法阿阇黎位,《佛教日报》称之为"以居士为当代传承密教得阿阇黎位之最初第一人"。《密教讲习录》辑录了王弘愿译介的大量日本密教经典及其在各地灌顶传法的情况,是研究近代唐密复兴的宝贵资料。

⑥　道殿(1056—1128),山西云中(今山西省怀仁市)人,俗姓杜,字法幢,首创汉传佛教显密圆通之法,亦是准提法门的缔造者,与唐代玄奘和鉴真两位高僧在全世界佛教界享有同样崇高的地位。所著《显密圆通成佛心要集》在当时即产生了巨大影响,进而被辽道宗封为国师,赐号(转下页)

深。他认为道殿和觉苑二人在中国佛教历史上谓朝阳鸣凤,然而其勿得八祖心传,中国密教果为久绝也。① 持松与王弘愿的显密之争是近代中国佛教史上的重大历史事件。在王弘愿1937年辞世后,持松后期的佛学思想以1939年《密教通关》的出版为标志,逐渐转变为以密教摄华严的定位,趋于与王弘愿生前的观点一致。笔者认为持松和王弘愿皆对密教在汉地的发展做出了杰出贡献。

笔者认为密教对于中国宗教史的贡献是明确肯定的。法国学者谢和耐(Jacques Gernet)说:"坦特罗佛教(Tantric Buddhism)是印度佛教给中国的最后贡献。不久之后发生的巨大变化,使得中国世界缺少出路并导致庞大僧团组织的衰落。"②美国学者奥泽奇(Charles D. Orzech)指出:"不空的出现和金刚乘仪式的传播与融合正预示了现代中国宗教的开始。"③英国学者约翰·布洛菲尔德认为金刚乘(Vajrayana)是在中国西藏和蒙古地区占统治地位的大乘佛教之一宗。④ 显荫认为:"佛法之流入中华也,虽分性相显密禅教律净之多途,而其实为一混合式之佛教也。真言密教,虽未大昌于中华,而中华佛教之流传至今日者,皆真言密教摄持之力,关系重大。"⑤奥泽奇明确说:"从中唐开始,中国的佛教呈现出密教化的倾向。"⑥他独创性地肯定了汉传密教崛起于盛唐中期。新加坡学者古正美认为:"从四世纪前后,大乘经典开始密教化。大乘所有的神祇,从佛到鬼神,都有自己的神咒

(接上页)"显密圆通法师"。该著将准提法作为圆融显密的主要法门,使其转化为中国式密法,为明清以来准提法修持者所依循。

　① 王弘愿著述,于瑞华主编:《密教讲习录》第一册,第515页。

　② Jacques Gernet, *A History of Chinese Civilization*, Cambridge University Press, 1982, p. 281.

　③ Charles D. Orzech, "Seeing Chen-Yen Buddhism: Traditional Scholarship and the Vajrayana in China", *History of Religion*, 1989(2), p. 114.

　④ [英]约翰·布洛菲尔德:《西藏佛教密宗》,耿昇译,拉萨:西藏人民出版社,1992年,第1页。

　⑤ 显荫:《真言密教与中华佛法之关系》,张曼涛主编:《现代佛教学术丛刊》第71册《密宗概论》,第200页。

　⑥ Charles D. Orzech, *Political and Transcendent Wisdom: The Scripture for Humane Kings in the Creation of Chinese Buddhism*, Pennsylvania State University Press, 1998, p. 136.

或陀罗尼作为护持佛法及世间的方法。"①他宣称这种广泛的密教影响直接推动了汉传佛教显密圆融的思想和实践。也正是因为汉传密教义理的博大精深，历史上对显密判教的争论才一直持续。笔者认为民国时期持松和王弘愿的显密之争只是中国佛教史上的一个片段，有其发生的必然性，只是这次争辩的主角换成了持松和王弘愿。即使他们被选择出场不是出自本意，但其结果也是历史周期中的一个必然现象。

唐密东传日本后关于金刚界和胎藏界两部的关系争议持久。日本入唐八大家首先完成了密宗建派和教义理论体系的基础构建，其东密、台密两系的关注焦点开始转移到梳理各密宗流派所传承的胎藏界与金刚界两部大法的法脉关系。由于日本密教各派所传密法内容、师承传衍、教派门户不同，密法优劣之争直接导致了"不二论"的产生，以调和融通各派系的弘法地位。密教初传日本时，日本佛教界和社会信众没有形成对密教的共识基础，所以空海和最澄首先需要面对的问题是如何取得皇室和社会各阶级对密法的一致认可，如何使密教信仰立足于已有的日本佛教诸宗派之中。美国学者戴维·戈登·怀特大量研究了全亚洲各类密宗法师、皇室成员以及国家保护之间的关系，包括中国唐朝、日本平安时代、尼泊尔王朝以及中印度迦罗珠利王朝等时期，他认为密教的高端仪轨形式是以武力和国家政权支持作为后盾的。空海为了开创密教独有的理论教义体系和哲学思想，创立六大缘起、四曼陀罗不离、三密加持的体相用之说，建立以本体论、世界观、方法观为一体的东密理论体系，建立了十住心说显密判教、即身成佛义来解释密教殊胜的思想和地位。在公元 807 年的佛教辩论中，空海挫败奈良佛教诸宗派的精英代表，取得嵯峨天皇深度信任和公开支持，建立了高野山东密道场。最澄则形成台密一系。经过入唐八大家多年耕耘，密宗理论建设及其创宗立派的实际工作已经完成，所以显密判教的争论焦点开始转移到日本密教内部繁多的教派之间关于教相金刚界和胎藏界的地位处理，也是真言宗和瑜伽教派的教法关系上。由此密宗教派之间圆融互摄的需求

①　［新加坡］古正美：《于阗与敦煌的毗沙门天王信仰》，《从天王传统到佛王传统：中国中世佛教治国意识形态研究》，台北：商周出版，2003 年，第 459 页。

以及学说俱起,二而不二论成为主流。日本的显密之争发生在持松和王弘愿争辩的一千年前。现代中国学界可以借鉴日本显密之争以后的密教主题的切换,适应中国当代社会和文化的特点,发掘出具有现代意义的研究主题和内容。

不二论主张金刚界、胎藏界二法圆融,用理智、因果、色心概念来分析解释曼陀罗。"不二论,自觉鍐①始,新义学派起,应永学匠出,其说大成。"②十二世纪以后日本真言宗理论主张分为本有与修生两家教相学派。本有一派主张凡圣本来具有佛性本觉,其胎藏界教法次第为本有③—平等—理界—五大—色法—莲花—横—大悲—阴—因—东曼陀罗—众生—演绎法。修生一派宣扬通过密观妙行来开发本有佛性,其金刚界教法次第为修生—差别—智界—识大—心法—月轮—竖—大智—阳—果—西曼陀罗—佛—归纳法。两派一起演化着东密思想理论体系构建。权田雷斧也详细解释了真言宗本有和修生义与法相唯识的区别。金善互授、两界一具、金胎合法(近代日本密教学者提出)④、金胎合曼(现代中国密教学者提出)这些关于二而不二的论点是这一时期的义学思想成果的总结。中国的现代学者赵馥洁归纳总结真言宗基本经典为《大日经》说理平等,而《金刚顶经》说智差别。其中,胎藏界色法强调理、因和本觉,金刚界心法究其智、果、始觉、自证。密宗流

---

①　觉鍐(1095—1143),新义真言宗初祖。肥前国人,俗姓平氏,世称"密严尊者"。著有《净菩提心私记》《本不生义》《两界沙汰》《父母孝养集》《密严遗教录》《密严诸秘释》等。日后其门徒与高野山不和,自创一派,称"新义派"。从事相传承上又称作"传法院派",为"广泽六流"之一。

②　吕建福:《密教论考》,第128页。

③　权田雷斧《两部曼荼罗通解》云:"胎藏界者,显示本有平等之曼荼罗也。于本有修生之中,为众生本有性德之曼荼罗。于理智之中,就其表面言,则云理界之曼荼罗,即六大之中,前五大之曼荼罗也。随而名色法曼荼罗焉。又以中台八叶为体故,称莲华曼荼罗。……又以为众生本有之曼荼罗故,在因果之中,为因曼荼罗……金刚界为显示修生显得之差别智曼荼罗故,始觉修生之曼荼罗也。自其表面言之,则智界之曼荼罗……以五解脱轮为总体,故亦云月轮曼荼罗。又以始觉修生之曼荼罗故,为果曼荼罗。"(张曼涛主编:《现代佛教学术丛刊》第74册《密宗仪轨与图式》,第62—63页)

④　大村西崖《密教发达志》一文中多次提及金胎合法、金胎合部、金胎两部会融。他认为从善无畏、金刚智开始似乎有意融会两部密法。但是吕建福认为大村西崖的判断建立于伪经基础之上,可信度较低。而且金胎及诸部密法内容尤其是印明等本就相同或通用,应该是印度密教的同源关系和相互影响所造成,而并非善无畏、金刚智、不空在翻译时蓄意为之。而护摩诸法、三部密法互通、补充诸部并行同传后出现的现象也是唐密演变之处。参考吕建福:《密教论考》,第300、301页。

派虽多,但共通之处明确无疑,即佛陀(大日如来)心印传承的理论根据、中观正见为究竟、上师口诀修行法则、胜义菩提心为究竟发心、上师灌顶、师徒口耳相传为传承方式和遵守密乘戒律。① 吴立民、韩金科在其多部著作中数次提到二而不二论说。从义学溯源看,《大日经》《金刚顶经》《苏悉地经》三部密教根本大经从印度传入唐朝,由"开元三大士"互通互补,各密法系统本身就有不少相同之处。晚唐时编集的《念诵结护法普通诸部》也综合了这三部密法而成通则。唐密纯粹义学圆融思想封闭和开放的状态共存,东传日本后由各派系发展至今已经呈现多元化的态势,与传统的唐密不同。

　　东密源于唐密,其源头呈现了印度密教发展过程中期瑜伽部的明显特点和晚期无上瑜伽部的构建要素。胎藏界②以中观理论为基础构建其教义理论体系,而金刚界③则与唯识学说密切相关。持松著《金刚界行法记八卷》和《胎藏界行法记拾卷》续引了空海观点,金、胎两部虽分理智二门表色心二法,但两部同具。具体义理表述为胎藏界(womb world)以莲花为体,表众生八叶肉团心。金刚界(diomond world)以五股金刚杵为体,表五智。两界皆以曼陀罗为相。2022 年春季哈佛大学阿部隆一教授曾在其"佛教、艺术、日本文化"课堂上详细讲解两部曼陀罗相(参考附录二图示)。持松总结了十二世纪日本新义真言宗初祖觉鍐"二而不二"义。他认为胎藏界起于

---

　　①　赵馥洁:《重现长安密教风采,采掘传统文化精华》,宽旭主编:《首届大兴善寺唐密文化国际学术研讨会论文集》第一编,第 39—41 页。

　　②　胎藏界(梵语 garbhakośa-dhātu),又名胎藏密、行续、行部、行怛特罗,意为隐藏、包含,在密宗中指佛性或如来藏。胎藏界密法可能起源于南印度如来藏学派,较金刚界的传承略早,随后以那烂陀寺为中心向全印度散播。玄奘与义净赴印度求学时,胎藏界密法尚未传入那烂陀寺,据此可大致推断其兴起时间在武周之后。唐开元年间,胎藏界密法由善无畏传入中国,其弟子一行承继,著《大日经疏》流传。其后不空三藏赴锡兰学习密法时,据称从普贤法师处得受金刚界与胎藏界两部灌顶,因不空在中国的弟子众多,故唐密以不空一脉的传承为主,形成了金、胎两部密法相融合的特色。

　　③　金刚界(梵语 vajradhātu)以《金刚顶经》为根本经典,藏传佛教称之为瑜伽续(梵语 yoga-tantra),视其为下三部瑜伽之首,其与无上瑜伽部最大的不同在于不可修行欢喜法。金刚界密法可能起源于南印度如来藏学派,同胎藏界一样均以那烂陀寺为传播中心,在唐朝传入日本后成为东密及台密的核心教义。在传统真言宗寺院中,金刚界曼荼罗挂于西方,象征大日如来示现;而胎藏界曼荼罗则挂于东方,象征大日如来早期阶段。

众生烦恼欲望之因,本有属理,诸佛菩萨住于莲花内月轮之中。莲花表理,月轮表智,智住理内为不二。金刚界从佛果智上起,修生属智,诸尊住于月轮内莲花中。理住智内亦为不二。由此金胎两部色心理智互具不二,不二而二。两部无深浅之分,理智不离。持松认为两部互摄,俱名曼荼罗,轮圆具足。若如实知自心,修生显得之时,身中心王、心所悉成尊形。此如来藏庄严瑜伽能除一切苦,真实不虚。两部一为行因至果,另一为从本垂迹,方便究竟,前后一揆也。二部上转修生起次第,下转修轨以自性受用身和应化有缘含识令他受用身成自利利他之事业。①

　　持松对于曼陀罗的教相理解纯正严谨,其知识来源于其在日本期间的东密老师的指导。他曾师从新义真言宗丰山派第五十八世管长②、新丰派根来山新义真言宗兴教大师嫡脉四十八代之传灯金刚大阿阇梨③权田雷斧僧正。权田雷斧在《〈大日经住心品疏〉续弦秘曲》中解释:"盖若夸本有而怠修生,不可有成佛之期;泥修生而忘本有,则万行皆属于徒劳矣。"④权田雷斧另一位灌顶传法弟子王弘愿撰著《口义记·理趣经》⑤解释说:"何谓金刚? 即法身佛资内证之心法,是即内证理智即身成佛之法也。智者能证,理为所证。盖胎藏者,理法身住于智法身而说之经也;金刚顶者,智法身住于理法身而说之经也。故胎藏为因,金刚顶为果;胎为东曼陀罗,金为西曼陀罗也。"⑥本有学派主张凡圣本来具有佛性本觉果德;修生学派宣扬通过密观妙行呈现本有佛性。藏传密教中,中观思想的影响更甚。⑦《上新请来经等目录表》记载了唐密七祖惠果乍见八祖空海时,含笑喜告曰:"我先知汝

---

① 杨毓华主编:《持松大师全集》第三册《显与密之转识成智》,第 1226 页。

② 田中海应:《豊山小史》,东京:杏林舍,1924 年,第 146 页。

③ 何甘棠:《黎乙真大阿阇梨赴告》,香港:佛教真言宗居士林,1937 年。

④ 权田雷斧:《〈大日经住心品疏〉续弦秘曲》,第 18 页。

⑤ 《理趣经》,全称为《大乐金刚不空真实三摩耶经》,收录于《大正藏》第 8 册。全经分为缘起、正宗及流通三部分,其中正宗揭示日常生活中建立佛国净土的要法,共分为大乐法门、证悟、降伏、观照、富、实动、字轮、入大轮、供养、忿怒、普集、有情加持、七母天、三兄弟、四姊妹、各具、深秘等十七种法门,均属密教即身成佛之极意。

⑥ 王弘愿著述,于瑞华主编:《密教讲习录》第一册,第 112 页。

⑦ 张文卓:《融会与创新——文明交流互鉴视域下的密教》,吕建福主编:《中期密教注疏与曼荼罗研究》,北京:中国社会科学出版社,2019 年,第 370—387 页。

来，相待久矣，今日相见，大好大好。报命欲竭，无人付法，必须速办香花，入灌顶坛。"三个月即传法于空海，嘱咐说："今则授法有在，经像功毕，早归乡国，以奉国家，流布天下，增苍生福。然则四海泰万人乐，是则报佛恩，报师德。为国忠也，于家孝也。义明供奉，此处而传。汝其行矣，传之东国，努力努力。"①其中"义明供奉"明确说惠果预言期望空海有义务和责任供奉密法并弘传。唐密到东密上千年的历史中，其演变形式繁琐多样，但其源头乃是唐密，并再从日本回传汉地，是以依然称民国时期唐密复兴。但需要注意的是，唐密东传结合了日本本土神道教的神祇宗教特色形成了东密，"认为国常立尊、国狭槌尊、丰斟渟尊三神是'法报应'的三身，这三身的合一就是大日佛"。② 东密涉入了神道教大神成为佛教的佛菩萨，"神佛习合"的本地化促进了神祇与佛陀一体的"本地垂迹说"③的传播。

东密传承和汉地大乘佛教诸宗（唯识除外）皆尊龙树为祖师。《入楞伽经》卷九曰："我乘内证智，妄觉非境界。如来灭世后，谁持为我说？如来灭度后，未来当有人。大慧汝谛听，有人持我法，于南大国中，有大德比丘，名龙树菩萨，能破有无见，为人说我乘，大乘无上法。"④是其证也。《华严经》在佛教信仰中是由龙树菩萨入龙宫诵持而传入世间的。根据记载，龙树曾入龙宫赍《楞严经》，开铁塔传密藏，为显密八宗之祖师。持松曾对当时"如谓《楞严》为房融所托"一说提出自己的支持《楞严经》的观点："岂确有所据而言耶？况学贵得本，理务得真。"持松说："昔有以《楞严》真伪求决于莲池大师者。师云：纵使他人能说此理，吾亦尊之为佛语也。"⑤龙树传曰："龙树菩萨者，出南天竺梵志种也。……其母树下生之，因字阿周陀那。阿周陀

---

① 《大正藏》第 55 册，第 165 页上—下。
② ［日］村上重良：《国家神道》，聂长振译，北京：商务印书馆，1990 年，第 42 页。
③ 佛教将佛法身或真身、实身称为"本"或"本地"，将佛随时应机说法的化身或应身称为"迹"或"垂迹"。本地垂迹说最早由僧肇提出，后在日本发展，又称神佛习合说。这一说法将各个地方的本地神明视作佛或菩萨的化身，有助于实际解决本地宗教和外来佛教的融合。
④ 《大正藏》第 16 册，第 569 页上。
⑤ 持松：《梵网经菩萨戒本汇解序》，杨毓华主编：《持松大师选集》（六），北京：华夏出版社，2009 年，第 217—218 页。

那,树名也,以龙成其道,故以龙配字,号曰龙树也。"①瑜伽行唯识学派与如来藏学派也多引用龙树著作来证明本宗正传。显荫在《真言密教与中华佛法之关系》一文中指出:"弘法大师之立教开宗,一依龙树,且融会四家大乘而一贯之,尤为精审。……然则大师之所传,皆中华佛法之最精纯者也。我中华佛弟子,允宜精修大师之教义,以重光于华夏。"②

　　虽然密教对中国民众产生的影响历史悠久,信徒甚至对密教广泛崇拜,兴趣有加,但是密教特别重视上师口传,而且汉地并没有众多的密宗寺院可以熏习培养僧众,所以学者甚难窥见密宗全貌。再加上其教义艰涩隐晦,流传艰难,误见纷多,或习显教而轻视密部,或专攻真言而昧于显教,不得显密双辩心要。如何面对密教这一(复杂的)传统,学者们经常不知所措。③ 王弘愿传法弟子冯达庵居士认为唐密在东瀛,因种种机缘,"诸祖师手眼,自然有施设不同之处。吾华复兴之道,当以唐密本轨为宗,兼采他密精要,以顺机宜,斯善矣"。④ 玠宗认为:"是时日本僧留学于唐时者,尽得其传,及归日本,密教大行,特成一宗,号曰真言,又曰真宗。中分两派,以天台哲理混入说明者,曰台密;以华严哲理混入说明者,曰东密。"⑤吴立民曾说:"中国佛教之振兴,首在唐密之复兴","复兴唐密,关系重大","二十世纪以来,中国佛教密乘大德无不为之努力,其中最突出者,当推持松法师"。⑥ "世有东密显密,曾得到金刚部胎藏部的全貌,故中国密宗泰斗,独推持松法师一人而已。"⑦赵朴初为持松法师灌顶弟子,他曾在《持松大师全集》引序中赞叹持松"久慕玄奘之行……终满(唐)不空之愿"。⑧ 台湾学者林光明在引序中称,"持松以其对密教的理解和贯通,以及二十世纪以来对密教的弘扬所做的贡献,再加上

---

① 《大正藏》第 50 册,第 184 页上—185 页中。

② 张曼涛主编:《现代佛教学术丛刊》第 71 册《密宗概论》,第 205—206 页。

③ [美]罗伯特·沙夫:《走进中国佛教:〈宝藏论〉解读》,第 271 页。

④ 冯达庵:《佛法要论》,北京:宗教文化出版社,2006 年,第 255 页。

⑤ 玠宗:《真言宗哲学》,张曼涛主编:《现代佛教学术丛刊》第 71 册《密宗概论》,第 173—174 页。

⑥ 杨毓华主编:《持松大师全集》第一册,第 11—15 页。

⑦ 《觉群周报》第 1 卷第 24 期,1946 年 12 月 23 日。

⑧ 杨毓华主编:《持松大师全集》第一册,第 10 页。

著述的数量与品质,尊称持松是(唐)不空以来第一人,也是当之无愧",①表达了他对持松的崇仰态度。历史学家苏渊雷教授也盛赞持松为"开元遥接三大士,东密亲传第一家"。②

中国化的密教离不开其源头印度佛教的熏染,但在其历史演化中必然会融入汉地特色。广义的佛教是一种宗教范畴,包括它的经典、教法、仪式、制度、习惯、教团组织等。狭义地说,它就是佛所说的言教。③ 太虚说:"佛法真理,虽然亘古亘今不变不迁,但因为符合各时代各民族思想之不同,佛法的法门也随着不同。"④印度佛教经过中亚和西域进入汉地,经过创造性转化和创新性发展,形成汉传佛教,这种演变过程即是"佛教汉化"。⑤ 吕澂认为,中国佛学只是印度佛学的嫁接成果,其根基在中国,而不是在印度。⑥方立天认为:"佛教中国化是佛教教义在中国的实现途径和实现方式,其具有民族性、地域性和时代性特征,及其相互结合作为佛教中国化的基本内涵。"⑦佛教中国化的进程复杂,涉及文化内涵中和本土儒、道之间的冲突与融合。一般认为传入中国的密教开始于晋僧帛尸梨蜜多罗译《大灌顶经》,为杂密(事部)阶段。⑧ 至唐代,开元三大士来长安所传胎藏界、金刚界体系密法称为纯密,又称唐密。会昌法难之后汉地密宗并未谬传或绝迹。北宋年间,印度无上瑜伽部兴起,大批印度僧人来华传法,译出大量印度密教经典。但是宋朝皇室对密法的态度普遍不像唐朝时期那样重视,又遭逢禁止

①　杨毓华主编:《持松大师全集》第一册,第17页。

②　中流:《"华严坛"三悦》,《人海灯》2000年第4期。

③　章金莱(六小龄童):《"西天"究竟在哪儿?》,增勤主编:《首届长安佛教国际学术研讨会论文集》第四卷,西安:陕西师范大学出版总社,2010年,第212页。

④　太虚:《佛陀学纲》,《太虚大师全书》第1卷,第202页。

⑤　圣凯:《建构"佛教中国化"学术话语体系》,《中国社会科学报》2021年9月28日第3版。

⑥　吕澂:《中国佛学源流略讲》,北京:中华书局,1979年,第335页。

⑦　方立天:《佛教的中国化与中国化佛教》,《方立天文集》第1册,北京:中国人民大学出版社,2006年,第447页。

⑧　杂部密教在中国的流传始于西晋永嘉年中印度人帛尸梨蜜多罗来中国译行的《大灌顶经》,其后各朝代皆有高僧来华译传杂密经典,如东晋的佛陀跋陀罗、后秦的鸠摩罗什、元魏的菩提流支、陈朝的阇那耶舍、隋朝的阇那崛多等等诸三藏,但他们的法脉传承系统并不明确。参考王弘愿:《密宗纲要》,台北:天华出版事业股份有限公司,1999年,第5页。

政策,所以宋朝时期译出来的密教经典,没有如西藏地区广泛的流行。① 明清以后,密宗进一步和显教天台、华严、禅宗、净土,甚至儒家、道教结合成为寓宗的隐秘形式。故传统上的唐密概念指传入中国的印度密教,汉传密教一词能够更好地概括在中国本地流传的密教,显明其历史流传及其文化融合的相关问题。② 美国学者陈观胜在其著作《中国佛教》中论述说:"会昌法难"后的唐代佛教是中国宗教的顶点,其后的佛教只是"一种伟大传统的追思"和"衰落"。③ 上层阶级的信奉和支持使佛教在唐朝壮大,传播到社会各阶层。佛教在社会上层人士中形成了经典佛教倾向,其人群包括皇室、官僚、文人、佛教高僧大德,注重佛教义理研究、求法译经、注疏解经和仪轨守持等。在普通百姓中重视世俗佛教的内涵,祈求相信拜佛敬神会带来消灾驱邪、保佑平安的功利性目的,与现实社会世俗化的利益密切联系。现代学者崔峰认为外来的佛教在宋代推动了本土儒学的复兴。佛教中神灵崇拜的功利化和世俗化都体现了中国人的传统文化中注重现实利益的功利主义价值观。因此当中国佛教的印度佛教源头接近消失时,中国佛教失去了新鲜感,世俗化的来临是不可避免的局面。④

太虚弟子竺摩认为:"佛教根本的思想有:一是出世的思想,一是入世的思想;前者是小乘佛教,后者是大乘佛教。"⑤十九世纪末开始的汉地佛教复兴,更像是一场文化运动,而不只是纯粹在精神和宗教信仰层面上的义理复兴,佛学复兴有着厚重的现实主义文化气息和实用意味。那些提倡佛学复兴的精英知识分子们既要面对西潮冲击,还要调和传统儒、道教育思维的

---

① 谢世维:《汉传准提佛母经典之嬗变:以〈显密圆通成佛心要集〉之"密教心要"为核心》,《新世纪宗教研究》2016 年第 2 期,第 87—119 页。

② 正如罗纳德·约翰斯通所言:"不管宗教为何者,其皆是一种社会现象,并与其他社会现象处于不断地互相作用、互相影响的关系中。"[(美)罗纳德·约翰斯通:《社会中的宗教——一种宗教社会学(第八版)》,袁亚愚、钟玉英译,成都:四川人民出版社,2012 年,第 5 页]

③ 转引自霍旭初《善导与西域阿弥陀净土信仰》,增勤主编:《首届长安佛教国际学术研讨会论文集》第四卷,第 224—235 页。

④ 崔峰:《论唐密的兴盛、衰落与现代复兴》,宽旭主编:《首届大兴善寺唐密文化国际学术研讨会论文集》第一编,第 425 页。

⑤ 竺摩主讲,达居记录:《维摩经讲话·芝峰序一》(1940 年写于沪上之静安寺云水堂),澳门:文新印务公司,1941 年,第 1—4 页。

内部矛盾；既要适应近代科学理性与人文关怀的价值观，也要解决现实利益冲突中的社会问题。缺乏如同唐朝皇室贵族的压倒性力量支持，他们更多地依靠重新梳理、发掘佛学思想中新的格义①理解来应对西学以及近代社会问题，来替代弱势的清末经学。西学一词变成了新学。② 在这场复兴运动前期阶段，这种追求人文理性和佛教崇拜信仰之间的张力，扭曲演变发展为佛教学术化和学科化的理性思维要求，弱化了佛教解脱的信仰目的。由于新世纪思想启蒙和辛亥革命成功对社会的巨大影响，这场佛教复兴文化运动明确地转向了佛教研究的新学术方向，表现为以翻译梵文、巴利文、藏文、日文文献资料、实证主义和坚持学术中立立场的术语和逻辑、语文学文献学研究方法为主的"近代佛教学"。③ 这类受西方学界影响的研究方法对汉地密教的学术研究带来新的认知。哈佛大学教授范德康认为语文学是通过对文本的基础研究理解文化，对文本的流传与接纳的历史进行研究。他对"语文学"的分支"阐释学"更加重视，通过分析特定语词的发展变化来解释其前因后果。④ 另一方面，二十世纪初期是一个思想混乱而自由的时代，带来了中国佛教的繁荣发展。近代汉传佛教的复兴也依靠了居士的社会力量推动世间弘法。太虚推崇在家居士依附《人乘正法论》组织佛教正信会，推动佛教进入人间社会。⑤ 中国本土佛教僧侣团体内部分成激进和保守两派，产生了以欧阳竟无、王恩洋、刘定权、吕澂为代表的"唯智派"居士佛教。⑥

---

① 格义是指运用中国传统的儒、道观念诠释佛教义理，流行于南北朝时期。虽然通过类比中土思想和典故有助于佛教在中国的普及，但这一方法也有牵强附会的明显缺陷。《高僧传》卷四《晋高邑竺法雅》有言："以(佛)经中事数，拟配外书(老庄)，为生解之例，谓之格义。"(《大正藏》第 50 册，第 347 页上)关于"格义"，参见陈寅恪：《支愍度学说考》，《金明馆丛稿初编》，上海：上海古籍出版社，1980 年。

② 熊月之：《西学东渐与晚清社会》，北京：中国人民大学出版社，2011 年，第 729 页。

③ 关于日本近代意义上佛教研究的形成，可参考樱部见：《解说》，南条文雄：《怀旧录》，东京：平凡社，1979 年。

④ 原题为《范德康谈藏学研究的发展》，《东方早报上海书评》第 390 期，2016 年 7 月 24 日。

⑤ 太虚：《我的佛教改进运动略史》，《太虚大师全书》第 31 卷，第 86 页。

⑥ 欧阳竟无提出要由唯识学转变到唯智学的观点，他认为，"唯识、法相唐以来并为一宗，其实通局大小殊焉"，揭示出大乘有宗唯识、法相在理论上的不同之处，并明确"宗趣唯一无余涅槃，法门无量三智三渐次"与"佛境菩萨行"之说，并依染净之请教之义，立唯识、唯智、涅槃三学(转下页)

"中国佛教渐为社会化及学术化而成为近年各种学教新运动之主干,一般人顿改其对于佛学冷淡之态度而为热烈之崇拜。"①在当时社会中,一大批僧侣深研佛学义理和修行实践,居士学佛盛行,学匠云集。杨文会是这一时代居士学佛的代表,其后欧阳竟无、李证刚、梅光曦、黎端甫、蒯若木、吕澂等居士人才辈出。

怎样理解汉传密教的复兴?周一良认为:"虽然密宗对中国思想没有产生很大影响,但是,它不仅与宫廷也与普通百姓密切相关,普通百姓感兴趣的是祈求今生和来世的切身利益,并不喜欢讨论深奥的教义。"②密教和其他宗教例如印度婆罗门教、中亚萨满教、西藏苯教、蒙古密教、天台、华严、净土、禅宗、云南阿阇梨教、民间宗教、咒术和方术、占星术以及中国传统道家和儒家等都有不同程度的互相融合渗透。同时,密教与社会大众的现实物质生活和个体感觉体验也密切相关。密教的存在与发展直接或间接促进了科学、医学、天文学、化学、养生健康、教育、文学、诗歌、音乐、戏曲、小说、雕塑和书法等多方面进步,对社会的影响巨大。持松在武汉洪山宝通寺驻锡时,数万人求法、修法、传法、灌顶。持松和王弘愿的"显密之争"也带动了民国时期整个中国社会对汉传密宗教义的广泛关注和重视。

汉传佛教的历史过程充斥着衰落与复兴的二元伴生矛盾。反对佛教运动的"三武一宗毁佛"事件是消极、极端的,其影响带来了整个宗教体系和社会组织的衰落,尤其是直接毁灭了密宗事相仪轨所需的大量佛像、经卷,导致大量僧侣和寺产场地的流失。但令人困惑的是佛教随后又很快得到了新

(接上页)(三学诠以涅槃三德,以舍染为解说义立唯识学,以舍染取净为般若义立唯智学,以取净为法身义立涅槃学)。(见《内学院院训释》)章太炎《支那内学院缘起》在引述欧阳上述说法后,讲道:"余初惊怪其言,审思释然,谓其识足以独步千祀也。"太虚反对欧阳竟无把法相和唯识归为二门的看法,他认为一切相状,都唯识所现,法相只是唯识所现,唯识是法相之所宗,因此定名为"法相唯识学",法相必宗唯识,所以不应分为两门。熊十力在《十力语要》卷一《答谢石麟》文中认为,护法、窥基的唯识学中,在现象外立本有种子以为本体,从而将体用截成两片,造成了人们的一种根本迷谬,进而针对性地提出了一套"新唯识论"的理论。章太炎遭到了熊十力的批评:"此说甚谬",认为"章氏既不解四分(相分、见分、自证分、证自证分),又不了何谓良知"。

① 陈维东:《太虚法师之佛教新运动》,太虚大师审定,范古农校订,慈忍室主人编辑:《海潮音文库》第三编,台北:新文丰出版公司,1985年,第78页。

② 周一良:《唐代密宗》,钱文忠译,上海:上海远东出版社,2012年,第7—8页。

的发展。我们看到,在佛教史上人们曾经习惯的古老的、受信任的某种信仰内容和方式,不停地被动放置,甚至遗弃,但是传统中应该保留的核心精髓又照样积极地保留传承下来。由于缺乏完整详细的一手史料和数据,整个汉传密教的思想发展史被认为是极其晦涩、复杂纷繁和始终难以全面理解的,但是这种恒常的演变又恰恰反映了佛教倡导的诸行无常、诸法无我、涅槃寂静的特色。佛教自汉代以来传入中国的两千年历史中,经历隋唐时期的繁荣辉煌,到近代已经不可逆转地衰落下去。我们总结了大量导致这种衰败的原因:传统封建帝国政教关系中的强势政权相对于弱势佛教组织地位的挤兑,佛教作为外来文化与中国本土文明融汇碰撞时的矛盾及和谐的动态进化,近代西方工业革命和西方宗教、科学、社会文化等外来思潮对中国佛教的全方位冲击,中国精英阶层对社会现代性的探索实践包括新式教育、庙产办学、公益慈善等,地方政府和豪绅势力等由于利益关系对佛教组织的不同程度的排挤等。但是这些外在和内生的压力测试极大地刺激了中国佛教生命力的激活,使其表现出持续顽强的生命力。一大批精英知识分子们直接推动了近代中国佛教的新型组织机构的成立、佛教运动、佛教刊物和佛经流通、义理研究、大型法会活动、新式僧伽教育、公益慈善事业等种种复兴行动,直面应对汉传佛教前所未遇的社会现代性、跨地域、国际化带来的全方位的生存危机。

在民国时期种种危机冲击背景下,中国汉地密教重新以本土旗帜出现,处于东西方不同文化冲击焦点中的汉地密教如何面对不同文化之间碰撞的张力? 汉地密教要生存下来的目的不能简单概括为消极的多方共存、妥协共生的结果,而是积极地传承了唐代以来汉传密教的独特文化价值理念和信仰基础,表现出其神圣性和世俗性兼容的动态演化过程。这场佛教复兴文化运动促使我们对历史上密教的出现这一特定文化现象重新进行思考,发掘研究人类历史和宗教史中密教的哲学本体论和认识论在近现代社会中的实际作用和意义。

汉地密教应该如何发展? 太虚和持松都已经明确指出要正面地辩证地讨论中国密宗复兴问题。大勇在《上太虚法师书》中写道:"印度密教现已无存,全世界上现仅日本和中国西藏有密教耳(蒙古全学西藏)。现甚思侯东密台密研究后,学藏密以窥其究竟。将来采择日本与西藏密宗之特长,而立我国之密教也。"①密教源于印度,兴盛于中国唐代,又经过千百年在日本本土的演变,已经形成和唐密既紧密联系又有明显差异的一套独立体系。大村西崖谈道:"抑密教事相,虽全成于印度。至其教相,则专成于唐土,且藉显教以始唱导之。"②他所谓教相指对教理的研究以及对理论和原理的说明,事相则指修行法则和对原理的实践。汉传密教之所以不同于其他密教流派,一个重要方面就在于它和中国佛教其他诸宗的结合上。换言之,是若干其他各宗的教义参与铸成了密教的"汉传"特色。③ 民国时期,诸宗派竞起,密教复兴,藏传佛教格鲁派、噶举派和宁玛派深入内地弘密,日本东、台两密也通过佛教界和学术界向中国回传。一大批内地僧人、居士、学者东渡日本,西入康藏,重续汉传密教法脉。正如太虚所说的:"人才济济,绝学有重光之望矣。"④可见密教复兴是中国近代佛教复兴中最为闪亮的场景之一。

①　大勇:《上太虚法师书》,《海潮音》第 4 卷第 9 期,1923 年。
②　大村西崖:《密教発達志》第五卷,东京:日本国书刊行会,1918 年,第 797 页。
③　严耀中:《汉传密教》,上海:学林出版社,1999 年,第 82 页。
④　太虚:《中国现时密宗复兴之趋势》,《海潮音》第 6 卷第 8 期,1925 年。

第一章　导论

中国近代以来遭遇西方文明的挑战乃至侵略,国家面临生死存亡的险境,社会民生亦凋敝不已,佛教界的高僧大德诸如太虚、印顺等深感中国佛教须与时俱进,切实参与到国家的现代化进程中,遂大力提倡"人间佛教",使中国佛教在入世性方面得到了充分的发展。太虚首先提出"人生佛学"一说,强调修习佛法的目的在于完善人格,"人圆佛即圆"。他立足于现实形势,提出:"佛法虽普为一切有情类,而以适应现代之文化故,当以'人类'为中心而施设契时机之佛学;佛法虽无间生死存亡,而以适应现代之现实的人生化故,当以'求人类生存发达'为中心而施设契时机之佛学。"[①]印顺基于对佛教发源地印度的宗教状况的反思,进一步将中国现代佛教的关注点从人生扩展到人间。他认为太虚所指的人生佛教就是针对重鬼重死的中国佛教。而印顺以印度教的天神化情势非常严重,也严重影响到中国佛教,所以不说人生而说人间,希望中国佛教能脱落神化,回到现实人间。印顺认为人间佛教的核心为"人·菩萨·佛",强调佛陀本是现实中有待修行的人,竭力将佛教完全限定于人间,这虽然有助于佛教适应理性化、人本化的现代社会,但无疑遮蔽了佛教作为宗教的终极关怀指向,弱化了其神圣性和超越性。太虚对此持批判态度,指出印顺以《阿含经》"诸佛皆出人间,终不在天上成佛也"片言,有将佛法割离有情界,孤取人间为本之取向,则落人本之狭

---

① 太虚:《人生佛学说明》,黄夏年主编:《太虚集》,北京:中国社会科学出版社,1995年,第228页。参考伍先林:《太虚的人间佛教思想及其现代意义》,《佛学研究》2006年,第136—143页。

隘,这样一来,"但求现实人间乐者,将谓佛法不如儒道之切要"。在太虚看来,"人间佛教"不应局限于人间,而应须立足于世间。"佛法应于一切众生中特重人生,本为余所力倡,如人生佛教,人间佛教,建设人间净土,人乘直接大乘,由人生发达向上渐进以至圆满即为成佛等。然佛法究应以'十方器界一切众生业果相续的世间'为第一基层,而世间中的人间则为特胜之第二阶层,方需有业续解脱之乘及普度有情之大乘。"①

从太虚对印顺观点的批判可见他在提倡佛教入世性的同时坚守佛教神圣性之苦心。在兼融佛教入世性与神圣性方面,太虚主要依凭大乘思想,尤其是禅宗一派。② 赖永海等学者认为,佛教儒学化而形成的禅宗是中国佛教史上最成功的宗派,禅宗通过吸收儒学中的人本思想、心性理论和入世精神,将佛性诉诸心性,从而使佛一变为人,使佛教从外在的宗教转变为中国人内在修为的一部分;而人间佛教可谓进一步发扬了禅宗立足现实、融合传统的特点,以国家、社会和个人的需求为导向,故能成为近现代中国佛教的主流。③ 人间佛教虽然转型自禅宗——佛教与中国本土文化融合而产生的独立宗派,并依凭大乘佛教标榜"以出世间心为世间事"之主张,但却面临着"自空向有"转型的危险。④ 而"空"和"有"在相当程度上可与"神圣性"和"入世性"相对应。太虚固然在理论层面强调人间佛教的神圣性不能因入世性而偏废,实际上在实践层面却难以避免此消彼长的趋势,多有学者对这一现象予以揭露,点明人间佛教着力于去除佛教的"迷信"元素,格外强调诸如慈善等现实功用,导致"超越性"思想资源逐渐流失。⑤

正如现代学者张强所指出的那样:"出世与入世的张力构成世界各大宗

---

① 太虚:《再议〈印度之佛教〉》,《太虚大师全书》第 28 卷,第 50 页。参考德光:《东西方文化思潮中近代中国佛教的复兴》,《佛学研究》2018 年第 1 期,第 265—275 页。

② 人间佛教的这一特点为多位学者论及,例如麻天祥:《神圣与世俗的相辅相成——人间佛教的几个理论问题》,妙凡、程恭让主编:《星云大师人间佛教理论实践研究》(下),南京:江苏人民出版社,2015 年,第 686—702 页。

③ 赖永海、高永旺:《佛教与开放》,《江苏社会科学》2009 年第 1 期,第 89—93 页。

④ 麻天祥:《神圣与世俗的相辅相成》,妙凡、程恭让主编:《星云大师人间佛教理论实践研究》(下),第 686—702 页。

⑤ 高永旺:《论人间佛教的世俗性与超越性》,《青海社会科学》2011 年第 2 期,第 111—115 页。

教体系中固有的矛盾。如何在两者之间小心翼翼地寻求平衡，是宗教理论和实践中的一大难题，同时也是宗教研究的基本线索。"①由于"人间佛教"倡导积极融入世俗生活领域，在理论层面难免产生"人间佛教就是佛教世俗化"的观点。邓子美等学者认为这一论点基于世俗与神圣势不两立的观念，其实并不成立；②并指出将"人间"等同于世俗是对人间佛教的庸俗化理解，贻害匪浅。③ 李向平更是点明"世俗化"这一舶来概念并不能直接应用于分析中国佛教和中国社会之关系，研究者应该立足于两者互相嵌入的现实，探讨人间佛教在中国的"社会化"状况。他认为"人间佛教"在实践层面完成社会化的关键在于如何通过有效的组织使其充分融入社会人际交往关系之中，既不受市场经济机制的摆布，也不违背国家话语精神，如此方能逐渐消解趋于"世俗化"的讥评。④ 无论是否扬弃"世俗化"一说，我们都必须正视"人间佛教"在社会化的过程中自行削足适履进而导致神圣性弱化的问题。正如李天纲所指出的，"新佛教"试图斩断同明清江南传统佛学乃至儒学、道学中鬼神观念的联系，秉持着科学、理性精神将佛教改造为"非宗教"的"无神论"哲学，这使得"新佛教"在相当程度上脱离了民众这一信仰群体，沦为没有实践价值、不受社会上层阶级重视的纯理论，仅供中层知识分子自娱自乐。⑤

　　由于太虚是"人间佛教"的首倡者，此后关于"人间佛教"的研究基本以太虚的言论为根据展开，但对太虚言论的理解须结合特定的语境，区分"人间佛教"不同发展阶段的重点，切不可断章取义或片面阐释。如太虚于1933年10月在汉口商会所作演讲《怎样来建设人间佛教》中的一段话为后

---

① 张强：《世俗世界的神圣帷幕——从社会控制角度看人间佛教的社会承担》，《武陵学刊》2011年第1期，第6—13页。

② 邓子美、陈卫华、毛勤勇：《当代人间佛教思潮》，兰州：甘肃人民出版社，2009年，第7页。

③ 邓子美：《二十世纪中国佛教智慧的结晶——人间佛教理论的建构与运作》，《法音》1998年第6期。

④ 李向平：《社会化，还是世俗化？——中国当代佛教发展的社会学审视》，《学术月刊》2007年第7期，第56—61页。

⑤ 李天纲：《神圣性：中国佛教振兴的回顾与前瞻》，觉醒主编：《当代佛教的历史使命与社会责任》，第59—71页。

来的研究者所引用时就常常被片面理解："人间佛教，是表明并非教人离开
人类去做神做鬼，或皆出家到寺院山林里去做和尚的佛教，乃是以佛教的道
理来改良社会，使人类进步，把世界改善的佛教。"①李天纲指出，研究者大
多只注意到太虚批判佛教专做丧亡道场，不参与社会发展进程一层；而太虚
实际上还强调"人间佛教"要"以佛教的道理来改良社会"，也就是坚持自身
的"神圣化"，以区别于其他社会改造方案。此外，李天纲还立足于"佛教革
命"的不同阶段，对批评太虚是"过激主义""政治和尚"的观点予以了反驳，
认为在"人间佛教"发展之处强调佛教的"入世性"是正确的，如此佛教才能
在社会的现代化发展进程中生存下来，不能只讲如何入世而抛弃了神圣性。
由此可见，要充分理解"人间佛教"的主张，须仔细清理太虚等人在创立"人
间佛教"之时的构想，对现有研究的偏颇之处进行检视，在深化对中国近代
佛教革新成果之认识的同时，挖掘"人间佛教"进一步发展的神圣性资源。
同时，李天纲认为，1920 年之后，论及中国哲学、文学和历史的学者比如胡
适、钱穆、梁启超等，多半否认中国文化中存在着具有意义的宗教。按照现
代人类学、社会学和宗教学的定义，中国人和世界上其他民族一样，当然有
自己的宗教实践，讨论中国文化也必须包括一般人的信仰。② 在这里，具有
意义的内涵更多地指向宗教神圣性和世俗性二元平衡的状态。参考哈佛大
学神学家寇克斯（Harvey G. Cox）"灵性时代"的理论和宗教社会学家罗伯
特·贝拉（Robert Bellah）提出的"市民宗教"（Civil Religion）概念，李天纲提
出了市民佛教的说法。他承认当代信徒沿袭的"鬼神观"为一种"有灵论"，
但必须是一种符合现代市民社会规范的"新佛学"。

　　"人间佛教"的宣扬者往往以大乘佛法作为佛教积极入世的根据，如印
顺有言："惟有大乘法——以出世心来做入世事，同时就从入世法中摄化众
生向出世，做到出世与入世的无碍。菩萨行的深入人间各阶层，表显了菩萨

---

　　① 《太虚大师全书》第 25 卷，第 354 页。

　　② 李天纲：《书评：评 Wei-Ping Lin 林玮嫔，Materializing Magic Power：Chinese Popular Religion in Villages and Cities》，《汉学研究》2019 年第 1 期。林玮嫔从信仰本身说明来继承"中国宗教"这一研究传统。许多人文学者仍然把"灵力"（magic Power）视为"怪力乱神"，作"子不语"式排拒，林玮嫔却将之看作真实现象，是日常生活中的重要因素，可用来解释华人社会中的经济、政治和文化现象。这是一个大的学术突破，对人文学术界来说尤其如此。

的伟大,出世又入世,崇高又平常。"①但太虚曾明确表示:"今应普容遍摄锡兰等三乘共法律仪及大乘性相与中国藏地密法,乃可将汉地佛法发达兴旺,一天一天的充实复活。而在复活的过程中,发挥台、贤、禅、净总合的特长,将律、密、性、相,彻底容摄成整个的佛法,于是中国的佛教因之重新建立,而亦可成为现代的世界佛教了。"②太虚不仅在理论层面主张"显密之理,相应一贯",更是以实际行动支持大勇、持松等僧众赴日本修习真言宗,在其佛教革新的宏愿中,密宗复兴是其主张的重要部分。但其随后的部分"人间佛教"宣扬者着意采取了回避迷信的阶段性策略,致使近代以来密宗在教理和实践两方面的复兴与贡献长期为研究者所忽视,笔者以为,这大大窄化了"人间佛教"的意旨,遮蔽了于近现代中国佛教的发展而言极为重要的佛教神圣性的一面。

民国时期佛教复兴运动也离不开僧伽教育的改革。十九世纪末至二十世纪初,中国地方名贤许息庵、沈善登、张常惺、蒋文虎、童传本等与日方净土真宗东本愿寺的松林孝纯、松江贤哲交往密切。《东本愿寺上海开教六十年史》记载了杨文会、俞樾、寄禅和东本愿寺的往来。王颂研究发现,日本净土宗于二十世纪二三十年代立足于上海、杭州等大城市,不仅创办了数所东文学堂,还建立起诸多向普通信众传法的机构。③邓子美研究表明,因为受到日本影响,佛教学校乃至佛教徒筹办的国民教育学校纷纷在台湾兴起,深刻影响了福建、浙江等与台湾相邻的大陆地区。④在此日本佛教直传的背景下,中国佛教界关注日本佛教改革的背景、经验和成果。近代日本佛教变革也经历了从传统佛教的出世转为入世的锐化争论。明治十八至二十三年(1885—1890)期间,井上圆了在陆续发表的《真理金针》《佛教活论》等著作中提出了"护国爱理"的著名口号,他将佛教的式微归咎于国力的衰颓,认

---

① 印顺:《人间佛教要略》,黄夏年主编:《印顺集》,北京:中国社会科学出版社,1995年,第166页。

② 太虚:《汉藏教理融会谈》,《太虚大师全书》第1卷,第369页。参考伍先林:《太虚的人间佛教思想及其现代意义》,《佛学研究》2006年,第136—143页。

③ 王颂:《近代日本对中国佛教教育的影响——以杨仁山和太虚为中心》,《佛学研究》2018年第2期,第140—145页。

④ 邓子美:《20世纪中国佛教教育事业之回顾》,《佛教文化》1999年第6期,第8—22页。

为,"若宗教之隆替与国家之盛衰相伴随,则吾人必应为国家改良佛教以望其隆昌",故"欲兴佛教,先盛此国"。① 他的主张深度影响了谭嗣同《仁学》(1896—1897)、蔡元培《佛教护国论》(1900)②、梁启超《论佛教与群治之关系》③(1902)、康有为"以心挽劫"和"于世间造法界"④观点,以及章太炎"用宗教发起信心,增进国民的道德"⑤。梁启超认为:"佛教的信仰是智信而非迷信,是入世而非厌世。"蔡元培甚至提出"国无教,则人近禽兽而国亡"的言论。近代汉传佛教复兴的思想萌芽同时推动杨文会和太虚将其进一步发展为文化运动,繁盛一时。

圣凯撰文讨论了二十世纪中国佛教教育的重要历史人物,他认为佛学院是古代丛林制度与现代教育形式的综合,佛学院的创立和发展是中国近代佛教振兴的关键,杨文会居士创办于南京金陵刻经处的"祇洹精舍"可谓近代中国佛教现代化教育的标志。⑥ 太虚评价说:"祇洹精舍虽居士所设,而就学者比丘为多,故为高等僧教育之嚆矢。"⑦太虚归结杨文会设立祇洹精舍的意义是与摩诃菩提会达摩波罗相约复兴印度佛教。太虚是近代中国佛教复兴运动的核心人物。他和日本联系密切,曾两度赴日考察。继杨文会以后,太虚在僧伽中推动现代化教育,在各地创办佛学院以培养年轻僧人,建立新的僧团制度。1912 年创建中国佛教协进会。1922 年,太虚创办近代中国第一所佛教的高等教育机构武昌佛学院,在教学理念、师资和管理人员、课程教材和体系设置方面都主要采用了日本佛教界的模式。他于1923 年夏天在庐山成立"世界佛教联合会"(World Buddhist Federation),1924 年 7 月举办首届"世界佛教联合会",限于经费、时间、国外关系各种因

① 葛兆光:《西潮又东风:晚清民初思想、宗教与学术十论》,上海:上海古籍出版社,2006年,第 53 页。

② 蔡元培:《佛教护国论》,《蔡元培全集》第 1 卷,杭州:浙江教育出版社,1997 年,第 273 页。

③ 梁启超:《论佛教与群治之关系》,《普门学报》2009 年第 49 卷,第 88—96 页。

④ 夏晓虹:《梁启超:南海康先生传》,《梁启超文选》(上),北京:中国广播电视出版社,1992年,第 317 页。

⑤ 章太炎:《说无我》,《章太炎全集》第 4 卷,上海:上海人民出版社,1985 年,第 429 页。

⑥ 圣凯:《中国佛学院的教育观念世界(1956—1966):以中国佛教学院和汉藏教理院为背景》,《佛学研究》2020 年第 1 期,第 300—315 页。

⑦ 太虚:《三十年来之中国佛教》,《太虚大师全书》第 31 卷,第 47 页。

素,这次会议以中、日为主。时在日本的显荫积极联络此事,他在致太虚大师书中曾说:"此诚法师慈光所成,亦弟子极力鼓吹之所致耳。"①东京帝国大学教授木村泰贤、法隆寺法相宗长佐伯定胤和日本佛教徒江户千太郎带动日本佛教界参加会议。这次会议的成功举办被认为是太虚所推动的世界佛教运动的正式开始。1928年太虚在游历欧洲期间发起成立了世界佛学苑,志在"综合世界的佛教,研究成世界的佛学,实现为世界的新佛教"。②1927年他接任厦门闽南佛学院院长,1929年,太虚加强佛教国际化的视野,把闽南佛学院改为"世界佛学苑华日文系"。1929年创办中国佛学会,1932年在重庆创办"世界佛学苑汉藏教理院",也继续采用日本佛学研究教材,日语课也列为必修课程之一。在太虚的佛教教育体系改革中,闽南佛学院、北平柏林佛学院、重庆汉藏教理院、西安巴利三藏院分属于世界佛学苑的不同语系,而武昌佛学院则被改建为世界佛学苑图书馆。他计划以中日佛教作为汉语系佛教的不同分支,建立完整的佛学教育体系。在同一时期,1922年,欧阳竟无居士继承杨文会遗愿,在南京设立支那内学院,以"阐扬佛学,育材利世"为宗旨,设立学科和事科,创建居士道场,培养教理研究人才。除金陵刻经处以及北京、长沙、天津、重庆、常州、苏州、杭州、宁波、广州、福州等地的刻经处以外,上海佛学书局(1929)、上海尚有功德林佛教流通处、世界佛教居士林佛经流通处、弘化社、大法轮书局、大雄书店、般若书局等佛学出版机构,为佛教文化的复兴起了积极的促进作用。③ 其中,有"华严学者"之称的浙江籍徐文霨创办的北京刻经处,所刻佛经精审严整,在国内各书店、各寺院广泛流通,而且远销日本、南洋、美洲等地,对近现代佛经整理产生了深远影响。④

新中国成立后的佛教教育始于1956年中国佛学院的创办。这所佛学院在师资、设备和规模等方面超过了民国时的佛教教育机构。喜饶嘉措大师作为中国佛学院首任院长,曾在开学致辞中表示:"这样的佛学院得以创

---

① 于凌波:《中国近现代佛教人物志》,北京:宗教文化出版社,1995年,第257页。
② 太虚:《我的佛教改进运动略史》,《太虚大师全书》第31卷,第92页。
③ 周霞:《中国近代佛教史学探研》,华东师范大学2005年博士学位论文。
④ 杨之峰:《中国近代的百衲本大藏经》,《图书馆工作与研究》2009年第9期,第78—80页。

办成立、正式开学,标志着中国佛教的重兴。"①赵朴初延续了太虚和欧阳竟无之后的僧才培养传统,民国时期的汉藏教理院的教育理念、方法和课程设置在中国佛学院初期继续沿用。赵朴初提到佛教教育就是培养佛教知识分子。② 周叔迦进一步把"佛教各宗并重"的观念和"完备佛教大学"的理想期待引入中国佛学院的教学理念和课程体系。③ 1992 年,赵朴初提出"学修一体化,学僧生活丛林化"统一学与修,在兼顾现代学院式教育和传统丛林式修行的优长方面可谓煞费苦心。④ 同时,在全球化背景下,中国佛学院从二十世纪八十年代以来陆续选派师生到国外留学。二十一世纪以来,随着中国融入世界的程度日益加深,经过现代化改造的佛教文化也在全球范围内广为传播。

赵朴初推动的振兴佛教教育的重要措施包括派遣留学人员和恢复、新建佛学院都借鉴了日本经验。回顾太虚探索中国佛教复兴的发展道路,我们可以看到,一方面太虚加强僧伽教育中对印度佛典和南传佛教的研究,使梵语、巴利语成为持续至今的佛学教育必修内容。⑤ 另一方面参考近代日本佛教改革,重点吸取了其以实用理性为中心的现代化形态,以及现代化转型的世俗化社会发展。相比较,民国时期中国佛教的改革过程中,在同样以僧伽教育为核心目标下,我们看到其他佛教组织对中国传统文化的学习和汉传佛教内容课程的维系,如法界学院继华严大学之后,将《左传》《古文观

---

① 《现代佛学》1956 年第 11 期,第 4 页。

② 赵朴初:《赵朴初文集》(下),北京:华文出版社,2007 年,第 787 页。

③ 德田:《汉藏教理论概况》,《佛光季刊》1949 年第 1 期,第 43—44 页。

④ 赵朴初:《在全国汉语系佛教教育工作座谈会上的讲话》,《法音》1992 年第 3 期,第 5 页。

⑤ 吕澂:《内学院研究工作的总结和计划》,黄夏年主编:《吕澂集》,北京:中国社会科学出版社,1995 年,第 301 页。参考赖岳山:《考论:"民国教育部'著作发明及美术奖励'(1941—1949)"与"吕澂、柳诒征《汤用彤〈汉魏两晋南北朝佛教史〉审查书》》,《汉语佛学评论》第三辑,上海古籍出版社,2013 年,第 11—121 页。欧阳竟无、吕澂等人创办的支那内学院具有明显的追求学术的倾向,如吕澂有言:"本院的创设,是要由学术方面去研究和发扬佛教文化的。当时提出了这样的目标,至少做到真实之学和为人之学。因为中国传播的佛学乃经翻译而来,文字上、理解上,种种隔阂,一向是多少迷失了原样。必需先把研究资料彻底整理得其真实,才会见到佛学的本来面目。其次,大乘佛学的实践本系积极地利益世间,但传来中国却走上超然自了的途径,要矫正它,必得重行发挥大乘为人的精神。我们的工作,就是朝着这样目标前进的。"

止》等课程纳入培养方案。1917 年月霞于江苏常熟虞山兴福寺创办法界学院，专弘华严教理。月霞逝世后，由应慈、持松先后任院长，常惺、蕙庭等均曾任教于该院。办院二十余年，造就僧才甚多。① 笔者认为，持松、王弘愿等僧俗既是当时佛教教育改革的受益者，又是这股思潮的践行者。他们赴日本学习真言宗，回国后广泛传法，在相当程度上恢复了唐密。"人间佛教"研究在教理层面长期只关注大乘佛法，如果将密宗复兴内容纳入其中，那么在教理和实践两个层面都可以收获更丰富的阐释空间和发展资源，将有助于解决"人间佛教"从亡事转向人事所导致的"神圣性"不足的问题。而且，对近现代以来中国密宗复兴场景进行检视，三渡日本求法后逐渐达到显密圆融境界的持松便是最值得重点考察的人物之一。本书即立足于持松法师的生平与著作，聚焦其学佛经历及显密思想发展过程，在"人间佛教"的大背景下发掘其复兴汉传佛教密宗的重大贡献和意义。

第一节　近现代汉传佛教密宗复兴的历史背景

罗伯特·沙夫认为，"佛教"以前是现在也还是一个有异议的术语。它的意义不应从某些完备的神话、教义和宗教实践中来探寻，而应从佛教不同文化和地域背景中所具有的职权模式来发现"佛教"的真正含义。② 谈到复兴，梁启超在《清代学术概论》中指出："晚清所谓新学家者，殆无一不与佛学有关，而凡有真信仰者，率皈依文会。"③如何看待近代佛教的历史，国内外学者提出"复兴"和"革新"等观点。近些年来，学术界常用"佛教复兴"来概括近代民国佛教这一段历史的特点。"复兴"一词早见于中国《韩诗外传》卷八："昔者周德大衰，道废于厉，申伯、仲山甫辅相宣王，拨乱世反之正，天下略振，宗庙复兴。"④可以理解为政治和社会秩序的重新恢复和发展振兴。

① 任继愈主编：《佛教大辞典》，南京：江苏古籍出版社，2002 年，第 842 页。
② ［美］罗伯特·沙夫：《走进中国佛教：〈宝藏论〉解读》，第 16 页。
③ 梁启超：《清代学术概论》，朱维铮导读，上海：上海古籍出版社，1998 年，第 67 页。
④ 赖炎元：《韩诗外传今注今译》，台北：商务印书馆，1972 年。

汉语语境中的"复兴"一词可翻译为英文"Renaissance"和"Revival",这在西方英文语境中可以理解为某件事情和现象衰落以后的重生和呈现中兴。美国学者尉迟酣(霍姆斯·维慈,Holmes Welch)在书中使用"复兴"仅仅是约定俗成而已。① 尉迟酣这种对复兴的描述更准确地说是一种佛教世俗化的"人间佛教"角度。从西方宗教学的角度来看,休谟认为恐惧和希望同时进入宗教是真实的,因为这两种强烈情感会在不同时间段搅动人的大脑,(在世俗大众中)每一种情感会形成神圣性的种类,适合自己的群体,②从而引起大众的共鸣。

　　研究中国明末和清末两次佛教"复兴",更具有现代性的视野。晚明时期佛教复兴的重要原因在于明代前中期佛教世俗化传播没有选择士子阶层和白衣知识精英阶层作为布道教化的需求主体,而是推动佛学向注重现实利益的社会底层大众广泛、简易布道传播,同时使布道主体的僧人弱化了佛学修持与佛学知识化的发展动力和土壤。王启元认为佛教在中国的发展历史证明,僧侣群体和知识分子联合传播最有利于吸引信众,并促进佛教义理中国化。③ 宗教存在于社会之中,"宗教功能的地位和效力场,随着社会发展而改变"。④ 探讨汉传密教的世俗性是非常必要的。宋立道从宗教社会学的角度讨论得出的结论是:"佛教与现代化进程决不会相背而行,在核心价值观不变的情况下,两者可以相互适应,相互融洽。"⑤宗教社会学认为任何宗教的社会化功能都必须关注所处现实社会的秩序化建设,任何宗教都是社会化的文化精神现象,宗教自身存在的合理性证明乃是关注社会秩序化建设的必要前提。⑥ 晚清中国佛教面临的世俗化进程,也是处于社会转

---

　　① ［美］霍姆斯·维慈:《中国佛教的复兴》,王雷泉、包胜勇、林倩等译,上海:上海古籍出版社,2006 年,第 203 页。

　　② David Hume, *Dialogues concerning Natural Religion*, Oxford University Press, 1976.

　　③ 王启元:《从晚明观晚清:三百年间两次佛教复兴》,汲喆、田水晶、王启元编:《二十世纪中国佛教的两次复兴》,第 14 页。

　　④ ［苏］伊·尼·亚布洛柯夫:《宗教社会学》,王孝云、王学富译,成都:四川人民出版社,1989 年,第 122 页。

　　⑤ 宋立道:《佛教与现代化的关系考察——以南传佛教国家为案例》,《佛学研究》1995 年,第 31—40 页。

　　⑥ 陈永革:《晚明佛教思想研究》,北京:宗教文化出版社,2007 年,第 485 页。

型和时代变迁的大变革之中。马克斯·韦伯(Max Weber)认为,中国的儒教专注于内在道德修养和个人的人格完善,而忽略了外在科学技术的发展,使得资本主义无法在中国产生;家产官僚制国家的支配类型类似于西方中古时期的传统型支配类型,与近代西方的官僚制支配类型相去甚远;宗教伦理和政治等原因使得传统中国无法发展出近代资本主义所需要的形式理性的法律,司法审判不依据成文规则,自由裁量高于一般法,民事私法相当缺乏,没有个人自由权利与私有财产权的规定,无论是法律还是司法均停留在家产制阶段,与伊斯兰文化中的"卡迪司法"类似。① 现代学者张玲玉解读认为,中国学界以历史研究的方法检验乃至批判马克斯·韦伯对中国传统法律的看法,实际上忽视了他建构理想类型的方法论取向,这一研究取向而非具体史料才是值得关注的重点。②

圣凯认为二十世纪初的佛教复兴皆受到现代西方文明的影响,呈现出现代化和全球化的色彩。③ 但是在强调西方唯物主义和唯心主义对于近代中国佛教复兴所起的特殊作用和"进步意义"的同时,不能忽略中国内在的社会资源的重新匹配和问题意识。二十世纪汉传佛教复兴运动,其内在动因与外在推力有多面性和复杂性:内外交迫的危急状况包括西方科学观念传入与佛教宗教观的碰撞、东西方宗教和文化交融、太平天国运动对佛教的严重破坏、佛教信仰和社会认同感低落、特定时期中国社会的阶级矛盾、传统丛林佛教转向人间佛教、中国佛教组织和传播方式的发展转变、汉传佛学思想研究的兴起、僧伽教育改革、庙产兴学、传统佛教内部分化、附佛外道的民间宗教活动、显密之争、居士传法、藏传和日本佛教传入等。佛教内部分化也趋向严重。宗仰认为,导致晚近以来之佛教衰微,还有一个重要因素,就是佛法流入禅悦,排斥宗教文字,讥讽学教参禅是文字禅。④ 在各种因素的推动下,纷杂的社会思潮在百余年间交相涌现,形成了波澜壮阔的近现代

① 　[德]马克斯·韦伯:《中国的宗教　宗教与世界》,康乐、简惠美译,桂林:广西师范大学出版社,2004 年,第 157 页。

② 　张玲玉:《韦伯"卡迪司法"论断辨正》,《环球法律评论》2012 年第 3 期,第 141—148 页。

③ 　圣凯:《中国佛学院的教育观念世界(1956—1966):以中国佛教学院和汉藏教理院为背景》,《佛学研究》2020 年第 1 期,第 300—315 页。

④ 　何建明:《黄宗仰与中国近代佛教文化的振兴》,《佛学研究》2002 年,第 194—205 页。

佛教发展史。① 僧众、居士和精英知识分子三方促成了近代汉传佛教的复兴运动,带来近代佛教的锐进改革和现代化改造,也成为中国近代民族觉醒过程中爱国救亡运动的重要部分。

诸多现代学者对于近代佛教复兴的整体系统性研究已有诸多成果。牧田谛亮《中国近世佛教史研究》(1957)、释东初《中国佛教近代史》(1974)、陈荣捷《现代中国的宗教趋势》(1988)、郭朋等《中国近代佛学思想史稿》(1989)和刘成有《近现代居士佛教研究》(2002)等研究了社会转型中僧伽和居士佛教的调适以及对佛学义理的探索、居士佛学复兴与晚清公羊学的关系、佛教衰落与晚清"庙产办学"的关系。麻天祥《晚清佛学与近代社会思潮》(1992)和高振农《佛教文化与近代中国》分析了社会运动与佛教复兴背景下的教义思想和新学的关系。何建明《佛法观念的近代调适》(1998)探讨了近代社会佛法与人生、政治、宗教、哲学、文化的关系。葛兆光《西潮又东风:晚清民初思想、宗教与学术十论》(2006)论述了晚清民初面对东洋风与西洋潮的纠缠和夹击,中国佛教及其思想如何变化。相比之下,现代学者对于近代佛教汉传佛教密宗的系统性研究却非常缺少。

台湾现代学者李世杰认为从印度传到中国,从中国传到日本的真言密教,是最有宗教性的佛教究竟宗。在佛教思想史上,最巧妙地把缘起论和实相论②统一起来,同时又把学问宗理论和实行宗实修统合起来的是密宗(真言宗)。③ 代表学问宗倾向的俱舍、成实、三论、天台、唯识诸派和代表实行宗特点的净土、禅宗、律宗诸派都可以在密宗里面找到统一共通之处。密宗大乘思想的哲学和宗教理论包含理智不二的义理内容、六大无碍的本体论、四大曼陀罗的现象哲学论、三密的行为作用论以及"即事而真"的真理论等。密宗实践方面包括"即身成佛"以强调果位的象征手段,以及真言和陀罗尼的现实事业和利益体现。果位指圆满佛果,即证悟心性、方便与智慧不二的常续状态。在佛果位看来,因是存在众生心相续当中的佛性,事业是无分别

---

① 高瑞泉主编:《中国近代社会思潮》,上海:华东师范大学出版社,1996 年,第 1 页。

② 对缘起论和实相论的划分始于隋代慧远,前者以"法印"为基础,旨在阐释宇宙万法生起之相状及其缘由;后者则以实相为主,旨在阐明一切诸法本体之思考方法。

③ 李世杰:《密宗的历史与教理》,台北:佛教出版社,1977 年,第 1、103—105 页。

度众生。在判教上唐密祖师不空认为显密、顿渐实有区分："二乘之人虽证道果，不能于无边有情为作利益安乐。于显教修行者，久久经三大无数劫，然后证成无上菩提。于其中间，十进九退，或至七地，以所集福德智慧，回向声闻、缘觉道果，仍不能证无上菩提。"①但是密教以真言陀罗尼可以速疾成佛，"若与三密门相应，不暇多劫难行、苦行，能转定业，速疾易成安乐成佛速疾之道"。② 程宅安说："真言陀罗尼宗者，一切如来秘奥之教，自觉圣智修证法门，陀罗尼总持之义。真言者，真实不虚之义，即指法身如来之语言。亦称为明，亦名神咒，以如来常于光明中炳现字轮，又能使念诵者灭除无明之暗。"③

在显密教义上，唐代不空将显密之别理解为在于事理不同。不空认为："以事显于理故，即事即理。理事不相碍故，即凡即圣。性相同一真如也。"④他的论点在于显教有理无事，密教理事具备，奠定了密教事相四大曼荼罗和三密即身成佛的思想理论基础。不空称："一大圆教"即指密教之语，谓一切佛名一佛、一切时名一时、一切处为一处、一切教名一教，即一佛、一时、一处、一教之说。⑤ 空海依《大日经·入真言门住心品》，造《秘密曼荼罗十住心论》十卷、《秘藏宝钥》三卷和《即身成佛义》⑥，广明十住心之义，依《金刚顶经》造《辨显密二教论》，判摄大小显密诸教。以"秘密庄严心"密宗判教地位判显密浅深次第，后世引起了显密之争的高下之分。随后日本圆仁、圆珍在显密判教中有进一步对事理的阐释，完善了日本天台密教的思想体系，代表了汉传密教东传的发展新方向，在日本自上而下御用化、世俗化、本土化。"十住心教"受到了诸如台密安然的质疑，在圆仁的影响下，安然将《法华》《华严》《般若》《维摩》等判定为"理密教"，将《大日》《金刚顶》等判定

---

① （唐）不空译：《金刚顶瑜伽金刚萨埵五秘密修行念诵仪轨》，《大正藏》第 20 册，第 535 页中。

② （唐）不空译：《总释陀罗尼义赞》，《大正藏》第 18 册，第 898 页中。

③ 程宅安：《密宗要义》，上海：净乐林编译部，1929 年，第 6 页。

④ （唐）不空译：《大乐金刚不空真实三昧耶经般若波罗蜜多理趣释》卷下，《大正藏》第 19 册，第 616 页上。

⑤ 陈士强：《〈密教通关〉解析》，《法音》1996 年第 8 期，第 30—35 页。

⑥ 日本真言宗一直把《即身成佛义》作为空海的著作进行研究，近年日本学术界岛地大等在《日本佛教教学史》文中提出疑问以来，大山公淳、胜又俊教、大久保良峻、米田弘仁、干龙仁等都曾质疑此著作是否为空海真撰。

为"理事俱密教",而其余则为"显教"。① 藏、通、别三教为显教,谓三乘教;
一乘教指圆教。依说三密和不说三密,而判为事、理二密。胎藏界、金刚界
理智不二为密教之教理,称"教相"。密教所分诸流,其重要原因在于事相。
教理又分东密、台密之说。通常台密分为三大流派:最澄流、圆仁流、圆珍
流。圆仁弟子安然集台密之大成,提倡"理同事胜"说。圆仁又传慈慧大师
流(川流)、池上皇庆流(谷流)二流。其中谷流集事相大成。台密事相自圆
仁法系的池上皇庆之后,勃然兴盛,是由于合并接受了东密、台密而兴起
的。② 合称台密十三流和寺山六流③。事相上,以上诸流皆行四度加行,以
十八契印供养本尊为先,胎藏界、金刚界、护摩为不同次第为后三度加行。
持松从日本回国后,结合其对显宗大乘教义的思考,也不绝对赞成东密、台
密的判教论点,而认为显密两教只是化法仪式不同,各有优势。他认为空海
在《十住心论》文中的判教观点实属在当时日本的政治、社会环境中为弘法
目的而勉强为之,台密的判教教义也不是究竟了义。

唐密祖师"开元三大士"把金刚界、胎藏界两部曼陀罗互授,到智慧轮
(? —876)④主张"金胎合曼"把理智统一,期间经历了至少一百五十年,在汉

---

① 吴信如:《台密东密与唐密》,北京:中国藏学出版社,2011年,第183—185页。

② 李冀诚:《佛教密宗仪礼窥密》,大连:大连出版社,1991年,第158—159页。

③ 日本天台宗所传密教称台密,以比叡山延历寺、园城寺为中心。区别于空海所传以东寺、
高野山为中心的东密。日本天台教系承受台、禅、律四宗思想而成,以密宗最胜,最澄、圆仁、
圆珍三人分别传承的天台密教,称为根本三流(台密三流)。圆仁的弟子安然集台密大成,提倡理同
事胜之说,以为大日胜于释迦。圆仁一派形成慈慧大师流(川流)、皇庆流(谷流),其中集事相大成
者的皇庆流再分院尊、三昧、佛顶、莲华、味冈、智泉、穴太、法曼、功德、梨本等支流,合称台密十三
流。在十三流中,三井流加山门五流(穴太流、法曼流、三昧流、西山流、叶上流)合称寺山六流。

④ 据赞宁《宋高僧传·唐京师满月传(智慧轮)》记载:"释满月者,西域人也。爰来震旦,务在
翻传瑜伽法门,一皆贯练。既多神效,众所推钦。开成中,进梵夹,遇伪甘露事去未旋踵,朝廷无复
纪纲,不暇翻译。时悟达国师知玄好学声明,礼月为师,情相款密,指教梵字并音字之缘界,《悉昙》
八转,深得幽趣。玄曰:'异哉,吾体两方之言,愿参象胥之末,可乎?'因请翻诸禁咒,乃与菩萨嚩日
罗、金刚悉地等,重译出《陀罗尼集》四卷。又《佛为毗戍陀天子说尊胜经》一卷,详核三复,曲尽佛
意。此土先已有《陀罗尼集》十二卷,新翻四卷,未闻入藏。月等俱不测其终。次有般若斫迦三藏
者,华言智慧轮,亦西域人。大中,行大曼挐罗法,已受灌顶为阿阇梨,善达方言,深通密语,著《佛
法根本》。宗乎大毗卢遮那,为诸佛所依,法之根本者,陀罗尼是也。至于出生无边法门,学者修戒定
慧以总持助成,速疾之要,无以超越。又述《示教指归》,共一十余言,皆大教之钤键也。出弟子绍明,
咸通年中刻石记传焉。"(《大正藏》第50册,第722页下—723页上)邱福海指出,"智慧轮"(转下页)

地演化成为中国特色的密教。唐懿宗时期尊智慧轮为国师,主持了法门寺佛骨舍利奉迎以致归藏。《大日经》教义宗旨——"菩提心为因,悲为根本,方便为究竟",略称因根究竟三句或者因行果三句,为东密修行过程的理论总结。三句把凡夫和成佛的哲学本体和实在现象有机结合自成一系,不断演化。以金胎合曼逻辑梳理回顾唐密两部大法:胎藏界之色法讲物质世界的本体与现象,依《大日经》建立胎藏界曼陀罗(Womb World Mandala)①,《大日经》主讲密教基本教理、仪轨行法以及供养;金刚界心法讲精神世界的本体与现象,围绕《金刚顶经》架构金刚界曼陀罗②,《金刚顶经》以大日如来法身(自受用身)宣说"五佛显五智"③。此五智为大日如来智慧之分为五分而已。五智合一如来智,且随任一智,其他之四智亦包含在内。第九识者庵摩罗识(即白净识)转法界体性智,其余四智采纳了唯识"转识成智"的哲学思想。所成佛身④在胎藏

(接上页)又译作般若惹羯罗或般若轮(Prajna-Cakra)。(《"即身成佛"的简捷法门——"密宗"的形成与发展》,台北:淑馨出版社,1997 年,第 109 页)

① 胎藏界曼陀罗(Garbha-dhatu-mandala)的全名为大悲胎藏界曼陀罗,是根据密宗根本经典《大日经》绘制而成。梵语"蘗喇婆"译为"胎藏",有"胞胎胎藏""莲花胎藏"之分。大日如来位于胎藏曼荼罗之中台,宝幢(东)、开敷花王(南)、无量寿(西)、天鼓雷音(北)四佛,分处于四方。普贤(东南)、文殊(西南)、观音(西北)、弥勒(东北)之四菩萨,分处于四隅。四方四佛,开示大日如来四智之德,四隅四菩萨,流现四佛对众生之济度。此一中台八叶院,乃胎藏曼荼罗之根本总体,围绕此中台八叶院之前后左右十一院,不外将此总体所具之无量德性,加以别开。中台八叶院乃世间人类八瓣肉团心之心脏象征。究其本来,则五佛、四菩萨之德性,已在此院具备表现。此乃凡圣不二,我即大日之理的显示。胎藏有三部之曼荼罗。一切诸尊,皆归三部摄。其中前后四重,归佛部摄。观音院、地藏院乃至北方外金刚部,归莲花部摄。金刚手院,除盖障院,乃至南方外金刚部,归金刚部摄。十二院合计四百四十四尊,但尊数决不限于此。

② 金刚界曼荼罗以《金刚顶经》为基础,由九个曼荼罗会所组成,是密宗两部曼荼罗之一,又被称为西曼荼罗、果曼荼罗、月轮曼荼罗、九会曼荼罗等。

③ 五智顺次为大圆镜智、平等性智、妙观察智、成所作智、法界体性智。在显教有四智说,密教结合法界体性智成为五智,相应代表金刚界五佛阿閦如来、宝生如来、阿弥陀如来、不空成就如来和大日如来,对应于胎藏界中台五佛。五智即代表金刚界五部金刚部、宝部、莲花部、竭磨部、佛部。第九庵摩耶识转化为法界体性智,第八阿赖耶识转化为大圆镜智,第七末那识转化为平等性智,第六意识转化为妙观察智,前五识共同转化为成所作智(即转识成智)。

④ 金刚界中,法界体性智,身业为毗卢遮那佛,口业为普贤菩萨,意业为不动金刚;大圆镜智,身业为阿閦佛,口业为文殊师利菩萨,意业为降三世金刚;平等性智,身业为宝生佛,口业为虚空藏菩萨,意业为军荼利金刚;妙观察智,身业为阿弥陀佛,口业为观自在菩萨,意业为六足金刚;成所作智,身业为释迦文佛或不空成就佛,口业为金刚业菩萨,意业为摩诃药叉金刚。

界属理法身,在金刚界称智法身。智法身者,即转识而成。显教转八识成四智而成报身,密教更转第九识而成五智成法身大日如来。胎藏界与金刚界两部大法一为从因到果,一为从果到因,本为不二。先有理智之别,而后理智互具,不二也。既然不二,即"金胎合曼"二而不二,不二而二。此哲学义理契合于慧能《六祖坛经·付嘱品》之"有道者得,无心者通"的境界。虽曰有得,实无所得,不得而得,实乃真得。"应无所住而生其心",已见道。"方便即究竟",即身成佛。所以说,汉传密宗的特色和价值是整个汉传佛教史中独有的,而且是非常重要、不可分割的一部分。

　　虽然唐密与东密的古语发音不同,但是二者的日文发音皆为 to-mitsu。围绕"唐密"流传日本分化为"东密"和"台密"①,近代再回传到中国引发密教复兴,当时中国和日本同样面对西方文明和现代性思想的冲击。参考马克斯·韦伯系统性地运用"理想类型"(idea type)来处理历史文献和思想观念的思想史和时代思潮史,日本学者丸山真男(1914—1996)采用"近代主义"的视角来处理日本近代政治思想史。他认为近代所谓的"西方"并不是一个固定的"西方","东亚"也不是同一个"东亚"。② 尽管在东西交往中,诸如外交孤立、被动通商、签订不平等条约、开始开关通商时有反外仇洋案件、接受西洋从器物技能模仿开始等五方面,③中日两国所处的情况类似,然而回应策略和接受心态大不一样。相比较,日本被挤压于强势新奇的西方文明和强大悠久的中国传统之间,以实用主义的态度采纳西学和文明来实现日本的富强与社会进步,我们可以观察到日本从脱亚入欧,到兴亚和欧洲分

---

　　① 日本僧人最澄被尊称为传教大师,曾于公元九世纪初将天台宗传回日本,同时融合密宗修法,创立了日本佛教的重要宗派,为与空海创立的"东密"相区别而称"台密"。

　　② [日]丸山真男:《福泽谕吉与日本近代化》,区建英译,上海:学林出版社,1992年,第4页。丸山真男指出,十九世纪以来,对于中国、日本、韩国而言,来自西洋的压力已大不同于十五、十六世纪西班牙、葡萄牙主导的殖民形式,也不能理解为以英国东印度公司为代表的西力东渐,因为十九世纪以后逼迫东亚"开国"的西方压力,是饱经了西方史上也未曾有过的"产业革命"实践或正在经历这个实践的"列强"的压力。这种压力具有不能单纯用狭义的军事侵略来解释的性质,它包含着渗透政治、经济、文化、教育等社会全部领域的巨大力量。

　　③ 葛兆光:《西潮又东风:晚清民初思想、宗教与学术十论》,第20页。

庭抗礼,再到重新回到亚洲主义①凌驾指导亚洲国家的持续努力的近代化历史。

　　不过,对于秉持着以血缘为核心的道德观念、以经史子集为认知宇宙的载体、以"格物"为最高追求的传统中国人而言,其所具备的人文知识似乎并不足以全面、深刻地领会西方思想文化。② 杨文会认为佛教义理阐明,"此理一明,导欧美而归净土(宗),易于反掌"。③ 晚清好佛之士大夫和知识精英以佛学格西学之义,以佛教义理来对照西方哲学,期盼以更好的佛教思想来适应强势的西洋政治、经济、文化和科技发展风潮。蔡元培认为:"'以子之矛刺子之盾'苟为真正科学家,应无不赞同。惟提倡佛法的理由,则以唯识论为基础,而以修观为方法,乃于现代柏格森的哲学相类似。柏氏假定宇宙本体为一种生命原动力,近于佛法上的阿赖耶识;以生命为'绵延',为真的时间,因名之为'生命流',近于阿赖耶的'相继不断,喻如水流'。其认识法不恃理智而恃直观,近于佛法中的重现量;又闻柏氏亦用静坐观照法,尤近于佛法的修观了。"④这种动力极大地引发了近代中国佛教唯识学研究和密宗复兴。唯识学的复杂概念、严密逻辑与精致分析足以与西洋的科学、哲学相颉颃,而西洋的科学和哲学又反过来说明了自己古已有之的佛法的超绝精密。⑤ 僧人和精英知识分子涌现,新式佛教教育投入落地,全国和地方的佛教组织建立以及各类佛教刊物流行,一扫晚清佛教的颓废气象,令人耳目一新。在十九世纪末二十世纪初,快速发展的日本确实有一种"提携支那"的热情和"同文同种"的想象。⑥ 这一时期可谓中日关系的"黄金十年",

　　① 严绍璗:《二十世纪日本人的中国观》,《日本学》第三辑,北京:北京大学出版社,1991年,第81—97页。严绍璗指出,几乎在所有的情况下,兴亚论都是以日本的国权主义为其主流的。

　　② 罗紫鹏:《近代小说中的上海》,苏州大学2012年硕士学位论文。

　　③ 杨文会《等不等观杂录》卷七、八收有《与日本南条文雄书》,《杨仁山居士遗著》,金陵刻经处,1919年。《等不等观杂录》卷七、八还原了杨文会与日本净土真宗的争论全貌,包括圆融与选择、圣道门与净土门、自力与他力、往生净土是否要发菩提心、十八愿与四十八愿、念佛与称名、九品往生与念佛往生。

　　④ 王季同:《佛法与科学之比较研究》,太原:山西人民出版社,2014年,"蔡元培氏序",第Ⅰ页。

　　⑤ 葛兆光:《西潮又东风:晚清民初思想、宗教与学术十论》,第59页。

　　⑥ 葛兆光:《西潮又东风:晚清民初思想、宗教与学术十论》,第26页。

显现出"亚洲一体"的倾向和"亚洲主义"的口径。① 但是这种披着追求富强和文明外衣的民族主义运动实际上是近代化和西方化的本质,和国际化的世界主义混淆一起,同时要求固守传统,这样一个建构空间在复杂矛盾中纠缠一起,在当时动态地演变发展。

曾纪泽曾经和日本驻英国公使吴雅娜谈道,"(中日两国)辅车依倚,唇齿毗连……吾亚细亚洲诸国,大小相介,强弱相错,亦宜以公法相持",这样可以成为与欧洲抗衡的"亚洲"。② 1897 年章太炎于《时务报》发表《论亚洲宜自为唇齿》一文表达"互相依存为东亚之利",1907 年在日本组织"亚洲和亲会"又强调"反对帝国主义而自保其邦族"。梁启超在《东亚时论》发表文章认同亚洲的类似言论,1898 年在《清议报》第一册提倡:"交通支那日本两国之声气,联其情谊。"1899 年宋恕在《与孙仲凯书》中称赞:"今之日本,文明之度胜中国,非但亿兆之与一比例也。"1913 年孙中山访问东京发表《在日本东亚同文会欢迎会的演说》提倡:"中日两国协力而行,则势力膨胀,不难造成一大亚洲,恢复以前光荣之历史。"③在近代汉传佛教复兴运动开始时,甚至太虚在早期对引进东密在汉地宣传和弘法也是极大地鼓励和支持。他主动刊登王弘愿的密教文章,甚至派遣弟子大勇和大醒东渡日本学习东密和请教真言密宗的教义。他们在早期对日本的好感实际上来自对日本迅速学习西方变法富强和亲善中国态度的表面羡慕、感激、效仿和隐忍图强,但是不能消除内心真正对日本快速发展的缺乏安全感和不信任,其隐蔽的深处根源是一种对日本强势传教的恐惧和敌意。以 1871 年(明治四年)废藩置县为分界线,日本政府放弃(排佛毁释)极端复古主义,提倡文明开化,向社会现代化、实现资本主义的方向前进。净土真宗取得了这一(恢复佛教)运动的领导权。④ 道端良秀在《日本佛教的海外布教》中指出,由于净土

① ［美］任达:《新政革命与日本:中国,1898—1912》,李仲贤译,南京:江苏人民出版社,1998年,第 32—38 页;周佳荣:《近代中国的亚洲观》,郑宇硕主编:《中国与亚洲》,香港:商务印书馆,1990 年,第 221—239 页。

② 曾纪泽:《曾惠敏公遗集·日记卷二》,《近代中国对西方列强认识资料汇编》第三辑第一分册,台北:"中央研究院"近代史研究所,1986 年,第 229 页。

③ 转引自郭萍:《东亚地区认同分析》,暨南大学 2006 年硕士学位论文。

④ ［日］村上重良:《宗教与日本现代化》,第 35—36 页。

真宗西本愿寺大谷光瑞的《兴亚计划》，即使东本愿寺在中国的活动没有帝国主义和殖民主义的意味，处于弱势的中国人有警惕心理也是很正常的。这些中国佛教复兴的领袖人物对日本传教的观念和感情随后逐渐改变。

近代中国佛教的困境在中古历史上也曾有类似经历，但是起因不同。"三武一宗"灭佛法难包括北魏太武帝拓跋焘、北周武帝宇文邕、唐武宗李炎（原名李瀍）和后周世宗柴荣灭佛事件。其主要原因包括自立信仰的宗教团体与朝廷的政治矛盾，社会经济压力大和僧俗经济利益的威胁（寺院僧侣众多、不交税、不生产、不服役、支出维护费用巨大），某些僧团行事的激化，思想文化领域的冲突（比如提倡疏离家族、宗亲、家庭关系）等，甚至汉地本土儒家文化也提出异议。819 年韩愈向唐宪宗提请《谏迎佛骨表》①，称"佛不足事"，提倡佛教之前的中国社会更加安定，后遭贬至潮州。盛极一时的佛教在某些时段急速衰落，如周世宗排佛，"当年废寺院 30336 座，存 2690 座"。② 这种衰微不振的持续时间较短，由于佛教思想已经深入社会民心，排佛事件之后的佛教在民间信仰广泛存在的基础上很快复兴。这种复兴的源泉体现在佛教直接面对人生的生老病死，以"苦集灭道"的集中关注和深入剖析如何离苦得乐来获取大量的信仰支持。经过复杂的汉化过程，在汉地的印度佛教思想较少依赖抽象思维逻辑，更依靠直觉感官表述，采用深受汉地佛教信徒欢迎的简明透彻的说教方法，比如禅宗讲众生皆有佛性、直指人心；净土宗讲念佛能到西方极乐净土；律宗通过修持戒律，完成个人戒、定、慧的提高；佛教理念通过僧侣团队的集体示范形象在社会上广泛普及，在衰落与复兴的交替中长存不息。

龚自珍、魏源和杨文会堪称近代中国社会改良思潮和佛教复兴的先驱。如梁启超所言："晚清思想之解放，自珍确有其功焉。光绪间所谓新学家者，大率人人皆经过崇拜龚氏之一时期。"③魏源提倡"师夷长技以制夷"。④ 尽

---

① 《谏迎佛骨表》是唐代韩愈于元和十四年（819）向唐宪宗所上奏表，针对宪宗欲将位于凤翔法门寺的释迦牟尼佛遗骨迎入宫中一事进行劝谏，文风雄辩，在论证西来之佛不足事的基础上，对佞佛的社会风气展开了猛烈抨击。

② 闫孟祥：《宋代佛教史》（上册），北京：人民出版社，2013 年，第 14 页。

③ 梁启超：《清代学术概论》，第 67 页。

④ （清）魏源：《海国图志原叙》，《魏源全集》第 4 册，长沙：岳麓书社，2004 年，第 1 页。

管龚自珍和魏源才华横溢,锐意社会变革,但是在晚清阶级矛盾和民族矛盾
尖锐的政治社会环境中,两人都选择在佛学方面突破,找寻新的思想武器,
推动了近代佛教的复兴。1866 年,杨文会在南京创办金陵刻经处刻印佛
经、佛像。在日本净土真宗的邀约下,杨文会曾对中国佛教的历史进行了总
结。他不无痛心地点明:"近世以来,僧徒安于固陋,不学无术,为佛法入支
那后第一蹶坏之时。欲求振兴,惟有开设释氏学堂,始有转机。"①1878 至
1886 年期间,杨文会陪同曾国藩之子曾纪泽去欧洲考察,在伦敦结识马克
斯·穆勒的日本弟子净土真宗大谷派佛教学者南条文雄,协助在日本搜集
大量中国失传的佛教典籍回传中国。随之马克斯·穆勒的比较宗教学研究
(方法论)就在这个东洋人给杨文会的信里悄悄传入了中国,②这种考察出
处的比较方法强调语言学和文献学的应用。受到前期龚自珍、魏源、杨文会
和康有为的启发,后期更多的知识精英加入了佛教复兴的思想解放行列。
1897 年,"同学七子"饮于外国酒楼,共谈佛理。这七个人——吴嘉瑞、谭嗣
同、梁启超、宋恕、汪康年、胡惟志、孙宝瑄,既是戊戌变法的参与和支持者,
又都是佛教爱好者。另外主张维新改革的人士中,唐才常和章太炎一致推
崇佛教唯心学说。③ 还有夏曾佑研究"慈恩诸论",文廷式阅读姊崎正治的
《上世印度佛教史》《出三藏记集》和《宗镜录》,周锡恩在黄州刻印佛经,"颇
杂习佛典"等。

　　杨文会曾在《支那佛教振兴策二》中指出,促进佛教走向世界化乃重振
中国佛教的良方之一,"设有人焉,欲以宗教传于各国,当以何为先？ 统地球
大势论之,能通行而无悖者,莫如佛教。……收效于数年之后,不但与西洋
各教并驾齐驱,且将超越常途,为全球第一等宗教,厥功岂不伟欤！"④1908
年,在社会名流诸如陈三立、沈曾植等人的鼎力相助下,杨文会创立了祗洹
精舍,主张效仿基督教教育、日本佛学教育的成功经验进行办学。1910 年,

---

① （清）杨文会:《等不等观杂录》卷一《般若波罗密多会演说一》,《杨仁山全集》,周继旨校点,
合肥:黄山书社,2000 年,第 340 页。
② ［英］埃里克·J. 夏普:《比较宗教学史》,吕大吉等译,上海:上海人民出版社,1988 年。
③ 潘桂明:《中国居士佛教史》,北京:中国社会科学出版社,2000 年,第 864 页。
④ （清）杨文会:《等不等观杂录》卷一,《杨仁山全集》,第 332—333 页。参考范文丽:《法舫
与近代中国"世界佛教"运动》,《世界宗教文化》2021 年第 4 期,第 152—159 页。

杨文会在南京创建了佛学研究会。他影响和培养了一大批近代中国佛教复兴运动的精英居士，如狄楚青、丁福保、黄树因、韩清净、朱芾煌、张希声、史一如、李俊承、谭云山、黄忏华、高鹤年、胡子笏、范古农、吴璧华、李圆净、聂云台、高观如、夏丏尊、丰子恺、徐蔚如、江味农、罗伽陵、何东莲觉、谭云山、陈三立、汪康年、唐才常、唐大圆、李姗灼、欧阳竟无、吕澂、梅光羲、桂伯华、太虚、李政刚、黎端甫、李诩灼、陈千秋、吴雁舟、文廷式、宋恕、沈善、郑观应、夏曾佑、杨度、鲁迅、俞大维、赵朴初等。中国佛教居士也和日本有广泛交流。在杨文会去伦敦结识了南条文雄之后，宋恕在光绪二十九年（1903）特意去日本拜访了南条文雄。宋恕在给南条文雄的信中致谢："理想之高，持论之通，至华严、法相诸宗之书而极矣。禹域佛学久绝，幸得贵土名师相续至今，一线光明，今渐大放，上人及诸同志之功，真恕等所五体投地者矣。"[①]南条文献寄来的唯识学著作，重新燃亮了对唐代法相唯识的重视，成为当时中国佛学界最热衷的话题。[②]

与此相应，佛学凭借学者的努力，走上了高等学府的舞台。[③] 如谭嗣同、康有为、梁启超、邓伯诚、胡适、章太炎、蔡元培、王小徐、冯友兰、张君劢、景昌极、张仲仁、虞佛心、林黎光、吕碧城、周祥光等。其中许季平、梁漱溟、汤用彤、熊十力、周叔迦在北京大学教授印度哲学和佛学，梁启超在清华大学宣讲佛教思想，蒋维乔在东南大学开讲《百法明门论》，唐大圆、张化声在武汉大学传授《唯识三十颂》，景昌极、李证刚在东北大学讲唯识论，王恩洋在成都大学讲授佛学。对于王恩洋其人，其师欧阳竟无评说："化中盖以导俗绳众为归竟也。"[④]民国支持佛教的社会政要、服素贤达和护法包括孙文、林森、蒋介石、戴季陶、居觉生、吴忠信、程德全、张季直、王一亭、施省之、段祺瑞、靳云鹏、熊希龄、叶恭绰、陈元白、王森甫、蒋作宝、谢铸陈、李根源、王柏龄、陈静涛、李子宽、赵恒惕、屈文六、谢无量、李证刚等。当时一大批缁衣

① 宋恕：《致南条文雄书》（1903.10.23），《宋恕集》上册，北京：中华书局，1993 年，第 616 页。
② 夏曾佑（1863—1924）在写给汪康年（1860—1911）的信中提到他与严复谈论近代科学和西洋哲理社会之学的情况，认为佛教中只有法相唯识之学在逻辑概念推理上与西学可以相比。参见《汪康年师友书札》第二册，上海：上海古籍出版社，1986 年。
③ 麻天祥：《晚清佛学与近代社会思潮》卷上，第 57 页。
④ 欧阳竟无：《欧阳竟无内外学》，北京：商务印书馆，2015 年，第 473 页。

代表人物包括大定、冶开、法忍、魁印、妙华、明印、月霞、谛闲、印光、应慈、持松、海印、岳峰、慧明、兴慈、弘一、慈舟、虚云、来果、妙莲、转道、圆瑛、太虚、逢兴、会泉、古月、妙月、性愿、演本、道阶、觉先、善因、空也、倓虚、定西、慕西、妙阔、宝一、台源、守培、智光、常惺、蕙庭、范成、霭亭、华山、意周、会觉、寄尘、满智、法舫、大醒、芝峰、震华、福善、善慧、妙果、显慈、宁静、妙善、慈航、法尊、苇舫、巨赞等。① 在东密汉传僧侣中，太虚最为推崇持松。持松的佛学思想是显密兼通，他传授的密法一系兼有东密、台密的心要，又综合了古义、新义真言宗的精萃。他携回金刚、胎藏两部大法，从传承和思想上说较为全面。② 权田雷斧《〈大日经住心品疏〉续弦秘曲》有论"疏家、宗家易趣之别"，即指古义家以大师为宗，于疏义则多用融会之释。新义家以疏为主，故于古义外别树一帜也。疏随经演义，为深秘之释。故疏家、宗家各据，义并不相违也。③

　　近代汉传佛教复兴亦离不开当时特定历史时期的社会思想文化变革。康有为在其《大同书》中提出吸取佛教思想中的平等、自由和非暴力等观念，谭嗣同借助佛学思想搭建其"仁学体系"，梁启超引用"兼善、智信、自力、平等"概念来企图提高社会政治风气和用人的实用价值导向。这些社会变革同时带动了中国近现代佛教改革。太虚所开创的现代人间佛教之路，绝对不只是佛教的人间化或世俗化，而恰如太虚所言，是要建立现代人间净土，即人间的佛教化。④ 太虚针对当时汉传佛教的困境，提出了佛教三大革命（教理、教制、教产），随后印顺、星云、法尊、茗山、惟贤、巨赞、明真、赵朴初等太虚思想传承者继续推动"人间佛教"的现代化和国际化。赵朴初在1983年纪念中国佛教协会成立三十周年时明确提出"应当提倡一种思想（人间佛教），发扬三个传统（农禅并重、注重学术研究和国际文化交流）"，⑤继续为未来"人间佛教"的发展而努力。

---

　　① 释东初：《中国佛教近代史》卷上，台北：中华佛教文化馆，1974年；于凌波：《中国近现代佛教人物志》。

　　② 蔡惠明：《精通贤首　重兴真言》，《法音》1993年第5期，第26—28页。

　　③ 权田雷斧：《〈大日经住心品疏〉续弦秘曲》，第7页。

　　④ 何建明：《人间佛教与现代港澳佛教》，香港：新新出版公司，2006年，第1—11页。

　　⑤ 赵朴初：《中国佛教协会三十年》，《法音》1983年第6期，第13—21页。

太虚的"人间佛教"观点蕴含明确的理性化因素。在晚清中国社会,"佛教当废""僧无学行"乃至斥责"佛法无用"的贬斥言语严重地质疑佛教存在的合理性。太虚认为:"今后佛教应多注意现生的问题,不应专向死后的问题上探讨。过去佛教曾被帝王以鬼神祸福作愚民的工具,今后则应该用为研究宇宙人生真相以指导世界人类向上发达而进步。总之,佛教的教理,是应该有适合现阶段思潮的新形态,不能执死方以医变症。"①他的观点也得到当时深受西方文化影响的有识之士认同:"经纪人伦,须凭常识;而禅修梵行,无益生民。"②谭嗣同提倡佛学而反对佛教,批评佛教徒无知于西方近代以来的质测之学:"释氏之末流,灭裂天地,等诸声光之幻,以求合所谓空寂。此不惟自绝于天地,乃并不知有声光。"③但是支持佛教复兴的观点也非常鲜明。梁启超提倡佛教应当有助于"现世之群治",章太炎亦认为佛教"要用宗教(佛教)发起信心,增进国民之道德"。两位近代中国社会文化革新先驱者对佛教寄予的厚望,无疑振奋了太虚等人复兴中国佛教的心志。④ 太虚对于人间佛教理性化的宣称成为中国近代佛教复兴运动的理论基础之一。马克斯·韦伯点明:"要判断一个宗教所代表的理性化水平,我们可以运用两个在很多方面都相关的主要判准。其一是这个宗教对巫术之斥逐的程度;其二则是它将上帝与世界之间的关系,及以此它本身对应世界的伦理关系,有系统地统一起来的程度。"⑤按照马克斯·韦伯的判断方法来研究太虚"人间佛教"的思想根源,太虚提倡理性化是服务于近代中国佛教复兴运动的宗旨的。

根据普林斯顿大学教授彼得·布朗(Peter Brown)关于宗教社会化两

---

① 太虚:《我的佛教改进运动略史》,《太虚大师全书》第31卷,第72页。参考林啸:《人间净土与他方净土的理论难题——以太虚对净土思想抉择的矛盾为中心》,《广州大学学报》2017年第9期,第73—80页。

② 苏曼殊、章太炎:《告宰官白衣启》(1907年),《苏曼殊诗文集》,上海:中央书店,1948年。

③ (清)谭嗣同:《石菊影庐笔识·思篇十四》,《谭嗣同集》,何执校点,长沙:岳麓书社,2012年,第142页。

④ 何建明:《民初佛教革新运动述论》,《近代史研究》1992年第4期,第74—92页。

⑤ [德]马克斯·韦伯:《中国的宗教:儒教与道教》,简惠美译,台北:远流出版事业股份有限公司,1989年,第309页。参考罗同兵:《太虚对"东密"的理性抉择:从密教对武昌佛学院的冲击说起》,《宗教学研究》2002年第1期,第131—136页。

阶模型的精英和世俗大众分类,①世俗大众往往会走向合理性的对立面。那么从逻辑上来说,民国时期佛教复兴文化运动自然会带有教育世俗大众理性思维的浓厚意味。但是从实践上来看,美国哈佛学者迈克尔·桑德尔(Michael J. Sandel)指出:"优绩制固化了社会阶层,折断了人们向上攀登的阶梯。作为哲学家,桑德尔从道德哲学思考出发,揭示了优绩制的不公平性:影响我们成功与否的因素大都不是我们自己能决定的,例如性别、种族、地区、健康状况、天赋、家庭背景等,这些'运气'和你自己其实没有什么关系,却在很大程度上影响了你能否进入大学、能读什么样的大学,进而影响你未来的事业发展。"②哈佛大学教授韩泰云(Tarun Khanna)和宋怡明于2022年合著出版的《创造精英:中国和印度的经验,从古代到现在》(*Making Meritocracy: Lessons from China and India, from Antiquity to the Present*)中以中国和印度教育为例,讨论了在不同地域中优绩主义(Meritocracy)原则的社会实践性。这种教化大众的社会性原则本来具有清晰合理的逻辑,但是在实践上却走向了反面——追求精英主义的利己道路,甚至追求精致的完美。在民国时期密宗复兴的宗教社会学框架研究范围内,复杂变化的密教概念也和知识精英创造的推动力息息相关。英国学者杰弗里·塞缪尔(Geoffrey Samuel)提出:通过与密宗本尊或者其他处于中心的"文化英雄"相沟通,宗教人士可以直接与权力的源头进行联系。而若这个修行者是喇嘛,这种与权力的直接联系也等于确认了一种社会地位,可以使其方便地延伸到政治领域。③戴维·戈登·怀特解释说,密宗僧侣们也是依靠统治者的支持(如保护、赠予土地、免税等),才能够既被允许传播秘密怛特罗法,又可以巩固他们在国家中的社会经济地位。在这种相互依存的关系里,家族的密宗传承与教法的传承,王统、圣职和寺僧的传承相互交织。

---

① Peter Brown, *The cult of the saints*, The University of Chicago Press, 1981, Foreword, p. ix; p. 14.

② [美]迈克尔·桑德尔:《精英的傲慢》,曾纪茂译,北京:中信出版社,2021年,"推荐序",第1页。

③ Geoffrey Samuel, *Civilized Shamans, Buddhism in Tibetan Societies*, Smithsonian Institution Press, 1993, p. 34.

他认为在密宗人士与统治者或贵族主顾的关系中,密教修行者会想方设法将自己的权力凌驾于后者之上,不管统治者在他们眼中当位还是不当位。这便是秘密与掩饰之法。但是,当统治者本身就是密教修行者或者信徒的时候,曼荼罗(修法的坛城)就作为所指之现实世界出现,并充当政治宗教这一世俗社会与大千世界本源(即神界)之间的中千世界。在印度教和密教历史中,当僭主在位、修行者遭到镇压时,以掩饰手段来保护其神秘性尤为常见,即在外宣称是吠陀教徒,在家是湿婆教徒,密指性力教徒(outwardly Vedic, a Saiva at home, secretly a Sakta)。但奇怪的是在相对自由的时候也会被采用,这就是世界各处构成神秘团体的“材料”。伪装可以使他们以双重甚至多重身份从事秘密活动,并同时生活在多个世界里。通过暗号(手印)、语言(咒语)、密码(怛特罗加密)等方式,“圈内人”可以互相识别而不至于被误认为“圈外人”。它是一种创造精英的手段,即使它的精英只在内部圈子有名。① 笔者对此密教思想和行为的西方研究框架是否可以同样解释在中国发生的宗教历史现象产生疑惑。在 2022 年春季学期笔者曾经请教过哈佛亚洲中心主任教授罗柏松。那时候他开设了一门东亚宗教阅读课“中国大众宗教的最新学术研究”,课程第二周他讲到了宗教社会学前沿问题研究。对于笔者的问题他解释说,用一种学术传统去解释另一种学术传统是有问题的,每种传统范式的价值构成是不一样的。而且,解释主体本人就具有客观局限性。比如说马克斯·韦伯是宗教学家,同时也是一位经济学家。他将“资本主义的精神”定义为一种拥护追求经济利益的理想。罗柏松指出,社会大众中的个人主体的经济行为经常是追求经济利益最优化的反面,很少是理性的。那么再回到以人间佛教为代表的民国时期佛教复兴场景来看,理性化因素不是全部,而是一种多元化因素的组合和交集。这也为解读唐密复兴和沪密理论的提出铺垫了重要场景。

---

① ［美］戴维·戈登·怀特:《〈实践中的怛特罗:勾勒一部教派传统〉导论》,李婵娜译,沈卫荣主编:《何谓密教?》,第 39—42 页。

第二节　汉传密教的历史概述及中国研究综述

很多学者通常将佛教的历史划分为三个阶段：小乘佛教时期、大乘佛教时期、密乘佛教时期，并将密教的源头追溯至大乘佛教龙树菩萨处，认为其作为佛教的支流早在公元二、三世纪已产生，经过数百年的秘密流传，直到七世纪方成为佛教主流。"密教"是秘密教的简称，这一名称与长期公开传播的大乘"显教"相对，两者的不同之处在于"显教"通常只关注教义，"密教"则强调教相和事相并重。通常以为教相是针对经释而言的理论修行，事相则是针对仪轨而言的实践修行。例如《法华经》和《般若经》作为教相理论，分别有对应的仪轨——《成就妙法莲华经王瑜伽观智仪轨》和《仁王般若道场念诵仪轨》。密教的这一特点明显承袭了印度吠陀教和婆罗门教传统，而密教的诸多事相修行之法如诵咒、祈神、结坛等也与印度本土的民间信仰息息相关。密教事相中最为重要的曼荼罗坛场源于婆罗门教习用布置的土坛，后演变为沙坛或以布帛布置的坛场。密教众多神祇、鬼灵有相当一部分来自婆罗门教和印度民间信仰。有学者据此认为，密教是大乘佛教、婆罗门教（或称印度教）以及印度民间信仰相混合的产物，[①]虽然佛陀在创立佛教时对诵咒等仪轨进行了摒弃，但实际上在后来佛教发展的各个阶段均不乏吸纳各种仪轨的情况。至七世纪随着《大日经》和《金刚顶经》的出现，密教才开始成为有系统性教理依据的佛教流派。[②] 作为修正，西方学者如欧大年（Daniel Overmyer）、司马虚（Michel Strickmann）、太史文（Stephen Teiser）及许理和（Eric Zürcher）等就认为："我们不应过于信赖神职精英所提供的有利于探究民众信仰和实践的材料。"[③]

实际上，关于密教的定义及其发展过程学术界尚未形成共识。吕建福通过考察国际学术界使用"密教"概念的情况，将"密教"区分为广义和狭义两种：广义的密教是指为印度教和佛教所共有的左道教派，一般称作怛特

---

①　阮荣春、张同标：《古印度佛像影响中国的三次高峰》，《艺苑》2011年第5期，6—10页。

②　吕建福：《中国密教史》，北京：中国社会科学出版社，1995年，"黄心川序"，第2页。

③　[美]罗伯特·沙夫：《走进中国佛教：〈宝藏论〉解读》，第8页。

罗教（Tantrism），这一概念主要流行于西方学术界。狭义的密教则是指印度佛教在晚期发展出的与小乘、大乘并立的教派，这一概念主要为东方学者所认同。吕建福进一步根据帕特恰底耶、潘迪特等学者的研究，①对怛特罗和密教的关系进行了辨析，认为怛特罗是印度宗教发展到特定阶段出现的神秘主义宗教文化现象，是佛教、印度教和民间宗教相互影响的产物，为众多宗教派别所共有，严格说来并不是成体系的宗教形态，应当被称作"怛特罗现象"，而这一现象也只是晚期密教的特征，不能涵盖密教的全部经典。②吕建福对怛特罗和密教进行区分，并把前者视作密教等宗教交互发展到一定阶段后呈现出的共通特点，在方法论上即是将怛特罗从一种宗教教派解构成诸多事相元素，这有助于解释密教部分仪轨亦见于印度教乃至佛教不同流派的现象。美国学者理查德·麦克布莱德认为，密乘佛教作为一种近年来被大村西崖、栂尾祥云、周一良、阿部隆一、奥泽奇、司马虚等学者不断提出的有争议的分类，在很大程度上不过是十九世纪东方学家幻想的产物。由此，很多学者偏好"密宗佛教"这一分类，体现了与梵语词"guhya"（秘密、秘传）的关系，暗示了这种形式的佛教仅为灌顶者（the initiated）秘密教授。③

吕建福在《中国密教史》一书导论部分将密教分为五大流派，分别是陀罗尼密教、持明密教、真言密教、瑜伽密教和无上瑜伽密教，后四派分别对应事（kriyā）、行（caryā）、瑜伽（yoga）、无上瑜伽（anuttarayoga）四部。就密教发展历史而言，陀罗尼密教属于原始密教，持明密教属于早期密教，晚期持明密教与真言密教、瑜伽密教均属于中期密教，而无上瑜伽密教则属于晚期密教。④谈延祚《西藏密宗编年》一文认为："无上瑜伽秘传入汉土，始

---

① N. N. Bhattacharyya, "History of the Tantric Religion: An Historical, Ritualistic and Philosophical Study", *Journal of the American Oriental Society*, 2002(1), p. 193；M. P. Pandit, *Traditions in Mysticism*, Sterling Publishers, 1987. 帕特恰底耶、潘迪特等学者将怛特罗视作一种神秘主义现象，《简明大不列颠百科全书》等也采用了这一定义。

② 吕建福：《中国密教史》，第 1 页。

③ ［美］理查德·麦克布莱德：《果真有"密乘"佛教吗？》，梁珏译，沈卫荣主编：《何谓密教？》，第 143—145 页。

④ 吕建福：《中国密教史》，第 1—85 页。

于元代。"①中国诸多学者通常将密教传入中国后的历程分为以下几个阶段:从三世纪前叶开始,佛教经咒、仪轨等陆续由印度传入中国,这被视作汉传密教的初始发展阶段,学者普遍以"杂密"论之。随着《金刚顶经》《大日经》在八世纪前叶陆续译成中文,汉传密教进入了体系化的"纯密"发展阶段。日本空海法师于九世纪初赴长安修习佛法,归国后创立真言宗,即所谓"东密";与其同期学成归国的最澄、圆仁则融合天台宗与密宗,在日本创立了"台密"。东密和台密可视作汉传佛教密宗进一步发展出的形态,而七世纪后叶从印度传入西藏的密教,即所谓"藏密"或"西密",则具有独立于汉传佛教密宗的发展轨迹,故不纳入本书的探讨范围。此外,印度密教还于七世纪初直接传入云南大理一带,至于是否形成了"滇密"这一密教支派,学界目前尚未达成共识。② 由于其与藏密一样独立于汉传密教,本书亦不作展开考察。

《大正藏》第18至21册为密教部,共收录1420部经轨。据学者研究,其中573部乃密部经轨,大部分属于"杂密"。长部和雄经过进一步考证,另发现了60部藏外密教经典。③ 但是罗伯特·沙夫认为,江户时代的纯密、杂密之分明显是日本独有教派发展的结果,所反映的不符合中国的实际历史情况。阿部隆一认为,比起藏传佛教四部系统,日本真言宗在那些呈现"正统"及那些同时混杂正确和不正确的修炼(异端)之间作出区别。④ 司马虚详细论证了杂密修行的本质和程度,他意识到纯密和杂密的教派之争通常被夸大了。⑤ 在此,姜捷、李发良叙述了不同于罗伯特·沙夫的观点和证据。他们提到,八大菩萨曼陀罗最早出现于唐龙朔三年(663)那提三藏译

① 张曼涛主编:《现代佛教学术丛刊》第72册《密宗教史》,台北:大乘文化出版社,1979年,第182页。

② 吕建福:《中国密教史》,"黄心川序",第1页;严耀中:《汉传密教》,第3—4页。

③ 长部和雄:《唐宋密教史論考》,京都:永田文昌堂,1982年,第213页。

④ Ryūichi Abe(阿部隆一), The Weaving of Mandra: Kukai and the construction of Esoteric Buddhist Discourse)(《编织咒语:空海和密宗文本的构建》),Columbia University Press,1999,p. 153.

⑤ Michel Strickmann, Mantras et mandarins: Le bouddhisme tantrique en chine(《密咒与汉语官话:中国的密乘佛教》),Gallimard,1996,pp. 127-133.

《师子庄严王菩萨请问经》(亦名《八曼陀罗经》)。依照其后不空译《八大菩萨曼陀罗经》《佛顶尊胜陀罗尼念诵仪轨法》雕造的八大菩萨曼陀罗造像，以及对比《大妙金刚大甘露军荼利焰鬘炽盛佛顶经》(简称《大妙金刚佛顶经》或《大妙金刚经》)描述八大菩萨化现八大明王的情形，法门寺地宫出土的捧真身菩萨、安奉二号佛指舍利的"彩绘白石灵帐"和四号佛指舍利的"绘彩四铺阿育王塔"等均可归入八大菩萨曼陀罗范畴。在《八曼陀罗经》译出六十年后，经不空等密教僧人努力改造，早期属于杂密的八菩萨曼陀罗逐步演变为以大日遍照佛为主尊、八大佛顶轮王或八大菩萨、八大明王配属的九位曼陀罗或佛顶尊胜曼陀罗。[①] 松长惠史认为法门寺曼陀罗造像被认为与日本请来的金刚界曼陀罗仁和寺版相同，仁和寺版曼陀罗每尊佛教图像比对后发现更重要的是手持三昧耶形，而法门寺曼陀罗图像不是很清晰。而且法门寺曼陀罗图像明显有受印度密教因素影响的痕迹，这可能是法门寺曼陀罗的特点形成的原因。[②]

　　早期传入中国的诵咒等密教仪轨大部分属于上座部佛教，亦不乏婆罗门教的咒文或赞歌。黄心川指出，由于佛教早期经由萨满教盛行的中亚传入中国，故密教仪轨中混杂了不少萨满教的信仰元素。在"纯密"建立之前，自公元二世纪前叶至八世纪中叶，来自印度和中亚地区的僧侣多熟谙密教法术，而密咒乃至密教独立经典的中译本已开始涌现。东汉《佛说安宅神咒经》是最早被译成中文的密咒经典。公元 210 年吴竺律炎在中国翻译的《魔登伽经》中录有密咒，大约同时期支谦译出了《华积陀罗尼神咒经》《七佛神咒》《吉祥神咒》等，其中《华积经》是目前所见最早的密教独立的经典。而东晋帛尸梨蜜多罗翻译的十二卷《大灌顶神咒经》则是最早译出的中文佛教密咒汇编集。[③] 至唐代中叶，随着"开元三大士"来华，《大日经》和《金刚顶经》被翻译为中文，成为汉传密宗的教义根基。在这一阶段，来自印度以及中国

---

　　① 姜捷、李发良：《7—13 世纪汉藏及印度等地八大菩萨曼陀罗造像》，吕建福主编：《中期密教注疏与曼荼罗研究》，第 280—319 页。

　　② ［日］松长惠史：《论法门寺出土的宝函金刚界曼陀罗与爪哇岛出土的青铜金刚界曼陀罗之间的关系》，同上，第 320—341 页。

　　③ 吕建福：《中国密教史》，"黄心川序"，第 6、7 页。

本土的僧侣一方面依托《仁王经》①宣扬正法护国思想,迎合了唐玄宗等君主复兴皇室权力的需求,另一方面则在事相修行上融合中国传统的阴阳五行乃至道教的咒术等,顺应了儒释道三教合流的时代趋势,从而使密教得以快速发展。据萧登福统计,现存密经中有 182 部混杂了道教元素,包含了延寿丹药、宝剑印符等。② 唐代君主为了神化李唐统治,遂将道教提升至国教地位,武德八年(625),唐高祖下诏:"老教、孔教,此土元基,释教后兴,宜崇客礼,今可老先次孔末后释宗。"③这一决定改变了北周武帝建德三年(574)儒先、道次、释后的顺序,而武则天在为女性称帝构建佛典基础的过程中,更是将佛、道的关系调整为佛先道后。根据《不空传》和唐五代神异小说记载,天宝六载(747),不空在与道士罗公远斗法时以密咒胜出,从而自上至下确立了以《大日经》和《金刚顶经》两部经典为代表的密教作为唐朝国教的地位。

　　以上依据"杂密""纯密"之说对汉传密宗在中国本土的发展情况作了梳理,但不少学者对此分类提出了异议。基于最早的密教经典翻译活动见于江南,而现存丰富的密教遗迹在敦煌发现,比如 285 窟加内萨(Ganesa)就是一个典型的婆罗门教神祇形象。在印度尼西亚中部及东部爪哇地区出土的众多八到十三世纪的造像、石造建筑以及青铜密教造像文物,成为研究当时印度密教形成的重要线索。④ 在梁代译出的《牟梨曼陀罗咒经》已载有多种曼陀罗法,"内容完全具备了持明佛教的基本特点,有了比较完整的密法体系"。⑤ 可见在隋唐之前,密教在江南地区已得到了长足的发展,从当时江

---

　　①　《仁王经》(*Karunika-rāja Prajñāpāramitā sūtra*),又称《仁王护国般若波罗蜜经》《仁王问般若波罗蜜经》《仁王般若经》等。据现存佛经目录可知,该经至少被翻译过四次:晋代月支人竺法护于西晋武帝泰始三年(267)首译,名为《仁王般若经》,一卷。后秦鸠摩罗什于姚秦弘始三年(401)再译,名为《仁王般若波罗蜜经》,二卷。梁真谛于南朝萧梁承圣三年(554)又译,名为《仁王般若经》,一卷。唐不空另译后,吉藏、圆测、善月、良贲等相继作疏。此外,不空译有《仁王般若念诵法》《仁王护国般若波罗蜜多经陀罗尼念诵仪轨》,介绍念诵仪轨。《仁王经》在唐代的翻译和流传使护国思想浸润朝野,逐渐形成了以《仁王经》为核心的护国信仰。

　　②　萧登福:《道教术仪与密教典籍》,台北:新文丰出版公司,1994 年,第 93、97、249、273 页。

　　③　(唐)道宣:《集古今佛道论衡》卷三,《大正藏》第 52 册,第 381 页上。

　　④　松长惠史:《インドネシア密教》,京都:法藏馆,1999 年,第 213—258 页。

　　⑤　吕建福:《中国密教史》,第 191 页。

南一带不断涌现神通广大的奇僧亦可见密教之盛行。严耀中提出这一观点意在揭示,"汉传密教的形成与发展是印中文化直接结合的结果","密教与中国文化的接触时间既长,触点也深",其"中国化程度是其他一些由印度传入的佛教学派,如唯识宗等所远远不能比拟的",①甚至与在中国发展出的佛教宗派及民间宗教息息相关,达到了"中华之佛教,随在皆真言密教"②的程度。萧登福指出,作为杂密、纯密分野的密教经典《大日经》并非一蹴而就,而是不断被完善的大杂烩。③ 日本学者赖富本宏借助赞宁《宋高僧传》之"释经"篇提出三教对应三轮概念。赞宁评论说:"二教令轮者,即密教也,以金刚智为始祖焉。"④赖富本宏认为显教指经、律、论教义对应法轮;密教指瑜伽灌顶五部护摩三密曼奴罗法对应教令轮;心教即为禅宗,以心传心对应心轮。他认为日本所说的密教就是纯密。⑤

大村西崖早已指出,密教经典的"译经年代之距作经年代,常不太远"。⑥严耀中进一步点明,密教在印度与中国的发展趋势截然不同,印度密教在演变中逐渐与显教拉开距离,形成相对立的特征,而密教传入中国后却不断与显教相互融合。汉魏以后,由于丝绸之路的通畅以及译经人才的涌现,使产生于印度的密教经典很快就被翻译成了汉文,因而至少在典籍层面,汉传密教和印度密教几乎不存在发展时间差,通过梳理汉译密教典籍的产生次序,亦可在相当程度上还原印度密教的发展历程。严耀中经过深入考察,发现密教典籍的翻译呈现出连续发展的态势,每一种仪轨及每一部大经的产生都有前缘后续可以追溯,并非跳跃式的偶然现象,从中可见汉传密教与显教逐渐融合,而这与密教在印度从显教中独立出来的进程恰恰相反。⑦ 而汉传密教与显教的融合不仅体现在教相和事相上,更重要的是涌

---

① 严耀中:《江南佛教史》,上海:上海人民出版社,2000 年,第 169 页。
② 显荫:《真言密教与中华佛法之关系》,张曼涛主编:《现代佛教学术丛刊》第 71 册《密宗概论》,第 201 页。
③ 萧登福:《道教术仪与密教典籍》,第 2—9 页。
④ (宋)赞宁:《宋高僧传》卷三,范祥雍点校,北京:中华书局,1987 年,第 56 页。
⑤ [美]罗伯特·沙夫:《走进中国佛教:〈宝藏论〉解读》,第 281 页。
⑥ 大村西崖:《密教発達志》第二卷,第 343 页。
⑦ 严耀中:《汉传密教》,第 8 页。

现出了一大批"显密圆融"的僧侣。① 似乎可以说,显教和密教从印度传入中国经历了"正—反—合"之圆满,天台宗、华严宗、禅宗、净土宗等与密宗的融合使与印度密教同步发展的汉传密教别具一格。② 正是基于汉传佛教"显密圆融"的特点,严耀中反对显荫所持密教失传于中国一说,③而认同尘隐在《禅密或问》一文表露的观点:"中土于密,可谓得其精;日域西藏,传习仪轨事相,仅得其粗分而已。是故学密乘者,须知根本密法,中华尽有。"④立足于密教的社会性、民间性特征,确有助于正确理解汉传密教的发展历程及特点。从这一角度出发对汉传密教进行考察,不难发现汉传密教其实并没有因会昌灭法而消亡,在随后的发展历程中可谓高潮不断,五代及两宋一度极为蓬勃,元代对藏密的崇奉也促进了汉传密教的进一步发展,明清之际密教与佛教诸宗乃至民间信仰充分融合,对文学艺术领域的影响尤为深刻。⑤ 密宗的真言法门在其他汉传佛教宗派及民间宗教中绵延不绝,如真言密咒在各宗僧人日常课诵中屡见不鲜,亦广泛运用于各种佛教法事活动中。再如中土僧侣早晚念诵的《楞严咒》、《大悲咒》、十小咒等多为密宗真言,午供时的变食真言、晚上的蒙山施食等亦属密法。而密宗的诸多本尊法门如《药师法》《准提法》《孔雀明王法》《秽迹金刚法》《瑜伽焰口施食法》,更是融入了其他佛教宗派。

民国期间,诸多僧侣、居士赴日修习真言宗,意欲重振唐密。其中持松法师兼修东密、台密,且得享高寿,他以深厚的显教修养为基础,毕生研习密宗,为唐密的复兴做出了卓绝的贡献。但持松只是罕见个例,汉传密宗终究未能重振唐时之风,吴言生总结了二十世纪日本真言宗回传中国声势浩大但很快转衰的四个原因:一是出于经费有限等种种原因,赴日求学的僧侣、居士学习密宗的时间均不长,往往只学到基础的唐密法门,未能掌握例如一

---

① （辽）陈觉:《显密圆通成佛心要集序》,（清）董诰等编:《全唐文》卷八七一,北京:中华书局,1983年,第9112—9113页。

② 严耀中:《汉传密教》,第9页。

③ 显荫:《真言密教与中华佛法之关系》,张曼涛主编:《现代佛教学术丛刊》第71册《密宗概论》,第201页。

④ 张曼涛主编:《现代佛教学术丛刊》第71册《密宗概论》,第285页。

⑤ 严耀中:《汉传密教》,第11页。

流灌顶、三十三尊法等高层次的核心密法,在教相层面更来不及贯通。二是为了响应信众的学密热情,留日归来的僧侣乃至居士急于四处传法,除在寺院中灌顶外,还在信众家中设立不甚完备的坛场,使密宗传法的神圣庄严性有所减损。三是不顾传法灌顶的要求,即信众须先将四加行法悉数修好,才能接受灌顶,如唐代跟随惠果法师修习的僧俗虽达千余人之多,但最终受其灌顶的弟子寥寥无几。而民国时期动辄成百上千人接受灌顶,传法阿阇黎不对受法对象的密宗修养作严格要求,那大规模的灌顶仪式只能沦为方便灌顶、结缘灌顶,到了需要后辈接续衣钵的时刻,往往难觅传人。四是居士传法现象的涌现招致了诸多佛教僧众的反感,这诚然是无奈之举,却在相当程度上对唐密的复兴造成了阻碍。权田雷斧以其经典著作《密教纲要》扬名汉地,他1924年来广东将密宗法脉传予王弘愿居士,在当时即引发了以太虚为代表的诸多显教僧人的抨击。太虚于《海潮音文库·真言宗》留下诸多密宗论文,其见解广为流传。但是权田雷斧认为鉴于密宗在中国衰微的现实只能采取居士传法的权宜之计。他曾明言:"白衣传法世间希,只为支那佛法微。"数十年后,持松由于在僧人中找不到合适的继承人,亦将密宗法脉传予了俗家弟子杨毓华。① 但不可否认的是,居士传法有悖于汉传佛教的戒律传统,在相当程度上影响了显教诸宗信众对密宗复兴的态度。汉传密宗在近代兴盛一时,此后至今又转入了隐而不绝的存续状态。

近现代中国学术界对汉传密教的研究始于民国时期周一良在哈佛大学的博士论文对唐密的研究。1984年陕西扶风法门寺地宫开掘以后,唐密重新引起了学术界的广泛重视。吴立民、韩金科、吕建福、严耀中、陈兵、何建明、沈卫荣、李小荣、崔峰等学者深度耕耘密教历史和文献工作,彭金章、刘长久、王惠民、刘永增、胡文和、李已生等学者充分展开了密教艺术史方面的研究。大量以汉传密教为主题的学术研讨会如2011年西安"大兴善寺与唐密文化学术研讨会"的论集出版进一步丰富了汉传密教的研究维度。台湾学者张曼涛于二十世纪七十年代主编的"汉传密教研究系列丛书",林光明、

---

① 吴言生:《盛世真言之二:民国时期唐密的走红及走衰》,https://fo.ifeng.com/a/20180515/44991877_0.shtml(访问时间:2023年6月5日)。

李玉珉、颜娟英、萧登福等对密教咒语、艺术以及密教与道教之关系的研究可谓蔚为大观。但与西方及日本学者对印密、藏密、东密等的研究相比，中国学者对汉传密宗的研究在历史与文献、教义与哲学思想，乃至文学与艺术维度等方面均有不小的差距，在学术研究日趋国际化的今天，应当更充分地学习、借鉴有关密教的国际研究方法与成果。

第三节 近现代西方学界汉传密教研究综述

在西方学术界，长期以来，印度、南亚和藏传密教是密教研究的主流，而汉传密教研究基本上与这一主流相独立，分属不同研究领域。英国印藏佛教学者大卫·施奈尔格罗夫指出，相较于充分汉化的汉传佛教，藏传佛教同印度佛教的联系更为直接、明显。印度佛教中现有及失传的所有传统都在藏传佛教中得到了完整的保存，乃至进一步的发展。乔玛（Körösi Csoma Sándor，1784—1842）、费迪南德·雷兴（Ferdinand Lessing）、赫尔马特·霍夫曼（Helmut Hoffmann）、大卫·鲁埃格（David Seyfort Ruegg）、大卫·施奈尔格罗夫等欧洲学者遵循了欧洲的"东方语文学"（Oriental Philology）对藏学进行研究的学术传统，美国哈佛大学范德康教授等依然秉承欧洲学术传统，但是卡尔梅克蒙古喇嘛格西旺杰（Geshe Wangyal，1901—1983）、弗吉尼亚大学教授杰弗里·霍普金斯（Jeffrey Hopkins）、哥伦比亚大学教授亚历克斯·韦曼（Alex Wayman）与其继任罗伯特·瑟曼（Robert Thurman）、芝加哥大学教授马修·卡普斯坦（Matthew Kapstein）形成了与欧陆佛教语文学完全不同的美国本土的藏学研究学术传统。

藏传密教起源于印度，但其发展则远远超出了印度原有的传统。① 早期印度密教吸收了印度教湿婆神理义，藏传密教则是印度密教吸收藏地本土苯教教义，是印度大乘显宗佛教、印度教性力派和苯教文化的结合。杰弗

---

① David Snellgrove, *Indo-Tibetan Buddhism*: *Indian Buddhists and Their Tibetan Successors*, p. 118.

里·塞缪尔点明,在西方人类学家看来,藏传佛教的最大贡献在于传承了复杂精深的密教修行义理和仪式。[①] 美国学者罗纳德·戴维森认为印度佛教和藏传佛教的关系密不可分,对古印度密教传统的还原离不开对藏传密教的深入研究。[②] 他的著作《印度密教:密教运动的社会历史》探讨了印度中世纪早期密教运动的形成和起源,揭示出在西藏佛教史上始终有印度高僧投身于藏文佛经翻译事业,据活跃于十四世纪的西藏佛学学者布思端辇真竺所著《布思端教法源流》一书统计,截至当时共计有九十三位印度学问僧前来吐蕃加入译经阵营。欧美学者对藏传密教的研究远多于汉传密教,部分原因是他们大都有旅居藏地的经历,相关研究著作如早期美国学者伊文思·温慈(W. Y. Evans-Wantz)编译的《西藏大圆满心法》《中阴救度密法》《莲花生大师传》等;德国学者戈文达喇嘛(Lama Anagriha Govinda)撰著《西藏密教之基础——据大密咒六字真言甚深密意》(*Foundations of Tibetan Mysticism according to the Esoteric Teaching of the Great Mantra Om Mani Padme Hum*)、《白云法径》等是学习西藏宗教学的经典读本;他坚持认为佛教密宗是印度教密宗的一个派生教派,金刚乘在公元三世纪就已经凝聚成了一种最终的形式。[③] 意大利学者朱塞佩·图奇撰著《坛城的理论与实证》;英国学者保罗·布鲁顿(Paul Brunton)撰著《无我之智》;法国学者大卫·梨卢女喇嘛(Mme David Neel)撰著《西藏密宗见闻》《大手印观想法》《灌顶及灌顶者》等。[④] 美国学者罗伯特·亚历山大·法拉尔·瑟曼(Robert Alexander Farrar Thurman)将《维摩诘经》从藏文甘珠尔译成英文。英国学者约翰·布洛菲尔德早年出版《在接近涅槃的边缘》,由法国学者皮埃·朗贝尔(Pierre Lambert)译成法文在 1963 年巴黎出版。

---

① Geoffrey Samuel, *Civilized Shamans: Buddhism in Tibetan Societies*, p. 8.

② Ronald M. Davidson, *Indian Esoteric Buddhism: A Social History of the Tantric Movement; Tibetan Renaissance: Tantric Buddhism in the Rebirth of Tibetan Culture*, Columbia University Press, 2005.

③ Lama Anagriha Govinda, *Grundlagen tibetischer Mystik*, Albin Michel, 1956, pp. 126 - 140(法译者注).

④ 谈延祚:《西藏密宗编年》,张曼涛主编:《现代佛教学术丛刊》第 72 册《密宗教史》,第 183—184 页。

1970 年约翰·布洛菲尔德在伦敦出版《西藏佛教密宗》,于 1976 年法国学者希尔维·卡尔特伦(Sylvie Carteron)译作法文在巴黎出版。美国密歇根大学教授唐纳德·洛佩兹著作《香格里拉的囚徒们:藏传佛教与西方》运用萨义德的东方主义理论以及西方后殖民主义文化批判手法,从思想史和学术史角度批判了西方对西藏和藏传佛教的知识与话语体系的误解。芝加哥大学教授克里斯蒂安·魏德迈的著作《为密乘佛教正名:印度传统中的历史、符号学和越规》涉及密教和密教研究的重大问题,这本著作在他两篇经典文章《修辞、分类学与转向:简论佛教密宗历史编纂源流》[1]和《牛肉、狗肉和其他神话:大瑜伽续仪轨和经典中的涵指符号学》[2]的基础上,重新讨论对密乘佛教之理论和实践的根本理解和西方研究佛教史的基本建构,使用罗兰·巴特(Roland Barthes)的涵指符号学理论来解释密乘佛教中那些看起来非理性和矛盾的宗教实践方式,不再将密教作为佛教后期走向堕落、退化、衰亡的结果性标志。

　　笔者在哈佛大学访学期间修读过多门有关密教的佛教课程,了解到近期仍不乏海外学者对印度密教、藏传密宗和汉传密教藏传部分起源、历史、咒语、图像、曼陀罗、经文与注疏、仪轨、文化、僧团和组织、符号学、编史等展开综合性研究,其中值得推荐的著作有罗纳德·戴维森的 *Indian Esoteric Buddhism*(2003);魏德迈的 *MAKING SENSE OF TANTRIC BUDDHISM：HISTORY, SEMIOLOGY, AND TRANSGRESSION IN THE INDIAN TRADITIONS*(2014);保罗·库普(Paul Copp)的 *THE BODY INCANTATORY：SPELLS AND THE RITUAL IMAGINA-TION IN THE MEDIEVAL CHINESE BUDDHISM*(2018);篠原孝市(Koichi Shinohara)的 *SPELLS, IMAGES, AND MANDALAS：TRAC-ING THE EVOLUTION OF ESOTERIC BUDDHIST RITUALS*

---

① Christian K. Wedemeyer, "Tropes, Typologies, and Turnarounds：A Brief Genealogy of the Historiography of Tantric Buddhism", *History of Religions*, 2001(3), pp. 223 - 259.

② Christian K. Wedemeyer, "Beef, Dog and Other Mythologies：Connotative Semiotics in Mahyoga Tantra Ritual and ture", *Journal of the American Academy of Religion*, 2007(2), pp. 383 - 417.

（2014）。历史上哈佛大学是亚洲佛教研究的先行者，相关研究传统持续至今。1891 年，在英国巴利圣典学会（Pali Text Society）的支持下，哈佛学者查尔斯·兰曼（Charles Rockwell Lanman）等人出版了《哈佛东方丛书》（*Harvard Oriental Series*），开创了美国对亚洲佛教进行研究的学术传统。兰曼和其他哈佛学者詹姆斯·伍兹（James Haughton Woods）以及欧文·白璧德（Irving Babbitt）的亚洲佛教研究方法论接近佛教义理思想和哲学研究，对比研究佛学和西方思想的关系。另一位哈佛大学教授尉迟酣的三部关于中国佛教的研究著作①，至今仍具有重大的影响力。这些西方学者从二十世纪初期开始创立具有现代意义的中国佛教史学研究，也带动了当时在哈佛大学留学的汤用彤、陈寅恪、俞大维、周一良等中国学者，他们借助西方的新范式，推动中国传统佛学研究向现代史学转型。西方学者最初对汉传佛教的关注主要集中于唐宋时期，其研究基于大量敦煌和黑水城考古发掘的佛教文献。随后，他们的视野转向日本的佛教研究，根据笔者在哈佛大学的学习和观察，这些西方佛教学者大多都有在日本留学和研究的经历。

但是近年来，随着大量明清及近代中文佛教资料的公开出版和电子数字化传播，汉传佛教的研究在国内外引起关注，西方学者开始对密教的定义及研究方法进行反思，普遍认为不能将印度、南亚、藏传和汉传密教分而论之，而应将密教的多股支流悉数纳入研究视野，方能对密教的起源与发展形成更贴近历史现实的认识。实际上，这已不是西方学界第一次对密教研究进行重新思考的思潮。约翰·伍卓夫爵士被称为"当代密教研究之父"，他反对以往将密教色情化的殖民主义视角，主张立足文献对密教涵摄的哲学体系进行探究，后起的密教研究者大多继承了这一主张，推动密教研究转向深入，进而与西方哲学进行对话。② 如今，研究者进一

---

① 1967 年、1968 年和 1972 年他先后出版：*The Practice of Chinese Buddhism*：1900–1950（《中国佛教的实践：1900—1950 年》），Harvard University Press，1967；*The Buddhist Revival in China*（《中国的佛教复兴》）；*Buddhism Under Mao*（《毛泽东时代的佛教》），Harvard University Press，1972。

② ［美］休·厄本：《极端的东方：东方学家想象中"密教"范畴的建构》，李梦妍译，沈卫荣主编：《何谓密教？》，第 168—206 页。

步对形而上学式的密教研究提出了批判，指出"高度哲学化的密教"和"性化的密教"一样，都是西方学术建构的产物。想要揭示出密教的本来面目，应当基于具体的历史语境对其展开尽可能客观的考察，如此方能超越西方世界对东方文化的想象。①

　　突破既有的研究范式，还原"密教的真面"，是当代西方密教研究者的共识。要实现这一目标，首先需要检讨的就是学者普遍持有的有机发展史观。魏德迈在《修辞、分类学与转向：简论佛教密宗历史编纂源流》一文中点明，叙事模式对历史建构的制约性不容忽视，其本身是一种认知工具（cognitive instrument）。② 史学研究中最常用的叙事模式就是将历史视作有机发展（organic development）的过程，这一观念源出黑格尔哲学，以人的一生类比事物的发展周期，主要区分出事物从产生、成熟，到衰败、瓦解四个阶段。在西方对佛教研究兴起之际，佛教在其源生地印度已趋消亡，这一宗教事项于是被赋予了完整的历时性叙事结构（diachronic narrative），其中小乘佛教被视作佛教发展的原始阶段，大乘佛教的出现则标志着佛教的成熟，此后佛教便进入密教阶段，转向衰败乃至灭绝。沈卫荣在总结这一方法论问题所在时指出，现代学者将佛教教义在历史发展中日趋精致所形成的玄妙序列，即小乘、大乘、金刚乘（密乘），简化为标示佛教教义发展阶段的时间序列。③ 理查德·佩恩亦指出，以往学者深受黑格尔式史观的影响，故将金刚乘理解为佛教堕落阶段的产物。他认为应借鉴比较学、现象学及后现代主义的方法对密教展开具体、深入的研究，而三者业已成为主流的宗教学研究方法，综合运用即能互相补充、修正。④

　　研究方法论的转变使西方学者意识到必须对"密教"乃至"汉传密教"

---

　　① 沈卫荣：《关于密教的定义、历史建构和象征意义的诠释和争论》，沈卫荣主编：《何谓密教？》，第 1—34 页。

　　② Christian K. Wedemeyer, "Tropes, Typologies, and Turnarounds: A Brief Genealogy of the Historiography of Tantric Buddhism", *History of Religion*, 2001(3), pp. 223-259.

　　③ 沈卫荣：《关于密教的定义、历史建构和象征意义的诠释和争论》，沈卫荣主编：《何谓密教？》，第 1—34 页。

　　④ ［美］理查德·K. 佩恩：《〈密教在东亚〉导论》，沈丽、孔令伟译，沈卫荣主编：《何谓密教？》，第 71—113 页。

进行重新审视。值得注意的是，尽管西方学界对密教的研究已有近二百年的历史，但迄今仍然未能形成对密教的统一定义。美国学者奥泽奇认为金刚乘（Vajrayana Buddhism）是八世纪以来印度北部密教实践与大乘佛教的系统性结合，而密教（Esoteric Buddhism）通常指中国僧人不空（Pu-k'ung）及其弟子形成的密教实践和大乘佛教体系。[①] 周一良的论文被认为是关于东亚密教研究的奠基之作，周一良在论文第一章"密教在中国"（Tantrism in China）中对东亚密教的三大祖师，即善无畏、金刚智和不空的生平及著作进行了考察，而对三者仪轨技能的关注则源出赞宁所著《宋高僧传》。他的研究在塑造密教创始人的过程中强化了密教"纯"与"杂"的区别，建立了汉传密教乃至东亚密教的研究模式，此后的密教研究者普遍认为，只有开元三大士实践的修行方式才是纯正密教，而在此之前及之后的各种仪轨形态都是杂乱的或异常的。近年来，随着对密教研究方法论的反思，西方学者尝试改变定义密教的策略，通过归纳密教的修行元素或教义特征，对密教的发展历程进行更细致的追溯。[②] 罗伯特·布朗（Robert Brown）指出，如果对列举出的各种元素或特征进行逐一考察，会发现它们并不是密教所独有的，同时也是其他宗教系统的一部分。[③] 更有学者将与密教相关的元素或特征跟其他中国佛教宗派进行对比，得出了颠覆性的结论。据罗伯特·沙夫考证，开元三大士并没有创立所谓"密教"这一佛教新宗派，中文文献中也缺乏足够的证据来支撑汉传佛教中有密乘或金刚乘教派一说，而为了获得诸佛的加持念诵密咒和陀罗尼、施展手印乃至构筑坛城进行祷祝则是汉传佛教各宗派普遍采用的修行方式，并非为某一宗派独有。他认为学界对汉传密教产生与传承脉络的构造实际上受到了日本佛教史的影响。首先是空海将显、密两教分而论之，立足于金刚界、胎藏界的宇宙观念，通过密咒、陀罗尼、手印、坛城和观想来得

---

① Charles D. Orzech, *Political and Transcendent Wisdom*：*The Scripture for Humane Kings in the Creation of Chinese Buddhism*，pp. 136 - 146.

② ［美］理查德·K. 佩恩：《〈密教在东亚〉导论》，沈丽、孔令伟译，沈卫荣主编：《何谓密教?》，第 71—113 页。

③ Robert L. Brown，"Introduction" to *The Root of Tantra*（《密教根源》），State University of New York Press，2002，pp. 1 - 2.

证身、语、意三密；随后江户时代日本东密行者对"纯密"和"杂密"进行区分，密教的发展于是被阐述为两个阶段。"纯密"是指空海在中国所受金刚界和胎藏界的灌顶内容。纯密部经典分根本经、支流经两类。根本经有两部（《大日经》《金刚顶经》）、三部（加《苏悉地经》）和五部（再加《瑜伽经》《要略经》）之说。支流类，其一诵持《苏婆呼经》《瞿醯耶经》《理趣经》等，其二为《炽盛光》《一字佛顶》等。"杂密"则是指空海之前涌现的种种具备密教因素的经文和仪轨。杂密部根本经典有《仁王经》《楞严经》《金光明经》《孔雀经》①《陀罗尼集经》等。罗伯特·沙夫还指出，唐代佛教文献中的"现（显）""密"只是表明佛陀根据修行者根器利钝之差异而因材施教，而非对不同佛教派别的指称。所有人皆可由显教印证，但只有少数天赋异禀之人才能通过密教证悟。② 这一观点对传统研究理路形成了巨大的挑战，引起了国内外佛教学界的广泛关注。理查德·麦克布莱德经过进一步研究指出，中国唐代所谓"密教"其实是更高深的大乘教法，而"显教"或"显示法"则是指非大乘佛教的传统。开元三大士着重发展的仪轨化修行方式是对大乘教法的丰富，但并非独立于大乘教法的新体系，他们不仅没有将之与高深的大乘教法区分开来，反而强调这是"大乘密教"。③此外，对密教修行元素或教义特征的提炼还被应用到对密教经典的检视之中。大村西崖所著《密教发达志》是有关东亚密教发展的开拓性著作，该书筛选出了八百多部具有汉传密教特点的中文文献，后来的学者将其中许多文献归入了"密教"范畴。但罗伯特·沙夫注意到祈祷仪轨在汉传佛教中占据着核心地位，如天台宗、净土宗的"观经"经典中不乏有关神像、密咒、观想等祈祷细节的记录，这与密教的主要修行元素相同，且经书还指出这些仪轨在根除恶业、治疗疾病、祛灾避难方面有立竿见影的作

---

① 《孔雀经》是唐不空所译《佛母大孔雀明王经》的注释书，收录于《大正藏》第61册。全书分为述大意、释题目、入文解释等三门，其中释题目又分显、秘两种，综合显密二教阐述《佛母大孔雀明王经》。

② ［美］罗伯特·沙夫：《论汉传佛教》，张凌晖译，沈卫荣主编：《何谓密教？》，第114—142页。

③ ［美］理查德·麦克布莱德：《果真有"密乘"佛教吗？》，梁珏译，沈卫荣主编：《何谓密教？》，第143—167页。

用,这更是契合了密教的教义特征。① 而"观经"一类的经典早在四、五世纪之交就已出现在中国,由于学者对密教的界定始于开元三大士,故此前具有密教特点的文献长期被排除在外。随着西方学界对密教研究方法开始反思,早于唐代的佛教文献也得到了更充分的关注,这有助于增进对密教内涵及发展历程的理解。

需要指出的是,将汉传密教与印度密教、藏传密教归整在一起进行综合研究固然是更为理想的研究方式,但对学者的综合处理能力要求极高,在具体实施过程中也困难重重,故两个研究领域在目前实际上仍处于互不相干的状态。② 早在二十世纪二三十年代,钢和泰(Baron Alexander von Staël-Holstein)就已意识到,推进印藏佛教的研究离不开对汉传佛教的考察。他曾在北京建立汉印研究所(The Sino-Indian Research Institute),认为要重构印度大乘佛教传统,必须充分利用汉文、藏文、蒙文的佛教文献资料,以及流传于在京汉族、藏族、蒙古族僧众之间的口传信息,从而弥补梵文佛典残损的不足。③ 沈卫荣在《汉藏佛学比较研究刍议》一文中指出,汉文和藏文的佛教文献是佛教研究,尤其是大乘佛教研究最重要的文献资料,通过对两者进行比较研究,有助于修正对印度佛教文献的理解,而印藏佛教和汉传佛教两个研究领域长期难以对话的原因在于,前者主要以欧洲传统的语文学(philology)的方法对佛教文献进行整理、解释,后者则主要采取思想史式的研究方法,方法论不在同一层面,故难以融会、碰撞。他呼吁汉藏佛教学者积极合作,克服方法论方面的挑战,并认为这是与西方学术界接轨的极佳切入口,相信借助西方语文学、日本文献学的方法,中国佛教研究将超越传统研究范式的局限,尽快与国际佛教学界接

---

① ［美］罗伯特·沙夫:《论汉传佛教》,张凌晖译,沈卫荣主编:《何谓密教?》,第114—142页。

② 现今国际佛学界内有能力同时从事印度与汉传佛教研究的新一代学者凤毛麟角,知名的仅有日本学者辛嶋静志、船山彻,美国学者娜提尔(Jan Nat Tier)、意大利学者左冠明(Stephano Zacchetti)等,专门从事汉藏佛经对勘研究的学者更不多见。

③ 见钢和泰写于1928年10月22日的《汉印研究所介绍》(The Sino-Indian Research Institute：Introductory Remarks),原件现藏于哈佛燕京学社。

轨。① 戴维·戈登·怀特也强调通过对不同部、派、经典以及修行本质进行历时性(diachronic)或者进化论的概览,而不能只依靠以历史记录的共时性分类法(synchronic taxonomy)和单一思想史框架,过于简单设定众多因素和众多事件间无显著因果关联的一种平行处理,凸显密教置于具备政治、宗教实践、文化艺术、组织结构多种要素的宗教体系里面进行综合性的研究,来探求设定时间跨度内密教所经历的种种变化。

第四节　日本学界汉传密教研究综述

佛教自唐代中国传入日本后,佛教大学林立,研究机构众多,出版丰富,学者辈出。知名的佛学大师包括高楠顺次郎、渡边海旭、南条文雄、常盘大定、木村泰贤、荻原云来、望月信亨、宇井伯寿、铃木大拙、塚本善隆、牧田谛亮、中村元、胜又俊教、水野弘元等对于日本佛教研究贡献极大。目前对于中国唐代密教的研究以日本学术界最为精深和持久。近现代著名日本学者大村西崖、栂尾祥云、长部和雄、松长有庆、赖富本宏、向井隆健、岩崎日出男等在唐代密宗史学、宗教、哲学、艺术、文学等领域学术成果密集。关于台密事相研究的日本学者包括菊冈义衷、福田尧颖、堀惠庆、大森真应等诸师。金山穆昭在 1927 年时总结了密教在中国的现状和传播情况。② 吉井芳纯在 1935 年也分析了密教在中国复兴的社会背景和条件。③ 吉祥真雄在 1936 年也对中国密教的现状提出了自己的观点(以上这三位论述的中文翻译见附录)。④ 日本学者镰田茂雄基于大量的史料

---

① 沈卫荣:《汉藏佛学比较研究刍议》,《历史研究》2009 年第 1 期,第 51—63、190—191 页。

② 金山穆韶:《支那に於ける密教の现状》,《弘法大师の信仰观》,和歌山县:高野山大学出版部,1944 年,第 218—220 页。最早出自金山穆韶:《支那に於ける密教の复兴に就て》,《高野山时报》第 430 号,1927 年 1 月 5 日,第 7—8 页。

③ 吉井芳纯:《支那と密教》,《中日密教》第 1—2 卷,东京:中日密教研究会,1935 年,第 32—34 页。

④ 吉祥真雄:《支那密教の现状について》,《日华佛教研究会年报》第 1 号,京都:日华佛教研究会,1936 年,第 22—28 页。

对密教做出了具有开创性意义的阐发。①

　　圣严法师在其翻译栂尾祥云著《密教史》译者后序中写道："密教在佛教之中，别出一歧，有许多观念及行事，均非习惯显教者所能理解，密教本身的人，对于自家的历史背景及其源头，又多以坚固的信心，服从传说而少探究史实，唯恐在历史背景的探讨上丧失了传承的信心。日本已将学术与信仰，彼此调和。"②日本学界已经关注到中国学者陈兵和邓子美著《二十世纪中国佛教》、吕建福著《中国密教史》、肖平著《近代中国佛教的复兴——与日本佛教界的交往》等研究成果。但是，埃里克·席克坦茨认为这些研究都没有说明密教复兴的真正原因到底是什么，并且也没有明确密教开始和结束的时间。日本学者田中文雄使用的"纯密"和"杂密"这两个概念是日本学界在理解中国密教问题时提出的理论框架。其研究中出现的宗派意识以及纯密、杂密等概念对于理解近代中国密教复兴这一现象是重要的关键词。而这种宗派意识以及日本学者的诸多论述是笔者构建沪密理论和内容的基础。埃里克·席克坦茨也揭示了这种中国现象背后直接受到了日本佛教的强大影响，而这种影响是以前的研究中所没有注意到的。例如，吕建福著作中将民国时期汉地密教复兴的源泉追溯到杨文会的活动，但是没有注意到日本佛教对杨文会的直接影响。此外，近代中国密教的"衰落"和"复兴"是当时佛学家的普遍共识，而之前的研究却直接拿来使用而缺乏应有的论证。对这样的描述及其产生的思想背景必须进行批判性的分析。但是，日本学界本身对密教的界定也存在分歧。在大村西崖出版《密教发达志》这一经典著作之后，包括加藤精神、川口慧海、权田雷斧在内的真言宗教派学者对纯密和杂密的区别提出异议，在《密键》杂志(1920卷，包括真言宗学者的论文集)中对属于印度和西藏文本的纯密文献更加重视。松长有庆认为纯密的提法在中国文献中几乎不能提供证据支持，甚至没有记录表明中国或印度的评注者把佛教分为

① 镰田茂雄：《華嚴と密教》，《智山学报》第49期，2000年，第1—29页。
② ［日］栂尾祥云：《密教史》，释圣严译，台北：东初出版社，1992年，第3页。

显密两支,密教仅在日本和中国西藏发展为独立的体系。① 学界公认日本佛教传承自中国唐代。自六世纪传入日本以后,经过奈良时代(710—785)、平安时代(794—1192)到镰仓时代(1192—1380)前后约七百年时间,日本佛教全面建立。奈良时代传入三论(惠观)、法相(四传:道昭;智通、智达;智凤、智鸾、智雄;玄昉。传统上把第一、第二两传合称为"南寺传"或"元兴寺传",把第三、第四传称为"北寺传"或"兴福寺传")、华严(审祥)、律宗(鉴真)、俱舍(道昭、智通、智达)、成实(惠观)六宗,称为"南都六宗"。② 现在我们所谓的"宗",指的是佛教内具有不同的教理、信仰等且具有独立组织的团体,而南都六宗的"宗"指的是学派,或是一个寺院内专研诸学,诸宗同时存在,犹如现在大学中的学科或学部。③ 南都的"宗"在早期多称为"众",中国六朝末期也多称呼佛教各派为"众",隋文帝开皇年间(581—600)在长安兴善寺设置五众、二十五众等,并任有众主。钦明天皇十三年(552),百济圣明王遣使进献佛像经论,劝信佛法"于诸法中最为殊胜","能生无量无边福德",此为日本佛教之始。④

高丽僧人惠观(又称慧灌)隋代时来中国,从浙江绍兴嘉祥寺吉藏大师习学三论宗,日本推古天皇三十三年(625),奉高句丽王之命入日本,任职僧正,敕住奈良元兴寺,大弘日本三论宗。⑤ 新罗僧人审祥(? —742)曾入唐跟随贤首法藏(643—712)修习华严,随后至日本奈良大安寺开创日本华严宗。随后平安时代传入真言(空海)和天台(最澄)二宗,镰仓时代传入中国禅宗南宗之临济宗(荣西)和曹洞宗(道元)、净土宗(法然,又称源空,1133—1212)、净土真宗(亲鸾,法名范宴)和日莲宗(日莲,法名圣房

---

① [美]罗伯特·沙夫:《走进中国佛教:〈宝藏论〉解读》,第 274—276 页。
② 参考《续日本纪》卷二三、《睿山大师传》、《传述一心戒文》卷中、《诸家教相同异集》、《八宗纲要》、《教时净》、大野达之助著《日本佛教思想史》。
③ [日]末本文美士:《日本佛教史——思想史的探索》,涂玉盏译,上海:上海古籍出版社,2016 年,第 17 页。
④ 据平安中期《上宫圣德法王帝说》记载,钦明天皇治世的戊午年十月十二日,百济国圣明王(圣王)始将佛像、佛经与僧人奉送至倭国。又据《元兴寺伽蓝缘起并流记资财帐》记载,大倭国的佛法创于钦明天皇之世。据《日本书纪·钦明纪》记载,钦明十三年冬十月,百济圣明王遣使献释迦牟尼佛金铜像一尊、幡盖若干、经论若干卷。
⑤ 《本朝高僧传》卷一、《日本书纪》卷二二。

莲长)等。宋代以来,日本僧人奝然(938—1016)、成寻(1011—1081)、戒觉、宽建、宽补、超会、宽延、澄觉等相续来五台山求法,把文殊信仰带回日本,至今日本东大寺"四圣御影"中的"五台山文殊"明确当时五台山文殊信仰在唐朝大历年间由不空于五台山创立,并成为五台山密宗及文殊信仰结合天台、禅宗、净土宗等教派思想的证明。江户时代隐元禅师东渡日本开创黄檗宗,与临济、曹洞鼎足而立形成日本禅宗。镰仓时代新成立的临济宗、曹洞宗、净土宗、净土真宗和日莲宗的教祖都出身于日本天台宗。《木村泰贤全集》第六卷所收录的《大乘佛教思想论》中第二篇第三章《三国佛教の特质》总结概述了印度、中国、日本三国的佛教特征。日本从镰仓时代以来实行佛教本土化,且和世俗社会接轨,再经过明治时代的改革维新,"真正渗透了国民生活的全部",实现国家化、社会化、家庭化、宗派化和学术化,成为国民信仰和紧密联系的佛教。

　　法舫评价说,中日两国佛教之历史关系已有千余年了,日本文化自唐以来,可说完全受着中国文化佛教的影响。[①] 贾俊侠试图从空海求法为何来大唐而不去佛教圣地印度、为何求法兴起较晚之密教而不是其他教派两方面入手,考证空海的入唐求法不只是单纯个人喜好和简单的文化交流,更重要的是与大唐在世界历史上所处的先导地位及日本政治需求有关。[②] 唐太宗贞观年间(630)以来,日本派出多批遣唐使,其中僧人空海于长安青龙寺惠果门下学习。诃陵国(今印度尼西亚爪哇岛)僧人辨弘、新罗僧人惠日、悟真也曾从惠果学习密宗教法,其中辨弘原本计划赴南印度求学胎藏法,途中听说此法已经由善无畏传到中国,便转向长安来求。可见唐都长安已成为当时亚洲密教中心。空海回日本创立了真言宗,首次提出密教"判教"来判释教相,即对佛教各个宗派所处的地位、作用以及影响等方面作出总体评价。桑德博格·杰弗里·罗杰(Sundberg Jeffrey Roger)等考证了《贞元新定释教目录》中吕向著《金刚智传》和空海著《秘

---

　　① 法舫:《我们对于日本佛教的态度》,梁建楼整理:《法舫文集》第五卷,北京:金城出版社,2011年,第25—29页。

　　② 贾俊侠:《空海大师入唐求法文化诠释》,邓友民主编:《空海入唐1200周年纪念文集》,第29—39页。

密曼荼罗教付法传》。他认为,作为传记记录基础的《金刚智传》的内容在空海的《秘密曼荼罗教付法传》中出现,表明吕向的说法在密教信徒圈子中被认为是无可争议的。吕向通佛学,是金刚智的俗家弟子。空海在唐代去长安求法得到进一步验证。吕向传记似乎可以追溯到公元757—765年。[①] 日本僧人最澄(767—822)于浙江接法圆、密、禅、戒四宗:行满、道邃[②]、佛陇等所授之天台法华圆教,天台山国清寺惟象所授大佛顶大契曼荼罗行事,及越州峰山顺晓从新罗义林传授下来的胎藏、苏悉地密教灌顶。[③]《宋高僧传·道邃传》载最澄在天台山听道邃讲训,"委曲指教,澄得旨矣。乃尽缮写一行教法东归"。又载台州刺史陆淳判云:"远传天台教旨,又遇龙象邃公,总万行于一心,了殊途于三观,亲承秘密,理绝名言。"[④]可知最澄从道邃受一行一脉密法,又从太素、江秘、灵光受持明密法,从禅林寺翛然受达摩一系牛头禅法;回日本后再求教于空海,将所学天台宗教义糅合密教,独创日本天台密教,称为"台密"。[⑤]

　　清末民初时期,中国赴日求法、学习、考察者众多。东渡僧侣有宗仰、月霞、太虚、弘一、慧刚[⑥]、大勇、持松、显荫、大醒、纯密等,居士和学者有

---

　　① Jeffrey Roger Sundberg, Rolf W. Giebel, "The Life of the Tang Court Monk Vajrabodhi as Chronicled by Lü Xiang(吕向):South Indian and Śrī Laṅkān Antecedents to the Arrival of the Buddhist Vajrayāna in Eighth-Century Java and China", *Pacific World*:*Journal of the Institute of Buddhist Studies*,2011(13),pp. 129 - 222.

　　② 道邃(766—?),名兴道,被后人尊为台宗十祖,有《大般涅槃经疏私记》十卷、《维摩诘经疏私记》三卷、《摩诃止观记中异义》一卷行世。贞元二十年,日僧最澄赴国清求法时,道邃为其详细讲解台宗教旨,并授予圆顿大戒,最澄归国后遂尊道邃为始祖、国清为祖庭。参见丁天魁主编:《国清寺志》,上海:华东师范大学出版社,1995年,第227页。

　　③ 吕建福:《略论密宗教法在中日两国的演变》,邓友民主编:《空海入唐1200周年纪念文集》,第128页。

　　④ (宋)赞宁:《宋高僧传》卷二九,第725页。

　　⑤ 刘钝:《初窥五轮塔:一个有关起源、传播与形上基础的跨学科研究》,《中国科技史杂志》2020年第3期,第260—297页。

　　⑥ 有关慧刚的记载极少,韩同在书中提及此人:"继之有西蜀支那真言宗四十九世传灯金刚大阿阇梨慧刚,著有《瑜伽真言句义》一书,用梵文书咒,使习真言者,一洗从前华文注音之误。"根据周广荣的考证,慧刚即曼殊揭谛,他曾于1924年从日本权田雷斧受阿阇梨传法灌顶,并与王弘愿组织震旦密教重兴会。参见周广荣:《曼殊揭谛行实著述摭考》,赖永海主编:《禅学研究》第十一辑,南京:江苏人民出版社,2014年,第319—320页。

梁启超、章太炎、桂伯华、荻葆贤、程芝轩、程宅安、宋平子、夏曾佑、谢无量、丁福保、梅光羲、夏丏尊、丁桂樵、丁鸿图、欧阳竟无、韩清净、王弘愿、黎乙真、王一亭、范古农、吕澂、陈铭枢、吴壁华等。近代中国佛教界向日本求法，可溯源至近代佛教复兴运动启蒙人物杨文会和日本学者南条文雄的交往，在日本寻回多种国内已经消失的隋唐佛典注疏，在"金陵刻经处"刻印。杨文会弟子桂伯华为近代第一位东渡日本学密求法居士。桂伯华在日本学真言宗，赴日本高野山，留学数年，得传法灌顶以归。① 桂伯华在求学期间与章太炎交好，可惜 1915 年即早逝于异国，所撰论著皆不存。② 1906 年，桂伯华在东京发起迎请月霞讲经的活动。月霞抵达东京后，讲解《楞伽经》《维摩经》《圆觉经》等，章太炎、苏曼殊、孙少侯、刘申叔夫妇和蒯若木夫妇等参加听讲。③ 其中章太炎曾于 1906 年在东京发表关于佛教的演说，其对佛教的理解得到了宗仰的认同："华严所说，在普度众生，使众生头目脑髓，都可施舍于人。此乃物我同胞之真实境地，更无些子私意，为极端纯粹道德。而法相所说，则万物唯心，以一切有形色相，无形法尘，皆归于幻见幻想，空诸所有，此又背尘合觉之活泼境地，亦无些子渣滓，为极端清净道德。"④沈潜在其文章《论释宗仰佛教革新的理论建树》对此评价说："宗仰以华严、法相二宗为鹄，而后各具勇猛无畏之气概，正知正觉之心量，才能养成不谋私利的无我献身精神。"⑤他的评论反映了当时社会历史背景下的文化思潮的方向。清末民初时期，桂伯华、李证刚、欧阳竟无三位赣籍同乡在佛学界号称"佛门江西三杰"：桂伯华长于密宗；欧阳竟无精通法相唯识，与北京韩清净居士齐名，有南欧北韩之说；而李证刚由密宗入唯识，尤以治佛教史著称。⑥ 李证刚和欧阳竟无都是桂伯

---

　　① 陈雪峰：《东密求法者的对立——以王弘愿和持松的论辩为例》，《青海师范大学学报》2018 年第 1 期，第 54—59 页。

　　② 王颂：《近代日本对中国佛教教育的影响》，《佛学研究》2018 年第 2 期，第 140—145 页。

　　③ 于凌波：《中国近现代佛教人物志》，第 24 页。

　　④ 乌目山僧：《论尊崇佛教为今日增进国民道德之切要》，《佛学丛报》第 4 期，1913 年 2 月 1 日。

　　⑤ 沈潜：《论释宗仰佛教革新的理论建树》，《法音》2011 年第 7 期，第 31—32 页。

　　⑥ 谭桂林：《桂伯华遗诗考论》，《江汉论坛》2012 年第 12 期，第 93—98 页。

华推荐入杨文会门下。桂伯华和欧阳竟无亦友亦师,年长欧阳竟无十岁。

　　近代日本的佛教盛行深刻影响着民国初期中国佛教复兴运动。大批佛教学者、佛教大学和研究机构、佛教刊物和著作等掀起了日本的佛教学热潮,率先带领各种东西方学术文化思潮涌入近代中国。民国时期日本努力以求佛教势力之表现,使复为亚洲民族间之国际缔合物,曾于1918年间在东京举行了大佛教运动。中国人士有见于此,亦于北京设立佛教团体以为对抗。① 宗仰、曼殊等僧人和不少知识分子都曾留学于日本学习佛教。太虚在《整理僧伽制度论》中曾主张遴选三十岁以内戒德清净的比丘五十人,集资送到日本学习密宗,研究显密融通,以五年为期。1917年9月,太虚自台湾赴日本,考察了神户、广岛、京都等地的诸多佛刹及佛教大学的制度,"深觉《整理僧伽制度论》之分宗,颇合于日本佛教之情况;而本原佛教以联成一体,则犹胜一筹。乃于革新僧制之素志,弥增信念"。1917年10月,太虚还专程考察了净土真宗的佛教大学、真言宗智积院大学。② 1918年,太虚在上海和章太炎、蒋作宾共同发起创办《觉社丛书》,后改名为《海潮音》月刊。其后得到王弘愿译文《密宗纲要》和《曼陀罗通释》,以及持松、显荫从日本学密回国后撰写的密教文章,大力提倡,广为宣传,推动中国密教复兴。二十世纪第二个十年末显荫和持松都曾在谛闲改组的"观宗学社"僧教育机构学习。《海潮音》更刊行《密宗专号》,推广《密宗纲要》。③ 作为1924年庐山大林寺暑期讲习班无心插柳的结果,④1925年,在太虚的率领下,中华佛教代表团第二次访日。太虚参观了东京帝国大学、立正大学、大谷大学、龙谷大学、黄檗山临济大学、高野山大学,还会晤了多位日本学者,如南条文雄、村上专精、大内青峦、高楠顺次郎、铃木大拙、渡边海旭、

---

　　① 李一超编译,范古农校订:《美国佛学界之中国佛学史观》,上海:上海佛学书局,1931年,第63页。

　　② 印顺:《太虚大师年谱》,台北:正闻出版社,1990年,第92—95页。

　　③ 《海潮音》创办之初曾发行《密宗专号》(《海潮音》第1卷第7期,1920年),并于初刊前两期提醒读者:"非先研究王弘愿居士所译之《密宗纲要》,则于本杂志之专号,将不得其研究之门径。为便研究密宗起见,本社今从王居士处取来《密宗纲要》多部,代为流通。"

　　④ 明杰:《从"中华佛教联合会"到"中国佛教会"——试析太虚大师建立全国性佛教组织的努力》,《佛学研究》2017年第2期,第25—39页。

常盘大定、木村泰贤、金山穆昭等。① 太虚对日本佛学教育、研究体系和成果进行了全方位的借鉴思考，太虚在武昌佛学院、汉藏教理院和闽南佛学院都实行日本佛学教材和开设日语必修课程。直到"九一八"事变以后，太虚停止了与日本佛教界的联系，转向藏传佛教界继续佛教改革和显密圆融教义的探索，加强了对原始佛教义理的研究，并开设梵文、巴利文研究必修课。

1921 年，近代第一位东渡日本学密求法的僧人纯密，因其家世与王弘愿有戚谊，受王弘愿鼓励东渡日本求学真言宗，得高野山宝寿院主高冈澄心大阿阇梨传授两部大法灌顶(1922)和天德院主金山穆韶大阿阇梨重授传法灌顶阿阇梨职位，兼授秘密灌顶并悉昙章②、两部各尊仪轨等法(1923)，1924 年回潮州开元寺传法，后于 1936 年创苏悉地园密教道场。1922 年，太虚在武汉政商各界名流的鼎力支持下，创建了"武昌佛学院"这一现代化的佛学教育基地，在当时佛教界享有"黄埔"之誉，与佛教居士欧阳竟无在南京建立的"支那内学院"同为弘法重镇，培养了大批佛教人才。1923 年，太虚弟子大勇从日本学密归来，"各处的佛教徒无论出家在家，都是唯密是尚的风气"。③ 大勇在武昌佛学院传密法时，法尊、法舫、超一先从其学东密，后赴藏康学藏密。1924 年，持松从日本回国传法，在武汉受到了广泛欢迎。"(武昌佛学院)院董们更迷于印咒，借词经济不敷，不愿继续支持，几使武院关门大吉。"④

当时从中国去日本、南亚学习的求法者，大都是带着中国佛学典籍过去，唯有持松、显荫将中国已经失传的佛学典籍请回。同时期东渡日本学密的还有王弘愿、顾净缘、李证刚、又应等。显荫、大勇、又应回国不久后英年早逝。在高野山建有显荫的墓碑。1935 年 5 月大醒到日本高野山考察，自

---

① 印顺：《太虚大师年谱》，第 206—211 页。

② 悉昙指大约公元 600 至 1200 年间书写梵语使用的文字，是对笈多王朝时期使用的笈多文的改良，又称梵书、梵字，意为成就或完美。

③ 法尊：《著者入藏的经过》，吕铁钢、胡和平编：《法尊法师佛学论文集》，北京：中国佛教文化研究所，1990 年，第 359 页。

④ 罗同兵：《太虚对"东密"的理性抉择：从密教对武昌佛学院的冲击说起》，《宗教学研究》2002 年第 1 期，第 131—136 页。

述:"一方全没有公开的告诉别人,连虚大师都没有向他禀告。这原因因为我以私人的资格行脚,在旅费方面要自己去筹措。"这段记载和历史所传大醒受太虚委派去日本面见金山穆昭①是不符合的。大醒在高野山时与藤井草宣一起礼拜了显荫法师的墓碑。略叙其历史云:"显荫法师,支那江苏省崇明县宋氏之子,师事宁波观宗讲寺谛闲师为僧。天资隽敏,少通众经,善词章。大正十二年(1923)冬来我高野山,就天德院穆昭阿阇梨修得密教,受传法灌顶,佩法身佛心印。十四年一月回锡至上海患病,阴历五月二十一日寂,年二十四。山中僧俗纳交者相谋为建此塔,以回向菩提云。"②随后大醒入金山阿阇梨密坛参观,在超度亡人牌位中看见显荫、大勇、又应的木位,师友感情超越国界,已无分别心。1932 年 8 月,太虚在重庆缙云山之缙云寺正式创建汉藏教理院,汉藏并设,显密兼习。1934 年春,太虚从九世班禅受金刚大阿阇黎大灌顶法,可以学习密教一切咒法。太虚指出:"使支那密宗得以重建,虽必取法黄教,然亦仅足重建汉地之密宗而已。"③他们回国后开坛灌顶,译介密典,弘传东密。当时全国各地竞相掀起了一股学密热潮,信众甚多,以致对佛教其他宗派发展产生了巨大冲击。

民国时期也有诸多中国佛教徒和居士赴日考察日本佛教,通过"观感""视察记""考察记"等形式把日本真言宗的情况介绍到内地,对国内佛教界影响巨大。其中包括 1906 年湖南僧人笠云由日本曹洞宗僧人水野梅晓陪同考察;1917 年太虚访日整理《东瀛采真录》;1923 年显荫赴日留下《留东随笔》;1925 年中国佛教界派代表团赴日参加东亚佛教大会。根据考察目的的不同,持松和曼殊分在第三组;1934 年王揖唐代表中日密教研究会赴高野山参加弘法大师一千一百年远忌大法会,著有《东游纪略》;1935 年,刘蓬翊参加日本东京孔子学堂落成仪式,著有《日本佛法考察记》;1935 年大醒接受"日本佛教学会"邀请,回国著有《日本佛教考察记》。

---

① 金山穆韶(1875—1958),有时也写作金山穆昭,此乃日本密宗界的耆硕,古义真言宗大阿阇黎、高野山天德院住持、高野山大学知名教授。中国近代法师大勇、持松、显荫等东渡学密,均曾师从金山穆昭。持松法师更是视其为根本上师,两次东渡从学,分别获赐中院流引方血脉六十四世阿阇梨位、三宝院流五十一世阿阇梨位。

② 大醒:《大醒法师遗著》,台北:海潮音社,1963 年,第 139、167 页。

③ 太虚:《〈略述西藏之佛教〉序》,《太虚大师全书》第 32 卷,第 338 页。

　　当时,箕面胜尾寺佛学院主任中田觉船认为中国僧人研究日本密教热情高涨。① 大体上,在对汉传密教和东密研究的态度上分成两种观点。第一种认为,如果不懂日语,那么日本的佛教自不必说,在中国绝迹而在日本发展起来的密教更是不可能恢复的。第二种认为,虽说是日本佛教,但佛教都是从中国输入过去的,所以不需要研究日语,或者说即使学了日语以后也没有用,所以也没有必要研究日本佛教。可以进一步细分为以下几派:

　　第一,曼殊法师一派。认为如果不懂日语就无法恢复密教,所以了解日语和日本僧侣的风俗习惯是从根本上了解密教法脉相承的路径。

　　第二,认为不必对日本了解得那么深入,但有必要对日语和日本文献了解一些。

　　第三,持松法师一派。认为不需要完全懂日语,因为输入到日本的佛教都是汉文书写的,所以只要能完整地看到用汉文书写的佛书就可以了。

　　中田觉船总结说,以上三派都愿意来日本学习。但是还有一派则是态度较为蛮横(不讲理、耍滑头),连日本都不愿意去,认为只要研究每年从日本输入到中国的佛经文献就可以了。针对中国僧俗对日本密教研究的不同态度,中田觉船主张日本的佛学院应采取开放主义的教育方针,而不是集中主义的策略。作为在中国宣传东密的急务,大阪法安寺了德院和高野山金刚峰寺捐赠了数万日元,并着手宣传工作,捐赠《大日经》《大日经解题》《即身成佛义》《密教三学录》《密教附法传》等。当时学院已经收到了来自各地的入学申请,参加过东亚大会的持松(密林)、曼殊、弘伞三位法师目前正留在这里,为了商讨研究上的事宜也已经与学院取得了联系,准备四月份正式开学。同时期日本佛教对中国的直接传教与渗透也加快了近代汉传佛教复兴运动的步伐。在政治、文化、军事、经济的复杂背景下,近代日本佛教加大了对华进行宗教活动的频率和广度。太虚认为日本企图向中国回传密教以进行文化侵略,是引发中国密宗复兴的

---

　　① 《支那僧の日本仏教研究熱を充たすべく——支那全土に密教の大宣伝真言宗徒の大奮発》,《中外日报》1926 年 3 月 5 日。

最初动机。① 黄英杰在《日本真言宗在台湾的随军布教（1896—1945）初探》一文中详细整理了真言宗在台湾弘传的相关记录和历史资料，宣称其布教本质是支持日本政府在台湾发展对外扩张的政策。② 近代日本佛教向中国的传播也夹杂着当时的政治因素。日本僧人小栗栖香顶与东本愿寺寺主石川舜台共同制订了对华与海外开教的计划之后，③1876 年（光绪二年、明治九年）于上海虹口河南路北京路处建立"真言宗东派本愿寺上海别院"，这是日本佛教经过千余年的发展走向成熟后首度向中国反向扩张，④也称"返恩"现象。日本本土设立"外国布教事务挂"⑤，注重培养中国传教人才。日本政府在日俄战争取胜后开始在中国东北地区修建寺庙。甲午战争以后，日本佛教赴华传教全面开展。1898 年，日本僧人大谷莹诚和大谷胜信一南一北赶赴中国大陆传教，日本称之为"两连枝"。1917 年，大谷光演巡视中国东北各地，竭力推动传教各项事宜，中国东北的日本寺院数量飞速增长。这一时期的日本佛教传教理念已经开始了法西斯化。原本他们的目的是建寺布教，但在甲午战争之后，他们的目的则转为"忠皇护国"。1915 年日本政府在《二十一条》条约中提出对华布教自由，1924 年日本又发布《中央佛教》第七号，继续推动日本佛教对外扩张的计划。至 1933 年，旅大行署区（今大连）的日本真言宗、净土宗寺庙等传教场所已多达二十余座。到"七七事变"之际，上海和天津租界的日本佛教寺庙分别为九所和五所。日本政府在 1936 年 11 月展开的调查显示，其在哈尔滨建立的佛教寺庙有九所，各种宗教场所更是共计多达二十四座，而这仅仅是哈尔滨一地的数据。日本发动全面侵华战争之后，其宗教势力进一步波及华北、东南多省，仅日本东本

① 太虚：《中国现时密宗复兴之趋势》，《太虚大师全书》第 6 卷，第 421 页。
② 黄英杰：《日本真言宗在台湾的随军布教（1896—1945）初探》，吕建福主编：《密教的派别与图像》，第 71—90 页。
③ ［日］道端良秀：《日中佛教友好二千年史》，徐明等译，北京：商务印书馆，1992 年，第125—127 页。
④ ［日］高西贤正：《东本愿寺上海开教六十年史》，上海：东本愿寺上海别院，1937 年，第6 页。
⑤ 外国布教事务挂就是事务所负责机构，挂的日文为"かかり"，意译负责人或者负责机构。

愿寺便在中国建立了近四十座传教场所。① "战时日本佛教，简直好象发了疯一般。"②

　　昭和七年(1932)秋，日本利用宗教拉拢清朝和北洋遗老，在天津牵头组织成立了中日密教研究会支持中国密教复兴。③ 日本真言宗宣传说，密教执行首重事相之发达，请坛法之形式、诸尊法之完成，皆必须周密详备。至于教学之发展，即真言宗之特殊相，如自我实现主义、实践主义、包容主义、法身根本主义、常恒现在主义、象征主义等之宣扬，皆必须先有事相之形式化而后可有教学之理论化。所以希望密教在中国复兴，必须先有规模完备之真言宗寺院，建立诸种坛法，明示念诵供养方轨，随时举行密法之传授，而后信仰与实修者可以增多，密教与国民全部之生活方可融合。此为中国密教复兴不容忽视的、必要的条件。中日密教研究会扩大强化，由贵族院议员冈部长景子、前东京市长永田秀次郎氏等发起，于 7 月 5 日在中央亭开会，已得清浦伯以及朝野权贵的支持。前北京大学教授、现英国添洲矿务公司秘书、中日密教研究会教务主任、天津的许丹参加了佛青大会，并于 7 月 24 日登临高野山，在吉井师的陪同下访问了山内知名人士。29 日许丹在大学讲堂举行了一场名为"现代中国的真言密教"的演讲，介绍了近三十年来中国佛教的发展情况。④ 他认为日本真宗、禅宗等虽然想在中国布教，但没有取得实际性的成果，例如没有得到民众的关心，所以净土、禅宗等已经过时了，而喇嘛密教却逐渐变得越来越受欢迎。但是，喇嘛教也因为在中国历史上留下过不好的印象，所以并不看好其未来的发展。同时也认为，真言密教是佛教的最终发展形态，期待未来中日密教研究会的发展。全程由吉井进行翻译。许丹提出了以下问题：

　　(1) 两部界会、五大明王、四种坛法等诸教法与小乘佛教及初期大乘佛

---

　　① ［日］大谷湖峰：《宗教调查报告书》，长春市政协文史委员会：《长春文史资料》第四辑，1988 年。

　　② ［日］道端良秀：《日中佛教友好二千年史》，第 16 页。

　　③ 许丹：《支那密教復興之必須條件》，《中日密教》第 2 卷第 7 号，第 1 页。许丹还有一篇日语文章，在这里直接摘取中文原文。

　　④ 《支那の密教を語る》，《高野山时报》第 704 号，1934 年 8 月 5 日，第 20 页。

教的教义相去甚远,但又与婆罗门教的思想非常接近,真言密教与四韦陀、优婆尼沙昙等,又特别是与湿婆等信仰的关系究竟为何?

（2）是否有依现代经轨修行而成就悉地者? 若有亲见之处,请例示一二,想随喜供养。

（3）现代世俗的信仰、论议大多接近唯物论,真言宗的教相事相是否与唯物论相容,又是否有与其融合的方法? 此外,心怀弘扬佛法之人,是否应该关心世间所学之处、所信之处? 对于此点也希望能得到明示。

杉本良智在《华南巡锡》中写道:1943 年春天,在真言宗总本山召开了会议,旨在融合日本宗教和中国的宗教传播,将真言密教从日本重新输入并传播到中国。[①] 为了充分发挥早期权田大僧正在中国留下的许多成就,1943 年春天派遣户川少僧正前往中国。为了支援兴亚院,户川少僧正于今年 6 月到任,并来访日本领事馆请求援助,即日起由本警察高等职员负责调查。汕头市同平路一〇六号,即中国密教重兴会所在,收藏了权田大僧正、王弘愿等佛画。他们发现,自 1923 年以来的十八年间,虽然经受了战争影响,祭坛香火却从未断过。户川少僧正就住在重兴会的庵堂内并寻找会员,结果是有很多会员翕然聚集。不出数日,就为汕头市市长许少荣及以下重要官吏、资产家等授戒。成为他弟子者有一百四十人,在潮州的有二十一人。随后,潮汕地区信众选举户川少僧正为中国密教重兴会的会长。关于每天在道场受教的信众,在汕头的达五百户,在潮州的有二百户。中国的资产阶级家族平均有三十至五十名成员,当一个家族成员成为弟子时,会在家里设立一个专门的祭坛,信徒们每天都会遵循师父的教诲。当地的军民和知识分子一直组织户川的后援会。可以说,近代日本佛教在中国的传播以真言宗最为广泛,真言宗在中国的发展历程可被视作日本佛教在华扩张史的缩影,反映出日本制华政策工具的强大影响力。[②] 另外,在中国佛教革新运动第二阶段中,政府倡导的庙产兴学反而为日本佛教抢先对中国寺庙的控制提供了时间机会。就像日本僧人水野梅晓建议的,在中国传教的日本

① 杉本良智:《华南巡锡》,东京:护国寺,1943 年,第 14、15 页。
② 忻平:《近代以来日本佛教真言宗在华的宗教活动》,《史学月刊》1996 年第 5 期,第 49—54 页。

僧团要抢在中国政府征收本地庙产之前合作开办日式学校,随着不断增多的学校向日本东本愿寺总部寻求庇护企图保存庙产,事态发展促使中国政府逐步取消庙产兴学,但是日本佛教对中国寺庙的渗入已经形成规模。为了借助藏传密教来扭转日本密宗的扩张态势,中国五旗佛教联合会在太虚、胡瑞霖等僧俗两界的名流联合中应运而生。①

埃里克·席克坦茨总结日本学界对民国时期中国密教的观点:

(1)必须将民国时期的"密教复兴"现象解释为从日本引进的以宗派为中心的佛教史观所带来影响的直接产物。

(2)密教复兴虽然受到日本的影响,但它既不是在日本真言宗指导下进行的运动,也不是步调统一的运动。

(3)以王弘愿为代表的居士传法与震旦密教重兴会的活动,在思考近代中国佛教时具有很大的参考价值。王弘愿虽然不是引进日本密教观的唯一人物,但却是推动密教复兴的主要人物之一。王弘愿及其在中国形成的教团进一步阐发日本以宗派为中心的佛教史观,以及在中国以怎样的形式具象化,并且给中国社会带来了怎样的影响。

(4)必须从王弘愿这种略显"外道"的观点来考察近代中国佛教,才有可能摆脱太虚的近代佛教主义是唯一可能的这样的看法。

第五节　选题背景、意义、研究方法与基本内容

上文综合分析了民国时期汉地密教复兴的历史、思想背景以及在中国和国际的社会影响,本书选题背景、意义、研究方法与基本内容不可避免地涉及以下问题:

(1)密教复兴的历史背景受到中国、印度、日本以及其他国家和地区的多方面影响,但是我们研究唐密复兴的方法论框架不能脱离中国密教在日本形成的历史观和宗派概念的重要影响。

①　孟国祥:《日本利用宗教侵华之剖析》,《民国档案》1996年第1期,第99—107页。

（2）佛教复兴首先是佛学复兴。作为汉地密教核心人物的持松，其佛学思想研究基本上局限在 1939 年《密教通关》出版之前的时期，对其华严密法成熟时期的佛学思想缺乏总结和分析，也缺乏比较研究来解读其华严密法的形成过程和对中国宗教史的学术贡献。本书提出的沪密理论正反映了持松中、晚期佛学思想和实践的成果。

（3）这段运动具有怎样规模？从时间、地域范围怎样设立影响范围？其社会和文化影响面如何评估衡量？

（4）这段密教复兴历史运动由其重点人物、信众、社团、事件等要素构成，本书的侧重点是持松法师弘法的上海静安寺，而不是王弘愿在广东省东部成立的震旦密教重兴会，据此对日本密教回传中国的影响进行比较研究。

（5）这段密教复兴的产物和成果如何？在上海形成的以持松为代表人物的沪密传承有着怎样的社会和文化现实意义？

中国社会科学院世界宗教研究所研究员李建欣在 2022 年 11 月 11 日讲座"改革开放四十年来的中国宗教学"中指出，现代宗教学研究应该重视人文学科和社会学科的结合。自二十世纪二十年代起，陈垣、汤用彤、陈寅恪、胡适等受到哈佛大学影响的学者开创了根据哲学和历史学，从学术的角度对宗教进行比较研究的范式，充分吸收了现代人文和社会科学的客观研究方法与工具。但是突出的宗教哲学和宗教史的向度远远不能反映宗教现象的复杂性，还需要对宗教体验、仪式仪轨等进行全面、深入的认识和研究，这对于事部和相部俱重的密教研究尤其重要。芝加哥大学社会学系教授赵鼎新在《儒法国家：中国历史新论》（2022）中对社会科学方法论及哲学进行了反思。他把当前的社会科学研究分为三种理想型意义的叙述策略：以结构为基础的社会学、以时间和事件为基础的历史学和理解某种社会行动意义的人类学。在本书中，笔者试图跨越人文学科和社会学科的要素和逻辑，提出围绕以持松为代表的密教人物，叙述多个历史社会现象，更加准确地还原民国时期发生的人间佛教运动的真实情况，了解以上海地域为中心的密教历史发展面貌。笔者在中国、美国和日本发掘整理研究材料和方法基础上，以密教史为主线重新梳理和反思了这段运动中所"关注"和"忽略"的社会现象。人物行为动机的多样化和非完全客观理性化能够转移、导致这场运动中各种僧团组织在性质和行为方式上的差异,甚至产生误差。我们必须认识到由于这些组织主体所拥有的资源和行动方式的主观性,它们对于当时社会文化的塑造能力是明显不同的。本书对这段运动的总结和解读是否正确,并没有优先主导的意图,反而是重新认识和理解这场文化运动秉承的真实历史价值和其相应的人文哲学思想。

近代汉传佛教复兴运动多偏重于中国传统显宗的复兴。在承认显密结合作用的文化复兴大背景下,对于密教复兴的讨论,尤其东密回传的系统性分析和综述严重匮乏。吕建福在 2009 年《中国密教史》增订新版序指出:"国外学者尤其日本学者的研究成果,参考得也有限。"他在初版序中指出:"本书是从历史学角度探讨中国密教乃至整个密教的一部尝试性著作,尤其在相关教义思想及其他横面的研究力不从心,显得薄弱,不无遗憾。"①并在 2009 年《密教论考》繁体增订版序中写道,其导师任继愈认为,"密教研究最为薄弱,中国学者尚无发言权,听凭日本学者说"。② 其在导师鼓励下选择密教研究,发现日本学者的说法与中国密教的实际情况多有出入,且按其思路研究也不会有所突破,于是直接依据原始资料来研究,提出的密教起源于大乘佛教陀罗尼及其早期发展演变的历史,引起学术界重视。但是至今相关的学术讨论多围绕人物线索和中国密教史而展开,缺乏在民国时期汉传佛教复兴场景中围绕密教主题逻辑的历史发展的探索,还没有建立一种有效的研究汉传密教义理的方法论架构,急需从汉传佛教角度整体梳理、提炼、评判日本真言宗自空海以来的判教理论和核心教义思想,来还原唐密时期的汉传密宗本质,了解汉传密宗的发展史,对比日本、藏传和汉传教义来发展中国化密教,客观还原近代密教思想的发展脉络对现代汉传密教研究而言意义重大。此外,还需要尽快扩大学术国际化研究与交流的视野,加强中国现代性佛教和国际化的学术范式包括宗教社会学方法论来创新发展。

以宗教社会学的框架来研究密教在近代中国也并非一帆风顺,而是经过长时间的经验磨合才逐渐趋于客观。在 2023 年春季的"中国宗教阅读"

①　吕建福:《中国密教史》(一),"初版序",第Ⅶ页。
②　吕建福:《密教论考》,"繁体增订版序",第ⅰ页。

课程上,哈佛大学教授罗柏松谈到这条曲折之路。他认为西方对亚洲佛教(Pan-Asiatic)的认识始于十六世纪。早在晚明时期,意大利耶稣会利玛窦(Matteo Ricci)对中国佛教寺庙、僧侣、偶像持鄙夷态度,并视之为低劣的偶像崇拜(Idol Worship),以联合那些在名义上同样排斥佛教的儒学士大夫。① 然而,佛教,尤其是藏传佛教,自始至终地流行于明代宫廷。进入清代,藏传佛教在满蒙藏民族,尤其是统治阶层当中,存在着上行下效的流行趋势。清代耶稣会会士基歇尔(Athanasius Kircher)对清朝的密宗佛像有着相对细致的图像描述。② 或许因其自身也崇拜圣像(Icon)甚至圣体(Relic)的缘故,十八世纪前,不少信奉天主教的传教士和学者们,例如葡萄牙历史学家蒂欧格·都·科托(Diogo Do Couto),并不认为亚洲人崇拜圣物、圣体和偶像,例如锡兰的佛牙舍利会有关于宗教修行上的问题,而认为他们是拜错了偶像——佛教而非天主教的圣物。③ 进入十九、二十世纪,随着欧美列强用坚船利炮叩开中国的大门,欧洲新教(Protestantism)传教士来华。陷入半殖民化的清代晚期帝国,无法再在西方人面前展现唯我独尊的姿态。此时的多数西方传教士乃至西方学者,尚未摆脱西方文明优越的心态,常常不可避免地使用基督宗教新教的角度审视非西方,尤其是亚洲宗教。十九世纪晚期基督新教遵循反天主教(Anti-Catholic)宗教仪式,质疑神秘性的传统与原则,因此追求所谓的理性(Rationality)、社会道德(Social morality)和清醒祛魅的科学精神(Disenchantment)。④ 以马克斯·韦伯为代表的西方社会学学者认为,只有具有加尔文派明定论特征的基督宗教(Protestantism)才是祛魅的、理性的,并对推进社会道德有意义的宗教(Re-

---

① Vincent Cronin, *The Wise Man from the West*, Dutton, 1955.

② 详见《中国图说》(*China Illustrata*)。这是德国耶稣会士阿塔纳修斯·基歇尔于1667年在荷兰阿姆斯特丹出版的一部关于中国的图书。原书为拉丁文,翻译成多国语言(1668年荷译本,1669年英译本,1670年法译本)。这一图文并茂的著作汇集了传教士带回欧洲的关于中国以及远东其他地区文化政治、风土人情的记录,在欧洲引起巨大反响,成为西方现代汉学的滥觞。

③ John S. Strong, *The Buddha's Tooth*: *Western Tales of a Sri Lankan Relic*, University of Chicago Press, 2021, pp. 96 – 99.

④ [德]马克斯·韦伯:《新教伦理与资本主义精神》,于晓等译,顾忠华审定,台北:左岸,2005年。

ligion）。因此，中国佛教（汉传、藏传乃至南传佛教）被归于初级宗教、偶像崇拜乃至迷信的范畴。其中通行于西藏、蒙古与满族聚集地区的藏传佛教被简单地甚至带有蔑视地称呼为"喇嘛教"（Lamaism）。哪怕是通晓中国文化典籍的有识之士，例如理雅各（James Legge，1815—1897），亦从中国经典（Classics）和西方人所谓的精英文学（例如四书五经）中，甚至从佛道经典的义理内容来片面地解读中国文化与宗教的内涵。

二战之后，随着宗教史（History of Religion）学科的兴起，西方的学者名义上不再以西方中心主义和基督宗教的标准来审视非西方宗教。然而，随着二十一世纪的到来，西方世界仍对中国佛教，尤其是藏传佛教，存有主观的、未完全脱离东方主义（Orientalism）的价值观看法。例如罗马尼亚裔美国芝加哥大学宗教史学者米尔恰·伊利亚德（Mircea Eliade，1907—1986）试图从所谓西伯利亚"萨满教"（Shamanism）中找寻所谓原始宗教的起源。[①] 随着新兴萨满学（Shamanology）的兴起，"萨满教"被不假思索地运用于各种情景之中，例如古希腊罗马宗教（Greco-Roman religions）、琐罗亚斯德教（Zoroastianism）、日耳曼异教（Germanic paganism）、中国巫术以及北美印第安人宗教（Native American religions）等。有些西方人所谓的"喇嘛教"甚至常常被荒谬地与萨满教联系起来。可见，至二十世纪中期，西方人对非西方宗教的认识仍然没有跳出他们对自身问题的反思。进入二十世纪晚期与二十一世纪的时域，部分不断自我反省的西方学者试图摆脱西方中心主义的有色眼镜，以更公平合理的眼光来发展宗教学研究。其中，去殖民主义（de-colonialism）尤其盛行于宗教社会学（Religious Sociology）、宗教民族志（Religious Ethnography）等出现于二十世纪六十年代之后的新兴学科。2023 年春季，罗柏松教授的"东亚宗教：传统与转变"（East Asian Religions：Traditions and Transformation）课程第一节课就介绍了东西方正信（Orthodoxy）与正行（Orthopraxy）的区别。在多数西方基督宗教国家，正确的信仰（Faith/Doxology）远比正确的行为（Practice）重要。例如一个普通

---

① 详见米尔恰·伊利亚德著《萨满教：古老的出神术》（*Shamanism：Archaic Techniques of Ecstasy*）。该书是西方萨满教研究的经典著作，于 1951 年以法文标题 *Le Chamanisme et les techniques archaïques de l'extase* 出版，随后被翻译成英文，于 1964 年由普林斯顿大学出版社出版。

的英国圣公会信徒也许不完全，甚至完全不遵守教会的戒律，却因为自称信奉（believe）圣公会而被认作教徒。相反，在东亚场景中，正确的行为远比自我认定的信仰更加受到关注。例如一个普通的日本人可能自称没有任何宗教信仰，却一定要遵循传统在神社庆生并在佛寺下葬。正是经过不断的自我调整，现代宗教社会学的研究方法可以更好地应用到关于民国时期的佛教复兴文化运动的研究。

过去的几十年中对于近代中国汉传佛教复兴文化运动的研究已经很多，但是大部分研究仍然集中在民国时期佛教历史的宏观层面和采用通史方法论的惯例，其研究对这一时期重要事件和研究主题内容都有涉及，而且叙述中体现了佛教历史发展的鲜明线索，尝试搭建一种整体性的方法论框架。这也是近代中西文化交流思潮中西学东渐的影响，史学家较多地采用通史而不是断代史方法论，给其研究带来新的价值。比如近代史学家杨庆堃《中国社会中的宗教》(*Religion in Chinese Society*）、钱穆《国史大纲》、蒋维乔《中国佛教史》、黄仁宇《中国大历史》、黄忏华《中国佛教史》、白寿彝主编《中国通史》、邓之诚《中华二千年史》等；近代佛教史学家麻天祥《晚清佛学与近代社会思潮》，何建明博士论文《佛法观念的近代调适》，陈兵、邓子美《二十世纪中国佛教》，台湾释东初《中国佛教近代史》，王雷泉翻译尉迟酣的《中国佛教的复兴》等著作。诸多研究集中在虚云、杨文会、太虚、印顺、印光、圆瑛、弘一、星云、赵朴初等代表性人物。但是近代中国汉传佛教复兴文化运动离不开一大批精英人物的努力推动和卓越贡献，这些人物包括宗仰、大勇、持松、法舫、大醒、法尊、慈航、常惺、芝峰、巨赞等。对于他们的学术研究还没有受到充分的重视，这些人物对中国佛教的振兴做出了不容忽视的贡献，其中一些甚至毫不逊色于近代佛教史研究领域的热门对象，研究者应该抛开偏见对他们的思想和作为给予充分的考察。① 这些研究可以对近代中国汉传佛教复兴运动有更加客观的整体认识。本书对持松的研究就是在这样的背景下展开的。

在学术界，对于汉传密教主题的研究非常重要。虽然大部分源于印度

---

① 何建明：《佛法观念的近代调适》，广州：广东人民出版社，1998 年，第 2 页。

的密教经典已经译为汉文,但是目前有关密教研究的成果和质量在汉地仍然非常薄弱。原因包括:一、在中国密教主题的读者受众群体规模小而且零散,中国本土学者较少愿意从事这方面的研究;二、源于印度的密教的部分内容与中国传统思想价值观和中国传统伦理道德观相违背,容易受到中国读者的批判;三、密教内容十分繁杂难懂,研究门槛很高;四、大量英文、藏文、日文、梵文和巴利文的密教文献还留存在海外,大陆学者可以接触到的文献和材料有限,其研究成果缺乏精品;五、虽然关于密教主题的国际学术交流频繁,但是大陆学者参与较少;六、大陆学者的外语能力缺乏明显优势。所以说,汉传密教的研究需要认真面对这些不可避免的问题:目前如何普及全面扎实的理论基础培养来发展汉传密教研究? 如何面对当前社会人间佛教道德与价值的宣传对于汉传密教的影响? 如何面对现代化、全球化以及高科技发展带来的新趋势所带来对传统汉传密教研究的挑战?

近代中国东渡学习密法的先驱者多半直接从事相、仪轨开始,而跳过了入门教理的培训基础。早期如持松、大勇及纯密等人虽亲赴日本学法,然而学法时间都极其仓促,未遵循正常的修学次第。① 即使影响力广泛的大勇,也被金山穆昭评为:"似以弘法大师之佛教观有不充分纳得大师教义之处,甚为遗憾。"②目前学术界对密宗的判摄及其与显密关系的梳理,大多数集中在著名僧人和居士显密思想的研究,并且将其放在特定时期的历史中进行评价,很少依据显密佛学经典,提取完整的显密教义和理论来进行总结性阐释,就是说以"学术义学"角度而不是以"佛学义学"来分析研究对象。对持松的研究要把握其完整的佛学思想形成过程,而不能只是保守地限制在其前期著作来推演其思想,这种研究范围设定会对其完整的华严密法显密圆融思想产生误解。

① 常惺:《密宗大意》,张曼涛主编:《现代佛教学术丛刊》第71册《密宗概论》,第15页。
② [日]金山穆昭:《弘法大师之佛教观》,太虚大师审定,范古农校订,慈忍室主人编辑:《海潮音文库》第二编,第54页。金山穆昭表示:"支那有密林、大勇、纯密三法师,殆同来本山修学,是时余当指导之任。本宗学徒以先学教相、后入事相为顺序,然密师等皆因留学之时间甚短,故希望自事相先授,而教相教以大体之修学方针,当自钻研。故即入人事相,主以悉昙、真言、陀罗尼、四度、加行曼陀罗诸尊之三密门灌顶等授之。"

　　在研究方法与基本内容上,虽然学界近期已经认识到近代密宗研究的重要性和紧迫感,但是中国本土的系统研究既缺乏对唐密本土化的宗教史发展的关注,又缺乏对唐密传到日本形成东密后所发生的变化的调查考证,而且在密宗教理的基础上缺乏中国本土的现代学术批判理论,并没有建立和形成有中国特色的研究方法论框架体系和以唐密为主线演变的近现代学术主题。此外,在研究人员的培养和研究成果上都需要尽快赶上西方学界和日本的领先水平,以避免碎片化的研究所产生的承袭旧说、全盘接纳、张冠李戴等多种问题。目前显密圆融的学术研究很难与混融相区别,更多的是零散的研究材料的简单堆积,缺乏明确的系统研究逻辑、方法和内容,更谈不上重大学术创新。依此,整体系统地研究和梳理唐密在中国以及日本东密的演变历史和规律,已经成为近代密宗研究的首要工作。因此在本书的沪密理论构建中,笔者采用了对日本华严密法大成者明惠和持松晚年佛学思想的比较研究。

　　如何在现代化、国际化视野中研究汉传密教,结合汉、藏、日本和南传佛教比较研究的新途径,同时采用西方学术传统中的语文学和文献学的方法来研究汉传佛教密宗等问题已经成为学界思考之重点。梁为国和黄维认为,"信解行证"这类研究佛教的传统路径逐渐被定量、定性等西方现代学术方法所取代本身可谓汉传佛教走向现代化的表现之一,诸如唯识学与西方心理学的对接即是此等发展趋势的具体成果。[①] 赵建永认为中西文化的交流、碰撞促使传统经学逐渐没落,为诸子学及佛学的复兴创造了契机,而西方学界将佛教纳入东方学范畴,又使这一研究领域在国际范围内成为显学,并开创了以现代实证方法研究佛教之先河。[②]

　　从西方学者的角度看,太虚推动的"人间佛教"运动以及近代汉传佛教的复兴也符合宗教社会学进化论的观察和研究框架。密教作为一种外来形态,它不断地与所处的中国本土社会中的诸元素进行交流和彼此渗透,使汉

---

　　① 梁为国、黄维:《近现代汉传佛教哲学的变迁以及启示》,《中国宗教》2020 年第 2 期,第52—53 页。

　　② 赵建永:《汤用彤著佛教史在国际学术界的地位和影响》,《法音》2017 年第 4 期,第 26—35 页。

传密教成为具有汉族文化特色的本土密教。宗教社会学(Sociology of Religion)以宗教与社会的关系为研究对象,是一门集宗教学与社会学于一体的交叉性学科,尽管这门学科在国外已有近百年的历史,但在中国直到最近还几乎是一片空白。[①] 中国宗教社会学的研究需要融合中国本土化的理论和历史发展特点。"进化论"是宗教社会学的主要理论之一(其他还有功能论和冲突论),可以观察和解释佛教在近代中国本土化的"进化"过程。奥古斯特·孔德与赫伯特·斯宾塞都使用"进化论"观点把宗教的起源、进化发展和人类社会的发展与变迁分成不同阶段或历史时期,如此一来事物的发展历程就被简化为直线状,这样的方法论显然不适用于分析宗教等复杂的文化现象。[②] 在佛教中国化的近代"进化"历程中,其教义等各方面都发生了不同程度的变化。例如,在吸收印度、日本、中国西藏、南亚以及西方的外来特色的同时,也糅合了中国儒教和道教等其他传统文化思想的内容,再"进化"为新型且特有的汉传佛教,随后又渗透到中国社会的各种群体中。在沪密理论构建中,笔者采用了这种"进化论"方法,把密宗和其他佛教诸宗派一对一作了交叉和融合关系的梳理。

　　马克斯·韦伯认为宗教世俗化和神性特征的弱化导致了现代性问题的产生。这种现代性的特征之一就是"除魅",即理性地对佛教学术化、入世化、社会化、国际化进行改造,以世俗化的世界观来代替宗教的世界观。这种来自西方的"除魅"的概念在十九世纪末、二十世纪初对几乎所有东南亚国家的佛教传统都产生了影响。但是,韦伯建立于道教祭拜仪式框架的膜拜法人团体(liturgical corporate group)概念明显受到了丁荷生的挑战。丁荷生通过历史学、人类学、宗教学角度,在 1989—1991 年中国期间完成田野调查,其二手田野资料来源于荷兰汉学家高延于 1877—1878 年和 1886—1890 年期间对厦门的考察,以及日本对台湾的民族志研究以及近代中国和西方对台湾、广东和东南亚的人类学研究。他认为道教仪式框架整合了社

---

①　陈麟书、袁亚愚:《宗教社会学通论》,成都:四川大学出版社,1992 年,编辑推荐语。
②　闫雪:《浅析佛教中国化的"进化"——以宗教社会学的视角》,《山东工业技术》2013 年第 12 期,第 178 页。

会不同团体。丁荷生在《中国东南的道教仪式与民间崇拜》①一书中引用希腊文"leitourgia"(献祭的公共仪式)这一概念,主张社区节日(如仪式)由有社会等级身份的道士构成,但同时整合并保持了社会多方的参与。地方精英团体参加地方庙委会和崇拜仪式活动来展现"膜拜"功能,采用人类学研究角度突出了庙宇在宗教仪式的中心地位,这种仪式明显带有强而有力的新型经济组织特征。他对现代中国宗教复兴的研究突出了当代中国文化再生的力量,通过道教"礼仪结构"传统仪式框架形成新的社会意义以及对社会力量重新分群,而个体参与者在其中也能重新塑造自己的角色和文化特征。相比韦伯的膜拜团体管理概念,丁荷生认为村庄级别的宗族组织和系统提供社会服务,但是地方宗教庙宇几乎不用于以宗教为目的的功能性活动,同乡会和商人是围绕宗教组织参加活动的。当然,韦伯本人对道教的整体态度抱有偏见,认为道教是以个人化为中心的巫术信仰,这也可能因为他没能及时注意到马伯乐1920年对道藏的研究。

1924年,法舫翻译的《日本文学博士木村泰贤行记》中提到,木村泰贤对当时中国佛学界研究现状的看法是:"支那佛学研究法,尚未脱训诂的习气。所谓近代的科学方法,尚未承用。所研究者,悉以旧时之天台、华严、俱舍、唯识、因明、律学等为主。关于是等主论,以附加讲义科段为研究法,或参照东西学者所研究之成绩,以明原典与译文之相违,然后主张自说。此等情况,相当日本二三十年前之状态云。"②李天纲教授在和笔者讨论中,将法舫的研究方法概括为是用哲学概念(本体论)、多元教理(中日印),以及外国语言(英梵日)来研究传统佛学。在对"人间佛教"神圣性的思考中,法舫也有着"超世"的神圣佛学定位。其研究方法放在今天仍然有效。笔者认为在其基础上增加新的宗教社会学的研究工具,可以加强对汉地密宗复兴主题研究的现代性解读。

本书采用文献研究和历史比较分析法,在借鉴已有的文献资料的基础

---

①　Kenneth Dean, *Taoist Ritual and Popular Cults of Southeast China*, Princeton University Press, 1995.

②　法舫:《支那佛教事情》,梁建楼整理:《法舫文集》第一卷,第108页。

上，在国际视野中按照主题分类研究持松的历史地位和贡献。本书采取了历史学、社会学、宗教史学和哲学的相关理论及方法，力求从多方位进行综合、全面的研究。持松以译介、著作、讲学、书信、文章并进，他一生在民族复兴、社会进步、文化复兴、学术思想、佛教艺术等方面的成就是巨大和多方面的，但是对其在民国汉传佛教复兴中的地位和作用还没有完整和深入的学术研究，更缺乏把持松和同时期重要人物进行对比的研究。持松所遗文字基本为其所著所译佛学典籍，书信和文章虽发表众多，但散佚飘零，学术界对其生平贡献叙述笼统，缺乏严谨的学术考订和比较研究，对其佛学思想发展的研究基本属于空白，深入分析和研究创新更是远远不够。近代佛教复兴文化运动是整个佛教精英团体人物共同推动的，但是目前的研究状况表现为学术、思想、历史等研究资源极大地聚集在杨文会、太虚身上，而对于同时期同样做出卓越贡献的其他人物包括持松等代表人物的研究远远不够，甚至忽视了他们的贡献和作用，这也是客观还原近代汉传佛教复兴运动面貌所需要尽快补充的。

　　本书使用了大量专有名词的二元语义对比来说明密教的内容。这种以科学、哲学和宗教社会学相结合的方法，以及在语言学、语义学和逻辑学框架中来看待这些专有的宗教名相用词的复杂性，西方学界已经做了大量研究，并且取得了成熟的可应用的研究成果。例如，托马斯·阿奎那哲学基础的重要架构是逻辑类比的理论。他注意到语言的描绘可以有不同的形式：单义的、类比的和模棱两可的。单义词汇用以形容两个基本上一样的事物，模棱两可的词汇用以形容两个并不相同的东西，并且属于逻辑上的谬误。而类比词汇用以形容一些相同特征但又非完全相同的事物。① 比如当谈到宗教概念中的天主时他认为一定会用到类比法，因为一些天主创造的事物是被隐藏起来的（Deus absconditus），而其他事物是被显现出来可以让人类观察的（Deus revelatus）。阿奎那认为我们可以透过天主所透露的事物（一般的启示）了解到其存在，但只能通过类比的方法才能做到。这样的话，

---

① Robert Charles Sproul, *Renewing Your Mind：Basic Christian Beliefs You Need to Know*, Baker Books，1998，p. 33.

世俗社会中的民众对于宗教神圣性的体验就有了理性的存在基础。世俗性和神圣性兼容的论述是密教复兴的重要话题。

二十世纪四十年代,周一良在《哈佛亚洲研究杂志》(*Harvard Journal of Asiatic Studies*)发表了他的哈佛大学博士论文《中国的密教》(Tantrism in China),文中翻译了唐代"开元三大士"的传记,以他们作为汉传密教创始人的生平历史事迹为主线对汉传密教展开介绍。他的论文是西方学术界关于汉传密教研究主题的奠基之作,也基本塑定了这个研究领域的基本结构和研究范式。① 这种再现宗教"创始人学派"(founder school)的模型直接导致了唐密东传日本后形成的真言宗各流派关于密教详细分类的激烈讨论。我们对民国时期密教复兴运动场景的研究对象框架中,如何以密教核心人物的主线角度贯穿整个运动的历史过程,也采用了这一模型,突出密教作为一种印度外来文化的中国化演变的特点。就像乔纳森·齐特尔·史密斯所说,类比论证是比较方法的核心。② 奥地利哲学家西格蒙德·弗洛伊德(Sigmund Freud,1856—1939)也认为虽然类比方法不能说明任何实质问题,但是它却能使人感到熟悉。在逻辑上,类比论证常被批评为最缺乏信服力的论证形式之一。孤立历史事件的相似性本身是否有意义,一直以来争论不休。而本书的研究主题——密教的理论构建具有复杂、模糊和隐晦的特点,所以密教理论和观点的重要性使类比论证本身具有重要意义。李天纲认为现代哲学的语言和佛学研究的词汇应该是一致的,这样才能将佛学研究"世界化",不然只是在佛学内部自我循环,不能与其他民族的学术作交流。另外,哈佛大学教授查尔斯·哈利西(Charles Hallisey)讲授《法华经》时指出,佛经的阅读从语义学角度常会发现语义二元结构,即词语有着矛盾和相反两种情况,其组合又是统一体。

本书结合归纳法和演绎法,围绕持松与近代汉传密宗的相关主题详细分类展开。在阐释主题论述的逻辑上,按照时间发展和演变的纵向历史,横

---

① Chou Yi-Liang, "*Tantrism in China*", *Harvard journal of Asiatic studies*, 1945 - 03 - 01, Vol. 8 (3/4), pp. 241 - 332.

② Jonathan Z. Smith, "In Comparison a Magic Dwells", in Kimberley C. Patton and Benjamin C. Ray, *A Magic still Dwells*, University of California Press, 2000.

向联系具有时代特征的主题,客观还原了主题人物与事件在近代佛教复兴中的影响和地位。本书在尽可能充分采集目前中国学术界密教研究的历史和动态以外,广泛深入地查找大批还没有电子化的民国图书、文献和资料,涉及中文、日文和英文,尽可能客观地还原近代汉传佛教密宗复兴的真实面目并对当时受到历史局限的事件和历史人物思想进行剖析。

第六节　有关持松法师的研究综述

目前有关持松法师的研究文献主要分为三类:一是由持松法师付法弟子杨毓华居士编纂的《持松大师全集》八册;二是专门围绕持松生平及其判教思想展开的文章,此类专题研究数量甚少;三是在论述中国近现代密宗发展情况时兼及持松的专著和论文,此类文献较多,但有关持松的信息有限,大多一笔带过,未作系统性深究。其中台湾新北震曜出版社 2013 年出版的《持松大师全集》意义重大,是本书不可或缺的基础性研究资料。此前,杨毓华还编辑出版过《持松法师论著选集》《持松法师纪念文集》,著有《持松法师》(传记)、《密教通关初解》,对持松的佛学思想多有宣扬,尤其是法师着力恢复的唐代密宗。除已陆续出版的《密教通关》《心经阐秘》《大日经住心品纂注》《华严宗教义始末记》《贤密教衡》《随行一尊供养念诵私记注》《满月世界依正庄严颂》之外,《持松大师全集》更有诸多内容是首度公开,如收录了截至 2012 年所发现的持松大师创作的书画、诗词等作品,可供读者更全面立体地了解持松法师,亦为深入研究持松法师的佛学思想提供了扎实的文献基础。《全集》共有八册,前七册对民国时期出版的刊物和著作进行了细致的整理,裒辑了持松撰写或与其相关的各种资料,并根据内容将庞杂的资料分为以下类目:"经义律戒""论释般若""总持""教史诸宗""专论、文钞、函件、诗赋""墨宝";最后一册包括"年谱、附录、索引、后记",其中最重要的便是将近三百页的《持松大师年谱》,其信息来源除一手文献外,不乏编者杨毓华与持松法师的交谈记录,故尤为珍贵。此外,卷首的五篇序言亦为本书的研究提供了重要参考,前三篇为编者所选代序,分别是金山穆昭所作《佛教教义之中心何在》、持松所作《自述》、赵朴初所作《持松上师五十寿序》①；后两篇分别是韩金科所作《唐密复兴的标志性工程》、林光明所作《不空以来第一人》。

第二类研究文献包括持松诞辰九十、九十五、一百周年的纪念文章。1984 年，上海佛教协会在静安寺举办了持松法师诞生九十周年纪念法会和座谈会，游有维撰写《持松法师传》一文简要介绍了持松的生平和著述，文中个别信息不准确，如提及持松初次东渡，"至高野山真言宗道场，礼天德院金山穆昭阿阇黎，受古义真言宗中院一派传承，得五十一世阿阇黎位"。关于持松所得为古义真言宗中院流第几世阿阇黎位，可谓众说纷纭，除游有维所说"五十一世"外，陈兵和邓子美合著的《二十世纪中国佛教》称其所得为"第六十三世"，②吕建福《中国密教史》则称其所得为"四十六世"，并补充道："一说六十三世或五十三世。"③据《持松大师全集》第八册中的《持松大师年谱》记载，持松此次所得乃古义真言宗中院流六十四世阿阇黎位，金山穆昭才是古义真言宗中院流（引方血脉）第六十三世阿阇黎。后者同时也是三宝院流第五十世阿阇黎，持松第二次东渡再上高野山跟随金山穆昭修习密宗，又得三宝院流第五十一世阿阇黎位。林光明受命编辑《持松大师全集》繁体字版时，另外考证持松受传法院流第四十九世灌顶传法阿阇黎。期间又至比叡山。④ 由此可见《全集》的编纂居功甚伟，对廓清持松生平进而深入探究其佛学思想奠定了坚实的根基。1993 年，持松法师诞辰百年前夕，蔡惠明撰写的《精通贤首　重兴真言》发表于《法音》，文章着重介绍了持松的佛学思想，尤其是他对密宗发展所作的贡献："从 1922 年起，他发愿复兴真言宗后，一直至 1972 年圆寂这半个世纪里，他把全部精力献给密教，讲经传

---

①　原载于两处：《觉有情》（半月刊）第 4 卷第 25、26 号，第 97、98 期合刊，1943 年（附"持松上师法相"一幅）；《妙法轮》第 1 年第 10 期（标题为《持松上师五十寿启》）。二文均署名"赵朴初"。此文作于持松大师虚龄五十岁（1943）生日前夕。

②　陈兵、邓子美：《二十世纪中国佛教》，北京：民族出版社，2000 年，第 347—381 页。

③　吕建福：《中国密教史》，第 620—648 页。

④　林光明：《给大兴善寺一个独步全球重刻石壁〈心经〉的建议——从〈心经阐秘〉谈大兴善寺石壁〈心经〉与〈持松大师全集〉之编辑》，宽旭主编：《首届大兴善寺唐密文化国际学术研讨会论文集》第一编，第 85 页。

法、灌顶都以密法为重心。"①文末还提及上海佛教协会和静安寺计划出版《持松法师佛学论著选集》及《持松法师纪念文集》。② 1984 年,游有维(1917—1990)发表了《持松法师传》。1990 年,台湾学者于凌波(1927—2005)在《菩提树》连载《近代佛门人物志》有《持松法师》一文。2004 年,朱靖冬居士撰《持松法师年谱》和《密宗大德持松大阿阇黎传略》。

2009 年 10 月 27 日"首届长安佛教国际学术研讨会"在西安召开,前后有三百多名专家学者提交了论文,其中包括姬孝范的《密林持松与长安佛教之缘》、韩金科的《持松对长安密教的传承与弘扬》。2011 年 11 月 25 日至27 日"首届大兴善寺唐密文化国际学术研讨会"在西安举办,来自海外的近二百位佛教学者参加。其中,释慧严《持松大师抗日护国事迹管窥》、杜维荣《试论持松阿阇黎复兴唐密之特色》、吴成国《持松法师与民国时期唐密的复兴》、徐麟《读〈持松法师年谱〉札记》、沈诗醒《显密通关　行解合一——持松大德佛学思想浅识》、崔峰《论唐密的兴盛、衰落与现代复兴》等提出了有关持松的专门研讨。

此外,第二类研究文献还包括围绕持松展开的专题文章。《觉有情》1941 年刊登的持松法师《自传》③以及《持松法师传》、《持松法师佛学思想研讨会综述》④、《持松法师与民国时期唐密的复兴——以武汉宝通寺为例》⑤、《持松法师与王弘愿居士的贤密判教之争述评》⑥、《东密求法者的对立——以王弘愿和持松的论辩为例》⑦、《民国时期真言回传中的显密之争》⑧、《近

---

① 蔡惠明:《精通贤首　重兴真言》,《法音》1993 年第 5 期,第 26—28 页。

② 真禅主编:《持松法师纪念文集》,上海:华东师范大学出版社,1994 年。

③ 持松:《自述》,《觉有情》(半月刊)1941 年第 33 期。

④ 农醒华:《持松法师佛学思想研讨会综述》,《佛学研究》1994 年,第 276—277 页。

⑤ 吴成国:《持松法师与民国时期唐密的复兴——以武汉宝通寺为例》,《民国档案》2012 年第 2 期,第 84—90 页。

⑥ 秦萌:《持松法师与王弘愿居士的贤密判教之争述评》,《中国佛学》2012 年第 1 期,第139—153 页。

⑦ 陈雪峰:《东密求法者的对立》,《青海师范大学学报》2018 年第 1 期,第 54—59 页。

⑧ 秦萌:《民国时期真言宗回传中的显密之争》,北京:宗教文化出版社,2015 年,第 2—88 页。

代佛教界显密纷争的再探讨》①、《评〈密教通关〉》②、《〈密教通关〉解析》③、《密宗胜义》④、《真言密教与中华佛法之关系》⑤、《中国近现代密教文化复兴运动浅探》⑥、《近代中国佛教的复兴——与日本佛教界的交往录》⑦、《弘法大师之佛教观》⑧、《金胎合曼：密宗及其祖庭》⑨、《中国近现代佛教人物志》⑩、《佛教弘化的现代转型：民国浙江佛教研究（1912—1949）》⑪、《中国密教史》⑫、《汉传密教》⑬、《中国佛教近代史》⑭、《二十世纪中国佛教》⑮、《近世中国佛教思想史论》⑯、《近代华严宗发展研究（1840—1949）》⑰、《华严大学之研究》⑱、《月霞法师复兴华严之研究》⑲、*THE HUAYAN UNIVERSITY NETWORK*⑳、"THE TANTRIC REBIRTH MOVEMENT IN

①　李郑龙：《近代佛教界显密纷争的再探讨》，《中山大学学报》2015 年第 2 期，第 74—85 页。

②　雷音：《评〈密教通关〉》，张曼涛主编：《现代佛教学术丛刊》第 71 册《密宗概论》，第 279—283 页。

③　陈士强：《〈密教通关〉解析》，《法音》1996 年第 8 期，第 30—35 页。

④　慈航：《密宗胜义》，张曼涛主编：《现代佛教学术丛刊》第 71 册《密宗概论》，第 127—128 页。

⑤　显荫：《真言密教与中华佛法之关系》，同上，第 199—202 页。

⑥　何建明：《中国近现代密教文化复兴运动浅探》，《华中师范大学学报》2009 年第 3 期，第 100—105 页。

⑦　肖平：《近代中国佛教的复兴——与日本佛教界的交往录》，广州：广东人民出版社，2003 年，第 199—312 页。

⑧　［日］金山穆昭：《弘法大师之佛教观》，张曼涛主编：《现代佛教学术丛刊》第 71 册《密宗概论》，第 363—364 页。

⑨　李心苑、李永斌：《金胎合曼：密宗及其祖庭》，第 100 页。

⑩　于凌波：《中国近现代佛教人物志》，第 190—192 页。

⑪　陈永革：《佛教弘化的现代转型：民国浙江佛教研究（1912—1949）》，第 283—320 页。

⑫　吕建福：《中国密教史》，第 620—648 页。

⑬　严耀中：《汉传密教》，第 65—146 页。

⑭　释东初：《中国佛教近代史》，第 407—458 页。

⑮　陈兵、邓子美：《二十世纪中国佛教》，第 347—381 页。

⑯　陈永革：《近世中国佛教思想史论》，北京：宗教文化出版社，2012 年，第 496—527 页。

⑰　韩朝忠：《近代华严宗发展研究（1840—1949）》，吉林大学 2015 年博士学位论文。

⑱　孙严：《华严大学之研究》，河北师范大学 2020 年硕士学位论文。

⑲　张珊珊：《月霞法师复兴华严之研究》，中南民族大学 2014 年硕士学位论文。

⑳　Erik J. Hammerstromyan, *THE HUAYAN UNIVERSITY NETWORK：The Teaching and Practice of Avatamsaka Buddhism in Twentieth-Century China*, Columbia University Press, 2020.

MODERN CHINA"①、《中国における仏教の復興運動について—持松の動向と思想を中心にして—》②等论文与专著,对持松法师的求学、弘法经历及"显密圆融"思想的历史形成过程进行细致的梳理和尽可能深入的剖析。其中,陈士强在《〈密教通关〉解析》文中评论说,《密教通关》是一部系统阐述密教(又称"真言宗")的理论、修持和史迹的著作。在汉地的佛教历史上,密教著述非常稀少。目前已知的仅有唐代一行著《大日经疏》、海云著《两部大法相承师资付法记》、辽代觉苑的《大日经义释演秘钞》等几部著作。唐密失传后,持松《密教通关》是第一部在中国近代全面介绍密教的论著。以上这些论著分别对持松生平及其在弘扬唐密方面的贡献进行了综述,对持松住持宝通寺期间弘扬密宗的情况进行了考察,以及对持松法师与王弘愿居士之间展开的贤密判教之争进行了述评,还对持松的著作进行了解析。

韩金科在《持松对长安密教的传承与弘扬》一文中对比了持松与其他东渡僧人如大勇、显荫和谈玄的人生经历和弘扬密宗的情况,指出:"在诸多取法回国者中,称持松是最完备者,并不为过,且其寿命达虚龄八十岁,1972年圆寂,这为他归国宏传密教提供了足够的时间和广阔的空间。"文章进一步总结了持松的学法特点及意义:"持松学法,并不限于一流一派,而是融会各家各流。他不仅获得了东密古义、新义的三个法位,而且还专门到台密根本道场修习仪轨,不以得其法位为目的,而是重在体验、融合,而恰是这种不拘流派的做法,才使取回的密藏在中土传承下去,使得唐密得以复兴。"其文末还点明了持松付法俗家弟子杨毓华的缘由:"持松付法超晔,认为超晔智慧过人,是其修学密法精进悟入的结果,也离不开'文革'环境的历史原因。在那个时期,静安寺改建成工厂,持松受冲击,只得寄居在一民居栖身,昔日的一些弟子也因各种原因,或失去联系,或不敢继续看望他。而超晔在那样

---

①　Ester Bianchi, "THE TANTRIC REBIRTH MOVEMENT IN MODERN CHINA", *Acta Orientalia Academiae Scientiarum Hung*, 2004(1), pp. 31 - 54.

②　韦杰:《中国における仏教の復興運動について—持松の動向と思想を中心にして—》,《京都・宗教论丛》第 13 号,京都:株式会社田中プリント,2022 年 1 月 31 日,第 69 页。

的环境下,仍一如既往地照顾持松,随其修学,是非常难能可贵的。"①吴成国在《持松法师与民国时期唐密的复兴——以武汉宝通寺为例》一文中指出,持松于1924—1925两年间出任武汉宝通寺住持,通过讲经传法,结缘灌顶,修仁王护国法会和孔雀明王法会,并设计、建立宝通寺真言密坛,使宝通寺在当时成为中国密宗复兴的中心之一。但文末引用蔡惠明1989年发表于《香港佛教》上的文章《中国真言宗为何复而不兴》,表达出对密宗后继乏人的担忧。文章指出,在关闭了十六年之久后,静安寺于1984年成立了修复委员会,志在光复古刹,持松主持兴建的真言宗坛场也在修复计划之中,但尚缺担任传法、灌顶重任的阿阇黎。② 专门考察持松与王弘愿显密之争的论文分别是秦萌的《持松法师与王弘愿居士的贤密判教之争述评》、陈雪峰的《东密求法者的对立——以王弘愿和持松的论辩为例》。两篇论文均对王弘愿的判教文章予以肯定,指出虽然当时持松的支持者更多,王弘愿不仅受到太虚、印光等一大批颇有名望的显教人士乃至同门师兄曼殊揭谛的批评,但"真理未必掌握在大多数人手中,王弘愿始终不妥协,坚持从《金刚顶经》《大日经疏》等证明其见解的正确性"。而持松"在批评弘法大师判教论的具体论证过程中,似乎总是不能克服'曲解'经文的瑕疵,这就难免使他的批评少了许多合理之处"。值得注意的是,李郑龙的《近代佛教界显密纷争的再探讨》一文虽不是专门探讨持松的判教思想,但将持松的判教思想置于更长的时段进行考察,点明了其显密判教思想至迟在五十年代又发生了变化,彼时他已意识到密宗与显教各宗派之间存在根本性不同,在"文革"中终将阿阇黎位传给了在家女弟子杨毓华,相当于以实际行动认可了居士传法的合理性。持松法师晚年的认识和选择似乎标志着民国以来"显密之争"的终结。雷音的《评〈密教通关〉》和陈士强的《〈密教通关〉解析》对持松最重要的著作《密教通关》进行了剖析,陈士强指出,《密教通关》虽然自面市以来深受密教信众的推崇,但由于显教在中国内地始终占据着主导地位,故此书引

———————————

① 韩金科:《持松对长安密教的传承与弘扬》,增勤主编:《首届长安佛教国际学术研讨会论文集》第二卷,第180—204页。

② 此文后题为《三次东渡,二登高野,传回绝学——纪念持松法师诞辰一百年》,真禅主编:《持松法师纪念文集》,第115—116页。

发了众多显教僧俗的非议,不过并不能削减其重要的学术价值。① 由此可见,早在 1939 年持松撰写《密教通关》之际,其显密判教思想已发生了变化。本书将根据以上文献,并结合《持松大师全集》集结的资料,对持松生平及其佛学思想的发展、变化做进一步探讨。

　　第三类文献为综述中国近代佛教及密宗发展情况的论著。本书根据各章节所探究的问题,对这些文献中涉及持松生平与佛学思想的信息进行了辨析和参考,其中大多数论述聚焦于持松嗣法华严、赴日习密、回国传法的经过。此类文献包括金山穆昭的《弘法大师之佛教观》、太虚的《中国现时密宗复兴之趋势》、显荫的《真言密教与中华佛法之关系》、慈航的《密宗胜义》等一手文献;以及 THE HUAYAN UNIVERSITY NETWORK、《近代华严宗发展研究(1840—1949)》、《华严大学之研究》、《月霞法师复兴华严之研究》、《中国近现代密教文化复兴运动浅探》、《近代中国佛教的复兴——与日本佛教界的交往录》、"THE TANTRIC REBIRTH MOVEMENT IN MODERN CHINA"、《民国时期真言回传中的显密之争》、《中国密教史》、《汉传密教》、《金胎合曼:密宗及其祖庭》、《中国佛教近代史》、《近世中国佛教思想史论》、《中国近现代佛教人物志》、《佛教弘化的现代转型:民国浙江佛教研究(1912—1949)》、《二十世纪中国佛教》等中西方研究著作和论文。

---

① 　陈士强:《〈密教通关〉解析》,《法音》1996 年第 8 期,第 30—35 页。

第二章 密教中国化

赖永海认为,佛教之所以能够在中土立足,最根本的原因之一,就是它所走的是一条中国化的道路。如果就学理层面说,佛教的中国化,其最大的特点,就是在坚持佛教基本精神的前提下,大量地吸收儒家、道家的思想内容,把外来的佛教变成了一种与中国特定的社会历史条件和思想文化背景相应的中国化的佛教。[①] 密教中国化的概念是专指在中国语境中发生的宗教现象。在世界范围内,佛教的地域化标签在不同时期皆有出现。英国佛学家韩福瑞(Christy Mas Humphreys)认为欧洲佛教是大乘或小乘并不重要,重要的是,佛教在已经有信仰的人群中传播,并且"它允许其他的宗教与其并行,甚至于在佛教名义之下大讲其宗要",这样英国佛教就必然是"一种英国的佛教"。"当佛教成为英国人心上一种生活力的时候,它决不能保留像锡兰佛教或者中国佛教的原状……佛法的形式是必须要改变。"欧洲出现的佛教,不是大乘(中国),不是小乘(锡兰),而是英国自己的佛教,即如所谓"佛教新乘"(Navayana)。[②] 李天纲认为这种"新乘"的思想值得中国的人间佛教运动借鉴。如英国人在佛教教义中作选择,按文化环境因素的限制,英国佛教是"英国的";按当前时代因素的影响,英国佛教是"新乘的"。既然中国、日本、锡兰都处于"二战"以后的二十世纪环境中,那亚洲的佛教也会受其时代影响,成为新乘佛教;在中国,即为"人间佛教"。

---

① 赖永海:《禅宗六祖与佛教的中国化》,《中华读书报》2022 年 6 月 11 日。
② 法舫:《今日佛教运动在欧洲》,梁建楼整理:《法舫文集》第一卷,第 169 页。

密教中国化离不开关于汉地密教的地域概念的澄清。"中国"一词最早意为都城,"国"在中国指市、城邦,如大禹时期有"万国"之称,而"中国"也就是中间最大的都城。在西周时期,"中国"指周王朝的宗周镐京和成周洛邑两座都城,"中国,京师也"。"中国"一词最早出现于公元前十一世纪的青铜器何尊铭文中,其中写道:"佳武王既克大邑商,则廷告于天,曰:余其宅兹中国,自兹乂民。"这里的"中国"指洛阳附近地区。笔者在 2022 年春季学期"早期中国历史溯源"课程上请教哈佛大学普鸣教授。笔者发现有学者把该句解读为"余其宅兹中,国自兹乂民"。他认为何尊上面的铭文展现了历代周王的功绩,当时国家已经统一,国之中心就只有一个国,国都就是国家的"中心"。而古文献中最早出现"中国"一词的是《尚书·梓材》。其原文载:"皇天既付中国民,越厥疆土于先王。"此处的"中国"指镐京地区。随着时间的发展,"中国"一词的范围开始扩大,由都城扩张到了整个王畿地区。《诗经·大雅·民劳》记载:"民亦劳止,汔可小康;惠此中国,以绥四方。"这里的中国指周天子的王畿地区,主要是关中和伊洛地区。周朝实行分封制,除了周朝的都城之外,诸侯国也有自己管辖的都城,也可以称为"中国"。随着时间的推移,"中国"一词的含义从都城发展到了王畿,而各国的王畿地区覆盖了黄河中下游地区,这也就组成了更大的中国地区。到了春秋时期,"中国"一词已经成为中原各分封国的共称,这些地区都是华夏族地区。《论语正义》云:"诸夏,中国也。"[1]当时与中国相对的是东夷、北狄、南蛮等地区。公元前 221 年,秦统一六国,建立了大一统时代的帝国。秦朝灭亡后,汉朝接替,并扩张其版图。随着国家的大一统发展,"中国"一词的范围也逐渐扩大,并且开始代指中央王朝。如《史记·东越列传》"东瓯请举国徙中国",这里的中国指汉朝。而"中国"一词原来曾代指华夏之地,现在华夏之地扩大了,中国的范围也随之扩大成为汉族居住之地,即后世称呼的"汉地"。如《史记·武帝本纪》"天下名山八,而三在蛮夷,五在中国",[2]这里的中国也就是汉地。魏晋南北朝时代,南北方地区都是中国范围。在隋唐时

---

[1]　(清)阮元校刻:《十三经注疏(清嘉庆刊本)》,北京:中华书局,2009 年,第 5356 页。

[2]　(汉)司马迁:《史记》卷一一四,北京:中华书局,1982 年,第 2980 页;卷一二,第 468 页。

代,"中国"一词已经基本上可以代指中央王朝了。"中国"一词的含义就此稳定下来,历经了宋元明几个朝代。到乾隆时期,有明确规定:"夫对远人颂述朝廷,或称天朝,或称中国,乃一定之理。"①这意味着中国就是国名。综上所述,在历史上,"中国"一词往往指华夏族和汉族地区。而当少数民族融入中原后,"中国"一词的性质逐渐改变,如南北朝时期的鲜卑族自称为"中国",元朝和清朝都将自己的王朝视为"中国"。正是由于这种民族大融合和天下一家心态,使得"中国"一词的范围从中原扩大为中央王朝,又继续上升为中国多民族的共同体。笔者参加了 2021 年秋季哈佛大学"帝国晚期历史议题"课程,该课程由欧立德教授和宋怡明教授联袂讲习。课上有对新清史的专门讨论。新清史学派(New Qing History)是一支二十世纪后半期发源于美国汉学及历史学学科的松散学派,该派的特点是分别从"中华"和"中亚"两种不同帝国的视角来研究清史,对传统清史研究作出"新修正",将其视角从传统中国历史书写范式对"汉化"和"朝贡体系"的专注转移至一个更加广阔的视野中。新清史比一般中国史观更重视满文以及其他少数民族语言史料的解读与应用,侧重满族统治者与这些民族、地区的互动的历史。欧立德认为,"中国"这一概念长期意指"中原地区",在清代才基于乾隆奠定中国版图的成就发展出"国家主权"的内涵;并且认同现代学者黄兴涛所说的经过康雍乾三朝的发展,"中国"已然成为被汉人、满人等诸多族群共同认可乃至改造过的国家概念了。②

罗伯特·沙夫认为,佛教中国化的话题在二十世纪的大部分时期,一直是中国佛教研究的重要内容。例如,佛教和中国文化是如何通过相互冲突对话的,又在何种程度上得以改变。现代研究中世纪中国宗教的学者,大体上分为汉学家和佛学家两大阵营。佛教语言、历史、教义的训导以及同时期日本佛学研究的巨大影响力,自然都会对佛学家们造成影响。不过,两大阵营都认为中国佛教是印度佛教和中国文化长期冲突的结果,正是这种冲突

---

①　黄兴涛:《清朝满人的"中国认同"——对美国"新清史"的一种回应》,《民族社会学研究通讯》2012 年第 115 期,第 6 页。

②　Mark C. Elliott, "The Limits of Tartary: Manchuria in Imperial and National Geographies", *The Journal of Asian Studies*, 2000(3), p. 638.

导致了佛教教义和实践的中国化。① 德国学者汉斯-格奥尔格·伽达默尔（Hans-Georg Gadamer，1900—2002）以"视野融合"路径②构想了中国化过程。印度佛教和中国本土传统的持续对话产生了高质量的释经学发展。相反的，另一种方式是中国文化强大的同化能力对外来印度佛教的改造和转型。美国学者詹密罗（Robert Gimello）认为，诸多学者在两种方式之间寻找折中路线，但是此种中庸之道不应该忽略或回避释经学议题。罗伯特·沙夫认为，中国人释经学的目的不是纯粹注解原文，而是作为有价值的手段来解答自身急迫了解的概念、社会及人类存在等方面的困惑。美国学者史密斯宣称，经文中所描述的具体化实体和僧侣生活是一种理想化的思想描述，恰恰是这种理想和现实的反差造成了宗教体系的社会及认识层面的吸引力。国内外诸多经典著作都论证了佛教中国化，现按时间顺序将主要参考文献罗列如下：

（1）1891 年在英国"巴利圣典学会"（Pali Text Society）的资助下由美国学者瓦伦、朗曼、克拉克、印格思等人出版的《哈佛东方丛书》（*Harvard Oriental Series*）③

（2）1928—1958 年间由法国学者编辑的《佛教书目杂志》（*Bibliographie Bouddhique*，vol. 1—31）

（3）1937 年胡适《中国的印度化》④

---

① ［美］罗伯特·沙夫：《走进中国佛教：〈宝藏论〉解读》，"序言"，第 1—25 页。

② ［德］汉斯-格奥尔格·伽达默尔：《真理与方法》，洪汉鼎译，上海：上海译文出版社，1999年，第 393 页。视野融合的本意是指两条地平线相交融的状态，在文本解读中则是指读者的视野与文本的视野所呈现出的相互交融状态。从解释学的角度来看，文本的意义存在于读者视野与文本视野无限融合的过程中，正如伽达默尔所言："只要我们不断检验我们的所有前见，那么，现在的视域就是在不断形成的过程中被把握的。……理解其实总是这样一些被误认为是独立存在的视域的融合过程。我们的视野总是处于不断的形成之中，在这一过程中，根本不存在一种自在的视野，当前视野的形成决不能离开过去。"

③ 《哈佛东方丛书》译介了多部佛教著述，这一丛书的出版标志着美国的东方学界与欧洲的学术界并驾齐驱，为现代美国在东方学领域居于领先的地位打下了基础。

④ 1937 年，胡适在哈佛大学 300 周年校庆的学术研讨会上发表题为《中国的印度化》（"The Indianization of China：A Case Study in Cultural Borrowing"）的演讲，旨在从文化转借的角度阐明佛教对中国文化产生的深刻影响。

（4）1938 年汤用彤《汉魏两晋南北朝佛教史》①

（5）北京大学教授李四龙翻译的许理和在 1959 年所撰写的《佛教征服中国》

（6）1959 年芮沃寿《中国历史中的佛教》②

（7）1961 年日本学者花山信胜（Shinsho Hanayama）《佛教书目》（Bibliography on Buddhism）

（8）1964 年陈观胜《佛教的中国转型》③

（9）1991 年彼得·格里高利（Peter Gregory）《宗密与中国佛教化》

（10）1997 年格雷戈里·舒彭（Gregory Schopen）《骨头、石头和和尚：收集有关印度寺院佛教的考古、碑文和文字》

（11）2006 年王雷泉翻译尉迟酣（Holmes Welch）《中国佛教的复兴》（1968 年出版）④

学术界对于印度佛教及其中的密教主题的重要性已有广泛讨论。但是，作为其细分的密教中国化这一论题却始终缺乏应有的国际化关注以及系统性论述。梳理和审视密教中国化的释经学和认识方法显得十分必要和迫切。

吴立民认为，唐代一行《大日经疏》中所阐释者，为一行亲请善无畏敷宣

---

① 《汉魏两晋南北朝佛教史》于 1938 年由商务印书馆在长沙首印，论述了佛教在汉代传入中国，并在魏晋南北朝得到进一步发展的过程，是汤用彤研究佛教的代表作之一。

② 《中国历史中的佛教》收录了芮沃寿二十世纪五十年代后期在芝加哥大学的六篇讲演稿，作者试图展示佛教进入中国至六世纪期间如何适应中国文化，减少与中国本土文化的摩擦与碰撞，为儒释道三教合一学说打下统一的思想基础；此外，作者还将研究视野进一步延伸至近代中国社会，探讨佛教如何在近代中国继续发挥其影响。

③ 陈观胜《佛教在中国：历史学的考查》（Buddhism in China：A Historical Survey，Princeton University Press，1964）一书将中国佛教史简单分为宋以前与宋以后两大段。北宋以前的中国佛教，高僧辈出，义理宏富。美国学者与中国学者一样，大多偏重于宋以前的佛教史，不过现在美国学界越来越关注宋元明清的佛教史，在方法论上也有所创新，引入了社会史、人类学等方法，研究视野颇值得国内同行留意。本书分四节略述美国学者在中国佛教方面的主要研究成果，重点介绍他们最近二三十年的情况。

④ 本书英文版出版于 1968 年，2006 年上海古籍出版社出版中文译版，译者为王雷泉、包胜勇、林倩。本书聚焦佛教在近现代中国的发展历程，其中对中国佛教"复兴"意义的界定多为佛教研究者所借鉴。

而录,标志着密宗在中国正式传授之始,指善无畏传持的印度密教的中国化。《大日经疏》使用大量汉译经典,并结合中国佛学的思想传统,来阐明《大日经》教理,由此建立了完整的中国密宗的教义体系。《大日经》全名为《大毗卢遮那成佛神变加持经》,略称《毗卢遮那成佛经》《大毗卢那经》,为中国汉传密宗所依密教经典之一,密宗胎藏界之经典。在佛教信仰中,《大日经》为毗卢遮那佛(大日如来)在金刚法界宫所说,密教二祖金刚萨埵结集《大日经》和《金刚顶经》后经七百余年授与龙树菩萨,龙树菩萨在八百余年后传给龙智菩萨以及后人。《大日经》兼容中观、瑜伽二派思想,也包含了当时及其以前印度其他宗教和哲学派别的观点,开秘密佛教思想之先河。一行是唐密胎藏界法的实际完成者,撰著《大毗卢遮那佛眼修行仪轨》《标帜坛仪法》《契印法》。又亲受金刚智灌顶,受习金刚界密法,撰有《金刚顶经义决》。[1] 据《惠果行状》载,开元年间(713—741)善无畏传授胎藏、苏悉地诸法于新罗僧人玄超,其后长住保寿寺弘法,大历三年(768)传授青龙寺惠果胎藏、苏悉地诸法。惠果从金刚智弟子不空直受金刚界法,一身兼持三部大法,也是两部大法集于一身(两部一具)这一法脉的实际完成者。后再传日僧空海。直至民国时期,持松三赴日本求法,集两部大法之大成,后长住上海静安寺弘法。持松重新把华严和密教判教融为一体,开"沪密"之先河。持松被称为"唐密复兴初祖"。到目前为止,持松法脉传承已到了第四代"妙"字辈。持松留下了上百万字的密教典籍及仪轨著作,以待有缘者学法,以著述传法,待机传之。笔者在哈佛大学燕京图书馆善本室有缘阅读布鲁诺·佩佐德(Bruno Petzold)捐赠的相关唐密东传法脉资料文献。其中部分文献可以查阅到历史借阅记录,自哈佛大学 1951 年收藏该文献以来,有的文献只有数次被借阅的记录。这些文献都是珍贵的一手资料,充实了对持松密法的教义、事相和密教历史的理解。

---

① 吴信如:《台密东密与唐密》,第 274 页。

第一节　密教的内涵与解说

"密教"一词,已作为秘密佛教的简称得到了国内外学者的公认。[①]"秘"强调神鬼之事,即内容本身的神秘性及不易知,如南朝沈约《宋书·谢灵运传》中"而此秘未睹"。"密"指人为之事,在相当程度上是人为的遮掩,如唐代李朝威《柳毅传》中的"密通洞庭",宋代宋徽宗赵佶《宣和殿荔枝》中的"密移造化出闽山,禁御新栽荔枝丹",梁启超《谭嗣同传》中的"密奏请皇上"。密教梵文 Guhya-yāna,汉文意译"密乘",遵从传统习惯用法称为"密教"。根据唐不空所译《金刚顶瑜伽三十七尊出生义》可知,密教于"开元七载至自上京"。[②]但研究至今,其定义和范围尚无统一公认的标准,而且其内容本身也十分复杂。国际学界流行的术语是根据梵文将印度神秘主义称为"Tantra",既包括印度教,也涵盖佛教。而中国学界则常汉译为"密教"。例如,黄心川认为:"(密教)由密教经典咒语坦多罗(Tantra)而得名。"[③]欧美学者广泛称其为怛特罗佛教(Tantric/Tāntrika Buddhism)、佛教的怛特罗教(Buddhist/Buddhistic Tantrism)、佛教怛特罗(Buddhist Tantra)、金刚乘佛教(Vajrayāna Buddhism)等。东方学术界则习惯上称其为秘传的佛教(Esoteric Buddhism)、佛教的密教(Esoteric Buddhism/Buddhist Esoterism)。这试图在名称上与婆罗门教、印度教中的密教内容区分开来,也与西方学者所称显教(Exoteric Buddhism)相对应,但是在古印度梵文中没有发现这两个对应单词。密教弘扬大日如来说法的"真实密意",以秘密教法传授,判摄其他诸宗教法为方便,称其他教派为"显教"。瑞典学者奥拉夫·汉默(Olav Hammer)认为在当代西方宗教文化语境中密教"奥秘的"(Esoteric)这一术语可能带有隐含的成分,使用时需要谨慎并区别在东亚佛教语境的适当性。这种"奥秘的"普遍分类包含神秘、玄妙、富有知识性,进而通过不

---

① 松长有庆:《密教的历史》,第 11 页。
② 《大正藏》第 18 册,第 229 页上。
③ 黄心川:《佛教与道教》,《中华佛学学报》1999 年第 12 期,第 205 页。

同宗教传统的具体形式来体现。这种明显的永恒主义（perennialism）观点认为所有宗教都具有一个神秘核心，这种核心神秘体验仅仅为了"真正的本初"开启。①

密教的信仰内容磅礴复杂，起源和文字特别古老，包括了原始宗教信仰的巫术和咒语，以及小乘和大乘佛教思想。在发展早期，密教属于世俗信仰的一部分，咒术、仪轨初具规模，此后充分摄取诸如印度教等其他宗教中与古印度原始居民生产、生活息息相关的神话、教义及法术等。② 原始佛教有记载采用密经和咒术的手段。《佛说灌顶经》卷一说："佛告阿难：我说是经，利益一切无量众生。我若不说此经咒术，当来末世一切众生，虽见我法微妙真实，心意贪乐。由其业行，习恶来久，信根浅薄，未解深法至真之化。"③当这些神学玄想、秘密修持经验与佛教形而上学的显教大乘思想在当时印度社会背景中结合时，则形成了密教，并得以兴起和发展。显教思想对于密教的影响毋庸置疑。例如，洪启嵩列举了《真言之宝颈饰》（Tattvrat-navali）的开宗名义："真言的原理是由瑜伽行派与中观派的立场所说明。"又认为："一切密教的修法是依止理（法性）与事（缘起）的两重秘密，而在诸法思想的发展过程中，重理的一支形成为中观，重事的一支形成为唯识。密法汇归大乘，大悲方便，现圆融摄。理上究极依止中观正见，依于理的思维修证相应于瑜伽，以大悲方便融摄真俗二谛，依如来果位修习方便，如实知自心。"④这种观点也与《大日经》所述"菩提心为因，大悲为根本，方便为究竟"要义相一致。如果只依重现实利益之俗谛来修密法，脱离正觉正见，无异于鬼神外道。如《金刚经》中说："'须菩提！于意云何？可以身相见如来不？''不也，世尊！不可以身相得见如来。何以故？如来所说身相，即非身相。'佛告须菩提：'凡所有相，皆是虚妄。若见诸相非相，则见如来。'"又说：

---

① Olav Hammer, *Claiming Knowledge：Strategies of Epistemology from Theosophy to the New Age*（《宣说知识：从神智学到新时代运动的认识论策略》），E. J. Brill，2001，pp. 170 - 176.

② 黄心川：《中国密教的印度渊源》，《东方佛教论：黄心川佛教文集》，北京：中国社会科学出版社，2002 年，第 38 页。

③ 《大正藏》第 21 册，第 498 页下。

④ 洪启嵩：《密宗的源流》，北京：华夏出版社，2012 年，第 69—81 页。

"若以色见我,以音声求我,是人行邪道,不能见如来。"①由此可见,显密在佛教大乘思想上是一致的。密教从实践上体验法无自性本空、万法从缘而有、空有不二、圆融无碍、身心俱得解脱、即身成佛等神圣性追求。真言宗提出三种"即身成佛":"理具成佛"依据"六大体大","加持成佛"根据"四曼相大","显得成佛"依靠"三密用大"。② 这体现了真言宗体、相、用的要领。吴立民认为:佛性本具,理具为因;佛力显现,加持为缘;力用具足,显得为果。密宗身、口、意三密的哲学指导和实践非常清晰,"入真言门略有三事,一者身密门,二者语密门,三者心密门"。③ 不空译《金刚顶瑜伽中发阿耨多罗三藐三菩提心论》对此三密解释说:"所言三密者,一身密者,如结契印召请圣众是也;二语密者,如密诵真言、文句了了分明无谬误也;三意密者,如住瑜伽相应、白净月圆观菩提心。"④村上专精《日本佛教史纲》中论述真言宗所求既不是"理具成佛",也不是"加持成佛",而是"显得成佛"。陈兵列举过噶举派密勒日巴修习显教大手印时还要结合密教大手印,认为显教大手印是彻证空性以证佛法身,密教大手印则是无上瑜伽修报、化二身,两者结合才算圆满修习成佛之道。⑤ 可以比较参考民国时期陈健民所说:"即身者谓即肉身不待中阴身而成也。即生者谓即此一生。"⑥

　　怛特罗是梵语"tantra"一词的音译,最早被译为"织机",引申为"连续、继续",有经丝、织物、织机、网络、体系、准则、法则、原则、组织、具有神秘主义特征的经典等多种内涵。在作为宗教学研究术语时,则专指印度密教的经典和教法,以晚期印度佛教的瑜伽密典为代表。受藏传佛教的影响,学者一般将怛特罗翻译为"续",这类经典于是被称为续部经典或密续。⑦ 四续

---

①　《大正藏》第 8 册,第 749 页上、752 页上。

②　李冀诚:《佛教密宗礼仪窥密》,大连:大连出版社,1991 年,第 152—153 页。

③　(唐)一行:《大毗卢遮那成佛经疏》卷一,《大正藏》第 39 册,第 579 页中。

④　《大正藏》第 32 册,第 574 页中。

⑤　陈兵、徐湘灵:《佛教与密宗入门》,成都:四川人民出版社,1998 年,第 283—284 页。

⑥　陈健民:《密宗灌顶论》,香港:永发印务有限公司,1956 年,第 3 页。

⑦　续部又称续、本续,音译为怛特罗(tan-tra),指解说大乘佛教中金刚乘(即密宗)灌顶、道品、修法和会供等的秘密经典,或与显宗相对而言的密宗。一般根据修行者根器之利钝和所修内容分为事续、行续、瑜伽续和无上瑜伽续四部,亦有六续部、七续部等分法。密宗在印度已有各(转下页)

即指四部怛特罗,包括事、行、瑜伽、无上瑜伽,这被认为是最经典的密教经典分类法。该分类法是五至十三世纪期间,继吠陀、史传、修多罗之后产生的宗教文献体系,被印度教、佛教、耆那教等广泛采纳。但是,菀柳评论说:"怛特罗乘密分为作、行、瑜伽、无上瑜伽四种,这似乎带有低级判教的意味。"①前三个又称"老密",无上瑜伽又称"新密"。莲花生大士从乌仗那(现巴基斯坦境内)把新密带到藏地,后建造了桑耶寺,并吸收当时本土苯教义理,成为藏密开端。中古时代印度古典文献的类别与文体特征如下:②

四部	文献类型	文体特征
吠陀 (veda)	四吠陀《本集》(Saṃhitā-veda),以及相应的《梵书》(Brāhmaṇa)、《森林书》(āraṇyaka)、《奥义书》(Upaniùad);六吠陀支(Vcdāṅgas);四副吠陀(upa-vedas)。	语录体,韵散相兼,交接神人。
伊帝呵奢 (itihāsa)	两大史诗(Mahākāvya);《往世书》(Purāṇa,大小各十八种)	史传体,长篇叙事,内容丰富。
修多罗 (sūtra)	1. 六派哲学的根本经典及相应注疏; 2. 佛教经、律、论三藏; 3. 耆那教显教经典。	哲理散文,言简意赅,文约义丰。
怛特罗 (tantra)	1. 印度教的湿婆派、毗湿奴派及性力派的根本经典; 2. 秘密佛教经典; 3. 耆那教秘密经典。	对话或问答形式的说明文,文备众体,术兼多门。

名称	主要内容	代表经典
事怛特罗 (kriyā-tantra)	指陀罗尼及经之口诵、印契法、观佛、诸尊供养等法式,即通过外在的作为所修行的密仪。	《秘密总怛特罗》、《苏悉地怛特罗》、《妙臂问怛特罗》和《后静虑怛特罗》。

(接上页)部分法,但尚未形成系统次第,传入西藏后常由于修行无次第而出现弊端,逐渐发展形成四部,要求信众遵循先显后密的次序,由浅入深地展开修行。

① 菀柳:《左道密教怛特罗乘》,张曼涛主编:《现代佛教学术丛刊》第 71 册《密宗概论》,第 268 页。

② 周广荣:《四部怛特罗考源》,《世界宗教文化》2017 年第 4 期,第 81—87、113、158 页。

续表

名称	主要内容	代表经典
行怛特罗 (caryā-tantra)	不仅注重洁净等外事,双取世出世行,外事与内修瑜伽,交相为重,如此之教,故称行怛特罗。行怛特罗之修法,亦先灌顶,次学戒;再次正修。	《大毗卢遮那成佛神变加持经》、《三昧耶庄严王密怛特罗》、《金刚手灌顶经》等。
瑜伽怛特罗 (yoga-tantra)	专示修内瑜伽三摩地法。	《金刚顶经》之初会《真实摄经》与《理趣经》(《最胜本初》)
无上瑜伽怛特罗 (anūttarayoga-tantra)	专显内瑜伽最胜三摩地之修法,是怛特罗经典成立的依据与主体。包括方便(upāya,父部)、般若(prajñā,母部),双入(yuga-naddha)三大部类。	《密集》、《阎曼德迦》、《毗卢幻网》等;《呼金刚怛特罗》、《佛顶经》;《时轮怛特罗》(kāla-cakratantra)

通过与其他三类文献对比可见,怛特罗类经典的实践性极强,兼融众多文体和法门。

吴立民提到,五大院①之《教时问答》卷四曾引《义释》(之四说,由《大日经义释》而明秘密之义)来解释"真言教"为秘密教之意义。如下所述:

第一,诸佛所秘之义。即佛所秘,故名秘密。故非顿悟之机,则难入此法门。

第二,众生自秘之义。因隔物事(即我执),而不能闻如来常恒所说之法之谓也。

第三,言说隐密之义。诸佛之所言,意味深藏,若仅于文上求了解,则失佛意。例如《无行经》说:淫欲即是道,恚痴亦复然。若以奖励三毒(贪欲、瞋恚、愚痴)以之为道,则将陷入邪道。盖人倘认定三毒非道,仅执三德(法身、般若、解脱,即理、智、用三)为道,则堕我执,犹隔真俗二谛。故为破此,而言三毒亦不违道;亦不许谓未入三昧耶者说并使之闻持,故名秘密。

----

① 安然(841—901?),日本天台宗僧,相传其与最澄同族。安然兼修显密二教,广习戒学、悉昙学,晚年在比叡山创建五大院,专心研究天台和密教教学,对以《大日经》为中心的密教极为重视,推动其发展到极致。安然集台密之大成,被称为五大院大德、五大院阿阇梨、秘密大师、阿觉大师。

第四,法体秘密之义,亦谓诸佛内证。诸佛所证为清净无漏之境界,与吾等有漏杂染烦恼业苦之心境有别。若不依加持之力,则虽十地菩萨,亦难知解诸佛自证之境界,何况我等生死流转之众生乎因此之故,称之为秘密。①

五大院于《菩提心义》卷二末以六义明秘密之义。在四义基础上,增加了第五义,即法体微细,诸佛身口意三密与众生一体,故以不可思议,细密而为一体;以及第六义,即行人深秘,不得显露,故名秘密。西方作印时,甚秘之,不使人见;又诵真言,亦密诵,不使他闻。

由此可见,密教的内涵和解说复杂、多样。在对密教研究的过程中,直到目前学界仍然没有一种统一、简单的方法来概括说明。笔者在这里尽可能详尽地总结了这些已有的国际化的研究成果,并将其应用于中国地域范围内的研究。

第二节　汉传密教定义和特征

除了松长有庆对密教的分期表述(见前言)以外,印度学者、三藏法师罗睺罗·桑克利提亚衍(Rahul Sankrityayan)把密教分为真言乘时期(四至七世纪)和金刚乘时期(八至十二世纪)。② 印度学者拉姆钱德拉·米什拉博士(Rama Chandra Mishra)又在金刚乘中分出易行乘(俱生乘,Sahajayana)和时轮乘。③ 赖富本宏以密教经典内容及其社会影响为标志,把中国密教史划分为三个阶段:(1)初期中国密教形成期——以陀罗尼经、神咒经为中心。(2)中期中国密教兴盛期——以金、胎两部为中心。(3)后期中国密教

---

① 吴信如:《台密东密与唐密》,第175—176页。

② [印]罗睺罗·桑克利提亚衍:《考古文集》,阿拉哈巴德,1927年,第137页。转引自薛克翘:《关于印度佛教金刚乘八十四悉陀》,《东南亚南亚研究》2011年第3期,第82—86页。

③ [印]拉姆钱德拉·米什拉:《佛教悉陀德密教修行及修行诗》,纳格普尔,1997年,第27—30页。转引自薛克翘:《关于印度佛教金刚乘八十四悉陀》,《东南亚南亚研究》2011年第3期,第82—86页。

衰退期——分化的密教。① 笔者在本书中采用了吕建福对密教和汉传密教概念的整理和分类。② 吕建福按照历史发展进程出现的派别,将密教划分为陀罗尼密教、持明密教、真言密教、瑜伽密教、无上瑜伽密教这五大流派,其中后四派和后期密教史上划分的事部(kriyā)、行部(caryā)、瑜伽部(yogā)、无上瑜伽部(anuttarayogā)相对应。瑜伽、无上瑜伽两部通称金刚乘(vajrayāna)。印度后期密教的金刚乘和时轮乘与印度教性力派在实践上很难划清界限,两派都以瑜伽为无上的法门。平川彰认为,对于女性神祇、性力的重视和崇拜是无上瑜伽密教的主要特点。崇拜女神,认为性力是宇宙根本原理,体现在智能和力量统一。在般若母续系的教理中,外教,特别是印度教影响很显著。③ 休·厄本总结了两个出现最为频繁的有关密教起源的理论:一个是"前雅利安/部落起源论",显示了前吠陀宗教文化的重新崛起,似乎解释了密教各自存在于印度教、佛教和耆那教传统中;另一个是"吠陀起源论",强调女性中心主义,并以此定义密教特征。④ 理查德·佩恩认为日本真言宗的语言哲学似乎直接从印度语言哲学发展而来。在中国和日本,密教皆被认为属于宫廷、贵族阶级和僧侣精英的宗教。对于这种在东亚被上层和精英阶级支持的密宗而言,其唯信的"反律主义"⑤、激进和违理堕罪反而在社会大众中没有太大的吸引力。⑥

　　按照上述分类,密教发展的原始阶段为陀罗尼密教;在此基础上发展出早期密教,即持明密教;真言密教、瑜伽密教属于中期密教,晚期密教则是指

---

　　① 〔日〕赖富本宏:《敦煌文献在中国密教史上的地位》,孙学雷译,孙晓林校,《北京图书馆馆刊》1997 年第 4 期,第 83 页。

　　② 吕建福:《中国密教史》(一),第 11—12 页。

　　③ 〔日〕平川彰:《印度佛教史》,显如法师等译,贵州:贵州大学出版社,2013 年,第 605 页。

　　④ Hugh B. Urban, "The Extreme Orient: The Construction of 'Tantrism' as a Category in the Orientalist Imagination"(《极端的东方:东方学家想象中"密教"范畴的构建》), *Religion*, 1999 (2), p. 126; *Tantra: Sex, Secrecy, Politics, and Power in the Study of Religion*, p. 29.

　　⑤ 反律主义(Antinomianism)源于希腊语,Anti 即反对之意,Nomos 即律法。这是十六世纪末与路德同工的雅其科拉(Johann Agricola, 1494—1566)提出的主张,宣扬基督徒个人无需遵守神的道德律,因为基督已经为大家赎了罪,并且顺服了神的律法。

　　⑥ 〔美〕理查德·K. 佩恩:《〈密教在东亚〉导论》,沈丽、孔令伟译,沈卫荣主编:《何谓密教?》,第 103 页。

无上瑜伽密教。持明教发源于印度西部，后流行于北印和中印等地，善无畏兼传持明晚期的《苏悉地羯啰经》《苏婆呼童子经》密典。《大日经疏》中将《苏悉地经·持戒品》和《苏婆呼童子经·律分品》作为持明藏两部戒本。《大日经》及胎藏界教义由善无畏传入中国，一行撰著《大日经疏》，不可思议撰著《大日经供养法疏》。中晚唐时期，印度僧人佛密所撰《大日经》的注释被传入吐蕃，菩提金刚则译《大日经供养法》、般若与牟尼室利译《守护国界主陀罗尼经》，这些都是继《大日经》之后的真言乘教义。金刚界密法行于南印，作为金刚界教法的《金刚顶经》以及瑜伽密法由金刚智和不空带入中国并传授。晚唐时期般若继续传入《诸佛境界摄真实经》的瑜伽教法。不空以瑜伽教法改造《法华经》《仁王般若经》等大乘经法。原始密教的陀罗尼教法接连由金刚智、不空译出。权田雷斧《〈大日经住心品疏〉续弦秘曲》认为："《大日经》为直往之机说，故于释尊成道后，于彼显教所称思惟行之初七日间，于法界宫说之者也。法界宫者，三界之表乎！即树下也。虽然，迂回之劣机不能蒙益，为调练故，说《华严》《阿含》等之显教，是为从本垂迹缘起说法之次第。迂回之机调练矣，堪任听密教时矣，则为说《金刚顶经》，故金刚顶瑜伽者，《涅槃经》之后说之也。虽说法本自常恒，望于机而作如是说也。此说以大日密教之说时，为在释迦出世以后。"[1]

为了还原唐密的基本面貌，吕建福在《密教论考》中将其总结为是以善无畏传译的真言教法、持明教法和金刚智、不空传译的瑜伽法为主，以瑜伽法改造的大乘经法和持明经法以及陀罗尼经法为补充形成。吴立民则进一步点明，"唐密"是指"开元三大士"在汉地开创的密教，随着弘法大师空海和传教大师最澄学成归日，唐密在日本又发展出东密、台密两股支流。[2] 王弘愿《杂部两部异同辩》一文说："印度、尼泊尔、藏地所传之密教，与传教、空海等密教相传之入唐八家所传于日本之密教，清净庄严者迥殊，异其统系焉。彼所传之密教，弘法大师所谓'显密杂部之密教'也，何以证之？以其所传之曼陀罗证也。藏地等之曼陀罗，释尊说《守护国界主经》（明藏《守护国界主

---

① ［日］权田雷斧：《〈大日经住心品疏〉续弦秘曲》，王弘愿著述，于瑞华主编：《密教讲习录》第四册，第 364 页。

② 吴信如：《台密东密与唐密》，第 248 页。

陀罗尼经》第九卷四张以下），以金刚城为曼陀罗者也；彼无金刚顶十八会之
曼陀罗也，无大悲胎藏生之曼陀罗也。即传教大师之'杂曼陀罗系统'，此派
可称为'支那之古密教'。唐开元三大士所传为'两部曼陀罗系统之密
教'。"①美国学者雷金纳德·瑞（Reginald Ray）指出，（日本）真言宗和天台
宗"是基于事部和行部密续，在西藏被理解为'低等'或者更为常规的密
续"。②中国学者李冀诚认为日本真言宗只接受了密宗四部的事部、行部、
瑜伽部，没有接受无上瑜伽部。③然而，日本学者津田真一从真言宗角度对
藏传密续分类，认为除了《大日经》《初会金刚顶经》《苏悉地经》之外，在藏地
所使用的密续大多为异端。④英国印藏佛教学者大卫·施奈尔格罗夫有着
调和以上不同观点的意图，他说："有人发现四部密续为符合众生的资质而
教授，他们的才能或被归结为低等的、平庸的、高等的或者真正优秀的，所以
四部似乎在任何时候都是可行的。为了理解传统学者对存在（分类）的各种
解释，需要把所有重要的历史发展因素铭记在心。"⑤如果按照施奈尔格罗
夫所说的，在实际处理这些重要的历史发展因素时，所需要的技能要求将会
非常复杂。美国学者罗伯特·梅尔建议批判性的学者可以既不采取藏传四
部，也不接受日本真言宗两部，需要特别关照实际的文本历史。⑥

　　笔者认为对真言宗的分类是需要根据不同时期来考虑的。例如，随着
藏传佛教的传播，日本真言宗从十四世纪以后不能排除藏传无上瑜伽部带
来的影响。根据持松弟子杨毓华的回忆，持松认为在东密的传承中是包含
无上瑜伽部内容的。笔者在2023年2月23日参加了伦敦大学亚非学院宗
教和哲学系教授露西·多勒斯（Lucia Dolce）的线上讲座，在她主讲的"中世

　　①　王弘愿著述，于瑞华主编：《密教讲习录》第二册，第609—611页。

　　②　Reginald Ray, *Secret of the Vajra World*: *The Tantric Buddhism of Tibet*（《金刚世界的
秘密：藏传佛教》），Shambhala Publications，2001，p. 4.

　　③　李冀诚：《佛教密宗礼仪窥密》，第32页。

　　④　Tsuda Shinichi, "A Critical Tantrism", *Memoirs of the Research Department of the Toyo
Bunko*，1978(36)，pp. 167–231.

　　⑤　David Snellgrove, *Indo-Tibetan Buddhism*: *Indian Buddhists and Their Tibetan Succes-
sors*，p. 232.

　　⑥　Robert Mayer, *A Scripture of the Ancient Tantra Collection*: *The Phur-pa bcu-gnyis*.

纪在日本新发现的灌顶仪式：重塑大陆密宗修行?"中，她认为金刚智译《金刚峰楼阁一切瑜伽瑜祇经·金刚萨埵菩提心内作业灌顶悉地品》中出现了双修内容。她接着展示了在日本发现的立川流曼荼罗（Mandala of non-diffentiation，Gochizo hisho），其流派明显宣扬了带有胎藏界和金刚界合曼男女双修的视觉观想。《金刚界念诵次第》[①]中说："次三力，以我功德力，如来加持力，及以法界力，普供养而位。无量无边，殊胜妙供，周遍法界，恭敬供养，大日世尊，五部海会，诸尊圣天，愿乘哀愍，纳受微供。次礼佛（卅七尊），次佛母[②]加持。"在日本密宗东寺观智院法印杲宝（1306—1362）时期，密教无上瑜伽部文字内容已经出现。在当时日本真言宗教义可能也会受到无上瑜伽部的影响。杲宝解题《大乐金刚不空真实三么耶经般若波罗蜜多理趣品》文曰："般若波罗蜜多者，能说之大日也。大日，亦曰般若佛母。"原文明确有佛母名词出现。王弘愿《口义记·瑜伽菩提心论》记载："以上四佛智，出生四波罗蜜菩萨焉。四菩萨，即金宝法业也。三世一切诸圣贤生成养育之母，于是印成。四佛智出生等者，谓大圆镜智出生金刚波罗蜜，平等性智出生宝波罗蜜智，妙观察智出生法波罗蜜，成所作智出生羯磨波罗蜜也。其《金刚般若》开题云：'此四佛母生成一切诸佛菩萨，养育三世如来萨埵。谓世之言母者二：生母并养母也，此兼二义矣。印成者，印可成就也。'"[③]学界对于四波罗蜜从标志到尊像形态的形成已有很深的研究。[④]松长惠史认为，《真实摄经》中四波罗蜜于三摩地境界出现，由四佛的金刚、宝、法、羯磨三昧耶形化现而来。其注释书庆喜藏的《真性作明》和仪轨（Sarvavajrodaya）中有几乎相同的记载。四波罗蜜最初是部族标志性"印徽"（mudra），随着发展逐渐被拟人化、佛格化，逐渐形成与《理趣广经》中佛母系统所说的佛母金刚吉祥、金刚偶犁、金刚多罗、虚空金刚等女性形象一样的果位。《金

---

① 《金刚界念诵次第》（*Kngōkai nenju shidai*），副题：中院流，室町写，高野本（Fukudai: Chūin-ryū. Muromachi utsushi. Kōya-bon.），1 v.（unpaged），25 cm。

② 密教将产生诸佛、诸菩萨者神格化，称为佛母、佛母尊。在藏传佛教中，佛母甚而寓指佛教的理体、真如法性、般若智慧。

③ 王弘愿著述，于瑞华主编：《密教讲习录》第一册，第432页。

④ 田中公明：《四波罗蜜的形成》，《印度·西藏曼陀罗》，京都：法藏馆，1996年，第90—103页。

刚顶续部》中的四波罗蜜形成为部族之母的特性,后来从瑜伽部发展到无上瑜伽部的过程中,四波罗蜜(四金刚女)逐渐失去地位,转换成《恶趣清净续部》中的佛眼、摩摩枳、白衣、多罗等四明妃。① 松长惠史提出母系怛特罗的前身 samayogotantra(密集)中的"金刚萨埵族十七尊曼陀罗"是最早的记载。② 王弘愿《两部曼陀罗通解》提到"三种明妃"。③ 又云:"三种明妃,佛部无能胜菩萨以为明妃,莲花部多罗菩萨以为明妃,金刚部金刚阿那利菩萨以为明妃。"④

　　金安一《密宗辑要》认为,从教义来看,唐密有四部空乐不二法。使法法融归一体而发生无上喜乐,这是一乘最要观点。如果空而不乐,或乐而不空,皆凡夫境界。唯证空乐二坚固不动,乐性扩展遍一切处,自他身份绝对都泯,则随意入俗无非自在之境。在佛部入空乐不二,当体即大乐如来自性身。在金刚部入空乐不二,当体即成大乐金刚自性身。在莲花部入空乐不二,即证观自在菩萨自性身。此三部法门,唐密都加采用,其要在于定慧交融妙谛下功夫。而其秘要处,不具诸仪轨,待人而传。在外金刚部,入空乐不二,则属事相门,以"行印"行双身法。根器明利之人,不难顿悟妙谛所在。而根器较逊者,往往溺于幻迹而流入魔道。唯根器明利之人,皆可从佛金莲三部而入,不必"行印"。而不能从佛金莲三部而入者当属根器较逊者,如果行双身法又陋弊过大,加以双身法与我国社会风俗不顺,故只在传灯阿阇梨中保存法例,无提倡者。外传唐密无空乐不二,是不确的。他进一步认为,双身法虽为密宗大法,但仅仅为密法之一种,并非所有密法均为双身法,不可不知。其次,引用诺那上师开示录中的记载:"信不信由你,释迦佛在世时亦被人毁谤,双身法是密宗无上大法,金刚表示非有,佛母表示非空,也就是

----

① 〔日〕松长惠史:《论法门寺出土的宝函金刚界曼陀罗与爪哇岛出土的青铜金刚界曼陀罗之间的关系》,吕建福主编:《中期密教注疏与曼荼罗研究》,第 320—341 页。

② 松长惠史:《インドネシア密教》,第 213—258 页。

③ 在汉传密部经典中,明妃没有异性修行伴侣之义,即便代称女性,也是寓指处于明处的四大、五蕴及代表人性的善的力量。而藏传佛教通常视明妃为明王的伴侣,将相抱的明王、明妃合成为本尊双运,或欢喜佛。

④ 王弘愿著述,于瑞华主编:《密教讲习录》第二册,第 479 页。

非有非空成佛大法。"①

大村西崖明确指出："(胎藏界和金刚界)两部由来个别……然而两部兼传者。则实于支那启其端矣。"②汉文术语"真言"的日语为"Shingon"，建立在真言法(mantranaya)和真言乘(mantrayana)的分类基础上。真言法是真言(mantra)和法(naya)的复合词。根据英国印裔学者莫尼尔·莫尼尔-威廉姆斯(Monier Monier-Willimas)编撰《梵英词典》，真言是唤起回忆的口语公式，它在新兴修行中扮演核心角色，而法在组织性和动机性上皆意味着一个原则、系统或方法。③ 大卫·施奈尔格罗夫解释修行时认为，这种有风险的途径如密续所传授，能实现今世成佛，但他承认只有那些天赋异禀的人才敢使用。④ 真言乘的乘被英译为 yana，是大乘修辞体系结构的用法，比如分为大乘(mahayana)和小乘(hinayana)。德国学者赫伯特·君特认为真言乘比密续能更好地解释真言宗哲学的重要性，密续是一个掉入迷信和魔幻世界的退化堕落。⑤ 唐代不空、一行、惠果明确本派为密教，教说的显密演变为教派的显密。一行于《大日经疏》中提出"一道四乘"的判教理论，即"略说法有四种，谓三乘及秘密乘"，这种思想标志着中国佛教密宗努力寻求自身独立的宗门地位已经成为自觉。⑥ 唐代宗大历十年(775)十一月十日批给惠果的敕书中写道："阇梨克遵秘密之宗，流传弟子。"⑦密教由此成为密宗及其教法的专称。惠果、智慧轮完成了唐密体系的继承和发展。日本空海著《辨显密二教论》和《十住心论》判显密二教。他的判教观点为，佛的他受

① 金安一编：《密宗辑要》，台北：贡噶精舍，1969年，第36—37页。

② 大村西崖：《密教発達志》第三卷，第463、476页。

③ Monier Monier-Williams, *A Sanskrit-English Dictionary*《梵英词典》, Oxford University Press, 1899.

④ David Snellgrove, *Indo-Tibetan Buddhism*：*Indian Buddhists and Their Tibetan Successors*, p. 118.

⑤ Herbert Vighnāntaka Günther, *The Life and Teaching of Naropa*《那若巴的生平与学说》, pp. 112 - 113.

⑥ 宽旭：《让唐密文化大放异彩(代前言)》，宽旭主编：《首届大兴善寺唐密文化国际学术研讨会论文集》第一编，第8页。

⑦ (唐)圆照集：《代宗朝赠司空大辨正广智三藏和上表制集》卷五，《大正藏》第52册，第852页下。

用身说显教,自受用身说密教,这也开启了后期真言宗内部的争论以及显密之争。在日本,空海、最澄传入密教的首要挑战就是如何在日本已有奈良诸宗为代表的日本佛教圈中建立新的密宗派别。因此,通过著述立说以建立密宗体系成为刻不容缓的任务。空海以其精湛和完整的唐密传承,撰写了《十住心论》以判显密诸教。其另一部著作《即身成佛义》立密宗尊位,以六大缘起(体)、四大曼陀罗(相)、三密加持(用)解释了其理论体系。这一举获得日本皇室的信奉和支持,也因此顺利开宗立派。最澄、圆仁、圆珍首先完成日本天台宗密教的理论体系建设。

吕建福认为唐密和随后传入日本的东密在中日两国流传的内容、规模及其性质有所差别,各有其特点,而其发展、演变的程度、状态也有所不同。① 唐密基本是通过对印度密教经典的翻译、解释、介绍、消化和传承来修证。其时间段在善无畏来华的唐开元五年(717)到九世纪末的唐朝晚期。日本密教于中晚唐时期由以最澄、空海为首的入唐八家传入日本。其中,东密注重瑜伽教法,台密偏重真言教法与大乘教法,两者皆是唐密的再传。日本密宗延续至今,唐密的发展和弘扬的兴盛时期派系繁衍,义僧辈出,学说纷纭,胜于诸宗。日本密宗发展远远超出唐密,主要表现在密宗教义理论得到了长足的发展。唐密和日本密宗在"开元三大士"时期教义上非常严谨。一行的《大日经疏》成为解释唐密体系的理论根据,智俨与嵩岳沙门温古都参与了《大日经疏》的整理和修订,温古《大日经序》与不可思议《大日经供养疏》都保持着唐密的理论传统和严谨学风。不空大量翻译瑜伽密教仪轨,行持金刚界密法,偏重事相修持,但行事持法严格,一印一明②规范,其弟子惠果"坛仪印契,汉梵无差"。但是到了唐密晚期,徒众、派系广布,教风传持粗滥,新译新传教法和持明、陀罗尼诸法行持兴起,教风不再纯粹严谨。至宋代一直沿用密教传统,教理的显密和教派的显密统论并议,互相交叉。但是到民国时期,冯达庵认为东密已经偏离唐密传统,希望恢复传统的唐密法门,与东密划清界限。其弟子唐普式认为日本对唐密多于谈论、刊物和著

① 吕建福:《密教论考》,第 291—292 页。
② 一印一明源出《大日经疏》,指密家结诵印明时手结一印,口诵一真言。口诵真言可分为两个层次,若从心口出则称为真言,若从一切身分任运而生则称为明。

作,但是在事相部的实践上求印证者少。

　　空海宣称从唐朝"开元三大士"那里合法继承了一支有完整体系和自我意识的唐密传统。此外,赖富本宏(1945—2015)根据赞宁《宋高僧传》中不空传授"新瑜伽五部三密法"的记载,认为纯密即唐密。同时,他也指出《宋高僧传》"释经"篇末尾部分中赞宁对显教、密教、心教(禅宗)三教的详细专题评论,并认为这是唐密传承的证据。但是结合赞宁《宋高僧传》和其《大宋僧史略》看,赞宁并没有对密宗和金刚乘传统有明确独立和界定清晰的概念。密教与密宗的概念还需要进一步细化。阿部隆一教授认为,空海从没有把自己的密教传统定位为一支独立的密宗派别,更准确地说是把密教看作和传统佛教教义区别开来的释经学,是可以和显教经论一起解读的。空海的这个观点可以追溯到龙树《大智度论》和天台智颚著作中对密教的特定理解,他们认为密教是对显教义理更为精妙的秘密表述。可以看出,这是一个显密包容的对整体判教体系思想的概括。这与在空海时代两百年之后的辽代由道殿重新梳理的判教一致,只不过道殿把华严的地位推向了最崇,和智颚以五时八教的天台圆教为首的判教有所区别。美国学者陈观胜甚至认为,也许最知名的东亚学术系统建构是天台智颚对经典的划分,即"五个时期和八个流派",而这一体系在日本和中国都曾有深远的影响。① 西方学界对金刚乘体系的表述也体现了这种基于不同立场上的判教思想。英国学者塔德乌什·科鲁普斯基(Tadeusz Skorupski)按照密教的起源,将其分成藏传佛教事部密续(关注伴随观修平衡中的仪式活动)、行部密续(关注外部实修仪式活动的广大范围)、瑜伽部密续(关注被导向观想和瑜伽修行)、无上瑜伽部(关注人类活动的最主要媒介思想的净化和控制)这四类系统。②

　　吕建福特别指出应注意区分密教和密宗涵义之不同,密教与显教相对,

---

　　①　Kenneth K. S. Chen, *Buddhism in China : A Historical Survey*(《佛教在中国: 历史学的考查》), pp. 305 - 311.

　　②　Tadeusz Skorupski, "The Canonical Tantras of the New Schools"(《新学派的典范密续》), in *Tibetan Literature : Studies in Genre*, edited by Jose Ignacio Cabezon and Roger Jackson, Snow Lion, 1996, pp. 100 - 101.

指在印度兴起进而流传至中国内地、中国西藏乃至日本、朝鲜等地的佛教流派,所以有印度密教、汉传密教、藏传密教等分支;而密宗则特指隋唐时期中国佛教形成的宗派之一,与天台宗、禅宗等并立,随后由空海传入日本形成真言宗,而以"真言宗"来指代唐密乃至整个密教是不恰当的。① 因为内涵与外延的不同,仅密宗的名称就没有统一,有密教、密宗、秘教、秘宗、秘乘、秘密门、秘密乘、秘密宗、秘密教、秘密真言教、秘密真言行门、瑜伽秘密之宗、真言行、陀罗尼法门、陀罗尼教、真言门、真言教等等。也因为名称如此复杂,使西方佛学家根本不知如何措手,为了方便起见,于十九世纪创造出坦特罗一词,反而使密宗名称又增加了一种。② 汉传佛教密宗作为一种宗派的名称,属于在中国历史上形成的八种大乘佛教宗派之一。③ 玄奘、义净曾详细记录过印土流行之宗派。例如,玄奘称有咒藏;义净称有道琳在印求明咒,且净译咒亦多。然而他们均未将密教列为一派,实可知密教之完成,盖在唐时也。④ 周一良认为:"即使在这个时期(指公元七世纪)之前,中国也已经存在着潜在的密宗成份,尽管直到八世纪,密宗才正式传入。"⑤汤用彤说:"于是密风大涨,金刚智弟子不空遂开创密宗焉。"⑥此外,吴立民认为,一行先是天台学人,其创《法华》《大日》一致说实为圆融显密之开端。日本清水谷恭顺的《台密概要》曾评论一行为台密之创始者。汉传密教虽然起源于印度的密教文化,但是在中国流传过程中也受到了中国传统文化影响,并且和其他宗派的佛教文化相交融。一方面,以"开元三大士"为代表的唐密祖师以其突出的弘法护国思想迎和了当时唐玄宗意图复兴王室的刚性需求。另一方面,也高度融和了当时中国传统的阴阳五行学说、佛教中观和唯

---

① 吕建福:《关于中国汉传密教研究中的几个问题》,《法音》1989 年第 1 期,第 8—13 页。
② 邱福海:《"即身成佛"的简捷法门》,"自序",第 3 页。
③ 宽旭:《关于汉传佛教密宗复兴的思考》,《法音》2017 年第 4 期,第 36—41 页。
④ 按《大唐西域记》,(卷九)第一集结中,谓大众部之五藏,禁咒藏为其一;(卷三)乌仗那国中,谓彼处僧徒特闲禁咒;(卷九)毗布罗山中,谓一苾刍设道场,诵禁咒。《求法高僧传》卷下谓:"(道琳)学习一切有部律,非唯学兼定慧,盖亦情耽咒藏。……向西印度于罗荼国住经年稔,更立灵坛,重禀明咒。"(《大正藏》第 51 册,第 6 页下)
⑤ 周一良:《唐代密宗》,第 3 页。
⑥ 汤用彤:《隋唐佛教史稿》,北京:中华书局,1988 年,第 69 页。

识的大乘思想、民间信仰崇拜、道教和儒家思想等,因而在得到大量社会信
众的普遍欢迎后急速发展。大历十一年(776)唐代宗敕命:"天下僧尼令诵
佛顶尊胜陀罗尼,限一月日诵令精熟,仍仰每日诵二十一遍,每年至正月一
日,遣贺正使,具所诵遍数进来。"①由此《尊胜陀罗尼经》便传遍寺刹,密宗
之风至盛,②以制度化形式使诵陀罗尼课业成为僧科一部分,故有"五部持
念"③之谓。

　　"会昌法难"并不代表密教的完全消失,仍然有从北方迁移至江南的密
宗存在,这并非体现在它的传授系统上,而是体现在密经、密法以及相关衍
生物的广泛流传。④ 密宗流入江南要早于中国其他地区。⑤ 早期杂密和中
期纯密的单行法门和曼陀罗,比如秽迹金刚法⑥、瑜伽焰口施食法⑦、孔雀明
王法⑧、准提法⑨、药师法⑩,在北方和南方的社会大众中流传到近现代。吴
立民认为,唐密的《大日经》和《金刚顶经》由金刚智和善无畏"金善互授",其

---

　　① (唐)圆照集:《代宗朝赠司空大辨正广智三藏和上表制集》卷五,《大正藏》第52册,第852
页下。
　　② 陈泽泓:《唐代佛教密宗入粤及文物考述》,《学术研究》2002年第5期,第105—108页。
　　③ 五部持念,指密教金刚界曼荼罗中之诸尊部,即佛部(又名如来部)、金刚部、宝部、莲花部、
羯磨部。关于五部持念,《诸佛境界摄真实经》卷下云:"作佛部持念,以右拇指、头指执持念珠,余指
普舒。若金刚部持念,以右拇指、中指持念珠。若宝部持念,以右拇指、无名指执持念珠。若莲花部
持念,以大拇指、无名指、小指执持念珠。若迦噜摩部持念,用上四种执持皆得。"(《大正藏》第18
册,第281页下)
　　④ 严耀中:《江南佛教史》,第172页。
　　⑤ 严耀中:《中国东南佛教史》,上海:上海人民出版社,2005年,第164页。
　　⑥ 秽迹金刚乃释迦牟尼佛化现之金刚明王,是密教本尊或护法,又被称为清除秽迹金刚、除
秽愤怒尊、大权力士神王佛,其形象在汉传和藏传密教中多有不同,可见二臂、六臂或八臂,靛蓝、红
色、蓝色或绿色等身形。
　　⑦ 瑜伽焰口施食是密教依不空所译《救拔焰口饿鬼陀罗尼经》确立的修行仪则。此经的内容
为阿难在定中受到饿鬼警告而去请示佛陀,佛陀于是说诵施食经咒以解除诸饿鬼的痛苦。唐实叉
难陀最初将该经译为《救面然饿鬼陀罗尼神咒经》,"面然"即"焰口",乃饿鬼名。
　　⑧ 孔雀明王(梵名 Maha-mayura-vidy-rajni)又译作摩诃摩瑜利罗阇、佛母大孔雀明王等,相传
为毗卢遮那佛或释迦牟尼佛的等流化身,密号佛母金刚、护世金刚。孔雀明王经法是密教四大法之
一,和面露威吓忿怒的其他明王相比,孔雀明王虽显慈悲相,亦能驱除邪秽,保护众生。
　　⑨ 准提意为不空羂索菩萨,准提法作为密宗独部,可通五部之殊胜密法,此法功德无边,修习
者能降伏一切恶魔。
　　⑩ 药师法又称七坛御修法,即以七佛药师为本尊的密法,是日本台密所用修法。

弟子不空和一行传承两部大法时谓之"两部一具""金胎不二",①其唐密体系在"会昌破佛"之后,继续在长安发展衍化为"金胎合曼"这样的新传承,②并进一步认为"金胎合曼"是唐密演化的里程碑之一。吕建福在其多部论著中对此持有不同观点,认为唐密东传后的日本真言宗仅仅讨论了金胎不二,尚无金胎合曼之说。作为理由,他引用了日本新义真言宗初祖觉鍐"两界圆融互摄"中的记载:"复此两界者,有重重深意。若胎为宗,则金刚摄入之中;若金为主,则胎藏不出此外。各独尊无比,同不二唯一,相即互融,轮圆周备。应知胎藏者不异金之名,可察金刚者相同胎藏之称。即理是智,名之金刚;即智是理,谓之胎藏。以名圆满,何互相待?各离待对,俱居不共,故不二中道,即一妙理者,唯在金刚中,全无胎藏外。"③由此可见,当时日本密宗这一时期的义学思潮是对不二论主题的辩论,也就是金胎二法以及和其他密法的关系还有演变历史,并未出现"金胎合曼"的思想。

　　密宗在唐代汉地和日本、新罗的演变规模、发展特点以及状态虽然各有不同,但是密法内容和两界曼陀罗并没有融合。不二论仅仅是对金胎两系关系所做的新的梳理和阐释,不可用后来已经发生变化的日本密教教法来解释前面的唐密教法。在日本,东密主张两部互相不二,不另立不二之法。台密宣称两部一体不二,但另立"苏悉地"④不二之法。如何调和融通东密、台密各系密法支流以及胎藏界和金刚界两系统密法义理?此外,在奈良六宗的显密之争演变为密法内部优劣论争的背景下,不二论就此出现。十二世纪早期日本新义真言宗觉鍐曾做过总结:"近代阿阇梨于两部灌顶,或受

---

①　吴立民指出:"金刚界与胎藏界虽各立诠说,然理之外无智,智之外无理,色、心本不二;离金刚界别无胎藏界,离胎藏界别无金刚界,故金、胎两部一体不二。金、胎两部乃一体而不可分之说,始于惠果,其门人口僧空海将师之旨意传入日本。"(吴信如:《台密东密与唐密》,第 297 页)

②　吴立民在分析法门寺地宫唐密曼荼罗形态的基础上指出:"智慧轮时代唐密曼荼罗最显著的特点,是'金胎合曼',这是智慧轮对惠果一系唐密的创造性发展。"(同上,第 255、286 页)根据吴立民的解释,所谓金胎合曼,即是将金刚界曼荼罗和胎藏界曼荼罗圆融合一,此为智慧轮首创。

③　[日]觉鍐:《秘密庄严不二义章》,《大正藏》第 79 册,第 50 页下。

④　苏悉地(梵语 susiddhi)意为妙成就,苏悉地法以金、胎两部不二为旨趣之最深秘法。

各别印明以为源底,有传同一印明而名最上,有用一印二明①而目究竟,或授同明异印以称妙极。……如此心行,不可胜计。"②胎藏界和金刚界分别是真言密教和瑜伽密教的主要教法,两者都是在印度密教发展到中期的持明密法的基础上形成的。真言密教在中印度发展,而瑜伽密教在南印度的发展晚了至少五十年。由两系的代表人物善无畏和金刚智在汉地长安互授,"两部一具",自此形成完整的唐密体系。惠果对胎藏界曼陀罗和金刚界曼陀罗所包含的密教教理进行梳理,提出了"金胎不二"的立论,并将此思想传于空海。不二论的根本主张是胎金两界、莲金两部二而不二,相即互摄。"不二论"认为金、胎两界有理智、因果、色心的关系,但这只是当时日本密宗的一种理论思考而已,并非历史事实。③ 然而,用已经演变了二百多年的日本密宗"不二论"来解释唐代智慧轮"金胎合曼"还是需要谨慎的。比如金刚界和胎藏界的五方佛的方位问题,除了中央毗卢遮那佛和西方阿弥陀佛方位不变外,其他三尊是变化的。如果金胎两部同时修行,这两界三方佛的位置是由旋转引起的,代表方位的融通无碍。而西方阿弥陀佛位置不旋转,代表方位决定不变的义理。④ 有持不同观点的学者认为,印度密教转入中国以来,演化为中国本土特色的密宗,首先经历金刚智和善无畏结坛"金胎互授"阶段,然后到不空和一行同时传承金胎二部大法的"二部一具",再到惠果融合金胎两部,完成了密宗汉化的体系。后期智慧轮推动唐密体系的发展到达了最高阶段,例如,在组织和策划法门寺地宫唐密舍利供养系列活动中,智慧轮获得晚唐宣、懿、僖三朝的皇室支持,使唐密"金胎互授"升级到"金胎合曼"。唐代一共有七次公开隆重迎奉法门寺佛舍利的活动,其中四

---

① 密家结诵印明时,手结一印,口中诵二真言,称为一印二明。例如于无所不至印中,诵五阿五智之明。又如金刚界与胎藏界之如来印,二者在本质上虽为同一印,然其真言在金、胎二界各有不同,在金刚界为"鑁",在胎藏界为"阿毗罗吽欠",故结同一之如来印,须口诵"鑁""阿毗罗吽欠"二真言,称为一印二明。系表不二而二之意。

② [日]觉鍐:《秘密庄严传法灌顶一异义》,《大正藏》第79册,第24页中。

③ 吕建福:《略论密宗教法在中日两国的演变》,邓友民主编:《空海入唐1200周年纪念文集》,第134页。

④ 洪启嵩:《密宗的源流》,第77页。

次与密宗相关,反映了密宗在当时的皇室信仰和佛教界具有的地位和影响。① 法门寺地宫所藏曼荼罗的出土是唐密历史的实物见证,代表了当时唐密理论与实践在中国的最高成就,体现出印度纯密教文化的传承在中国的最高集结,也将汉地密教的坛场历史视觉化,可以作为现代密教研究的新起点。法门寺地宫还出土了"捧真身菩萨",在其莲座上鏨刻了金刚界五佛种子真言。其中的阿閦佛种子真言为 hram,早期作 hum。传到日本后,由于派系、传承、经本和个人行法不同,事相②争论屡屡不绝,异流衍生,但是密法的主要内容并没有改变。葛承雍对法门寺唐"捧真身菩萨"艺术形象的原型进行过考证,认为其原型是当时宗教领袖高僧大德举行法事仪式的姿势。③

　　吴立民认为"金胎合曼"这种思想也体现了后期密教无上瑜伽部的核心教义,也是藏传密教大圆满、大手印、大威德、大圆胜慧法门的雏形。回顾其时达摩栖那(法将)所译经中,已见金胎合曼之义,智慧轮当据此而创新。④罗纳德·约翰斯通认为:"不管宗教是(或者不是)其他什么东西,它都是一种社会现象,它同其它社会现象处于不断地互相影响的关系中。"⑤唐代在会昌灭佛、安史之乱和黄巢起义的冲击下,唐玄宗和唐僖宗先后入川,完整体系的唐密无力兴起而导致分化,失去了权贵财阀的支持,唐密体系遂化整

---

① 陈景富:《法门寺史略》,西安:陕西人民出版社,1990 年。

② 密宗对修行三密之作法,称为事相,即修行择地、造坛、护摩、灌顶、结印、诵咒等行轨作法。此系真言教理所依托之因缘事相。又因修法目的之不同,可分为四种法、五种法、六种法等。四种法为息灾、增益、降伏、敬爱,若加钩召法即为五种法,再加延命法即为六种法。相对于事相者为研究、解释密教义之"教相",如开显六大、四曼、三密等诸法门之义理教说;故知事相乃用以显喻真言深密教理之实际具体修法。主要之事相有十八道、金刚界、胎藏界、护摩行法、灌顶等,皆依教理组织而与教相互为表里。例如结各种手印,皆含有其内在义理,可谓密教修法乃透过事相来实践其教理者。教相可大别为显密对辨、自宗不共二门:(一)显密对辨门,系论说显密二教之优劣、十住心之深浅、真言密教的究竟真实之教。(二)自宗不共门,系说真言不共之菩提心、即身成佛等理趣,此为密教独特之教理。事相与教相合称事教二相,二者关系密切,须二相双修始得心要;而初学教相,后习事相,为开解立行之次第。

③ 葛承雍:《法门寺唐"捧真身菩萨"艺术原型再探》,增勤主编:《首届长安佛教国际学术研讨会论文集》第三卷,第 1—6 页。

④ 吴信如:《台密东密与唐密》,第 286 页。

⑤ [美]罗纳德·约翰斯通:《社会中的宗教(第八版)》,第 5 页。

为零,流传各方,①从上流阶层流入到了世俗民间。唐末宋代北民南迁,带来先进生产技术和中原文化,佛教在民间蓬勃兴盛,密宗神通法术对当地信仰包括闽北巫术带来了很大的吸引力和亲和力。四川自中唐时期,成都僧人惟上曾赴长安跟随惠果法师修习密宗,虔州僧人洪照则在大兴善寺受五部灌顶。唐末之际四川一带密教信仰十分兴盛,这与玄宗、僖宗入蜀避难将长安佛教徒及佛教艺术工匠带至蜀地不无关系,其中多有密宗信徒。② 唐以后在四川和江南一带的密教表现为崇尚某部经典、崇拜某位本尊或者佛菩萨、诵持陀罗尼等主要特色。其修证事例亦古而有之。唐普式《印度密教管窥》一文中引用了玄奘《大唐西域记》所载:"有清辨菩萨传习'金刚陀罗尼'成就,得留寿于'阿修罗'宫,以待弥勒下生决疑。"惠果弟子惟上学成返川,在成都一带弘法,与空海东传日本共享盛誉。南宋淳熙元年(1174),赵智凤奉柳本尊为师,自视为继柳本尊之后的密宗六代祖师,创立教派,据大足宝顶山为教区,复兴密法。③ 他们活跃于川西和川中地区,大足宝顶大佛湾和安岳毗卢洞等处均为其道场。国内现存的十大明王像,唯有四川宝顶山大佛湾的柳本尊"十炼"行化图下所刻的十大明王像。韦群杰在《峨眉密宗历史上的重要人物》一文中提到"峨密"传承法脉,其开山祖师大颠(惠朗,韦群杰文中作慧朗)系不空六大弟子之一。现有"峨密"十三代传人映空及十四代传人空空护法大师为代表人物。在福建一带的密教僧人演变为民间信仰的俗神。典型的当属闽北武夷山的扣冰古佛藻光[生于唐武宗会昌四年(844)]和南平溪源庵奉祀的萧公。④ 邱福海认为,五代初的十世纪左右,密教经典已经进入汉地,但仍是金刚乘体系,五部修法和以往相同,密法还是以金刚界为基础,致使当时汉僧难以区别分辨。中土自宋朝以后,已不再

---

① 　[日]栂尾祥云:《密教史》,第105页。
②　黄阳兴:《中晚唐时期四川地区的密教信仰》,《宗教学研究》2008年第1期,第107—112页。
③　司开国:《试论唐长安佛教对四川佛教艺术之影响》,增勤主编:《首届长安佛教国际学术研讨会论文集》第三卷,第201—207页。
④　据明代吴门华山寺明河《补续高僧传》卷一九记载:"萧公祖师,蜀人,生于残唐。师雪峰存和尚,行头陀行。久之,得悟而发通。于闽服大著神异。闽人莫知其名,因称萧公祖师。"(《卍新续藏》第77册,第498页中)

强分瑜伽密宗(金刚乘)、大瑜伽密宗、无上瑜伽密宗;而事实上,三者也不宜划分清楚。①

　　虽然宋太祖礼佛,乾德四年(966)委派行勤去印度取经,接待梵僧,试图恢复唐密盛况,但是印度密教已经进入以金刚乘、时轮乘为主的无上瑜伽密教的发展传播阶段。太平兴国元年(976)以来,印度僧人天息灾、法天、施护等来宋译经,这也是中国最后一次大规模的译经时期。太平兴国六年,宋太宗兴办译经院,经历了太宗、真宗、仁宗、英宗、神宗五朝大规模译经。陀罗尼经典如《佛母般若经》《大乘庄严宝王经》持续流入汉地,持明密典也融入金刚乘。唐代《金刚顶经》十八会中缺失的部分基本完整地被译出,甚至增益扩充部分也被补齐。例如,法贤译《佛说最上根本大乐金刚不空三昧大教王经》出自十八会的第六会,但和唐代不空译本相比较后发现,前者明显增扩了,而且大乐思想更加突出,属于密乘无上瑜伽阶段;施护译《佛说秘密三昧大教王经》,可见大乐思想的延伸与扩展;法护译《佛说大悲空智金刚大教王仪轨经》讲述了大悲空智,即喜金刚的密宗无上瑜伽部的内容。北宋初期传来的密教主要来自印度晚期密教的无上瑜伽一系,也就是俗称的左道密教。② 他们所译的《一切如来金刚三业秘密大教王经》和《大悲空智金刚王仪轨经》融合了极端的印度教性力派"大乐"(Mahasukha)思想及其实践,形成左道金刚乘一派。在这种密法中,阴阳、男女两性的思想形成了世界的原理,再结合大乐思想,般若与方便的对立即是女性与男性的对立。甚至有人以《唯识三十颂》最后一偈"安乐解脱身"为大乐思想的先驱。③ 然而,因为宋朝统治阶级受传统儒家的影响,这种思想在中国受到了直接限制,密教经典的翻译和传播也被局限在上层社会的少数群体中。性力主义(Saktism)是印度教和佛教在密教中的重合点。荷兰汉学家高罗佩(Robert Hans van Gulik, 1910—1967)指出,金刚乘中的房中术立足于止精法,于纪元初流行

---

① 邱福海:《"即身成佛"的简捷法门》,第 112—113 页。
② 李心苑、李永斌:《金胎合曼:密宗及其祖庭》,第 98 页。
③ 菀柳:《左道密教怛特罗乘》,张曼涛主编:《现代佛教学术丛刊》第 71 册《密宗概论》,第 270 页。

于中国之际印度尚无此等术,应该是由阿萨姆邦从中国传向印度的。① 在密教金刚乘中,方便和智慧由于动、静不同的属性分别被拟作男性、女性,男女双修实际上是瑜伽一门的形象化呈现,可与印度教《怛特罗经》中的湿婆神与性力相对应。② 双修内容是印度密宗的特点之一,但是,在中国没有发展起来。③ 不空译《般若理趣经》论述了这种教义,但是不空传记的中国作者对此避而不谈。相对的,栂尾祥云《理趣经の研究》一文中对此有详细的叙述。在密教中国化的融入过程中,中国本土的儒家思想强调"礼"的重要性,禁止男女之间的任何紧密关系。善无畏曾翻译过一部论述伽内夏(Gaṇeśa)双修的佛经,但是把双修的佛像敬在佛堂里面。爱利斯·格蒂(Alice Getty)认为,也许因为宋代禁止这种(双修)崇拜,所以在中国没有发现伽内夏的双身像。④ 宋朝汉译密教经典的版本和内容虽然完整,但是有关提倡双修内容的密教著作严重相悖于宋代儒学再兴背景下的汉地礼俗,所以汉地密教体系的持续发展基本上被抑制了。此外,虽然佛、道、释的"三教合一"是宋代思潮的主流,儒教对释道两教采取包容的态度,佛教各宗之间也"互具互容",但是,宋徽宗时期颁布了佞道抑佛的诏令,所以汉地密宗没落的趋势不可避免,而净土宗的兴起则成为汉传佛教的主流。

相比较而言,东密真言宗明确慎妨双修等性力内容。显荫在其著作《真言宗释疑》中引用空海《再遗告文》⑤云:"遥退恶缘,坚禁女犯,生死流转之本因,佛法破灭之根源,云云。炯戒明文,煌煌在目,夫复何疑。密教既以即身成佛为期,岂有所淫欲禽兽之行,而能望清净菩提之果者,不待智者而能判其是非之所在矣。"⑥持松在其著作《密教通关》中对此思想的误用进行了

---

① ［荷］高罗佩:《中国古代房内考·附录》,李零等译,上海:上海人民出版社,1990年,第472页。

② ［日］佐佐木教悟等:《印度佛教史概说》,杨曾文等译,上海:复旦大学出版社,1989年,第89页。

③ 周一良:《唐代密宗》,第68页。

④ Alice Getty, *Gaṇeśa: A Monograph on the Elephant-Faced God*, Munshiram Manoharlal, 1971, pp. 67–77.

⑤ 又称《御遗告》一卷,日本空海撰,收录于《大正藏》第77册,第408页下—414页上。

⑥ 显荫:《真言宗释疑》,张曼涛主编:《现代佛教学术丛刊》第71册《密宗概论》,第195页。

批判。他指出："今东瀛有立川之流,藏术有阙群不党,皆谩言无上密宗……或专奉阴阳抱持之像,视赤白两谛为理智不二之甘露,男女交媾为定慧双融之金刚,使清净圣教一变而为魍魉之邪说,住持僧宝一变而为破法之魔侣……吾不知此类佛法住世,果于世奚益者哉?"又在第十法义略诠章中,评价西藏无上瑜伽密教之双身法其文云:"古西藏佛法未来,原有所谓'普嗡普'之教,后混于佛法中,乃转而发怛特罗肉身成佛之说……由此一说,故使流弊无穷,后人加以附会,愈趋愈邪!近时国人一致迷于藏密者,不知求真正之密法,反趋于邪解之一途,为无上密乘,斥东密为无有也。"持松又在第四章中说:"西藏左道密教……在日本对立川邪流,尚不乏正见之阿阇黎,口诛笔伐,使后人皆知为邪。""明朝之所以诏禁密教者,即因都元宫中所遗秽渎之像而深厌之,恐有伤于风化,故毅然取缔之。"①昙钵则以自身经验和因缘解释说:"起初我学东密,继向西藏多杰格西学习藏密……于《大日经》有所省发,复受了诺那活佛,及圣露上师的各种灌顶,至是我反对密教的思想渐渐减少,但对双身法,仍有怀疑,后阅《大乘要道》,它显明地说双身法非比丘所修,才知道这是指示在家居士变女色毒药为醍醐的无上瑜伽胜法。"②王弘愿引用《莲花部心轨》所说之大欲及大乐不空身之理趣会法门来提醒修行者要对双修内容谨慎对待:"大欲之印明,示男女交接;大乐不空身之印明,示交接之究竟也。是则男女之接触,即法身如来三密功德之旨也。自本有具德论虽如是,然凡夫于彼彼境遇,无始以来,染覆于妄念妄执,昧本有菩提之光明,隐本具轮圆之德相、自性心殿之庄严,遂沦为生死家中之长物矣。故以未蒙法身如来之三密加持,其德相不能开显之吾人三业,而直取为功德不能也,其当相断非功德也。苟或蹉过一步,则具邪路堕落矣。绵密研究,误解慎妨也。彼醍醐之座主文观,本以持戒坚固律僧、任东寺长者,而以谬解本有宗义故,构成邪义,贻患千古。"③

　　栂尾祥云评论说:"唐朝的密教,可说是有体系的综合的密教,而宋辽时代的密教,可说是分化和通俗的密教。"栂尾祥云认为:"在辽朝并不是全无

---

①　杨毓华主编:《持松大师全集》第三册,第1047、1079、1174页。

②　昙钵:《我学密教的因缘》,张曼涛主编:《现代佛教学术丛刊》第71册《密宗概论》,第383页。

③　王弘愿著述,于瑞华主编:《密教讲习录》第一册,第457页。

'有系统的正纯密教',但大部分,都是分化及通俗化的密教,而认为:由于诵持所定的真言陀罗尼而可统一心,自然又可入于禅定,故终于以此(密)为'禅定藏'或'禅咒'而弘传于民间。"[1]方立天认为:"密宗在哲学理论上无甚独创,或依《华严》,或依唯识,或依中观,或将各派学说杂糅并用。但由此而产生的神鬼系统、法式仪轨和修持方法极多,五花八门,数不胜数。"[2]南宋和金朝时期的密教继续以陀罗尼形式在民间普遍传播。金朝皇统七年(1147),冯长宁建造了石刻华梵加句灵验佛顶尊胜陀罗尼。金大定九年(1169)五月,平州重建陀罗尼经幢。大定二十年,龙兴寺建造佛顶尊胜陀罗尼石幢。宋代密教的这个特点符合普通信众的教育程度和文化背景,以及对宗教神秘色彩的主观期待,分化和通俗的密教内容也因此广泛传播。随着佛教在印度的终止,印度佛教僧人也不再来华。宋代以后汉传密宗来自印度的传承隐默,消失不等于消亡。元末以后,唐密核心金珂正法如来心密总持(摩诃三昧耶秘密内法)传承有琪真性海上师、巴音都达上师、金音上师、金珂玄雷上师等一脉相传,此等大成就者常隐于汉地滇、桂、黔深山密林中。[3]密教思想本土化仍然发展不断,而且与天台、华严、净土、禅宗等宗派相互取长补短、渗透影响,显密融合成为宋元明清时期汉传佛教的主要趋向和特色。密教形成了"寓宗",传承密法的僧侣不再标识单一的密宗身份。到明清时期,汉传密宗的相关内容被民间道教大量吸取,也突出了道教神灵体系中的神秘色彩,进而在民间信仰中活跃起来。根据台湾巴麦钦哲仁波切笔访台北大乘讲堂普力宏上师[4]的记录,唐代灭佛后,中国密宗乃依附在禅宗丛林中,即以外禅内密的形态以避祸,直至民初可能仍有几十个支派存在。当时的大陆便有大愚、慧永、南亭、慧三等几支唐密法脉存在。另外,普力宏的传承得自盛慧。[5]民国时期,东密回传盛行一时,而其迅速没落的原因则包括以下几点:第一,赴日求法僧伽和居士学习时间较短,所学有限;

---

① [日]栂尾祥云:《密教史》,张曼涛主编:《现代佛教学术丛刊》第72册《密宗教史》,第91页。

② 方立天:《中国佛教简史》,北京:宗教文化出版社,2001年,第225页。

③ 《因缘具足时恢复中华唐密——访金珂玄雷上师》,《人民政协报》2011年3月2日。

④ 普力宏,鼓山派穆迹法一代宗师,自幼出家,后还俗为白衣阿阇黎。

⑤ 巴麦钦哲仁波切(黄英杰博士):《金刚乘事件薄:民国密宗年鉴(1911—1992),台北:商周出版,2019年,第131—132页。

第二,他们回国后忙于弘法,忽略长期教育计划;第三,具有日本文化特色的东密与中国传统文化存在冲突;第四,中国本土佛教的排斥和抗拒;第五,主要弘法人物的过早去世;第六,后期藏密来汉地传法的兴起。直到 1974 年,台湾悟光去日本高野山学密。2016 年又有宽旭赴日本高野山将密法带回唐密祖庭西安青龙寺和大兴善寺,并再度弘传汉地。

值得注意的一个发展分化现象是,唐宋以来民间信仰结合了儒释道三教的内容。例如,宋代天息灾译《文殊仪轨经》中记载:"小支那国、大支那国……人民士庶,孝养父母,恭敬圣贤","妙吉祥,有阴阳宿曜法,二十八宿,十二宫分,各各分别","阴阳风三种界,合贪嗔痴三种法……又合地为四大,地与水合,火与风合,又有虚空而为第五"。① 可见吸收了佛教三毒、儒教伦理道德和道教阴阳,甚至中国占星术,印度婆罗门教四大、五大学说。明代憨山《观老庄影响论·论行本》中论述说:"菩提所缘,缘苦众生;若无众生,则无菩提。此之谓也。所言人道者,乃君臣父子夫妇之间,民生日用之常也。"② 由于当时新理学受到统治阶层的提倡,所以憨山宣扬佛学教义,从出世向入世转移,其"舍人道无以立佛法"的思想突出了佛儒合一的轨迹。清代雍正提出:"日月星之本同一光处,喻三教之异用而同体可也。"③ 可见他的三教合一的主张更加明显。德国宗教学家苏为德(Hubert Seiwert)在其著作中也论证了中国明清时期民间宗教运动与异端教派的互动,僧、儒、道教的内容互相吸收,共同发展。④

梁漱溟认为:"在社会生活方面,佛家是走宗教的路,而儒家则走道德的路。"⑤ 虽然江南一带成为儒家理学发展之重镇,然而儒家道德信条并不能满足宗教的所有关怀。由于小农经济逐渐瓦解和城市商品经济交换带动的

---

① 《大正藏》第 20 册,第 867 页上、884 页下、881 页下。

② (明)德清:《憨山老人梦游集》卷四五,《卍新续藏》第 73 册,第 769 页上。

③ (清)胤禛编:《御选语录》卷一二《御制拣魔辨异录上谕》,《卍新续藏》第 68 册,第 574 页上。

④ Hubert Seiwert, *Popular Religious Movements and Heterodox Sects in Chinese History*, Brill, 2003.

⑤ 梁漱溟:《儒佛异同论》,刘梦溪主编:《中国现代学术经典:梁漱溟卷》,石家庄:河北教育出版社,1996 年,第 840 页。

新兴工商社会阶级的出现以及随后的广泛城市化发展,社会民众的心理平衡和生活形态产生了对新信仰的宗教体系以及信仰情感的渴望与需求。而体现三教合一的民间密教发展可以在道德和宗教情感之间找到平衡。严耀中认为:"儒教理念的升格只是表明思想意识对整个社会影响的增大,反而会拉动民众对宗教意识的需求,从而形成满足社会对意识需求的不同层次。故三教合一,包括秘密教派中的三教融合在江南表现得最为显著。"①严耀中在其著作《中国宗教与生存哲学》②第十八章引用泽田瑞穗和酒井忠夫对罗教经典"五部六册"引文出处的考证,认为其思想来源以佛教为最,罗教的三教合一立派基础以佛教为主要外在形式而展示。

何建明从地方志文献资料研究发现,儒释道三教对于普通民众而言并无本质上的不同,在劝善惩恶的教义方面趋于一致。他认为现有的三教关系研究范式值得反思,应该着眼于民众所处的社会现实,考察其现实需求及由此形成的生活方式在形塑佛教、道教方面的决定性影响。③ 李四龙进一步运用"随缘"的思维方式把新三教合流的论点引入到人间佛教的理论框架中讨论。他认为佛教在中国成功实现在地化得益于吸收儒家的表述方式,坚持佛教的思想内涵,学习基督教的实践经验。即佛教基于儒教的家国情怀,规劝大众遵守孝悌诚信,并以基督教的社会慈善教育工作引导众生同归于善。这种社会教化的功能有助于国家治理,充分展现了一种中国社会和而不同的佛教文化思想。④

密教与显教的历史发展是不断融合的过程。密教中国化的过程具有时间线路长、接触点多、接触面广的特点。恩格斯提到:"任何意识形态一经产生,就同现有的观念材料相结合而发展起来,并对这些材料作进一步的加工。"⑤

①　严耀中:《江南佛教史》,第 388 页。
②　严耀中:《中国宗教与生存哲学》,上海:学林出版社,1991 年。
③　何建明:《地方志文献汇纂与中国宗教史研究的新趋势》,《中国人民大学学报》2014 年第 3 期,第 140—146 页。
④　李四龙:《化成天下的人间佛教》,《开放:2014 人间佛教高峰论坛》,高雄:佛光文化,2014 年 8 月。
⑤　[德]恩格斯:《路德维希·费尔巴哈和德国古典哲学的终结》,《马克思恩格斯选集》第四卷,北京:人民出版社,2012 年,第 254 页。

显荫甚至说:"中华之佛教,随在皆真言密教。"①但是尘隐在《禅密或问》中指出:"中土于密,可谓得其精;日域西藏,传习仪轨事相,仅得其粗分而已。是故学密乘者,须知根本密法,中华尽有。"②唐密以"开元三大士"建宗为时间基点,要感谢前期汉朝以来印度密教传入后的长期存在和发展。在唐开元辉煌时期之后,经过"会昌法难"黯淡隐忍,五代两宋时期又是一个发展高潮;元代在优先推崇藏传密教的同时,也带动了汉传本土密宗的发展。直至明清,继续以"寓宗"形式和其他佛教诸宗结合,与民间信仰和风俗艺术的渗透表现了社会性和世俗性的活力。同时汉传密教神圣性的传承也通过清代弘赞延续下来,"俾知归向,进趣有门,依之修持,则功高于知足内院"。③ 直到近代汉传佛教密宗复兴。慈航称真言宗为开元宗,总结其特点为坛场之庄严、仪轨不容紊乱、三业相应、事实见于史册、传授庄严。④

　　"开元三大士"推动密教在中国发展至高潮,当时从皇室到知识阶层均对密宗的研究、修习持有浓厚的兴趣,尤其是君主的偏爱使密宗在唐代拥有极高的地位。例如,从"开元三大士"起直至晚唐,长生殿的持念大德始终为密宗法师。⑤ 唐玄宗(685—762)即位后,密宗进入内道场,为唐皇室服务。此外,唐代君主公开迎奉佛骨更是对密宗地位的肯定。法门寺在唐代七次见证君主迎奉佛舍利,其中与密宗相关者有四次。因为汉传密宗本有制作法物和结坛的传统,祭祀供养一类的法事也是密宗僧侣的特长,特别是密宗在平息安史之乱中发挥了特别的作用。唐肃宗(711—762)甫归长安便修建起以密教僧人为主的内道场,不空及其主要弟子如含光、觉超、汇海、昙贞等人策划了肃宗迎奉法门寺佛舍利一事。唐代宗(726—779)虽未迎奉法门寺佛舍利,但他曾在内道场迎奉过别处发现的佛骨及佛发。唐德宗(742—805)迎奉法门寺佛舍利时,亦由密宗僧人主持活动。德宗执政初年,曾一度

---

　　① 显荫:《真言密教与中华佛法之关系》,张曼涛主编:《现代佛教学术丛刊》第71册《密宗概论》,第201页。

　　② 尘隐:《禅密或问》,《海潮音》第15卷第8号,1934年。

　　③ (清)弘赞:《兜率龟镜集·后集》"经咒愿文"条,《卍新续藏》第88册,第71页中。

　　④ 慈航:《密宗胜义》,张曼涛主编:《现代佛教学术丛刊》第71册《密宗概论》,第130页。

　　⑤ 吕建福:《中国密教史》(二),台北:空庭书苑,2011年,第205页。

对佛教采取排斥态度,并取消了主要由密宗僧侣主持的内道场。但几年后藩镇割据带来的政局混乱,再加上频繁发生的自然灾害,使德宗的态度有所改变,转而信奉佛教,曾敕惠果于青龙寺大佛殿率群僧行法祈雨。迎奉佛舍利之后,德宗进而恢复了内道场,诏惠果及弟子入宫,于长生殿为国念持。密宗的护国密法在相当程度上影响了德宗对佛教的态度,而护国安民这一汉传密宗的特色也成为汉传佛教各宗派的共识,可见当时密宗统领各宗的气魄。唐宪宗(778—820)之后直到会昌初年的诸多文献资料表明,密宗始终和唐皇室保持着密切联系,密宗法师法全、惟谨等均曾担任长生殿内道场念持大德。唐文宗(809—840)开成末年,佛牙供养会一度在长安多寺流行,此前惠果祈求重建的大兴善寺被敕封为灌顶道场。在随后的会昌法难中,密宗作为唐代汉传佛教最兴盛的宗派首当其冲,内道场被取消。咸通十四年(873)唐懿宗迎佛骨声势浩大,是一次规模巨大、持续时间较长的皇室宗教活动,可谓密宗在中国古代最后的高光时刻,此后密宗这一佛教宗派就逐渐式微了。[1] 1987 年,法门寺地宫出土了大量唐懿宗、唐僖宗等唐代君主供奉佛骨的器物,其中不少法器与供物带有密教色彩。[2] 王一鸣总结了密教研究的诸多问题,其中即包括梳理大兴善寺遍觉大师智慧轮的生平及思想,并对法门寺智慧轮曼荼罗与受空海影响的东寺曼荼罗进行比较。[3] 罗炤在《法门寺塔地宫及其藏品的几个问题》一文中指出,从中唐至辽代,从《师子庄严王菩萨请问经》"八大菩萨曼荼罗"发展出的"九位曼荼罗"乃汉传密教的核心教法,为佛顶尊胜陀罗尼与八大菩萨曼荼罗两种密法提供了融通的桥梁,实际上形成了以大日遍照佛为中心,八大佛顶轮王与八大菩萨、八大明王层层环绕、秩序井然的佛顶尊胜曼荼罗,这是密教从印度传入中国后的新产物。[4]

根据《开元释教录》记载,《大日经》汉译本由善无畏和一行译于唐玄宗

---

[1]　陈景富:《法门寺史略》。

[2]　吕建福:《中国密教史》(二),第 205 页。

[3]　王一鸣:《密教研究中之诸问题》,宽旭主编:《首届大兴善寺唐密文化国际学术研讨会论文集》第一编,第 87—193 页。

[4]　罗炤:《法门寺塔地宫及其藏品的几个问题》,《石窟寺研究》2014 年第 1 期,第 121—153 页。

开元十二年(724)。据《开元录》载,《大日经》梵本早在四十年前已经通过无
行传入中国。据义净《大唐西域求法高僧传》等记载,义净在武则天光宅元
年(684)离开那烂陀寺时,听无行说准备取道北印度回国。无行病故后由朝
廷使者迎归该经本,收藏于西京华严寺。唐高宗永淳二年(683),北印度罽
宾国人佛陀波利在长安西明寺译出《佛顶尊胜陀罗尼经》,表示该经乃"大日
如来智印印之,为破一切众生秽恶道苦故,为一切地狱、畜生、阎罗王界众生
得解脱故"。① 唐中宗景龙四年(710),义净译出《佛说佛顶尊胜陀罗尼经》,
亦表示此乃"以大日如来智印印之"。这表明大日如来信仰至迟在唐高宗末
年就已传入了中国,而《佛顶尊胜陀罗尼经》是目前所见最早的与大日如来
相关的密教经典。大日如来在该部佛经中被奉为高于佛顶佛的最高尊神,
受到顶礼膜拜。由此看来,武周朝建造大日如来像并非不可能。②

　　贞元六年(790)正月到二月的迎佛骨仪式由青龙寺惠果主持,而元和十
四年(819)和咸通十四年(873)的迎佛骨仪式则分别由安国寺端甫和僧澈住
持。据法门寺出土的鎏金铜锡杖端柄铭文可知,当时的密教道场青龙寺也
派出了僧人参与迎佛骨的仪式,铭文内容为:"僧弘志,僧海云,僧智省,僧义
真,僧玄依,僧志坚,僧志文,沙弥愿思,弟子李颙,薛氏父王惟忠,母阿李为
从实。"此外,密教僧人澄依和智英亦参与其中,但目前不明寺籍。令人费解
的是,法门寺地宫《物帐碑》和《志文碑》均未记载有关兴善寺智慧轮这一重
要人物的信息。智慧轮阿阇黎在晚唐佛教界的威望极高,且在懿宗迎佛指
舍利一事上发挥了重要的助推作用。③ 安国寺在晚唐两次迎佛骨仪式中扮
演了重要的角色,而智慧轮并无官衔,这或许是迎佛骨的僧团名单中不见其
名的原因。不过,《志文碑》虽为安国寺僧澈撰写,但是,当时兴善寺僧人觉
支撰写了物帐内容。笔者认为,由于祭祀活动是以组织形式而不是以个人
形式参与的,所以觉支所在的兴善寺的住持智慧轮参与了此次迎佛骨活动
的可能性很大。值得注意的是,在对密教第四代之后的传承关系进行梳理

---

　　①　《大正藏》第 19 册,第 351 页上。
　　②　常青:《初唐宝冠佛像的定名问题》,《佛学研究》1997 年,第 91—97 页。
　　③　王仓西、赵占锐:《法门寺唐塔地宫出土金银器錾铭再释考》,《乾陵文化研究》2017 年第 1
期,第 293—308 页。

时，既难以追溯满月、智慧轮与惠果之间的关系，也无法得知满月和智慧轮之间的关系，端甫的上下传承关系亦不明晰。如果以上僧侣之间不存在实际的关联，则反映出在惠果之后，密教应该是以寺庙而非僧人个体为基础进行发展的，整个密教界似乎不再有公认的领袖，呈现出诸位密教高僧在不同寺庙各自为政的态势。僧澈主持咸通年间迎佛骨活动并不代表其在密教界的地位至尊无上，只是由于安国寺承担了此项重任，而僧澈又是该寺的内殿首座，其地位和影响力在寺内相对突出，故被遴选为迎佛仪式的主持。唐懿宗虽坚持迎请佛骨，但面对大臣们激烈的反对，而选择以简单的显教仪式替代隆重的密教仪式，仪式主要供奉皇帝新恩赐的物品，使用的是比武后时期建造的"数有九重，雕镂穷奇"的金棺银椁低了一等的八重宝函安奉舍利，可见群臣的进谏对唐懿宗奉佛起到了相当程度的制约作用。①

除智慧轮未被载入法门寺地宫碑文外，还有一个问题值得探究，即满月和智慧轮是继承"开元三大士"、一行、惠果的弘密传统，还是在他们的传统上加入了后代祖师的个人见解和新的思想？另外，空海于 806 年回国发展的东密法脉和空海离开长安以后唐密的本土发展各具特色。根据《宋高僧传》的记载，只知绍明一人为智慧轮的传承弟子，"绍明"之名被列于《唐东都圣善寺志行僧怀财于龙门废天竺寺东北原创先修茔一所敬造尊胜幢塔并记》之末尾处，该记文见于洛阳龙门天竺寺遗址，乃唐大中四年（850）五月所作。② 据一些学者考证，法门寺地宫的曼荼罗乃惠果所绘，惠果跟随不空学习密法，后被敕封为内道场护持僧，其所绘制的曼荼罗已不同于印度的曼荼罗，应该是中国化的曼荼罗，而传到日本的曼荼罗又与法门寺地宫的曼荼罗不同，考察曼荼罗的变化亦可追溯唐密的发展、演变历程。③ 法门寺地宫的发现为唐密研究提供了许多资料，也带来了不少问题，这方面的专题研究仍在继续，如李发良《唐代法门寺佛指舍利供养中的密教法事》一文及姜捷、李

---

① 罗炤：《法门寺塔地宫及其藏品的几个问题》，《石窟寺研究》2014 年第 1 期，第 121—153 页。

② 温玉成：《龙门天竺寺遗址发现唐代尊胜幢塔》，中国社会科学院南亚与东南亚研究所、《南亚研究》编辑部编：《印度宗教与中国佛教》（《南亚研究》增刊），北京：中国社会科学出版社，1988 年，第 154—157 页。

③ 农醒华：《持松法师佛学思想研讨会综述》，《佛学研究》1994 年，第 276—277 页。

发良《法门寺唐代塔基地宫沿革及其文化内涵探讨》一文均展开了论述,后文甚至提出地宫的营建并非为"密宗曼荼罗"服务,而是为了瘗葬释迦牟尼的真身指骨这一新观点。① 这一观点挑战了既有研究传统,值得进一步辨析。

第三节　密教与中国文化

持松认为:"第八阿赖耶识同时含藏清净及一切由前五识和第六意识参与思维而分别生成之烦恼、我执、法执二障之杂染种子,有善、恶、无记之分。八识田中善种子多,则此人人格本质之第八识所显者乃善,则依八识染净之转依最初及此人人格之改造,故佛教文化有利于人民品德之提高也。"②笔者认为,唐朝的文化已经鲜明表现出了佛教文化的特征。在唐代推动这种密教文化的原因和后来朝代为了怀柔而尊崇佛教密宗完全不同。③ 当时唐密在皇室、士大夫、精英知识分子和民间广布流传,教义和修法丰富多样。唐密也是国际化的,印度、中亚、新罗和日本的僧侣往来传法学法。中国传统文化所具有的圆融性特点体现在对外来佛教文化有很强的吸收和消化能力。近代以来,中国知识精英面临着中西文明碰撞、交锋之后中国文化该何去何从的历史性抉择。④ 本书所讲的佛教文化定义采用了高振农的观点:"主要是指佛教理论,或者说是佛学思想;所论述的,也就是佛教理论或佛学思想在近代中国的各个领域里所起的影响和作用。"⑤关于如何看待民国时期的佛教文化思潮,汤用彤以历史学家的治学态度从文化价值观入手,承认所研究的这段特定时期的历史合理性和现实存在的客观表现。例如,他在

---

① 侯慧明、张文卓:《首届中国密教国际学术研讨会综述》,《世界宗教研究》2010 年第 3 期,第 187—191 页。

② 杨毓华主编:《持松大师全集》第三册《显与密之转识成智》,第 1225 页。

③ 巴麦钦哲仁波切(黄英杰博士):《金刚乘事件薄:民国密宗年鉴(1911—1992)》,第 127 页。

④ 德光:《东西方文化思潮中近代中国佛教的复兴》,《佛学研究》2018 年第 1 期,第 265—275 页。

⑤ 高振农:《近现代中国佛教论》,北京:中国社会科学出版社,2012 年,第 23 页。

《汉魏两晋南北朝佛教史》跋文中说："中国佛教史未易言也。佛法,亦宗教,亦哲学。宗教情绪,深存人心,往往以莫须有之史实为象征,发挥神妙之作用。故如仅凭陈迹之搜讨,而无同情之默应,必不能得其真。"①佛教文化的内涵延伸可以通达五明,②亦如日本真言宗初祖空海提到的"发蒙济物"。③

吴立民从中国本土文化与外来文化相互交融的角度出发,把中国文化的历史大致分为以下三个发展时期:

第一个发展时期是从上古至秦汉。中国本土文化在此期间定型,儒家、道家乃至先秦诸家不同的思想学说争鸣、融合。中原、齐鲁、吴越、燕赵、荆楚、巴蜀等不同地域的文化也在这一时期相互交流、会通。中国从原始社会逐渐发展为奴隶社会,再到封建社会。

第二个发展时期是秦汉以后至明朝。这一时期的中国传统文化与外来文化不断融合,而外来文化既包括西域文化、西藏文化、满蒙文化等非汉族文化,也包括印度佛教文化。其中佛教文化对中国各个阶层、地域产生了深刻影响。

第三个发展时期是从明朝中叶至今。这一时期的中国历史与西方文化展开了由浅入深的交流。

吴立民对中国历史第二个发展时期进行了深入考察,总结出佛教文化传入中国后大致经历了四个阶段,如下:

第一个阶段是传入期,从两汉至三国。学者普遍认为在汉明帝之前,甚至早至秦朝,中国已开始与西域、印度交往,佛教便在跨文化、跨地域的交往中传入了中国。东汉之际,佛教开始流行,但出家、不拜王者等佛教传统与以儒道为根基的中国本土文化格格不入,此时的佛教活动往往被视作邪术。从汉魏之际不准汉人出家的规定,可见处于传入期的佛教在中国社会文化中的地位较低。

---

①　汤用彤:《汉魏两晋南北朝佛教史(增订本)》,北京:北京大学出版社,2011年,第487页。

②　参考《大唐西域记》卷二、《瑜伽师地论》卷三八《菩萨地·力种姓品》、《西藏王统记》、《大乘庄严经论》卷五。

③　即包括了文学、天文学、医学、伦理学、哲学、自然、科学(等各类书籍)。参考丁青:《再探日本名僧空海与绍兴的历史渊源》,《承德民族师专学报》2009年第4期,第47—50页。

第二阶段是成长期,即两晋南北朝。印度高僧通过陆路、水路来到中国弘传佛法,中国亦不乏西去求法的佛教僧侣。例如,晋惠帝时《放光般若经》由印度僧人竺叔兰和无罗叉译出,而此书乃朱士行在于阗求得,是中国僧人西行求得的第一部梵文佛经。当"般若放光"与魏晋南北朝盛行的玄学清谈碰撞在一起时,佛教很快便在达官贵族间风行,译经事业也随之得到了长足的发展。佛教从社会文化中的弱势地位日益转强,成为社会名流新的思想资源,进而与儒道之间围绕诸多重要议题频频交锋。这在《弘明集》《广弘明集》等书中多有记载。佛教在此过程中得以扎根于中国传统文化中,完成了极具深度的中国化,也与儒道并立为三教之一。但同时也对儒道形成了巨大的挑战,产生了不得不比较儒释道三家优劣进而在文化乃至政治层面进行抉择的问题。汤用彤在《汉魏两晋南北朝佛教史》中如此评述南北朝佛教传统及学风的区别:"南朝之学,玄理佛理,实相合流。北朝之学,经学佛学,似为俱起。合流者交互影响,相得益彰。俱起者……同时兴盛,因而互有关涉。""南方佛理,因与玄学契合无间,故几可视为一流。"然而北朝乃"儒风极盛之区,亦即佛义学流行之域。……儒经、佛义,乃同时在山东并盛"。[1] 由于儒家在北朝具有坚实的正统地位,故北朝涌现出宗教层面的佛道之争。

第三阶段是打压期,即"三武一宗"时期对佛教的极端打击。其中两次均发生在北朝。

第四阶段是成熟期,即隋唐之后。隋唐是中国封建社会各项制度、文化走向完备和成熟的时期,也是佛教在中国发展成熟的时期。中国佛教呈现出前所未有的全面性、多样性、开创性、圆融性等特点。佛教充分吸收、融合了中国本土文化的养分,在语言文献、哲学思想等诸多层面更为成熟、严净,也成为中国乃至东方文化的重要根基。从宋代开始直到近代,中国化了的佛教催生出诸多新的本土哲学、宗教文化成果,如宋明理学、全真道教、三教合一思潮等。[2]

---

[1]　汤用彤:《汉魏两晋南北朝佛教史(增订本)》,第 293—294 页。
[2]　吴立民:《论佛教与中国文化》,《佛教文化》1991 年第 3 期,第 3—26 页。

　　宋立道指出："中国文化之接纳佛教是一个刺激—反应—调适的过程。"①这一概括可以对应吴立民所总结的佛教在中国的前三个发展阶段。而讨论中国文化对佛教的接纳，还应注意区分"宗教"和"文化"两个层次。佛教在中国的发展既在宗教层面具备了于信众而言的绝对意义，更在文化层面具备了于大众而言的普遍价值。② 黄心川强调对亚洲佛教史的研究既要注重"外来的佛教传法史"，也要注重"本国佛教发展史"。在梳理"本国佛教发展史"时，不仅要把握中国、越南、日本等流行大乘佛教的国家所具有的佛教文化共性，还要着重考察各国佛教文化的个性，即佛教传入各个地区后与本土传统文化、民族精神充分融合所产生的具有民族性特征的新形式，相较于组织和教义上的调整，仪轨和民俗方面的新变更为显著，个性与共性相互依存，不可偏废。③ 吴立民的《论佛教与中国文化》一文是探究中国佛教文化个性的典范之作，在考察作为外来文化的佛教与中国本土文化接触、碰撞、交流、融合的历程时，兼顾了"中国的佛教化"和"佛教的中国化"两个发展维度。

　　"中国的佛教化"并不是指中国完全成为佛化的国家，而是说佛教融入中国本土文化后形成了具有佛教特色的中国文化，主要表现在以下几个方面：

　　一是自两晋南北朝以来，佛教深刻影响了历代诸多帝王、官员，为中国的政治教化乃至封建王朝的巩固增添了佛教色彩。

　　二是随着佛教寺院经济制度的建立，僧侣成为与世俗地主相仿的阶层，在勾结或抗衡中成为封建土地制度中的一股新势力。例如，为安史之乱后巨额财政军饷的筹措贡献了力量。

　　三是通过中国知识阶层长期的译经、注经、讲经、传法活动，佛教成为与儒学、道学并立的专门性的学问，渗透到了中国学术思想的各个领域。

　　四是佛教深度融入中国民间信仰。例如，生老病死、婚丧嫁娶、衣食住

---

　　① 宋立道：《佛教与中国文化》，《佛学研究》2017 年第 1 期，第 49—65 页。
　　② 洪修平：《重提佛教既是宗教，又是文化——兼论传承发展中国佛教文化的两个向度》，《世界宗教文化》2018 年第 2 期，第 12—16 页。
　　③ 黄心川：《东方佛教论：黄心川佛教文集》，第 315 页。

行等日常生活的方方面面均可见佛教思想、法事的影响。

五是在千百年的修寺、建塔、造像等宣扬佛教的活动中,佛教艺术与中国传统的书法、绘画、建筑、音乐、工艺美术,乃至天文、医药等本土艺术和技艺充分融汇,促使中国艺术和技艺飞速发展。

六是佛经翻译为中国语言文学、哲学思想注入了新词汇、新文体、新境界。不仅诸多佛经本身即可被视作文学经典,其催生出的诗文创作更是"中国佛教化"的明证。

"佛教的中国化"则是指佛教在中国发展出了独特的个性,主要体现在以下几个方面:

一是佛教在中国的传播围绕佛经翻译和讲解展开。例如经律论三藏具有多部,其内容涵盖哲学、历史、语言、文学、艺术、历算、地理、考古、医药、建筑等社会文化的方方面面。其著述形式不仅继承了印度佛教的"经""律""论"三藏纲目,还加入了中国传统的经序、著述、论述乃至目录、史传等编纂方法。这使汉文大藏经成为百科全书式的佛教全书,是佛教在中国发展的个性化结晶。

二是在译经的基础上,中国信众结合弘扬佛教的实际情况,对源自印度的各种教义、法门进行选择。在判教的基础上所开创的具有中国特色的佛教宗派可谓佛教中国化最重要的成果。

三是随着中国佛教宗派、学派的发展,佛教的思想理论体系、僧侣的修持与生活方式,乃至佛教节日和佛事活动均形成了不同于印度佛教的特征,与中国本土文化难分彼此地交融在一起。①

"中国佛教化"和"佛教中国化"主要发生在两晋南北朝至隋唐时期。两晋南北朝之际,佛学充实了玄学,促使后者在魏晋南北朝时期取代了两汉经学。佛教语言、典籍、文学、艺术等也全面渗入中国文化的各个层面,可谓初步实现了"中国佛教化"。而成熟的儒学又反过来促进了中国信众对佛教义理的钻研,使其在本土文化根基层面得以立足,逐渐能与儒道分庭抗礼,可谓初步实现了"佛教中国化"。到了隋唐时期,随着译经、判教活动的进一步

① 吴立民:《论佛教与中国文化》,《佛教文化》1991年第3期,第3—26页。

兴盛，中国佛教形成了俱舍、成实小乘二宗，以及律宗、净土宗、三论宗、法相宗、天台宗、华严宗、禅宗、真言宗等大乘八宗。此外，康藏等地还诞生出诸多佛教教派。诚如吴立民所言，相较于汉代经学、魏晋玄学、宋明理学和清代朴学，隋唐佛学作为中国哲学思想的主流之一影响最为广泛深远。佛教充分中国化后汇入了中华文化的内核层，无论信仰与否，支持或是批判，中国知识分子都不可避免地受到佛教的影响。隋唐之际，儒释道三家鼎立，各显本教特色，其中佛教一方面树立起诸多宗派，通过译经、判教广为流播。另一方面立足中国国情，宣扬仁王护国。由于儒释道均讲求内行外化，即内在修养与外在教化并重，故自隋唐起便强调三教当"殊途而同归"，不过"同归"在隋唐主要是就儒释道之治世、济世、救世的外在功用而言。到了宋代，三教进一步在"内在修养"方面走向融合。① 至此可以说，"佛教中国化"的"化"于外在形式和精神实质两方面兼而有之，②而"中国佛教化"亦是如此。

　　中国文化对佛教的影响不仅体现在赋予了从印度传入的佛教以中土特色，还传播到了印度，促成了新的佛教流派的产生。例如，密教的形成是否与中国道教文化西传印度有关？ 李约瑟（Joseph Needham）等指出，道教从中国西南传入印度促使佛教发展出密教一支。③ 印度密教与中国道教之间有着生来俱成、历史的联系。④ 李冀诚亦认为密教形成于七世纪这一历史事实表明其诞生受到了传入印度的道教之影响，而非初具规模后再吸纳道教成分。⑤ 所谓汉传密宗当指在以汉族人为主要居民的地区内所流传的密宗。而其在流传的过程中也带上了汉族文化的色彩，从而和其他密宗流派有所区别。⑥ 密教的汉化与其他佛教流派的汉化途径基本相同，这有以下五点原因：

---

① 吴立民：《论佛教与中国文化》，《佛教文化》1991 年第 3 期，第 3—26 页。

② 吴忠伟：《居士佛教与佛教中国化》，《佛学研究》2002 年，第 397—404 页。

③ Joseph Needham，*The Shorter Science and Civilisation in China*，Cambridge University Press，1978，pp. 271 - 272.

④ N. N. Bhattach Charyya，*History of the Tantric Religion*，Marrohar Publication，1982，p. 90. 转引自严耀中：《汉传密教》，第 4 页。

⑤ 李冀诚：《佛教密宗礼仪窥密》，第 11 页。

⑥ 严耀中：《试论汉传密宗与天台宗的结合》，《哲学与文化》1998 年第 5 期，第 451—460 页。

一是受翻译者自身的语言表达和文化意识影响,在运用汉语进行翻译时不可避免地会使密教经典具备中国特色。

二是为了适应中国的社会文化,不乏通过对密教原典进行加工甚至改造以促进其传播的情况,由此产生了中国化的密教伪经。

三是运用中国传统的著述方式对密教经典进行注疏义解,这些方式作为沟通不同思想文化的桥梁,彰显了中国知识阶层对印度文化的理解,反过来也成为汉传密宗的重要组成部分。

四是吸收中国民间信仰中的神灵、仪式乃至神圣图案,以便在民众中推广。如密教进入江南地区时,或许就与楚越的神巫文化相结合,密教仪式与当地民间信仰习俗融合紧密。

五是佛教界借助密教与儒、道抗衡,从而使密教更充分地汉化。如至宋代,道教又得到了君王的尊崇,而儒家也迎来了"新儒学"的发展阶段,理学家为了捍卫儒家正统对佛教发起了猛烈的抨击,当时佛教诸宗均感到有必要宣扬可与道教法术符箓角力的密宗一派。"新儒学"的发扬光大迫使密宗放弃了包括无上瑜伽部在内的诸多教理内容,但密法仍未断绝,进一步与中国民间信仰交融。① 符箓在道教活动中应用很多,分别用于书写祈求内容和鬼神名号。密宗对符箓的运用在《大正藏》和《敦煌宝藏》中记载颇多。学者在解释这种现象的内涵时认为,晚唐以后,随着密教特别是密法与中国民风民俗的融合,其与中国传统理念之间的冲突已基本消解。密教传入中国是和中国本土文化相互融合的过程,面对世俗化的需求,相应改动自身教义内容,同时对当时中国道教汲取其内容,以便及时适应中国社会本土需求,其中被引入到密宗的道家内容有二十八星宿、北斗、太白金星等。②

侯冲《密教中国化的经典分析——以敦煌本〈金刚顶迎请仪〉和〈金刚顶修习瑜伽仪〉为切入点》一文立足两部敦煌本密教经典,探讨了密教中国化的问题。他指出《坛法仪则》部分独有文字出现在敦煌抄本《金刚顶迎请仪》《金刚顶修习瑜伽仪》中,可视作不同人各自抄写同一法会仪式文本时为了

---

① 严耀中:《试论汉传密宗与天台宗的结合》,《哲学与文化》1998 年第 5 期,第 451—460 页。
② 程狄:《中国古代民间密教发展》,《大众文艺》2011 年第 14 期,第 299—300 页。

便于配合而形成的互文现象，这些经文的组合运用是密教中国化的明证，宋代及之后汉地瑜伽教的发展格局由此被奠定。赖贤宗在《金刚萨埵与普贤菩萨之研究：不空三藏"印度密教的中国化"之一例》一文中聚焦不空，并梳理了显教崇奉的普贤菩萨、密教崇奉的普贤菩萨与金刚萨埵之间的密切联系，从而揭示了不空三藏在融会显教中的普贤菩萨与密教中的金刚萨埵的过程中促进了密教的中国化。①

　　佛教非宗教，又并非不是宗教。② 佛教虽是宗教，但佛教的确带有非宗教性的、起佛教作用的性质。梁启超认为符合宗教性质的四个条件是："相信天以及天命，提倡信仰而攻击邪说，拥有一个伦理系统，对中国文明有极大的贡献。"③吴立民认为："人类文化的结构和层次，是个很复杂的社会现象，拿佛教常说的'因陀罗网'来比喻，比较恰当。"④佛教起源于印度，于西汉哀帝刘欣元寿元年（前 2）传入中国。⑤ 经晋代"老子化胡""沙门不敬王者"、南朝"夷夏之辩""神灭"与"神不灭"之冲突后，⑥佛教逐渐与中国文化相融。隋唐时期，汉传佛教天台宗、华严宗、三论宗、法相宗、律宗、净土宗、禅宗、密宗八大宗派相继形成和发展，并对中国社会文化各个领域产生了深远的影响，然而自南宋起日益衰落，至清朝末年几近于亡。苏曼殊维护晚清时期佛教存在的合理性，把宗教和哲学等同并论，指出唯心论、唯意志论作为近代德国古典哲学的主流在广利众生的实践层面远逊于佛教。⑦ 何建明对这一观点提出了质疑，指出哲学是时代精神的结晶，宗教则是人类本质异

---

　　① 侯慧明、张文卓：《首届中国密教国际学术研讨会综述》，《世界宗教研究》2010 年第 3 期，第 187—191 页。

　　② 太虚：《佛学入门》，杭州：浙江古籍出版社，1990 年，第 143 页。

　　③ 梁启超：《我对儒家的看法》，《庸言》第 1 卷第 15 号，1913 年 7 月，第 38 页。

　　④ 吴立民：《论佛教与中国文化》，《佛教文化》1991 年第 3 期，第 3 页。

　　⑤ 佛教文化传入中国最早的文献记载见于《三国志·魏书·东夷传》裴注引《魏略》："天竺又有神人，名沙律。昔汉哀帝元寿元年，博士弟子景卢受大月氏王使伊存口授《浮屠经》曰复立者其人也。"[（晋）陈寿撰，（南朝宋）裴松之注：《三国志》卷三〇，陈乃乾校点，北京：中华书局，1982 年，第 859 页]

　　⑥ 周琦：《佛教与中外文化交流》，《东南文化》1994 年第 2 期，第 68—73 页。

　　⑦ 苏曼殊：《苏曼殊诗文集》，第 11 页。

化的表现之一,后者在社会发展进程中的存亡非人力可改变。①

佛教是哲学,又非哲学。密宗佛教在印度是于七世纪开始系统化并形成一种哲学基础的。到了近代,随着西方文化传入东亚,各地佛教开始向科学、哲学开放,逐渐形成了对科学、哲学的佛教理解。在这方面日本佛教是中国佛教的先驱,随着日本明治维新及"脱亚入欧"思潮的兴起,日本佛教率先面临西方文化中的科学、哲学的冲击而走入生死存亡的困境。在应对危机的过程中,日本一方面派出大量留学僧赴海外学习印度或西方的思想、文化,一改从前从中国求取二手知识的局面。这些留学僧有去往欧洲的南条文雄、笠原研寿、井上圆了,去印度的大谷光莹、石川舜台、成岛柳北,也有去往土耳其、泰国的小泉了谛、生田得能等。他们回国后纷纷更新了传统佛教的修习方法乃至思想。另一方面,善于学习、吸收的日本佛教很快消化了以逻辑学为基础的西洋哲学,修正了东方宗教侧重体验和直觉的特征。例如,村上专精提出了"佛教乃哲学,又乃宗教"的著名论断。这一论断及相关理论于二十世纪初传入中国,为中国佛教界僧俗提供了继续发展佛教的信心。诸多中国知识分子如章太炎、孙宝瑄等在此基础上对佛教的宗教性和哲学性展开了更加深入的探讨。经过此番"调和",佛教与科学、哲学不再处于对立状态,而宋恕认为这种"调和"正是日本佛教乃至日本文化成功转型的关键。由于唯识学在逻辑上具备极为严密的思想体系,故成为会通科学、哲学的枢纽。在中国式微了上千年的唯识学又重新成为当时佛教界的热门宗派,乃至中国近代学术中的"显学"。此后欧阳竟无、太虚、化声、熊十力等沿着这一路径展开求索,促使中国佛教思想向现代转化。值得一提的是,中国佛教研究在西方科学、哲学的影响下从较为笼统的传统宗派方式转向更加精细的方式。例如,杨文会在南条文雄的指导下深入了解世界文化思潮,同时修习英文、梵文,并借助缪勒的宗教学思想,通过批判性的考察和对传统佛教文献翻译的补充,由此将宗教式的佛教信仰转变成学术式的佛学研究。②

---

① 何建明:《清末苏曼殊的振兴佛教思想简论》,《华中师范大学学报》1994 年第 5 期,第 70 页。

② 葛兆光:《西潮又东风:晚清民初思想、宗教与学术十论》,第 55—66 页。

晚清之际,许多知识分子将佛教视作救世的思想资源,故难以抛开自身好恶对佛教进行纯学理的研究。直到二十世纪二十年代,中国知识界才开始展开真正意义上的佛学研究。尤其是热衷于探讨佛学教理的居士,相较于僧侣,他们更容易接受佛教研究的学术思路,并使佛教成为解释世界、回应西学的本土资源。还有一些留学国外的青年深受当时流行的学术中立理念和实证主义方法影响,归国任教后往往采用语文学的方法,通过追溯早期的巴利文、梵文佛教经典,借助文献学方法和西方哲学、科学术语、逻辑,对佛教的发展历程和思想教义进行学理性诠释,使中国佛教研究真正从传统走向了现代。[1]

为了促进中国佛教的现代转型和发扬光大,佛教界人士还主动吸收当时社会上流行的无政府主义、社会主义等各种思潮,对佛教理论进行新的阐发。如1913年,太虚撰写了《宇宙真相》《致私篇》《无神论》等论著,开启了对佛教无神论性质的探讨。[2] 巨赞更是在1949年5月撰写了一封佛教改革建议书,并呈给毛泽东。他在文中表示,佛教是无神论,提倡自我实现。[3] 这可视作佛教积极融入新社会的努力,也是传统佛教与科学、哲学"联姻"的结果。

第四节 汉传密教法脉传承与白衣传法

唐代密宗虽经历了会昌法难,但法嗣不绝。唐密奉大日如来为第一高祖,一行在《大日经疏》中指明,"大日如来"之名有三层意思:一是除暗遍明义,二是众务成办义,三是光无生灭义。金刚萨埵菩萨、龙树菩萨和龙智菩萨分别被追为第二、第三、第四传法祖。金刚智和善无畏乃第五祖,两者均为龙智菩萨的弟子。不空和一行为第六祖,前者十四岁时得见金刚智,师从二十四年,尽得真传;后者先受禅法,后受金刚智灌顶。不空一生灌顶传法

---

① 葛兆光:《西潮又东风:晚清民初思想、宗教与学术十论》,第96—101页。

② 何建明:《民初佛教革新运动述论》,《近代史研究》1992年第4期,第74—92页。

③ Victor E. W. Hayward, "Reviewed Work(s): Buddhism under Mao by Holmes Welch", *The China Quarterly*, 1973(56), pp. 768-770.

的人数极多，从其修习佛法者既有皇室高官，也有僧侣士民。据赵迁为不空撰写的《行状》记载："大师据灌顶师位四十余年，入坛弟子，授法门人，三朝宰臣、五京大德、缁素士流、放牧岳主、农商庶类，盖亿万计。"①但不空的受法弟子人数有限，仅有百余人，而得授亲传密法之人更是少之又少。不空在《遗书》中提及的主要弟子有十一位，其中仅有六人得授五部密法，史称"六哲"，他们分别是含光、慧超、慧（惠）果、慧朗、元皎、觉超。其余的主要弟子还包括慧胜、昙贞、李元琮、李宪诚、赵迁等。唐密的第七祖乃不空的付法弟子惠果，惠果是不空六大弟子中最为出色者，不仅持金刚界、胎藏界及苏悉地等三部大法，更培养了诸多杰出的弟子，对唐密的发展做出了极大的贡献。关于其生平事迹，可参见佚名弟子撰写的《大唐青龙寺三朝供奉大德行状》、俗家弟子吴殷撰写的《大唐神都青龙寺东塔院灌顶国师惠果阿阇黎行状》以及日本僧人空海撰写的《大唐神都青龙寺故三朝国师灌顶阿阇黎惠果和尚之碑》等。惠果九岁时便投青龙寺圣佛院，原本从学于不空的弟子昙贞，后因昙贞入内道场念持，不久便转投不空门下。惠果深得唐代宗敬重，大历十年代宗特敕于青龙寺建造东塔院让其居住，并敕准建毗卢遮那灌顶道场。青龙寺兼有昙贞的圣佛院和惠果的东塔院，一时成为唐密的中心之一，名扬海内外。代宗、德宗、顺宗三代皇帝均以惠果为灌顶国师，可见惠果的地位之高。据空海为惠果撰写的碑铭所载，惠果曾有"人之贵者不过国王，法之最者不如密藏"之言，可见其对密宗推崇之至。惠果的弟子中不乏来自新罗、日本等地的留学僧，其弟子同不空一样，涵盖各个社会阶层，其中不少随后自创宗派，广传佛法。在京的当院弟子义明得授两部大法，继承了惠果的法位，又有当院僧义满、义澄二人受胎藏、苏悉地大法。得金刚界阿阇黎位的弟子有十四人，分别是惠应、惠则、惟尚、辨弘、惠日、空海、义满、义明、义操、义照、义敏、义政、义一、吴殷；得胎藏界及苏悉地法阿阇黎位的有十二人，分别是惟尚、辨弘、惠日、悟真、空海、义满、义明、义证、义照、义操、义敏、法润。诸弟子中，义操和法润随后又培养了诸多法嗣，壮大了密宗门庭。值得注意的是，日本和尚空海和惟尚、辨弘、

---

① 《大正藏》第 50 册，第 294 页中。

惠日等数位惠果的弟子得授两个阿阇黎位，佛学成就格外突出。空海被视作唐密的第八祖，史称"弘法大师"，他将唐密带到日本，创立了东密，使遭遇会昌法难之后几乎断绝法嗣的唐密在日本得到了保存，绵延至今，可谓居功至伟。

民国时期，多有佛教僧俗如持松、王弘愿等东渡日本将真言宗传回中国，意欲复兴唐密。如果没有空海在日本对唐密的发扬，民国密宗振兴便无从谈起。前文述及，在面对西方科学、哲学的冲击时，僧侣居士不得不对中国佛教进行调整，其间借鉴了诸多日本佛教现代化转型的成果。在促进中国近代佛教复兴的过程中，居士贡献的力量并不亚于佛教僧人，甚至往往有过之而无不及。自唐密第六祖不空便有收居士为徒的先例。五代时期柳本尊在四川创金刚界瑜伽部密宗（近代学界简称"川密"或"柳教"），南宋时期其弟子赵智凤秉承其教建造"大足石刻"宝顶山摩崖造像。《唐柳本尊传》记载柳居直"专持大轮五部咒，盖《瑜伽经中略出念诵仪》也，诵教年而成功"。所谓大轮五部，系《金刚顶经》所说金刚界密法，即佛部、金刚部、宝生部、莲花部、羯磨部。[①] 身为居士的柳本尊虽非唐密的正统弘传者，仍登坛宣法，并在蜀地开创了地方性密宗信仰组织。但是由付法居士或白衣进行传法，却是民国时期独有的现象。牛津大学教授田海（Barend J. ter Haar）认为，居士或佛教徒是通过反对中国传统祭祀、食用动物肉和酒精饮料来定义的。他们是中国帝国晚期历史上最成功的宗教运动之一的创始者和追随者，从十六世纪后期在浙江南部的边远地区建立发展，直到二十世纪中叶。[②] 民国时期的"居士传法"（或称"白衣传法"）彰显出居士乃近代佛教发展中不容忽视的一股力量。对佛教的学术化研究，是这一群体突破宗教戒律而受法、传法的基础，但这一行为引发了佛教僧人的质疑和敌视，使僧俗两界产生了闲隙，在一定程度上削弱了两个群体合作发展佛教的决心和凝聚力。

"白衣"乃古代平民的服装，代指无官职的士人，但在佛教语境中，则是

---

① 吕建福：《密教论考》，第 75—76 页。

② Barend J. ter Haar, *PRACTICING SCRIPTURE: A Lay Buddhist Movement in Late Imperial China*, University of Hawaii Press, 2014, p. 1.

指未出家为僧的人。① 而"居士"一词亦是古已有之,在佛教传入中国之前,居士指居家饱学之士。随着佛教中国化,"居士"被用于称呼居家习佛之人,这些人往往是在家信众中的上层,如贵族、士大夫官僚、富豪等家境富裕者。而长期以来,"佛教宗派的兴衰与上层居士的取向有着密切的关系"。② 晚明居士朱时恩曾在《居士分灯录》中提出,出家僧侣和在家居士在弘扬佛法方面分别起着"主化"和"分化"的作用,即以僧侣为主,居士辅之。但到了民国时期,许多佛教居士亦是政界、商界、学术界的精英,他们推动了中国近代佛教的发展,更对僧侣的地位造成了剧烈的冲击。李一超在《密宗平议》中指出民国时期佛教发展以"俗人为主比丘为伴",这既引发了不少非议,亦不乏为居士传法进行辩护者,或言:"曼陀罗大日如来髻形居中台,四佛比丘形居四方,明示比丘可向居士求法之意。"又言:"《大日经疏》有阿阇黎解髻更结,若出家人应以右手为拳置于顶上之文,明示阿阇黎为在家之居士。"又言:"不空慧果弟子中,皆有居士受传法灌顶,可为先例。"③《维摩诘经》更有"虽为白衣,奉持沙门清净律行"④之说。

　　民国时期号称"南杨北徐"的杨文会和徐蔚如可谓居士护法的典范,他们大量印行经书,提倡佛学研究。前者更是身体力行推广佛学教育,培养了一大批有志于恢弘中国佛教的僧俗,造就了近代佛教发展的中坚力量。⑤再如欧阳竟无极力推崇居士的地位,其领导的支那内学院竟不招生僧侣,这加剧了与太虚创办的武昌佛学院之间的纷争。⑥ 太虚在回应中表示,在重视居士弘法的同时,"各有应安之分宜",坚称住持佛法乃僧人的职责,并竭力批判居士"凌躐"比丘的现象:"于秽土中,七众律仪,大小共遵。非别出家在家即为小乘,而大乘无出家在家之分宜也。于此七众律仪,不惟住某众不守某众戒条为毁犯,其住某众不安某众之分,如以近事凌躐比丘,

　　① 李蔚:《苏曼殊评传》,北京:社会科学文献出版社,1990 年,第 161—165 页。
　　② 吴忠伟:《居士佛教与佛教中国化》,《佛学研究》2002 年,第 397—404 页。
　　③ 张曼涛主编:《现代佛教学术丛刊》第 71 册《密宗概论》,第 136 页。
　　④ 《大正藏》第 14 册,第 539 页上。
　　⑤ 刘婉俐:《汉传佛教的现代化转折:兼谈藏传佛教人民间的互涉与影响》,《世界宗教学刊》2008 年第 12 期,第 29—68 页。
　　⑥ 欧阳竟无:《支那内学院院训释》(上),《内学》第三辑,1926 年,第 16 页。

尤为毁坏七众全部律仪,亦即为毁一切菩萨律仪。故具大悲方便而护法护有情者,此宜知慎。"①此后不乏僧人公开反对白衣做比丘师。而王弘愿以居士身份为僧俗灌顶传法,及其为居士传法所作辩护,更进一步加剧了僧俗两界之间的矛盾。② 1924 年,太虚曾委托弟子大醒赴日拜访金山穆昭,请教居士可否受阿阇黎位,金山穆昭对此持否定态度。但大醒认为,由于金山穆昭是日本少数严守戒律的大僧正,故其观点并不具有普遍性。③ 日本明治维新以后,僧侣吃肉、结婚渐成常态,④其生活方式与居士相近,从这一角度出发检视权田雷斧授予王弘愿阿阇黎位一事,破坏佛教戒律一说便无从谈起。

郑群辉在《王弘愿与东密》一文中分析了王弘愿与权田雷斧的因缘。他认为王弘愿因为自己出自权田雷斧师门,而对于太虚的警告置若罔闻,坚持接受权田雷斧的传法灌顶,完全以自己的好恶毁誉感情用事,忽略了权田雷斧意图通过传法来达到文化侵略的目的,也失去了正信正见。日本推行对外侵略扩张时,某些宗教团体护持天皇为战争协力。权田雷斧来华传教的目的是复杂的。郑群辉一文中已辨析权田雷斧来华的目的既非图谋名利,也非从宗教或文化层面充当日本侵华的工具。而通过考察王弘愿 1932 年在广州六榕寺解行学社开坛灌顶的情况,亦可见其所言不公。例如《密教讲习录》(五)中载:"至(八月)十五早八时,于大雄宝殿庄坛中央供佛珍品百味,左右正面设牌位四:一、孙前大总统;一、三节亡灵;一、全国抗日阵亡将士;一、六·二七被灾亡灵。"⑤而王弘愿于当年 2 月撰写的《重修东门楼记》一文,更是激动地表达了对家乡抗日将士的礼赞,并激励后生保卫国家:"是时日本人方以其巨炮高舰空船轰击我上海,因与君登楼远眺,若闻悲壮洪爆之音。余乃称曰:'今兹之所以捍卫强寇,而佑护吾民族之亡,拔升吾国际之级者,十九路军也,吾广东人也。潮州于广东非珠江流域,而十九路军

① 印顺:《太虚大师年谱》,第 239 页。
② 韩敏:《民国佛教戒律研究》,北京:宗教文化出版社,2016 年,第 101—102 页。
③ 大醒:《高野山三日记》,《海潮音》第 16 卷第 8 期,1935 年。
④ [日]村上专精:《日本佛教史》,蓝吉富主编:《现代佛学大系》第 29 册,台北:弥勒出版社,1984 年,第 360 页。
⑤ 王弘愿著述,于瑞华主编:《密教讲习录》第五册,第 279 页。

之首创强梁者,吾潮产之翁公辉腾也,潮之媲美于广肇者。此后当人文盛极,斯楼亦且以人杰之登临,增其声誉,如滕王、岳阳矣。'余老矣,不能执干戈以卫社稷,而感于国家民族之故,特因记斯楼,作是状语,激励后生。"①可见无论是早年研习古文,青年求教于西方文化,还是中年开始修习佛法,王弘愿"返我国力,铸我国民"的宏伟志向一以贯之。② 这或许是王弘愿不畏与太虚等佛教高僧决裂,坚持以白衣传法的能量根源所在。太虚等人根据佛教戒律的传统,对居士传法提出了否定态度。也由此,居士与僧侣之间的矛盾引起了广泛关注,持松与王弘愿的显密之争的社会影响已经超越了居士能否传法的戒律层面的探讨。但是持松佛学思想融通豁达,其行为本意也绝对不会是限制甚至否定白衣传法。据《持松大师年谱》记载,1945 年 2月,持松在上海佛教功德林主持了史无前例的佛化婚礼,勉励信奉佛教的夫妇"从此发菩提心,坚固不退,勇猛精进,以道相勖"。③ 而持松最后经过深思熟虑,付法俗家弟子超晔,即杨毓华居士。以后杨毓华介绍真圆法师效仿持松东渡日本接法。

冯达庵解释"身相"引用了六祖说"无相颂"云:"在家、出家,但依此修。"他认为:"盖三乘教之重出家,以广持戒律,对治烦恼,非出家不可;此宗直显自性,烦恼即是菩提,不须对治,自然清净耳。虽庄严净土不废十善,但在家固优为之;且欲广利群生,亦以在家方便;菩萨四摄法,非出家所能圆满故。"所以,他认为"一乘胜教,不重出家"的最大原因就是菩萨行的方便众生。若一味避俗求真,欲证阿耨多罗三藐三菩提,无有是处。《六祖坛经》中"佛法在世间,不离世间觉。离世觅菩提,恰如求兔角"的记载也强调了心性展开需依靠世间事迹引生,生生不已,终成一切智智(法界体性智)"。他引用《大日经》云:"方便为究竟,即此旨也。"④根据《大智度论》,三智分为一切智、道种智、一切种智。一切智为空观所成,了知一切诸法总相之智,依真谛,为声

① 王弘愿著述,于瑞华主编:《密教讲习录》第五册,第 306 页。

② 曾楚楠:《从师愈到密宗大阿阇黎——王弘愿先生皈佛成因蠡测》,《饶学研究》第 1 辑,广州:暨南大学出版社,2014 年,第 145 页。

③ 杨毓华主编:《持松大师全集》第八册《持松大师年谱》,第 3854 页。

④ 冯达庵:《佛法要论》,第 140—141 页。

闻、缘觉之智;道种智为假观所成,了知一切诸法别相差别之智,依俗谛,为菩萨之智;一切种智为中观所成,通达总相与别相之智,依中谛。在冯达庵看来,与避俗出家相比,居士的生活状态更有助于学佛求真,这或许也与民国时期家国危难的现实情况不无关系。

第三章　持松法师生平及其思想的形成过程

　　1923 年至 1972 年的四十九年间,持松阿阇黎为唐密复兴孜孜不倦,他对教理之判释与圆融,行法之继承与抉择,乃至成就之修证与普济,极富有其精神特色。[①] 关于持松法师的生平历史和思想形成过程,杨毓华整理的《持松大师年谱》[②]记述最为详尽,但是没有对其思想形成过程进行分析性的对比和全面整理。本书在《持松大师全集》基础上,引用其他国内外学者的研究成果作为补充,对持松法师的求学、弘法经历及"显密圆融"思想的形成过程进行细致梳理和尽可能深入的剖析,以求还原客观的历史面貌。

　　持松一生对中国近代佛教复兴文化运动做出了重要贡献。首先,他将日本密宗传回中国,使中断了上千年的佛教八大宗派得以复全。其次,凭借自身深厚的佛学修养,融通显教密教,使真言宗在汉地相当程度上恢复了唐密原貌。此外,在赴日学密方面,持松得东密古义真言宗中院、三宝院及新义真言宗传法院共计三个传法阿阇黎位,还结合早年积累的坚实的天台宗教义基础,专程赴台密根本道场修习仪轨。对于日本各流派在手印上的异同,持松经过融会贯通的学习了然于胸,但认为这些不过是密宗的表面形式,不能舍本逐末过分纠缠,须以求证得五智实相、究竟成佛为根本。从静安寺真言宗密坛布置可见,持松所弘传的密宗融合了东台二密及中国的佛教传统和社会现实,复兴了中土唐密。在会通显密方面,由于持松在学密之

---

　　① 杜维荣:《试论持松阿阇黎复兴唐密之特色》,宽旭主编:《首届大兴善寺唐密文化国际学术研讨会论文集》第一编,第 330 页。

　　② 杨毓华主编:《持松大师全集》第八册,第 3744—3978 页。

前已对显教各宗,尤其是华严、天台、法相唯识等进行过深入的研习,自身又是禅宗临济法嗣,故其主张显密圆融乃基于扎实的佛学修养,而非囿于师承的约束。他回国弘传密宗时,常常引导信众由显入密,并在讲经和著述中一再强调,显密乃应不同机缘而设,应等而论之。在修行传法方面,持松严格秉承汉传佛教的仪轨要求,如主持各种密教法会时不依日本做法,而是专设"经声不断坛",采用汉地传统的"依文直颂"法转读经文。他对传统的坚守,使立足日本真言宗进而恢复中国唐密成为可能。[①]

第一节　华严底色

龚隽指出,唐代华严教学乃是会通诸家之说而成,并非沿着单一的法脉演绎而来。从初期华严吸纳地、摄诸论,再到澄观、宗密广泛融合天台、禅、密诸宗精义,华严教学在不同阶段呈现出多源异流的复杂思想格局。《华严经》虽然是华严宗的首要经典,但华严教学所依循的典籍并非只此一部,还涵盖了《圆觉经》《金刚经》《密严经》《楞伽经》《梵网经》《大乘起信论》等一系列经典群。由此可见,对华严教学思想史的研究决不能仅仅依据《华严经》来展开,这一经典更应被视作宗派的象征,学者更应该关注华严宗经典群内的不同典籍在不同历史阶段所发生的效用。如在华严宗发展初始阶段,智俨立足于《摄大乘论》判释大、小乘及一乘华严教学中的摄论学倾向由此可见一斑;至法藏所处时代,《大乘起信论》开始得到重视,经过详密作疏,《起信论》从"始教"跃升为"终教",如来藏思想在华严教学中的地位也有所抬升。而华严教学思想史上从《华严经》到《圆觉经》的经典转移再度出现在澄观至宗密时期,促使唐代华严教学思想发生了另一次转向。[②] 华严教学经典群中不同经典在历史进程中不断被予以重新判释,华严思想史随着"典范

---

① 关于持松对中国近代佛教发展所做出的贡献,参考韩金科:《持松对长安密教的传承与弘扬》,增勤主编:《首届长安佛教国际学术研讨会论文集》第二卷,第180—204页。

② 龚隽:《从〈华严经〉到〈圆觉经〉:唐代华严教学中的经典转移》,《世界宗教研究》2018年第1期,第87—95页。

转移"一次次进行转型,而这也正是汉地密教实现本土化的方式,是学术研究领域极为重要的篇章,迫切需要现代学者的重视和发掘。

美国华严学者彼得·格里高利主要从禅学思想的发展来阐析澄观弟子华严五祖宗密为什么引导华严教学从《华严经》转向《圆觉经》,他认为不是因为《圆觉经》在篇幅方面比《华严经》更为简明,[①]而是因为宗密急需的是一种华严教学的践行法门,从偏重教门转型向融会行门。所以,他试图在《圆觉经》中找到修道实践的答案。[②] 日本华严学者镰田茂雄认为澄观虽然注疏《圆觉经》,但是以《华严经》为其基本思想,所谓"理之必至,审观称性,无越《华严经》"。宗密才正式开始以《圆觉经》为根本思想构建华严,[③]即从重视抽象理论的华严教学,转入强调行门的实践修持,[④]达到"本一心而贯诸法,显真体而融事理"[⑤]境界。日本学者冲本克己认为这一转型是通过发起众生初心向道的方便法门来实现的,阐明通过各类方便修习和具体的"修行渐次、思惟、住持,乃至假说种种方便",而逐渐达到"圆觉清净境界"。[⑥]澄观和宗密之后,唐代华严教学从教宗《华严经》而向《圆觉经》的转型,标志着随着特定历史条件的不断变化,华严思想也持续演化。宗密侧重"事相之行",以《圆觉》为根本,随事趣入,落实于日常宗教仪式中的各类仪轨忏仪,主张"于作法忏中兼复起行"。[⑦] 镰田茂雄评论宗密撰著《圆觉经道场修证

---

① Peter Gregory, *Tsung-mi and the Sinification of Buddhism*(《宗密与佛教的中国化》), Princeton University Press, 1991, p. 34.

② Peter Gregory, "Finding a Scriptural Basis for Chan Practice: Tsung-mi's Commentaries to the Scripture of Perfect Enlightenment",镰田茂雄博士古稀纪念会编:《華厳学論集》,东京:大藏出版社,1997年,第243页。

③ 其所列澄观之著述中有记其作品"华严圆觉四分中观等论关脉三十余部",见镰田茂雄:《华严学研究数据集成》,东京:大藏出版社,1993年,第405页;《宗密教学の思想史の研究:中国华严思想史の研究第二》,东京:东京大学出版会,1975年,第157、582页。

④ [美]斯坦利·威斯坦因:《唐代佛教》,张煜译,上海古籍出版社,2010年,第68页。威斯坦因就提出,华严从四祖澄观开始受到禅宗的影响,而强调直觉与实修,反对抽象的理论。而这一观念在宗密那里达到了顶峰。

⑤ (宋)赞宁:《宋高僧传》卷六《宗密传》,第125页。

⑥ [日]冲本克己编:《兴盛开展的佛教(中国Ⅱ:隋唐)》,释果镜译,台北:法鼓文化,2016年,第214、215页。

⑦ (唐)宗密:《圆觉经大疏释义钞》卷一三,《卍新续藏》第9册,第742页下。

仪》是一部以实践行为主的,对于修行者实践层面所作各种组织、规定的精密阐述。①

近代华严学派的权威非月霞、应慈和持松莫属。2015 年 11 月 21 至 22 日,在江苏常熟召开了"首届华严论坛暨应慈和尚圆寂五十周年"纪念会。会上,来自上海市佛教协会的金易明指出,在近现代振兴华严宗的历史进程中,月霞是当之无愧的领军人物,应慈亦有座主之风,持松则是居功至伟的中坚力量。

持松法师(1894—1972),法名密林,因私淑玄奘,又自号师奘沙门,俗姓张,湖北沙洋人。持松出生于儒学世家,为家中长子,依族谱取名克定,号文翔。其父名张绪炳,乃清朝举人,世称"南坪先生"。其母宫孺人生有三子。② 持松六岁时,张绪炳掌沙洋天主教学堂教席,持松乃随父发蒙,继而研读四书五经,学习作八股文之法,为将来参加科举做准备。不料 1905 年清廷废除科举,父亲命持松弃儒学医,但他志不在此,于是专攻经史小学,打下了深厚的国学基础。1907 年春,张绪炳去世,持松于是辍学自习,扶助家政。一年后,幼弟又亡故,持松已感人生无常。1910 年,襄水泛滥,暴洪祸及沙洋,持松目击邻里惨状,更感生死无常之苦,萌生出家修道之志,遂于 1910 年投荆州铁牛寺,依脉满(字了然)禅师披剃,法名持松,字荫林。1913 年,持松至湖北汉阳归元寺受具足戒,戒期结束后,为终日碌碌无所精进而疚悔,又念及自己任性出家造成其弟寻访无果、迷失未归,又使母亲郁郁而终。对此不禁悲痛难持,于是决定还俗归乡。不意至沙洋关帝庙偶遇前来平乱的旅长王安澜,其对佛理兴趣浓厚,闲暇之时多有研习,经其劝导,持松遂绝还俗之想。1914 年春,二十一岁的持松重返归元寺,听可安法师讲《楞严经》,未能通达,恰于此时了解到月霞在上海创办的华严大学开始招生,于是欣然前往。往投华严大学的经过,持松在《自述》中叙述较详:"乃于甲寅春,复之归元寺。听安可法师讲《楞严经》,不能解。适座间有人传示简章,

---

① 镰田茂雄:《宗密教学の思想史の研究:中国华严思想史の研究第二》,第 499 页。

② 《觉有情》所收持松法师《自述》一文作"官孺人",游有维《持松法师传》亦称持松母亲为"官氏",此处据杨毓华《持松大师年谱》更正为"宫孺人"。

知先师月霞和尚创办华严大学于沪上爱俪园，欣然束装投试，幸蒙摄受。"①

华严大学是月霞应狄楚青、康有为之请创办的中国第一所佛教大学，这所学校的创办离不开多位法师和居士的协助，其中月霞师弟应慈任副讲师，哈同花园女主人罗迦陵（1864—1941）承担了全部办学经费。华严大学于1914 年9 正式开班，兼收僧俗学员，要求"文理通达，能阅经疏"，年龄在"二十岁以上至三十五岁"之间，出家人须"住过禅堂，品行端严，无诸嗜好"，在家人须"具有居士资格"，所招八十余名学员包括持松、常惺、慈舟、智光、霭亭、惠宗、周仲良等。② 华严大学的办学历程十分坎坷，校址多次迁移。据上海《时报》有关报道可知，1914 年12 月14 日，开学仅两个多月的华严大学"忽然全体解散"，迁出哈同花园。③ 关于华严大学迁出的原因，有研究者认为是哈同亲信的基督教徒姬觉弥从中作梗，要求师生向哈同行大礼，才惹怒了月霞，致使创办不久的华严大学迁出哈同花园。考哈同夫妇生辰，"哈同六十寿辰"之说有误，《持松大师年谱》载："爱俪园主哈同夫人罗迦陵筹备庆祝五十寿辰，因听信佞人蛊惑，迫令师生于朔望日行跪叩礼，并以不再提供经费相威胁。"是年哈同已六十余岁，罗迦陵则刚满知命之年，故年谱之说更为确切。此外，据孙严在硕士论文《华严大学之研究》中的考证，姬觉弥其实是佛教徒，虽然信仰并不纯一，但绝非基督教徒，而其自诩为佛教徒不乏功利目的，即以此讨好哈同的夫人罗迦陵。

姬觉弥佛教信仰并不纯正。为创办顺应复古潮流的仓圣学校，其顺应哈同夫妇心意排挤华严大学，不外乎是对当时政治局势的投机。袁世凯在1915 年底宣布废除共和、实行帝制之前，为复辟帝制做了许多准备，如1914 年9 月率领文武百官祭祀孔庙。当时全国的政治、文化风气普遍倾向于复古，哈同夫人罗迦陵在生日之际要求法师和学僧向自己行大礼，亦是顺应复古潮流的一种表现。在华严大学解散之前，姬觉弥已排挤走了与孙中山和革命派多有关联的哈同花园总管黄宗仰，而这其实也迎合了哈同夫妇当时

---

① 持松：《自述》，《觉有情》（半月刊）1941 年第33 期。

② 《持松大师年谱》记载与持松同期的学员有八十余人，但《华严大学之研究》《月霞法师复兴华严之研究》等论文称招生六十多人。

③ 《华严大学之全体解散》，《时报》1914 年12 月25 日，第10 版。

的心意,即"淡化与革命僧人黄宗仰的关系"。① 与黄宗仰的疏离使华严大学经营维艰,复古之风对哈同夫妇的影响已可见端倪,随后罗迦陵不顾佛制迫令师生行跪叩礼,彻底触犯了月霞的底线,法师竟绝食抗议,身体濒危。持松随侍月霞不离,心急如焚。后康有为用汽车接出月霞,才使其免于一难。持松作为华严大学的第一批学僧,入学不久便遭遇此等变故,应该深刻体会到了近代佛教的发展与政治局势的变动是何等息息相关。而月霞于此番动荡中展现出的风骨,对持松等后辈亦是一种现身教化。

　　迁出哈同花园后,华严大学的学生、教员等分住于上海各个寺院,②月霞法师则应上海留云寺应乾法师之邀,带领一批学僧暂居留云寺一月有余。③ 留云寺(又称留云禅寺)是杭州海潮寺下院,显振法师在重建杭州海潮寺时为纪念上海居士的帮助而兴建了该寺。清末民初之际,该寺成为上海香火最盛的禅宗寺庙,寺内僧侣超过四百人,驻锡此处的游僧一度多达二百余人。④ 暂住期间,冶开老禅师(曾任中华佛教总会会长)⑤邀请杭州海潮寺住持虚孔法师及热心办学的居士至沪,共同商议如何延续月霞的弘法大业,最终决定将华严大学迁至海潮寺,由留云寺联络诸山长老筹措经费,月霞负责教学工作。⑥ 1914 年冬,"中华佛教华严大学"在海潮寺建立,持松等学僧得以继续学业。据上海《时报》报道,1914 年阴历十二月八日,即阳历1915 年 1 月 22 日,本为"如来出成正觉转大法轮之时","适新任住持应乾和尚于是日主席方丈",僧众二百余人云集海潮寺,浙江诸山长老邀请月霞"于是日午后开讲华严",此番讲演可视作中华佛教华严大学"开课之先声"。⑦

---

① 张雪松:《哈同夫人与中国第一所佛教大学创办始末》,《宗教研究》2014 年第 2 期,第227 页。

② 《华严大学之全体解散》,《时报》1914 年 12 月 25 日,第 10 版。

③ 朱少伟:《留云寺沧桑》,《渐宜斋札记》,上海:上海三联书店,2010 年,第 219 页。

④ 葛壮:《宗教与近代上海社会的变迁》,上海:上海人民出版社,2007 年,第 4—6 页。

⑤ 1906 年,月霞法师曾与应慈法师等同至江苏常州天宁寺冶开老和尚门下授记莂,被赐法名显珠。

⑥ 孙严:《华严大学之研究》。

⑦ 《中华佛教华严大学筹备进行志盛》,《时报》1915 年 1 月 26 日,第 10 版。

政府相关公文亦表明,杭州海潮寺华严大学"十二月初八日(阴历)开校肄业"。① 作为校长的月霞邀请了马一浮(1883—1967)居士任教授,后者赴任后还向月霞推荐了自己的好友程演生(1888—1955)前来任教。马一浮曾于1912年接受蔡元培的委聘担任教育部秘书长一职,但不出一个季度便返回杭州,专心研习经学、理学、佛学,并于1914年成立般若学会。据《持松大师年谱》记载,月霞在上海创办华严大学时,程演生即任该校教师。马一浮是促进近代佛教发展的著名居士之一,以其为代表的居士教授对持松等学僧的影响不容低估。

上海华严大学以"提倡佛教,研究华严,兼学方等经论,自利利他"为宗旨。相较之下,中华佛教华严大学的办学宗旨更为具体,更有针对性,除"研究华严经义,兼授大乘经论"外,进一步提出"昌明佛学,养成布教僧才,以挽回世运"的办学目标。中华佛教华严大学在杭州海潮寺"开办两年平静无事",可惜好景不长,1916年秋,"浙江第八军团强驻校舍",导致学校"无从开课"。② 或许正是受此影响,持松等从杭州华严大学提前毕业。毕业后,持松返回湖北沙洋故里扫墓,感恩在华严大学"遇正法,捐邪见",并立志"从此当借佛力,报四恩"。是年冬,持松由江浙回荆门扫墓慰亲,前往湖北当阳玉泉寺,跟随祖印法师③叩天台大意。而月霞依然未放弃续办华严大学,他多次向政府请求撤兵,但由于"民国初期,兵役混乱,没有法律依据,地方没

---

① 《内务部致浙江巡按使咨(9月6日)》,中国第二历史档案馆编:《中华民国史档案资料汇编》(第3辑·文化),南京:凤凰出版社,2010年,第741页。

② 《华严大学避兵记》,《时报》1916年11月18日,第6版。《咨浙江省长浙江华严大学校长电呈该校被浙军强驻转咨核办文,第二千六百二十六号,五年十月三十日》,《教育公报》第3卷第12期,1916年,第70页。

③ 祖印法师(1852—1921),俗姓李,湖北汉阳人。幼年沉静,读书颖悟过人。十七岁时因祖父母去世,道业中落而失学,在家博览群书,偶尔接触佛典,便产生出家之念。在玉泉寺无烦法师名下剃度,于荆门仙居寺受具足戒,戒和尚是清凡法师。祖印二十四岁外出云游,足迹遍及江、浙、川、闽数省,并从荆州章华寺郎川、镇江金山寺混融、大定、圣心、宝悟,宁波天宁寺青光诸宗匠学习天台经疏。是时,天台宗第四十代祖师敏曦法师住持天台山华顶寺,宣讲《妙法莲华经》,听讲后豁然大悟,自此宗说融通,深得台宗奥义,与国内大德清远、松涛、寄禅、蕴香、法船、道端、怀本、亮月、咸达、本茂、永森、用荷、炳瑾、瑞芳等常相往还,与八指头陀寄禅尤称莫逆。编成《戒简》上下两册,详细叙述了鄂西寺院传戒仪轨,成为湖北僧团的教科书。晚年于玉泉寺圆通阁闭关,玉泉八景中的"知识禅关"由此而得名。

有兵役机构",故毫无进展。① 华严大学再次迫于时局,考虑迁移事宜。这一次,月霞同安徽九华山东崖寺住持心坚法师商议后,决定将学校迁至该寺。② 月霞嘱托弟子智光法师率领僧众前往新校址,③而他自己却因胃病复发,未能完成继续办学的计划。1917 年,月霞到汉阳归元寺讲《楞严经》,持松遂拜别祖印老法师前去听讲。此后,月霞又应湖北各界人士的邀请,于湖北佛教会会场讲《起信论》。会后,持松随月霞赴江苏宜兴磬山崇恩寺主持法会。是年 6 月,江苏常熟兴福寺施主、耆绅钱鹏年(搏夫)等欲重振萧齐古刹兴福寺,礼请天宁寺方丈冶开清镕老禅师主持法席。当时冶开禅师忙于赈灾,遂命法徒月霞担任兴福寺住持。持松便随月霞至兴福寺,受命掌书记职兼督工役。据持松《月霞法师传略》记载,月霞"率学生十余辈,至常熟破山兴福寺,见其地幽静",想续办华严大学。④ 可惜法师返回杭州办理再度迁校事宜期间,因积劳过度胃病再次复发,于 1917 年 11 月圆寂于西湖玉泉寺。月霞荼毗之后,持松亲自背送恩师灵骨回虞山安葬。1918 年初,月霞的丧事办理完毕,其密函遗嘱由法弟应慈宣示,持松嗣法月霞成为南岳下第四十七世,⑤被赐法名为"密林",接任常熟兴福寺住持一职,惠宗、潭月(嗣法应慈显亲和尚)任监院予以辅佐,此时持松年仅二十五岁。月霞和应慈均为冶开得法弟子,然月霞长应慈十五岁,对华严教义的研究更为精深,经冶开老禅师许可,应慈从学于月霞。华严大学的创办和续办,乃至此前南京僧师范学堂的创立,都离不开应慈的协助。应慈随侍月霞左右,如同师事冶开祖师。月霞临终时嘱咐他"善弘华严,莫作方丈",应慈终身践行。《持松大师年谱》指出,月霞圆寂后,应慈对其选定的嗣法弟子持松爱护有加,持松亦视之如父,恪尽职守与孝道。

　　无论是在上海哈同花园创办的华严大学,还是在杭州海潮寺创办的中

　　① 任振泰主编:《杭州市志》卷八,北京:中华书局,1999 年,第 614 页。

　　② 《安徽省长倪嗣冲致内务部咨》,中国第二历史档案馆编:《中华民国史档案资料汇编》(第 3 辑·文化),第 741 页。

　　③ 智光:《月霞法略传》,《海潮音》第 11 卷第 3 期,1930 年。

　　④ 持松:《月霞法师传略》,《觉有情》(半月刊)第 61—62 期合刊,1942 年。

　　⑤ 若以临济义玄为一世,则为临济宗第四十三世,参见韩金科:《持松对长安密教的传承与弘扬》,增勤主编:《首届长安佛教国际学术研讨会论文集》第二卷,第 180—204 页。

华佛教华严大学,由于种种原因均未能完整实施以三年为周期的教学计划,但持松、常惺、慈舟、智光、霭亭、惠宗等法师追随月霞,几经辗转完成学业后,在各地兴办华严大学、法界学院、清凉学院等,弘传华严教义,可谓继承了先师之志,延续了华严大学的传统。其中,持松法师绍述月霞法师遗志,于 1920 年的夏天在应慈法师的协助下续办华严大学,并改名为"华严预备学校"。① 持松曾两度于兴福寺传戒,度僧百余人。② 在担任校长期间,持松亲自授课,并分别任命应慈、惠宗任监督、监学,邀请常惺负责教务。除应慈外,其余三位均为月霞创办的华严大学培养的学僧。1919 年 10 月 1 日,《觉社丛书》刊登《中华佛教华严大学预科讲习所简章》,该简章继承了华严大学的诸多办学主张,如设预科、正科,每期招收五十至六十名学生,僧、俗均可报考。华严预备学校设想的培养周期亦为三年,佛经教材包括《华严经》《楞严经》《圆觉经》《俱舍论》《大乘起信论》《摄大乘论》等,此外还教授诸如《左传》《孝经》《古文观止》《唐诗》等国学内容,以及历史、地理、算术等课程。③ 可惜由于资金供应不足,学校于 1921 年冬停办,但学僧多有成才者,如苇舫、苇乘、存原、正道、福善、智开、默如等。

1922 年,持松还多次到同学创办的佛教学校授课。例如,到慈舟、了尘、戒尘创办的湖北汉口九莲寺华严学校讲授《摄大乘论》;协助时任安庆迎江寺"安徽僧学校"校长的常惺,为学校僧众讲授《十二门论》,并被聘为教授。值得一提的是,1903 年月霞曾于迎江寺首创僧校,持松所为仍是在践行先师的宏愿。1927 年 9 月,常熟兴福寺法界学院续办,持松出席了开学典礼并以《对于法界学院学生之希望》为题演讲,讲稿后收录于《晨钟特刊》第一期,可见持松对佛教教育事业一如既往的热忱。自 1928 年起,持松每年应邀到"中华佛教湖北省华严大学"授课两个月,该校由时任湖北省佛教会理事长、莲溪寺方丈的体空法师创办。1935 年 2 月,因学潮停办的法界学院重新开学,礼请持松为院长,招收学僧三十人。法界学院的前身即是月霞创办的华严大学,持松续办后将校名改为华严预备学校。1922 年惠宗接

---

① 该校全名为中华佛教华严大学预科讲习所,校址即在常熟兴福寺。
② 持松:《自述》,《觉有情》(半月刊)1941 年第 33 期。
③ 《中华佛教华严大学预科讲习所简章》,《觉社丛书》第 5 期,1919 年 10 月。

任兴福寺住持,因招收的学僧文化水平过低,又将学校更名为法界学院,教学内容有所减少。此外,持松辗转各地传法,期间亦时常讲授《华严》,对《普贤行愿品》格外重视,直到临终之际(1972)仍以背诵该品颂偈要求弟子。①应慈以"华严法界观门者,天宁法脉(常州天宁寺冶开老禅师)兴福分灯之中兴砥柱"称誉持松,实为佳话。1943年,应慈驻锡上海慈云寺(沉香阁),多次讲三十(卷本)《华严经》、四十《华严》、六十《华严》、八十《华严》、华严初祖杜顺著《华严法界观门》等经论,并于此后常驻沉香阁著述和讲经,直至去世。慈云寺即成为弘扬华严宗的道场。1957年,应慈以八十五岁的高龄在上海玉佛寺讲《华严经》全卷。1989年为了落实宗教政策而修复并开放了沉香阁,上海佛教协会丁明居士倾力整修,重现了明清时期的旧貌。赵朴初、南怀瑾对此赞叹不已。1994年沉香阁入选全国重点文物保护单位。

　　持松诸多介绍华严的著作皆发表于东渡习密之后,体现了其佛学思想发展的重要阶段。例如,其代表作《华严宗教义始末记》十卷三册,于1931年在《佛教评论》上连载,1940年结集出版,后被多次再版。应慈法师在序言中如此评价此书:"后之学者可因此而进窥一家之宗范,不致得枝而忘干,守隅而昧方。"②《持松大师年谱》指出:"此书对华严之四法界、六相特别是十玄门及五教作了详尽整理,并准确予以发挥说明,对贤首教理作了全面的梳理,因而成为近代以来研究华严宗之重要典籍,也因此奠定了大师在华严宗旨地位。"③1942年,持松受《佛学半月刊》的委托,编辑了两期《华严宗专号》,收录了其所撰写的七篇文章合计近两万字,可作为《华严宗教义始末记》的续篇看待。在《弁言》中持松表示:"曩者拙著《华严宗教义始末记》已由佛学书局刊印流通,但犹自视歉然者,即关于本宗性起法门,未曾发挥。且惟注重于判教之经过,而于本宗所据之《华严经》内容大旨,未能揭示纲要,初拟为《始末记》作注,以兹事体大,未敢贸然著笔,继思别为一篇,或单行,或附于《始末记》中,亦因机缘有待。……顷者《佛学半月刊》出《华严宗

---

①　姬孝范:《密林持松与长安佛教之缘》,增勤主编:《首届长安佛教国际学术研讨会论文集》第二卷,第97页。

②　杨毓华主编:《持松大师全集》第五册,第2420页。

③　杨毓华主编:《持松大师全集》第八册《持松大师年谱》,第3835页。

专号》,遂谬相委属,乃更截取前人章疏,缀成斯篇,以补《始末记》之遗。"①
由此可见其著述态度之谨严,他在钻研密宗等其他佛学领域时也秉持这样
的精神。此外,持松还撰写了以下多篇与华严宗相关的文章,分别题为《华
严经疏科文表解叙》②、《应慈和尚重刻晋译华严经序》③、《重编华严经疏钞
募印功德缘起》④、《华严经普贤行愿品疏序》(1948)、《编印华严疏钞始末因
缘》、《重编华严疏钞序》(1942)、《重编华严经探玄记序》等。值得注意的是,
《重编华严疏钞》八十卷乃民国时期刊刻的最重要的华严典籍,持松为之撰
写募印功德缘起和序言,可见其在华严宗领域的声望之高。东渡学密后,持
松"甚为关注贤首教义与密宗法门的异同之处的辨析",⑤逐渐形成了显密
圆融的佛教思想。近代华严宗得以复兴,离不开杨文会对华严散佚典籍的
广泛搜寻及对华严宗的推崇,更离不开月霞一辈对僧才的艰辛培养,此外亦
不能小视持松、慈舟一辈在会通华严与其他宗派义理方面所做出的卓越贡
献。现在,月霞、应慈、持松一脉的华严弟子们已经传法至海外,例如智光法
师曾在华严大学听讲,后在台湾建立华严莲社,现至第五代,在美国、阿根廷
都有传法,传僧获得国外教育机构荣誉博士、教授等职称,还有成一、净
海等。

第二节　三渡日本求密

　　由持松《自述》和《持松大师年谱》可知,早在 1915 年 4 月,持松"在杭州
华严大学肄业时",听闻"日本有二十一条要求,并有来华传布佛教之说",感
到"不胜怀疑",已产生东渡日本求学的想法:"我国千余年来,佛教虽迭有兴
废,而大乘教理,绵延未绝。日本佛法,为中华之末流,有何特殊之点,转欲

---

①　《佛学半月刊》第 251、252 期,1942 年 4 月 16 日、5 月 1 日。

②　《佛学半月刊》第 163 期,1938 年 8 月 16 日。

③　《佛学半月刊》第 192 期,1939 年 11 月 1 日。

④　《觉有情》(半月刊)第 81—82 期合刊,1943 年 1 月。

⑤　赖永海主编:《中国佛教通史》第 15 卷,南京:江苏人民出版社,2010 年,第 230—245 页。

传布于我国？然其自明治维新后，或亦不无可采之点。尔时即欲往东，一探
其究竟。奈时机未熟，殊失所期。"①1922 年 9 月 1 日，太虚法师创办的武昌
佛学院举行开学典礼，持松法师应邀出席，并在佛学院讲授《观所缘缘论》，
在此期间从太虚处了解到其弟子大勇准备再度赴日习密。② 大勇曾于 1921
年秋东渡求学，由于经费原因，不得不中断学业，后回国筹备川资。③ 1922
年春，大勇在杭州筹措旅费时与持松结识，鼓励持松一起结伴东渡。④ 持松
《自述》言："杭地诸居士劝学密宗，余以此乃中国绝学，假此并可参观日本佛
法之设施，遂慨然允诺。"⑤可见除了太虚、大勇的鼓励，还有居士界的劝引，
一并促成了持松赴日学习东密之举。1923 年初，持松自行研读《法轮宝
忏》⑥，想先对密教形成初步的认识，但深觉瑜伽密义幽奥难解，更下定决心
东渡日本，挽回千年绝学。于是毅然将兴福寺住持一职交予法弟惠宗，并于
一月底启程，开始了复兴唐密的艰苦之路。值得注意的是，《持松大师年谱》
指出，持松《自述》及诸多专家学者皆言持松"孤身东渡"求学。此外，持松在
日本学法时的室友河野清晃长老⑦亦称其"只身东渡"。这里虽然没有明确
是第几次东渡，但根据相关资料可以反推出是第一次。首先，根据《高野山
时报》1925 年 12 月 5 日的记载，曼殊揭谛和持松在出席东亚佛教大会后（即
持松的第二次东渡），为求法以及做佛教研究而滞留在了日本。⑧ 其次，根
据《高野山时报》1936 年 5 月 5 日的记载，持松及居士汪岁鸾（即后面提到的
汪书诚）于 4 月 30 日上午抵达高野山，⑨此为持松的第三次东渡。

---

①　杨毓华主编：《持松大师全集》第八册，第 3753 页。

②　黄英杰：《太虚大师的显密交流初探——以日本密宗为例》，《玄奘佛学研究》2010 年第 14
期，第 135—163 页。

③　李郑龙：《近代佛教界显密纷争的再探讨》，《中山大学学报》2015 年第 2 期，第 74—85 页。

④　于凌波：《中国近现代佛教人物志》，第 186 页。

⑤　释东初：《中国佛教近代史》卷上，第 412 页。

⑥　《法轮宝忏》全名为《法界圣凡水陆大斋法轮宝忏》，清代咫观记录成书，并撰有《法轮宝忏
缘起》，网页链接为：http：//www. cngdwx. com/fojing/02/186/1. html（访问时间 2023 年 6 月
5 日）。

⑦　河野清晃（1906—2001），真言宗僧人，大正六年（1917）在高野山剃度，昭和六年（1931）从
高野山大学毕业，昭和十五年起任南都七大寺之一奈良大安寺住持，致力于复兴该寺。

⑧　《支那来賓僧中的留日求法者》，《高野山时报》第 390 号，1925 年 11 月 25 日，第 21 页。

⑨　《上海の持松法师再び高野に登る》，《高野山时报》第 767 号，1936 年 5 月 5 日，第 17 页。

　　1922—1926 年间,赴日留学修习密宗在中国僧徒中流行开来,这与日本提出"二十一条"、王弘愿译介日本密宗典籍关系甚密。日本向北洋政府提出的"二十一条"不平等条约共有五号,当时袁世凯接受了一至四号条约,未接受最后一条,即"允许日本人在中国有布教之权"。也因此,日本传播佛教的企图引起了国人广泛的注意。中国僧俗对此大多持抨击态度,而诸如太虚、大勇、持松等僧人,乃至以王弘愿为代表的一些居士,却考虑到密宗在中国早已失传的现实,积极地想要学习了解东密,并将密教回传中国。在近代佛教复兴运动中,杨仁山最早对密宗给予关注,他在制定释氏学堂内班课程时,就将密宗设为一门独立的课程。① 早在 1906 年,杨文会的弟子桂伯华即东渡日本,但当时尚未学习密法;1910 年桂伯华再次东渡,于高野山学习真言宗,可惜于 1915 年 3 月病逝于东京。②

　　此后担负起复兴密宗任务的便是杨文会的另一位学生太虚。在中日关系紧张的局势下,文化交流变得异常敏感,据说 1908 年就有报刊谣传江南名僧敬安和尚(1851—1912)逃到日本并皈依了日本密教,这在当时引起社会哗然。敬安对此专门出面辟谣。③ 日本向中国提出"二十一条"时,围绕"布教"一条更是纷争四起。如有日人宣称中土密宗早成绝学,而密宗自唐朝传入日本,至今仍极为发达,所以今之日本有必要反过来向中国传播密宗。国人陈某即针对此言论作《中国的阿弥陀佛》进行反驳,并于书中讲述日本密宗的教义。④ 太虚读后,开始对密教问题留意起来。⑤ 1918 年,王弘愿将日本新义真言宗大僧正权田雷斧的著作《密宗纲要》⑥译成中文,并在潮州士绅方养秋等的资助下,于 1919 年付潮州佛经流通处印行。太虚很快

---

① (清)杨文会:《等不等观杂录》卷一《释氏学堂内班课程》,《杨仁山全集》,第 336 页。
② 于凌波:《民国高僧传初编》,台北:知书房,2005 年,第 393 页;肖平:《近代中国佛教的复兴》,第 243—244 页。
③ 作者与出处不详,参考黄英杰:《太虚大师的显密交流初探》,《玄奘佛学研究》2010 年第 14 期,第 135—163 页。
④ 李郑龙:《近代佛教界显密纷争的再探讨》,《中山大学学报》2015 年第 2 期,第 74—85 页。
⑤ 太虚:《太虚自传》,《太虚大师全书》第 31 卷,第 195—196 页。
⑥ 有学者指出,《密宗纲要》是《密教纲要》之误。参考陈雪峰:《东密求法者的对立》,《青海师范大学学报》2018 年第 1 期,第 54—59 页。

就注意到此书。在其支持下,王弘愿于 1920 年在《海潮音》上发表了数篇介绍密宗的文章,进一步拉开了近代密宗复兴的帷幕。太虚在是年发表的《整理僧伽制度论》一文中即主张派人赴日本、中国西藏学密,复兴中国密宗。① 已有学者指出,太虚及其所创办的《海潮音》杂志是近代以来推动日本密宗回传中国最重要的力量。② 当时许多僧侣和居士对密宗产生兴趣即缘于《海潮音》的引介。③ 日本提出"二十一条"时,持松虽欲东渡了解日本佛教现状,但"奈时机未熟";此后数年,太虚等人对日本密宗的持续引介,实际上为纯密、大勇、持松、显荫等一批僧徒,乃至王弘愿、程宅安、顾净缘等一批居士赴日习密创造了成熟的时机。

　　持松初次东渡先至横滨,抵达东京后于帝国大学语言系学习日语,然后辗转至纪伊县高野山天德院跟随住持金山穆昭学习古义真言宗中院一派密法,得传法灌顶阿阇黎位。关于留学期间所修习的内容,可以参考大勇发表于《海潮音》上的两篇文章。均题为"留学日本真言宗之报告",分别刊载于《海潮音》第 3 卷第 9 期(1922 年 11 月 19 日刊)和第 4 卷第 3 期(1923 年 5 月 5 日刊)中。

　　第一篇主要介绍了成为真言宗阿阇梨的具体流程:"受传法灌顶之先须修四度加行(即本宗全部事相之大纲,一十八道、二金界、三胎界、四不动明王法及护摩)期间计二百五十日","修毕护摩正行即为四度加行修了","凡修了四加行者皆可随自己之意乐前往受传法灌顶之仪式,只须数日即了事也"。此外,对四度加行的具体内容及时间分配做了罗列,如下所示:

理趣经加行　七日　　护身法加行　七日

十八道加行　五十日　十八道正行　七日

金刚界加行　五十日　金刚界正行　七日

胎藏界加行　五十日　胎藏界正行　七日

---

　　① 太虚:《整理僧伽制度论》,《海潮音》第 1 卷第 1 期,1920 年。

　　② 何建明:《中国近现代密教文化复兴运动浅探》,《华中师范大学学报》2009 年第 3 期,第 100—105 页。

　　③ 陈永革:《民初显密关系论述评:以密教弘传浙江为视角》,《近世中国佛教思想史论》,第 496—527 页。

护摩法加行　五十日　护摩法正行　七日

灌顶加行　　　七日　灌顶正行　　一日夜①

第二篇对加行期间的所修所学作了补充。除了每日照例上殿、修供养外,"仍修不动明王仪轨二座",每座约两个半小时。每周的星期一、四、五"均往大学林受学曼荼罗、梵文法(八转声之语尾变化在内甚复杂比英文难)、梵字赞及梵字诸陀罗尼之能释,余时则阅教相"。②

除了以上信息,还可以参考持松、大勇的老师金山穆韶的记载,详见附录三《关于中国求法僧的渡来》一文中的"修法记"。

此外,关于持松所得为第几世阿阇黎位,可谓众说纷纭。例如,游有维《持松法师传》称其所得为五十一世;陈兵和邓子美合著的《二十世纪中国佛教》称其所得为第六十三世;吕建福《中国密教史》称其所得为四十六世,并补充道"一说六十三世或五十三世"。据《持松大师年谱》记载,持松此次所得乃古义真言宗中院流六十四世阿阇黎位,而金山穆昭才是古义真言宗中院流(引方血脉)第六十三世阿阇黎,后者同时也是三宝院流第五十世阿阇黎(持松第二次东渡得三宝院流第五十一世阿阇黎位),历任宝寿院门主、修道院长、高野山大学校长、金刚峰寺座主,有《弘法大师之佛教观》《秘密宝钥大纲》《真言密教教学》《真言密教教理史》《大日经研究》和《弘法大师的信仰观》等多部著作传世。持松跟随金山穆昭阿阇黎所受法脉乃是空海大师从长安传承而来的唐代密宗。③ 在日本求学期间,持松得金山穆昭阿阇黎所藏《理趣经》古刻本以及数种近人所作注释,据此撰成《般若理趣经集解》一册,归国后于1928年印行。

此外,持松还与求学时同居一室的学僧河野清晃结下了深厚的友谊,相惜久远。1993年,九十六岁高龄的河野清晃长老时任奈良大安寺住持,他同日本十轮寺住持、真言宗大德藤本善光阿阇黎一道赴华,专程到上海静安寺参加持松大师百年诞辰纪念庆典,其情谊和法谊可见一斑。在1923年9

---

① 大勇:《留学日本真言宗之报告》,《海潮音》第3卷第9期,1922年。

② 大勇:《留学日本真言宗之报告》,《海潮音》第4卷第3期,1923年。

③ 韩金科:《持松对长安密教的传承与弘扬》,增勤主编:《首届长安佛教国际学术研讨会论文集》第二卷,第181页。

月时,由于东京发生大地震,再加上经费即将耗尽,持松提前回国,传回了诸多真言宗经轨和祖师论著,其中包括《弘法大师全集》、相关传记、《大藏经》等,还有唐代流传至日本的各种佛教摹本和抄本,以及佛像图鉴、法器、法物,其中《大藏经》于归国后交予常熟兴福寺藏经楼供奉。林子青盛赞持松道:"佛教学生出国时都是带着中国佛教经典去的,只有持松法师是将中国失传之密教经典从国外带回来,这更是一种爱国爱教的表现。"①其实,不只是持松,还有大勇及纯密法师也对密教回传做出了贡献,特别是纯密法师,目前相关研究较少,值得进一步的探讨。根据《高野山时报》1923 年 12 月 5日的记载:"本年十一月,大勇和持松二人完成了加行灌顶,因此,和纯密三人准备携手归国。十三日,金刚峰寺授予三人法具各一面,金山僧正授予他们十五条袈裟各一领。此外,以奈良长谷寺藏版为原型的两界曼荼罗有三双,分别是成福院、天德院、山口师捐赠的,三位法师也各受领了一双。十九日早上,三人辞别山门后从神户乘船回国。"②据此可知,纯密、大勇与持松三人或许是千年来首度传回东密的中国人。

　　1924 年,持松从江苏赶往武汉弘传密宗时,途径安庆,应常惺之邀,至迎江寺"安徽僧学校"向学生致辞,讲述"在日之见闻"。据《持松大师年谱》记载的致辞中,持松总结了"日本佛法施设上可为我国取法者",以及"其最弱之点"。可为取法者如下:一是现有十余种密宗宗派,"皆有一专宗大学,以培高深人材,而其小学中学,更不一而足,教徒鲜有不入学者","故教徒常识甚高,多能服务社会"。二是"各宗中皆有宗本丛林,此丛林之主席者,皆由附属各寺院中选举之","关于一宗之事,由一宗开会解决之","关于全体对外之事,则由各宗开会集议对付之"。持松认为,正是得益于这样的丛林制度,密宗"团体甚坚,不落散漫"。此外,持松还注意到天台、法相、禅宗在日本也十分兴盛,贤首宗为"最衰者","然尚有大学一所,将来兴盛,或尚有一线之光明也"。日本佛教状况的"最弱之点"在持松看来是"戒律废弛,娶妻食肉视为分内"。他据此认为,"彼邦佛法名虽兴盛,实则三宝之形神不

----

① 真禅主编:《持松法师纪念文集》,1994 年,第 3 页。
② 《支那留学僧の帰国》,《高野山时报》第 319 号,1923 年 12 月 5 日,第 6 页。

完,以戒为师之语,彼早视为小乘不足重矣";而中国如果能够"广立学校","严紧戒律",大可恢复佛教"固有之精神",届时"不特不须彼辈来华布教,并可以祖国之家风,往矫其非"。他进一步指出,中国现阶段不缺"办学之地址"和"求学之学人",但"有实地经验"的"热心能办之人"却"寥若晨星",寄望于在座的学生。① 由此番致辞可见持松对僧徒教育和佛教戒律的重视,亦可见他东渡习密时对天台、法相、禅宗、华严等其他宗派的关心。

1925 年 10 月,持松再次东渡,作为中华佛教代表团的成员之一在东京参加了东亚佛教大会,此后并未随代表团归国,而是留在日本继续学密。此次会议为世界佛教联合会召开的第二次大会,从一年多前就开始筹备了。1924 年 2 月,《海潮音》刊载太虚、持松等撰写的《世界佛教联合会呈请立案文稿》,此文由湖北督军萧耀南转呈北洋政府内务、外交两部,题为《湖北督军公署第 2403 号训令》,经萧耀南多次电请主管官署协调,终获会签核准。7 月,世界佛教联合会于庐山召开第一次会议,参会代表主要来自中日佛教界,此次会议的成果之一即是商定明年在日本召开第二次会议——东亚佛教大会,出席会议的中方代表由筹组中的中华佛教联合会选定。随后,太虚和李开先担任筹组中的中华佛教联合会筹备处总干事,又设置北京筹备处,要求各省在 9 月前推选出二至八人出席筹备大会,并公布了已签定的各省名单,其中江苏、湖北两省都推选持松做代表。1925 年 4 月 13 日,中华佛教联合会筹备大会在北京召开,经总筹备处干事反复与各地佛教团体协商,最终确定由太虚、道阶、持松、李荣祥等二十七名僧俗代表赴日参加东亚佛教大会。②

10 月 28 日,包括持松在内的大部分代表乘长崎丸号出发,在船上正式组成中华佛教代表团,并确定了各自的职务,其中太虚、道阶、王一亭和胡瑞霖担任团长,持松负责代表团的文牍工作,撰写了《东亚佛教大会致辞》。11 月 1 日,东亚佛教大会举行开幕式后,先推选大会的会长、副会长,再推选教义研究部、教育事业部、教育宣传、社会事业部的理事各二人,计划在三天

---

① 杨毓华主编:《持松大师全集》第八册,第 3775 页。
② 藤井草宣:《最近日支佛教の交渉》,东京:东方书院,1926 年,第 38 页。

内分别展开研讨,持松被推选为教义研究部理事。他在报告中阐述了自己对佛教研究方法论的看法,认为"中日两国近时所醉心狂嗜之欧西哲学实为光扬佛化之障碍",主张"研究佛教当用佛之方法研究之",即"摧邪显正而已"。① 在会议期间,持松与日方代表进行了广泛的交流,其中交流最深入的有著名学者南条文雄、木村泰贤、高楠顺次郎、渡边海旭、常盘大定、河口慧海等。从 11 月 4 日起,中华佛教代表团到东京、名古屋、京都、奈良、大阪、神户等多地考察,在此期间,持松于东京帝国大学作演讲,题为《东亚人士对于欧美应尽之义务》,并于京都南禅寺作《京都南禅寺祭一山国师文》,立碑纪念元代东渡传法的一山禅师。到了高野山,经持松介绍,太虚与金山穆昭结识,金山穆昭作题为《弘法大师之佛教观》的演讲,太虚则以《金山教授之说与感想》为题作演讲回应。《1920 年代的中日佛教交流——以东亚佛教大会为中心的考察》一文对此次大会的经过进行了深入考察,并解析了近代中日佛教的不同发展轨迹。②

　　代表团返回中国前夕,持松撰文以示感谢,之后他继续留在日本,准备进一步修习密宗。11 月 23 日,持松回到东京,暂时寄居在某食品店,与店主一家结下了深厚的情谊。稍后,持松前往新潟县,跟随真言宗丰山派③管长权田雷斧学习新义真言宗。权田雷斧曾学禅宗、净土宗,又得丰山真言宗、比叡山台密④传法灌顶,不仅在教理上显密皆通,还精于佛像绘画艺术,代表作有《大日经须玄秘曲》《密教纲要》《佛像新集》《密教奥义》《法具便览》《理趣经略诠》《十八道私记》《护摩私记》《东海铁塔诸祖年谱略颂》《兴教大师真实传》《传法院流传授私勘》《性相义学必须》《说教能做因》《曼荼罗通解》等。⑤ 从学之后,持松对密宗教义以及佛教艺术、坛场与法器布供等的

---

① 杨毓华主编:《持松大师全集》第八册《持松大师年谱》,第 3781、3782 页。
② 梁明霞:《1920 年代的中日佛教交流——以东亚佛教大会为中心的考察》,《日语学习与研究》2015 年第 5 期,第 120—127 页。
③ 真言宗丰山派是日本真言宗的一派,属新义真言宗,总本山是奈良县樱井市长谷寺。日本真言宗自根本之小野、广泽二流开始,虽然衍生出众多流派,但中世纪以来大致分为新义、古义二派,在江户时代古义派多属高野山,新义派则隶属智山、丰山二山。
④ 台密即天台宗系密教,乃密宗的一个派别,除两部大经外,并重《苏悉地经》。
⑤ 田中海应:《豊山小史》,第 149 页。

认识都有所加深。修习至 1926 年春末,在权田雷斧的印可下,持松于多闻院道场入坛受金、胎两部大灌顶,得新义真言宗传法院流第四十九世灌顶传法阿阇黎位。① 拜别权田雷斧后,持松又去到位于京都比叡山延历寺的台密根本道场,学习台密仪轨。由于持松早已通晓天台教义,又熟悉坛场各种如法威仪,所以很快就完成了台密仪轨的学习。此后,他再度前往高野山,跟随根本上师金山穆昭继续修习,受三宝院、安详寺各流传授及口诀,并补习梵文。经过进一步的修习,持松又得古义真言宗三宝院流第五十一世阿阇黎位,金山穆昭将正统密教法脉尽授持松。据《持松大师年谱》记载,金山穆昭待持松犹如慈父,不仅传授各种密教法本、法器,临别又将珍藏多年的两巨幅曼荼罗及唐密十二天画像赠予持松,这是穷尽日本祖孙三代画师毕生精力绘制的,精美至极、异常珍贵。持松归国时,金山穆昭甚至亲自送别持松至轮渡,情谊之深可见一斑。这或许是因为往昔唐密东传日本时的恩情。空海于唐德宗贞元二十年(804)到达长安后,拜入青龙寺惠果门下,得授胎藏、金刚两部大法,惠果也以两部曼陀罗及道具、法器相赠。空海弟子圆行入唐拜义真为师,在长安大兴善寺师从中天竺难陀学习,回国时青龙寺及密宗诸大德也以惠果遗物相赠,回日本后圆行创建了灵岩寺和播磨大山寺,弘扬唐密。② 所以,金山穆昭对持松回传东密于汉地抱有很大期许。

持松第二次赴日学习期间,对日本佛教的演化历程进行了更为细致的考察,所撰《扶桑重游记》于 1928 年刊登在《海潮音》,记述了二次东渡的过程及观感。他特别注意到日本"神佛分离"的趋向:"佛教初入日本时,与日

---

① 笔者 2021 年就持松自权田雷斧传承拜访请教上海市佛教协会咨议委员会主席胡建宁居士。胡建宁幼时在上海得到持松的教导。他证实了持松得自权田雷斧的法脉传承。新义真言宗传法院流第四十九世阿阇黎相承法脉为:大日—金萨—龙猛—龙智—金智—不空—惠果—弘法—真雅僧正—仁僧源都—本觉大师—禅定法皇—宽空僧正—宽朝大僧正—济信大僧正—入道二品亲王—成就院大僧正—兴教大师—兼海上人—隆海法印—觉寻僧都—贤誉阿阇黎—觉瑜法印—觉禅阿阇黎—经瑜法印—禅助大僧正—印玄上人—道渊大僧正—守融大僧正—觉果权僧正—庆深法印—仲盛法印—信严法印—宥盛法印—真性法印—菊渊阿阇黎—宥严权僧正—信遍前大僧正—孝源前大僧正—赖遍大僧正—秀瑜权僧正—宥证前大僧正—深仁亲王—禅证前大僧正—济观亲王—照道僧正—荣严大僧正—雷斧大僧正—密林,共四十九世。

② 宽旭:《让唐密文化大放异彩(代前言)》,宽旭主编:《首届大兴善寺唐密文化国际学术研讨会论文集》第一编,第 10 页。

本固有神祇思想相冲突,惹起种种纷争。其后渐渐调和,两者全然混合,遂致'神佛同体''本地垂迹'之思想深入于民众脑筋,全国一致的信仰皆归之,此种'神佛同体'之思想发端于奈良朝时代,成熟于藤原时代,至镰仓时代,排斥外来文化,欲独树日本新标帜,遂至废佛毁释之说盛行一时。"在此处笔者对持松法师所说日本镰仓时代排斥外来文化、废佛毁释的观点不确定是否笔误,笔者理解的是明治初时期。在此文末,持松还结合佛教在中国的发展历程,对日本"废佛毁释"的状况提出了批评:"昔吾国佛法初来时,黄老之术方盛,亦曾与佛教争论,然吾国传教始终未唱佛道混合论,即吾国最有威势之孔教,虽一二腐儒时起诋毁,而亦未尝将佛教与之混合,甚至儒道之流皆剽窃佛经以饰彼教,佛教终能以理胜之。然吾国儒道之教理,远胜于彼神道之说,而犹能伏之,岂彼神道之流不可伏? 在人而已!"①持松结合第一次东渡,对日本佛教之优缺点做了总结。由此可见,他对邻国佛教现状的观察逐渐由表及里,深入到了文化交锋的层面。

1936 年春季,持松第三次东渡,和汪书诚居士一道赴日采购密宗法器以备重建真言宗道场之用,并周游日本列岛,考察各地佛教发展情况。汪书诚名岁鸾,湖北武昌人,清末举人,历任山西大学堂教习、广东优级师范管理员兼教员、广东学务公所专门科长等。1913 年被选为众议院议员,1917 年任广州非常国会众议院议员,并被孙中山任命为大元帅参议。随后投身实业,曾任汉口既济水电公司董事长、全国民营电业联合会主席等职。持松担任武汉洪山宝通寺住持期间,曾设孔雀明王坛祈雨成功,当地不少名流由此信奉密宗,成为持松的灌顶弟子,汪书诚即是其中之一。据《持松大师年谱》载,自从皈依持松起,汪书诚一直护持持松,为唐密复兴做出了积极贡献。4月 30 日,持松偕汪书诚参访高野山,专程去到两度求法处天德院,此时金山穆昭任宝寿院门主、修道院长。参访期间的某天夜里,持松于半睡半醒之际见宏大庄严之坛场璀璨光明,整齐地陈列着香花灯涂及种种阏伽,金山穆昭于坛中对持松微笑着说道:"汝终年弘法利生,显密双修,难忍能忍,难行能行,并悟证金、胎不二,定慧即一。今与汝授记,将来成佛,号曰'松华如来'。

---

① 持松:《扶桑重游记》,《海潮音》第 9 卷第 4 期,1928 年。

今请汝本尊不动如来为汝作大灌顶,海会众圣付嘱证明。汝将来有金刚力士、部母、众位菩萨辅佐……"话音甫落,不动明王及诸圣众从云间幡盖降临金山穆昭头顶上方,从诸莲华座中流出甘露,化作光明,照于其身。本尊上师劝勉持松"百尺竿头,不断向上"。持松顶礼感谢佛恩加被与授记,遂发大誓愿曰:"松华如来发愿于南方庄严满月世界作为依报,以十种大愿摄引众生,上报下化,永无穷尽。"当此之时,天花四飞,天乐妙舞,欢喜无限。持松醒来发现自己仍坐在原榻,万分感念根本上师金山穆昭为其授记、付嘱,请不动明王及众圣灌顶、证明,不禁泪如泉涌,伏地叩送,礼谢不已。① 此事见诸持松晚年撰写的《松华如来密行修正了义经》《满月世界依正庄严颂》等中,文稿交由俗家弟子杨毓华(法号超晔)保存,后收录于《持松大师全集》。这一次持松在日本停留的时间不过月余,很快便归国了。

持松年仅三十三岁时已习得东密古义、新义与台密,兼受金刚界、胎藏界二部大法,三个灌顶传法阿阇黎位加身,习密成果斐然。吴立民在其为《持松大师全集》所作序中认为持松是近代唐密复兴中所作贡献"最突出者","唐密复兴,可为中国大乘各宗开辟解行相应的瑜伽道路,又为各宗不二法门打下圆融会通的真实基础,实乃新世纪中国佛教之大事要事。有鉴于唐密复兴法运之重要,二十世纪以来,中国佛教密乘大德,无不为之努力,其中最突出者,当推持松法师"。近代先后东渡学密的僧侣有纯密、大勇、持松、显荫、谈玄、曼殊揭谛、又应、默禅、慧刚、海印、悟光等,以及桂伯华、王弘愿、程宅安、顾净缘、江味农、陈济博、黄邦辉等居士。② 太虚认为:"考其数人中,于教理素有研究者,只大勇、持松、显荫诸师耳,故真能荷负吾国密宗复兴之责任者,亦唯其三人耳。"③三人主要跟随金山穆昭学习古义真言宗,可惜显荫和大勇逝世极早。④ 随后奉太虚之命再次东渡的谈玄亦兼习东密、台密,并得两系灌顶传法阿阇黎位,带回两千多种密宗典籍以及大量密

① 杨毓华主编:《持松大师全集》第八册,第3815页。
② 邓子美、王佳:《唐密在近代中国》,宽旭主编:《首届大兴善寺唐密文化国际学术研讨会论文集》第一编,第55—60页。
③ 吕建福:《中国密教史》,第621页。
④ 陈雪峰:《东密求法者的对立》,《青海师范大学学报》2018年第1期,第54—59页。

宗法器,但回国不久又因病早逝。① 这样一来,复兴密宗的重任实际上长期由持松担负。结合上述情况,更能理解持松在睡梦间受到金山穆昭上师的劝勉和付嘱时悲喜交集的心境。

第三节　汉地唐密复兴

持松在汉地弘扬佛法的一生大多数时间在上海度过,静安寺是其复兴密法的根本道场,本书中详细论证了具有持松弘法特色的沪密的含义、内容、特色、代表人物、法脉传承、团体机构和主要历史事件。

持松、大勇初次赴日学密的时间不到一年,其师金山穆昭阿阇黎后来曾如此概述他们当时修习密宗的情况:"先年支那有密林、大勇、纯密三法师,殆同时来山修学。是时余当指导之任,对于密林等授之以教相与事相之二门。盖教相者,理门也;事相者,实践门也;此二门之不可相离,犹如车之两轮、鸟之双翼,故必宜双修也。本宗学徒以先学教相后入事相为顺序,然密师等皆因留学之时间甚短,故希望自事相先授而教相教以大体之修学方针当自研钻云云,故即入事相,主以悉昙、真言陀罗尼、四度加行、曼荼罗诸尊之三密门灌顶等授之。"② 可见由于时间太短,持松、大勇的修习尚未完满,尤其在教相方面还有待深入钻研。但是,他们对属于真言事相部的悉昙、陀罗尼、曼陀罗等精研学习,使真言密教悉昙学研究再度兴起,新的悉昙学著述及译著纷纷出现,汉地久已失传的悉昙学典籍及日本僧人的相关著述也得以回传,并在汉地刊刻流通,构成了佛教复兴文化运动中极具价值的一页。

两人回国后,本想闭关专修数年,但由于国人对密宗的热情高涨,迫于信众的需求,他们很快便被邀请到各地开坛灌顶。③ 大勇回国后,太虚"即

---

① 肖平:《近代中国佛教的复兴》,第 214—216 页。

② [日]金山穆昭:《弘法大师之佛教观》,太虚大师审定,范古农校订,慈忍室主人编辑:《海潮音文库》第二编,第 53—63 页。

③ 李郑龙:《近代佛教界显密纷争的再探讨》,《中山大学学报》2015 年第 2 期,第 74—85 页。

以严切手书,责以速来武汉,乘寒假期中传修密法"。持松归国后,先入住常熟兴福寺,钻研密教教义,撰写了《贤密教衡》,因意犹未尽,故未公开发表。持松同乡韩惠安曾任湖北总商会会长,听闻持松携密法归来,专程到兴福寺道贺,并请持松到其上海家中设坛,为众居士结缘灌顶。① 持松传法的消息一传开,杭关监督陈鲸量、浙江高等法院院长陶叔惠即邀请他到杭州菩提寺(昭庆寺)讲经,②持松遂前往杭州开坛传密,一个多月间有百余人从其修习咒印密法。1924 年 1 月,经太虚引介,湖北武汉诸山长老及汉口佛教会、武昌佛教会选定持松大师担任武昌宝通寺新住持,当时宝通寺刚实行十方选贤制。2 月,湖北督军兼两湖巡阅使萧耀南,以及李馥庭、汤芗铭、李开先、陈元白等居士迎接持松赴任。2 月 15 日,武昌、汉阳、汉口诸山长老,武昌佛学院代表大勇,以及两佛教会会长、理事等五十人在汉口佛教会为持松举办了欢迎会。

1924—1925 年持松在担任武汉宝通寺住持期间,主要活动有以下几项:③

一是受武昌佛学院院长太虚邀请,教授佛学及梵文,并应信众之请传法、灌顶两日。④ 1924 年 6 月 17 至 18 日,持松在武昌佛学院开坛灌顶之际大雨不止,众多求法者不顾路途艰难纷纷赶来。

二是两度建修仁王护国法会,并于法会期间开结缘灌顶坛六日。⑤

三是赴苏州传法之际被请回,在宝通寺设孔雀坛作法祈雨。⑥ 1925 年入夏后,湖北发生旱灾,当局多方祈雨无效,商埠督办汤芗铭向萧耀南进言密宗祈雨十分灵验,督军立即请回正在苏州传法的持松。当时有人劝持松

---

① 韩宅位于上海市成都路江阴路口,参见黄英杰:《太虚大师的显密交流初探》,《玄奘佛学研究》2010 年第 14 期,第 135—163 页。

② 陈永革:《佛教弘化的现代转型:民国浙江佛教研究(1912—1949)》,第 289 页。

③ 有学者将持松住持武汉宝通寺期间的主要活动概括为五项,本文稍作整合,参考吴成国:《持松法师与民国时期唐密的复兴》,《民国档案》2012 年第 2 期,第 84—90 页。

④ 《持松法师在佛学院传授密宗》,《海潮音》第 5 卷第 7 期,1924 年。

⑤ 相关情况见以下材料:《武昌洪山宝通寺中兴密教纪盛》,《海潮音》第 5 卷第 12 期,1924年;持松:《自述》,《觉有情》(半月刊)1941 年第 33 期。

⑥ 《持松法师求雨有效》,《海潮音》第 6 卷第 7 期,1925 年。

拒绝作法为妙,担心祈雨不成葬送他自己和密宗复兴的前途,但持松欲借咒术进一步宣扬密宗,①遂计划于 7 月 29 日起于宝通寺孔雀坛修法七天,结果不到三日大雨便从天而降,因此吸引了众多信众前来结缘灌顶,其中不乏当地名流如汪书诚、易蔼如、李海环等。

四是开全国风气之先,于宝通寺内建立真言宗密坛,计划以此作为传扬密教的根本道场。② 建立密宗道场离不开萧耀南的大力支持。督军亲睹持松法力,虔诚皈依密宗,并斥巨资帮助持松在宝通寺内建立法界宫、瑜祇堂,并购买坛场法器,绘诸尊曼荼罗,准备将该寺作为复兴密教的根本道场,以开国内风气之先。根据《高野山时报》1926 年 8 月 5 日的记录,持松模仿高野山的金堂、大塔等原型,在宝通寺建立道场。他根据唐代密宗金刚部“五曼荼罗”的形式设计、督建了宝通寺法界宫。③ 和净土宗、禅宗不注重道场的布置相比,法界宫绝妙庄严、规模宏大,使当地民众大受震撼,也使学密之风日盛。《宝通寺研究:传承、演变与影响》一文阐述了持松对宝通寺乃至整个武汉佛教界的发展所做出的贡献。④ 论文表明宝通寺在近代的复兴得益于持松于此地大力弘扬密宗,但持松宣讲唐密引起了宝通寺内部乃至武汉市整个佛教界关于禅宗与密宗的派系分歧。作者指出这种分歧不能单纯归因于持松法师对唐密的执着,还与当时动荡割据的社会局势息息相关。随着持松离开宝通寺前往上海弘法,宝通寺在近代佛教界的显赫名气也转瞬即逝。

值得注意的是,持松到武汉弘传密法对太虚创办的武昌佛学院造成了相当大的冲击,原本出资支持太虚的湖北督军萧耀南及院董李隐尘、陈元白、赵南山等受持松传法后纷纷转信密教,再加上在学校的具体办学方案上与太虚有分歧,故无意再为武昌佛学院提供营办资金。萧耀南本是太虚的贵人,曾为太虚开释,助其解脱纷争,又大力资助太虚在武汉开展佛教复兴事业,与太虚的交往不可谓不深,是太虚的追随者之一。持松和萧督军初识

① 高静等编著:《文话东湖》,武汉:武汉出版社,2017 年,第 37 页。
② 持松:《自述》,《觉有情》(半月刊)1941 年第 33 期。
③ 吴成国:《持松法师与民国时期唐密的复兴》,《民国档案》2012 年第 2 期,第 84—90 页。
④ 骆帆:《宝通寺研究:传承、演变与影响》,中南民族大学 2014 年硕士学位论文。

应该是在 1922 年 9 月,当时持松应邀参加武昌佛学院开学典礼,萧耀南曾和校长太虚、董事长梁启超分别致辞。持松初次东渡学密归国后,又应太虚之邀到武昌佛学院开坛传密。在传密前两天,即 1924 年 6 月 15 日,武昌佛学院举行了毕业典礼,第一届毕业生共有六十余人。太虚计划对佛学院进行彻底的改革,一方面创建研究部,选拔优秀毕业生继续深造,另一方面将第二届新生的招生范围限定在僧徒中。太虚将佛学院定位为新的僧寺,专注于培养高素质僧才。与此相对,院董李隐尘等人却持不同看法,他们希望依循之前的办学目标,为有志于学佛的广大僧俗提供教育。而持松前来弘扬密宗,进一步促使院董和太虚离心,武昌佛学院于是日趋难办。太虚曾感慨佛学院“未全照我的办法去行”,并于 1924 年第二届新生开始上课之际,以操劳过度、胃病发作为由,委托善因法师代理院长职务,回到浙江休养了。1926 年,国民革命军进驻武昌,佛学院因战事影响而暂停营办,直到 1929年才渐次恢复。另外,自从太虚 1927 年住持南普陀寺之后,他复兴佛教的事业重心就转移到闽南佛学院了。[①] 1947 年,太虚在上海玉佛寺圆寂后不久,武昌佛学院便出于各种原因彻底停办。

太虚门下弟子如大醒等把武昌佛学院后来艰难的处境归咎于持松,大醒曾直言:“我对于武昌佛学院深惜办事无人之苦,并且深悉武昌佛学院之致伤,直接间接只为一人一事:武昌有一个宝通寺……由各界邀请太虚大师主持,大师因为学院任重未就,即介绍××法师去任其职……不意××做宝通寺方丈之后,反而大显其神通,宣传其密教,将武昌佛学院后台老板……都一一拉去,于是对佛学院之势力,日渐消灭,终至不负责任,武昌佛学院因此衰弱了。”[②]其实,在持松赴武汉之前,太虚的弟子大勇弘密已对佛学院造成了极大的冲击,佛学院董事如汤铸新、胡子笏、但怒刚、刘亚休、陶初白等著名居士纷纷皈依大勇。持松原籍湖北,较大勇更受当地信众欢迎,住持宝通寺期间传法灌顶数万人,进一步在湖北掀起了强劲的学密风潮。释东初在《中国佛教近代史》一书中指出:“(大勇)先后传法灌顶后,院内多

①　太虚:《我的佛教改进运动略史》,《太虚大师全书》第 29 卷,第 95—96 页。
②　释大醒:《大醒法师遗著》,第 724 页。

数僧青年,若大刚、超一、观空、法尊、法舫等,都被神秘密法所诱惑,归向密宗。即创办武昌佛学院院董李隐尘、陈元白、赵南山等,又因持松阿阇黎于宝通寺传法后,亦多倾向秘密神咒……不意李、陈等院董,因受持松法师的影响,借词经济不振,不愿继续支持,遂使轰动全国之武昌佛学院,却因密教兴起,遭受挫折,至此一蹶不振,此固出(太虚)大师之意外,恐亦非持师之本意。"①也就是说,虽然大勇和持松都是太虚"见密宗之兴为幸",专门请来武汉传授密法的,但原先支持太虚创办武昌佛学院的人纷纷转信密教,追随大勇和持松,这是太虚、持松等人没有料到的。

难能可贵的是,太虚并不因此动摇复兴密宗的决心,他和大勇、持松的关系依然融洽,数年后还特别派遣就读于武昌世界佛学苑图书馆研究部的谈玄东渡习密,积极寻求与日本密宗权威人物的直接沟通。黄英杰在考察武昌佛学院僧徒、院董转信密宗的原因时指出,武昌佛学院本是佛教改革的产物,其支持者均怀有求变的理想,对新事物的接受程度很高,而东密的教义理论、修持法门较中国本土佛教更为完备,故其转而追随大勇、持松修习密宗并非不可理喻。黄英杰进一步指出,日本密宗在大勇、持松归国后一两年内盛极一时,但不久便告消歇,而昙花一现的主要原因是东密在教法内容的完备性和传法上师的学养、修证上都不如藏密,随着大勇法师转习藏密,东密风潮便势头大减。② 这里值得注意的是,在大勇定期向太虚法师汇报在日留学情况的通信中曾提及:"欲在佛学院添设真言宗大学部一事,此为中兴吾国密教之基础事业。徒早与持松法师筹商屡矣。"但是,"因有种种困扰问题,迟至今日亦毫未能解决"。③ 大勇的困扰可以归纳为以下三点:

第一,真言宗僧侣之间的授受不严谨。大勇指出:"《大日经疏》祥明传法阿阇黎限于见谛者或三昧成就者。凡有来求法者,阿阇黎皆须入定观察之,以定可否。若不尔者,必多损害。"但是,真言宗的做法却并非如此,"只图与人结缘,其他均非所计乎"。④

---

① 释东初:《中国佛教近代史》,第416页。
② 黄英杰:《太虚大师的显密交流初探》,《玄奘佛学研究》2010年第14期,第135—163页。
③ 大勇:《留学日本真言宗之通信》,《海潮音》第4卷第8期,1923年。
④ 同上。

第二,弘法大师空海的教判有失公允,故难以信受。大勇认为:"若谓密教事相为显教所无,故高出于显教者,亦可谓显教已深识举手动足皆是佛事,水流花放无非法身,故不待结印持咒作观。……不能以事相之有无定浅深优劣,仅可以判显密之差异,不可以判显密之优劣。"①

第三,在教义上,日本真言宗别立异解,引人争论。大勇法师指出:"(真言宗)一家之内释《大日经》'薄伽梵住如来加持'句,有数十家之异释,殊无谓也。"②

为了解决以上问题,大勇法师转习藏密,其目的是为了在"将来采择日本与西藏密宗之特长,而立我国之密教也"。③ 与此相对的,持松或许也是出于密教能在我国长远发展的考虑,而在第二次东渡参加东亚佛教大会之后,选择继续留在日本,以深入修习密教。

持松第二次东渡学密归国后,国内局势大变,国民革命军进驻洪山,宝通寺遭遇兵燹,寺内真言宗坛场被严重破坏,持松遂应众居士之邀留居上海。1926 年 9 月 30 日起,持松应大法官关炯之和江苏监狱感化会会长沈星叔的邀请,每晚于上海爱文义路佛教净业社讲授《大日经·入真言门住心品》和《菩提心论》。随后,又应邀至功德林讲授《仁王经》。其中《住心品》为密宗经典《大日经》的第一品,密宗教义皆以此品为纲要。《菩提心论》则是龙树菩萨针对密宗另一部经典《金刚顶经》中的"发心"一段撰成,由唐代不空祖师译出。持松认为《住心品》和《菩提心论》是修习密宗的入门典籍,他在净业舍讲解之后,还写成《菩提心论纂注》一书,与《住心品纂注》对应,阐发了金、胎两部根本大法的要义。1927 年 10 月,持松为佛教通讯社创办的新刊《晨钟特刊》题签,并与谛闲、太虚等为该刊致辞庆贺。是年,持松以"第五十一裔孙"(即古义真言宗三宝院一脉传人)的身份,撰写了《真言宗八祖赞》,落款时间分别为"小春""四月""十一月初五""冬初"等,随后修建静安寺真言宗密坛时,此偈赞被书于坛内八大祖师法像之上。这一年,上海

---

① 大勇:《留学日本真言宗之通信》,《海潮音》第 4 卷第 8 期,1923 年。
② 大勇:《答太虚法师书二》,《海潮音》第 4 卷第 9 期,1923 年;《留学日本真言宗之通信》,《海潮音》第 4 卷第 8 期,1923 年。
③ 大勇:《留学日本真言宗之通信》,《海潮音》第 4 卷第 8 期,1923 年。

世界佛教居士林召开第三届会议,此次会议修订了章程,改革了机构,推选出王一亭担任林长,并设立文化部、宣传部、慈善部、行持部、总务部、监察委员会、佛学研究会等部门,持松与太虚、应慈、常惺等法师应邀担任佛学研究会指导员。

据《持松大师年谱》记载,1928年春,持松于上海净业舍为常惺法师及赵恒惕(炎午)、叶荃(香室)、陈圆白、李开先、欧阳任、欧阳振声等居士结坛授法,加行半年,为其灌顶,共历时一年有余。其中欧阳任跟随持松学密后成为其俗家弟子,法名"超遂"。他原名起莘,历任湘军第一师参谋长、常德厘金局局长、株洲长沙岳阳榷运局局长,曾短期代理湖南政务,又转任浙江省民政厅厅长。传法期间,太虚法师寄来《佛学会章程》,欲与持松商议成立中国佛学会事宜。持松以"修法期内不会客,不看报,不预闻外事,任何团体概不加入"为由,回信婉拒,可见持松传法之专注。是年,欧阳任为持松所撰《住心品纂注》作序,赵恒惕等捐资印行。《申报》亦对此书进行了介绍和肯定:"《住心品》为密宗根本教义,向有一行禅师注疏,但文句艰深,不易了解。今著者本原疏大意加以浅近注释,词达义畅。学密者固宜人手一编,学显教者亦不可不读。即研究哲学者,得此一书则宇宙人生诸问题当不难解决也。"[1]这一年持松的著作颇丰,编撰了《悉昙入门》《菩提心论纂注》《理趣经释》和《四度加行口诀》等,共计十万余字。同时期还有显荫撰《梵文宝钥》、王弘愿著《梵文字母表浅释》(1928年广东石印本)、王弘愿为题名为一行的《字母表颂》所作的注释《梵文字母表浅释》(一作《一行阿阇梨梵文字母表浅注》)、曼殊揭谛著《悉昙梵文启蒙》(1935年香港版)、李证刚著《声字实相义释》[2]等与《悉昙章》相关的著述。还有关于华严字母(即四十二字门)的著述,比如沈家玉编《华严字符音义》。[3]或有杨守敬在日本寻回汉地久佚的

---

①　杨毓华主编:《持松大师全集》第八册,第3794—3795页。

②　原载《金陵学报》第10卷第1、2期合刊(1940年5、11月),后以"悉昙声字实相义释"为题,刊于《文史哲季刊》第1卷第2期(1943年6月)。

③　北大图书馆藏有《华严字符音义》民国十九年(1930)古吴汪氏石印本,一册一函。作者生平不详,据自序可知,1928年沈家玉偕同志十余人于桃花坞之桃花庵结社,为集合研究之所,余暇则学习华严字母,后得精研音韵学五十余载的张文炜相助,编著此书,以供佛教信众唱持华严四十二字之需。

悉昙类典籍,如《悉昙字记》《景佑天竺字源》。也有罗振玉、罗福苌父子对悉昙典籍进行考订、刊印。①

　　此外,持松数年前撰写的《贤密教衡》被刊登在《海潮音》上,引发了与王弘愿之间的来回论辩。1929 年,持松为屈文六(映光)等居士灌顶。屈文六早年参加光复会,支持革命。民国诞生后,他以浙江省代表身份赴南京开会,与十七省代表推选出孙中山担任临时大总统,随后历任浙江、山东都督要职。北伐以后,他退出政坛,专心学佛,热心于社会救济事业,曾先后皈依谛闲法师、大勇法师、省元法师、持松法师、班禅活佛、诺那活佛、白普仁喇嘛,达到了显密圆通的境界。屈文六与王一亭等居士经常出面维护佛教,极受僧众的敬重。恰在屈文六皈依持松的这一年,佛教徒中产生了是否革新佛教制度的争论。一方主张利用寺产开展僧徒教育,培养僧材,革新中国佛教;另一方则主张维持丛林寺院的传统,与时势保持距离。屈文六主张维持传统,自此及以后多遭佛教革新派抨击。② 是年,李隐尘疲于政局多变,亦息心跟随持松学密。早在 1924 年持松赴武汉弘传密法期间,李隐尘和武昌佛学院的诸多院董已倾心于密宗。1929 年,持松还应朱子桥将军和奉天省政府主席翟文选之邀,赴东北讲《仁王护国经》,途径南京、北京,为诸多信众授戒、灌顶。

　　1930—1935 年,持松赴汉阳归元寺、武昌宝通寺、荆州章华寺、杭州昭庆寺、汉口圆照寺、汉口九莲寺、武昌莲溪寺等多地讲授佛法及结缘灌顶。还曾赴汪书诚、江超之等名流私宅讲经、作超度,在此期间吸引了诸多信众。1930 年春,蔡元培率十余名生徒赴汉阳归元寺听持松讲授《楞严经》,期间就美术是否能取代宗教同持松探讨。后者遂撰写了《哲学与宗教》予以回应,认为哲学、美术与佛教确有相通之处,但均不能替代佛教。5 月,中国佛

---

　　① 罗振玉对悉昙学典籍的访求与考订在很大程度上得益于其子罗福苌。罗福苌(1896—1921),字君楚,罗振玉第三子,年未弱冠即精通法、德、日等语言,后又从日本著名梵语学者家榊亮三郎(1872—1946)学习梵文,对日本所传中土古梵学书籍,如梁代真谛的《翻梵语》、唐代义净的《梵唐千字文》等,一一叙录。其叙录奥博精审,受到王国维、沈曾植等人的推许,谓"他日理董绝国方言,一如参事之理董国闻者,必君整其人也"。1916 年,罗氏父子根据所得善本,将《悉昙字记》《景佑天竺字源》二书附以题跋之后影印流通。

　　② 释东初《中国佛教近代史》(第 542—543 页)概括介绍了屈文六生平及佛教思想。

教会于上海觉园召开第二次全国代表大会,选举圆瑛、太虚、王一亭、关炯之等三十六人为执行委员,其中圆瑛再次当选为会长,让之法师、持松、赵朴初、简玉阶等十八人为候补执行委员。此次会议通过了《中国佛教会各省县佛教会组织大纲修正草案》等。是年,朱子桥发愿恢复西安大兴善寺密宗道场,通过函电礼请持松担任住持,可惜因汉口遭遇水灾,车轨被淹,持松未能成行。大兴善寺创建于晋初,原名遵善寺,隋文帝重建后赐名"大兴善寺"。该寺在唐代是重要的密宗道场,开元年间,不空三藏在此翻译了大量密教经典。年末,由谢铸陈发起,中国佛学会发函邀请持松前往南京弘传密宗,持松于是前往讲授《大日经·住心品》,并应听众所请分别在毗卢寺、居士林、觉林三处结缘灌顶。

1932年,持松又于武昌抱冰堂创立真言宗坛场,为超度阵亡士兵的魂灵,先后为湖北省主席夏灵炳以及徐源泉将军修炽盛光①与尊胜佛顶大法。1933年,陈承辉得持松灌顶,成为其皈依弟子,法名"超旭"。据《持松大师年谱》记载,陈承辉任职于美国商人创办的中国电器公司,通晓英、法、日、德、梵文等多种外语,在修习密法的过程中精进迅猛,深受持松器重,师徒感情笃厚,胜似父子。他和更早皈依持松的易蔼如居士(超英)常侍持松左右,精通教理、仪轨,熟悉坛场各种庄严法器法物,在持松入坛作法时能同时与其上座修法。持松后来的皈依弟子大都由陈承辉等携扶入门,他们协助持松辅导后学,在修法次第、梵文、真言、印相、事理旨趣等各方面为后学讲解答疑,对密宗乃至佛教的复兴做出了较大的贡献。如1934年4月,许华瀚从香港调回上海,与陈承辉在同一公司工作,在陈承辉的引见下,学佛多年的许华瀚得以拜见持松。持松了解了许华瀚的佛学修养后甚为欢喜,遂为其传法灌顶,并赐法号"超洁",收其为皈依弟子。再如1937年,在陈承辉的引见下,其同事梁惠慈跟从持松学密,得赐法号"超愍"。

1935年11月,菩提学会于上海成立,这是一个修学密宗的佛教团体,由上海名流居士段祺瑞、屈映光、王一亭、史量才、陈元白、韩大载及赵炎午、叶香室等人发起组织,公推九世班禅任会长,印光法师任副会长,段祺瑞、屈

---

① 炽盛光法是密法的一种,能消除灾异。

映光分别任理事长、副理事长,聘请持松为讲经传法的导师。持松"讲经之态度言音"很符合"现代社会群众之心理",因而能广纳信众。1935 年他曾于武昌莲溪寺讲《圆觉经》,从《正信周刊》(第 6 卷第 9 期,1935 年 5 月 27日)登载的《莲溪寺听持松法师讲圆觉经记》一文可见持松传法的风采:"这位讲者我虽不曾亲近过,但早已闻名,今见是面貌又长又瘦的,真是一个幽静室里的清秀法师。听他讲的话,满口尽是普通国语,使人听到便容易懂得,这倒是很好的事。我以为现在讲经顶好说国语,像持松法师,音声清澈明亮,不高不低,不急不缓,对于经文意义剖释明畅,使闻法者,实有心领神会、妙不可言之处,那么所收的效果,也就无限了! 凡是法师讲经之态度言音一定要如持松法师一样,才合现代社会群众之心理。"

1936 年,持松第三次东渡回国后,应邀启建"丙子息灾法会"。法会结束后,持松与尊胜佛顶法发起者、助修者合影,并赋诗感慨:"挂锡何尝有立锥,衲衣钵袋自相随。唯思法乳恩难报,一卷真言却付谁?"在书中所载照片右侧的文字中,持松再次表达了密宗法脉难续之忧:"丙子息灾法会,印予小影千枚,普结法缘。愧予十载遭回法脉未续,纵能仰效笑严而未知龙池何处? 瞻望前途,使人不能不有所感也!"此时持松寄居于相林寺,仍无安身之地,而距其首次东渡学密已过去十余年,自身处境艰难,再加上法脉难觅,不免心生慨叹。这一年,欧阳竟无出资八千银元购下一处两厢一厅的楼屋,位于上海法租界内的淡水路 57 号,将其改造成佛寺,并请持松迁入寺中居住。自 1921 年持松在《海潮音》上发表《摄大乘论义记》以来,欧阳竟无便对持松充满期望,随后更是感佩他三次赴日取回唐密,也忧心他四处奔波、无处安身。据《持松大师年谱》记载,陈承辉、许华瀚等人前去拜谒持松时,见门楣上所挂匾额书有"圣仙慈寺"四字,下书"欧阳竟无题"。关于寺名的由来及早年与欧阳竟无的交往情况,持松虽未多言及,但却一直感念欧阳的知遇之恩和资助之德。时任杭州昭庆寺住持的惠宗得知持松居处已有着落,立即携一法徒前往上海。持松为了专心著述修持,便请惠宗定居并住持圣仙慈寺(又称圣仙禅院)。面对收入微薄的问题,在持松的建议下,惠宗将寺前花园处修建为关帝庙,此后关帝庙的名气愈大,圣仙慈寺反而知者较少。

1937 年初,中日关系剑拔弩张,持松应邀启建"尊胜佛顶大法护国息灾法会"。7 月,日本侵华战争全面爆发后,持松又率先为国修建百日调伏法会。11 月,上海沦陷,持松悲痛不已,写下"平原常牧马,大道久亡羊"一联,此联曾一度悬挂在常熟佛教协会办公室中,后保存于静安寺"持松法师纪念堂"内。此后,持松蛰居圣仙慈寺,闭门著书,深入阐发之前在日本学到的唐密教理与事相。持松夜以继日地伏案写作,废寝忘食,透支了身体,肺结核、胃炎、胃下垂、丹毒继发感染接踵而至,使其深受病痛折磨。据梁惠慈等弟子回忆,持松感染丹毒后,双腿留下了多处较大的手术切口疤痕。当时众弟子决定分工照顾持松的生活,其中钱薇新和李海环负责生活用品的供应,所有费用由陈承辉、许华瀚等人负担。在 1938 年刊登于《佛学半月刊》的《致李圆净居士书》中,持松介绍了自己的著述规划,表示自己"钻研华严有年,自知对于华严宗应作之事尚多,但自习真言宗后,又觉真言宗应作之事较华严更多"。[①] 1939 年冬,持松仅用一个月时间即撰成《密教通关》一书,可谓持松弘扬密宗的结晶。该书由其灌顶弟子朱子桥作序。《持松大师年谱》如是总结、评价此书:在该书中,大师标明了密教所依的经典,同时阐明安心观道、修行断惑的理论和方法,并对各种成就次第都作了分析,指明一般修学的程序,然后旁征博引,辨明密教源流,最后以略诠法义作结。[②] 大师在广泛搜集资料、细心研读经典的基础上,加以融会贯通,并提出自己的独立见解。此书作为研究密教的入门书,自问世以来,为密教修学者所推崇,在中国密教史上具有极其重要的价值。

1940 年,持松灌顶弟子(亦是湖北同乡)韩惠安腾出他在 1937 年以六十万银元购得的一处洋房,恭请持松入住。此房位于上海法租界内的成都路江阴路口,持松入住后于门额题写"瑜伽精舍"四字,并与弟子请进了金山穆昭赠予的两巨幅曼荼罗以及佛像,并于此设坛、传法、灌顶,建起了密宗道场。战争期间持松于瑜伽精舍弘传密宗的消息令佛教界人士倍感振奋。上海佛学书局不惜重金赶制五彩加金金刚胎藏两界曼荼罗制版,高三十寸,宽

---

① 　杨毓华主编:《持松大师全集》第八册《持松大师年谱》,第 3824 页。

② 　同上,第 3830 页。

二十寸,用十二色彩套印,极其精巧,每种定价四元。1944 年,韩惠安的长子在汉口经商失败,来上海出售瑜伽精舍抵扣资金,韩惠安倍感无奈。两幅曼荼罗遂转移至弟子陈承辉家中收藏。此后,持松又回到圣仙慈寺居住。抗日战争进入相持阶段后,为了加强对占领区的统治,日军推行以华治华的政策,千方百计拉拢三次东渡、精通日文的持松,持松则坚持闭门不出,专心著述。自 1941 年起,日军对上海租界的控制权加大,当时日本侵华军驻沪司令官河田槌太郎大佐委派青帮的黄金荣,专程到圣仙慈寺邀请持松出任日伪上海市佛教会会长,但遭持松严词拒绝。其后,日本人又多次前来恭请持松面谈,持松均以疾病推脱,派来相请的人甚至赖在寺内三天不走,种种威逼利诱始终未能动摇持松崇高的民族气节。据《持松大师年谱》记载,持松曾言:"吾离此一步,即无面目见国人及师友矣。"①

在上海沦陷期间,持松不仅竭尽心力撰写佛学著作,还积极参与弘法活动。如静安寺先后举办每周一次的佛学星期讲座和不定期的佛学讲座,邀请持松、兴慈等法师轮流主讲,一直延续到抗战胜利。1942 年 9 月 1 日、16 日,持松应《佛学半月刊》之邀而编撰的两期《真言宗专号》出版,其内容包括《读大日经疏随笔》《金刚顶经要领》《大日经教主问题》《释摩诃衍论之真伪问题》《唯心唯识与六大无碍》《曼荼罗之意义》《六大缘起考》《显密二教之胜劣》等。《持松大师年谱》对其总结为:"廓清了当时教内外对真言宗的诸多误解,由此凸显了大师在中国密教文化复兴运动中的领航地位。"②此外,据《持松大师年谱》统计,上海沦陷以来,截至 1945 年日本投降前夕,持松撰写的论著、纂注、疏解共计四十余部,各类仪轨、行法记等二十余种。

值得一提的是,持松不仅在国内培养了诸多灌顶弟子,在国外也有弟子。1996 年,时任法门寺博物馆馆长的韩金科赴日本进行唐密学术交流。一位名叫稻谷佑宣的日僧在其演讲之际走上讲台,说自己是持松的弟子,现为日本正通寺住持。两人十分激动,笔谈良久。后来,稻谷佑宣还专程到中

① 杨毓华主编:《持松大师全集》第八册《持松大师年谱》,第 3841 页。
② 对《真言宗专号》的介绍及评价,详见杨毓华主编:《持松大师全集》第八册,第 3847 页。

国法门寺朝拜，并寻找唐密传承者。当时日本高野山大学校长东智学曾告诉韩金科，稻谷佑宣特地在日本为持松建立了纪念冢，以示尊重法脉传承及缅怀之情。[①] 杨毓华得知后，专门写信向日本十轮寺藤本善光大僧正求证。收到的回信表示高野山确实有持松的墓地，曾委托朋友专程去寻找，但因高野山上墓地众多，近几十年来又无人去祭扫，故未能寻得。杨毓华由此认为，稻谷佑宣为持松修纪念冢一事当是误认。2009 年，稻谷佑宣阿阇黎的灌顶弟子、台湾著名梵文专家林光明教授特地来上海拜访杨毓华及持松诸多灌顶弟子。林光明撰有《新编大藏全咒》等系列佛教著作，佛学修养深厚。杨毓华遂应其所请，为其灌顶，赐法名"众明"。[②]

通过以上梳理可见，相较于其他佛教宗派，密宗法师的传法规模是令人震骇的，动辄上万人前来受法。一方面体现出密宗对各阶层信众的巨大吸引力，另一方面也使复兴中的密宗饱受批评，如此传法被认为效果不佳，有空造噱头之嫌。以持松为例，他一生设密宗道场传法灌顶弟子无数，须以万计，但晚年却难觅付法对象，最终将密宗真义传与在家弟子杨毓华。这往往被视作不得已之举，成为密宗传法规模巨大、传法质量却堪忧的批评佐证。任何事物都具有两面性，笔者以为，关于密宗传教规模与质量的问题应结合当时的社会背景展开考察。在"人间佛教"为了积极融入社会现代化发展进程而有意抛弃可能被指摘为"迷信"的诸多佛教仪轨之际，密宗的传教质量虽然由于传教人数众多而难以得到保障，但规模如此浩大的传法活动本身对于保持佛教的神圣性而言是至关重要的。结合后来的"人间佛教"宣扬者及研究者对"人间佛教"神圣性日趋淡薄之隐忧，更可见密宗传法活动之价值所在。太虚佛教革新思想的重要继承者星云在发展"人间佛教"的过程中创立了"佛光山模式"，尝试把现代法人制度与中国佛教传统的丛林制度紧密结合在一起，建构起国际佛光山会员制以适应全球化潮流，为"人间佛教"设定了"共修净化人心"这一神圣性的发展目标。正如李向平所指出的，星云大师反复强调"我在众生，众中有我"，主张立足于人间佛教的社会性来改

① 韩金科：《持松对长安密教的传承与弘扬》，增勤主编：《首届长安佛教国际学术研讨会论文集》第二卷，第 180—204 页。

② 杨毓华主编：《持松大师全集》第八册《持松大师年谱》，第 3904 页。

造佛教所面向的人间,使其具有神圣性。① 其实,密宗大规模弘法的特点也可从"共修"的角度来看待,不同社会阶层的信众能够领受的教理、事相之精深程度必然有着巨大的差异,但在密宗设坛传法之时,政界人士、文化精英和普通民众有机会聚集于同一时空,庞大的信众规模本身无疑对密宗的神圣性有所加持。再加上密宗在中土失传已久,其精密的坛场布置和仪轨流程远绍盛唐,进一步强化了密宗的宗教感召力,参加灌顶的信众或许在佛学教义方面无有所获,在佛教仪轨方面也只是循规蹈矩,但如此众多的信徒参与"共修"所营造的宗教氛围应该颇能震撼人心。密宗对教相和事相相结合的传法模式的坚持可以说在相当程度上捍卫了近代佛教的神圣性,从后来星云大力倡导"共修"来提升"人间佛教"的神圣性可见,与信众齐聚于同一物理时空对于葆有佛教的宗教感召力意义重大。

"别业"和"共业"是传统佛教中内涵极为深厚的一对观念,立足于丛林制度的传统佛教在信仰方式上推崇个体的修行和解脱,通常在与社会各阶层尤其是普通民众的切实交往方面缺乏制度性的建设。基于对传统佛教制度的反思,星云法师在推行"人间佛教"的过程中进行了大胆的制度创新,立足于丛林制度中的"僧团"群体,进一步建立"教团"乃至"社团",经过多年的实践,使"人间佛教"超越了丛林制度的束缚,得以联动社会各领域、各阶层的信众。② 从上文对持松复兴密宗的贡献所作论析,不难发现其在各地弘传密宗的实践亦是对佛教传统丛林制度的突破。持松多次举行规模甚巨的密宗传法活动,这些活动在组织层面是颇费工夫的,需要僧俗两界鼎力合作,其运作团队实际上与社团无异。只是由于时局动荡,持松法师没有机会像和平年代的星云法师一样长期地统筹、经营各地的信众团体,也无法持续、深入地展开密宗"共修"活动。以"人间佛教"后继者星云补救"人间佛教"神圣性弱化的举措为对照,更能把握持松在复兴密教方面的贡献,以及密教复兴之于"人间佛教"如何兼顾世俗与神圣之意义。

---

① 李向平:《人间佛教的神圣性构成——以星云大师的佛教思想为中心》,《上海大学学报》2016年第5期,第444—465页。

② 同上。

第四节　论著等身

近四十年来,关于持松的论著出版情况如下:

1984 年持松法师诞生九十周年之际,静安寺举办了"持松法师遗物展览",展出了法师的著作及在国内外弘法的照片,以及法师的学习笔记、书法资料等共二百多件遗物,著作和遗物仅供展出,尚未整理出版。[①]

1989 年持松法师诞生九十五周年之际,静安寺出版《持松法师年谱》,重印法师遗著《密教通关》。[②]

1993 年,华东师范大学出版社出版《持松法师论著选集》。该书由真禅主编,主要内容包括《密教通关》《菩提心论纂注》《心经阐秘》。

1995 年持松法师诞生百年之际,静安寺计划陆续分册出版《持松法师佛学论著选集》,同年出版《密教通关》,并编印《持松法师纪念文集》。[③]

1999 年,中国人民政治协商会议荆门市委员会学习文史委员会出版发行《持松法师论著选集》。此书为《荆门文史资料》第十六辑,分上下两编。上编包括《自述》《摄大乘论义记》《贤密教衡》《持松法师佛学论著书目》,下编包括《大日经住心品纂注》《师奘文钞》《般若理趣经集解》《密林诗词》及附录《瑞征撮要·遗嘱》。

2013 年,持松法师的灌顶弟子杨毓华编定的《持松大师全集》(八册)由台湾新北震曜出版社出版。此前,杨毓华还编辑出版过《持松法师论著选集》《持松法师纪念文集》,并著有《持松法师》(传记)、《密教通关初解》。他对持松法师的佛学思想多有宣扬,尤其是法师着力恢复的唐代密宗。除之前已陆续出版的《密教通关》《心经阐秘》《大日经住心品纂注》《华严宗教义始末记》《贤密教衡》《随行一尊供养念诵私记注》《满月世界依正庄严颂》之外,《持松大师全集》更有诸多内容是首度公开,如收录了截至 2012 年所发现的持松大师创作的书画、诗词等作品,可供读者更全面立体地了解持松生

---

① 申宝林:《上海佛教界纪念持松法师诞生九十周年》,《法音》1984 年第 6 期,第 20 页。

② 蔡惠明:《持松法师 95 周年诞辰纪念仪式在沪举行》,《法音》1989 年第 11 期,第 44 页。

③ 蔡惠明:《精通贤首　重兴真言》,《法音》1993 年第 5 期,第 26—28 页。

平,亦为深入研究持松的佛学形成思想提供了扎实的文献基础。

持松著作颇丰,超过百万字,大多撰写于二十世纪三四十年代。根据不同的文献资料,在抗战期间,持松闭门谢客,坚决不与日伪合作,在上海沦陷的逆境中坚持弘法,所撰写的论著、纂注、疏解合计四十余部、七十余册,各类仪轨、行法记等有二十余种。其皈依弟子李圆净曾邀约蒋维乔、黄幼希等其他弟子共同进行整理,将持松著作分为显、密二编,经持松本人详加校订后,于 1940 年以《师奘全集》为名刊印。爱俪园主罗迦陵十分敬重持松,在支持刊印《师奘全集》的同时,又邀请持松系统性地选编显密典籍,并以《师奘选述》命名之,后委托上海佛学书局出版。《师奘选述》主要分为显部法汇、密部法汇、律部法汇等。其内容丰富,具体又可归纳为以下几类:

一是持松自己的著述,包括《持松全集》的所有内容。

二是持松从日本带回的中土高僧的著述,如《梵语千字文》《梵语杂名》《梵汉异译心经》《悉昙字记》《梵汉阿弥陀经》等。

三是持松从日本带回的日本高僧的著述,如《金刚顶大教王经疏》《苏悉地羯罗经略疏》《秘密仪轨》《觉禅钞》《诸尊真言句义》《瑜伽四十手深要决义》《阿娑缚钞》《大日经疏妙印钞会本》《四度行法记》《一尊供养法记》。

四是弘一律师辑著的律宗典籍,如《教诫新学比丘行护律仪集解》《六物图集解》等十六种。

五是精选的中土佛教著述或译本。有古代译著,如《大智度论》(鸠摩罗什译)、《瑜伽师地论》(玄奘译)、《百法明门论义记》(唐昙旷撰)。也有近人的著述,如《瑜伽师地论叙》(欧阳竟无著)、《八识规矩颂附贯珠解法相表》(范古农解)。

《持松大师年谱》将《师奘选述》评价为:"不但是近代系统整理佛教经典的一次重要尝试,而且为广大修行者提供了具体的指导参考,进而为推动佛教复兴打下了良好的基础。"①

游有维撰《持松法师传》的文末虽将持松的显密著作总结为二十六种,

---

① 对《师奘选述》的介绍及评价详见杨毓华主编:《持松大师全集》第八册《持松大师年谱》,第 3833 页。

然而仅列举了其中二十三种。① 1988 年出版的《名僧录》收有游氏《持松法师生平事略》一文,该文称持松法师的著述共有二十八种,其中与密教相关的著述有《密教通关》《大日经住心品纂注》《金刚顶大教王疏》《苏悉地羯罗经略疏》《金刚界行法记》《胎藏界行法记》《随行一尊供养私记注》《护摩行法记》《三陀罗释》《施诸饿鬼食法注》《真言宗朝暮行法》《密教图印集》《贤密教衡》《贤密教衡释惑》《般若理趣经集解》《仁王护国经阐秘》《菩提心论撰注》《心经阐秘》《梵语心经异译本》《悉昙入门》《梵语千字文》《梵语杂名》《释尊一代记》;与显教相关的著述有《华严宗教义始末记》《摄大乘论义记》《观所缘缘论讲要》《因明入正理论易解》《心经阐秘》《梵语杂名》《梵文心经异译本》《释尊一代记》《师奘文钞》。② 蔡惠明撰写过多篇纪念持松诞辰法会的通讯稿,他在《精通贤首 重兴真言》一文中称持松显密著作共二十四种,并列举了关于密教的十种,这些都是游有维所列举涵盖到的。③ 吴成国则在论文中宣称持松的佛学专著多达五十余种,并列举了十九部与密教相关的著述,与游有维所举相比,增加了以下数部:《真言宗之戒》《三昧耶戒义释》《十八道次第》《三陀罗尼释和十八道略诠》《四度加行口诀》《佛顶尊胜陀罗尼纂释》《金刚顶经菩提心论纂注》《理趣经释》。④ 吴成国在文中指出,《梵语杂名》《梵语千字文》《梵语心经异译本》等书是持松法师两次东渡回国时带回的唐代梵语典籍,这些典籍乃持松求学的遗物,不应算作著述。农醒华在持松法师诞辰百年之际撰写的《持松法师佛学思想研讨会综述》中提及当时尚有持松法师的七十余本亲笔手记未整理,并呼吁法师健在的弟子尽快将手记整理出版。⑤

此外,也使得与真言密教关联甚密的悉昙学研究再度兴盛,悉昙部典籍因此受到人们的关注。《悉昙入门》是持松编辑的一部悉昙学入门之作。此

① 游有维:《持松法师传》,《法音》1984 年第 6 期,第 20 页。

② 游有维:《持松法师生平事略》,全国政协文史资料委员会宗教组编:《名僧录》,北京:中国文史出版社,1988 年。

③ 蔡惠明:《精通贤首 重兴真言》,《法音》1993 年第 5 期,第 26—28 页。

④ 吴成国:《持松法师与民国时期唐密的复兴》,《民国档案》2012 年第 2 期,第 84—90 页。

⑤ 农醒华:《持松法师佛学思想研讨会综述》,《佛学研究》1994 年,第 276—277 页。

书分以下五各部分：

第一，题为"悉昙之意义"。将"悉昙"（siddham）之义解释为"完成"，又将梵语的四十九个字母分为"不藉他声之配合而自身即完成"的十四韵以及"必配韵呼之"始能完成的三十五声。

第二，题为"悉昙之本源及切接"。评述梵字起源的四种说法，即梵天说、龙宫说、释迦说及毗卢遮那佛说，复以悉昙离合之法为切接。

第三，题为"梵语字母之书体及声韵"。将梵字分为摩多与体文，并以悉昙体书之。

第四，题为"悉昙之意义"。解释梵字取义之法，并抄录了《金刚顶经释字母品》字义。

第五，题为"悉昙之建立"。列出悉昙十八章字母拼转表，除第十六章依荻原云来《实习梵语学》外，其余各章皆依《悉昙字记》。

在接受东西梵语学者的研究成果时，持松并没有简单地否定传统的说法，而是明其源委，察其流变，在传统与现代之间架起一道理解与沟通的桥梁，给予初学梵字者以便利。由于作者吸收了东西方学者对梵语及梵字的研究成果，所以，此书兼具了现代学术著作的科学与严谨。如其通过对"龙宫"（nàga-ra）一词的分析，指出梵字起源诸说中的"龙宫之文"实为古代印度的一种书体，后来印度流行的"天城体"（devanàgari）即为其支流。在评论"悉昙乃释迦所说"时，认为："近来梵语学者亦不承认此说。盖四十二字门等是呼其声，不得谓此书体是释迦所作也。"至于对真言密教所主张的"毗卢遮那所说"，持松亦采纳了近世学者的意见，认为是"架空之说"，但又进一步辨析道："按此说就密教教义言，即如来加持文字，非谓字相是如来作也。"接着，又申述《悉昙字记》的观点："即西历第六世纪顷，印度梵字系统有三，南天竺祖承梵天之文，即今之所谓悉昙者也，而中天竺则悉昙兼以那伽利龙宫之文，北方所用则为一种鲁熹多迦文，此种书体近时虽未见流行，要必亦由悉昙而出，与悉昙无多异也。"①

2011 年 11 月，"首届大兴善寺唐密文化国际学术研讨会"在西安召开，

---

①　杨毓华主编：《持松大师全集》第三册，第 1251 页。

与会专家达成了诸多共识。会上主要总结了近代以来唐密复兴取得的诸多成就，并对持松的贡献给予了高度评价，称其为"近代的玄奘""中国的空海"。在会上，吴立民认为中国佛教的振兴首在唐密复兴，而持松又是近代唐密复兴中贡献"最突出者"。韩金科在为《持松大师全集》所撰序文中如此评价持松："持松大师谦逊博学，爱国爱教，成就巨大，精神感人。没有先师明训，他却只身入东瀛继绝学；没有政府严令指派，他却在各地设坛弘法度生；没有进过高等院校读书，他却著述等身；没有大学讲堂，他却将中国佛教的精华传给了后人。这就是他的伟大和精神不灭之处，值得我们后人效法学习。"韩金科为深入研究法门寺地宫中的唐密文化遗产，辗转找到了持松的弟子杨毓华居士，并通过杨的介绍和书稿，了解了持松数十年间显密圆融的伟业，对此万分钦佩。韩金科在序文中进一步交代了持松的付法情况及著作出版情况："因无缘有僧宝弟子承继唐密大法，后又遇'文革'浩劫，坎坷非常。所幸在那个特殊的环境里，终于'付法得维摩'，将铁塔正传付予杨毓华居士（法名超晔），使法脉得以承继，实是国家之幸、众生之福。现今，由持松大师复兴的唐密已经有了第三代（'众'字辈）、第四代（'妙'字辈）传人。持松大师涅槃后，杨毓华居士默默地接过了唐密复兴大旗，保存整理持松大师手稿，悉心培养弟子，方便接引有缘者，无一日虚度，也无一时声张。她以耄耋之龄，拖着病弱之躯，连续编辑推出了《持松大师论著选集》、《持松法师论著选集（二）》（上、下两册），主编了《持松大师选集（六）》；今又得国际著名梵文专家、持松大师再传弟子林光明先生（大师传日本的稻谷佑宣，林先生为稻谷佑宣弟子）协助，主编出版《持松大师全集》。可以说，这是唐密复兴的一项标志性工程。自民国初年以来，唐密复兴各家虽各有所长，弘传不绝，但为一位大阿阇黎出版全集的，这还是第一次。"①正是这部全集的出版，使本书对持松法师佛学思想与宗教实践的深入研究成为可能。

————————

①　韩金科：《唐密复兴的标志性工程》，杨毓华主编：《持松大师全集》第一册，"序四"，第11—15页。

第四章　持松法师显密判教思想

　　美国学者理查德·麦克布莱德在《果真有"密乘"佛教吗?》一文中,详细讨论并对比了从五到八世纪中国佛教在判教文本上采纳"密教"(teaching)和"显教"概念,以及相关用于描述佛教教义分类的概念,其提出的密法定义指更高深的、适合于菩萨的大乘教法。他和罗伯特·沙夫认为"密教"一词的概念化最早发现于道殿撰著的注疏文献《显密圆通成佛心要集》(英译本 *Anthology on the Essentials of the Heart of Attaining Buddhahood and the Perfect Interpenetration of the Exoteric and Esoteric*)中。麦克布莱德评论说,教义的分判固然是促进理解不可或缺的工具,但它们亦常常使我们忽视发展性与连续性之间的复杂关系,而这正是中世纪汉传佛教的最典型特点之一。[①] 唐密初始,善无畏(输轮波迦罗三藏)曰:"众生根机不同,大圣设教亦复非一,不可偏执一法,互相是非,尚不得人天报,况无上道! 或有单行布施得成佛,或有唯修戒亦得作佛,忍进禅慧,乃至八万四千尘沙法门,一一门入,悉得成佛。"[②]这种圆融的思想表明了对当时佛教各宗派平等和包容的态度。

　　萧天石认为佛教秘密一宗,有关瑜伽咒声与观想的部分,在唐初传入中国后,至唐代流传入日本,成为东密一支。而有关即身成就之瑜伽部分,则于初唐传入西藏,是为藏密一支。元朝忽必烈之国师发思巴又将藏密传入

---

　　① 　Richard D. McBride Ⅱ, "*Is There Really 'Esoteric' Buddhism?*", *Journal of the International Association of Buddhist Studies*, 2004(2), pp. 329 - 356.

　　② 　(唐)善无畏:《无畏三藏禅要》,《大正藏》第18册,第944页上。

中国,并摄取大乘奥秘修法,广为弘化。发思巴认为显教(波罗蜜多乘)之与密教(秘密真言金刚乘),两者皆成佛要道,体同而法异。由法界摄归色身,由色身透出法界,及其成佛一也。其下手,不外以"皈依"为佛道一切法门之基础,而以皈依三宝为共法。密教除显教之三皈依戒(佛、法、僧)外,尚有"内皈依、密皈依、密密皈依"三种不共皈依。内持下手自身气、脉、明点,密持四灌顶(瓶、密、智慧、三昧耶),至密密皈依自性法、报、化三身,一切通达圆融无碍,而至究竟真实佛地矣,即身是佛。① 现代学者耿昇认为寂护和莲花生把印度的显、密二宗传入吐蕃,这时的藏密被称为"旧密法";十一世纪初,由仁钦藏波在吐蕃传播的密法则被称为"新密法",亦称密教、神密教、金刚乘等。该教认为语密(口诵真言)、身密(手结契印)和意密(心作观想)相应可以即身成佛。金刚乘主要以密教教义善无畏译《大毗卢遮那经》(《大日经》)、金刚智译《金刚顶经》、不空译《一切如来真实摄持经》为基础。②

空海认为,显教属于"因分之教"。所谓因,指为获得最终解脱而展开修行的阶段、过程。显教义理说明这种过程,实为权便之说。而作为第一义谛之胜义,亦即真如,显教认为是超越言诠的不可安立法,即圣者无分别智内证,"言语道断,心行处灭",其"果分"不可说。但是,密教持"果分可说"观点,所说是觉悟境地。真言行者,立足果分,证真实深秘。密教在"六波罗蜜多"基础上,进一步提出"三密加持"。加持(Adhisthana)表如来大悲与众生信心彼此摄持。空海在其《声字实相义》中阐释了法身说法这一思想,在《般若心经秘键》中,又从密宗立场解读了《心经》。③ 王弘愿认为,虽然空海著《十住心论》中谓密教义理于华严、法华两宗显教无高低之分,然事相部可论诸教浅深不同。持松也著有《心经阐秘》,以显密同阐的角度解读《心经》。④ 持松著《显与密之转识成智》以显教讲"转"化"依"藏于"阿赖耶识"中一切一切虚妄分别,舍得"烦恼"和"所知"二障。转得"菩提""涅槃"两果所依,破法

---

① （元）发思巴上师辑著,萧天石主编:《大乘要道密集》,"萧天石序",第1—9页。

② ［英］约翰·布洛菲尔德:《西藏佛教密宗》,第1页。

③ 释宏涛:《空海大师——即身成佛》,台北:经典杂志,2019年,第322—327页。

④ 密林(持松):《心经阐秘》,上海:上海佛学书局,1939年。附于《密教通关》一书之后,后收入真禅主编:《持松法师论著选集》,上海:华东师范大学出版社,1993年,第343—377页。

我两执，直至成佛。再以密教讲大日如来法身万德包含故曰如来藏（即第八阿赖耶识），以金、胎两部修生显得，身中所有心王、心数悉成尊形，能除一切苦，真实不虚。一为行因至果，一为从本垂迹，方便究竟。[①]

第一节　显密判教思想概念和历史溯源

判教是对佛教各宗派在佛教中所处地位、作用及影响等方面的总体认识与评价，并围绕各宗派义理的浅深、说时的先后加以剖析和区别。汉地自唐代不空以来，判教观点始开显、密二宗，但局限于对两者在持法、修法、传法上不同的探讨。其后，显、密二宗观念改变为显宗为旧，密宗为新、精进、方便。至元朝，随着密宗的广泛发展，对密宗的定义转变为"密宗之外，都是显宗"。[②] 并认为，佛教的内容就是显、密二宗，密宗从大乘佛教戒律、传统、规范框架中试图独立出来，显宗五戒所持不再拘泥密宗，显宗授戒剃度不再居于密宗僧网，密宗瑜伽行者更加关注师承灌顶加持。此为民国时期王弘愿白衣传法埋下了缘起伏笔。至明朝朱元璋颁布诏令对佛教与僧侣实行严格管控，汉地密宗成为宗教仪式的范畴，密宗几近禅宗，显、密几乎没有差别，由此密宗趋于没落。与此相对的，藏密在藏地继续蓬勃发展。至清朝，密宗在汉地又呈复兴之势。例如，乾隆十八年特敕命三世章嘉国师编制《御制满汉蒙古西番合璧大藏全咒》，这对密宗在汉地的弘扬影响深远。

自不空以显密教义判教以来，汉地佛教对显密会融的研究思想一直持续至今。显教即因乘，又称波罗蜜多乘，有大乘、小乘之别；密教即果乘，又名金刚乘。前者以教导成佛之因为主，后者则直接教授果位。[③] 密教认为释迦牟尼佛说教随他意，所以为显；大日如来说教随自意，所以为密，不仅语密，身和意亦密，这些不是显教信众可以了解的，所以完整地称密教的话，则

---

① 杨毓华主编：《持松大师全集》第三册《显与密之转识成智》，第1225—1226页。
② 邱福海：《"即身成佛"的简捷法门》，第126—127页。
③ 刘俊哲：《宗喀巴〈密宗道次第广论〉的哲学思想探析》，《民族学刊》2020年第2期，第77—83页。

是"三秘密宗"。以佛身论为基础,根据佛的法、报、应三身说法,佛教也应分为三类:佛应身说法为小乘教,报身说法是大乘教,法身说法属秘密教。报、应二身说法的大乘与小乘可合称为显教。显教浅近,密教深奥,显密两教均为佛法不可分割的组成部分,只是因受众根基和道缘不同而产生分别。密教认为三乘最终都要归于一乘即密乘(佛乘),即身成佛。

　　密教经典中不乏显密并论的情况。如道殿引《理趣经》言:"如来说有五藏:一经藏如牛乳,二律藏如酪,三论藏如生酥,四般若藏如熟酥,五陀罗尼藏如醍醐;醍醐之味,奶酪等中最为第一,能除诸病,令诸有情身心安乐。"①又引《最上大乘金刚大教宝王经》言:"说有四乘:一声闻乘,二缘觉乘,三方广大乘,四最上金刚乘。"②《大宝广博楼阁善住秘密陀罗尼经》(简称《宝楼阁经》)上卷言:"我于无量俱胝百千劫来,虽难行苦行,犹不能成菩提果,由才闻此大陀罗尼,加行相应故,得成正觉。"③此外,密教也有三藏之说:经藏有《大日经》《金刚顶经》等二百卷;律藏有《苏摩呼童子经》《毗奈耶经》等百七十卷;论藏有《菩提心论》《释摩诃衍论》④十一卷等。

　　藏密传统对显教教义正解十分重视。《华严经·普贤行愿品》曰:"牛饮水成乳,蛇饮水成毒。智学成菩提,愚学为生死,如是不了知,斯由少学过。"⑤明确指出通过广泛的闻思修不惑正解。藏传宁玛、格鲁、噶举、萨迦、觉囊诸派皆显密并弘。印度那烂陀寺显宗祖师寂护传入藏地因明、戒律、俱舍、中观、般若五大部显宗教义,随后莲花生大师入藏传法,成为藏传佛教开

---

①　(辽)道殿:《显密圆通成佛心要集》卷上,《大正藏》第46册,第993页下—994页上。《理趣经》又作《大乐金刚不空真实三么耶经》《大乐金刚不空真实三摩地耶经般若波罗蜜多理趣品》《金刚顶瑜伽般若理趣经》《不空真实三摩耶般若理趣经》,唐代不空、玄则、菩提流志、金刚智和宋代施护、法贤均有汉译异本,是日本密界所尊崇的密教经轨之一。

②　(辽)道殿:《显密圆通成佛心要集》卷下,《大正藏》第46册,第1002页上。宋法天译《最上大乘金刚大教宝王经》,上下二卷。瑜伽密教经典。包括事师八法、二谛、弟子四相、五补特伽罗、灌顶曼荼罗次第及四密等。(任继愈主编:《佛教大辞典》,第1168页)

③　《大正藏》第19册,第620页上。

④　《释摩诃衍论》是《大乘起信论》的注释书,简称《释论》,据说为龙树所作,由姚秦筏提摩多译成汉文。关于此书的真伪历来争议不断,佛教研究者大多认为此书是七至八世纪期间在中国所作。此书第十卷性德圆满海的思想与密教高度一致,空海即依循此论阐发真言教义。

⑤　《大正藏》第10册,第717页下。

山祖师。其对显教经典研习的传统保留至今,现在四川五明佛学院佛教课程中即包括显宗《普贤行愿品》《随念三宝经》《心经》《金刚经》《药师经》等。藏传大德麦彭仁波切所著《澄清宝珠论》和宗喀巴撰著《菩提道次第广论》皆是显宗论义。无垢光尊者著《大圆满心性休息》从南传佛教的离心论到大乘的菩提心论,再到密乘大圆满,都详细介绍了显宗教理。民国时期能海法师云:"显是密之显,密是显之密。有则双存,无则并遣。若不知显,则不了密之性相;若不知密,则不知显之作用。"①

　　显教经典中对密教的称扬亦屡见不鲜。例如,华严四祖澄观于经律论三藏之外,立一杂藏,收陀罗尼而成四藏,三乘各四,成十二藏。② 子璿《首楞严义疏注经》卷七言:"诸佛密语秘密之法,唯佛与佛自相解了,非是余圣所能通达……但密诵即能灭大过,速登圣位。"又言:"(神咒)是诸佛密印……佛佛相传,不得移易。"③《大般若经》卷五七二云:"总持犹妙药,能疗众惑病,亦如天甘露,服者常安乐。"④

　　唐密发展到宋辽夏诸朝时,显密二分已经成为整个中国佛教界的判教标准和区别教派的基本概念。据记载,不空弟子潜真⑤通达显密两教,"兼禀承不空秘教,入曼拏罗登灌顶坛受成佛印。显密二教,皆闻博赡"。⑥ 辽代道㲋号称显密圆通法师,他在华严思想上有着深厚的基础,曾以华严摄密教,指出:"原夫如来一代教海,虽文言浩瀚,理趣渊冲,而显之与密,统尽无遗。显谓诸乘经律论是也,密谓诸部陀罗尼是也。爰自摩腾入汉,三藏渐布于支那;无畏来唐,五密盛兴于华夏。九流共仰,七众同遵,法无是非之言,人析修证之路。暨经年远,误见弥多。或习显教,轻诬密部之宗;或专密言,昧黩显教之趣;或攻名相,鲜知入道之门;或学字声,罕识持明之轨。遂使甚

---

① 索达吉堪布:《密宗断惑论》,甘孜:色达五明佛学院,2023年,第41页。
② 韩同:《显密圆融论》,张曼涛主编:《现代佛教学术丛刊》第73册《密宗思想论集》,第39页。
③ 《大正藏》第39册,第919页下。
④ 《大正藏》第7册,第957页上。
⑤ 潜真(718—788),除修持显教外,还随不空研习密教,受敕作《文殊师利菩萨佛刹庄严经疏》,书成于大历八年(773),另撰有《菩提心义》《发菩提心戒》《三聚净戒及十善法戒》。
⑥ (宋)赞宁:《宋高僧传》卷五《潜真传》,第104页。

深观行变作名言,秘密神宗翻成音韵。今乃不揆琐才,双依显密二宗,略宗
成佛心要,庶望将来悉得圆通。"①元朝对汉藏大藏经进行过对勘,在编订
《至元法宝勘同目录》时,共同收录了汉传、印度、藏传、回鹘四大密教系统的
内容。与此同时,密教也广泛下沉到民间俗流中。当时社会上即显即密,禅
宗、天台宗、净土宗、密宗等佛教诸多宗派融会,以显密圆通达理事无碍。以
准提行法、焰口施食法、大悲忏法、舍利忏法、药师忏法、阿吒力忏仪等密教
科仪忏法为内容的各种法事活动和一般修持方法极大地满足了民间信众的
需求,而密教也进一步世俗化、社会化、民间化,形成了具有中国文化特色的
密教。明代憨山德清倡导禅净双修,其思想相契于禅宗六祖惠能。他亦提
倡显密圆融,以禅摄密:"教有显密,显则指众生本元心体,令其了悟,以脱生
死之缚。密乃诸佛心印,是为神咒,诵演则加持,令诸众生顿脱剧苦,皆度生
之仪轨也。"②清朝遵循元明传统,推崇藏传佛教。例如,宁玛派、萨迦派、噶
举派、格鲁派、觉囊派兴起,并且进入汉地弘法。

　　传统的显密判教建立在各个佛教宗派自认为至高至妙的基础上,因而
常常出现互相毁谤的情况:"习显教者,且以空、有、禅、律而自违,不尽究竟
之圆理;学密部者,但以坛、印、字、声而为法,未知秘奥之神宗。遂使显教密
教矛盾而相攻,性宗相宗凿枘而难入,互成非毁,谤议之心生焉。"③到了民
国初年,中国佛教开始出现诸宗兼融的趋势,如学习宗喀巴在显宗与密宗的
价值判断上,便不再坚持西藏佛教界普遍存在的密乘高于显乘的观点。④
宗喀巴认为:"若惟修天瑜伽,决定不能成佛。若不修天而修空性及余方便,
须经无数劫方得成佛。若能俱修天及空性为速疾道。"⑤这里的天瑜伽特指
密宗。也就是说,只修密宗是不能成佛的,但不修密宗而只修显宗中的空慧
及其他方便,必须经过无数劫才能成佛。从这里可以看出,宗喀巴认为显宗
的教法是成佛的基础,密宗修法的价值在于它加速了成佛的过程。所以,如

① (辽)道殿:《显密圆通成佛心要集》卷上,《大正藏》第46册,第989页下。
② (明)德清:《憨山老人梦游集》卷二○,《卍新续藏》第73册,第603页下。
③ (辽)陈觉:《显密圆通成佛心要集序》,《大正藏》第20册,第989页中。
④ 朱丽霞:《宗喀巴显密判教标准分析》,《佛学研究》2012年,第148—157页。
⑤ (明)宗喀巴:《密宗道次第广论》卷二,《大藏经补编》第10册,第795页下。

果在显乘教法之上"更加密咒诸不共道,灌顶三昧耶律仪二种次第及其眷属,故能速疾趣至佛陀"。① 宗喀巴的判教思想可以概括为先显后密、先渐后顿。首先,他将佛家教义视作一个圆融的体系和有机的发展脉络,而非由碎片化、互不关联的分支组成。具体而言,即大小乘佛法、显密佛法的"信、解、行、证"之次第的规律性和差异性虽然客观存在,但其"教、理、行、果"相通,故两者并不是绝对的互斥逻辑,应于同中求异。其次,宗喀巴表示:"应如支那堪布,许有顿悟众生。若许有者,说彼成佛不须生起次第,则违一切密咒教典。若谓往昔多生已修密咒之机为上根人,说彼不须修生起次第者,是失时处之谈。"②而"支那堪布"指汉地僧人摩诃衍③,他否认渐修,主张顿悟,宗喀巴对此持批判态度,进而以辩证的方法揭示出渐修和顿悟两者不可割裂,先渐后顿,显密圆融,才能事理不隔,性相融通。

藏传佛教格鲁派(黄教)的创立者宗喀巴的"显经密续"判教理论对太虚等人产生了较大的影响。太虚的显密佛教判摄思想可以概括为平等、互融、不二。他在写于 1941 年的《我怎样判摄一切佛法》④一文中,将自己判教思想的发展分为三个时期:

第一期的判教在 1914 年之前,是"承袭古德的",将佛教分为"宗下"和"教下",认为密教属于"教下"。

第二期的判教是从 1914 年到 1924 年间,将中国佛教先后出现的十一个大乘宗派归摄为八,认为"天台、贤首、三论、唯识、禅、律、净、密这大乘八宗"在"根本原理及究竟的极果,都是平等无有高下的",只是在宗教实践,即在"行"上,"所施设的不同罢了"。

第三期的判教在 1924 年之后。太虚的视野范围已经扩展到整个世界佛教。例如,太虚于 1926 年至 1929 年期间赴欧美游历弘法,开展国际文化

---

① (明)宗喀巴:《菩提道次第广论》卷一,法尊译,《大藏经补编》第 10 册,第 625 页下。

② (明)宗喀巴:《密宗道次第广论》卷一六,《大藏经补编》第 10 册,第 901 页下。

③ 堪布摩诃衍,又称和尚摩诃衍、玛哈雅纳、大乘和尚,原为唐朝禅宗僧人,属禅宗四祖道信、五祖弘忍东山法门,八世纪八十年代入藏讲经,被称作"顿门派"。曾于赤松德赞在位期间参与西藏历史上有名的"顿渐之争",输赢众说纷纭。在此次辩论之后,西藏虽然选择推崇天竺金刚乘佛教,但禅宗的顿悟思想亦对藏传佛教产生了深刻影响。

④ 太虚:《太虚大师全书》第 1 卷,第 433—451 页。

交流,他提出"教之本及三期三系"和"理之实际及三级三宗"新说,把第三期的密咒佛教归为藏文佛教范畴。纵观太虚三期判教理论,其侧重点各不相同。在1925年,太虚已经宣扬"冶铸中密",并提出具体的建设原则和方法。太虚主张"当学日密、中国藏密纳于律仪教理建中密",认为虽然两者会通已有一定基础,但是要想真正在两者之上建立"中密",现在看来还为时尚远,汉藏两地理论互摄同化目前还缺少推进,如何在理论方面互为里表共同提升是很值得研究的课题。他倡导建设"中密"的根本原则是:"(一)当学日密、中国藏密,纳于律仪教理以建中密;(二)密宗寺当为一道区一寺之限制。"①根据国际形势的变化,太虚认为东密同样也可以作为熔铸"中密"的源头之一。东密紧密结合社会现实,为国家和社会的发展而服务的现实主义精神,可以和藏密一起对大乘"六度"予以实践修行及勤勇精进的精神,进而成为"中密"重要的精神营养。② 佛法无深浅高低之分,只是佛陀依照契理、契机对不同受众宣说不同方便之法而已。值得注意的是,太虚还进一步聚焦于"密"的特质,即"陀罗尼"(意为"总持"),以此突破传统意义上的显密之分,融会贯通地辨析佛教各宗。他指出中国佛教中的天台、贤首、禅宗、净土诸宗虽以显经为依据,但实际所宣扬的乃属密义,可称作"显中密"。而唐密、日密、藏密"虽是秘传的密法,而经咒仪轨等明修行次第,皆有定轨法则,其修习观想等法,也是极其次第差别明显的,因此可立为密中之显"。由上所述,太虚宣称:"发挥台、贤、禅、净总合的特长,将律、密、性、相,彻底容摄成整个的佛法,于是中国的佛教因之重新建立,而亦可成为现代的世界佛教了。"③

　　除太虚外,民国初的诸多僧人也都主张显密两教平等。太虚弟子法舫在民国时期的"显密之争"中提出显密互补,以借用密宗的传统来提升人间佛教的神圣性。他在《海潮音》第14卷第7号中主张引进日本中古佛教更加重视的密宗来增强神圣性信仰的教义来源。清末以来藏传佛教班禅等在

----

① 太虚:《中国现时密宗复兴之趋势》,《太虚大师全书》第16卷,第424页。

② 丁小平:《太虚法师对藏传密教的融铸》,《武汉理工大学学报》2009年第6期,第129—133页。

③ 太虚:《汉藏教理融会谈》,《太虚大师全书》第1卷,第365、369页。

上海弘扬西藏密宗教法时,也得到了法舫等人的支持。但密宗在上海等工商世俗社会传播后,亦有流弊:"因不守戒律,不谙教理,流毒所及,为害至深。如魔子曰:'密教兴,显教灭。'"①对此,法舫主张显密互补,而不是把密宗与显宗对立看待,或者认为密宗神圣与超世,显宗世俗与人伦。法舫主张复兴"唐密",引进"东密",正确认识"藏密",全面系统地研究佛教密宗传统,用以完善人间佛教的世俗化和神圣性的平衡。太虚弟子大勇认为显密之间"仅可以判显密之差异,不可以判显密之优劣",②"不能横面判为密优显劣、显浅密深。盖显密各互具浅深优劣二者。只有互相显发,决无此浅彼深"。③ 淡云指出:"虽有各宗派的学说不同,而其教内所诠的真义,却是一样,不过方法不同罢了。如天台宗以'一心三观'为主体,华严宗以'十法界观'为精要,法相宗以'唯识观'为入理,禅宗以'明心见性'为契机,净土宗以'唯心佛土'为趣向,律宗以'金刚王宝戒律'为能事,密宗以'即身成佛'为目的,这六宗的学说,教人的方法各有其善巧;而其教义和地位,亦各有其立场;而其感化人心,宣传佛法,也各有其手眼。"④日僧权田雷斧的中国弟子曼殊揭谛认为显密二教相辅相成,均有助于佛法修行:"显教者密教之初基,密教者显教之极致也。显教为资粮,密教为行果,显教如博之以文,密教如约之以礼。是故陀罗尼为总持。总持者何? 即是以显教中大乘诸经之甚深妙义,实地练习,观行取证,是故一生成佛,而秘密庄严心高出一切显宗之上者以此耳,万不能推翻显教而另唱高调,亦不能违越显教佛制而别创异行! 是故显密两宗,无一不推崇毗卢遮那如来。"⑤持松更是三渡日本习得东密、台密,进而以华严与日本密宗相融通,重兴唐密真传。此外,弘一法师于1938年在安海金墩宗祠演讲"佛法宗派大概"时,通过回顾密宗的源流及自己对密宗认识的变化,以精妙的譬喻阐明了显密平等的主张。弘一认为佛法根

①　法舫:《全系佛法上至密宗观》,梁建楼整理:《法舫文集》第四卷,第15页。

②　大勇:《留学日本真言宗之通信》,《海潮音》第4卷第8期,1923年。

③　大勇:《答太虚法师书二》,《海潮音》第4卷第9期,1923年。

④　淡云:《从显密问题上说到王弘愿之犯戒》,张曼涛主编:《现代佛教学术丛刊》第73册《密宗思想论集》,第143—144页。

⑤　曼殊揭谛:《与王弘愿论密教书》,张曼涛主编:《现代佛教学术丛刊》第73册《密宗思想论集》,第104页。

本目的是求觉悟,目的地并没有差别,但过程中必有诸多路径,产生各种宗派之分别。佛教在印度起源,南传有多种部执,至大乘时分"空""有"二见。弘一将密宗教法与大乘各宗比较后,认为前者最为高深,修持最为真切。弘一甚至说:"常人未尝穷研,辄轻肆毁谤,至堪痛叹。余于十数年前,唯阅密宗仪轨,亦尝轻致疑议。以后阅《大日经疏》,乃知密宗教义之高深,因痛自忏悔。愿诸君不可先阅仪轨,应先习经教,则可无诸疑惑矣。"但弘一同时劝诫修习者不可固执成见而妄生分别。佛法本来平等,无有可说。佛法之名亦不可得,种种差别因众生习染浅深,觉悟先后不同,乃方便众生而立。譬如世间患病者的病症差别种种,须不同药品对症,其价值亦高低不等。所谓药无贵贱,愈病者良。弘一说:"佛法亦尔,无论大小权实渐顿显密,能契机者,即是无上妙法也。故法门虽多,吾人宜各择其与自己根机相契合者而研习之,斯为善矣!"①从弘一的发言可见,当时社会上对密宗的偏见和非议并未偃息,但佛教高僧和护法居士在对显密平等性的讨论上已形成一定共识。

根据《持松法师年谱》记载,1933 年持松曾如此开示有志于学佛的僧俗:"禅是理,行在禅宗。禅教律密净,都以禅为基础,觉人觉己,破除迷信。生生不息谓之'易',定中也有动,体内血液流动、心脏跳动、胃肠蠕动、意识之活动,在寂灭定中还有由静起动,否则就不会由体起用,应化众生。此时已转识成智矣,故为智用。华严是事,教在华严。经云'四法界''十玄门',门门相通、门门互入,辩证思维,超越时空,六度十度,森然万行,同时互现,各别圆成,即圆成性智。爱护众生而自性无染,此禅教并弘、通宗通教之旨,故华严宗必时有中兴也。又,教赖宗以悟,宗赖教以弘传。又有借教以悟宗者曰'渐修',直指人心者为'顿悟'。但悟后教化众生者又为教也,故诸教宗必时有中兴也。"②在实际指导中,持松要求弟子先学通显教,认为具备显教的基础才更容易理解密教义理。即使在弘传密宗时,持松亦常常穿插阐发华严、天台、禅宗、法相等教理以互证,从而加深弟子对密宗乃至佛学的理解。

---

① 《弘一大师全集》编辑委员会编:《弘一大师全集》第 7 册,福州:福建人民出版社,1991 年,第 375 页。

② 杨毓华主编:《持松大师全集》第八册,第 3806—3807 页。

第二节　民国时期日本真言宗回传
　　　　中国引发的显密之争

　　埃里克·席克坦茨详细列举了太虚、持松所代表的僧侣团体与王弘愿倡导的密教重兴会之间的冲突，并介绍了其中的诸多问题，也引用了诸多日本学者的观点，现将其归纳如下。

　　持松在高野山修行回国后开始了密教的布教活动。他主张密教是大乘佛教整体的一部分，并在《海潮音》上发表了《贤密教衡》一文，阐述密教与华严思想的融合，倡导密教教徒不仅要学习密教，还要广泛学习大乘佛教知识。他的观点遭到了同在日本接受真言宗传承的王弘愿居士的反对。王弘愿认为华严思想从"理"部（教义）上看属于密教的范畴，但没有强调"事"部（密教的实践）。对此，王弘愿批判持松是没有"墨守"祖师空海教义的无礼者。持松对此反驳认为，华严经中也有密教的"事"部实践（手印），认为王弘愿是过分宣扬密教《十住心论》相对于诸大乘显教思想的优越性，并批判了其排他性。持松认为王弘愿的态度违背了唐代密教祖师的本意，实为"不孝"。持松主张华严和密教是"互助、互补"关系，认为两者平等，没有"君臣佐使"之差。持松认为王弘愿的立场只是没有正确地理解大乘佛教而已，只不过是《十住心论》的"党见（偏见）"之说。《华严经》和其他密教经典教义同质一体，讲述了法界三昧地①，主张从密教、华严融合的立场出发批判日本的真言密教。持松在《贤密教衡释惑》文中写到："亦吾之所以尊师尊祖之所宗者，令去其十住心教之小玼，而返成其真言密教之良规。"②对持松来说，空海的《十住心论》是王弘愿的谬见源头，只是王弘愿为了维护从日本传入

---

　　① 观见《华严经》所明一真法界之玄理之三昧，谓修法界观，得法界定，透彻一真法界。配之于华严之三圣则为普贤菩萨之所得。《大智度论》卷二八曰："一切禅定亦名定，亦名三昧。"（《大正藏》第25册，第268页中）一切普贤菩萨广行愿能够和合，所修之法与所证之境得到相应，称为三昧。心摄于所入之禅而不动称为三摩地，与三昧同义。又密教等五字谓之法界体性观，一名法界三昧。《金刚顶莲华部心念诵仪轨》卷一曰："结三摩地印，入法界三昧。"（《大正藏》第18卷，第309页中）

　　② 杨毓华主编：《持松大师全集》第五册，第2414页。

的真言密教的合法性,而不得不妥协地否定其他大乘经典中涉及密教的相关内容。

赴日之前,持松和其华严传承的师门已经具有深厚的华严佛学功底。月霞法师弘扬《华严经》,在上海创建华严大学,培养专弘华严的僧才。应慈随其后,宣讲《华严经》,曾创立华严学院、华严速成师范学院等,重编《华严经疏钞》,号华严座主。之后常惺、持松也弘扬《华严经》,常惺撰《贤首概论》,持松撰《华严宗教义始末记》。从日本回国之后,持松对日本密教空海倡导的"十住心论"等教义抱有疑问,并试图回到密教的"原始"教义来解释密教。换言之,持松希望回溯到存在于日本密教之前那个原初密教("吾欲合乎真言原初之义")中所涉及的"十住心论"概念。但是在密教的两位祖师龙树和龙猛以及中国密教诸师祖的思想中并没有发现相关论述,因此持松怀疑《十住心论》与"原初"的密教思想相悖。持松对日本密教怀疑的初衷是希望摆脱日本密教的负面影响和非正统的内容,而重建原初的唐密传统。对于空海"即身成佛"的论述,在当时持松也采取了相对批判的立场,认为空海的密教思想不能完全照搬适用于中国佛教。另一方面,与持松的主张相反,王弘愿表现出积极利用空海密教教义的态度。他评价空海《十住心论》的判教思想为正统教义,这也是赋予他组建震旦密教重兴会合法性的理论基础。王弘愿在《答贤密教衡释惑》一文中反驳说,持松对密教判教和空海教义的知识掌握不足,并阐述了佛教各宗的"精粗"之差,由此主张密教相对于显教的优越性。王弘愿进一步主张"十住心论"和"即身成佛"的判教思想绝不是空海的原创,"十住心论"绝非空海独自的思想("非己意也"),而是原本就存在于龙树和龙猛两位祖师的思想中,"即身成佛"存在于"真言法"中,"十住心论"来自《大日经·住心品》,空海继承了始于金刚手菩萨再到惠果的原始传授,忠实于正统的密教思想主张。王弘愿由此得出结论说,亵渎密教诸祖师教义的不是空海,而是持松。在其批评中,王弘愿也间接地维护了自己受法的正统性。

以上是对埃里克·席克坦茨观点的总结。此外,日本真言宗的教义宽容默许俗家弟子可以传教,这使得真言宗在回传中国的过程中引起了诸多中国佛教界人士的强烈不满,进而激发了以太虚、持松为代表的僧人及以王弘愿为代表的居士之间持久的争论。秦萌总结道:"民国时期的显密之争并非发生于一时一地的单独的历史事件,而是以 1933—1935 年为高潮的前后历时十余年的一系列既相对独立又密切联系的历史事件组成。其起因也非单一的历史事件,而是接连发生于 1920—1930 年代的'老僧纳妾事件''学密热潮对武昌佛学院的冲击'和'居士传法风波'。"①关于第二个事件,太虚虽然并不因此动摇复兴密宗的决心,并与大勇、持松保持着融洽关系,但为了平衡佛教各宗的发展态势,他于 1924 年 6 月武汉学密之风正盛之际发表了《缘起抉择论》,公开批判密宗"六大缘起"理论,认为:"言缘起者,共有五种:一、赖耶缘起,如唯识。二、法界缘起,如华严。三、真如缘起,如《起信论》。四、业感缘起,如小乘。五、地水火风空识之六大缘起,如密宗。此五缘起,以教理论,则以赖耶缘起、法界缘起为最深玄……至地水火风空识之六大缘起,若实言之,不过色心二法,亦即心物二元等,世间凡外皆知,斯为最浅。"②关于撰写此文的缘由,太虚表示是为了破除佛法修习者对密宗的执着。由此也可看出他欲调和佛教诸宗派之间关系的良苦用心。然而,太虚评判"六大缘起"的观点也引起了争议。埃里克·席克坦茨认为太虚早在 1925 年就将从日本新义真言宗权田雷斧那里回传中国的密教称为"毒",并感叹王弘愿的"外道门户"不仅在湖南、广东普及,甚至在江苏也普及开来。在僧侣曼殊揭谛对王弘愿的报道中,将日本佛教视为危险的意识形态表现尤为明显。曼殊揭谛的批判重点和持松一致,他们把正统的唐代密教和外道的日本密教区别开来。

　　黄夏年认为,王弘愿虽然崇尚东密,但他的治学态度严谨,对密教的理解和态度也并不是全盘接受,是经过谨慎思考再作出的选择。首先,王弘愿接受中国传统佛教理论,其中包含华严宗和禅宗。他精研辽代道㲋《显密圆通章成佛心要集》和辽代觉苑《大日经义诀演密钞》,并以华严解释密理。他也在《一行阿阇梨字母表注》中加入了中国古代语音学内容,这表明他坚持了中国佛教特有的圆融治学方式。其次,他对日本净土真宗充满了批判精

---

① 秦萌:《民国时期真言宗回传中的显密之争》,第 41 页。
② 太虚:《缘起抉择论》,《海潮音》第 5 卷第 6 期,1924 年。

神,指责真宗教徒挟妇食肉的破戒行为。太虚亦承认是首先受到王弘愿影响后而对密教关注的。太虚回忆道:"王弘愿所译《密宗纲要》,我对密宗的兴趣,及国人对密宗的注意,亦因此而引起。"①进入民国以后,居士已经成为佛学研究的重要力量,以欧阳竟无为代表的支那内学院与僧伽主办的武昌佛学院时有争论。但是,僧伽对王弘愿的批评,主要是关于日本真言宗在汉地争论中对他的支持和白衣传法事件。关于王弘愿与僧伽在教理方面的争论,其背景则是复杂的。②

　　笔者对引发显密之争的另外两则重要事件——"老僧纳妾"和"居士传法"简要梳理如下。1923 年,在持松、大勇第一次东渡习密归国之际,自学密法的王弘愿也得到了权田雷斧的印可,权田雷斧表示:"明年度得好时机,转锡贵地,欲建立曼荼罗,摄中华有缘之士,无障缘成。贵下可为正受。"③王弘愿在兴奋之余公开了这个消息。正在上海弘传密法的日僧演华得知此消息后写信给太虚,认为权田雷斧不守清规戒律,年逾古稀之际仍有纳妾行为,并宣称其来华的真实目的在于名利,而不是弘法。太虚采纳了其一面之词。在 1924 年 2 月于《海潮音》发表的《致王弘愿居士书》中,太虚一方面肯定了"近年闻密教之风而兴起者,多得力于居士所译雷斧诸书","而雷斧于日本密教之学者中,洵亦一代泰斗";另一方面又表示,"闻之演华师,其年七十余时犹娶妾——闻日本僧皆如此,已成通俗",由此认为权田雷斧"空言无行,则只能以哲学者视之,不能以密教阿阇黎视之","当请其周游讲学,等以杜威、罗素,而不应有开坛灌顶之事"。④ 与此同时,太虚还致函正在日本修习密宗的显荫,向其问明真相。王弘愿则抄录了太虚的质疑寄予权田雷斧。了解真相后的显荫亦于 1924 年 3 月在《海潮音》上发表了《真言密教与中华佛法之关系》一文,呼吁中国佛教僧众珍惜权田来华之殊胜因缘。⑤ 王弘愿

　　① 太虚:《太虚自传》,《太虚大师全书》第 31 卷,第 228 页。
　　② 黄夏年:《王弘愿与〈密教讲习录〉》,宽旭主编:《首届大兴善寺唐密文化国际学术研讨会论文集》第一编,第 42—54 页。
　　③ 王弘愿:《敬告海内佛学家》,《海潮音》第 4 卷第 11 期,1923 年。
　　④ 悲华:《致王弘愿居士书》,《海潮音》第 5 卷第 2 期,1924 年。
　　⑤ 显荫:《真言密教与中华佛法之关系》,张曼涛主编:《现代佛教学术丛刊》第 71 册《密宗概论》,第 204—205 页。

收到权田雷斧为自己辩白的回信后，加上自己的按语寄往《海潮音》杂志社，于5月刊登，主要内容如下："虽世俗达八十高龄不有异性之爱，老衲雷斧既七十九岁，岂有畜妾之用?! 以常识观察，思可过半。千闻不如一见，太虚来亲捡点草庵内外、松原山头，于风清处可供一碗苦茗、一盏日本果。开设世界佛教会，欲为日支亲善，轻轻不可批评。日本僧演华者，旧冬叩草庵，强随余相承传法院流印信，故演华弟子，老衲师父。世间尚曰'父为子隐，子为父隐，直在其中'，况道德为本位，出家入道人，假令其师虽有过失，发之大罪，可云天魔着佛袈裟，搅乱佛教。小乘自利沙门尚不为之，况大乘菩萨?! ……最后忠告，勿为演华欺惑大好日本密教传灯阿阇梨。"在按语中，王弘愿提及大勇此前对演华的评价，称其为"贪图利养，贩卖佛法者"，对其人品提出了质疑。[①] 据权田雷斧和王弘愿的回应可知，日僧演华曾强求权田雷斧传授"诸仪轨，《大日经奥疏密藏记》等"，故产生所谓师徒关系。然而权田雷斧"以其贩卖密教有据，又彼已于中国作大阿阇梨事，欲得利养"，遂不再向其提供修习、弘传密宗所需的仪轨法本等物。演华因此积怨在心，进而借机诽谤报复。[②] 太虚收到权田雷斧回复后，在同期《海潮音》公开"道歉信"，代表世界佛教会组织邀请权田雷斧来华，"惠临庐山大林寺，俾佛教人士获瞻德仪，随缘请受诸印明"。但太虚对权田雷斧的疑虑并未完全消除，在邀请权田雷斧来华弘法时再次重申："带妻妾学佛者，决只可谓之菩萨优婆塞，而不得谓之菩萨比丘僧。其为密教之传法阿阇黎，者决只可菩萨比丘僧为之，而余众不得窃据其位。使违此义，则仍当本其大悲，用其方便，以力为检举绳证，不稍宽假也。"[③]随后，"日僧演华继续来信，且宣誓以证其所云之皆实"，[④]又进一步加重了太虚的疑虑和判断的复杂性。

无论是老僧娶妾事件还是学密热潮对武昌佛学院的冲击，均未直接导致显密之争全面爆发，居士传法风波才是显密之争的直接起因。[⑤] 1924年

① 大勇：《答超一师书》，《海潮音》第4卷第9期，1923年。

② ［日］权田雷斧：《对于〈海潮音〉揭载悲华致王弘愿居士函之答词》，《海潮音》第5卷第5期，1924年。

③ 悲华：《录日本权田雷斧大僧正函件》，《海潮音》第5卷第5期，1924年。

④ 《太虚法师致王弘愿居士书》，《海潮音》第6卷第7期，1925年。

⑤ 学者大多持此观点，比如秦萌：《民国时期真言宗回传中的显密之争》，第51页。

夏,权田雷斧来华传法期间,将金胎两部大法传给了王弘愿,太虚由此对其戒行更感怀疑,遂于1925年4月发表《今佛教中之男女僧俗显密问题》一文对居士传法予以抨击,认为虽然近代以来在家居士各方面的能力往往远超出家众,"然虽欲独据大乘律以废除七众律仪之次序高下,因向来建世轨众之规制如此,未能昌言以毁去之"。太虚在文中严厉地表示:"以男女僧俗混然一团谓之密,斥去显理显律者,非显密问题,乃佛魔问题也。密依显理显密则转成佛;密离显理显律则还为魔。"①此文还追溯了显密之争的源头,即1920年王弘愿与印光、太虚法师关于"龙女成佛"②的讨论。王弘愿翻译的《密宗纲要》受到了太虚的关注,此书付印后曾赠予全国多所寺院的僧人,其中就包括在普陀山修行的印光法师,由此"女身成佛论"的争论进一步引发了密宗修法与显教修持的异议。这可视作显密之争的早期事件。③ 金安一编《密宗辑要》说:"佛法虽无量,不外摄其心,显密均同此理,只因众生之根基而殊途同归也。尽修行者之最大魔敌,为自身之'妄心',故修行之目的亦在如何降服此最大之'心魔'。"④印光和太虚的判教思想基本一致,在主张显密平等的基础上对东密、藏密日益泛滥感到担忧。⑤ 1925年,太虚还在庐山发表了题为《中国现时密宗复兴之趋势》的演讲,后刊于《海潮音》。在讲稿中,太虚回顾了支持中国僧俗学密的缘由,指出由于显荫早逝、大勇入藏、

① 太虚:《今佛教中之男女僧俗显密问题》,《太虚大师全书》第19卷,第117、118页。

② 龙女即那伽龙女(梵语:nāga-kanya),被称为善女龙王,原是八大龙王之一娑竭罗龙王的三女儿,八岁时受持《法华经》之功德而即身成佛,与善才童子并侍于菩萨两侧。

③ 陈永革:《佛教弘化的现代转型:民国浙江佛教研究(1912—1949)》,第285页。

④ 金安一编:《密宗辑要》,第35—36页。

⑤ 陈永革所撰《民初显密关系论述评:以密教弘传浙江为视角》一文对此事件予以了较为详尽的介绍。民国八年(1919),佛教居士王弘愿翻译日版《密宗纲要》寄给印光法师刊刻本审阅,此后互通书信,论辩讨论密宗问题。印光对东密弘传关注的焦点之一在于密教宣称的现身成佛论,又称即生成佛论。根据太虚在民国十年(1921)《海潮音》第2卷第4期刊发的《弘愿、仁航两居士与印光法师讨论之讨论》中所记载,印光与王弘愿等人的书信往来特别就《法华经》中龙女成佛的问题展开辩论。龙女成佛典故出自《法华经·提达婆多品》之后,虽然印光原信缺失,但从王弘愿的回复信函及太虚《法华龙女成佛讨论之讨论》等刊文中,得以还原印光的观点。印光与太虚对此判见一致。佛教修证成佛之说约有三种:1. 修行人在理论上可以修证成佛;2. 现成是佛;3. 本体同佛。他们已经关注到民国时期东密与藏密在汉地的传播泛滥,良莠不齐,困扰了中国汉传本土佛教可能渐入混乱,陷入"弁髦戒行,土苴净行"危局。参考陈永革:《近世中国佛教思想史论》,第496—527页。

持松再次东渡，"非法之密风"趁机"侵入"，"至使我国禅、讲、律、净调和一致之教风，顿陷于极混乱之状态，渐有弁髦戒行，土苴净业之危险"。基于王弘愿"以居士于极短时间受两部大法"这一极其"荒谬"的事件，太虚在演讲中提出应对密教予以严格限制，认为："当以每道区建一寺为最多限度，容减而不容再增。"①印顺在《太虚大师年谱》中表示，由于王弘愿对太虚的规劝"大不以为然"，"因此深植僧俗、显密之净根"。②

　　1926 年，王弘愿受到日方资助，赴日跟随权田雷斧修习密宗，并得丰山新义派第四十九世传灯大阿阇黎位，学密期间还结识了来自四川的程宅安居士。回国后从次年开始在潮州、广州、香港、汕头等地灌顶传法，受法的信众多达数千人。王弘愿获得阿阇黎身份后，曾致函显荫，与其交流了受法情况。显荫对此十分震惊，分别给权田雷斧和王弘愿去函，明确表达自己的否定态度。1932 年，广州六榕寺解行学社建成密坛，并邀请王弘愿开坛灌顶，受法者中不乏僧尼。《解行精舍第一次特刊》记录了组织灌顶法会的经过，王弘愿为特刊作序，称扬真言宗比佛教其他诸宗更为"殊胜"，并宣示居士可以担任传法阿阇黎。1933 年，王弘愿开始住持解行精舍。数年来，他以居士身份为信众传法，受法者中甚至还有僧尼，这进一步激发了太虚等人激烈的批判。秦萌将这一阶段视作民国时期显密之争的高潮。③ 曼殊揭谛在得知王弘愿的传法活动及密教高于显教的言论后，也对其提出了严厉批评，认为这是对教义的曲解，不仅有辱宗门，对僧制也造成了严重的破坏。④ 曼殊揭谛与王弘愿皆出自权田雷斧门下，其父亲为中国人，母亲为日本人，⑤他原本跟从禅宗高德微军出家，法名妙唵，后改习密宗，兼修新义和古义真言宗。在和王弘愿往来争辩的过程中，两人均向师弟程宅安寻求支持，但身在成都的程宅安潜心钻研密宗教义，并未参与纷争。

　　综上可见，权田雷斧、王弘愿和太虚是中国近代显密之争中的关键人

---

① 太虚：《中国现时密宗复兴之趋势》，《太虚大师全书》第 16 卷，第 422—423、425 页。
② 印顺：《太虚大师年谱》，第 179 页。
③ 秦萌：《民国时期真言宗回传中的显密之争》，第 52 页。
④ 李郑龙：《近代佛教界显密纷争的再探讨》，《中山大学学报》2015 年第 2 期，第 74—85 页。
⑤ 此为倓虚《影尘回忆录》中的讹误，周广荣《曼殊揭谛行实著述摭考》一文中对此曾明确指出。

物,而居士传法则是争论的焦点。权田雷斧在其中饱受争议、毁誉参半,关于其为人和弘法活动的非议促使显密之争涌向了高潮。太虚等人对权田雷斧始终怀有疑虑,对其传法王弘愿的举动更是持激烈的批判态度。但通过考察权田雷斧与王弘愿等弟子的往来书信,及其赴中国传法的实际情况来看,权田雷斧来华的目的并非图谋名利,亦非从宗教或文化层面充当日本侵华的工具。他敢于突破传统而传法居士,这在当时虽饱受争议,但现代学者多对其超乎常人的胆识和眼光予以赞赏。① 而王弘愿对密宗高于显宗的宣扬则反映出真言宗对师承的重视,如何对待祖师是真言宗最根本的问题之一。通过祖师转运诸佛法流来加持自身才能有所成就,此乃真言宗信徒的共识,故学者普遍对王弘愿持同情及理解的态度。② 关于显密之争对太虚的影响,黄英杰指出,太虚对日本密宗的态度虽因其批评王弘愿白衣传法等问题而复杂化,但总体而言,太虚始终坚持"八宗共扬",从未将密宗排除出自己复兴中国佛教的理想中,亦未减少对密宗的刻意护持。③ 吕建福认为太虚在批判密教时往往表现出情绪化的态度。④ 针对这一观点,黄英杰结合当时的局势予以了剖析,认为显密争论不仅仅有义理和教史的解读差异,在涉及中国和日本的政治、军事以及对僧俗身份认知的文化差异等诸多问题上,反映了太虚在佛教改革运动中所面临的各种矛盾。而太虚将王弘愿视作"非法密风"的掀起者予以批判,是为了"革去东密之荒谬部分,摄其精要,融合台密、藏密及被轻实重之所云杂密,继印度超岩寺重建系统之组织,以小大戒律绳其行,以性相教理轨其解",从而重兴中国密宗。⑤

　　笔者亦认为显密之争可被视作中国近代佛教复兴运动的缩影。其间的冲突、争论虽然难免给当时关注佛教的人士以不好的观感,也对中国佛教的发展带来了负面影响,但是,这也促使各方对佛教的研究、阐述愈加深入,由

---

① 秦萌:《民国时期真言宗回传中的显密之争》,第59页。

② 秦萌:《持松法师与王弘愿居士的贤密判教之争述评》,《中国佛学》2012年第1期,第139—153页。

③ 黄英杰:《太虚大师的显密交流初探》,《玄奘佛学研究》2010年第14期,第135—163页。

④ 吕建福:《近代佛教史上的显密论证》,《第六届台湾密宗国际学术研讨会:"佛教密宗研究的过去现在与未来"论文集》,台北:国际密乘佛学研究学会,2009年12月,第1—19页。

⑤ 太虚:《王师愈诤潮中的闲话》,《太虚大师全书》第33卷,第402—403页。

显密之争似可洞见"佛教复兴"的多重义涵。李郑龙在《近代佛教界显密纷争的再探讨》一文中总结道:"民国时期的显密之争与中国佛教所处的历史阶段有密切关联,当显教遇到带有强烈宗派性的真言宗时,冲突在所难免。"他进一步点明,"经过激烈的争论",僧侣和居士之间,也就是"密宗复兴的两大团体产生了严重分裂",直接导致了太虚把复兴密宗的重任交给了藏传密教,王弘愿也失去了太虚的支持,东密在中国弘法的声誉和资源遭受了相当的损失。但是,显密之争促使居士传法和东密回传成为社会关注的焦点,唐密复兴在民国时期广为人知,可以说这是中国佛教史上的重大事件。① 这也代表了学界对中国近代佛教界显密之争的普遍评价。在显密之争进入高潮后不久,王弘愿的弘法活动即转入消沉,虽不能完全排除显密之争的影响,但王弘愿于1937年去世以及日本侵华战争于同年全面爆发才是主要原因。②

第三节　持松法师前期判教思想论述:华严摄密

韦杰在2018年由京都宗教系大学院联合(Kyoto Graduate Union of Religious Studies,略称K-GURS)主办的第九回院生发表会上,将持松的密教思想总结概括为初后两个时期。他认为持松的初期思想是以华严为主、密教为从,其依据的是被刊载于1928年《海潮音》杂志上的《贤密教衡》,并将这一时期的思想特点总结为五点,即:反对十住心教判、提出显密平等、提出贤密思想(华严和真言的融合说)、提出唐密复兴、提出僧俗分别。然后,进一步认为持松的后期思想则以密教为主、华严为从,其依据是出版于1939年的《密教通关》,并将这一时期的思想特点总结为三点,即:肯定十住心教判、反对藏密、提出建立适合中国的密教。③

①　李郑龙:《近代佛教界显密纷争的再探讨》,《中山大学学报》2015年第2期,第74—85页。
②　秦萌:《民国时期真言宗回传中的显密之争》,第89—90页。
③　韦杰:《中国における仏教の復興運動について―持松の動向と思想を中心にして―》,《京都・宗教论丛》第13号,第69页。

持松第一次东渡日本，于 1923 年归国后挂锡于兴福寺。此时撰述了《贤密教衡》，后在未经其许可的情况下被连载于《海潮音》1928 年第 4、5、6 期中。其第十章《衡所立教门》主张："若将密宗根本两部大经用五教判摄，当是同圆。……以《法华》摄显机，令从开示悟入，证于法界。以真言摄密机，令从阿阿暗恶(真言)，证于法界，及乎各从一门深入之后，仍同归于《华严》根本法界。其门虽别，其入则同。"①太虚对此判教评论说："持松法师据贤首义以争为判教之最胜者。"②随后，持松在《贤密教衡释惑》末尾提出"以贤首、真言并重而弘密教"，这也为其后期依事相修证即身成佛之三摩地并契入华严果海法界和毗卢性海一真法界做了铺垫。持松《密教通关》第一章写道："显教密教虽复各立显密二义，然其理解，适相反也。显教中以显了为究竟，尔秘密为方便。"③在太虚"八宗共扬"的佛教复兴理想推动下，天台、华严各宗僧人相继赴日修习密宗，这些僧人习密之前的所学为之后的"显密圆融"判教思想的形成创造了可能。

在中国汉传佛教历史中，华严宗传人一直在探讨与密宗的融通性。自唐代华严祖师法藏、澄观开始，密宗与华严宗就在教理上有了一定的交集。空海在长安期间，同醴泉寺般若与牟尼室利交流《华严经》，后在《十住心论》中将天台、华严与密宗相比较，主张密宗"即身成佛"更高一筹，独有胜义。他将唐密传至日本高野山并建立道场，即"东密"，并在《即身成佛义》一文中表示，密宗的"三密加持"与"五相成身"④等修行方式独一无二，在本质上与

---

① 杨毓华主编：《持松大师全集》第五册，第 2409 页。

② 太虚：《十五年来海潮音之总检阅》，《海潮音》第 16 卷第 1 期，1935 年。

③ 杨毓华主编：《持松大师全集》第三册《密教通关》，第 1048 页。

④ 五相成身，又作五转成身、五法成身。密教观行之一。《金刚顶经》卷上、《诸佛境界摄真实经》卷中、《金刚顶瑜伽经十八会指归》记载行者在现实身作观，而完成本尊佛行。此观法与三密观同为金刚法重要观行。三密观乃以本尊与行者互入，而由横面作观；五相成身观则次纵观五相。此五相各有自证、化他两门。又五相依序配以五智之大圆镜智、平等性智、妙观察智、成所作智、法界体性智。即：(一)通达菩提心，理论上悟到自己本性即菩提心。(二)修菩提心，进一步求实证。(三)成金刚心，观本尊三昧耶形，证得自身与诸佛融通无碍。(四)证金刚身，行者之自身即刻成为本尊三昧耶身。(五)佛身圆满，完成观行后，我与佛一致无二。若以五相配以三尊次第，则通达菩提心与修菩提心为种子位，成金刚心与证金刚身为三昧耶位，佛身圆满为尊形位。又种三尊可依其次第而配以法报应三身，则种子位为法身，三昧耶位为报身，尊形位为应身。

天台、华严有所区别。① 但与其同期求法归国的"传教大师"最澄则将天台与密宗结合为"台密",主张"圆密一致"。他在《守护国界章》中列举了菩提流志、金刚智、善无畏、不空等翻译印度密教经典的译者,"所传一乘正义,皆符合天台义……大唐一行阿阇黎《遮那经疏》等如是等宗,依凭天台"。他和空海也多有书信往来,认为"遮那宗与天台融通,疏宗亦同,诚须彼此同志,俱觅彼人",而《法华》《金光明》,先帝御愿,亦一乘旨,与真言无异"。② 空海虽强调显密之别,但考其代表作《十住心论》《辨显密二教论》等,可见他本人并未明确提出密胜显劣一说,只是受法者根器有胜劣之别。但空海为惠果所作碑铭则显示出惠果以密教为尊的思想,铭文曰:"诸乘与密藏,岂得同日而论乎? 佛法心髓,要妙斯在乎? 无畏三藏,脱躧王位。金刚亲教,浮杯来传,岂徒然哉? 从金刚萨埵稽首扣寂,师师相传,于今七叶矣。"③惠果曾告门人曰:"今有日本沙门空海,来求圣教,以两部秘奥坛仪印契,汉梵无差,悉受于心,犹如泻瓶。"④由此可见,空海判别显密的思想应是师承惠果而来。天台宗留学僧最澄弟子圆仁及其后的圆珍、安然归国后,也尝试圆融东密和台密。圆珍曾作《诸家教相同异集》,列中国、日本、印度三国判教学说,其中的中国判教学说包括吉藏、元晓、法藏、惠苑、遍学、七宝、刘虬、智者、一行的观点;日本的判教学说包括上宫太子、圆仁的观点;印度的则是智光的观点。然而,以上未将"十住心论"列为单独一说,可见圆珍对空海的判教观点抱有质疑。⑤ 955 年,安然博采众长,作为日本天台宗密教的集大成者,创建了"一大圆教论",以抗衡空海的《十住心论》和《辨显密二教论》。安然在《真言宗教时义》中继承了圆珍的观点,进一步指出:"教有二种:一、显示

①　空海《即身成佛义》,收录于《大正藏·续诸宗部八》,共七种版本,此据正本。参见《大正藏》第 77 册,第 381—384 页。

②　参见朱封鳌:《天台宗修持与台密探索》,北京:宗教文化出版社,2004 年,第 159—163 页。

③　陈尚君辑校:《全唐文补编》卷六九,北京:中华书局,2005 年,第 858 页。空海《青龙寺惠果和尚之碑》,收录于空海所著、门人真济编《遍照发挥性灵集》,乃空海的汉文集,现存本为承历三年(1079)。

④　(唐)吴殷:《大唐神都青龙寺东塔院灌顶国师惠果阿阇梨行状》,陈尚君辑校:《全唐文补编》卷三,第 2123 页。

⑤　吕建福:《中国密教史》(二),第 295 页。

教,三乘是也;二、秘密教,一乘是也。秘中又二:一、唯理秘密,《华严》《般若》《维摩》《法华》《涅槃》等也;二、事理俱密,《大日》《金刚顶》等也。《金刚顶疏》述师说云:《法华》明久远成佛,此经明顿证成佛。二说虽异,实是一佛。而海和上于诸大乘辄判教理浅深,果极高下难知矣。"①在藏地,吉祥狮子②的出身与历史很有进一步研究的价值,很可能挖掘出《华严经》跟密乘的关系,也可以找出印度禅家与密乘的关系。③

　　持松跟随月霞和应慈精研华严学,曾撰《华严宗教义始末记》六卷,以义学为始,禅观为末。前三卷并未全盘套用法藏著《华严一乘教义分齐章》和续法集《贤首五教仪》中解读华严的义学程式,而是带入了其在湖北玉泉寺依止天台祖印法师以及在常熟兴福寺研究法相唯识学的教观纲宗思想,由此呈现出其显教圆融的功底。其后三卷表述"观行",采集小、始、顿、终、圆诸教发心、进道至动机、断惑证理之历程。④ 这部著作体现了其华严思想的深厚功底,与其在密教思想上的研究相得益彰,可互相参照。

　　东密和台密的判教差别可被视作理解民国时期中国佛教显密之争的重要参考坐标。太虚在支持大勇、持松等人赴日学密时,并未预想到日本密教宗派林立,情况如此复杂,而其《论即身成佛》一文中的观点与台密相近乃是受大勇影响。大勇留日期间就曾写信给太虚汇报自己的学习心得,表示对"弘法大师所判之十住心难信受",更倾向于台密的判教观点:"日本台密判《法华》《华严》为理密,《大日经》为事理皆密,故《法华》《华严》两部大经无甚优劣。亦有谓两部大经为钝根人多明有相方便,故不如《法华》之专说理观,亦有谓两部大经兼谈事密,故超于仅谈理观之《法华》《华严》。此三说虽自

　　① 《大正藏》第 75 册,第 403 页下。
　　② 据藏文《宁玛教派源流》记载,吉祥狮子(shriv-singtha)为汉地疏青人,早年修持禅学,于五台山跟随印度学者 biha-la-ki-rti 学习密法。后赴印度求学,师从妙吉祥友和智藏,潜心研习大圆满密法二十五年之久,其间将从金刚座掘出的秘密心滴法经典整理为内、外、秘密、无上密四类,成为大圆满法之集大成者。晚年返国继续修炼、弘扬密法。
　　③ 谈锡永:《闲话密宗》,台北:全佛文化出版社,1997 年,第 161 页。
　　④ 杜维荣:《试论持松阿阇黎复兴唐密之特色》,宽旭主编:《首届大兴善寺唐密文化国际学术研讨会论文集》第一编,第 330—343 页。

殊异,徒则以为三说皆比《十住心论》所判为平允。"①从台密圆仁大师的判教立场来看,则无相三密为理密,即法界全体无相平等;有相三密为事密,即一印一明一尊等有差别。在《法华经》和《华严经》中虽未谈有相三密,但随处可见无相三密。故台密判《法华》《华严》等同密教。②　由此可见,中国近代显密纷争似隐有日本东密、台密两家争论的余音。③　值得注意的是,金山穆昭看到了大勇发表于《海潮音》上的通信后,认为由于其与纯密、持松留学时间较短,在教学上又偏向于事相的学习,所以没能充分理解空海的佛教观及教义的立场,对此甚为遗憾。④　显荫恰于此时来投,金山穆昭遂放弃撰文回应的计划,将真言宗真义悉数传予显荫,期望他回国后匡正大勇等人的"谬见"。金山穆昭教授显荫时,以教相、事相并重,就教相而言,所授以"十住心论"为主。⑤　显荫在求学期间即表示,自己"每鉴于诸宗学者之分道扬镳而愈趋愈远也,恒思融会各家之义旨,以达纯一圆满之地位,岂知千数百年前,日本的弘法大师已经为之详谈矣"。⑥　1925年,太虚率团赴日参加第二届东亚佛教大会,会后参访日本各地,在高野山大学针对金山穆昭《弘法大师之佛教观》的演讲提出温和的异议。金山穆昭认为正是空海对显教和密教的分而论之,使密教真义得以突显。但太虚认为空海"即其时机,固非宣扬之不可,宣扬之手段,则判教判释尚矣"。也就是说,其对显密的判别出于趁密教兴盛之时大力宣扬之需,而今后辨析教理、发扬佛教应建立在内证的基础上,不应否定各宗的共通性。两篇讲稿刊登于同一期《海潮音》上。⑦由于赴日留学花费成本过高,太虚率团归国后即终止了派遣僧人赴日学密的计划,⑧此后,主要是居士承担起了赴日求学、传回密宗的任务。其中,程

①　大勇:《留学日本真言宗之通信》,《海潮音》第4卷第8期,1923年。

②　吴信如:《台密东密与唐密》,第206页。

③　李郑龙:《近代佛教界显密纷争的再探讨》,《中山大学学报》2015年第2期,第74—85页。

④　金山穆韶:《弘法大师の仏教観》,《高野山时报》第390号,1925年11月25日,第3—5页。

⑤　显荫:《密藏宝钥大纲》,《世界佛教居士林林刊》第5卷第7期,1924年。

⑥　显荫:《再论真言密教与中华佛法之关系》,《海潮音》第5卷第8期,1924年。

⑦　[日]金山穆昭:《弘法大师之佛教观》,《海潮音》第6卷第12期,1925年;太虚:《金山教授之说与感想》,《海潮音》第6卷第12期,1925年。

⑧　太虚:《覆显荫法师书》,《太虚大师全书》第29卷,第42页。

宅安虽未参与显密之争,但其完成于 1928 年的《密宗要义》一书却对此前太虚等人对密宗的判摄作出了回应,提出密宗可统摄净土法门、密教较唯识学更进一步等观点,其判教思想与王弘愿相投。

"密优于显"的印象在日本真言宗回传中国的过程中获取了大量中国信众的盲目崇拜。对此,除太虚和大勇外,持松、纯密亦给予了理性批判。1928 年,《海潮音》第 4、5、6 期刊登了持松初次学密归来撰写的《贤密教衡》,此前持松因感到文稿尚不成熟,故没有主动投稿。1925 年夏,常惺在上海和持松会面时读过此文,曾带回闽南,随后将文稿交还,但其弟子竟自行抄出,在未经持松同意的情况下向《海潮音》投稿。此文是针对空海《十住心论》中的判教言论所作,空海认为真言宗高于华严宗,持松据自身所学,撰文予以批判。他在《贤密教衡》第二章《衡显密名义》中比较密教与华严的互摄,认为:"秘密一藏之所以异于《华严》以外诸显教者,不外三业支分,此三业支分具成略称秘二义。此成略称秘二义,用华严十玄门中,托事显法生解之一门(十玄门第八门),括无不尽。"其中第三章《衡五味配五藏》阐明了行者的修学次第,认为:"支分方便之曼荼罗,无非渐引劣机入于显法门中之法界圆坛,直至见法界大曼荼罗中,一一本尊皆是法界标帜,一遍一切,一切遍一等,即是方便为究竟,即是如来最极三密。得此最极三密,方入《华严》性海之域。故《大日经》云:乃至身分举动住止,应知皆是密印;舌相所转众多言说,应知皆是真言。此即显示《华严》法尔常然之义。若《华严》则直为上机,不存方便,随在一处,皆可作大佛事,随在一言,皆可具显无穷,语其支分,则非不有。"其中第十章《衡所立教门》表明了显密圆融、总归华严的观点,原文说:"古德云:'森罗万象,至空而极;百川众派,至海而极;一切圣贤,至佛而极;一切教法,至圆而极;诸祖判教,贤首而极。'盖以前代诸德,各述一门,五祖笼络,结成教网。开合自在,卷舒无碍,故华严五祖而后,无复判教之人。今欲仰钻前规,且宗五教。若将密宗根本两部大经用五教判摄,当是同圆,与《法华》同为开权显实、摄末归本之教。但《法华》为显一类机,两部为密一类机也。盖以《华严》先转山王,极唱根本一乘,信者绝希,于是从本起末,说小始终顿诸乘法门,渐渐引权令归实门,四十九年调练方熟,于是以《法华》摄显机,令从开示悟入,证于法界。以真言摄密机,令从阿阿暗恶,证于法界,及乎各从一门深入之后,仍同归于《华严》根本法界。其门虽别,其入则同。"①持松在修法前期受到华严先入为主的深刻影响,使其对空海《十住心论》不能完全信服。持松撰著《住心品纂注》之十门大意第六中有"明说经之教主"这部分内容,更加明确了华严摄密教的立场,原文有云:"日本学者关于此经教主之事,多所争辩,其大要不出三端,所谓自证说、加持说、台密说也。自证说者,即古义真言宗,谓大日如来本地身,于自证极位,说此经法。加持说者,即新义真言宗,说大日如来之加持身,于加持门,说此经法。台密说者,即天台密教,谓说此经者即是释迦,离释迦外,别无大日。今细绎本经之意,当亦是华严宗所谓无碍身云说此经法也。……如以毗卢遮那如来加持故,令释迦说,或令普贤说,乃至加持三乘五趣说,或加持溪声风声说,此被加持者即无碍无尽身云之一分,此一分即是全分,故一分全分,均无碍也。又此一分一分皆能互加,如各各佛一一毛端之处,及各各世界一一微尘之处,皆现成道、转法轮、入涅槃,如此转转又现,无穷无尽,皆是此经说法之教主也。明乎此,则日本三家之说皆成道理。"②笔者认为,当时持松以华严摄密的思想体现在对教主说法的理解上,他认为此华严无碍的妙境为密教教主说法的自证境界,体现了华严"海印三昧"的要义,其本质为密教教主自性本具性德的表现。

正如《持松大师年谱》文中记载,1928 年持松所言:"判教是一件大事,是将各类佛典按事段、意义、地位进行归类,以便学者了解探究,乃入门之方便进取,非有力透纸背之功不能为也。"③太虚对持松的判教观点大加赞赏,曾于《十五年来海潮音之总检阅》一文中表示"持松法师据贤首义以争为判教之最胜者"。④ 随着《贤密教衡》的发表,国人开始关注对密教的评判,这推动中国近代密宗复兴进入了新的阶段,即从单方面译介、接受日本学者的研究成果,走向了对日本密教与唐代密教的整体比较、多方辨别。侯慧明在梳理近代以来中国密教研究时指出,持松所撰《贤密教衡》,"较全面地比较

① 持松:《贤密教衡》,《海潮音》第 9 卷第 5 期,1928 年。
② 杨毓华主编:《持松大师全集》第一册,第 188—189 页。
③ 杨毓华主编:《持松大师全集》第八册,第 3793 页。
④ 太虚:《十五年来海潮音之总检阅》,《海潮音》第 16 卷第 1 期,1935 年。

了华严宗与密宗之异同,认为显密平等,批评空海扬密抑显,割裂二教之理论,反对空海《十住心》对《大日经》之妄解",并"首次对日本密教思想与唐代密教思想进行区分,首开中国密教研究之先河"。①《贤密教衡》发表之后,王弘愿认为持松不仅不顾真言宗师承,且没有平等看待密宗和华严宗,遂撰写《衡贤密教衡》对持松的判教观点逐条进行批驳,此文刊登在其所办的《密教讲习录》中,并推出了单行本。值得一提的是,可能出于印刷原因,②王弘愿未读到《贤密教衡》的第九章和第十章,他在回应文章中表明:"就本论所标题目,尚有'第九衡所依圣教''第十衡所立教门'二章。吾尚未见,岂密林师之悔而中止欤?抑印刷未竟欤?非吾能知。然其意议,谅亦不过如前比。故吾之衡论,亦姑止于兹。"③

随后,持松又撰写《贤密教衡释惑》一文,就王弘愿提出的质疑进行辨析。例如,对华严宗与密宗的关系作了进一步阐述:"居士命吾于华严中求得印相之法以见告。吾应之曰:有!华严之印,有总有别,总则曰法界印、曰海印、曰弥勒弹指印、曰文殊摩顶印。别则执笔印、按纸印,乃至泉流印、风动印、行住坐卧取舍屈伸印等。凡此诸印,皆一切凡圣天龙鬼神所不能越者也。以执笔印召请金刚笔,入我心莲花台,从一一羊毛、一一兔毛中,放无量光,照触十方法界,灭一切众生苦,还来收一聚,成金刚笔三昧耶形④,而

---

① 侯慧明:《近代以来中国密教研究》,《宗教学研究》2011 年第 3 期,第 106—111 页。
② 陈雪峰:《东密求法者的对立》,《青海师范大学学报》2018 年第 1 期,第 54—59 页。
③ 王弘愿:《衡贤密教衡》,王弘愿著述,于瑞华主编:《密教讲习录》第一册,第 611 页。
④ 三昧耶形,又名三摩耶形,通常代表密教中诸佛、菩萨、神祇手持法器以及手结印契,表示诸尊因位的本誓的形相。三昧耶形包括平等、本誓、除障、惊觉四义,诸佛、菩萨所持法器和印契皆为不离四义。平等义象征内德外相平等无别;本誓义如文殊菩萨所持利剑象征大智断惑,转法轮菩萨手持宝轮表示说法破执;除障义印契持物可除众生垢障,离烦恼、业、苦;惊觉义以三昧耶形惊醒众生迷惑,使发菩提心修行。又自行者三昧惊觉。在《两部曼荼罗义记》中波罗蜜指到彼岸。三昧耶形指到彼岸的本誓,又称波罗蜜行,住于诸尊三昧耶形,呈现入定寂住形相,常画在曼荼罗上,又称三昧耶曼荼罗。如金刚界九会中的三昧耶会、降三世三昧耶会。金刚界五部诸尊的三昧耶形各有特色。如来部呈现八辐或十二辐轮;莲华部为赤白莲华;金刚部五钴、三钴金刚杵;宝部各色宝珠;羯磨部刀剑等。行者修行时与此等秘密境界合一,身体与佛合一谓身密,加上语言(口密)和意密,共称三密,相连而不可分离。身密以各种形状组合显示诸尊境界的印契(手印)。显示诸尊境界的法器如阿弥陀佛的"开敷华"(已开放的莲华)以及不动明王的剑与索等。常见手印为有阿弥陀佛的法界定印、圣观音的施无畏印及与愿印等。

加持我,令我于一刹那间,即得华严中金刚笔三昧。我承此如来执笔誓教法
印,得于弥勒楼阁中自在行走,无人阻挠,乃至于大日如来法界宫中,金刚萨
埵铁塔之内,亦皆能自在行走,无人阻挠。"从此,佛教界便称持松有支"金刚
笔"。常惺特意在此文末附了简短的声明,表示《贤密教衡》的发表并非持松
原意,并对持松与王弘愿之间的往来论辩持肯定态度,认为当时中国"教内
教外"对密教的看法是:"正在疑神疑鬼,今两大德旗鼓对扬,引起吾人研究
之兴味,斯亦密教前途之曙光也欤。"①对于常惺支持通过论辩来阐扬教理
这一点,王弘愿遂致信常惺,并再次撰文回应持松,题为《答持松阿阇黎贤密
教衡释惑》,发表在《海潮音》上。

王弘愿所学甚广,在修习密宗之前,对华严、唯识、净土、禅宗均有所涉
猎,故能与持松进行有来有回、旗鼓相当的显密之争。早在 1920 年,王弘愿
便与印光展开了有关净土法门的论辩,提出了"以密融禅"的主张。当年潮
州佛教人士出资刊印《龙舒净土文》,王弘愿受邀作序后将序文寄给了净土
宗名宿印光法师,请教自己钻研净土法门时所生疑惑。印光不仅针对王弘
愿的疑惑给出了修改意见,还重写序文,将王弘愿对一念往生的质疑悉数删
去。② 王弘愿收到回复后并未自我否定,他认为即使之前的序文不如印光
之作圆满,但两篇文章主旨"相济",不妨并存。是年,他还曾向印光请教"禅
净双修"的问题。印光认为禅净不可双修,但王弘愿并未因此放弃求索,最
终通过修习密宗找到了禅净双修的方法,并写信告知印光:"至其(密宗)方
便,尤能合不可合之禅净二家而一。何以故?禅宗之无佛无众生与净土之
念佛求生,其不能双修,来示已略曾论及。而密宗则直以般若之正智,而修
念佛三昧。且其念佛也,不如净土之以人念佛,而直以佛念佛也。何以故?
以真言、手印、字种修召请供养本尊之仪轨,而本尊加持,即身成佛。其至
也,会我佛无二一体速疾之圆观,使住心于此,念念无间,则三昧现前,以凡
夫而直同佛菩萨矣。禅,自力之法门也。净,他力之法门也。而密宗之要
妙,则在于三言,曰以吾功德力、如来加持力,及以法界力。此其妙岂不超禅

① 持松:《贤密教衡释惑》,《海潮音》第 10 卷第 4 期,1929 年。
② 李郑龙:《近代佛教界显密纷争的再探讨》,《中山大学学报》2015 年第 2 期,第 74—85 页。

净而汇融禅净乎?"①但印光并不认同王弘愿的想法,多加斥责。

1922年,王弘愿与浙江刘大心居士结识,王弘愿向其倾吐了弘扬密宗所面临的困境,刘大心深表同情,并大力支持。在1922年,刘大心传播《法一禅师语录》的同时,对以印光为首的净土宗攻击批评,在江浙地区引起广泛的社会关注。永明延寿为五代宋初时僧人,主要足迹在当时的吴越国,为禅宗六祖惠能门下青原行思之法系法眼宗三祖,又被后世净土宗推为第八祖,推动了禅净两宗合流。《法一禅师语录》采纳永明延寿的论点,批驳净土宗对禅宗的曲解。陈扬炯在《中国净土宗通史》一书中指出,当时禅净双修的实质仍是修禅,以往生净土为终极归宿并不影响禅宗修行的独立性。②但到了宋末元初,开始出现"抑禅扬净"的言论;至明末,蕅益智旭鉴于狂禅的流弊,甚至提出"消禅归净"的主张。活跃于清末民初的印光,综合继承了延寿"摄禅归净"、智旭"消禅归净"的观点,对"其时号称禅师如冶开等,每加訾议",③引起了江浙禅林及太虚等人的反感。刘大心遂印发传单对净土宗法师进行攻击,虽然印光本人没有直接回应,但是江浙(特别是杭州)一带的净土宗信众纷纷撰文对刘大心进行批判。④ 1922年11月左右,刘大心因难以承受被围攻的压力而自杀。王弘愿得知后不胜骇痛,表示"现当佛教初兴之时,而竟有此事,弟窃为前途悲矣"。⑤ 结合以上论述,更能理解王弘愿在与持松论辩的过程中据理力争、寸步不让的苦心和执念。

持松和王弘愿此番笔战是近代显密之争历史上极其重要的事件,而诸多现代学者对王弘愿持理解乃至肯定的态度。例如,秦萌在《民国时期真言宗回传中的显密之争》一书中表示:"纵观持松法师与王弘愿居士这一轮的贤密判教之辩,持松法师继续坚持宗奉华严、反对空海判真言高于华严的立场,这种不墨守成规的勇气和'依法不依人'的据理力争精神是值得赞赏的。……令人遗憾的是,持松法师在评论弘法大师判教论的过程中,似乎或

① 王弘愿:《覆印光禅师函》,《海潮音》第1卷第2期,1920年。
② 陈扬炯:《中国净土宗通史》,南京:凤凰出版社,2008年,第386页。
③ 太虚:《太虚自传》,《太虚大师全书》第31卷,第202页。
④ 太虚:《覆王弘愿居士书》,《太虚大师全书》第29卷,第136页。
⑤ 王弘愿:《王弘愿慰刘大心居士函》,《海潮音》第3卷第11、12期合刊,1922年。

多或少地存在着对经典的解读与经典原意存在差距的问题,这就难免使他的论证容易被人抓住漏洞。"与此同时,他对王弘愿竭力捍卫真言宗教理表示理解和支持:"真言宗尊崇祖师地位的态度一直是最根本的守护,其门下僧人普遍信奉单靠一己之力无法成就悉地,必须依靠祖师密法接引诸佛、菩萨法流以加持自身才能成就,因此尊师崇祖的传统一直保留至今。"①1928年,权田雷斧复函王弘愿,也肯定了王弘愿对密宗的见解。信中称:"《衡贤密教衡》文再三熟读,大大赞成。贵居士之说破,真得弘法大师流密教精神,老衲不堪法喜。"②1929年权田雷斧八十三岁之际再致函王弘愿:"持松与密林同人,来田中多院,随老衲受传法灌顶。又于高野山,以中院流四度加行修了,受同流之灌顶。其判教酷似故人广修之判密教为天台方等部摄,于密教不得理解者也。呜呼,可怜。新罗之华严僧觉苑著《大日经义释演密钞》,而以《大日经》判同《法华经》开显之圆教。持松妄见,可怜!贵居士之评论颇得其当,可称催断邪山之智剑。"③王弘愿坚持遵从师门教诲,以《大日经疏》和《金刚顶经》维持见地和论点获得部分学人肯定和弟子追随,相比较而言持松的支持者明显更多。但陈雪峰对此论辩认为:"真理未必掌握在大多数人手中。"④

显密之争是中国近代佛教复兴文化运动中的核心问题,持松和王弘愿关于教义的论辩承接了此前太虚等人和王弘愿关于居士传法问题的争执。在这样的背景下,论辩双方及其支持者其实难以把目光纯粹聚焦在教理辨析上。所以,陈雪峰不无遗憾地总结这场密教之争相似于当时唯识法相学的争论,并没有在根本上解决学理的歧义。这个结果也是当时特殊的时代背景所造成的,但持松和王弘愿的论辩至少将显密之争从佛教戒律推进到了教义研究层面,具有里程碑意义。而有关教义的比较,陈永革在《佛教弘化的现代转型》中认为持松似更胜一筹。⑤ 持松论密教义理的优势表现为,

① 秦萌:《民国时期真言宗回传中的显密之争》,第 65、66 页。

② 〔日〕权田雷斧:《日本大正大学长权田大僧正复王弘愿居士函》,王弘愿著述,于瑞华主编:《密教讲习录》第五册,第 86 页。

③ 〔日〕权田雷斧:《权田大僧正再示王弘愿居士函》,同上,第 87 页。

④ 陈雪峰:《东密求法者的对立》,《青海师范大学学报》2018 年第 1 期,第 54—59 页。

⑤ 陈永革,《佛教弘化的现代转型:民国浙江佛教研究(1912—1949)》,第 289 页。

他熟练掌握显密经论,并始终围绕华严宗学派对真言宗加以圆融阐释。相对民国初期引入汉地的其他日本真言宗著作,持松开创了显密对话的义理互摄。这种以华严判教摄取东密的识见重现了辽代道毁《显密圆通成佛心要集》和辽代觉苑《大日经义诀演密钞》以华严解释密理的方法论,此为民国时期密宗研究的一大进步。印光曾多次以显荫学密后早逝及王弘愿学密后致病等为例,对密宗的现身成佛说进行批判,认为密法与其他法门相隔多碍,唯法身大士能修此宗,并从中得益,根器中、下者应当修习显教,若执意修习密宗不仅很难获益,还可能自毁身心。① 将显荫的早逝及王弘愿的患病归咎于习密固然值得商榷,但印光此说提醒我们,要达到显密圆融的境界离不开极其深厚的佛学修为,由此更能理解持松以华严摄密之重大意义。

王弘愿亦精研华严理学。他在函中亦鼓励其灌顶弟子梁业基居士研究显理,方知密义之高,如筑室之有基也。也推荐其多研各宗之论著,如《华严悬谈》《华严普贤行愿品疏钞》《华严原人论解》等。② 在获得丰山派真言宗真传后,他坚持以东密摄华严,除了和持松的显密之争,还撰文《〈金刚顶经〉与〈华严经〉》和《最录〈华严经疏钞〉》,③继续详细比较华严与东密之异同,然后提出东密哲学思想殊胜这一观点。持松后期由密摄华严的思想转型也反映了和王弘愿生前的以密摄显的方向一致。持松前后期密教思想的转变也说明了他在学密的成长期和成熟期的思想变化。持松对密宗教相的学习是在回国自我摸索、长期修证之后走向成熟的,最终拜金山穆昭为根本上师直到终年。在其晚年著作《满月世界依正庄严颂》中,④他描述自己曾被授记为成就满月世界松华如来,并开创了满月世界密严净土的殊胜情景。

王弘愿使用华严义理来阐述密教在判教体系中的地位。他的这种观点与持松中、后期以密教思想摄授华严的主张一致,体现在 1939 年持松发表的《密教通关》这一经典著作的内容中。王弘愿在《〈金刚顶经〉与〈华严经〉》

① 秋爽主编:《寒山寺佛学》第八辑,兰州:甘肃人民出版社,2013 年,第 42—47 页。
② 王弘愿:《梁业基居士与王弘愿居士来往函》,王弘愿著述,于瑞华主编:《密教讲习录》第五册,第 88 页。
③ 王弘愿著述,于瑞华主编:《密教讲习录》第一册,第 625—647 页。
④ 杨毓华主编:《持松大师全集》第六册,第 3138—3149 页。

开篇说:"《金刚顶经》文奥旨幽,本不易读,其融溶处又非《华严》十玄门所能网罗,更索解人难得矣。……自经首至赞末,如普通之五成就,而赞颂如来五智,海众围绕,世界祥瑞神变,广博陆离,奥衍包孕,已足抵《华严》之《世主妙严品》五卷之经文。……凡此等神变秘密广大微妙实相智印无尽庄严之神境,举非《华严经》之所能有者也。"①权田雷斧在《〈大日经住心品疏〉续弦秘曲》中对密教神变加持概念作如下阐述:"神者,不测之义。变者,变化也。佛不动自证三菩提之极位,而出御加持门,应未来无相有相之机,无量无边,普现色身,摄取群类。其变化也,千变万化,如珠之走盘,而非等觉以还实行之因人之所能测,故云神变。"王弘愿进一步引用《大日经疏》佐证曰:"此(密教)经宗,从初地即入金刚宝藏。故《华严》《十地经》一一名言,依阿阇黎所传,皆须作两种释:一者浅略,二者深秘。若不达如是密号,但依文说之,则因缘事相,往往涉于《十住品》。若解《金刚顶经》十六大菩萨生,自当证知也。"②

王弘愿举例并比较了华严与密教的关系,具体如下:

(一)《华严经》之善财童子经五十三参,所证者与普贤菩萨等,故其阶位为等觉、为一生补处。所以推断《华严经》为三生成佛之大法门。《金刚顶经》之一切义成就菩萨③,则当其坐菩提道场住心阿娑颇那伽三摩地时,已经成就十地菩萨。及一切如来云集,教以五相成身之印言,而即身成佛矣。所以说《华严经》开始之释迦成道者,是《金刚顶经》之五相成身后面的事情。

(二)而且《华严经》始末处处显示释迦境界,极其周遍含容,十玄门圆满融溶,法界为宗。相比较《金刚顶经》开经五成就,菩萨众之后,总之曰如是等菩萨而为上首,与恒河沙等数如来,犹如胡麻,示现满于阎浮提。于阿迦尼吒天亦复如是,彼无量数如来身,从一一身现无量阿僧祇佛刹;于彼佛刹,还说此法理趣。时婆伽梵大毗卢遮那如来常住一切虚空,一切如来身口

---

　　① 王弘愿著述,于瑞华主编:《密教讲习录》第一册,第 625—626 页。
　　② 王弘愿著述,于瑞华主编:《密教讲习录》第四册,第 381—382 页。
　　③ 义成就尊者是悉达太子的译名,意为一切义成就菩萨,被《佛名经》列为众生须礼敬、忏悔的十方诸大菩萨之一。

心金刚,一切如来互相涉入。此常住一切虚空之境界,似尚超过于十玄门也。

(三)《华严经》记述佛之庄严,曰来会之菩萨、他方佛现,天龙八部、菩萨化现。《金刚顶经》则三十七尊曼陀罗圣众,皆毗卢遮那佛互体也。"一切如来以一切如来加持自身"之秘密佛境智,混融古佛新佛、毗卢遮那佛释迦牟尼而为一身也,超过一切经而非《华严经》之所有者也。

(四)《华严经》与《金刚顶经》同称性圆融证穷法界之大经也。《华严经》晋、唐三译,其《普贤行愿品》记普贤菩萨教诲善财童子以十大愿王求生阿弥陀佛极乐世界。澄观尊经义判以但读诵经文决生净土,诚为无上之方便法门。但是王弘愿存疑,问善财之所证者,与普贤证等。觉等同佛,法身遍一切法界。不但十方佛会随令往供,且菩萨之所以严净佛土者,严净已成佛之土也,义如阿弥陀佛之因地。普贤何为而举以教与己等证之菩萨? 普贤和善财在娑婆而可现于极乐,善财何必教以寿尽往生凡夫法门乎? 教人者必教其未能期其可能也。今教以已能者,果何意乎?

(五)澄观引西晋法护等译《如来不思议秘密大乘经》旨以释《华严经》,故能得《华严经》幽秘之旨。然恐人之难信难解,故多为辩说,且引总持教以证。可谓得经之心,执圣之权矣。然即此以观,可悟《华严经》尚有隐秘不宣,留待密教之义,龙树可谓"阙而不书"者也。然则智证大师圆珍所云两一乘理密者,尚是大概之词矣。嗟呼! 今之欲执《华严经》、智俨集《华严经内章门等杂孔目卷》四卷可细读。

王弘愿之疑惑在于善财之能证者与普贤等,不是已经证等。按净土宗彻悟际醒大师所判,十方一切菩萨乃至别教十地不能穷尽法身,因此皆有菩萨障碍,而极乐世界具足四土,实报庄严土接引别教十地菩萨往生圆满佛果。等觉之前都需游净佛国,随佛学习。况且善财童子初证别教初地,破一品根本无明证一分法身,理与普贤菩萨同等,事则有分证未证之功未成,《华严经》十地品中明确记载别教八地前尚有退堕辟支佛的堕顶危险,必须往生净佛国具足入大乘不退转正定增上缘。善财别教初地之功,决定不能在娑婆现极乐,因为不入别教八地不能通达如来藏平等性,也不能起修如幻三摩地,不能开始转阿赖耶识为清净刹土。只是初地菩萨理已入佛平等知见,能在三昧中往生百佛土,因为其知见虽到,定慧不足,不能真见大平等性。王宏涛将普贤菩萨在密教中的地位分为五个阶段。他认为早期密教阶段普贤菩萨的影响力居于弥勒菩萨、文殊菩萨、观世音菩萨之下,《大日经》中普贤菩萨与金刚手菩萨并列成为诸菩萨之首,《金刚顶经》中与金刚手菩萨合二为一,在后期唐密传统普贤菩萨与金刚萨埵合为一体(藏密一般认为两者不同),到第五阶段提出了"普贤王菩萨"一说,由一切如来加持而成为"金刚界菩萨",而后成就"金刚界如来"。① 谈锡永认为普贤王如来是法身佛,大日如来是报身佛。②

宋代施护译《如幻三摩地经》讲,八地菩萨修习如幻三昧得平等性的初步法门就是观想极乐世界求生极乐世界,因为一切初修菩萨都需以净佛土为助缘修习平等,只有极特殊根器菩萨以染污为助缘修习平等。③ 唐密《无量寿如来供养仪轨》也明确讲过,依照密法修习证入初地即是即身成佛,初地菩萨可以求往生极乐世界,因为入初地始知佛果圆满,始见佛力加持之功用,自知往生净佛国可迅速圆满一切修行资粮。④ 无上瑜伽续讲的更技术性一点,文武百尊瑜伽仪轨的汉译本明确说过,法身普贤王如来,报身阿弥陀如来,化身普贤菩萨(莲花生大士),阿弥陀佛即一切法身自性的光明分,法身理可一刹那证的,但是光明分则需要渐次修得,因此澄观大师说得很对,善财童子理已与佛无别,但是光明分与现分的修持实际上未能,否则善财也可以现圆满报身,教化一世界海众生。所以,善财童子所证与普贤菩萨同等,所证平等是应该的,但教以凡夫法门在于教菩萨不断入娑婆,然后转众生回归净土,但菩萨要能转众生,首先他们自己要先证得不动,深证种种方便,才有能力教众生往净土。我们也先确定一件事,证得菩提的目的何在? 其实就是具备教度众生的智慧、方便力与定力。华严宗里面这种大悲心描述可见于《八十华严·入法界品》主张菩萨以"大悲为身,大悲为门,大

---

① 王宏涛:《普贤在密教中地位的演变》,增勤主编:《首届长安佛教国际学术研讨会论文集》第一卷,第119—129页。
② 谈锡永:《密宗名相》,北京:华夏出版社,2008年,第32页。
③ 《大正藏》第12册,第359页上。
④ 《大正藏》第19册,第67页下。

悲为首,以大悲法而为方便"①和《六十华严·十地品》主张"是心以大悲为
首,智慧增上,方便所护"。② 而大悲心起于菩提心的论述可见于《八十华
严·入法界品》中菩萨"若起大悲,必定发于菩提之心"③和《六十华严·初
发心功德品》中菩萨"欲充满十方一切世界,故发菩提心;欲悉度脱一切众
生,故发菩提心"。④ 此即持松代表作《密教通关》阐述的菩提心、大悲、方便
究竟这三个中心思想,其与空海所主张的密教核心思想也是一致的,可溯源
于《大日经》卷一说"菩提心为因,悲为根本,方便为究竟"。⑤《不空羂索神
变真言经》卷一七也称"以无所得为方便,修大慈大悲大喜大舍"。⑥ 日本学
者大村西崖撰著《密教发达史》卷三明确提出《大日经》"所建立大曼荼罗,胎
藏之名,盖本于华严"。这一主张《华严经》对唐密概念发展有深厚关系。王
弘愿在《两部曼陀罗通解》中就大悲曼陀罗而言,以中胎为菩提心,次八叶为
大悲,外三部为方便也。⑦

第四节　持松法师后期判教思想论述：密摄华严

　　自从 1939 年《密教通关》出版之后,持松对显密关系的判摄发生了变
化,他已经认识到密宗与包括华严在内的其他显教宗派的根本不同。经过
后来对密宗的深入研习,他最终放弃了前期以华严摄密的思想建构,深信其
根本上师金山穆昭所传密教要义,转而借助密教教相义理对传统的华严教
理予以升华。

　　持松后期从显密兼修再转向由密摄显的思想和实践变化可以参考辽代
道毁的先例。道毁幼习儒释,出家后持戒谨严,精研显教华严内典,熟习准

---

① 《大正藏》第 10 册,第 662 页中。
② 《大正藏》第 9 册,第 544 页下。
③ 《大正藏》第 10 册,第 433 页上。
④ 《大正藏》第 9 册,第 450 页中。
⑤ 《大正藏》第 18 册,第 1 页中—下。
⑥ 《大正藏》第 20 册,第 314 页上。
⑦ 王弘愿著述,于瑞华主编:《密教讲习录》第二册,第 477 页。

提密教法门。由于提倡显密兼学,陈觉在《显密圆通成佛心要集序》中称他为"显密圆通法师"。道㲷在《显密圆通成佛心要集》上卷中介绍了调和显密的方法:"如病人得好药方,须要自知分两炮炙法则,合成服之,方能除病身安。……虽不解得,但持诵之,便具毗卢法界普贤行海,自然得离生死,成就十身无碍佛果。"①他认为只要修习"密圆神咒",不必解其义,自然符合"先悟毗卢法界,后修普贤愿海"的修行路径,也自然达到得离生死、成就十身无碍佛果的宗教追求。由此足以看出道㲷对密教咒语的重视。②

　　杨毓华、林光明编纂的《持松大师全集》全面梳理了持松的显密思想。他们将金山穆昭的《佛教教义之中心何在》一文置于全书之首,作为第一篇序文,可见金山穆昭的教导在持松及其弟子心中的分量,更表明密宗在持松佛学思想中的重要性。此文原名为《金山大阿阇黎开示录》,署名为末学弟子许丹敬记。该文由两问两答构成,问题分别是"佛教教义之中心何在"与"真言密教之根本要义何在"。在回答第二个问题时,金山穆昭通过对比显教和密教,阐明了弘法大师所传真言宗的要义:"大乘显教中所说之常住,系得无分别智以后所见之大空。"王弘愿《口义记·瑜伽菩提心论》:"问:先就《大日经》,何名大空? 答:义释云:行人于三昧中,具见诸尊;以有相有缘故,名世间三昧。世间三昧现前时,观十缘生句,与空寂相应,名出世三昧;然尚以空病未除,未名大空。及坐道场,自证心性时,心之实际,不住相,不依空,而照见空与不空,毕竟无相,而具一切相,名大空三昧。真言密教所说之常住,系得真智即无分别智以后,见一切法皆是真实常住无尽庄严。显教大乘亦说中道正智,其要旨系得无分别智以后,见一切法非空非有,故云中道,实则仍是一空观,在空观之内,以正体智观法本体,以后得智观影像,故云中道正智也。真言密教则以无分别智观一切法常住即吾人心内常住之相,即见如来秘密庄严境界,所谓曼荼罗思想是也。一人成佛,观见一切情与无情悉皆成佛,此即真实智慧究竟慈悲,亦即弘法大师所传真言宗教义之

①　《大正藏》第46册,第993页下。
②　唐希鹏:《〈显密圆通成佛心要集〉与元明准提信仰的流行》,《宗教学研究》2003年第3期,第123—126页。

面目也。"①持松在《密教通关》中已经展现了其对密宗的更加深入的研习，对显密关系的判摄也有所变化。他认为"三密五相"乃是区分显密的关键要素。不空译《金刚顶经瑜伽十八会指归》认为："五相者，所谓通达本心，修菩提心，成金刚心，证金刚身，佛身圆满，此则五智通达。"②而显教缺乏三密五相的事相配合，纵然说教理圆满，也只是教义理论层面的探讨，其在事相方面的短板是明显的事实。持松最终转变了早期以华严统密的设想，转而借助密教经义对传统的华严教理予以升华。王弘愿也曾评论说：《华严经》为《金刚顶经》之浅略，不说五相三密，但约理具，谈十十无尽③，故说十行愿。密教论五相三密之法，谈五智故，摄十行愿而说五悔也。十愿、五悔，法体似同，而所表别也。勿混。"④王弘愿认为五悔、十大愿之相摄。以身、口、意净初段，忏悔业障、随喜功德、请转法轮请佛住世、常随佛学四段回向。《金刚顶经》言五部故说五悔，胎藏部说三部故说九方便，三三平等⑤义故。

据《持松大师年谱》记载，1938 年持松向弟子开示了华严与密宗的异同："佛祖在世时为众生说小始终顿圆诸乘法门，释尊涅槃后于金刚法界宫

---

① 杨毓华主编：《持松大师全集》第一册，第1—2页。

② 《大正藏》第18册，第284页下。

③ 法藏以皇宫里长生殿隅的金狮子来作譬喻而整理集录成《华严金师子章》，里面讲"帝网十重玄门"之重重无尽的华严要义。"十十重重无尽"并不是说 10＋10＝20 的数学叠加逻辑，而是 10×10＝100 级别的放大乘数。一个人坐在佛殿中央法座时，在佛殿四周四面镜子都是互相反射，所以镜子里人的数量是重重无尽的。

④ 王弘愿著述，于瑞华主编：《密教讲习录》第二册，第143页。

⑤ 三平等观，密教的观行法门，有二义：（一）指三三昧耶观。（二）指修护摩时，观本尊、炉坛、行者三者本来平等的观法，亦即就本尊所在大坛、护摩坛及行者之座处而观，观本尊、炉坛、行者等三者三密平等，称为三平等观。三三昧耶有三层意义：（1）即三平等，三昧耶即平等之谓。指自心、佛与众生之三法平等，并无差别；身语意三密平等；自他共三平等；理行果三法，三宝、三身、三世、三因、三乘等各种三法平等，皆可谓三三昧耶。出自《大日经》卷六《三三昧耶品》；（2）指胎藏三部三昧耶的印明，即入佛三昧耶、法界生、转法轮。在此法界胎内之位称为入佛三昧耶，出胎内则称法界生，成办二利事业称为转法轮。出自《大日经》卷二《具缘品》；（3）三部三昧耶的略称即密教胎藏界的莲华部三昧耶、金刚部三昧耶、佛部三昧耶三者。前二是在缠之因位，第三是出缠之果位。在金刚界，三部之外又加宝部、羯磨部而成五部。五部即五智五佛。三部三昧耶其各部皆具五种三昧耶。所谓五种三昧耶，是将真言行者的修法过程分为五种阶位。依《十住心论》所载：佛部即身密，法部即语密，金刚部即心密。可知三部三昧耶必与三密平等，因此五种三昧耶的各个三昧耶，也应具足三密三昧耶。

说真言密教。华严法界与真言六大均属圆满之教,其教理相接近。但约佛果说,华严胜于密教;约众生进趣方便说,则密教胜于华严。密教自己一念与本尊三密相应,相应后由此一门深入,然后进入普门法界华严海会,如此则较易也。"①次年,他用一个月的时间撰成《密教通关》,并在该书的《总叙》中对显密二教做了进一步比较,认为显教中能与真言宗互为表里的只有华严,而与"真言宗之方便多门"相比,"虽华严犹当让之",且"华严事事无碍之旨,真言实为之启键之宝钥矣"。持松甚至表示,密宗"雄大崇伟",佛教各宗"无出其右,而统摄赅含,又无与比其肩也"。陈士强总结说,中国佛教论著中与密宗有关的极其少见,现存的仅有唐代一行的《大日经疏》、海云的《两部大法相承师资付法记》、辽代觉苑的《大日经义释演秘钞》等数种,且《付法记》外,几乎全是经疏、仪轨,持松法师的《密教通关》乃唐密在中土失传上千年之后,第一部对密宗进行全面介绍的论著。此书一经问世就为密教修行者所重,是研究密教绕不开的入门书。但陈士强指出,由于作者所持"密教胜于显教"的观点与中国自古以来显教占据优势地位的现实状况相冲突,故面世之初就招致了不少显教人士的非议。杨毓华选金山穆昭此文作为《持松大师全集》代序,也印证了持松判教思想的转变,这一转变乃持松在抗战期间闭门不出、潜心研究密宗的成果,而深入自修密宗正是金山穆昭曾对持松提出的期许,以填补持松来日本求学时因为时间匆忙而缺少的教相义理功课。②

　　1925年,持松作为中华佛教代表团的成员之一,再次赴日参加东亚佛教大会,会后曾随团周游日本各地进行考察,至高野山特将金山穆昭介绍给太虚。金山阿阇黎当时作《弘法大师之佛教观》演讲时,介绍了之前持松等来此学密的情况。由此可见,由于求学时间过短,持松习密其实有违顺序,先入事相而得灌顶,教相则有待自行钻研。持松回国后本欲潜心修持,然而由于信众盛情难却,遂辗转各地忙于传法,一直难得自修的时机。直到1937年日本侵华战争全面爆发后,持松蛰居圣仙慈寺,废寝忘食地钻研、著

①　杨毓华主编:《持松大师全集》第八册《持松大师年谱》,第3826页。
②　陈士强:《〈密教通关〉解析》,《法音》1996年第8期,第30—35页。

述,进一步融通了密宗的教相与事相。相较于初次学密归来撰写的《贤密教衡》,以及 1928 年在与王弘愿进行显密论辩的过程中撰写的《贤密教衡释惑》,完成于 1939 年的《密教通关》无疑是持松密宗思想发展成熟后的作品,更能代表其显密判教思想体系。1956 年,中国佛教百科全书编纂委员会成立,共撰写条目四百余则,约二百余万字,后来这些成果汇编成《中国佛教》四辑,由知识出版社于 1980—1989 年出版,第四辑收录了持松撰写的《金胎两部》和《即身成佛》。在《金胎两部》一文中,持松强调修习真言宗应教相、事相并重,并点明从曼荼罗画像可见真言宗胜过佛教其他各宗之处,原文有云:"这两部曼荼罗也把真言宗两部大经《大日经》《金刚顶经》的思想内容,用图像表达出来。它网络宇宙万象,包括十界圣凡,上下尊卑,污净邪正,兼收并蓄,可说是一幅宇宙法界的缩影,作为真言修行者的信仰和观念的对象。真言宗就在这两幅画上表现出胜过其他各宗的特色。真言宗的修学分为教相、事相两门,教相是文字理论,事相是仪轨修法。如果只研教相,不习事相,对于庄严诸尊的法身就不能有亲切的体会;只重事相,不通教相,对于仪轨修法就往往攒入婆罗门的窠臼。所以两幅画像是真言宗事相的一个重要图记,必须结合着教相来理解它。"①持松第二次东渡时,金山穆昭赠予其两巨幅曼荼罗,乃是将真言宗教义的结晶托付于持松,而持松亦未辜负根本上师的期望,通过潜心修习,贯通了教相、事相,领会了密宗的真义。正如杨毓华在《贤密教澈及持松大师功德》一文中对持松功德的总结:"先以事相修习,为入手方便,至证入空性光明、身空、内空、外空、内外空、大空、空空、真空,再须磨炼习气,极细烦恼不生,觉心不动,至后得智合于本觉智,达理智不二,终成真空妙有非思议智佛果境界。此非思议可得也。"②

在 1928 年持松与王弘愿展开的显密之争中,王弘愿的传法弟子冯达庵一方面认同持松对弘法大师《十住心论》的批判,另一方面又和王弘愿一样认可弘法大师密高于显的论断。③ 从持松转变后的判教思想来看,根据学

---

① 杨毓华主编:《持松大师全集》第三册,第 1230 页。
② 杨毓华主编:《持松大师全集》第八册,第 4077 页。
③ 秦萌:《持松法师与王弘愿居士的贤密判教之争述评》,《中国佛学》2012 年第 1 期,第139—153 页。

法者根器不同,持松后期以密教摄显教方面与王弘愿、冯达庵达成了共识。纵观王弘愿的早年学习经历和学佛入门情况,有诸多与持松相近之处。王弘愿早年发奋研习古文,因挚爱韩愈的文章,遂取名师愈,字慕韩。其国学修养深厚,与持松出家前的教育背景类似,二十三岁(1898)考中秀才,第二年因成绩优异列为廪生。当时正值晚清变法,潮州金山书院改为中学堂,王弘愿于该校任教,前后三十余年,一度出任校长。① 在未中秀才之前,王弘愿已开始钻研西方文明,他在自序中回忆:"幼时喜文事,研精于韩、欧、骚、选、枚、马、迁、固之著,书盖未尝一日离也。比长,欧学东来,凡科、哲、算诸译简,颇涉其藩,而于群治、国际之义,稍稍摩其垒。"②1908 年,在写给朋友的信中,王弘愿介绍了自己翻译西方原著的进展,并表达了自己强国强民的宏愿:"(近)取法人安卓俾尔所原著之《今世欧洲外交史》翻译之,已成数卷……题曰《达旨》。是书之成,虽不能为'严几道',还当还我'王慕韩'也!弟丁年十六七,未知人事,窃有慕于没世之名。然少失学,未能窥圣道万一。际风气大开,知非能阃以古谊,思探索西士新宣理,稍有所灌溉,以效忠社会,庶几不饱食以嬉,抱羞蠹虱……他日本领既大,反我国力,铸我国民,愿遂宏此远途!"③十年后,王弘愿翻译权田雷斧的《密宗纲要》,亦是在践行自己的宏愿。而王弘愿转信佛教,是因为在动荡的时局中一直默默无闻,一腔报国热情无处发挥,进而陷入苦闷之中,开始怀疑韩愈辟佛之说,遂广泛搜求佛典并深入研读。值得注意的是,在接触密宗之前,四十岁的王弘愿初读《华严经》,有悟于普贤境界而皈依佛教。④ 持松在进入华严大学跟随月霞学习之前,虽早已剃度,但一直未能入门,甚至一度后悔出家,意图还俗,直到就读华严大学,方感"遇正法,捐邪见",立志"从此当借佛力,报四恩"。⑤由此可见,持松和王弘愿与佛教结缘均始于华严,华严教义是他们共同的佛学根基,故随后两人能在义理层面进行显密对话,共同推动民国显密之争转

---

① 释慧原编纂:《潮州市佛教志·潮州开元寺志》,广东省佛教协会、潮州市佛教协会印赠本,1992 年版,第 794 页。

② 饶锷、饶宗颐:《潮州艺文志》,上海:上海古籍出版社,1994 年,第 624 页。

③ 王弘愿著述,于瑞华主编:《密教讲习录》第五册,第 173 页。

④ 张志哲主编:《中华佛教人物大辞典》,合肥:黄山书社,2006 年,第 1101 页。

⑤ 杨毓华主编:《持松大师全集》第八册《持松大师年谱》,第 3754 页。

向深入。持松经过对密宗教相的潜心钻研,后期显密判教思想发生了转变,可知王弘愿及其弟子冯达庵等居士的佛学认知在其辩论之期与持松的中、后期思想是一致的。综上,持松的成熟完善的密教思想反映在其晚年著作《满月世界依正庄严颂》中,这也是他在中、后期以密摄华严思想的切实解行与行证。

第五章　持松法师教相义理论题

　　真实之见，难信难解。月称（Candrakirti）造《灯作明广释》说："仅见文字之人，不见真实。如人欲见月，而仅见指月之指。"持松认为："即佛教中人，依佛教住者，尚且多疑，何况其余世间外道之类，未入正法，信心当更不固。宜于其余显教法门，示其方便，或劝念佛求生西方，或劝读诵。大乘经典，以消罪业，不得辄尔为说密教。若菩萨照机，由己智力，至于末代传法人等，当依密教择弟子法，堪为道器者方能传之。"①持松《三昧耶戒义释》文中所述其著书之谨慎："笔未举而汉已涔涔而下矣！但法脉之付嘱，我则承之；传授之心印，我则佩之。纵不能自得受用，又何敢窃未来诸佛成佛之清净善法绝而不使之续哉！于是强抑战栗，解斯大义。"②

　　《大日经》和《金刚顶经》属于瑜伽部纯密经典，为印度密教金胎两部根本经典。《大日经》由唐朝时期印度高僧善无畏三藏有感汉地因缘成熟而来华传法，经汉地弟子一行翻译，共七卷三十六品，其中《住心品》系第一品，总论阿字本不生实相之心。唐密法脉诸宗皆尊此品为总纲导论。空海东传唐密之初，在其师惠果纯密传统以外，自创《辨显密二教论》和《十住心论》是适应当时日本社会环境而采取本土扎根的方便办法。持松在把日本真言宗法脉回传汉地时，也融会了汉地佛教的传统和现状，从1923年至晚期著作，始终不离华严宗精义解读，其1964年所作《满月世界依正庄严颂》中九重轮宇

---

　　①　杨毓华主编：《持松大师全集》第三册《真言宗专号》，第1219—1220页。
　　②　杨毓华主编：《持松大师全集》第一册《三昧耶戒义释》，第279页。

宙观构建中也处处不离华严法界缘起，他的佛学思想广泛得到了汉地佛教界和在家居士的认可和赞许。持松精研《大日经》要义，集先圣要旨，著《密教通关》《住心品纂注》阐述菩提、大悲、方便涅槃三句妙谛，续唐密心灯。《金刚顶经》全称《金刚顶一切如来真实摄大乘现证大教王经》，龙树菩萨精选《金刚顶经》十万颂和十八会撰《金刚顶瑜伽中发阿耨多罗三藐三菩提心论》（又称《发菩提心论》）。持松著《菩提心论纂注》讲释此论，以汉地佛学特色解读了金胎二部根本大经精义。本章阐释持松教理的基本概念和重要论题，并和其他密宗大师的教法义理进行对比研究。

第一节　华严和唐密义理互摄演化

辽代道殿以华严与密教相融，以华严普贤之行但应权浅根宜分为支流："故须称自家毗卢法界，修本有普贤行海，令无尽功用，疾得现前。《华严经》云，修此法者，少作功力，疾得菩提。虽普贤行海浩瀚无涯，今就观行，略示五门。一诸法如梦幻观，二真如绝相观，三事理无碍观，四帝网无尽观，五无障碍法界观。"①空海《即身成佛义》和华严义学的渊源非常深厚。《即身成佛义》的主旨即是"二颂八句"，前四句诵"即身"，后四句诵"成佛"。"六大无碍常瑜伽（体），四种曼荼各不离（相）。三密加持速疾显（用），重重帝网名即身（无碍）。法然具足萨般若（法身），心数心王过刹尘（无量），各具五智无际智（轮圆），圆镜力故实觉智（究竟）。"空海以此两颂八句称赞"即身成佛"义，前一颂四句说"即身"，后一颂四句说"成佛"，《即身成佛义》全文以六大体大、四曼相大、三密用大来解释东密的缘起、宇宙观和哲学思想。笔者在八句括号中加注了解读要点。

空海对第四句解释为"重重帝网名即身"是譬喻诸尊刹尘三密无碍圆融。帝网指因陀罗珠网。身指我身、佛身、众生身，又称自性、受用、变化、等流四身，又称字、印、形三种身。此身、彼身、佛身、众生身各等身交替重重，

① （辽）道殿：《显密圆通成佛心要集》卷上，《大正藏》第46册，第991页中。

如镜中影像,灯光摄入,不同而同,不异而异。华严三祖法藏曾为武则天讲解《新华严经》,至天帝网义十重玄门、海印三昧处时,以殿前金狮子为喻,同时设十面镜于八方、上下,面面相对,中间安放佛像与火炬,以释刹海涉入、互相交融而重重无尽。笔者解读为故三等身无碍,真言曰 asame trisame samaye svaha,佛、法、僧三平等,身、语、意亦三,心、佛、众生亦三。如是三三平等,平等为一。"一而无量,无量而一,终不杂乱,故曰重重帝网名即身。"①关于空海文中"如镜中影像、灯光摄入"的解释,栂尾祥云、金冈秀友、加藤精一等多位日本学者皆有详细论述。日僧妙瑞解读说:"镜中影像者,众镜相对而光影互相涉入。灯光涉入者,如一室挑众灯炎炎不逆。"②如果空海譬喻为圆融无碍的话,那么就跳不出华严宗的"理事无碍"和"事事无碍"的范畴,六相圆融如天帝释宝网,自在无碍。在汉地文献中,"镜中影像"词源出处可见于李通玄(635—730)《新华严经论》、澄观《大方广佛华严经疏》和慧苑《续华严经略疏刊定记》,"灯光涉入"词源见于澄观《大方广佛华严经疏》和《大方广佛华严经随疏演义钞》,"重重帝网"词源更早见于不空译《金刚顶经十八会指归》文中结尾"如帝释网珠光明交映展转无限",以及法藏《华严经探玄记》和慧苑《续华严经略疏刊定记》。日本学者干龙仁考证了这些用词来源以及撰述时间(天长元年,824),来确定空海著《即身成佛义》与《华严经疏》之间的紧密关系。③ 藏密的无上瑜伽部也谈到三类身成佛,其中就有唐密常用的"现世成佛"的说法。

本书参考了持松《密教通关》和《菩提心论纂注》详细阐述。在其中,持松也注释了空海二颂八句。其在《即身义》文中说"唐大阿阇黎作颂成立此义",可解为空海之师惠果原创所作,空海相承。持松认为第一颂四句说明了即身以及加持即身成佛。第二颂说明成佛,又分前三句说明理具即身成佛,后一句说明显得即身成佛。分析第一颂意为一切众生,本来具有六大

---

① 《弘法大师全集》第 1 卷,京都:吉川弘文馆,1909 年,第 507—508、516—517 页。

② 妙瑞:《即身成佛义身心帝网钞》卷下,续真言宗全书刊行会:《续真言宗全书》第 17 卷,京都:同刊行会,1987 年,第 291 页下。

③ [日]干龙仁:《论空海〈即身成佛义〉中"镜中影像"与"灯光涉入"二词渊源》,吕建福主编:《中期密教注疏与曼荼罗研究》,第 486—489 页。

（体大）、四曼（相大）和三密（用大）的佛性功德，法身如来也不离这三大功德，平等如是。行者行深三密瑜伽之境时，得大日如来摄受加持，相应行者本具功德，行者和如来的体相用三大入我我入、互摄融会，行者所现法相亦如来功德所现称为即身。第二颂意为如来佛性本自平等，五智俱全，但因在娑婆世界六道轮回中被迷惑障蔽，众生不能自觉解脱。在修习瑜伽三密观时，众生依靠如来加持力量，可以如实客观明了世界和现象的本来面目，和佛功德及觉悟无异，称为成佛。

王弘愿在《密教讲习录》卷一也注释了空海的二颂八句。他主张六大的"不可得"义名曰"法界体性"，体指即身成佛。前五大为色，第六识大在心。瑜伽相应涉入。曼陀罗表示轮圆具足。四种指大三法羯。空光无碍各不离。三密指身语意三业为用。三密相应，即身成佛，法佛三密平等。因陀罗网又称帝释珠网，即三十三天善法堂之珠网。当体即法身体、相、用之时，此一念即佛，云发心即到，如实知自心。王弘愿把即身成佛义分为理具、加持、显得三种，其中理具更为重要，可见他明显受到空海《十住心论》原义的影响，其具体论述可以参考本章第七节。他认为天台之"自心成佛"只具备理具，但真言宗则兼顾事成，而且在道理上契无尽庄严事，所谓身中五脏当体，即五智五佛。更强调说真言法中即身成佛即以六大、四曼、三密之本为如来藏性，又为因，相应的法身成就为果。

关于这八句中，邱陵解释说，各不离这三字为"即"，意为即时。重重帝网即身者，比喻三平等无碍。心数者，多一识也。心王者，指法界体性智等五智。五智为一切智智，为根本智。五智无际智，含有高广无数之义。譬之圆明心镜，高悬法界，照耀一切，能成佛者，当得觉智之名。①

唐密一系所谓即身成佛的说法来自其根本教义之三经（《金刚顶经》《大日经》和《五秘密经》）、一论（《菩提心论》）、一疏（《大日经疏》）和一轨（《金刚王菩萨仪轨》）。其中多处论及即身成佛、六大缘起、三密加持、四大曼荼罗和真言种子字的关系。例如《大日经劫心义章》提到："惟真言法中即身成

---

① 邱陵：《密宗入门知识》，北京：北京工业大学出版社，1993年，第13—14页。

佛,故是说三摩地法,于诸教中阙而不书。"①不空译《金刚顶瑜伽中发阿耨多罗三藐三菩提心论》说:"若人求佛慧,通达菩提心,父母所生身,速证大觉位。"②《大日经疏》卷一说:"行者以此三方便,自净三业,即为如来三密之所加持。"③《金刚顶王秘密经》云:"于显教修行者,久经三大无数劫……于其中间,十进九退……回向声闻缘觉道果,仍不能证无上菩提。若依毗卢遮那自受用身所说内证自觉圣智法……由加持威神力故,于须臾顷,当证无量三昧耶……以不思议法,能变易弟子俱生我执种子。"④太虚在其和王弘愿的争辩中提到对真言宗缘起概念的批判,但是他并没有进一步区别缘起要素本义的密教义理阐释。而真言宗所提的六大缘起其实专指六大缘起的标识象征,始终提示"阿字本不生"密义,即一切种子字包含不可得的宇宙真理。笔者认为空海创造的六大缘起本体理论是建立在即身成佛义中体大的具体展现。一行在《大日经疏》中解释说六大缘起的本体产生于种子字。经文说:"我觉本不生,出过语言道,诸过得解脱,远离于因缘,知空等虚空……我即同心位,一切处自在,普遍于种种,有情及非情。'阿'字第一命,'嚩'字名为水,'啰'字名为火,'唅'字名忿怒,'佉'字同虚空。"⑤对此注疏可以进一步理解为以下具体内涵:1. 识大具足其他五大所有的形、色、性类的五智、九识、心王、心所等。2. "阿"是地大的种子字,意为"本不生"。形状为方形,显示颜色为黄色,性质是坚固体,其业用为任持。3. 水大的种子字是"嚩"(và)字,为离言说。形色圆,显色白,性类是湿(液体)。其业用为摄取。4. "啰"字是火大的种子字,意为过患不可得、诸过得解脱。形色三角,显色赤,性暖(光热)。业用为成熟。5. "唅"(hum)是风大的种子字,表达因业不可得、远离于因缘。形色半月,显色青,性动。业用为长养。6. "佉"(kha)是空大的种子字,指知空等虚空。形色团形,显色黑,性无碍(伸长性)。业用为转换。体大普遍于一切有情、非情、体性广大的六大,由体大又生四种

①　〔日〕释运敞:《大日经劫心义章》卷上,《国家图书馆善本佛典》第 19 册,第 7 页。
②　《大正藏》第 32 册,第 574 页下。
③　《大正藏》第 39 册,第 579 页中。
④　《大正藏》第 20 册,第 535 页中—下。
⑤　《大正藏》第 18 册,第 9 页中、38 页中—下。

曼荼罗"相大"和三密加持"用大"。

所谓四曼相大指宇宙的真实众生、器世间所有现象,甚至包括诸法与法相,是密教修持传统中视觉化的能量中心,其法界轮圆具足。可以分为:

(1)大曼荼罗(Maha Mandala),总聚诸尊形体的坛场,其色黄白赤黑青,显示地水火风空五大所成的情与非情以及诸尊相好,妙理遍于一切处。

(2)三昧耶曼荼罗(Samaya Mandala),表现诸尊的器物标帜和印契(手印)。诸尊所持刀剑轮等其体为五大,指万法平等。

(3)法曼荼罗(Dharma Mandala),又称种子曼荼罗,代表诸尊种子真言及一切经论文义。

(4)羯磨曼荼罗(Karma Mandala),描绘诸尊的一切动作、仪表、威仪,随如来事业差别而威仪万种。身语意三密之作用遍法界、通万有,包含一切业用。又细分为法佛三密和众生三密(有相三密和无相三密)。三密加持使一切众生皆可即身成佛,显示本觉果德,一切国土皆净土。分别指:(1)身密谓结印契于手及一切动作的威仪事业,住于如法;(2)语密谓口诵诸尊之真言及一切言说等;(3)意密,心观本尊之念愿本誓及随事起念等。

在唐密东传日本的同时,唐密在汉地本土继续演化的集大成者当属智慧轮。空海俗甥、台密圆珍在唐大中九年(855)至长安,向大兴善寺智慧轮专门学习胎藏、金刚两部秘法。圆珍认为密教事理俱备,比同为圆教的天台宗优越。卒后被追谥为智证大师。东密宗叡(809—884)旅唐求法时也曾拜在智慧轮门下学习。唐宣宗年间,智慧轮获"大遍觉法师"尊号,关于智慧轮的唐密文献仅留下《明佛法根本碑》[①]和《示教指归》各一卷,但其对汉地密教的阐扬与传续影响深远。《宋高僧传》记载:(智慧轮)"著《佛法根本》,宗乎大毗卢遮那,为诸佛所依,法之根本者,陀罗尼是也。至于出生无边法门,学者修戒、定、慧,以总持助成,速疾之要,无以超越。又述《示教指归》,共一千余言,皆大教之钤键也"[②]。其中智慧轮的密法核心思想总结为一佛(大毗卢遮那佛或大日如来)为根本,一切如来即为大日如来法身所现自他受用

---

① 收录于《大正藏》第46册,原文署大兴善寺大曼拏攞阿阇梨三藏智慧轮述。

② (宋)赞宁:《宋高僧传》卷三,第52页。

身或变化身；一法总归真言陀罗尼门。修身密戒律、语密真言、心密正智，成无上三身果位成佛。其显密判教即说：佛陀开演法门无数，以普应群心……有情、根、性不同，故而有小乘、大乘之别，像小乘修行的"四果三觉"，大乘所修行……都是佛说，咸指佛心，而又有最上乘三藏，名佛乘，圆开灌顶，超升等妙之尊，三密、四印相应，顿证三身佛果。① 其总结即唐密在汉地传入、发展、结构定型。持松在智慧轮一千年之后复兴唐密，两位大师皆在唐密"开元三大士"的传统上演化出各具特色的密法传承。

《宋高僧传》有关于智慧轮的记载："次有般若斫迦三藏者，华言智慧轮，亦西域人。大中中，行大曼拏罗法，已受灌顶为阿阇梨，善达方言，深通密语。……出弟子绍明，咸通年中刻石记传焉。"②这块记叙生平的石碑大约在咸通年间（860—874）。

智慧轮造《明佛法根本碑》记载说："言三摩地总持者，由此陀罗尼故，三摩地现前，悟无量百千三摩地门。是故菩萨常于六趣示现受生，不被烦恼随烦恼坏，证大神通，成就利乐无边有情。言文字总持者，由此陀罗尼，成就于一字中所闻所诵无量苏多罗，永不忘失。当知陀罗尼者，遍持三身大功德法佛之法性法住法界，总持诸法也。三世如来皆依此门而成正觉。"③天台宗也提出了法、报、应三身佛概念。④ 王弘愿认为法身在密宗为六大体性，显教则谓之无形无色。报身依显教说，则佛之报身在于色究竟天成佛，报身居报土，分自受用身自受法乐，他受用身为登地菩萨说法。化身佛从报身出，同时有千百亿化身。谓无始无终者，法身也；有始无终者，报身也。有成正觉时，故有始；既已成佛，与法性合，尽未来际，故无终。有始有终者，化身也。⑤ 善无畏、金刚智都修学于中天竺的摩揭陀那烂陀寺，并且金、胎两部大法亦从那烂陀寺传出。他们所称曼陀罗中的大日如来所在，正表法相宗转识成智。大日如来表示此四智根本，为宇宙之实体，当法相宗所谓清净法

---

① （唐）智慧轮：《明佛法根本碑》，《大正藏》第46册，第989页上。
② （宋）赞宁：《宋高僧传》卷三，第52页。
③ 《大正藏》第46册，第988页下。
④ 《摩诃止观》卷六云："就境为法身，就智为报身，起用为应身。"（《大正藏》第46册，第85页上）
⑤ 王弘愿著述，于瑞华主编：《密教讲习录》第一册，第67页。

界。法相宗以清净法界为法身,以成所作智为化身,以其他三者为报身。大日如来为法身,为密宗所依据。可推知(相密)两者关系亦深,而那烂陀寺之思想组织渊源,不容忽视。① 玄奘去那烂陀寺取经时,向那烂陀寺住持戒贤(世亲的再传弟子、护法之徒)请学《瑜伽师地论》,那时善无畏、金刚智还没有来那烂陀寺,否则的话,玄奘取经所学的内容可能会发生变化。《金光明经》也说三身即法身(梵文 dharmakāya)、应身(梵文 sambhogakāya)、化身(梵文 nirmāṇakāya)。法身指自性身。身或身躯,梵文和巴利文都作 kāya。Kāya 的原义是"聚集",引申为身体、色身,盖一切躯体皆聚合之产物。法相宗立毗卢遮那佛(法身佛,自性身)、卢舍那佛(报身佛,受用身)和释迦牟尼佛(化身佛,变化身)为三尊佛。毗卢遮那佛梵文 Mahāvairocana,汉译平等觉、法界无量、照耀、遍一切处、光明遍照。一切佛的法身根本无分别,都指摩诃毗卢遮那佛。唐代慧琳法师撰《一切经音义》卷二〇记载:"卢舍那,或云卢柘那,亦言卢折罗,此译云照,谓遍照也,以报佛净色遍周法界故也。又日月灯光遍周一处亦名卢舍那,其义是也。"②法身指佛之自性真如净法界,指不生不灭、本自具足的本体。常用明月来譬喻,在唐密和东密中常见月轮观想法身本体。本体也是西方哲学中的抽象概念,表示实在之身(reality body)、真身(truth body),是一种无形、绝对抽象但是能够显示一切、为一切现象之根源的纯粹、绝对之存在(absolute existence)。

智慧轮使用的"烦恼随烦恼"一词来自法相唯识学中的名相和概念。印度无著菩萨、世亲菩萨所创法相唯识学③经由玄奘传入中国,属于瑜伽行唯识学派,专注于分析人的精神和认识活动。在法相唯识学中,诸识之根本为心,心法即是八识,即眼识、耳识、鼻识、舌识、身识、意识、末那识、阿赖耶识。④ 现代学者徐湘霖认为唯识学之"因缘生法"是佛法的根本理论,揭示

① 融熙:《从东台两派密宗看婆罗门蜕变之痕迹》,张曼涛主编:《现代佛教学术丛刊》第 72 册《密宗教史》,第 272 页。

② 《大正藏》第 54 册,第 431 页上。

③ 法相唯识学主要承继印度瑜伽行派特别是护法一系的思想,这一佛教宗派依循的主要经典为"一经二论",即《解深密经》与《瑜伽师地论》《成唯识论》。

④ 无著《显扬圣教论》卷一《摄事品》有言:"心者,谓心、意、识,差别名也。问:何等为识? 答:识有八种,谓阿赖耶识、眼耳鼻舌身识、意及意识。"(《大正藏》第 31 册,第 480 页中一下)(转下页)

了宇宙人生运动的自然规律——万有因果律和万有无我律。所谓因缘和合，从因上讲有"随说因"等十种。从缘上讲，分因缘、增上缘、等无间缘和所缘缘。①空海的因果思想基础在《二教论》上卷可以解读（载自《释摩诃衍论》，简称《释论》）。其中说："一切佛教法门分别存在因果两分。"②相比较密宗是从身心两方面阐明众生世界形成。空海发展丰富了《起信论》的无明业相与业识说，认为依如来藏故有生灭心，所谓不生不灭与生灭和合，非一非异，名为"阿赖耶"。此即众生心之所寓。冯达庵认为第六意识和第七末那识的相同点在于两者都不离迷执。但不同之处是末那识具有内察第八阿赖耶识之德性，而意识对外了别法境。众生在世界六大缘起中，使用意从中触受和摄取，产生有境界，意对现量进行分别，第六意识框架的智识，相续无量产生，主观的假象世界呈现。有情众生持续能起分别，非情器世间又为众生所分别。冯达庵认为众生身为众生正报，形器世间为众生依报。所以众生因迷真逐妄，将六大平等法性转为主观的六大分别法相，为业力所驱，形成精神和物质（心色）二法。众生逐心法，器世间显色法，迷失真如本体。就此问题所在，真言宗就三密加持，返显六大法性本来面目，在末那识因上转，清净六识，破除障碍，开显法界虚空，觉性自在。由识转智，成就无上正等正觉。

　　法相唯识宗认为八识各有识体。③ 诸识的根本为心，心法既是八识，八识又各为识体，所以说心法列为八种，都是精神活动的主体。假设一个人的

（接上页）世友《阿毗达磨品类足论》卷一《辩五事品》有言："心云何？谓心、意、识。此复云何？谓六识身，即眼识、耳识、鼻识、舌识、身识、意识。"（《大正藏》第 26 册，第 692 页中）罗时宪指出："识亦名心。心者，集起之义；积集种子，起现行故。亦名意。意者，思量之义，于境思虑量度故。一切众生皆有八种识，即一切众生皆有八种心，或八种意。若严格言之，则唯第八阿赖耶识专门为心；赖耶能积集诸行之种子，生起现行的诸行故。又唯第七末那识专门为意；末那恒内缘赖耶为境，思量不已，执为自我故。"（罗时宪：《唯识方隅》上编，香港：佛学书局，1986 年，第 43 页）

　　① 徐湘霖：《唯识"所缘缘"涵义的启示》，增勤主编：《首届长安佛教国际学术研讨会论文集》第一卷，第 112 页。

　　② ［日］静慈圆：《日本密教与中国文化》，刘建英、韩昇译，上海：文汇出版社，2010 年，第 229 页。

　　③ 《瑜伽师地论》卷六三有言："若就最胜，阿赖耶识名心。何以故？由此识能集聚一切法种子故，于一切时缘执受境，缘不可知一类器境。末那名意，于一切时执我我所及我慢等，思量为性。余识名识，谓于境界了别为相。"（《大正藏》第 30 册，第 651 页中）

精神框架建立在八识基础上,那么这个人的个体作为基点可以分解成五位百法而形成一套完整的心识分析框架,八识可以进一步归纳为五十一个"心所有法"(又名"心所")。相对于"心所"而言,八识的识体本身又称为心王。所谓"心王"指五位法中的心法,为"心所"之所依。① 心所比八识在对人的"精神分析"功能上表现得更加细致。自原始佛教、部派佛教到法相唯识学派,心识的细致复杂作用与活动就不断进行演化和区分。细化的心识作用与活动就用心所来说明。心为万法之王,唯识学派不说心而说识,在佛法教义上面是方便法门。相比较而言,一切有部主张心与"心所"是别法(dharmāntara),都是实有(dravya),各有其自性。心(citta)、意(manas)、识(vijñāna)既有重叠,又有区别。心王意为精神作用的主体,为心所所依。"此之心法与其心王,各缘诸境,一时相应,心起即起,心无即无,如王左右不离于王,心数相应亦复如是。"② 心所和心王又有时、依、所缘和事四个层面的关联相应,伴生关系非常明显。《大日经》主要讲述胎藏界曼陀罗的理,《金刚顶经》演说金刚界曼陀罗的智。密宗的教义、教理,虽然应用了唯识学派的心王、心所之说,而加以扩大,但是密宗乃属果地之理,而非因地之识,因地时八识心王,修行成佛,在果地时转识成智。五智依序以五佛代表,按照胎藏界和金刚界曼荼罗不同而五佛显现不同。密宗扩大而深化的心王心所之尊,讲究因相应和果相应,亦讲究互相之间的默契。唯识是智的瑜伽,密宗是行的瑜伽,这也是密宗和唯识学派在教理方面的主要差异。

　　密教在戒律方面也有明显区别显教的说法。日本学者羽毛田义人(Yoshito S. Hakeda)曾翻译《空海主要著作》英文在美国出版,提到真言宗内日本金刚乘传统创立者空海将三摩耶戒表述为平等、本誓、除障、惊觉四义。③ 理查德·佩恩认为三摩耶戒可见于藏传密教和日本密教两种传统,但是不明确肯定是否被用于汉传。他认为这也许有助于发现认同自身为金

---

① 《成唯识论》卷五:"心于所缘,唯取总相,心所于彼,亦取别相,助成心事,得心所名,如画师资作模填彩。"(《大正藏》第31册,第26页下)

② (唐)大乘光:《大乘百法明门论疏》卷上,《大正藏》第44册,第53页中。

③ Yoshito S. Hakeda(trans.), *Kukai: Major Works*(《空海主要著作》),Columbia University Press,1972,pp. 95 - 96.

刚乘的制度化形式确实存在的一个标准,而不是在更广泛的佛教渊源中,简单运用被视为传统典型元素的真言、手印、陀罗尼和曼陀罗。① 在《真言宗之戒》和其他著作中,持松已经明确记载了持诵三摩耶戒的汉地传统,溯源于唐朝智慧轮,并流传至今,保持一致。智慧轮阐释随众生根性有别,遂产生大小乘三藏之说,依不同教义信解,相应修行证果。小乘四果,大乘前十地,还有最上乘佛乘,都是佛所说。佛乘三密相应,证三身佛果。可通过灌顶传受,内证一切如来三密同体加持。发心即是佛心,修行即是佛行,总持诸法演一字生无量字密教实为一乘圆教的判教观点。

持松对唐密、东密和台密的解读形成了自己特色。他说:"显教三摩地,须依定中始能发起。密教只以真言加持力,纵不闭目缄口亦能发起。如诵三摩耶戒真言,破戒者转为持戒;诵菩提心真言,未发心者转为发心。盖此三摩地菩提心一切众生平等共有,虽有五障覆蔽,三毒云翳,从久远以来未曾悟觉,但若依阿阇梨引入曼陀罗,教以方便观日月之光轮,诵声字之真言,三密之加持,四印之妙用,大日光明廓周法界,无明忽成智明,三毒顿成甘露,五部三部之尊,森罗圆现,刹尘海滴之佛,忽然涌出,住此三昧,名秘密三摩地。"② 在这里,持松强调了真言的重要性。佛教虽然强调真言是佛菩萨微妙本心,佛佛相传不通他解,但当诵持,无需强释,但仔细推敲还是能够知其真义的。③ 在这一点上,持松的论点与智慧轮一脉相承。智慧轮《明佛法根本碑》认为:"若乐修行者,应从瑜伽阿阇梨,发无上大菩提心,受三摩耶戒,入大曼拏攞得灌顶者,然许授受修行也。受大毗卢遮那一切如来五智灌顶,绍阿阇梨位,方可传教也。"④他的观点突出了《大日经》菩提心为因的中心思想。笔者认为持松提出的显密两教在发菩提心这一主题的区别在于:小乘修行者,根据佛于阿含时所说经律论三藏文理证入道果,由眼耳鼻舌身意六识发心;大乘权教教化众生化法善巧方便,包括通教和别教发心,以能

①　[美]理查德·K. 佩恩:《〈密教在东亚〉导论》,沈丽、孔令伟译,沈卫荣主编:《何谓密教?》,第92—93页。

②　真禅主编:《持松法师论著选集》,第305页。

③　吕建福主编:《密教的派别与图像》,第240页。

④　《大正藏》第46册,第988页下。

求之心而求菩提本体,心与菩提分为能所,按照发心主体解释为菩提之心。密宗发心同于圆教,内证实相,不惑迷悟,自内心寻求本觉,虽称菩提心,但心即菩提在这一圆教层次。持松早期以华严摄受密宗,中后期转变为密宗摄受显教包含华严,这也表明了持松修证佛法的历程和教理、事相圆融的大成境界。如法受戒和灌顶是密教事相重要仪轨。持松强调:"夫机不论深浅,法不论大小,必须如法授受。若漫授漫受,皆名越三昧耶罪。故《观智轨》曰:一一真言,当亲禀受,若擅作者,名越三昧耶。或不经传授而念诵,或向未灌顶人说密咒,皆得越法罪。同于谤佛,决定堕于恶趣。"①显荫在其著作《真言宗义章》中也详细诠释发菩提心为因的四大要素:1.信心,深信凡人能够即身成佛;2.大悲心,自利利他,众生平等;3.胜义心,法门百千,以真言门为最;4.大菩提心,发愿誓度众生,福智无量无尽,法门无边,遵从如来誓愿,行证大菩提誓愿,精进无忘。

第二节 发菩提心义

持松说:"菩提心是一切诸行之本,若离菩提心,则无一切菩提法,故舍之亦犯重也。"②在本书中,笔者以《华严经》中的大乘菩提心学说为主,结合其他显教诸派的菩提心学说来讨论持松密教菩提心学说构建基础,并且用如来藏系经论哲学思想来完善对密教菩提心学说的诠释。

菩提心是显密两教中的核心义理概念。密教思想的菩提心论题源自印度大乘佛教,发展到密教时期已经成为佛学思想的基本论题之一。从大乘佛教《般若经》到《华严经》,再到《大宝积经》《大方等大集经》以及坚慧③《法界无差别论》中的菩提十二心义和后期妙吉祥友对坚慧理论的注释,大乘菩

---

① 真禅主编:《持松法师论著选集》,第145—146页。
② 杨毓华主编:《持松大师全集》第一册《真言宗之戒》,第319页。
③ 坚慧梵名音译为娑罗末底,据《大乘法界无差别论疏》卷上记载,坚慧为中印度那烂陀寺僧人。关于此坚慧与撰写《法界无差别论》的坚慧、撰《入大乘论》的坚慧是否为同一人,历来净讼不断,或谓前两者为同一人,或因梵名相同而认为三者为同一人。

提心学说的历史一直影响着近现代显密两教哲学思想的辨析。菩提心,全称阿耨多罗三藐三菩提心,又称无上正真道意、无上菩提心、无上道意、无上心、道心、道意、道念、觉意等。《发菩提心经论》上卷《发心品》阐述发心四种缘:思维诸佛、观身之过患、慈愍众生和求最胜果。① 北魏昙鸾注解《往生论》曰:"若人不发无上菩提心,但闻彼国土受乐无间,为乐故愿生,亦当不得往生也。"②海云称:"经明修真言行菩萨修无上菩提心……住大菩提心。"③周一良认为,"菩提心"由大乘的"空"和"慈悲"这两个概念组成。两者融合"不二","能"的观念就以此为基础,密宗佛教徒对涅槃的解释就来源于"能"的观念。④ 吕澂认为坚慧《法界无差别论》中特别富有实践意义,他用菩提心代表如来藏,后来密教就直截了当地运用了他的说法。吕澂认为密教哲学思想源自大乘如来藏学说,认为菩提心是密教哲学的基本论题之一。⑤印光归纳净土法门旨义以菩提心为基础。《净土圣贤录》卷一说:"《维摩经》云:'虽知诸佛国,及与众生空,而常修净土,教化于众生。'盖大乘菩萨,莫不以菩提心为根本,即莫不以净土为庄严。"⑥

在唐代,大乘佛教菩提心本体论概念和内涵已经逐渐形成。唐般若译《心地观经》卷八曰:"凡夫所观菩提心相,犹如清净圆满月轮……大菩提心,坚固不退。"⑦汉传密教哲学思想继承了大乘如来藏学说,密教《大日经》明确将菩提心作为基本概念,"菩提心为因"明确作为密教义理的基本主题。《金刚顶经》对金刚界的描述规划出满月圆明的菩提心相。《金刚顶经》代表的瑜伽部阶段演化为印度佛教晚期无上瑜伽部时期,对菩提心概念的讨论仍然在持续。持松在《密教通关》中提出:大乘权教发心,皆以菩提为所求之体,而更有能求之心为之对待,心与菩提分能所而为"菩提之心",依主释

① 《大正藏》第 32 册,第 509 页中。
② 《大正藏》第 40 册,第 842 页上。
③ (唐)海云:《两部大法师资相承记》卷下,《大正藏》第 51 册,第 786 页上。
④ 周一良:《唐代密宗》附录十八,第 113 页。据周一良论述,其观点来自 B. Bhattacharyya, *Buddhist Esoterism*, pp. 101–108。
⑤ 吕澂:《印度佛学源流略讲》,上海:上海人民出版社,1979 年,第 212 页。
⑥ 《卍新续藏》第 78 册,第 228 页中。
⑦ 《大正藏》第 3 册,第 328 页下。

也;若真言宗发心,则是自心寻求本有觉体,名曰"菩提即心"。一"之"字,一"即"字,意义悬殊。①

华严宗经典和注疏中对菩提心概念的诠释非常丰富。例如《华严经·入法界品》说:"善男子,菩提心者,犹如种子,能生一切诸佛法故;菩提心者,犹如良田,能长众生白净法故;菩提心者,犹如大地,能持一切诸世间故。"②王弘愿在《密教讲习录》中引用了澄观《华严经注》③来解释菩提心义:"菩提心者,成佛之本。菩提心者,人之真心之体,非如人体之有形相易见;即如是其广大,而发菩提心之相,则有三种:一为直心,真者不妄,如者不变,一向正念真如,即佛之大智;二为深心,修集善法;三为菩提心,佛凡无别。菩提心体,本是不思议法界,藉是三种心以求得菩提。菩提心相,要无际限。若约悲愿,尽度众生,尽修诸行。安住真心实际。"④密教义理中明确认同菩提心的重要性。一行在《大日经疏》中对菩提心概念的讨论和《华严经》中善财童子求法时所现菩提心内涵一致。程宅安在《密宗要义》中论述说菩提为觉:"大觉乃佛陀之境界。故菩提指佛果,菩提心者即指希求佛果之决心也。菩提心为成佛之正因。"⑤王弘愿撰著《口义记·瑜伽菩提心论》说:"菩提者,觉也;觉者,知觉之谓也。凡百有情,均有知觉。心字有多种释:集起曰'心',思量曰'意',了别曰'识'。于秘密释,则曼陀罗圣众集起曰心。"⑥

显、密两教都通过比喻象征的手法来描述菩提心,但是从事相角度看,其重视程度明显不同,表达隐晦程度也不一样。密教特别强调事相层面的修证意义。施护译《菩提心离相论》总结称:"此菩提心是诸菩萨总持行门。"⑦海云称:"经明修真言行菩萨修无上菩提心,超越一百六十种忘念心,

---

① 杨毓华主编:《持松大师全集》第三册,第1054页。
② 《大正藏》第10册,第429页中。
③ 查《华严经注》原有一百二十卷,今卷二十一至七十、卷九十一至一百、卷一一一与一一二均佚。
④ 王弘愿著述,于瑞华主编:《密教讲习录》第一册,第121页。
⑤ 程宅安:《密宗要义》,第59页。
⑥ 王弘愿著述,于瑞华主编:《密教讲习录》第一册,第17—18页。
⑦ 《大正藏》第32册,第541页中。

住大菩提心。一念相应,度三僧祇劫,初发心时即得阿耨多罗三藐三菩提心。"①两者都采用月轮来象征菩提心。善无畏、金刚智传入汉地密法提出观自心如月轮观法的具体修证法门,又称净菩提心观、梵语阿字观,喻自心湛然清净,其相圆满。不空译《金刚顶瑜伽中阿耨多罗三藐三菩提心论》提到:"我见自心,形如月轮。"②日本新义真言宗创始人觉鑁的四传弟子赖瑜在《秘释》中云:"心莲花,胎藏,理也。一肘者,月轮量也。即金刚,智也。智依理起,故莲上观月也。阿字,理智冥合、不二总体也。素光色,白色,即'阿'色也,众生本故。月轮中有莲花,此金刚界之曼陀罗也。莲花上有月轮,此胎藏法之曼陀罗也。"③《无畏三藏禅要》说:"以三义故,犹如于月。一者自性清净义,离贪欲垢故;二者清凉义,离瞋热恼故;三者光明义,离愚痴暗故。又月是四大所成,究竟坏去。……万法不可得,犹如虚空。"④藏传密宗宁玛派也以菩提心为基本论题。龙钦巴(又称无垢光)著《实相宝藏论释》称,"法身空寂性之体,自然正智无念界,说为空明觉性心,空与无我之智慧,诸法元成大圆满",⑤表明其对大圆满心髓的赞叹,可以表述为菩提心明空妙觉,包罗万象,元成无缺,即是大圆满。

从菩提心的分类来看,天亲菩萨造《菩提心论》有胜义、行愿、三摩地三种菩提心。谓诸佛菩萨,以此三种为戒,无时暂忘也。《无量寿经宗要》把发菩提心分为随事发心和顺理发心两种。《大乘义章》卷九把发菩提心分为三种:相发心,厌生死求涅槃;息相发心,生死与涅槃无异;真发心,知菩提本性为自心。《大乘起信论》分信成就发心、解行发心、证发心三种发菩提心。空海就菩提心的内容分为四种:信心、大悲心、胜义心和大菩提心。程宅安引用不空译《金刚顶经瑜伽中发阿耨多罗三藐三菩提心论》就真言行者菩提心之行相分为胜义、行愿、三摩地三种。其中胜义菩提心以般若智慧判别一

---

① (唐)海云:《两部大法师资相承记》卷下,《大正藏》第51册,第786页上。
② 《大正藏》第32册,第573页下。
③ 王弘愿著述,于瑞华主编:《密教讲习录》第一册,第402—403页。
④ 《大正藏》第18册,第945页中。
⑤ 郭元兴译:《实相宝藏论释》,刘立千:《刘立千藏学著译文集·杂集》,北京:民族出版社,2000年,第39页。

切深浅胜劣,谓大智之用;行愿菩提心同体大悲,以利益安乐一切众生,谓大悲之用;三摩地菩提心先明本来法尔性德,次陈阿字月轮妙观,再说三密五相修习次第,明证悟义相。胜义、行愿二心为显教共谈,三摩地心属秘密内证法门。本书所理解的菩提心的根本要素和特征可归纳如下:

1. 如实知自心。持松解释"如实知自心"就是常在觉照之中,直至成佛。① 唐代密教已经确立了众生本与佛无别的佛性思想,自心即佛心无二,如实证知自心,在密教义理中初发心时即成正觉。若见"阿字本不生义"即达"如实知自心"的状态。"如实"指真如实相。法界体性本无无明,因为因缘而产生明与无明,如实知自心,即是佛智。善无畏译《大毗卢遮那成佛经》卷一说:"秘密主,我说诸法如是,令彼诸菩萨众菩提心清净,知识其心。秘密主,若族姓男族姓女欲识知菩提,当如是识知自心。"②般若等译《守护国界主陀罗尼经》卷一说:"欲知菩提,当了自心。若了自心,即了菩提。何以故? 心与菩提真实之相。"③《华严经》卷五二《如来出现品》中与其说法一致:"菩萨摩诃萨应知自心,念念常有佛成正觉。……如自心,一切众生心亦复如是。"④早期大乘佛教如来藏思想辨析此自心概念时,并没有明确空与不空的最胜义判断。马鸣造、真谛译《大乘起信论》所谓"如实空"之真如本体性属偏空,局限于不生、不灭、不立一法、无相、无性,真如偏"无可得"一面。然而密宗以阿字本不生义法界究尽体性另一面"如实不空"。藏传佛教觉囊派提出了"他空见"("他空义")之说,强调真谛是胜义有,般若"性空"只能"他空",而非"自空",并常以唯识三性即遍计执性、依他起性和圆成实性来阐述其思想。根据《大日经》教义所说,了自心相内证菩提,观自心月轮知自性清净。众生发心与菩提净心本为一体,通过心性的自性清净解决能所。王弘愿《口义记·瑜伽菩提心论》称如实知自心是名一切智智。他引用了《大日经疏》卷七的论述:若见本不生际者,即是如实知自心。如实知自心者,自心即是一切智智。故经所说如实知自心者,见本不生际也。见本不生

---

① 杨毓华主编:《持松大师全集》第三册《真言宗之五大愿》,第 1223 页。
② 《大正藏》第 18 册,第 1 页下。
③ 《大正藏》第 19 册,第 527 页下。
④ 《大正藏》第 10 册,第 275 页中。

际,为一切智智。一切智智者,即大日也。① 持松在《住心品纂注》中解释如实知自心时说:"秘密主! 云何菩提? 谓如实知自心为佛法大宗,千经万论,皆不出此;夫欲发菩提心,必须先知心为何物。"他认为,"性同虚空,即同于心。性同于心,即同菩提"。② 本心与虚空菩提无二,谓虚空无垢即是心,心即是菩提,本同一相。虽因缘本来不生,然亦不坏因缘之实相。以不生故,则无能所差别。以不坏故,亦得随缘与起大悲之心,方便度生。

2. 信心。指求无上菩提毫无疑惑的不退转心,又称白净信心、远离怀疑的清净心。吕建福指出,菩提心也为追求菩提真理的自信心、信心力。《大智度论》卷一称"佛法大海,信为能入,智为能度",③认为此信心作为外在条件存在。《杂阿含经》卷二六说:"何等为信力? 谓圣弟子于如来所入于净信,根本坚固。"④《仁王般若经》以信心为菩萨行之始源。

3. 清净心。菩提心又称净菩提心或无上菩提心,意喻其性清净无上。清净心是自心体性。唐代般若译《诸佛境界摄真实经》中卷提到:"我已见心相,清净如月轮,离诸烦恼垢,能执所执等。诸佛咸告言:汝心本如是,为客尘所翳,不悟菩提心。汝观净月轮,念念而观照,能令智明显,得悟菩提心。"⑤密教诸宗派多用月轮观想自心清净实相。宁玛派把"寂静平等"说为"清净大平等性"。⑥

4. 空性。密教对菩提心清净体性亦使用空性语义来描述,如无生、无相、无性(离一切性)、无分别(离一切分别)、无取舍、不可得、无量、无边际、无动、寂静、如幻如化等。善无畏译《大毗卢遮那佛神变加持经》卷一对菩提心空性的解读为:说菩提无相,诸法无相谓虚空相;说虚空相是菩提;说性同虚空即同于心,性同于心即同于菩提;说如是心、虚空界、菩提三种无二

---

① 王弘愿著述,于瑞华主编:《密教讲习录》第一册,第 104、398 页。

② 杨毓华主编:《持松大师全集》第一册,第 221 页。

③ 《大正藏》第 25 册,第 63 页上。

④ 《大正藏》第 2 册,第 184 页下。

⑤ 《大正藏》第 18 册,第 274 页中。

⑥ 详见龙钦巴(Longchen Rapchampa)著《十方除暗》(*Phyogs bcu mun sel*)、不败尊者('Jam mgon mi pham rgya mtsho, 1846—1912,译音密彭绛措)著《光明藏》('*Od gsal snying po*)等论。

等。① 施护译《菩提心离相论》对菩提心无生一词解释说："彼菩提心无生自相，是故今说，所言菩提心者，离一切性。问曰：此中云何离一切性？答：谓蕴处界离诸取舍法无我平等，自心本来不生，自性空故。"②法天译《菩提心观释》对菩提心五性阐释为："我今当议彼菩提心。云何性？答：离一切性。云何一切性？谓蕴处界等性。彼菩提心离取舍故，则法无我自性平等，本来不生自性空故。所言一切性者，是我等性。"③吕建福总结诸位密教大德的主张后认为，这种密教空性的论述都是建立在如来藏经论基础之上的。空性具有两极对立的无差别性和同一性特点，空性即清净无差别，体现密教空义平等观。

5. 光明。光明是菩提心的自性成相。不空译《金刚顶一切如来真实摄大乘现证大教王经》上卷提到："一切如来咸告言：善男子，心自性光明，犹如遍修功用，随作随获。亦如素衣染色，随染随成。"④般若译《守护国界主陀罗尼经》说："菩提本性清净光明，何以故？心之实性本清净故，云何清净？性无合故。犹如虚空性清净故，亦如虚空无有相故，亦如虚空性平等故，是故菩提名为最极清净光明。此净光明，童蒙凡夫不能觉知，容尘烦恼之所覆故。"又说："欲知菩提真实性者，当了自心，如其心性即菩提性。……善男子，若诸菩萨如是了知，即得成就第一清净法光明门。"⑤施护译《佛说一切如来金刚三业最上秘密大教王经》卷一提出："菩提心者，是即自性光明法，非彼菩提有相可得，亦非现前三昧可证。如是了者，乃名坚固住菩提心。"⑥日本僧人白隐慧鹤⑦在《坐禅和赞》中使用"众生本来即佛，如水与冰"来形

---

① 《大正藏》第 18 册，第 1 页下。
② 《大正藏》第 32 册，第 541 页中。
③ 《大正藏》第 32 册，第 562 页上—中。佛经原文："归命本师，大觉世尊，我今略释，菩提心观。"
④ 《大正藏》第 18 册，第 207 页下。
⑤ 《大正藏》第 19 册，第 539 页中—下、528 页上。
⑥ 《大正藏》第 18 册，第 472 页中。
⑦ 白隐慧鹤(Hakuin Ekaku, 1685—1768 或 1686—1769)，别号鹄林、谥号慧鹤，江户时代中期禅僧、艺术家和作家，临济宗中兴祖师，被尊称为"白隐禅师"。

容心、佛、众生的关系。与白隐慧鹤齐名的仙厓义梵①也提出了"心身一如"这一立场，这两位并称为日本近世禅林的代表禅僧。他们对心性考察的思想也反映在《华严经》大乘佛教"唯心偈"②思想中。在本书真言宗与禅宗关系的章节中详细论述了仙厓义梵如何理解真言宗和禅宗以及天台宗的交叉、融合关系。法护译《佛说大乘菩萨正法经》卷七说："如来身者，自性明亮，清净莹洁，永离一切烦恼垢染。"③密教教主大日如来（Mahāvairocana）汉译为摩诃毗卢遮那、毗卢遮那、遍一切处、光明遍照等，在金刚界与胎藏界密教都是法身如来，金胎两部曼陀罗五方佛布局中，大日如来住中央，表法界体性本身。众生烦恼业障不离佛性本体，本空实相。王弘愿在华严教义影响下，在《密教讲习录》卷一中解释了烦恼与菩提的关系，他比喻说这两者如同冰与水，无障无碍。他认为菩提水以一念无明成冰，而此冰次第融化，则烦恼自断，是云不断而断也。冰体一分不动，于法性位有贪嗔痴，得自信五秘密曼陀罗等是也。唐密祖师不空主张空性之体和光明之相融合，更恰当地解释明空无别，即明空相照。不空译《金刚顶经一字顶轮王瑜伽一切时处念诵成佛仪轨》认为："所睹彼彼境，皆照空亦空。由胜解空体，自彻见本心，皎洁如满月，离能取所取；自性光明成，菩提体坚固。"④藏传宁玛派大师龙钦巴⑤把空性与光明从体和用角度分开。他认为空是菩提心的体，光明是菩提心的相或性，轮回诸法是菩提心的用。体相用融会贯通即是大圆满。

---

①　仙厓义梵（1750—1837），与骏河（静冈县）的白隐慧鹤并称为近世禅林的代表禅僧。他出生于美浓国（岐阜县）武仪郡武艺川町，十一岁得度出家成为临济禅僧人，之后参禅行脚，四十岁时成为日本最初的禅寺——博多圣福寺的第一百二十三世住持。六十二岁开始隐居山内的虚白院，直到八十八岁圆寂。他是日本江户时代的著名画家与书法家。他"当意即妙"的禅画至今被称为"治愈系禅画"而受到广泛追捧。他通过著作和书画活动，为日本禅宗的复兴和对民众的教化不懈努力。他最著名作品之一是以圆、三角以及正方形为题材创作的圆相图。

②　指旧《华严经》卷一〇《夜摩天宫菩萨说偈品》如来林菩萨所说偈曰："心如工画师，画种种五阴，一切世界中，无法而不造。如心佛亦尔，如佛众生然，心佛及众生，是三无差别。"（《大正藏》第9册，第465页下）

③　《大正藏》第11册，第795页下。

④　《大正藏》第19册，第322页上。

⑤　龙钦巴尊者（Longchen Rapchampa，1308—1364），又名智美沃色（Drimed AodZer），意为无垢光尊者，藏传佛教宁玛派（红派）的学者、伏藏师，被视莲花生大士之后的第二佛陀，著作超过两百五十种，其中完整的理论代表作有《龙钦七宝藏》《三自解脱论》《三自休息论》和《四心滴》等。

自性光明如明镜,其中具有能明显一切染净、轮回涅槃之现源,从本以来元成,云云。① 善无畏和一行围绕光明属性论述了如何修证法明道。"明"藏文为 snang-pa,意为光明、发光、照明。善无畏译《大毗卢遮那佛神变加持经》卷一说:"此菩萨净菩提心门,名初法明道。菩萨住此修学,不久勤苦,便得除一切盖障三昧。"②一行《大日经疏》卷一解释说:"法明者,以觉心本不生际,其心净住,生大慧光明,普照无量法性,见诸佛所行之道,故云法明道也。"③

6. 发菩提心。龙树《大智度论》指出了菩提心与佛心有因果位差别和相似点。玄奘译《大般若经》提出发菩提心是菩萨行的前置条件。一行在《大日经疏》中称:"此品统论经之大意,所谓众生自心即是一切智智,如实了知,名为一切智者。是故此教诸菩萨真语为门,自心发菩提,即心具万行,见心正等觉,证心大涅般,发起心方便,严净心佛国,从因至果,皆以无所住而住其心。"④《大方广佛华严经》卷五九说:"菩提心者,如是无量功德成就,悉与一切诸佛菩萨诸功德等。何以故? 因菩提心出生一切诸菩萨行,三世诸佛成正觉故。"⑤

《大日经》的菩提心思想明显吸收了早期《华严经》的丰富内容。《华严经·入法界品》细述了发菩提心的一百二十种功德。华严宗发菩提心的思想包含了慈悲的精神,是佛教中国化的一个具体体现,和儒家"修齐治平"的儒家理想和仁义、明德等价值观一致。华严宗对发菩提心的认识升华到了一切菩萨行和诸佛的正觉根源高度,甚至诸法实相无一不是,承认菩提心本体论的核心价值。多部密教经典和注疏皆曾引用《华严经·入法界品》原文

---

①　(元)龙钦巴:《实相宝藏论本颂》,赛朵三世译;《实相宝藏论释》,郭元兴译,赛朵三世校对。并转见刘立千:《读〈实相宝藏论释〉笔记——关于大圆满法的思想》,《刘立千藏学著译文集·杂集》,第44页。其引文与赛朵三世校本稍有出入。

②　《大正藏》第18册,第1页下。

③　《大正藏》第39册,第590页上。

④　《大正藏》第39册,第579页中。

⑤　《大正藏》第9册,第776页下。

内容。① 另外,密教菩提心法门的内容在大乘教义见与修基础上,延伸至菩提心归敬礼、菩提心戒、菩提心三昧、菩提心陀罗尼等密教细分名相,②进而把发菩提心和菩提本体紧密结合起来,可以转成哲学意义上的认知问题,即发菩提心的问题转向如何认识菩提心、求证菩提心的问题转向探究心性本源、菩提心转为菩提性,完善了菩提心本体论哲学体系的建构。例如《大乘菩萨藏正法经》卷六说:"菩提所成之心,名菩提心。"③又如《大宝积经·菩萨藏会》说:"菩提心者,最胜清净,性不染故。"再说:"菩提心者,常恒不变,善根资粮所积集故"。后说:"菩提心者,最极寂净,由依一切大静虑故。"④坚慧造、唐提云般若译《法界无差别论》提出了菩提心十二义的说法,把菩提心等同于如来藏、法身、涅槃。后来密教就直接引用了坚慧的说法。⑤

显密两教对如何发菩提心的认识不同。唯识学说认为发菩提心不出前六识的范围,但在如来藏思想框架中密教所讨论的发菩提心直接指第八识阿赖耶识。从密教角度考虑,前六识只能做到勉强分别,但是易生欣圣、厌凡差别。而第八识属无覆无记,其功能不起分别。由此密教发菩提心即说知自心即菩提,灌顶以三密加持,能直开佛觉智慧。密教在义理上与华严宗讲究的不坏世间而成出世的观点并无高低之分,其目的一致,发心即成佛,因、果位本来相通。《大日经》因金刚手菩萨问佛曰:"得此一切智智,以何为因,以何为根,云何究竟。故佛答有三句。因、要、根、究竟三句配合发心、修行、菩提、涅槃、方便五转。"⑥此明确表述了密教发菩提心的独特内容和具

---

① 汉文注疏《大日经疏》《金刚顶瑜伽发菩提心论》《理趣般若释》等;梵文论疏《广释菩提心论》《菩萨集论学处》等;藏文论疏《菩提道次第广论》等。

② 例如《大方广佛华严经》卷三七提到:"佛子! 菩萨摩诃萨有十种戒。何等为十? 所谓:不坏菩提心戒;离声闻、缘觉地戒;饶益观察一切众生戒;令一切众生住佛法戒;一切菩萨学戒戒;一切无所有戒;一切善根回向菩提戒;不着一切如来身戒。"(《大正藏》第 9 册,第 633 页下)《大方广佛华严经》卷六五说:"住兜率天宫乃至示现入于涅槃陀罗尼门、利益无量众生陀罗尼门、入甚深法陀罗尼门、入微妙法陀罗尼门、菩提心陀罗尼门、起菩提心陀罗尼门、助菩提心陀罗尼门……"(《大正藏》第 10 册,第 349 页中)

③ 《大正藏》第 11 册,第 793 页上。

④ 《大正藏》第 11 册,第 206 页中、下。

⑤ 吕澂:《印度佛学源流略讲》,第 212 页。

⑥ 《大正藏》第 59 册,第 644 页中—下。

体方法。《大日经疏》云："自心发菩提,即心具万行,见心正等觉,证心大涅槃,发起心方便,严净心佛国,三句五转,皆众生自心中,本具功德,次第出现。如莲子中么荷,在泥中时,虽待外缘,而正开时,悉是本具么荷也。"①根据《金刚顶经》《诸佛境界摄真实经》《金刚顶瑜伽经十八会指归》中五相成身观的密教观行,五转成身第一转就是通达菩提心,指行者在现实身作观种三尊之种子位次第为法身。

7. 月轮观。密教经典与注疏中大量使用月轮来象征菩提心。《金刚顶经》以瑜伽观想月轮,即月轮观,又称菩提心观,观想菩提心。瑜伽观修之月轮观即是三摩地中现证菩提心。②《念诵结护法普通诸部》说:"观月为方便,具有三义:一者自性清净义,离贪欲垢故;二者清凉义,离瞋热恼故;三者光明义,离愚痴暗故。所以取月为喻。"③金刚智译《金刚顶瑜伽中略出念诵经》卷二说:"想彼月轮极清净坚牢,大福德所成,于佛性菩提从所生,形状如月轮,澄净清净,无诸垢秽。诸佛及佛子,称名菩提心。"④《金刚顶经义诀》说:"月轮者,菩提心相也,表以菩提心即为法界故。"又曰:"谓菩提心者,万德之源、众行之本。是故如来先显心相,清净圆满,犹如月轮,即大菩提相也。"⑤唐密瑜伽观想中明确地在月轮观法中契入阿本不生义、五智和菩提心本体等内容。金刚界曼陀罗九会之成身会三十七尊(包括金刚界五佛、十六大菩萨、四波罗蜜菩萨和内四供养外四供养菩萨总共三十七尊),同于《大般若经》三十七菩提分,所观十六大菩萨⑥等同《理趣般若经》的十七

① 《大正藏》第 60 册,第 403 页上。
② 吕建福:《密教论考》,第 194 页。
③ 《大正藏》第 18 册,第 908 页中。
④ 《大正藏》第 18 册,第 237 页中。
⑤ 《大正藏》第 39 册,第 817 页中、815 页下。
⑥ 十六大菩萨是密教金刚界曼荼罗中四方四佛之各四位亲近菩萨的总称。据《三十七尊心要》及《三十七尊出生义》《圣位经》等记载,十六大菩萨各表四佛之德。东方四菩萨表阿閦佛菩提心之德,其中金刚萨埵表菩提坚固之德,金刚王表菩提四摄之德,金刚爱表菩提无染净之德,金刚喜表三业清净之德。南方四菩萨表宝生佛福德庄严之德,其中金刚宝表大庄严之德,金刚光表大威耀之德,金刚幢表大满愿之德,金刚笑表大欢乐之德。西方四菩萨表阿弥陀佛智慧之德,金刚法表清净智之德,金刚利表永断烦恼之德,金刚因表说法教化之德,金刚语表离言说戏论之德。北方四菩萨表不空成就佛事业方便之德,其中金刚业表善巧工艺之德,金刚护表精进不怠之德,金刚(转下页)

清净句①。不空译《金刚顶瑜伽中发阿耨多罗三藐三菩提心论》说,观自心为月轮,以月轮喻菩提心,因满月圆明体与菩提心相类。按照印度月历,月轮十六分喻金刚顶瑜伽中十六大菩萨,一切有情心质中有一分净性,众行皆备,体极微妙,皎然明白,乃至轮回六趣,永不变易,犹如圆月十六分之一。凡月轮之一分明相,当合宿之际,为日光夺其明性,所以不现。而后起月初,日日渐加,至十五日圆满无碍。初以阿字发起本心中明分,渐令洁白分明,即证无生智。初发之阿字,即是一起法本不生义。②

8. 大悲。《华严经》和密教皆强调以菩提心和慈悲喜舍(四无量心)作为菩萨精神的根本。唐实叉难陀译《华严经》卷六〇说:"知诸菩萨心之所念,大悲为身,大悲为门,大悲为首,以大悲法而为方便,充遍虚空。"③东晋佛驮跋陀罗译《华严经》卷二三曰:"是心以大悲为首,智慧增上,方便所护,直心深心淳至,量同佛力。"④密宗强调菩提心为因、大悲是根本,大悲体现大乘菩萨信念,菩提心由大乘"空"义和慈悲组成,两者融合不二。不空著《金刚顶瑜伽发菩提心论》诠释《大日经》的"菩提心为因,大悲是根本,方便为究竟"时,引据《大日经疏》阿字本不生义发菩提心、修菩提行、知菩提相、证菩提道,由此入涅槃即身成佛。显荫著《真言宗义章》详细诠释说:"大悲为根者,由菩提之心,修菩提之行。善根深种,不可摇拔也。大悲者,悲自悲他。悲自本具与佛平等之三密,为烦恼所蔽。悲他众生不觉本具之妙体,而

(接上页)牙表无畏调伏之德,金刚拳表住持成就之德。参考任继愈主编:《佛教大辞典》,第35页。

①　周广荣:《声字与般若——试论梵语声字在般若经典中的形态与功能》,《世界宗教研究》2019年第6期,第35—49页。依据不空编译《大乐金刚不空真实三昧耶经般若波罗蜜多理趣释》,理趣经法的行法(或称羯磨法)系以本经初始的十七清净句作为本尊,每位本尊都有相应的种子字(bija)。依十七清净句而有十七本尊及其眷属,依次各各现其供养念诵次第,即成十七会曼荼罗。所谓十七清净句殊胜在于:妙适、欲箭、触、爱缚、自在主、见、适悦、爱、慢、庄严、意滋泽、光明、身乐、色、声、香、味,总括我人一切世间活动眼、耳、鼻、舌、身、意之能缘所缘,在显教此为一切烦恼之根本,故行者需放弃妙适、断绝欲箭、不执于境触、离于爱缚、观身是空、离于执见、不求适悦、离爱无恨成就大爱、远于我慢、舍弃华丽庄严、不求意境滋泽、不为光明所眩、不逐身乐、绝色声香味,方谓修行。

②　《大正藏》第32册,第574页上。

③　《大正藏》第10册,第320页上。

④　《大正藏》第9册,第544页下。

迷转生死。因是之故,精勤修习,三密妙行,期速断无明,速成正觉。自度度他,尽未来际也。"①《大日经疏》中解释悲兼有慈与悲二义,"慈如广植嘉苗,悲如芸除草秽",②认为慈爱之心增长净心,悲悯之心拔苦除难,二者相辅相成。

9. 普贤菩提心。胜义相对于世俗义,指最胜真实之义。凡夫、外道、二乘、十地菩萨修一切法证无上菩提妙行,安住普贤菩提心,又称深般若心观。其中普贤一词,普指遍一切处,贤指最妙善义。《金刚顶略出经》云:"普贤法身遍一切。"③《理趣释重释记》云:"诸佛普贤之身,周遍器世间及有情世间。"④《金刚般若经开题》云:"即一切如来遍法界最妙善之理智法身名普贤也。"⑤《胎藏金刚菩提心义略问答抄》云:"诸大乘中第九真如理心,名为自性清净心。此理心中同体智性,名为一切众生本有萨埵,亦名普贤大菩提心。"⑥此处菩提心又称普贤之心。《金刚顶瑜伽三十七尊出生义》称:"即尔普贤之心,深入圆明之智,乃是真言行菩萨造《瑜伽》之大方也。"⑦此处圆明之智指五佛五智⑧。不空解释说:"汝等诸子是从佛口生,从法化生,得佛法分,即同普贤身,行普贤行,住普贤心,圆明廓周,五智齐现。修行如此,是契吾心。"⑨王弘愿认为:"法尔应住普贤大菩提心者,一切众生本来法尔住普贤大菩提心也;普贤名理,萨埵名智,此理智冥合位,是合宿际。于内心中观

---

①　显荫:《真言宗义章》,上海:上海佛学书局,1924 年,第 1 页。

②　《大正藏》第 39 册,第 587 页上。

③　《大正藏》第 18 册,第 250 页中。

④　《大正藏》第 61 册,第 641 页上。

⑤　《大正藏》第 57 册,第 1 页中。

⑥　《大正藏》第 75 册,地 529 页中—下。

⑦　《大正藏》第 18 册,第 298 页上。收录于《惠运录》及《惠运录外》。《八家密录》载自《圆仁录》,没有作者名字,但保延三年注明高山寺藏本题不空译。

⑧　显教有四智说,密教结合法界体性智成为五智。金胎两部曼荼罗,各有五佛,即金刚界,中央五大月轮中,有大日、阿閦、宝生、无量寿、不空成就五佛。胎藏界,中台八叶院,有大日、宝幢、开敷华王、无量寿、天鼓雷音五佛。如是五尊,均表五智。第九庵摩罗识转化为法界体性智,第八阿赖耶识转化为大圆镜智,第七末那识转化为平等性智,第六意识转化为妙观察智,前五识共同转化为成所作智(即转识成智)。依照发心直至成佛过程,从东南西北到中央,依次表示通达菩提心,修菩提心,成金刚心,证金刚身和佛身圆满的五相成身观。

⑨　(唐)圆照集:《代宗朝赠司空大辨正广智三藏和上表制集》卷三,《大正藏》第 52 册,第 845 页上。

日月轮者,内心指胸中八分肉团;日月轮者,质多心,即菩提心体也;意言于胸内八分肉团中,观普贤大菩提心也。"①此菩提心能藏一切诸佛功德。

10. 大菩提心。亦作三摩地菩提心。三摩地译为等持、正定、定意、调直定、正心行处。真言行者入信解地,修三密相应五部秘观,等持诸佛化他万德,遍入有情法界平等摄受,无所不在。程宅安认为三摩地为静心专注一境入于无念无想状态之意,即禅定波罗蜜。一切众生本具与佛平等佛性,因烦恼障蔽,不能实见。如来特乘方便,于内心观想月轮,为三摩地心。晦朔之间,月影微茫,日复一日,其光渐增。至十六日而团团圆满。吾人心内佛性,正复类之。金刚界曼陀罗十六大菩萨乘四佛万德皆具心内。四佛乘大日如来之德,开发完全即成佛果。三摩地心,观两部诸尊皆属自心功德。开发胜义、行愿二心皆为此心所生、所用。②

11. 涅槃心。冯达庵看待菩提心和涅槃心为明朗和寂静之分。明心见性即开发菩提心之道。禅宗以菩提心为根据,涅槃心为究竟。密宗求证佛果,依菩提心阐发一切种智,以达金刚后心③。冯达庵认为密宗和禅宗区别之一在于追求佛果,故说:"密宗依般若波罗蜜而上求,禅宗依般若波罗蜜而下化。"④

12. 种子字。那么菩提心实相究竟是什么? 通过什么形式或介体来认识菩提心? 吕建福认为这个观察认识过程非常重要,悟知自心本不生的过程要符合空、假、中三义的大乘中观道。《大智度论》卷四八解释阿字本不生为初始,曾说:"得是字陀罗尼菩萨,若一切语法中,闻阿字即时随义,所谓一切法从初来不生相。阿提,秦言初;阿耨波陀,秦言不生。"⑤其中阿提之阿释不生,阿耨波陀之阿为本初不生。《华严经》卷七六也论阿字曰:"唱阿字时,入般若波罗蜜门,名以菩萨威力入无差别境界。"⑥阿字的梵文 a 在陀罗

---

① 王弘愿著述,于瑞华主编:《密教讲习录》第一册,第77—79页。
② 程宅安:《密宗要义》,第61—62页。
③ 菩萨于最后位,断最极微细烦恼之定,智用坚利,譬如金刚,叫作金刚定。有人住出三心,入时尚居众生位,出时则成佛,当住位完满,将届出定时,名金刚后心。
④ 冯达庵:《禅宗明心见性与密宗即身成佛》,《圆音月刊》第9、10期合刊,1948年6月6日。
⑤ 《大正藏》第25册,第408页中。
⑥ 《大正藏》第10册,第418页上。

尼字门中有多种含义。《大日经》以阿字为大日如来根本真言。① 善无畏解释阿字本不生义只局限于真言字门范畴。一行主张："阿字自有三义,谓不生义、空义、有义。如梵本阿字有本初声,若有本初,则是因缘之法,故名为有。又阿字是无生义,若法揽因缘成,则自无有性,是故为空。又不生者,即是一实境界,即是中道。故龙树云:因缘生法,亦空、亦假、亦中。"在善无畏所说的阿字观基础上,一行认为本不生际者还和自性清净心紧密联系,进一步推演大日如来之真言阿字义。他说:"本不生际者,即是自性清净心,自性清净心即是阿字门。以心入阿字门故,当知一切法悉入阿字门。"又云:"经云谓阿字门一切诸法本不生故者,阿字是一切法教之本。如是见一切法生时,即是见本不生际。……故毗卢遮那唯以此一字为真言也。"② 不空以阿字本不生论菩提心,强调法无本生而心体自如,既说一切万法举体皆空,又认为无一事而不真,无一物而不实,真空妙有,实相圆明;主张以事显理,即事即理,理事不碍,即凡即圣,性相同一真如。③ 他的理论总结了开元三大士浓厚的传统密教思想和严谨的修行实践。王弘愿在《口义记·瑜伽菩提心论》中称阿字就是菩提心义,颂曰:"八叶白莲一肘间,炳现阿字素光色;禅智俱入金刚缚,召入如来寂静智。"④

13. 有相与无相。真言行者以三密相应诸佛尊相,故称有相菩提心。同时入法界虚空而离一切相,同时又称无相菩提心。有相、无相圆融不碍。

---

　　① 阿字梵文意义为"本不生"。阿字观即观想悉昙梵文之阿字证悟诸法本不生之理,而开显自心本具佛性之菩提心观法。又作阿字月轮观、净菩提心观、一体速疾力三昧。密教将宇宙人生之一切归于阿字,认为阿乃一切法之根本,其理即在阐明宇宙万事万物之自体本来不生。《佛光大辞典》解释密教谓阿字乃一切语言、文字之根本,含有不生义、空义、有义等多种意义,其中特别重视不生、本、初之义,谓一切万物本来即已存在,且呈现其本来面目,若以密教立场来看,此即为大日如来之自内证。故《大日经疏》卷二、卷六、卷七解释阿字时,谓阿字乃诸法之体性、万法能生之根源,若行者能体得阿字本不生之理,即可如实了知自心之本源,而得如来之一切智,自身亦与大日如来不二。

　　② (唐)一行:《大毗卢遮那成佛经疏》,《大正藏》第39册,第649页中、589页下、651页下。

　　③ 吕建福:《密教论考》,第191页。

　　④ 王弘愿著述,于瑞华主编:《密教讲习录》第一册,第105页。

第三节　住心品义

一行《大日经疏》卷一认为,第一品统论经之大意,住心是该经的中心思想。① 程宅安认为,发菩提心可从能求与所求两方面入手。能求之心指希求觉悟,所求之心即如实自知众生本来具足佛性。他关于能求的论断来自空海,是根据《大日经》和《菩提心论》以能求之心能知自心程度划分十种等级的十住心论,把真言行者住心次第判为显密二教差别。王弘愿对此也有相同的认知。空海撰著《秘密曼荼罗十住心论》引经据论,详加阐释。830年空海撰《秘藏宝钥》三卷,作为《十住心论》的导论,对前期论旨精要进行升华。前九住心为显说,后一住心为密,总称九显一密,具体如下:

(1) 异生羝羊心,为三恶道

(2) 愚童持斋心为人乘世间教

(3) 婴童无畏心为天乘人天教

(4) 唯蕴无我心为声闻乘二乘

(5) 拔业因种心为缘觉

(6) 他缘大乘心指法相宗教法

(7) 觉心不生心为三论宗

(8) 一道无为心为天台宗一乘教

(9) 极无自性心为华严宗圆教

(10) 秘密庄严心为真言宗金刚乘教

程宅安(其两女亦拜持松为师)深受其师持松华严密法思想的影响,认为第十秘密庄严心指华严果分不可说之境界。华严为显教,其极致所证仍属遮情一门,但在密教看来仅仅是初见道的阶位。入此第十住心,万有差别皆是佛境果德所化现,金胎两部曼陀罗皆出自佛陀法身,乃至六大、四曼、三密演化。十住心又分横竖,横者为胎藏界之十住心表德一门,以性具十界为体,八叶十三院多法界之法门。竖者为金刚界之十住心即遮情一门,以三身

---

① 《大正藏》第39册,第579页中。

四智无相为体，为一法界之法门。金胎不二之处谓为不二之十住心。真言宗把华严之遮情和表德称谓进一步扩展到显密二教之分，所谓显教遮情所归无相，密教表德即行三密事相。

持松精研华严，融通密教。他认为修学唐密需要有次第逻辑，宜先读《大日经》之《住心品》以解教相导论，然后读《具缘品》了解事相内容。他认为先学教相后习事相的次第是祖师所主张，空海已经详尽解释了真言宗教相理趣。从经典研究的角度，持松建议宜先研修《十卷章》，次则《释摩诃衍论》，再则《大日经疏》，更进《五部密经》，然后探求野泽流诸派事相部之秘奥。对密宗教相义理部分的基本概念的掌握是学密的前提。显教诸多宗派解释三大阿僧祇劫（简称三大劫）成佛概念是建立时间久远无量累劫而言。但是密教针对三妄执，并非以时间概念为界限，强调即身成佛的可操作性。三妄执之说指众生以无明而生贪嗔痴慢疑五种根本烦恼，就众生二边之执将五种烦恼各分为二迭五次分为一百六十心，包括世界各种妄想执着，无量无边业力，无量无边生死。此种妄想执着按照粗、细和极细者，总称世界本妄执，又名三大阿僧祇劫。若凡夫一生就能超过此三种妄执，所谓即身成佛。如若修行三大阿僧祇劫也不能超过此三种妄执，即三大劫亦不能成佛。显教所修行，经无量劫，而只是有可能菩提开悟。而唐密宣称于清净菩提心门中可以即身成佛。

开发清净菩提心经历三大劫满，名曰初法明道，即见道至初地之位。从初地到十地，统名信解行地①。禅宗说信、解、行、证，以信本具真如自性，以一信摄解、行、证。顿悟信理，但事相须悟后起修，观照渐进，理事无碍，乃解脱。密宗信解行地以因、根、究竟为总纲，即初地为因，二至七地为根，八地以上为方便究竟。每地之中皆有入、住、出三心。然《大日经》胎藏界的三劫和十地关系有二种说法。第一种认为三劫只达十住而未登十地。即凡夫发心于初劫而破粗妄执，二劫而破细执，三劫而破极细执，然后入十地。初地

---

① 信解行地，略称信解地。密教中从真正发心开始乃至究竟成佛的中间过程通称信解地，是密教角度的十地阶位。凡秘密甚深之义，乃凡夫二乘所不能识知者，唯信者始能悟入。又以正信能彰显真实之理，而令解、证共其足，故称信解行地，此即白净信心决定之位。出自《大日经疏》卷一，《大正藏》第 39 册，第 580 页下。

即发心,二至十地乃修行阶位,再进入佛果金刚心,摄佛乘十地,见本觉胎藏曼荼罗。第二种说法认为三劫在十地之中又细分二说:(1)破意识分别二执,即度初劫初见圣智属地。二至十地皆修行阶位。破我执入无生,即度二劫至七地。七到九地破法执度三劫。至第十地等觉入寂灭忍,破微细执而证毗卢遮那佛理法身,为大乘十地。(2)以初见圣智地修行,初地至三地属破初重执为初劫,四至六地入二劫,七地至九地破我执法执入三劫,再经十地等觉破微细执入佛位。《金刚顶经》则地前不立位次。金刚界以直修、直入、直证、直满为旨趣,于地上立十六大菩萨,以行者进趣之阶位。《大日经》十地与《金刚顶经》十六大菩萨虽不同名,但实为开合,金胎两部义理不二互摄。

　　综上所述,唐密即身成佛的概念包括了此生经行三密,破除三种粗妄执、细妄执和极细妄执,如度三大劫(三大阿僧祇劫),培养清净菩提心,即身成就法身。其成就过程可以分为六阶段,每阶段的心相即是六种无畏化现,即善、身、无我、法、法无我、一切法自性平等无畏。种种无畏心相外显明修证可说次第浅深,内实无相,亦无深浅可见。如顿根利器的真言行者可于一念中以自身三业等同本尊,跨越式即达第六无畏。这是唐密独创的三妄执经历六无畏理论。前四无畏乃初劫位,第五无畏为第二劫位,第六为第三劫位。三劫所度三妄执(粗、细、极细),六无畏能度净菩提心。① "无畏"一词梵音阿湿嚩娑,原意苏息,即复苏醒转。一行《大日经疏》卷三记载了对"无畏"的解释:"如人为强力者所持,扼喉闭气,垂将闷绝,忽蒙放舍,还复得苏。众生亦复如是,为妄想烦恼所缠,触缘皆闭,至此六处如得再生,故名苏息处。亦如度险恶道时,其心泰然,无所畏惧,故名无畏处。"②《大日经》之说相,即三劫为地前,十地为地上。真言行者于地前三劫所得功德而立六无畏。前四无畏成于初劫,第五无畏自第二劫,第六无畏于第三劫位。《大日经疏》解释三劫就所度之妄执而立,而六无畏就能度之净心而立。具体而言:

---

　　① 参见《大日经》卷一《住心品》(《大正藏》第 18 册,第 1 页下)、《大日经疏》卷三(《大正藏》第 39 册,第 609 页)、《大日经疏指心钞》卷一(《大正藏》第 59 册,第 571 页)、《秘宗教相钞》卷五(《大正藏》第 77 册,第 562 页)等。

　　② 《大正藏》第 39 册,第 605 页下。

1. 善无畏指世间善心，依持五戒十善等离三途恶业所立。真言行者修三密来供养本尊，依世间善恶道德标准设定，除恶生善而得快乐，当得善无畏。初入三昧耶境地，善义通于浅深，名最初苏息处。

2. 身无畏。真言行者从道德心转向对信仰的信心，真实内省、反观自心，修不净观而不生贪爱，远离色身执着，离颠倒而得解脱，得苏息处。犹如声闻乘人，修三密观本尊入三昧耶境地，成就有相悉地。

3. 无我无畏。真言行者于一切法中，观无我相而见道位。精进修行不断，证悟色身五蕴假和而不真实，求我不可得。本尊因缘生而有爱染，离此爱染不着于心而皆无自性，观心不可得。舍自色像观，修无相悉地。缘生而离一切过，于我之扼缚处得苏息处。在这里苏息一词即复苏醒转。众生为妄想业烦恼时刻所缠，如度险恶道，其心无畏，度三大阿僧祇劫，从发清净菩提心再到成就法身六阶段，如得再生。

4. 法无畏。缘觉、声闻二乘之人于五蕴境界已究佛之教法，无惑可断，亦无可学者，称无学。指断尽一切烦恼，已得阿罗汉果者。真言行者于瑜伽境界如水月镜像观无性、无相，证悟五蕴假和、无我不实，观法空相，心住蕴中，观蕴即空，能入寂然。知有相悉地之本尊也非真实，名法无畏。

5. 法无我无畏。真言行者证人法二空，万法唯心，心外无法，明三密相应，观修本尊唯自心所变，一切境界皆自心功德，离法执而得无畏自在无碍。

6. 一切法平等无畏。真言行者现证诸法本不生，了万法一实真如，本源住心实际平等。自心毕竟空性时，自性其实无性心生，无所缚亦无所脱。悟阿字本不生义，证一切法平等大觉位无畏。新罗国零妙寺沙门不可思议为善无畏弟子，他把本不生义发展为本不生理一说。他以理作为本不生的本体，说阿字等门妙明其理。不可思议法师撰《大毗卢遮那经供养次第法疏》卷2说："如金刚者，如理也。大因陀罗者，理具德义也。普皆遍流出者，阿字所出光也。于彼中者，所出光。导师诸佛子者，光所作尊也。水者，能观定也。白者，本不生理也。莲者，理离染着也。"①

---

① 《大正藏》第39册，第799页中。

第四节　六大缘起义

持松在其《六大缘起考》中详细论证了六大缘起之说。通过与显教比较,论述了密教六大如何起源和发展,有何特点。持松指出:古代以四大或五大为万有本体,固不仅佛教为然,即外道等,亦作此说。但五大之外,加识大,则限于佛教也。小乘佛教经典如《俱舍论》《婆沙》等认为地、火、水、风、空五大为身体之原素,识大为精神之原素。显教大乘佛教对六大缘起思想诠说更加入了空有、无常、因果、中道、三法印、四圣谛、十二因缘等教理解释。①

西方古代哲学出现过有关现象论的原素说和多元实在论,提出了地、水、火、风四大为世界万有的本质。古希腊泰勒斯(Thales,约前625—前547)提出水元素说,其学生阿那克西曼德(Anaximenes,约前610—前546)、阿那克西美尼(约前585—前525)提出气元素说,赫拉克利特(Herakleitos,约前535—前475)提出火元素说,恩培多克勒(Empedokles,约前490—前430)提出土元素及地、水、火、风四元素形成说。柏拉图(Plato,前427—前347)用几何观点将此四元素形象化为象数派。亚里士多德(Aristotle,前384—前322)在柏拉图的元素几何化构建基础上,把四元素学说扩展为一种框架体系来支撑地心说。四元素学说对西方传统医学也有深远的影响。随着西方近现代学科领域的创建,学术界开始否定古代元素学说。英国化学家波义耳(Boyle,1627—1691)在1661年发表《怀疑派的化学家》文中认为,古代元素学说不是真正的科学意义上的元素。他认为元素指不能由其他物质生成、不能相互转换,也无法再分解的某种原始、简单的物质。

印度《乌巴尼夜陀》、数论、胜论等皆有此元素说。印度原始佛教对地、火、水、风四大元素的看法指其具有坚性、暖性、湿性、动性的性质,多种论述可见于《清净道论》、《成实论》(小乘空宗)、《俱舍论》(小乘有宗)、《五蕴论》

---

① 杨毓华主编:《持松大师全集》第三册《六大缘起考》,第1214页。

与《百法明门论》(大乘有宗)对四大的解释。① "六大缘起"在印度原始佛教中称"六界缘起",指现象界的六类物质元素——地、水、火、风、空、识。前五种称五大物质元素,第六种称识大精神元素。印度原始佛教六界说分析人体构成元素和人类以外的物象,认为皆由六界所成立。在显教看来,六大内容说生灭变化现象,还是属于现象界范畴,没有涉及现象的本体概念。

　　佛教教义常包含世界构成、缘起、成住坏空和人类以及动物存在问题的讨论,这也是所有宗教不能回避的现实问题。佛教认为存在皆由诸因缘和合生起,世间事物(一切有为法)因各种因缘而起,也因其而灭。缘起论认为世间事物不能独立存在,必须依靠种种因缘条件。缘起论包括因和缘。因即主要因素,缘即辅助条件,因缘和合才有果。郭淑新认为佛教的因果观是充满智慧的性空缘起,佛教的因果报应论哲学依据是性空缘起说。② 所谓性空缘起,《稻秆经》说:"若见缘生,即是见法;见法,即是见佛。"③佛陀法身所现诸法实相,缘起法解释诸法空性,缘起而有的一切法是虚幻不实,以理解佛陀法身含义。因此《金刚经》曰:"若见诸相非相,即见如来","若以色见我,以音声求我,是人行邪道,不能见如来"。④ 这也契合禅宗"见性成佛"和密宗"即身成佛"所讲的如何成佛的途径和道理。

　　持松精研华严,后学密法,以华严和密法互摄。其从华严角度解释缘起的传统来自汉地严谨的华严祖师教义。法藏大师(643—712)《华严经探玄记》卷一八曾云:"初重阁庄严,二园林庄严,三虚空庄严。光统云:严空表无为缘起,严园表有为缘起,严阁显自体缘起故也。"⑤在这里,"光统"即指慧光和尚(487—556),但法藏记载慧光使用"无为缘起""有为缘起""自体缘起"等表述。地论学派依据《十地经论》解释"缘起"与"因缘集"同义,故使用

----

① 空宗是指主张一切皆空、般若皆空之宗派,有宗是指主张诸法为"有"之宗派,在汉传佛教八宗之中,俱舍宗是小乘的有宗,成实宗是小乘的空宗,法相宗是大乘的有宗,三论宗是大乘的空宗。

② 郭淑新:《慧远的"因果报应"论新诠》,增勤主编:《首届长安佛教国际学术研讨会论文集》第五卷,第111—117页。

③ 《大正藏》第16册,第819页上。

④ 《大正藏》第8册,第749页上、752页上。

⑤ 《大正藏》第35册,第444页中。

"三种缘起"。法藏的记载中没有明确认为"缘起"与"缘集"同义。隋慧远在《十地经论义记》卷一就论述了三种缘集说,云:"何者是缘？而言不共因缘之义？经中亦名缘起、缘集。假因托缘而有诸法故曰因缘,法起藉缘故称缘起,法从缘集故名缘集。分别有三:一是有为,二是无为,三是自体。"慧远把"因缘""缘起""缘集"概念归为同义,"假因托缘"为"因缘","法起藉缘"为"缘起","法从缘集"为"缘集"。他强调从因与缘两个层面看待,"缘起"重点在"起","缘集"在"集"。慧远对"三种缘集"的论述中,三种概念同时使用:"从业烦恼因缘而有,故名因缘。言无为者,所谓涅槃,体非生灭,名曰无为。藉道而有,故曰因缘。此之二法,皆从前因集起,后果是事缘起。"①他把"缘法"归于生灭法。"因缘"层面分析"生灭法"是假业与烦恼而产生,称有为因缘。"集起"层面对待"生灭法"关注于"业"与"烦恼",称有为集起。"缘起"层面解说"生灭法"前面有前因集起,所以有"生灭法"缘起,称有为缘起。相比较,无为"缘法"对应于涅槃,非生灭范围。"因缘"角度看待涅槃是"藉道而有","集起"角度认为涅槃由"道"集起,称"无为集起","缘起"角度从前面所说由"道"集起,故产生"涅槃"缘起,称"无为缘起"。华严宗温古《大日经义释序》说:该经"尽法界缘起耳"。②辽华严宗觉苑亦以秘密不思议法界缘起观行为一经之宗趣。③

华严之外的其他佛教诸宗都开展过对缘起的讨论。宋子璿《首楞严义疏注经》卷一曰:"以佛圣教,自浅至深,说一切法,不出因缘二字。"④龙树《大智度论》卷二二用"三法印"解释缘起概念:"通达无碍者,得佛法印故,通达无碍;如得王印,则无所留难。问曰:何等是佛法印？答曰:佛法印有三种:一者,一切有为法,念念生灭皆无常;二者,一切法无我;三者,寂灭涅槃。"⑤中观学派认为,世间任何事物的成住坏空都因为各种因缘和条件的相互依存而处于持续的变化当中。大乘佛教以缘起论作为理论基础,包括

---

① 《卍新续藏》第 45 册,第 34 页下。
② 《卍新续藏》第 23 册,第 265 页上。
③ (辽)觉苑:《大毗卢遮那成佛经义释演密钞》卷一,《卍新续藏》第 23 册,第 526 页下。
④ 《大正藏》第 39 册,第 825 页上。
⑤ 《大正藏》第 25 册,第 222 页上—中。

显教各派的业感缘起、赖耶缘起、真如缘起、法界缘起和唐密的六大缘起等概念。龙树《中论》提及"三是偈"的"中道缘起";瑜伽行派①提出"阿赖耶缘起",以"三界唯心""唯识无境"来说明宇宙世界的本质和起源;《大乘起信论》提出"真如缘起",《胜鬘经》主张"如来藏缘起",以佛心、清净心为世界的本原。最澄入唐时曾入国清寺请教道邃,问曰:"唯识与唯心广狭如何? 座主答曰:唯识者亦狭亦浅,所以者何? 存境故。唯心者亦广亦深,何以故? 不存境故。"②空海撰著《即身成佛义》和《大日经开题》③提出"六大缘起"概念,入唐八僧之一的圆珍撰著《大日经指归》对空海著作进行评判,但是没有涉及六大缘起说。学界对于《即身成佛义》是否为空海原创,以及当初空海与奈良诸宗包括天台源澄、华严道雄、法相源仁与三论道昌等辩论的真实情况无法证伪。民国时期日本新义真言宗回传中国由王弘愿弟子冯达庵延伸为"七大缘起"义,系统论述了东密本体论思想。

在显教诸派缘起立说中,华严宗独树起法界缘起的学说。华严宗的判教理论是与天台宗"五时八教"并行的权威教相诠释。自民国时期汉传佛教复兴运动以来,华严宗判教的讨论引起了学术界的广泛重视。周叔迦在《八宗概要》中叙述了华严宗所立五教的基本内容,并将其与天台判教理论进行了对比。吕澂对法藏著《华严一乘教义分齐章》的注疏提到判教、心性、修为是中国佛教的主要理论,他从中国佛教发展史角度研究严宗判教,甚至回溯到法藏之前的判教学说。牟宗三比较华严宗始教与终教的分判之后认为,其较之天台别教说法更细密,将天台别教概念拆分成始、终别教,可以更加清晰地分判阿赖耶说与如来藏说。方东美在世界哲学框架内论证了华严圆教的教理建构。唐君毅结合佛教史上台净合流、华严禅化等现象认为天台宗"有权可废,意在开显",更加推崇华严宗"意在直显,佛之本怀"。任继愈《汉唐佛教思想论集》按照唯物主义立场、观点和方法研究佛教,他根据宗密

---

①　瑜伽行派(梵语 Yogācāra),龙树时代二百年之后产生,与中观学派共同构成汉传大乘佛教的两大思想流派。学界通认无著和世亲两兄弟为瑜伽行派实际奠基人。此二人原为小乘说一切有部学者,后创立瑜伽行派是在有部等小乘学说的基础上对中观学派进行批判性发展的结果。

②　《卍新续藏》第 56 册,第 672 页中。

③　[日]空海《大日经开题》,收录于《大正藏·续经疏部三》,并收六种异本,此见正本与异本六。《大正藏》第 58 册,第 2 页上、11 页下。

的《华严原人论》提出只有"一乘显性教（华严宗）"才能符合佛教最高、最圆满的真理。任继愈认为程朱理学宣扬的"体用一源，显微无间"和"人人有一太极，物物有一太极"与华严宗"理事无碍法界，事事无碍法界"和"一真法界，一切即一，一即一切"的思想完全一致。方立天著《法藏评传》中使用中国佛教判教史框架对法藏华严义理的判教思想进行了评判，他认为法藏判教和天台判教在哲学倾向与思维、创造性和严谨性方面各有伯仲。董群著《融合的佛教——圭峰宗密的佛学思想研究》以华严宗和南禅荷泽宗的"灵知真心"为本体论基础提倡"融合的佛教"对宗密佛学作出概括评价。魏道儒著《中国华严宗通史》通过道亭、师会、观复和希迪等宋代"华严四大家"对法藏《华严一乘教义分齐章》的注释评论，以及对李通玄、慧苑、澄观、宗密的判教观点进行评述。

　　华严宗判教立"五教十宗"。[①] 即主张法界缘起、四法界、六相圆融、十玄门概念，主张事事无碍。在华严宗学说体系中，唐朝华严宗初祖杜顺提出"华严三昧观"，随后智俨"十玄门"、法藏"六相圆融"、澄观"三圣圆融"、宗密"四法界"等学说均论述了法界缘起思想的内容和特点。魏道儒认为智俨《华严十玄门》开篇明确了法界缘起与佛教其他传统缘起学说的差别："明一乘缘起自体法界义者，不同大乘、二乘缘起，但能离执常、断诸过等。此宗不尔，一即一切，无过不离，无法不同也。"[②]智俨的"十玄门"论断传统佛教缘起观念注重世界、人生和现象的本来源头以及本体论，消除（离）人们认为事物或断灭（断）或永恒（常）等错误认识和观念（诸过）。而"法界缘起"是关于世界、人生和各种现象理想存在状态的学说，重点说明事物或现象之间本有

---

　　① 华严判教依所诠释迦如来法义之浅深分五教：小乘教，大乘始教，大乘终教，大乘顿教，大乘圆教。其中除大乘顿教外，分别各说一缘起，即于小乘教说业感缘起，于大乘始教说赖耶缘起，于大乘终教说如来藏缘起，于大乘圆教说法界缘起。而唯以顿教是无相离言之宗，不涉及教相之教，而不立缘起。华严十宗则系依佛所说之义理区别为：（一）我法俱有宗，（二）法有我无宗，（三）法无去来宗，（四）现通假实宗，（五）俗妄真实宗，（六）诸法但名宗，（七）一切皆空宗，（八）真德不空宗，（九）相想俱绝宗，（十）圆明具德宗。前六宗即小乘教，七至十依序即大乘始教、终教、顿教、圆教，第十即华严之教旨。

　　② 《大正藏》第 45 册，第 514 页上。

的理想关系,说明修行解脱所要达到的理想境界。① 太虚撰《略说贤首义》也是近代佛教界对华严宗判教研究的经典著作之一。持松综合各宗缘起现相之见解不同,分为五类缘起差别如下:②

1. 南传小乘俱舍、婆沙诸论的业感缘起。强调因烦恼招感苦果,因果相续,在六道轮回中生死流转。冯达庵认为二乘及不了义空宗都是这类论述,如《俱舍论》《成实论》《大毗婆沙论》等。

2. 大乘始教的阿赖耶缘起。阿赖耶识种子现行熏染诸法为缘起,产生烦恼恶业诸因,招感诸苦果,相续不断。冯达庵认为阿赖耶缘起俱生我执未断,见地固低,中位同生空真如③,后位同二空真如,且无浑略弊端。如《瑜伽师地论》《摄大乘论》《成唯识论》等。

3. 大乘终教的真如如来藏缘起。由染净之缘所识,触生事物,其染现六道生死轮转,其净现圣相。冯达庵认为真如缘起犹有高下。如《大乘起信论》《中论》《百论》《十二门论》。

4. 圆教的法界缘起。属于华严事事无碍法界,又称法界无尽缘起、十玄缘起、无尽缘起、一乘缘起等。华严宗主张虽然现象千差万别,但法性实有,缘起诸法为实,现象以外非实,实体之外无有现象,此即法界实相。法界形成乃以一法成一切法,以一切法而起一法,一即一切,一切即一。法界真如即法性本体,一切法缘一切法成一大缘起,以一法一切法互摄,心境圆融无碍,不二而二。空海著《即身成佛义》、冯达庵著《佛法要论》均赞同此主张。

5. 六大缘起。万有皆即事而真之法身体、相、用。

华严宗定位圆教,其第四种"法界缘起"说对法界描述至高至细,但是也随即产生了一系列问题需要进一步研究。比如因何种缘力由真空妙有本体而引生法界无量无边的法相? 在了义无为法的义理中妙有如何解释? 从密

---

① 魏道儒:《长安佛教的理论创新与价值——以〈华严十玄门〉为例介绍》,增勤主编:《首届长安佛教国际学术研讨会论文集》第五卷,第1—9页。

② 杨毓华主编:《持松大师全集》第三册《密教通关》,第1091—1092页。

③ 我空真如和法空真如。二乘圣者,悟人我空无理,名人空、我空、生空,悟后所证的真如境界,即我空真如。菩萨悟法空之理,悟后所证的真如境界,即法空真如。

教二而不二的义理角度如何解释华严空又生有的义理？东密判教理论认为显教华严宗其说并未十分圆满。空海在惠果的论述基础上自创"六大缘起"学说，进一步阐明六大如何缘起法界，又如何实为究竟。他认为密宗六大缘起指性理无相无质无碍，其作用于法界的各类事物。六大缘起以一法界为本体，大日如来亦以一法界为身。《大日经》之《秘密漫荼罗品》中总结六大缘起与大日如来互为能生的法界时，说："能生随类形，诸法之法相。诸佛与声闻，救世因缘觉。勤勇菩萨众，及人尊亦然。众生器世间，次第而成立。生住等诸法，常恒如是生。"①我们可以解释其说为六大缘起和大日如来因缘而生，能随各形类而生诸法相，由佛、菩萨、缘觉、声闻、六道众生与器世间次第而成立，在法界中生住异灭、生生不息。

持松在《六大缘起考》一文中总结了显教大乘对待六大的态度是一面否定，一面采用。他主张六大为各各有体属于显教，六大无碍圆融方为密教深旨。以显教谓五大为非情，密教谓五大皆如来三摩耶身也，以五字即五佛故。前五字五大乃胎藏界所观为色法，识大属于金刚界为心法，色心虽异，其性相同。空海独创了密教的六大缘起说，他的理论构建基础如何溯源？空海曾引据《大日经》偈文"谓六大者，五大及识"，正文说："我觉本不生，出过语言道，诸过得解脱，远离于因缘，知空等虚空。"②引据《金刚顶经》偈文"诸法本不生，自性离言说，清净无垢染，因业等虚空"，③以及《大日经开题》中六大缘起颂文"阿等六字者，法界之体性。四种法身，十界依正……比帝网而无碍，虽此不往，彼不来。然犹法尔瑜伽故，无能所而能所"。④ 空海以真言阿字门引出六大缘起概念来讨论。六大缘起作为佛性真如本体的体大，本具不生不灭性质。他以胎藏界《大日经》阿（地）、嚩（水）、啰（火）、诃（风）、佉（空）五大种子真言象征理法身，以金刚界《金刚顶经》鍐（识）种子真言象征智法身，结合科学、哲学和宗教，以现象即实在故，人法不二，主张凡身即佛之说。⑤ 空海认为种

---

① 《大正藏》第 18 册，第 31 页上。
② 《大正藏》第 18 册，第 9 页中。
③ 《大正藏》第 18 册，第 331 页上。
④ 《大正藏》第 58 册，第 2 页上。
⑤ 李世杰：《密教哲学大纲》，张曼涛主编：《现代佛教学术丛刊》第 71 册《密宗概论》，第 89—126 页。

子真言阿字对应于"本不生"义,阿字门一切诸法本不生,表示地大;嚩(va)对应于"离言说"和"出过语言道",一切诸法语言道断,表水大;啰(ra)对应于"清净无垢尘"和"诸过得解脱"义,一切诸法离一切诸尘染,表火大;诃(ha)对应于"因业"和"远离于因缘"义,一切诸法因不可得,表风大;佉(kha)对应于"等虚空"和"知空等虚空"义,一切诸法等虚空不可得,表空大;鑁(zōng)对应于"我觉"和"诸法"义,表识大。① 所谓六大种子真言 buddha bodhi a vi ra hum kham hum 共八字一整句在经轨中未曾出现过,但三到七共五字却出现在《大日经·悉地出现品》《大日经疏》《毗卢遮那五字真言修行仪轨》和《圣观自在菩萨心真言瑜伽观行仪轨》中,称为"毗卢遮那五字真言",又称大日如来真言、五字念诵法、五轮成身观,都是《大日经》字门观赋予的意义。从唯识学的角度来看,以因位谓识,以果位谓智指觉、知义相涉。又诸法者为心法,心数、心王其数无量,故诸法与心识名异而义通,世亲因立三界唯心义。② 法舫在《唯识论谈》(1934 年 3 月在武昌佛学院讲授,1950 年 1 月在香港荃湾寓所写成)中的"结论"中提到:"种子义的'功能力'说,在'唯识学'上也是占着最重要地位,学唯识学的人不能不详细研究。"③

空海以即身成佛义树立六大缘起概念。笔者认为空海的六大缘起义和显教四大、六大缘起概念截然不同。密法语境中的缘起是在瑜伽行中印证的法界体性。空海在《即身成佛义》称六大法界之体性所成之身的性质和状态为无障无碍、互相涉入、常住不变、同住实际。他称为"六大无碍常瑜伽"。空海又联系前面所说的真言种子字,在《大日经开题》中说:"阿等六字者,法界之体性。四种法身,十界依正,皆是所造之相。六字则能造之体,能造阿等遍法界而相应。所造依正,比帝网而无碍,虽此不往、彼不来。然犹法尔瑜伽故,无能所而能所。"④他用因陀罗珠网重重环绕比喻,灯光镜影之间互涉,体现了能造与所造、体性与显现、相与相应、物质与精神的二元对立和统

---

① （唐）善无畏译:《大日经》,《大正藏》第 18 册,第 10 页上、中。参考《大日经疏》,《大正藏》第 39 册,第 651 页下—653 页中。

② 吕建福:《密教论考》,第 235—236 页。

③ 法舫:《唯识论谈》,梁建楼整理:《法舫文集》第二卷,第 153 页。

④ 《大正藏》第 58 册,第 2 页上。

一的关系。笔者认为其可以说是一种二元对治关系,也可以认为是一种既肯定又否定的逻辑关系。

《大日经·具缘品》又有大日如来向持金刚等菩萨介绍其证六大法身的描述。其中偈曰:"我昔坐道场,降伏于四魔。……由此诸世间,号名大勤勇。我觉本不生,出过语言道。诸过得解脱,远离于因缘。知空等虚空,如实相智生。"①空海认为阿字本不生义是《大日经》的基础概念,是东密思想的缘起义。六大缘起即表示本不生义。王弘愿法脉第三代传人唐普式解释说:"我觉"指"识大"灵知性,"本不生"指阿字一真法界坚性之妙用。"出过语言道"即水大润性之用,"得解脱"即火大破除诸障之用。"远离于因缘"即风大息息变迁之用,"知空等虚空"即空大无碍性之用,"如实相智生"即真如实相,诸智随机而生。胎藏界大日如来,如此乃证一切智智②,证理法身。六大法性周遍、无碍、具足和统一。③

空海《十住心论》的判教理论认为,显教华严和天台的一乘教义已经达到当相即道和即事而真的境界,但是仅仅限于教相理论教义的圆满,在修证方面上缺乏"密宝忽陈,万得即证"的佛法实践体验感。空海进一步主张真言密宗弥补了显教在事相部的短板,满足理事同具,能够更加积极和具体地表述现象即实在的论点。李世杰在其《密教哲学大纲》中总结空海的密宗观点时认为,"六大体大说"指现象即实在的具体的形而上学。其活动的、具体的六大本身即宇宙本体,既不是唯物,也不是唯心,而是两者不即不离的六大体现。这个六大本体与六大互相涉入,圆融无尽无碍。此六大显示为如来三摩耶身的六大,法和人一体。其前五大象征客观理法身,识大代表主观智法身。此前五大物质性体现胎藏界曼陀罗,识大精神性为金刚界曼陀罗。法身大日如来为理智不二统一体。④

1924年太虚作《缘起抉择论》,从显教"理"的角度批判东密以"六大缘

① 《大正藏》第 18 册,第 9 页中。

② 一切智智,为一切智中最殊胜者,即佛陀自证不共极智。即尽知一切的智慧,又称佛智。密宗以此为大日如来之自然觉知的智慧。

③ 唐普式:《从法门寺地宫试论唐密教相法理体系及其曼荼罗》,《98 法门寺唐文化国际学术讨论会专号》,《法门寺文化研究通讯》1998 年第 10 期,第 21 页。

④ 张曼涛主编:《现代佛教学术丛刊》第 71 册《密宗概论》,第 89—126 页。

起"为究竟,而评论东密六大缘起在诸缘起说中最为粗浅。① 由此引发广泛争议。在东密传统中,空海《即身成佛义》首提六大缘起学说。孟晓路评价太虚《缘起抉择论》说:"近人太虚法师以六大缘起于四种缘起说中为最粗浅,乃误认深密义之六大为小乘等浅略之六大之故。"②他认为太虚所说六大只不过系空海所批评的"执浅略义"见解。显教六大只在有为法范围,不管假法六大,还是实法六大,皆属于现象界生灭法。空海依据《大日经》和《金刚顶经》解释六大缘起为本体界范围,属于不生不灭法,故颂"六大无碍常瑜伽"。空海以六大无碍涉入自在,恒常不动不坏,相应瑜伽摄入是即身成佛义。此六大指地、水、火、风、空、心,心大亦称识大。此六大能造一切佛与众生、器界等四种法身、三种世间,覆盖六道,虽各形类粗细、大小有差,皆为六大,不离法界体性。

　　空海"六大缘起义"仅仅阐述了六大缘起与法界体性的关系,但并没有明确提出"种性"概念来解释说明。王弘愿继承了空海的六大缘起思想理论,其弟子冯达庵接着创造性地提出"七大缘起说",来进一步解释能和所的关系。冯达庵结合唯识学派的"种子"功能一说,应用于"种性"概念,即未发起作用时的法界体性。他主张法界本体本具有不空的差别性以及能生能造性,由此把七大缘起说归纳于"种性"的概念范畴。他把唯识阿赖耶缘起的四分说统一改为密教六大缘起的四分说,他归纳圆觉真如与证自证分系同一事类,所以说种性即证自证分中的差别性表现。他认为:"八种识之自证分各有其证自证分,即所依之大空本体也。与识大合和即第九识。"然后他进一步推断:"证自证分乃属识大范畴,识大有相,圆觉真如无相。证自证分与圆觉真如同体异名,前者泯归无相即后者,后者与识大合和显为有相即前者。"③他依据《楞严经》经文对"见"的描述,而把缘起的内涵扩展成七大缘起,新增加了第七"见"大。《楞严经》文中明确以七大为真如功能,将"见"大与"识"大分别描述为"如来藏中,性见觉明,觉精明见,清净本然,周遍法界"

---

①　罗同兵:《太虚对"东密"的理性抉择:从密教对武昌佛学院的冲击说起》,《宗教学研究》2002年第1期,第131—136页。

②　孟晓路:《七大缘起论》,北京:宗教文化出版社,2008年,"自序",第2页。

③　孟晓路:《七大缘起论》,第31—32页。

（见大）和"如来藏中，性识明知，觉明真识，妙觉湛然，周遍法界"（识大）。①
我们可以理解为如来藏即真如异名，在迷之真如状态称为如来藏。七大皆
具有如来藏的功能，以"性"（属性）来说明七大缘起皆属于不生不灭无为法。
他认为："一切有为无为、有相无相、有漏无漏等诸法，皆一切种姓之种种转
变状态，皆在七大范畴。故说七大缘起一切法。"②在其中，万法缘起是以识
大为主要依托的。前五大依真如而分，识大依本觉而生，惟一切种性各具见
大，发展其七大功能。

在缘起范畴中，冯达庵解释法性就是种姓，曼陀罗为一切种姓之排列方
式。③ 法界最根本的概念是本觉和真如这两种描述。本觉即圆觉，分为识、智
两大。真如分为五大，世间万法现象缘起于五大，而第六大（识大）能辨万法。
本觉与第七大（见大）同体，在佛性中见大即本觉的功能。冯达庵在其著作《心
经广义》（第一章和第二章）中辩证地论述了识、智、慧的关系，他把法界的无量
妙性分为能知和所知这两种。冯达庵主张："性见觉明者，性海中之见大，即本
觉灵明之指标。觉精明见者，资觉体之精神，表示灵明之见大。所有见闻觉知
无非见大妙用之行焉。"④他认为从东密传承中的虚空藏法门观⑤可以知道
能知这一词属于识、智二大缘起范畴，而所知一词属于地、水、火、风、空五大
缘起范畴。《楞严经》中称其为七大，其中以智证性，所以《楞严经》以第七大
（见大）来代表智大。

冯达庵认为《楞严经》是以阐释妄见的错误形式来主张常住真心说。其

---

① 《大正藏》第 19 册，第 118 页下、119 页上。
② 冯达庵认为："一真法界只有实性，而无虚相，名曰无为法；加以作用，而后种种法相幻现，
名曰有为法。故无为法者，能所完全融合、无所分别之状态也。圆觉（根本法界体性智）、真如（法
身）、证自证分（根本第九识真如总相见）及其中种性属之。有为法者，能所已显、有所分别之状态
也。"（冯达庵：《佛法要论》，第 373—374 页）
③ 孟晓路：《七大缘起论》，第 30、43 页。
④ 冯达庵：《佛法要论》，第 160 页。
⑤ 虚空藏菩萨（梵文 Ākāśagarbha bodhisattva mahāsattva），象征天空，掌管日月星辰，所以又
称为明星天子菩萨、大明星天王菩萨、虚空孕菩萨，密号如意金刚，大乘佛教八大菩萨之一，西方净
土二十五大菩萨之一，专主功德、财富、记忆力的菩萨。中国民间信仰虚空藏菩萨能增进福德、智慧
（记忆力），消除灾障，增长财富。八世纪时，虚空藏菩萨信仰由中国传入日本，空海曾修此法。后来
此菩萨以及《虚空藏求闻持法》在日本、中国西藏和汉地都受到信奉。

定义妄见就是众生对真心的错误理解,可具体分为实体化的观念和意识心的执着。真心指从视觉现象中指现真心,并总结出真心的种种性质。《楞严经》称其为"觉明缘起",认为真心本来觉悟明了,而是有妄觉想要强加于真心之上,从而产生能、所二元转化关系。这个想要强加于本觉之上的妄见称作觉明,是一切妄想分别的根源,也是一切现象界成立的根源。① 其他地水火风空这五大为一切万法之根本,能证明诸法各特性者称为智,能了别诸法各特相者称为识。智依识转,识为主故,说转识得智。在有漏位上面智劣识强,而在无漏位上面智强识劣。所以说唯识学派常说转八识成就四智,就是劝请有情众生依智舍识。智所证者为性,识所缘者为相。两者法体同一,智性与识相又不二。证自证分归无相范畴称为根本智,其又称圆觉(能照)、真如(所照)、法界体性智、大空本体。而自证分归无相范畴则为后得四智。渐机行者由八识先后转成四智,再由四智总汇于法界体性智,五智朗朗分明。所以说其自证分转识为后得智,证自证分转识为根本智。冯达庵总结说,转识成智就是说在识上把见分归于有相自证分与证自证分,再将后二者泯归无相,即后得四智,将证自证分归于无相,即显法界体性智。

　　冯达庵增加了智与慧的二元逻辑关系来进一步论述识和智的二元转化。他认为:"照理不迷曰慧,对理顿决曰智。智起依慧,依智辨别为识。智识相依。般若是慧非智。其波罗蜜多离识契性之灵明妙境,无所不照。智于灵明中抉择某种法性而印证运用。然而无分别智重在离识,不重抉择,与般若波罗蜜多等无异。般若波罗蜜多即无分别智。无分别乃敛识上见分归于自性分,更融入大空中之证自性分。"②笔者认为冯达庵的论述符合禅宗《六祖坛经》"有道者得,无心者通"③的观点。结合这里七大缘起的语境,笔者认为有道者得智,无心者通慧。《大日经义释演密钞》卷二说:"成谓成就,佛谓觉者,即是成就正觉之者。"④在这里,笔者认为慧身成就即为初住成佛。故《大方广佛华严经疏》卷三云:"《起信》云'所言法者,谓众生心',心体

---

① 段新龙:《〈楞严经〉如来藏思想研究》,陕西师范大学 2011 年博士学位论文,第 75 页。
② 孟晓路:《七大缘起论》,第 351 页。
③ 《大正藏》第 48 册,第 461 页上。
④ 《大正藏》第 23 册,第 535 页下。

即大,心之本智即方广,观心起行即华严,觉心性相即是佛。觉非外来,全同所觉,故理智不殊。理智形夺,双亡寂照,则念念皆是华严性海。第十泯同平等者,为未了者令了自心。若知触物皆心,方了心性故。《梵行品》云'知一切法即心自性',则成就慧身不由他悟。"①所以说,密法中强调观行相应,于诸法中而不生二解,一切佛法能疾得现前。初发心时,即得阿耨多罗三藐三菩提。发心成就慧身,亦可参考《华严经·普贤行愿品》关于善财童子问道的描述。善财童子成就慧身即见道,但仍需行菩萨行、修菩萨道乃至成佛。王弘愿解释"见"谓见于谛理,约此进修是有道理的。修道不离"观",所谓观如来不思议境界秘密功德,因为如是秘密之境,非所见法,出过心量,故别名观道。因为善财童子需继续修证圆满佛身境界。《华严纲要》卷七八提到善财童子说:"如汝所问,云何学菩萨行、修菩萨道?汝可入此毗卢遮那庄严藏大楼阁中周遍观察,则能了知学菩萨行,学已成就无量功德。"②随后,善财童子入阁普见一切善知识,遍学一切诸法门。悟佛知见,入净菩提心,广示法界不可思议境界。以一心见一切心,而成就正等觉心。华严宗在义理上对此描述与空海《十住心论》中第十心秘密庄严心在境界上本无高低差别。笔者认为 1964 年持松作《满月世界依正庄严颂》提到其所发第十大愿精进不退菩提心即是华严正等觉心,亦是密法中秘密庄严心。从表德三密事相一门而入已是三身四智无相至极。

智为本心明德,识为缘境而生之妄心。学者需止妄识、发真智,方能与法性契合。惟五力可破三惑去碍修智。依法界次第来说,所谓"五力"即信力、精进力、念力、定力、慧力。慧即无我无物的真法界,有五种功德法达到此等境界成就佛身:身口意三业离一切过非之戒法身、如来真心寂静离一切妄念之定法身、如来真智圆明了达法性之慧法身,即为根本智、如来心身解脱之解脱法身,即为涅槃之德代表常乐我净、解脱知见法身,即为后得智。谓之"五分法身"。他依据《智度论》说,佛法有三智:声闻缘觉之一切智、菩萨之智知一切种种差别之道法者为道种智、通达总相别相一切法者之一切

---

① 《大正藏》第 35 册,第 526 页中。

② 《卍新续藏》第 9 册,第 284 页中。

种智即佛智。修智所生之心境有四等：能与众生乐之慈无量心、能拔众生之苦之悲无量心、见人离苦得乐之喜无量心、平等利一切众生之舍无量心。和持松一样，虽然王弘愿也没有提出"七大缘起"概念，但是义无相违。他指出，真如是前五大之理，智慧是第六识大。此理智者，两部体性也。王弘愿引用《华严经》云："无一众生而不具足真如智慧，但以妄想颠倒执着而不证得。若离妄想，一切智自然智无碍智则得现前。"王弘愿进一步引用《高野大师灌顶文》考证说："是众生色心实相，常是毗卢遮那平等智身之法体也。若尔者，凡夫肉身有漏之三业，即是两部理智之体性，无微尘障。是名从凡入佛位也。虽云入，非始入，本来入也。"①

孟晓路指出，有些学者对此处的理解多有误差。比如梅光羲于《相宗纲要》释镜智心品云："大圆镜智，智是心所中之一。……各标其中慧心所故，是以名为妙观察智、平等性智、大圆镜智矣。智实为心王，兼摄心所，般若则为心所之一。"孟晓路认为梅光羲将智错误地理解为般若心所。再比如熊十力《佛家名相通释》中将智和识分为主从，说："如净第八，则称为镜智相应心品。乃至净五识，则称为所作智相应心品。相应即助伴。"②按照冯达庵阐释识智各得称相应心品，智相应心品并非净识也。智相应心品，即证性之状态也。识相应心品者，即显相之状态也。称心品者，品即类也聚也。一聚智（或识）相应心品皆由心王心所合成也。一聚心品之中，心王为一数，心所为多数故。心所又称心数，亦称心法，乃心所有法简称。孟晓路认为，在此处熊十力将识智完全分开是错解。孟晓路又举例范古农《八识规矩颂贯珠解》文中提到："此五识不在因地转智，而在果地中转。犹且自己不诠（证也）真如。故五识所转之智，唯属后得，不属根本智也，明矣。"③按照冯达庵的"七大缘起"观点，孟晓路认为范古农曲解了法相宗成智唯后得之教理。

冯达庵在《佛教真面目》一文中诠释了见大和识大的区别。他说："本觉流露，可分两大。唯照属见，详审属识。识所谛审，辄起符号。精熟之极，不

① 王弘愿著述，于瑞华主编：《密教讲习录》第一册，第 41—42 页。
② 熊十力：《佛家名相通释》，上海：东方出版中心，1985 年，第 65 页。
③ 孟晓路：《七大缘起论》，第 94、149、337、339、341 页。

审而详。随念顿证,是名正智,分对五大,别称五智。"①孟晓路引用冯达庵《心经广义》认为,见大又称智大,乃体大起用缘起万法之主力所在,余六大皆只缘力之一分子而已。略六大缘起是尚欠圆满。空海之六大缘起把见大与识大合并为第六识大,冯达庵把空海之识大展开为见大与识大,二人所指皆未增减,皆是本有之性。空海《即身成佛义》中说:"我觉者识大,因位名识,果位谓智,智即觉故。"②表明其六大缘起义包含了智大总相在内。冯达庵《佛教真面目》中又进一步以种性来说明无始之究竟起源。他定义种性是真如圆觉中差别性。他认为:"无始以来,一切种性皆在觉海之中,彼此融和,真实如如,无形相,无方所,为不可思议之法界总体。无以名之,名曰真如,亦名法身。与真如全体种性相函者名曰圆觉。借言说方便,圆觉为能照,真如为所照;前惟惺惺,后惟寂寂。实则能所不分,惺惺寂寂互相融化,因分位觉照,似有无量无边互异之种子汇归于一而已。一切种姓各自发展其'七大'功能,不可思议之法身得现有形相、方所之色身;最初本觉犹明,不失清净之境;惟经验幼稚,遇事注察,流为住着;觉性一迷,无明顿起,所现五识之身遂变为众生身。此众生起源之大要。若论众生原具种姓,则约无始。显教以真如为万法之本体。所谓真如者,究竟于离言无相之空理。密教以为宇宙现象,不外实理之活动显现者。大凡一物存在,必有其体,自必有其相状与作用。此体相用三者,本来具足不离,非有本末能所之关系。所谓现象者皆实在。此为密教之特有之教理,此其所以被称为'即事而真'。"③

　　持松没有延伸至"七大缘起论"来解读空海的缘起学说,而是深耕空海的六大缘起内容。他认为六大有"法然六大"(实在界)与"随缘六大"(现象界)之分。法然六大指"称性"六种德性:地表示坚德,水湿德,火迥德,风动德,空无碍德,识了知德。此六德具备万有诸法本性,而不能由感官所认识,只有当本性六德随因缘和合而显示现象,才能成为被认识的对象,故称随缘

① 冯达庵:《佛法要论》,第112页。
② 《大正藏》第77册,第382页上。
③ 冯达庵:《佛法要论》,第174—175页。

六大。"法然六大"本性虽不生不灭,但不同于显教诸宗所描述的遮情无相,即不可言说真如无色无形,而以表德有相表现具足轮圆庄严。因为必须依靠如来加持力才能感知,所以又称六大法身。"法然六大"和"随缘六大"相对分别能所时,六大意为体大能生,四曼相大、三密用大。由此一切差别现象都统摄在代表四曼、三密的"随缘六大"中,而其实相则依托于"法然六大"而存在。六大、四曼、三密可以表述为实相的三方面,因方便分三种:从能生所生的角度来看,体、相、用三大聚一即三,三即一共存。离体无相用,离相用无别体。持松指缘起当体如实即谓六大,可契入万有诸法。在此,持松密法对六大缘起的解释已经和显教"六大种"或"六界"的意思不同,其见解符合空海《即身成佛义》所称:"法尔道理,有何造作,能所等名,皆是密号。"①空海宣称此六大轮圆具足、覆盖形色性类,遍事理、包圣凡。称:"色法五大,心法五智,开立之云六大也。心色虽异,其性即同。"②空海在理论中把六凡四圣皆归属六大法身显化,宇宙万物皆具六大德性。菩提心即同体大悲心,在法界中凡夫众生和佛法身合一构成六大法界身,为存在于一大法界。整个法界和事物现象的个体圆融无碍,自在涉入,互不分离,混融一体,有序常行,所以称"六大无碍常瑜伽"。

　　区别于空海,持松采用华严学说,依据华严十玄门观点解释一切种性即一法界的圆觉真如本性,随种种因缘和合而个别显现。这和冯达庵所解也不同。在持松早期的判教思想中,他以华严学说的"事事无碍"教义框架观摄真言宗的"六大无碍"说。他认为"事事无碍"正是以"六大无碍"为前提条件,并不会和相对于理法界的事法界产生差别与矛盾而互相抵触。事事无碍本身也包含了有差别的法界按照次序常恒运行的存在。显荫认为:"六大无碍,即身成佛之妙旨,实由天台之一念三千,华严之事事无碍,演而达最妙之程度。三千妙谛、事事无碍之义愈明,则六大缘起、即身成佛之旨愈显。即身成佛之旨愈明,则事事无碍之理亦愈彰,相因相成,其妙趣有难以尽宣

---

① 《大正藏》第 79 册,第 5 页下。
② 《大正藏》第 77 册,第 719 页下。

者。"①持松采用华严第十玄门(主伴圆明具德门)的解释,也可以说明当一切种子相因相成、熏习圆满,世界万法皆于现行中呈轮圆具足曼陀罗之无碍境界。

持松亦引用华严宗缘起理论来解释"六大缘起"的概念。根据《华严经》性起定义为宇宙及人生是真如的全活现,普遍的实在,又称如来。实体的抽象说明即现象,现象即实体的理想现实。转化为有具体人格特色的佛陀,即摩诃毗卢遮那佛,宇宙本源和万有实体即密宗的六大缘起。②《华严经探玄记》卷三所释六大有法尔与随缘两种对立又统一的关系。随缘六大即一切现象因缘和合而成,因缘破灭而坏。法尔六大与真如本体并无差别,因缘和法尔这一对概念二而不二,可谓"即事而真"。吕建福认为,密教六大缘起概念是把显教六界说改转为密教六大说,在其中显教色识转为密宗心大,六大缘起是空海自创的观点,不能完全代表唐密祖师不空和惠果主张的唐密缘起论。③ 太虚和程宅安对此密宗教义均有澄清和解释。太虚及其弟子法舫法相唯识学说功底深厚,他们两人都曾撰文从唯识角度比较密宗六大学说,表明其异同观点。唯识学派所谈"六大"源于印度佛教的《俱舍论》和《大毗婆沙论》,其中所提六大指"有情感觉所及者,前五大为物质,后一大为精神,不妨称作总心物二元论",接近于密教的随缘六大概念。密教范畴中的前四大对应唯识学说中的四智,后两大对应密教所称第五智"法界体性智",称"法性六大"。其法性含义为:"密教汇万法于阿字本不生之一元,是以宇宙间万有无一非自色心二者而成立,不得谓离物质而别有精神也。"④其法性一词在《大日经》中又以阿字本不生义标识,象征诸本体性和万法根源。日本学者福田尧颖总结阿字不变之妙体说:"《大日经》曰:'云何真言法教,谓阿字门,一切诸法本不生故'。《金刚顶经疏》云:'总体者,是即本有阿字,一

　　① 显荫:《真言密教与中华佛法之关系》,张曼涛主编:《现代佛教学术丛刊》第71册《密宗概论》,第204页。

　　② 英武:《密宗概要》,成都:巴蜀书社,2004年,第70页。

　　③ 吕建福:《论空海的六大缘起说》,《世界宗教研究》2004年第2期,第42—53页。

　　④ 程宅安:《密宗要义》,第36页。参考李郑龙:《近代佛教界显密纷争的再探讨》,《中山大学学报》2015年第2期,第74—85页。

部之指归,众义之都会也'。故真言教法虽广,不出阿字一门,还归阿字一门,阿字具空、有、不生三义。"①若见"本不生际"即是"如实知自心",即一切智智,即无上菩提心,其觉性遍周法界,无有边际。王弘愿《口义记·瑜伽菩提心论》中说,阿字为真言宗最重要之字,相配于行愿(有)、胜义(空)、三摩地(中道)三义。亦遮情表德。一切众生本有六大、四曼、三密,与佛性真如平等。一切真言行者具备当相即道、即事而真。在此五大的色法和识大的心法结合,可以对应西方哲学心物二元。曾普信认为代表心素的识大为因,色素五大为缘,因缘和合能变现诸法。般若经论述的因缘所生法是中观的空,唯识三性论(破除遍计所执性、依他起性、圆成实性)论述有,又称真如。②

如何理解密宗的当相即道?权田雷斧著《理趣经略诠》之绪论中提到了其要义。他认为万有现象即实在,本具性德,可分善恶。恶法即烦恼,善法即菩提与涅槃。贪、嗔、痴等烦恼为恶法,福、非福、不动三业亦为恶法,然而本有性德,融彻于菩提涅槃无碍。无论境遇处事,性德不减不增,本有菩提心,得自性清净。比较烦恼、业、苦对治而言,五智、三十七智菩提为善法,四种涅槃亦为善法,融会无碍。所以说"烦恼即菩提,生死即涅槃"。在真言宗事相部的角度来看,烦恼转成菩提属于本有修生功德,呈现爱染明王、不动明王、降三世明王相。而菩提成就菩提,本具修生功德,呈现诸佛菩萨相。所以说密法认为世间妄染诸法当相即佛道,即当相即道。在这里不是简单地说非离见、思、尘沙无明烦恼而得菩提,烦恼、菩提、生死、涅槃等各住于法位历然有序,且融会无碍。真言行者开显自身本有性德,修正本有作法,入

①　[日]福田尧颖:《台密纲要》,张曼涛主编:《现代佛教学术丛刊》第71册《密宗概论》,第240页。福田尧颖中指出:"空谓万有诸法一理无缘起故,诸法彼此自性空故缘起一理绝对待故。不认一理,毕竟平等,无相不可得,此乃阿字妙空之义也。有谓如斯无相一理,不守自性故,常能变造随缘诸法故,森罗万法,一一本有妙德之体现,此为阿字妙有之义也。不生者,即空有不二中道实相。如上妙空妙有,空有相印,互不妨碍。阿字本不生义,即不生不灭,本有常住之妙体也。具此三义,法界尘刹,悉阿字门故。阿字门即毗卢遮那,遍照之觉体。又是一切众生,本有之净菩提心,《大日经·普通真言藏品》云:'以阿字大日一字真言,其义全在此处'云。"

②　曾普信:《密教的世界观》,张曼涛主编:《现代佛教学术丛刊》第71册《密宗概论》,第152页。

本有金刚萨埵之三摩地,相应如来。就于正报,所以说即身成佛。就于依报,即往生密严净土。当相即道,不离曼陀罗。即身成佛分为不舍身与舍身两种。不舍身依据空海《即身成佛义》来解释,认为修无相三密乃父母所生之分段身(轮回六道的凡身俗体)报命存在,一生成佛。舍身依据空海《无常咒愿文》和觉鑁《无常表白》深旨,是指在有情众生死亡后处于中阴身①阶段时,需由其生前上师阿阇黎持三密金刚加持死者身心,而断破隔执及根本无明,开显本有菩提心体性而成佛。在 2023 年 2 月 8 日哈佛大学亚洲艺术专席终身教授汪悦进关于死亡的中阴身状态的讲座上,他问到:死亡是什么感觉? 他采用了两本死亡之书引发我们对来世和濒死体验的思考。一本是古埃及的亡灵书,另一本是西藏的中阴身书。诚然,这两本书的标题都具有误导性。因此,在遵循作为启发式分析框架的通用约定时,"书"的使用是临时的。这里真正的症结在于无形意识的主观性,死后状况的形象化,即死亡的想象结构,以及无形主体在其中间或中间状态的中阴身状态(bardo)中的情况。为此,公元前二世纪左右确实有一种中国亡灵书,它存在于文本和材料模式中。近年来的考古进一步证明了它的流行。汪悦进带我们了解中国古代亡灵书的文字和视觉迭代,使用大量的国内外田野和考古调查研究,并演示如何阅读它们。他的结束语令人震撼:在濒临死亡境中,什么都看不到,也听不到,只是直接走入黑暗的大空世界。

在当相即道、即身成佛修持实践中,华严宗事事无碍观门之极致亦可以表现于金刚界修法当中。孟晓路解释说:"金刚界加行十六大菩萨之修法,即是阐发以四智为纲之一切智智之要道;每一菩萨皆包含重重无尽无限种

① 自亡者断气,第八意识脱离躯壳,至转世投胎前之历程称之为"中阴身",所谓"前阴已谢,后阴未至,中阴现前"。前阴已谢指此期寿命已尽,后阴未至意谓尚未投胎。一般而言,人死后皆有中阴身。然大善大恶者则无此阶段。中阴又称中蕴身、中蕴有,亦称中阴有、中阴身。藏文"中阴"意为"一情境结束"与"另一情境展开"间之过渡时期。断气、甫亡谓"死有",来世投胎(即转世)时曰"生有"。据《俱舍论》卷一〇所载,死亡瞬间至来生出世之刹那(七十五分之一秒,即投胎、入母胎内),其中间时段称"中有"。因仅意识存在,并无实质肉体,乃由意识作主宰,幻化而来,非父精母血孕育所成,故称意生身、意成身或化生身。此时,四大之聚合恰与死时相反,与贪嗔痴相关之念头伴随而来,风、火、水、地亦相继到来。此意生身与《华严经》提及佛十大身中之意生身大不相同。佛陀证得清净法身,故其意生身乃随愿所生,随其清净之愿力往生度众。众生之意生身乃意识所成之身,形成元素为业力。

子之修习，非仅一尊也。至金刚拳时，一切种皆已熏习圆满，最后妄执同时顿破，异熟残种消灭无遗，一切种皆成无漏，彻底脱离因缘所生法，操控万法恒时自在，即成金刚界修生法身佛也。此密教之超绝处也。"①王弘愿在《瑜伽菩提心论》中讲述修生的具体过程为："乃至轮回六趣，亦不变易，如月十六分之一。……后起月初，日日渐加，至十五日圆满无碍。"②十六分之一者，谓本有一分，修生十五分也。持松再传弟子真圆从密宗的教义角度也进一步解释了本有和修生的关系。③

第五节　四大曼陀罗不离义

密教中集中体现的仪轨是通过曼陀罗法来实现的，这并不是密教所独创，近说有佛教传统，远看有印度原始宗教的渊源。④ 持松认为："金胎两部是金刚界曼荼罗和胎藏界曼荼罗合起来的简称。金刚界以五股金刚杵为体，表五智，从佛果智始觉上转，佛界修生，诸尊住在月轮内莲花中。胎藏界以莲花为体，表众生八叶肉团心，从众生烦恼欲处起，生界本有，诸尊住在莲花内的月轮中。前者说明大日如来智德，后者说理德。又称色心、理智、因果、东西两部曼荼罗，用图像表现两部大经《大日经》《金刚顶经》的思想内容。两幅画像是真言宗事相的一个重要图记，必须结合教相来理解它。金胎两部互具不二。"他认为："曼陀罗（曼荼罗）乃将心专注佛境之方便，故传授真言印契等，必须先入曼荼罗，经过灌顶仪式，方可传授，乃真言宗入门必

---

① 孟晓路：《七大缘起论》，第 72 页。
② 《大正藏》第 32 册，第 574 页上。
③ 本有即本来所具备，佛菩萨与众生皆备无二，实为本具之菩提妙明佛性，若然开发则必定成佛无疑；修生非本来所有，而是通过学习修行所获得，比如密教的三密相应修持而开发本有佛性以至于成佛。本有和修生是密法行者所必须学习理解的理相，本有佛性是不二法门，众生得以成佛的种子根基，有情一切功德自心具备，然因无明烦恼所障不得显现。此身即佛身，然此身之佛性功德隐藏故，依然芸芸众生之一介，而为使此功德圆满明彰势必非如法修行而不可为。本有为因，修生为缘，成佛是果。就唐密两大根本经典而言，《大日经》及其表现的大悲胎藏生曼陀罗代表本有而隐含修生，《金刚顶经》及金刚界曼陀罗代表修生隐含本有，好比矛盾的统一体。
④ 侯慧明：《论密教早期之曼陀罗法》，《世界宗教研究》第 3 期，2011 年。

由之过程也。"①曼陀罗可以溯源至印度授习五明学之二的工巧明,所谓"伎术机关,阴阳历数"。② 工巧明这一学说奠定了佛教造像和图画的工艺美术基础。佛教又称"像教",信众试图通过造像和绘画更形象地展现佛学教义。虽然显教也大量使用图像,但更多的是视其为一种辅助工具。密宗中图像的使用是非常重要的媒介与表现形式。密宗所谓图像者多指按照特定布局摆设的诸佛菩萨、明王和各类天王、鬼神、法器等曼陀罗画或造像。③ 唐代慧琳说:"漫荼罗,梵语也。义说云圣众集会处也,即念诵坛场。"④惠果说:"真言秘藏,经疏隐密,不假图画,不能相传。"⑤滨田隆解释说:"只有通过曼陀罗图画,才能更加有效地传持和领悟密宗法门的深奥与秘密。"⑥大历三年(768),不空在《谢御题先师塔额并设斋表一首(并答)》一文中说道:"曼陀罗灌顶坛者,万行之宗,密证之主,将登觉路,何莫由斯。"⑦空海指出:"更假图画,开示不悟。种种威仪,种种印契,出自大悲,一睹成佛;经疏秘略,载之图像。"⑧栂尾祥云认为:"而密教之阿阇梨,其资格之一,即无论如何,皆能亲画曼陀罗之人。此事可由善无畏三藏之《胎藏图像》曼陀罗及金刚智三藏之荐福寺曼陀罗推知之。"⑨这也可以和西安安国寺遗址出土的一批佛教密宗造像相互佐证。⑩ 台湾大学学者颜娟英研究盛唐艺术转型时就注意到了密宗艺术的兴起。⑪ 李世杰在《密宗概论》一文中评论密宗象征性的曼陀罗

① 杨毓华主编:《持松大师全集》第三册,第1227—1239、1213页。

② (唐)玄奘、辩机原著,季羡林等校注:《大唐西域记校注》,北京:中华书局,2000年,第186页。

③ 黄阳兴:《咒语·图像·法术:密教与中晚唐文学研究》,第13—14页。

④ (唐)慧琳:《一切经音义》卷一〇,《大正藏》第54册,第367页中。

⑤ [日]空海:《御请来目录》,《大正藏》第55册,第1065页中。

⑥ 滨田隆:《曼陀罗的世界:密教绘画的展开》,东京:东京美术,1971年,第24页。

⑦ 《大正藏》第52册,第836页中。

⑧ [日]空海:《御请来目录》,《大正藏》第55册,第1064页中。

⑨ 栂尾祥云:《曼陀罗的研究》,京都:临川书店,1982年。转引自吴立民、韩金科:《法门寺地宫唐密曼荼罗之研究》,第261页。

⑩ 程学华:《唐贴金画彩石刻造像》,《文物》1961年第7期,第61—63页;金申:《西安安国寺遗址的密教石像考》,《敦煌研究》2003年第4期,第34—39页。

⑪ 颜娟英:《盛唐玄宗朝佛教艺术的转变》,《"中央研究院"历史语言研究所集刊》1995年第2期,第592—596页。

时说,图画的曼陀罗是带有艺术性、宗教性、哲学性、直感性的诸佛境界的具
体象征。① 密宗理论从不离开现象而谈本质,即事而真是一种现象绝对论
的哲学。法国学者列维·布留尔显然同意这种象征主义手法的方法论。他
说:"任何物体的形状、任何雕像、任何图画,都有自己神秘的力量:作为声
音、图画的口头表现也必然拥有这种力量。神秘力量不仅为专有名词所固
有,而且也为其他一切名词所固有。"②阿部隆一教授(Ryuichi Abe)在"佛
教、艺术和文化"课程上认为,他理解的金刚界曼陀罗现代形式还受到了日
本现代艺术家村上隆(Takashi Murakami)的漫画和动漫影响,从多视觉主
义角度观察曼陀罗平面艺术的后现代艺术运动思维。当将原本立体的视觉
形象转化为二维平面的观察对象时,任何一个切入点都能呈现出"一即一
切,一切即一"的哲学意涵。

曼陀罗是梵语 Mandala 音译,意译为坛、坛场、坛城、轮圆具足、聚集等,
又称普门曼陀罗。藏密和东密都有曼陀罗传统。藏语 dkyil-vkhor,音译吉
廓,意译为中围。以轮圆具足、十界圆备或"聚集"为本意,指一切圣贤、一切
功德的聚集之处。密教思想一般认为世界本体就是如来智慧和德相圆满具
足的法身当相,也是阿字本不生和六大缘起的实相境界,此境界具备普遍、
绝对、超越、内在的属性,其具体直观的视觉现象表现就是曼陀罗。形而上
学中的本体存在和当相即道、即事而真的具体现象存在属于同体异名,皆表
现为曼陀罗形式。虽然其内容可以差别万千,但是其哲学现象和宗教实践
内涵形成了有机结合。如同本体论六大缘起的讨论,多样化的曼陀罗形式
之间亦是相即不离,无碍涉入。

唐密金胎两部曼陀罗内容体现在毗卢遮那佛说法中,即佛、菩萨、明王、
诸天等视觉形象的呈现,包含法界体(六大)、相(四种曼陀罗)、用(三密相
应)三大,代表了胎藏界中众生本有和在金刚界修生的修行历程。对应《大
日经》要义:"菩提心为因,大悲为根本,方便为究竟"。胎藏界曼陀罗全称大
悲胎藏生曼陀罗,包括三部十二大院,佛部、莲部、金刚部代表中台八叶院、

---

① 张曼涛主编:《现代佛教学术丛刊》第 71 册《密宗概论》,第 1—12 页。

② [法]列维·布留尔:《原始思维》,丁由译,北京:商务印书馆,1987 年,第 170—171 页。

遍智院、持明院、释迦院、金刚部院、莲华部院、文殊院、除盖障院、虚空藏院、地藏院、苏悉地院、外金刚部院（最外院、诸天院）。其中菩提心对应中台八叶院九尊，大悲对应外金刚部院以外的全部诸尊，方便对应外金刚部院。由内向外为展现了大日如来在果位以大悲心功德救度一切众生有情，由外向内在因位说明一切有情本具菩提心，通过发愿、六度万行、觉证、涅槃表现出如来方便羯磨事业。胎藏界曼荼罗依照《大日经》皆系大日如来法身化生，谓之三三平等，又称理曼陀罗。在胎藏界中诸佛菩萨加持众生，大日如来面对西方无量寿佛，凡夫需上转从因向果经历三劫证果成佛。胎藏界的曼陀罗图形共有诸佛、菩萨、明王等本尊共 414 尊。王弘愿在《阿字观用心口诀浅释》中描述了胎藏曼陀罗蓝本的具象化。其中心为中台八叶院，即内心妙白莲；①第二重为观音院、金刚手院、遍智院、五大院；第三重为文殊院、除盖障院、虚空藏院、地藏院；第四重为释迦牟尼及外金刚部诸天。整个蓝本是从佛心自证功德流出诸善知识入法界门。其中善知识指称曼陀罗佛至天鬼都名。

　　金刚界曼陀罗由五部九会构成，分为佛部、金刚部、宝部、莲华部、羯磨部五部，九会向左依下转次序为成身会（羯磨会）、三昧耶会、微细会、供养会、四印会、一印会、理趣会、降三世会和降三世三昧耶会。金刚界要义以发菩提心为基，以普贤行为要。大日如来面对东方阿閦佛，理法身下转从果开因度化众生。全部九会共有 1461 尊，表明真言行者进入金刚界的各自不同途径。大日如来本尊处于中台表示一切智智，再分出四方四佛表示以四智分对物质性的地水火风四大。大日如来教化众生，摧破众生烦恼恶业，区分佛身为自性轮身、正法轮身、教令轮身三种轮身，依次代表诸佛、菩萨、明王。"轮"意为摧破，"轮身"指摧破众生烦恼之力。其中，九会中的前六会是以大日如来为中台，以自性佛体化导众生，属自性轮身；大日如来现菩萨相以正法利益众生，第七理趣会以金刚萨埵为中台，属正法轮身。大日如来以忿怒相降伏教化刚强难度众生，驱离侵扰众生之邪魔外道，使真言行者能即身成佛。第八降三世羯磨会和第九降三世三昧耶会现忿怒明王身，属教令轮身。

---

　　① 《大日经疏》卷五云："内心妙白莲者，此是众生本心妙法芬陀利花秘密标帜，华台八叶，圆满均等，如正开敷之形。此莲花台，是实相自然智慧。莲花叶者，是大悲方便也。正以此藏言大悲胎藏漫荼罗之体。"（《大正藏》第 39 册，第 631 页下）

在汉地显教诸宗中,其教理普遍不强调修明王法,而是强调要经三大阿僧祇劫累积始能成佛。密教明王密法反映了密教即身成佛教义的修行特色,其修法多有不同,不动明王、马头明王、降三世明王、军荼利明王、大威德明王、金刚药叉明王等明王法各有独立完整的修法。不动明王法在密宗各流派中存在多种形象示现。据《大日经》记载不动明王的形象说:"依涅哩底方,不动如来使,持慧剑羂索,顶发垂左肩,一目而谛观,威怒身猛焰,安住在盘石。"①依据《底哩三昧耶不动尊威怒王使者念诵法》《金刚顶瑜伽护摩仪》《一切如来金刚三业最上秘密大教王经》等文献记载,不动明王有一面四臂、四面四臂、三面二臂等多种形象。值得注意的是,藏密传统的忿怒不动明王本尊形象跟东密形象描绘有所不同。在藏密传统中,不动明王多现为二臂像,作童子形。根据各种明王修法仪轨记载不同,不动明王的身色和姿势亦有不同。比如在《大日经疏》中其为黑色,《立印轨》中为青色,《使者法》中为赤黄色。在藏密中其全身青蓝色或白色,表法性不变。在东密传统中,其姿势分为站姿和坐姿。在藏密中常见其右腿弓,左屈膝著地,跪于莲花月轮宝座上。但是,2023 年春季,笔者曾和第七世帕秋仁波切讨论,他认为藏密和东密的不动明王视觉图像都是相同的。

当相即道不离曼陀罗。程宅安分析了密教曼陀罗轮圆具足的状态以及产生的原因。他认为曼陀罗之本体即阿字本不生,因为无数佛身自此发生,凡以图像描绘佛身及其功德者通称为曼陀罗,表示众生色心本自具足,与佛心无异。密教修行理论强调要破除凡夫无明迷妄,以证本具曼陀罗。万法不出色心,阿字本不生义即色心不二实体,以体相用三大为不同根基者解说之便宜,实则此三大各皆周遍于世界万有,无量无边,常遍法界。程宅安以六大缘起之诸法来解释四种曼陀罗的分类,他概括了六大缘起的本体所呈现的种种差别实相。②

冯达庵认为四种曼陀罗皆依空大本体而建立,其四智所证曼陀罗和佛身本体相应。四大曼陀罗同证教主法身妙趣,居中台称法界体性智。具体分为:

---

① 《大正藏》第 18 册,第 7 页中。
② 程宅安:《密宗要义》,第 32—37 页。

1. 大曼陀罗。第一种解释为诸尊形状皆因五大之色相而显化;第二种解释为,另外三种曼陀罗皆依大曼陀罗而成立,代表广大整体,象征大圆镜智,表金刚坚固身境界,具足如来身密加持。韩金科考证法门寺出土的"捧真身菩萨"的莲台座呈现为金、胎两部融合的大曼陀罗,其莲座呈钵形现三昧耶形。不但具有金、胎不二之密义,而且显示显、密圆融之深旨。①

2. 三昧耶曼陀罗。解释为佛菩萨所持无量无边器物之标帜,例如莲花、宝珠、刀剑等。三昧耶一词具有平等、本誓、除障、惊觉四义,表平等性智,呈现福德庄严身境界,意密加持。

3. 法曼陀罗。意为以文字诠表教义道理。诸尊皆有种子义,以悉昙字母来表示,诸尊加持功德于悉昙字母。例如"阿"为大日如来种子字,"吽"为金刚萨埵种子字。此种子字与佛图像具有同样的功用,种子及真言皆称法曼陀罗。表妙观察智,现受用智慧身境界,语密加持。法曼陀罗以种子及真言示诸尊加持,种类繁多。例如,东密有专修不动明王九字真言切日诀的单部法。这"临兵斗者皆阵列在前"九字手印源自东晋葛洪《抱朴子内篇·登涉》:"祝曰,临兵斗者,皆阵列前行。凡九字,常当密祝之,无所不辟。"②北魏净土宗僧人昙鸾认为名和物的统一会产生咒语和咒符效力。在他注解的《无量寿经优婆提舍愿生偈注》中也提到:"但一切齿中诵临兵斗者皆阵列在前,行诵此九字,五兵之所不中,《抱朴子》谓之要道者也。"③由于此九字真言法受到道教咒术影响,"阵列前行"现今常被误读为"阵列在前"或"阵裂在前"。东密传统认为诵念不动明王九字真言可结界、收惊、除煞、降魔、得雄辩,辟除一切邪恶。现代学者邱陵在《密宗秘法》中归纳东密九会曼陀罗法要义,是把"临兵斗者皆阵列在前"九字切法和九会金刚界曼陀罗相结合,以各自真言、手印和观想相应,从内心活动的识到达佛境的过程分成九个进阶次第。④ 现代日本东密学者桐山靖雄曾经传承和修改整理这套东密修法,他主张不需要经上师灌顶传法即可修持此法。他认为除了古代瑜伽圣者和

---

① 韩金科:《圣骨法门之谜》,杭州:浙江文艺出版社,2012 年,第 185 页。

② (晋)葛洪撰,王明校释:《抱朴子内篇校释》,北京:中华书局,1985 年,第 303 页。

③ 《大正藏》第 40 册,第 835 页下。

④ 邱陵:《密宗秘法》,北京:北京工业大学出版社,1990 年,第 132—152 页。

空海外,历史上没有曾经到达三昧耶会和根本成身会境界的记录。所以此法的次第修行需要真言行者自己钻研和磨练。桐山靖雄自称秉承佛教原初教旨,追溯佛陀思想本来真实面目,而不带有任何主观价值判断。中国学者对其说法多持有争议。藏传佛教格鲁派(黄教)创立者宗喀巴认为:"曼陀罗及灌顶仪轨,恐繁不录。应于《大日经释》及《金刚手灌顶经》等中知。"①

4. 羯磨曼陀罗。羯磨指事业,代表了佛菩萨的一切威仪动作。表成所作智,现千万化身境界,可通三密。王弘愿在《金刚顶经莲花部心念诵次第集释》(《传法院流圣教末钞》)中解释说:"胎藏为能入,金界为所入,金界曼陀罗莲华门是也。或以金界为能入,胎藏界为所入,胎藏曼陀罗金刚门是也。金刚大日,理智不二智法身,胎界又理智不二理法身,大曼陀罗与羯磨曼陀罗是一也。"②

在密教崇拜传统中,大日如来法像多见坐姿,系宝冠、璎珞、臂钏、腕钏等装饰现庄严形象。在胎藏界曼荼罗中,大日如来现理法身住五大月轮中央,在金刚界曼荼罗中大日如来现智法身住八叶莲华中台。金胎两界理智二而不二,法身同性平等。在胎藏界中大日如来现菩萨相貌,戴五佛宝冠,身黄金色,穿白缯,持金刚杵。大日如来密号遍照金刚,也是空海在中国求法时的法号。现"阿"种子字,三昧耶形为窣都婆或持如来法界定印。在金刚界中大日如来为除理趣会以外的其他八会中尊,居于五佛中央,现菩萨像,戴五佛宝冠,身白色,结智拳印,结跏趺坐于狮子座或宝莲华座,密号遍照金刚,"鍐"种子字,三昧耶形为窣都婆。金胎两界中的五佛体同名异用别。金刚界中大日如来现自受用身,胎藏界中现他受用身。③

---

① (明)宗喀巴:《密宗道次第广论》卷五,《大藏经补编》第10册,第817页上。
② 王弘愿著述,于瑞华主编:《密教讲习录》第二册,第88页。
③ 金刚界以菩提心法体坚固不动称阿閦。而胎藏界开敷福智万行之花以保菩提之果,则名开敷花王佛。胎藏界以大悲万行降伏四魔,满足上求下化之用,则名宝幢。金刚界以无量福智赈济众生界,则称宝生。灭贪瞋痴三毒结缚而证菩提,则为金刚界弥陀。而开敷六道众生八叶心莲者,则为胎藏无量寿。金刚界于一切众生化益事业,无有空故,即不空成就佛。胎藏界而于大寂定中说法,有如天鼓之自鸣,而自应各自众生机故,即天鼓雷音佛。

第六节　真言陀罗尼义

目前,国际学术界对以陀罗尼咒语为特征的密教研究并没有形成统一标准的学术范式和规则,也没有定论。历史上关于密教陀罗尼的论著颇为丰富。蒋维乔叙述陀罗尼起源时说:"诵咒祈神降魔等,婆罗门教,用之颇古。祈祷所用之曼荼罗,多有灵验。由祈祷文一变而信其言句文句有大不可思议之力,渐成神秘,终成陀罗尼。"①印度密教发展到中后期时,便将陀罗尼、明咒、真言三者视为一体。②印度"开元三大士"入唐,得到皇室支持大兴唐密,显教名僧大德常兼修密宗教义理论,诵持陀罗尼咒。比如僧录③端甫研学瑜伽密教并且诵诸部陀罗尼,僧录灵晏讽诵真言。日僧圆山达音纂述《陀罗尼字典》问世于明治三十年(1897)。④首篇载《文殊问经字母品》称:时文殊师利白佛言:"世尊,一切诸字母,云何一切诸法入于此及陀罗尼字?"佛告文殊师利:"一切诸法入于字母及陀罗尼字。"⑤但是西方学术界对佛经中出现陀罗尼是否代表密教成分始终有争论,且互相矛盾。理查德·麦克布莱德针对陀罗尼在非密教文本如《莲华经》中广泛出现而认为陀罗尼本身即构成密教化呈现或影响的证据,这样的普遍假设是错误的。⑥但是,雅各布·道尔顿(Jacob Dalton)认为,陀罗尼的仪式诵持在被认知为"密续"的文本创造中,形成了一个重要阶段。⑦

从语义学角度来看,真言就是真实语的意思,也就是真如(宇宙万有遍

---

① 蒋维乔:《密教史》,张曼涛主编:《现代佛教学术丛刊》第72册《密宗教史》,第4页。
② 松长有庆:《密教经典成立史论》,京都:法藏馆,1981年,第83—92页。
③ 后秦始设僧录掌管寺院、僧籍、僧官补授等事务,此制度间有断歇,唐代重设,延续至明清。
④ 张保胜:《法镜曼陀罗》,吕建福主编:《中期密教注疏与曼荼罗研究》,第268页。
⑤ 《大正藏》第14册,第509页中。
⑥ Richard D. McBride Ⅱ, "Were Dharani and Spells 'Proto-Tantric' in Medieval Sinitic Buddhism?"(《陀罗尼和"原始密教的"咒语是中世纪中国佛教么?》),San Antonio, Texas, 2004. 11.
⑦ Jacob Dalton, "Observations on Dharani Ritual Practice in the Tibetan Dunhuang Manuscripts"(《论敦煌藏文写本中的陀罗尼仪轨修行》),San Antonio,Texas,2004. 11.

通不变的真体)本来的声音。① 真言陀罗尼又称真言咒语,意为诸佛菩萨的秘密语。② 其意指整个世界真实不虚的真理,是诸佛菩萨"大悲心"摄持众生,蕴含诸佛菩萨不可思议的加持力。从语义学来看,陀罗尼具有浓缩的经文或教义内容,具有驱邪特性,可作为有效的记忆手段。真言通常更短,其语义内容不明确,通常用来向神祇祈祷加持能力。显荫说:"真言陀罗尼宗者,是一切如来秘奥之教。自觉圣智,修证法门。夫真言云,法身如来之语言也。此语言能显诸法实相,如义真实故也。此有种种异名,或名陀罗尼,或名明,或名神咒,或名密号。所以名陀罗尼者,陀罗尼,总持之义,一字一文,总摄无量之教法义理,任持无量之光明神通福德智慧故。"③ 不空把"真言"④和"陀罗尼"同归于密教范畴,认为"陀罗尼"为咒语,与真言、密言、明咒等梵语(Mantra)并列,相应身、口、意三密修习,能够疾成佛道。辽代陈觉在《显密圆通成佛心要集序》中说:"学密部者,但以坛、印、字、声而为法。"⑤

回顾陀罗尼发展史,真言密咒应用于瑜伽观行而产生,其功能曾发生三度转变,由最初集中精神的意愿,再到避除灾难,最后则发展为"即身成佛"的方便法门。⑥ 最初时,在《般若经》、吴支谦译《无量门微密持经》、竺法护译《海龙王经》中,陀罗尼以特殊的文字语句组合,忆念象征宗教深义而统一于"行"所,然后专念诵持真言密咒能统一心或总持散心。所以真言和陀罗尼竟无任何分别。罗伯特·沙夫研究表明"真言"和"真言陀罗尼宗"是最重

---

① 真言在广义上具有四种含义:法真言,清净法界以为真言;义真言,胜义相应,一一字中有实相义;三摩地真言,由瑜伽者用此真言于心镜月轮上布列真言文字,专注心不散动,速疾证三摩地;文持真言,从唵字至娑、啰、诃,于其中间所有文字,一一皆名真言。从分类上有如来说、菩萨金刚说、二乘说、诸天说、地居者说五种。前三种通称圣者真言,后二种诸神真言。参见吕建福释译:《大日经》,北京:东方出版社,2020 年,第 22—23 页。

② 般若室利:《真言密咒的解说》,张曼涛主编:《现代佛教学术丛刊》第 74 册《密宗仪轨与图式》,台北:大乘文化出版社,1979 年,第 211—213 页。

③ 显荫:《真言宗义章》,第 1 页。

④ 指(1)陀罗尼:梵文 dhāraṇi 译为总持,用精炼简要的词句总摄教法义理,令其不散不失。另又翻作咒,通常被视为真言(mantra)、密语、明咒(vidya)的同义词而混用。(2)曼怛罗:梵文 mantra 的音译,译为真言、神咒、秘密语。主要以梵文字母及句子构成,指佛教经典的要言秘语。最早的真言是婆罗门祭拜时的吠陀赞歌。

⑤ 《大正藏》第 46 册,第 989 页中。

⑥ 松有长庆:《密教经典成立史論》,第 93—111 页。

要密教派别的名称(其含义为 Mantra school 或 Mantra-dharani school)。真言见于诸多印度宗教传统,陀罗尼更倾向于佛教使用。在东亚,陀罗尼和真言没有明显区别,都指"咒"(charms 或 spells)、"神咒"(spirit-spells)。[1]持松解释说:"真言者,即真语,如语,不妄、不异之音。又真者,谓真如理。言者,实相之智,即理智不二也。旧译云咒者,盖顺此方咒术,非正翻也。"[2]

西方宗教学研究框架中对真言和陀罗尼与密教的关系始终存在争议。尽管真言和陀罗尼在东亚密宗中几乎被交替使用,美国学者司马虚断言真言贯穿于印度文献,然而陀罗尼只用于佛教。他提出陀罗尼有三种功能:精神平静的记忆、观想和保护。[3] 美国学者简·娜提尔(Jan Nattier)进一步指出陀罗尼只见于大乘佛教的论述中。在用于仪轨的语境中,陀罗尼有附加的、更为原始的"助记符"意义。[4] 然而,英国印裔学者散朱答·古普塔(Sanjukta Gupta)、荷兰学者高德里安·图恩和英国学者马克·迪奇科夫斯基(Mark S. G. Diyczkowski)认为用作支持冥想的口头短语的陀罗尼和冥想集中的执持(dharana)皆使用于密教传统。[5]

日本学界对此亦争议不断。1918 年大村西崖著《密教发达志》指出,有八百多部中文文献和密宗相关,但其后的宗教历史编纂学家和书志学家根据调查大村西崖所提图书的印刷过程和物质要素分析,在所得出的相关证据的基础上重新建立了图书形成和传播的历史叙述,而且并不把其中大村西崖认定的大量文本归属于密宗范畴。笔者对《密教发达志》五册进行过文

---

① [美]罗伯特·沙夫:《走进中国佛教:〈宝藏论〉解读》,第 271 页。

② 杨毓华主编:《持松大师全集》第一册《大毗卢遮那成佛神变加持经住心品纂注(卷上)》,第195 页。

③ Michel Strickmann, *Mantras et mandarins: Le bouddhisme tantrique en chine*, p. 65.

④ Jan Nattier, *A few good men: the Bodhisattva path according to the Inquiry of Ugra (Ugraparipṛcchā)*, University of Hawaii Press, 2003, pp. 291—292, 549.

⑤ Sanjukta Gupta, "*Yoga and Antaryaga in Pancaratra*"(《五夜经中的瑜伽和安塔里雅格修法》),in Goudriaan Teun, *Ritual and Speculation in Early Tantrism*(《早期密教中的仪轨和学说》),State University of New York Press, 1990, p. 310;Mark S. G. Dyczkowski, *The Stanzas on Vibration: The SpandaKarika with Four Commentaries, the SpandaSamdoha by Ksemaraja, the SpandaVrtti by Kallatabhatta, the SpandaVivrti by Rajanaka Rama, the SpandaPradipika by Bhagavadutpala*(《共鸣上的诗节》),State University of New York Press, 1992, pp. 81, 119, 147, 396.

本对比,大村西崖选择这些文本作为密宗文献的原因可能是这些文本中简单地出现过真言和陀罗尼文字,而且这些文本可以溯源归类到历史上每一位释经注释的翻译者,其中最早的可以追溯到东汉佛教早期。但是值得认同的是,大村西崖并没有准确地解读密教历史上早期杂密和中期纯密的区别,之后引起了日本密教学者加藤精神、川口慧海以及其灌顶上师权田雷斧的批判,可惜这些批判最多也只是重复了日本真言宗对纯密文本的传统解读模式,直至1933年栂尾祥云《秘密佛教史》的出版才突出了杂密和纯密的区别。这部大作认为只有纯密才称得上是中国独立的密教流派。① 另外,王一鸣认为《密教发达志》对其研究对象缺乏足够的同情,或者是对其使用史料进行的解读存在个人缺陷,或者对其使用史料解读时未能参考相关的其他材料,因而导致其观点和结论有偏差。还有就是日本学者汉语文言文的表达,以及局部论述细节稍嫌薄弱。②

在陀罗尼发展的历史上,不空在"真言陀罗尼宗"表述的基础上创造了"真言陀罗尼门"这一新概念。他在《略述金刚顶瑜伽分别圣位修证法门》的序言中指出:"夫真言陀罗尼宗者,是一切如来秘奥之教。"③不空译《总释陀罗尼义赞》说:"于大乘修菩萨道二种修行,证无上菩提道,所谓依诸波罗蜜修行成佛,依真言陀罗尼三密门修行成佛。……不暇多劫难行苦行,能转定业速疾易成安乐成佛速疾之道。"④在其后约一百五十年的晚唐时期,唐密大师智慧轮充分挖掘了善无畏、金刚智、不空三位祖师入华前汉地大乘经典中的陀罗尼思想,将印度大乘佛教瑜伽部金刚乘教学归到汉地已存有的"陀罗尼门"话语体系框架中,提出以经律论为显教、以陀罗尼门为密教的判教范式。他的主张开启了晚唐密宗由"金刚乘"向"陀罗尼门"密教范式的嬗

---

① 栂尾祥云:《密教佛教の独立》,《栂尾祥云全集》第1卷,和歌山县:高野山大学密教文化研究所,1982年。
② 王一鸣:《密教研究中之诸问题》,宽旭主编:《首届大兴善寺唐密文化国际学术研讨会论文集》第一编,第187—193页。
③ 《大正藏》第18册,第287页下。
④ 《大正藏》第18册,第898页上—中。

变,也折射出印度佛教思想汉化后的汉传密教主轴是大乘体系中的陀罗尼门。[①] 智慧轮著《明佛法根本碑》根本没有言及胎藏、金刚两部大法,这样一部重要著作以"真言陀罗尼"为法之根本、诸法所依,并用"真言陀罗尼门""最上乘"指称他所传承的唐密教法。[②] 在密法上,智慧轮强调陀罗尼总持一切诸法,一字义中悟无量百千甚深妙义,引入三摩地证得佛果。盛唐时期,各类(佛教)功德在社会上获得了广泛认同和接受,尤其是密教宣扬的诵咒能消灭罪障、破除地狱之苦、降伏鬼魅妖精等宗教观念颇为流行。[③] 栂尾祥云在其著作《密教史》中解读智慧轮说:"一切诸佛菩萨所说的经、律、论三藏,无非为了将真言陀罗尼之旨趣,应种种时机,而说种种方便之外,别无他物。"[④]笔者认为,智慧轮和栂尾祥云虽然相隔千年,但是他们都不出意外地包含着对唐密和东密来自印度密教源头的合法性和正统性的重复辩护和坚定主张。

智慧轮的唐密正统法脉传承背景也使得其提出的"真言陀罗尼门"是否是印度密教中国化的例证得到极大关注。1987 年陕西法门寺地宫出土的"金胎合曼"曼陀罗以及与日僧圆珍和智慧轮的书信问答,值得研究并用来回答这一问题。[⑤] 圆珍在《决疑表》中提及智慧轮的师承系善无畏付法后辈。但是大村西崖《密教发达志》考证智慧轮为不空之法孙。[⑥] 不论智慧轮法脉具体属于哪一系,智慧轮对唐密的根本主张已经由"开元三大士"发展演化到汉地密教"真言陀罗尼门"的表述,和他生前一百五十年唐密已经东传到日本而形成的东密和台密独立体系比较,两者已然不同。在大乘佛教

---

① 王栋:《论智慧轮对唐密教法名称的改造——以〈明佛法根本碑〉为中心》,《佛学研究》2021年第 1 期,第 179—191 页。

② 《大正藏》第 46 册,第 988 页中—989 页上。

③ 日本学者对中国咒术的研究较为深入,参考则田瑞穗:《中国の呪法》,东京:平河出版社,1990 年;相田洋:《中国中世の民衆文化:呪術、規範、反乱》,福冈:中国书店,1994 年;松元浩一:《中国の呪術》,东京:大修馆书店,2001 年。

④ [日]栂尾祥云:《密教史》,第 101 页。

⑤ 《上智慧轮三藏书》,参考《智证大师余芳编年杂集》,《大日本佛教全书》第 72 卷,东京:佛书刊行会,1912 年,第 218 页上—第 219 页中。这封信札的日文翻译及详尽研究,可参考小野胜年:《圆珍の上智慧轮三藏书付译注》,《龙谷史坛》1978 年第 73—74 期,第 59—77 页。

⑥ 吴信如:《台密东密与唐密》,第 284—285 页。

诸宗皆受到汉地本土化的文化惯性影响下,智慧轮也对印度密乘外来文化的边界进一步淡化,将其变革糅合成为中式名相的密宗,形成了"汉传唐密",与印度密教、日本真言宗以及后期藏传密教独立传统形成并立并行的局面。其富有中国文化内涵的特点和传承历史既不另立,也非不立。日本真言宗提出的"而二不二""不二而二理论",即金胎、理智、色心、因果是不二而二、二而不二的表述,应用到汉地晚唐智慧轮时期的唐密也具有同样的义理特征,但是表现为唐密汉化的强烈文化特色。从法门寺地宫出土的唐密文物可以证实当时唐密的盛行状况。唐肃宗、德宗、宪宗、懿宗先后四次开启法门寺地宫,密宗高僧不空、惠果、端甫、智慧轮在不同时期主持了内道场仪轨。

显荫详细阐述了真言陀罗尼宗的殊胜教力乃融会能尽四家大乘之能事。他说:"惟有以真言密教秘秘中极秘之眼光(佛眼、佛知见)以观之,则一一法门,皆法身如来一门普门之三昧道也。人天二乘,皆顺正法,况四家大乘乎? 故唯识、法相,即大慈弥勒之三昧道也(如《楞严经》弥勒以唯识入圆通);三论法性,即大智文殊之三昧道也(八不离戏论);法华即大悲观音之三昧道也(天台大师解《法华》,独详《普门品》,其意可深思);华严即大行普贤之三昧道也(华严以普贤为长子,其故可知)。四家大乘……具如密藏经轨,各宗之观行法则,密藏中皆有之。但各宗或偏重言说,唯真言宗则专重行证耳。……即净土往生,及参禅持律,亦皆赖真言教力而方能圆满成就。"[1]吴立民引用显荫的观点来倡导以唐密真言陀罗尼殊胜教力而圆融会通,为汉传大乘各宗开辟解行相应的真实道路。

真言陀罗尼离不开悉昙字义解说。阿字为悉昙五十字中第一字,分为长、短音。《大日经》卷二、卷六称阿字为"真言王"与"一切真言心",《大日经疏》卷七称阿字为"一切法教之本",又说:"故毗卢遮那佛唯以此一字为真言也。"[2]又以阿字为菩提心种子,通称种子真言。需要注意的是,台密立阿字体大说,与东密六大之体大说法相异。台密引用《大日经》卷二云:"云何真

---

① 显荫:《真言密教与中华佛法之关系》,张曼涛主编:《现代佛教学术丛刊》第 71 册《密宗概论》,第 204—205 页。

② 《大正藏》第 39 册,第 561 页下。

言教法？谓阿字门。"①此处以本有阿字为经体,谓一经所诠释之主质,又作教体,谓教法之体。吴立民解释说,台密视此阿字门与《法华经》经体真如实相无别,圆密一致,而东密不能明示天台三谛（真谛、俗谛、中谛）、三观（空观、假观、中观）之原理。② 在东密传统中,金胎两部曼陀罗中胎藏界种子为阿字,法、报、应三身中法身种子为阿字,胎藏界佛、莲花、金刚三部之佛部种子为阿字,在地、火、水、风、空、识中地大种子为阿字。于因、行、证、入、方便阿字五转③位次中阿字为因之种子。

密教陀罗尼字门是将四种陀罗尼中的闻持陀罗尼作为陀罗尼法门的代称。所谓陀罗尼门,广义指无量陀罗尼门或一切陀罗尼门,即陀罗尼法门。狭义指陀罗尼字门。所谓成就字类,通达名句文身而能如意自在者,即是陀罗尼字门。④ 相比较而言,显教中般若、华严字门虽然通称四十二字门,但他们释义各有不同。《大品般若经》卷五《广乘品》诠释四十二字门中之阿字时,释为"一切法初不生"。蒋维乔分析说:"《华严经》则先观阿字本不生;以阿字之中,融摄其他四十一字之深义;次观伊字一切法根本不可得;亦融摄其他四十一字之深义于其中;如是四十二字各观,俱摄其他四十一字;观各字之玄义,互为不离融摄者,即所谓字轮观;由此以观华严之事事无碍之理者也。此等皆以文字为观法之譬喻观;而密宗则直视此文字为佛菩萨之代表,作种子观:例如观大日如来,先观道场坛上所现之大日种子,即阿字;次

---

① 《大正藏》第 18 册,第 10 页上。

② 吴信如:《台密东密与唐密》,第 198 页。

③ 此表示菩提心依次转升的五种次第阶位的密宗用语。阿字属悉昙十二韵,按照音韵五种转化,配合发心、修行、证菩提、契入涅槃、方便究竟五德,称阿字五转。《大日经疏》卷一四说:此阿有五种,阿、阿（长）、暗、噁、噁（长）。阿字一字即来生四字,谓阿是菩提心,阿（长）是行,暗是成菩提,噁是大寂涅槃,噁（长）是方便。此五转即涵盖大日经意。古来多以因、根、究竟等三句配合五转,以发心为因,然后三项为根,再后方便为究竟。另外可解释为以发心为因,修行为根,其余三项为入佛果之心。于三句中,以发心之位为因,分善无畏传东因发心与不空传中因发心二义。东因发心以东方配合发心,南方配修行,西方配证菩提,北方配入涅槃,中央配究竟。以修行方向而言,此为从因向果,属于始觉上转门。中因发心以中央之阿（短音）配合发心,东方阿（长音）配修行,南方暗配证菩提,西方噁（短音）配入涅槃,北方噁（长音）配方便。此为从果向因取向,属于本觉下转门。东因发心以始觉修生之大日经宗义为根本,中因发心以本觉本有之金刚顶经宗义为依据。然而受者机根有顿、渐分别,故分发心即到、修行分证本义。

④ 吕建福:《陀罗尼字门及其相关问题研究》,《宗教学研究》2015 年第 1 期,第 82—92 页。

变大日之三摩耶形；即观变作五层塔；更一转而观尊形，即大日如来之像；即就种子、三摩耶形、尊形三段而观，乃密教观法之通轨。故密教之声字观，较《智度论》、华严之文字观，更进一步。"①

陀罗尼在历史上曾非常流行。"在敦煌地区流行最广、数量最多、最受欢迎的经典，不是讲述深奥的密教教义，而是涉及人们生活中切身利益、满足广大百姓日常愿望的陀罗尼经典。"②《晋书·艺术传》和《魏书·清河王传》都有人们将密咒应用在生活中的记载，比如治病秘方等。随着"开元三大士"为汉地带来《大日经》和《金刚顶经》等密教经典，汉传密教也从以咒术为特色避灾求福的陀罗尼密教思想转变成追求成佛。那么如何解决佛教早期陀罗尼经典的咒术力量和中晚期唐密经典中的陀罗尼效力异同的问题？这两者之间本质上会直接碰撞而产生截然不同的矛盾张力。空海从唐朝醴泉寺请来的牟尼室利译《守护国界主陀罗尼经》就是很好的例子，该经将两者的矛盾调和统一。此经《陀罗尼品》有如下论述："谛听谛听，善思念之，当为汝说。善男子，此深三昧，以菩提心而为其因，以大慈悲而为根本，方便修习无上菩提以为究竟。善男子，此中何者名为菩提？善男子，欲知菩提，当了自心。若了自心，即了菩提。"③在以上引文后，首先讲述《大日经·住心品》如来身一解脱味，以五大观（地、火、水、风、空）内容说不可思议一切智智诸佛境界三昧。其次，说无相菩提不可得因缘，自心、虚空性、菩提和陀罗尼（阿字）无二，若了知菩提，则成就第一清净法光明门（初法明道），进而表示可得不可思议一切智智诸佛境界甚深三昧（除盖障三昧）等意。④

唐密东传日本后，圆仁⑤根据《大日经》及其《疏》，立阿字本不生义，并

---

①　蒋维乔：《密教史》，张曼涛主编：《现代佛教学术丛刊》第72册《密宗教史》，第5—6页。

②　程狄：《中国古代民间密教发展》，《大众文艺》2011年第14期，第299页。

③　《大正藏》第19册，第527页下。

④　[日]静慈圆：《日本密教与中国文化》，第204页。

⑤　圆仁（793—864），俗姓壬生，延历寺第三世座主，师从最澄修习天台宗，于838年赴中国学法，留学近十年后归国，继承最澄遗志大力弘扬大乘戒律，极大推动了日本天台宗的发展，谥号慈觉大师。

著《金刚顶经疏》，认为《金刚顶经》也讲阿字本不生义。① 圆珍②著《大日经指归》《大日经心目》，和圆仁说法一致。③ 圆仁和圆珍都认为阿字本不生义在密教中代表菩提心。④ 程宅安指出从自心与本不生的关系接引到密教"即事而真"义。他说："而一研求自心之实相为何？又不外于本不生之理。故知所谓本不生者，诚密教之根本原理。"⑤梵语所谓菩提，为佛果之义。"如实知自心"即是对佛果的解说。若见本不生际者，即是如实知自心。既是一切智智，觉自心本来不生，即是成佛。兹乃谓成佛之道，不外于觉知自心。一切教相事相所依以成立者也，《大日经》三十六品。故显密两家之解本不生也，颇不一致。此一切诸法本来不生不灭之义盖自显教言之。宇宙万有，无非自因缘生起者。缘生之物，皆无自性，本自空寂。密教以为万有虽从因缘而生，其因缘又复从因缘而生，如是推求其因缘之因缘，展转无穷，卒不能寻出万有之第一原因。于是不得不谓万有为无始本有之存在。既无始者，亦无有终。是万有皆远离因缘造作，而本来不生不灭也，是为阿字本不生之理。《大日经疏》卷七基于《中论》之空、假、中三义以及《大智度论》之三智一心⑥来解释"阿字本不生"的"有、空、不生"三义。

《大日经》又将阿字本不生理作为诸法体性与本源，同摄世俗谛与胜义谛，同时具备空有二义。从缘起角度诠释生灭法时，"本不生"直指诸法本源。以中观解为"诸法从缘生，我说即是空"。然而"本不生"能缘生诸法，当

---

① ［日］圆仁：《金刚顶经疏》卷一，《大正藏》第 61 册，第 10 页中。

② 圆珍（814—891），俗姓和气，是弘法大师空海的外甥，曾于唐大中七年（853）赴中国求法，回国后成为日本天台宗第五代座主，开创寺门派，著述颇丰，主张密教比天台宗（圆教）优越。

③ ［日］圆珍：《大日经指归》，《大正藏》第 58 册，第 12 页；《大日经心目》，《大正藏》第 58 册，第 21 页。

④ 参考《如大毗卢遮那经阿阇梨真实智品中阿阇梨住阿字观门》，《大正藏》第 18 册，第 193 页；《大日经疏》卷四，《大正藏》第 39 册，第 621 页；《金刚顶经一字顶轮王瑜伽一切时处念诵成佛仪轨》，《大正藏》第 18 册，第 325 页。

⑤ 程宅安：《密宗要义》，第 30 页。

⑥ 一心具三智，一境具三谛，空本身即是假，假本身即是中，中本身即是空，此智起于一念之一心中，故名曰一心三观。谛，假谛，中谛。智分三种：一切智为声闻缘觉之智也，知一切法之总相，总相即空相，此为空智；道种智为菩萨之智也，知一切种种差别之。《大品经》云，菩萨以一切种智知一切法也。三智实在一心中得。三智既在一心，智由观成，非一心三观，何能成于一心三智？故智既在，以智显观，亦见三观一心。

为"有"法,体性无自性,故本不生,空有相对无碍,皆建于本不生之义上。由此"本不生"即法界本体,能生一切法。胎藏界五大法性开显本不生义,破除执障,故以噁字为种子,以泯五大实性而入本不生之理法身。金刚界智法身以阿字为种子。

程宅安著《密宗要义》提到持诵无效之因缘约有五种:信心缺乏、破戒无残、支分不具足、未得明师传授、杂行杂修不精进。程宅安认为真言语密可总持身、语、意三密。他说:"大日如来身口意之业用,其体性功德,微妙不可思议,故曰三密。真言宗修行之法,在使凡夫之三业,直冥合于如来之三密,以为疾证菩提之关键。手结印契,此身与如来之身相应,是曰身密。口诵真言,与如来之语相应,是曰语密。心住三摩地,作'我即本尊'之观想,与如来之心相应,是曰意密。……也其不称三密宗而特指真言者,尽以显'声字即实相'之义。且发声时兼有转舌动念之劳,即一密可表三密矣。"[1]

第七节　三密相应与即身成佛义

空海是唐密的集大成者。他对即身成佛的见解在后世一直是热议的主题。福永光司《空海と日本》一文认为,空海入唐留学,学习了唐密"即身成佛"的教义,吸取了印度佛教"即身成佛"的思想、中国传统的生身观法[2]和道教"即身不死"信仰。最早具有宗教意味的"即身"一词出现于南朝陶弘景《真诰》文中的"即身地仙"[3],这一出处早于空海著《即身成佛义》约二百年。[4]

---

[1]　程宅安:《密宗要义》,第6—7页。

[2]　生身观法,此法较前之念佛观更进一层。前所观者为佛像,此则观佛之生身,如观佛坐菩提树下成道;或鹿野园之初转法轮;或灵山会上为大众说般若法诸状态。天台宗所说之观,有一念三千、一心三观等,即观自心之本性,故又称观心。华严宗以观为通入悟境之道,故称观道。

[3]　《真诰》卷一六中说:"好道信仙者,既有浅深轻重,故其受报亦不得皆同:有即身地仙不死者;有托形尸解去者;有既终得入洞宫受学者;有先诣朱火宫炼形者;有先为地下主者,乃进品者;有先经鬼官,乃仙化者;有身不得去,功及子孙,令学道,乃拔度者。诸如此例,高下数十品,不可一概求之。"(《道藏》第20册,第583页)

[4]　福永光司:《道教と日本思想》,东京:德间书店,1985年,第48页。

空海融会道教与佛教的主张,宣称:"修真言行者,以三密为门,即身成佛。"①

　　关于三密的记载,早期见于《大日经住心品疏私记》:"凡修习瑜伽观行人,当须具修三密,证悟五相成身义。所言三密者,一身密者,如结印契召请圣众是也。二语密者,如密诵真言,令文句了了分明,无谬误也。三意密者,如住瑜伽相应白净月圆满观菩提心也。"②英武在《密宗概要》中提出以横竖二义解释三密。他认为横义中一切显色即身密,一切音声为语密,一切理趣谓意密。竖义中三密与六大契合。地、水、火三大为身密,风、空代表语密,识大即意密。又与四曼契合。字、印、形次等依次为语、身、意三密。故称三密摄体与相,六大、四曼法体为用,三密摄众德即大日如来。③

　　松长有庆对以大日如来为首的密教五尊佛的研究认为,此密教五佛承自昙无谶译《金光明经》和佛陀跋陀罗译《观佛三昧海经》所说的四佛:东方阿閦佛于妙喜国土,南方宝相佛于欢喜国土,西方无量寿佛于极乐国土,北方微妙声如来于莲华庄严国土。此二经四佛思想在空间上扩展了多佛国土思想。在随后的《一字佛顶轮王经》和《不空羂索神变真言经》等经典,以及再后来的《大日经》中,大日如来法身佛处于世界中央的描述开始确立,至《初会金刚顶经》出现时,大日如来为中尊的五佛密教世界形成完整的说法体系。以《初会金刚顶经》以及相关的经轨所说的内容为例如下:

五佛	部族	方位	色身	印	座	三昧耶形
大日如来	如来	中央	白	(智拳)觉胜	狮子	(法轮)佛塔
阿閦佛	金刚	东	青	触地	象	金刚杵
宝生佛	宝	南	黄	与愿	马	宝
阿弥陀佛	莲华	西	赤	禅定	孔雀	莲华
不空成就佛	羯磨	北	绿	施无畏	金翅鸟	羯磨

————————

① ［日］空海:《真言宗即身成佛义》,《大正藏》第77册,第387页中。
② 《大正藏》第58册,第746页中。
③ 英武:《密宗概要》,第81页。

随后在西藏和拉达克地区(克什米尔东部,藏族传统居住区)出现了密教瑜伽部的五佛思想,但是增加了新创造的密教无上瑜伽部教义内容,其倡导"五佛即五蕴,五佛即五烦恼"的义理教说。拉达克地区还出现了过渡时期的曼陀罗图像。和唐密瑜伽部比较,藏密无上瑜伽部的差异举例如下:

1. 唐密瑜伽部密教大日如来结智拳印。在藏密无上瑜伽密教中,换成转法轮印。

2. 藏密曼荼罗中金刚部的阿閦佛取代佛部的大日如来处于中央位置。

3. 唐密瑜伽部密教尚未明确各尊的明妃标识。但在无上瑜伽密教传统中,明妃有清楚明确的概念和规定。

神林隆净解释了五佛的内涵。他称大日如来为普门尊(Samanta-mukha-pradhana),余四佛称为一门尊(Eka-mukha-pradhana)。历史上在显教经典中始终维持着对大日如来的无上崇拜,对其余四佛的崇拜明显有所保留。但是真言密教正好相左,四佛皆被认作是大日如来不可分割的分身,是大日如来四智的内证外化表现。其中法界体性智表现为大日如来内证智德,备具观照诸法界实相。大日如来具法界体性智居于中央为根本,真言行者修菩萨道、行菩萨行、入于佛果位,观照阿字诸法本不生际,具不可得理智为法界体性智。其余四智皆为此智的展化表现,分别为阿閦佛处东方、智德备具、明观诸法法界诸相,如实有为大圆镜智;宝生佛位南方,智德无我平等、观照万有诸相一如,凡即是佛妙谛为平等智;阿弥陀佛居西方,智德摄化利生、大慈大悲名妙观察智;不空成就佛立北方,智德诸行圆满、直接所化众生实行为成所作智。神林隆净认为法界体性智为诸法根本、绝对真理,于佛果位为一切精神生活之综合体,故谓自此根本智,以生出四智。①

即身成佛概念早期出现于显教文献中。姚秦竺佛念译《菩萨从兜率天降神母胎说广普经》卷四说,男女正邪四种人可舍身受身,即身成佛,并且提到梵天不舍受身而现身得成佛道。②《妙法法华经》中龙女即身成佛和《观世音授记经》中大势至菩萨即身成佛③的描述皆强调了成佛需要经历累劫

① [日]神林隆净:《密宗要旨》,欧阳瀚存译,上海:中华书局,1939年,第98—100页。

② 《大正藏》第12册,第1034页下—1035页上。

③ (唐)窥基:《大乘法苑义林章》卷七,《大正藏》第45册,第364页下—365页上。

修行基础和圆满具足的殊胜因缘。和显教教义相比,真言宗宣称无需累世修行,当世可即身成佛。一行提到:"若以净菩提心为出世间心,即是超越三劫瑜祇行。……若一生度此三妄执,则一生成佛,何论时分耶?"①不空说:"唯真言法中,即身成佛故。"②一行和不空的即身成佛理论都是在三摩地境界中现证的,对于佛教徒具有很大的说服力。如说:"现证者,瑜伽师所证三摩地境也。"③又说:"若人求佛慧,通达菩提心,父母所生身,速证大觉位。"④在这里,经所说的"父母所生身"一词即指现在身,具备当世即可成佛的条件。如同《佛顶尊胜心三种悉地真言仪轨》文中所阐释的那样:"若有最上根人,常日夜三时持念,若时时克克忆念,定此人不舍父母所生身,现身当得不思议难得佛身。"⑤不空指出了密教即身成佛和显教成佛的明显差别,如说:"二乘之人,有法执故,久久证理,沈空滞寂,限以劫数。然发大心,又乘散善门中,经无数劫,是故足可厌离,不可依止。今真言行人,既破人法二执,虽能正见真实之智,或为无始间隔,未能证于如来一切智智。欲求妙道,修持次第,从凡入佛位者,即此三摩地者,能达诸佛自性,悟诸佛法身,证法界体性智,成大毗卢遮那佛自性身、受用身、变化身、等流身。"⑥在这里所说的广义三摩地指三密修法,狭义三摩地专指意密。

冯达庵认为,密宗佛身即一切智智,又称大圆镜智,为佛果位法身主体。平等性智洞开,妙观察智条理,成所作智变化,总汇于一切皆空之法界体性智,五智法身具足。内证显自受用身,外表显他受用身,随缘现变化身,乃即身成佛正义。⑦藏密传统中也有三密说法,通常指佛菩萨身口意加持外秘密、行者身口意本性清净内秘密、心性、气脉明点、器世界三者不二的极内秘

---

① （唐）一行:《大毗卢遮那成佛经疏》卷二,《大正藏》第 39 册,第 600 页下。
② （唐）不空译:《金刚顶瑜伽中发阿耨多罗三藐三菩提心论》,《大正藏》第 32 册,第 572 页下。
③ （唐）不空译:《大乐金刚不空真实三昧耶经般若波罗蜜多理趣释》卷上,《大正藏》第 19 册,第 609 页中。
④ （唐）不空译:《金刚顶瑜伽中发阿耨多罗三藐三菩提心论》,《大正藏》第 32 册,第 574 页下。
⑤ 《大正藏》第 18 册,第 914 页上。
⑥ （唐）不空译:《金刚顶瑜伽中发阿耨多罗三藐三菩提心论》,《大正藏》第 32 册,第 574 页中—下。
⑦ 冯达庵:《禅宗明心见性与密宗即身成佛》,《圆音月刊》第 9、10 期合刊,1948 年 6 月 6 日。

密。尽管密教优化了成佛的时间累积和成就速度,但是密教即身成佛的实现需要特定的条件和途径,即使真言行者具足发菩提心的因,但还要通过依瑜伽三密相应的修证途径。关于如何成佛,空海在《大日经开题》中说:"成者,不坏、不断、不生、不灭、无始、无终之义,此则法尔所成之成,非因缘所生之成。……即是大成就之成,非小成就之成。"①第一种自证者如《大日经疏》卷一所说:"然此自证三菩提,出过一切心地。"②第二种化他者又称成佛外迹,即《大日经·具缘品》所说:"我昔坐道场,降伏于四魔。"③《理趣释经》也说:"由瑜伽法,一念净心相应,便证真如实际,不舍大悲,于净秽土受用变化身成佛。"④李一超解释显密区别时说:"抑知法身无相,不演说法,报身为菩萨随机说法,化身则随类说法,佛之三身,胥同一体,此显教之义也。即以密教言之,其四种法身中,自性法身不说法,受用法身为十地菩萨说法,变化法身为地前菩萨二乘凡夫等众说法,等流法身随类化导。"⑤显荫说:"仗法身如来身口意三密加持,必得即身成佛之胜利也。法佛三密,非等觉十地之所知,故称秘密。秘密云者,秘妙周密之意,非秘而不可告人之谓也。此义最当先知。故真言密教之唯一宗旨,唯在即身成佛四字。"⑥

唐密中有三种即身成佛的理论,可以分为"理具成佛""加持成佛"和"显得成佛"。本书已经讨论了六大缘起本体论中"体大"的特点,"理具成佛"的理论根据就是建立在"体大"之上的。另外两种"加持成佛"和"显得成佛"分别依据"相大"四曼和"用大"三密来对应。笔者认为,按照辽代觉苑的《大日经义释演秘钞》和持松的《即身成佛》《贤密教衡》等内容来看,这两位密教大师对即身成佛的理论并没有过多地涉及"理具成佛"和"加持成佛",而重点指向了"显得成佛"。和其他密教大师用意一样,他们同样不惜笔墨地指出了满足"即身成佛"的条件要求非常苛刻,需要有无量资粮积累作为基础。何为无量?《大日经》卷一曰:"真言门修行菩萨行诸菩萨,无量无数百千俱

① 《大正藏》第 58 册,第 8 页中。
② 《大正藏》第 39 册,第 579 页上。
③ 《大正藏》第 18 册,第 9 页中。
④ 《大正藏》第 19 册,第 608 页中。
⑤ 李一超:《密宗平议》,张曼涛主编:《现代佛教学术丛刊》第 71 册《密宗概论》,第 136 页。
⑥ 显荫:《真言宗释疑》,同上,第 191 页。

胝那庾多劫,积集无量功德智慧,具修诸行,无量智慧方便皆悉成就,天人世间之所归依,出过一切声闻、辟支佛地,释提桓因等亲近敬礼。"①除了资粮要素以外,真言行者当世修行密法还需要其他大量的高难度的前置条件,比如需要通达大乘显教义理,得遇明师授法灌顶,坚守三昧耶戒不退转,精进三密相应等等。笔者于 2020 年拜访了藏传密教觉囊派在四川阿坝州的觉囊寺,了解了寺中闭关僧侣的情况。以前传统的闭关训练要求先学习大乘显教义理二十年才能开始接触密教内容。2022 年笔者造访高野山金刚峰寺时了解到,过去真言行者需要等五十岁以后才能申请灌顶获得阿阇黎资格认证。印光在《印光法师文钞·复周志诚居士书一》明确指出即身成佛的难度之大:"密宗'现身成佛'或云'即生成佛',此与禅宗'见性成佛'之话相同,皆称其工夫湛深之谓,不可认做真能现身成佛。须知现身成佛,唯释迦牟尼佛一人也,此外即古佛示现,亦无现身成佛之事。无知之人,每每错认,其失大矣。"他在《印光法师文钞·复温光熹居士书一》再次强调其难度说:"现身成佛与宗门明心见性,见性成佛之语大同,仍须断惑,方能证真,方可了生脱死。若谓现生即已三惑净尽、二死永亡、安住寂光,了无事事,则为邪说,为魔话。"②

虽然大量论著宣扬密宗教义,但是了却生死、得大自在和成就解脱等修证概念在信众中并没有统一标准的认知,现身成道的说法甚至是混乱、矛盾的。持松在 1956 年为《佛教百科全书》所写词条中给出了即身成佛的语义。③ 他认为:"修法乃人类对生命运动的特殊处理办法。"④于密教修法中,与本尊相应,即事而真,达到"即身成佛"。他认为成佛是佛教徒一生所追求的终极目标。即身成佛强调即身成就,就是现有父母所生肉身即能成就。显密两教皆说凡夫众生可从生死流转中成就佛果圣位,但是在发心和修行过程中的方法和途径不同,因此实现这一目的迟速不同,肉体和精神也有即

---

① 《大正藏》第 18 册,第 3 页中。
② 释印光:《印光法师文钞全集》,北京:团结出版社,2013 年,第 644、384 页。
③ 此词条后收入中国佛教协会编辑的《中国佛教》第四辑,北京:知识出版社,1989 年,第424—431 页,署名"持松"。
④ 杨毓华主编:《持松大师选集》(六)《持松大师年谱》,第 401 页。

离之分。持松依据《大日经》《大日经疏》《金刚顶经》《五秘密经》《菩提心论》《金刚王菩萨仪轨》等教理内容,详细总结了显密两教中成佛理论的主要差别。① 具体如下:

1. 即身成就和隔世差别。华严宗教义主张说极疾三生得果,一见闻生,二解行生,三证果生。虽然迅速,也要隔世成佛。即使依仗阿弥陀佛愿力往生西方,还是隔世实现。密教则不同,主张以父母所生肉身即世成就大觉佛果。最澄著《法华秀句》下卷根据《法华经·提婆达多品》记载的龙女即身成佛的事迹,说众生依《法华经》加持力可即身成佛。程宅安认为,真言行者根基有个体差别,故所得悉地成就亦不相同。在世间为息灾延命,虽然悉地成就有相,但能住于大空三昧;出世间为惑障消除实智开显,悉地无相,能证密教妙旨。他列举上中下三品悉地,强调现世即得往生。自依报、正报皆即身成佛。极乐为密言之别德。②

2. 即身和历劫差别。持松称显教有"过患""功德"二际的说法。过患指无始旷劫积习不可顿除,须历久远劫修行,消灭过患,然后成就功德。持松的观点可在诸多显教经典中验证,里面记载了成佛需经历四十二位,或五十二位阶,从初发心到成佛要经历多劫。持松认为密教只分迷悟,不须添一点功德,也不须除一毫过患,贪嗔痴等过患业力也可成佛果正用,不须消灭,相反要积极发挥其正用,迷即成悟。如《大日经疏》卷八解释了茅草的功用:此草两边多刺,若无方便,持之反为所伤,若顺手将护之,则不为害。一切诸法亦然,若顺谛理观之,一切尘劳皆有净用,若失方便,则损坏智身,故以为法门表像。③ 日僧杲宝(1306—1362)与老师赖宝和弟子贤宝共称东寺三宝,《本朝高僧传》对其评价说,杲宝获得了空海的骨髓。其著《开心抄》说:"近代学者,多迷此事。若执当相全是义者,谓任情起惑是其道行。若执厌恶求善义者,谓迷悟隔界而其体别。俱失圣教旨归。迷悟虽异,其性即同,不同而同,不异而异也。喻猛火施温,刀挥刃,为人施益,似菩提。猛火烧财,利刀害身,为人作损,如烦恼。而此损益二,为异为同? 是即全同也,是

---

① 杨毓华主编:《持松大师全集》第三册《即身成佛》,第 1240—1247 页。
② 程宅安:《密宗要义》,第 73—77 页。
③ 《大正藏》第 39 册,第 662 页下。

即全异也。体用即一,故全同也。损益是别,故全异也。"①

3. 即身和即心差别。持松认为天台教义强调一切佛法即心而具,而禅宗则讲直指人心,见性成佛。华严宗所谓圆融不离行布,在理一边说佛性本有,而成佛须从性起修,经历阶位。但密宗当体即是,在色身上布置五大、五轮和五佛曼荼罗,所以称即身而不是即心。《大日经疏》卷一四说:"若行者能了达如是不动之轮(阿字菩提心)而布诸明……即同毗卢遮那。"②又如《金刚顶经》中的"五相成身"、《大日经》中的"五大严身"等都说明其即身成就的特点。

4. 即身成佛和"顿悟渐修"差别。持松认为显教因缘事相为过患,真理无色无形,理则顿悟,以无分别智可证。借助对治方便来遣除一切事法,故有渐修之说。而密教当相是道,即事成真。一切差别事法由妄法熏染所成,本具无尽庄严,不须排遣。持松举例《大日经疏》卷一〇所说:"如佛常教,以慈对治于瞋,以无贪治贪,以正见治邪见。今乃以大忿瞋而除忿瞋,以大贪除一切贪,此则最难解难信。"③持松引用对治的手段可参考《六祖坛经》,其作者禅宗六祖慧能借种种对治方便,渐修遣除事法。

5. 密宗即身成佛与天台六即佛和华严疾得成佛差别。持松否定了天台六即佛等同密宗三种即身成佛的说法。天台六即佛的六种行位为理即、名字即、观行即、相似即、分真即(分证即)、究竟即。此六即与八位、五十二位等阶位相应,其中理即佛、名字即佛是理非事,后四即经历次第破除无明,然后成佛。以对治始凡故除疑怯,终圣故除慢大。笔者增加了《华严孔目章》(卷四)举出华严五种疾得成佛的说法:(1)胜身,如转轮圣王之子及兜率天子生来即有殊胜之身,须经见闻、解行、证入,三生成佛;(2)见闻殊胜教法而信心坚定,可证佛十力而开悟;(3)一时即得普贤法,如善财童子于善知识处;(4)一念亦可成佛,俗谛之念契合普贤法;(5)无念解一切不生不灭,可见真佛。《华严经探玄记》卷三列举三种成佛说法:入初住(十信满

---

① 《大正藏》第 77 册,第 754 页上。
② 《大正藏》第 39 册,第 725 页上。
③ 《大正藏》第 39 册,第 685 页中一下。

位)之位即成佛、完成行成佛、众生本来即理成佛。持松把密教即身成佛分为三种：第一种理具成佛，非指真如实性，而指无尽庄严条理，本来具足；第二种加持成佛，由三密加持自身速疾显现；第三种显得成佛，三密成就如实证得。这三种都称即身成佛，因果同时，不经劫位，不断烦恼，不转凡身，法然不动。持松认为显教缺乏三密和五相的内容，只能教理圆满，而事相不足。

所谓五相，在三摩地中现证本尊即身成佛，在密教中称为五相成身观。不空总结五相成身说："其圆明则普贤身也，亦是普贤心也。……凡人心如合莲华，佛心如满月。此观若成，十方国土，若净若秽，六道含识，三乘行位，及三世国土成坏，众生业差别，菩萨因地行相，三世诸佛，悉于中现证本尊身，满足普贤一切行愿故。"①由此《金刚顶经》五相成身观发展成为即身成佛的理论基础，亦和《大日经》主张方便为究竟的佛身论进一步会融。但是密教即身成佛需符合一系列门槛极高的伴生条件：真言行者必须先通达大乘显教义理，寻找上师阿阇黎，经灌顶授法，坚守密教三昧耶戒，精研生起、圆满两种密法次第，事事三密相应，才能即身成佛，速获悉地。灌顶受法时，受者欲由灌顶消除灾障、成就悉地，则需灌顶护摩，修护摩法。密教须需严格的灌顶护摩来成就悉地。护摩法早见于《梨俱吠陀》《夜柔吠陀》《百道梵书》等印度宗教文献，后为大乘密教采用，一般分外护摩(事法)和内护摩(理法)，配合息灾、增益、敬爱、钩召、调伏法。各种护摩法皆以火为中心形象，表般若智慧、净除罪恶烦恼、摧毁障碍三义。密教外护摩须同时修内护摩平等观，事理相融，速疾成就悉地。

五字严身观为胎藏界法道场观前所修观法，又称五轮成身观。就行者不同的根基由显入密，即成金刚界五相成身观。密教还有其他多种字轮修法。譬如字轮观以本尊种子或真言等文字轮为对象，分为通观以地、火、水、风、空五大种子为字轮，观字轮时可细分观字相、观字义、无分别之无相观；别观以本尊梵号、心咒、种子观法，亦观五字轮黄、白、赤、黑、青(杂色)颜色。亦可作三密观，又称三金刚观、三金观、三叶观，用以灭除身、口、意三业之烦恼不净。亦可作十字缘生句观，又称十缘生勾观、十喻观。持松在《密教通

① （唐）不空译：《金刚顶瑜伽中发菩提心论》，《大正藏》第 32 册，第 574 页中。

关》第四章《安心观道》描述说："十缘生观者,因恐行者见特殊境界时,或见光明瑞祥等,以为满足。生骄慢心,魔则得便。故须用十法作三种阶级而观察之,以遮慢心而离魔事也。一切法皆当作如此观。分为幻、阳焰、梦、影、乾闼婆城、响、水月、浮泡、空华、旋火轮。所谓十缘生者,一曰幻,二曰阳焰,三曰梦,四曰影,五曰乾闼婆城,六曰响,七曰水月,八曰浮泡,九曰虚空花,十曰旋火轮。此十种缘生,为修真言者最宜注意之点。若不明此十种缘生,则于行法供养时,不能除去心中虚垢也。"①《大日经疏》卷三称此观有三重:一切法由因缘所生空观、观万法由心观、观心与诸法非一非异之不思议观。亦作入我我入观。佛本尊与行者身、口、意三密与三业相应相入,无二平等。持松学密后号入入金刚,秉承入我我入之义。持松认为即身成佛的实践方法就是三密法门,我之三密与如来三密同为六大所成,周遍法界,法性平等,一相一味,所以称"三密加持速疾显"。

即身成佛成就三身,不离五智。《瑜祇经》曰"五智所成,四种法身",②法身、智身皆互具无碍。显教所立三身论中法身、报身、化身有别,但唐密则立四种身皆名法身。在胎藏界中,以中台为自性身,第一重内眷属和第二重大眷属为受用身,第三重为变化、等流法身。在金刚界中,大日如来为常住清净妙法身,东方阿閦如来属于自性法身,南方宝生如来为他受用身,西方阿弥陀如来为受用智慧身(又称甘露王如来),北方不空成就如来为变化身。在瑜伽观想中,从发心至成佛,依顺时针东南西北到中央依次代表通达菩提心、修菩提心、成金刚心、证金刚身和佛身圆满。五佛智慧轮身依次为中央般若菩萨、东方金刚萨埵、南方金刚藏王、西方文殊师利(或观音)、北方金刚牙。③在护摩修法中,教令轮身依次如下:大日如来为不动明王表护摩息灾,阿閦佛为降三世明王表调服魔怨,宝生佛为军荼利明王表增益,弥陀佛为大威德明王求敬爱,不空成就佛为金刚夜叉明王表钩召有情。王弘愿在《密教讲习录》中对五智解释说:"一切义成就之毗卢遮那佛现证等觉者,是自受用智也,于一切法普觉极理,故云等觉。一切如来普贤心者,即圆镜智

①　持松:《密教通关》,台北:自由出版社,1965年,第26—27页。
②　《大正藏》第18册,第254页上。
③　[日]空海:《秘藏记》,北京:北京刻经处,1922年,第70—71页。

心。此智心普遍贤善，故为普贤心也。获得一切如来虚空发生大摩尼宝灌顶者，平等性智也。虽云虚空发生，又三轮清净如虚空净故也，随诸众生，流出所求，灌洒一切妙摩尼宝，能作无边有情义利，故云大摩尼宝灌顶也。得一切如来观自在等者，即妙观察智也。"①

　　日本大正大学教授胜又俊教详细阐述了密教三身说到四身说，他认为，密教以大日如来为中心的、统一的佛陀观极其复杂，信仰形态丰富多彩。②但必须注意的是，其背景是吸收了早期大乘佛教以来的佛陀观。也就是说，大乘佛教初期以来出现了各种各样的诸佛菩萨信仰，形成了三世十方诸佛和菩萨的多佛思想。进而在密教经典中，成立了作为密教信仰对象的诸佛、菩萨、明王、天等新的信仰，不仅将这些新旧各种信仰对象作为诸尊法的本尊提及，而且也成立了以大日如来为中心的统一佛陀观。再进一步将这些佛、菩萨、明王、天等的集会图示化后，胎藏界、金刚界的曼荼罗才得以成立。另一方面，吸收了在中期大乘佛教中取得显著进展的、从人的心性中寻求成佛可能性的思想。例如心性本净、悉有佛性、菩提心、如来藏、本觉等大乘佛教思想也对密教产生了影响，故在密教经典中出现了如实知自心、自心佛的思想。这是调和佛的超越性和内在性，把可能速疾成佛的根据放在人的心性上的思想。密教的佛陀观认为，信仰的对象与自己本来内在的东西是相同的。因此，曼荼罗即心的曼荼罗，也就是秘密庄严心。这种密教中广义的佛陀观也受到了中期大乘佛教的如来藏思想等的影响。在本书中，密教佛陀观研究问题仅限定在从三身说到四身说的变化上来思考。

　　三身说从汉译来考虑的话，有法、报、应三身说，法、应、化三身说，自性、受用、变化三身说，以及更复杂的三身说。这四类三身说分别见于不同的经典中。在这些三身说中，法身和自性身分别是梵文 Dharmakāya 和 Svabhāvakāya 的译语，但其意思是一致的。报身、应身、受用身都是 Sambhogakāya 的译语，应身、化身、变身都是 Nairmānikakāya 的译语。因此，有学者已经指出，第一类、第二类、第三类三身说只不过是译语的不同而已，三身说的意思是

---

① 王弘愿著述，于瑞华主编：《密教讲习录》第一册，第 145 页。
② 胜又俊教：《唯識思想と密教》，东京：春秋社，1988 年，第 147—180 页。

相同的。而这样的三身说在密教经典中也被继承了下来,在《大日经》卷七"供养次第法"中说:"三世一切具三身。"①在同一类的仪轨中也可见相同的内容。《金刚顶瑜伽中略出念诵经》卷一说:"为利诸众生,令得三身故。"②《金刚峰楼阁一切瑜伽瑜祇经》说:"成就如来三身。"③在其他许多经论中也都说过三身。但是,在这些用例中只说了三身概念,却没有具体说明三身的关系。三身说应该是原封不动地继承了大乘佛教唯识系诸论书中的说法。

四身说出现于不空译的几部经典中,在原有的三身说基础上增加了等流身,进而阐述了四种身的学说。在《金刚峰楼阁一切瑜伽瑜祇经》中说:"五智所成四种法身。"④在《宝悉地成佛陀罗尼经》中说:"所亲近一切之物皆成四种法身之体。"⑤在《金刚顶瑜伽十八会指归》中又说:"圆证四身,所谓自性身、受用身、变化身、等流。"⑥特别是在《分别圣位修证法门序》中说:"证佛四种身,谓自性身、受用身、变化身、等流身,满足五智三十七等不共佛法。"⑦接着阐述了如来的变化身、报身和自性身的不同,还说,"若证自受用身佛,必须三十七三摩地智,以成佛果。梵本《入楞伽经·偈颂品》云自性及受用,变化并等流,佛德三十六,皆同自性身,并法界身,总成三十七也",⑧揭示了等流身的出处是《入楞伽经》。

持松在《住心品注疏》中明确"方便为究竟"的佛身论为《大日经》要义,来证真言行者的行果。其中方便指技巧、技艺、权变施设、方法、途径和手段等,在密教语境中特指三密方便,即身密印契、语密真言、意密瑜伽观想。究竟指成佛果、菩提境、正觉智。从认识成佛起因而发信心,以三密修持即身成佛。他构建的华严密法是基于华严和密法的结合。在《大日经》中,大毗卢遮那佛法身佛的起源可能受到拜火教影响,也有说是《吠陀》中的太阳神。

---

① 《大正藏》第 18 册,第 46 页上。
② 《大正藏》第 18 册,第 223 页中。
③ 《大正藏》第 18 册,第 255 页上。
④ 《大正藏》第 18 册,第 245 页上。
⑤ 《大正藏》第 19 册,第 336 页上。
⑥ 《大正藏》第 18 册,第 287 页下。
⑦ 《大正藏》第 18 册,第 288 页上。
⑧ 《大正藏》第 18 册,第 291 页上。

但在印度大乘佛教产生后，对法身佛的认知固定于佛陀崇拜。《华严经》中多处提到大日如来是大毗卢遮那佛法身的说法。华严二祖智俨善解法界缘起义理，建立了十玄门说。他兼通密教要义，曾译《出生无边门陀罗尼经》，在此基础上发展成为大日法身说。实叉难陀译《大方广佛华严经·菩萨问明品》说："一切诸佛身，唯是一法身，一心一智慧，力无畏亦然。"这里"一"是无差别义。非一非无量，而一而无量。《如来出现品》说："如来成正觉时，于其身中，普见一切众生成正觉，乃至普见一切众生入涅槃。"①裴休《注华严法界观门序》说："称法界性，说《华严经》，令一切众生，自于身中得见如来广大智慧而证法界也。"②密教主张三密摄受大日如来佛力加持，而即身成佛的观念很可能和《华严经》同源。《华严经·普贤行愿品》广为流传，其中提到的普贤十大行愿与唐密仪轨密切相关，甚至藏传密教仪轨也以普贤七支的结构来组织演化。唐密胎藏界行法的九方便（作礼、出罪、归依、施身即供养、菩提心、随喜、劝请即转法轮、奉请住世、回向）和唐密金刚界行法的五悔（礼敬、忏悔、随喜、劝请、回向）都含摄于普贤十大行愿内容当中。

印度婆罗门教主张的梵我一致的思想和《华严经》"事事无碍"的理论都可能对《大日经》"即事而真"概念的形成产生过影响，由此进一步演化为"即身成佛"的密教理论基础。随着《大日经》和《金刚顶经》的传播，密教"即事而真"和华严"事事无碍"都印证了佛陀究竟涅槃的真义。日本学者金冈秀友认为密教看待现象即是本质，是"实在的方便而必然的假现"。现象包含了本质的基因，"个体与现象不可避免地全体和实在中，并且象征他们"。③所以当相即道、即事而真的本质不外乎如如法性，通过事相仪轨来修证。显荫《真言宗义章》中详细诠释说："方便为究竟者，既修最胜最尊之妙因，必证无上菩提之妙果。三密平等毗卢遮那之三身。究竟证得成遍一切处之身。三业无碍，恒化度生也。真言行者，最初发心之时，信凡圣不二之理。修行之时，修凡圣不二之行。证果之时，证凡圣不二之体。从因至果，安心于凡。

---

① 《大正藏》第 10 册，第 68 页下、275 页上。
② 《大正藏》第 45 册，第 683 页中。
③ ［日］金冈秀友：《密教思想的形成》，［日］玉城康四郎主编：《佛教思想（二）——在中国的开展》第二章，台北：幼狮文化事业公司，1987 年，第 62 页。

圣不二之,最妙法门。是则安心之大要也。"①

密教"即身成佛"概念也可能借鉴了华严宗"圆顿一乘"的理论。显荫认为,唯有通过"口诵真言,手作契印,心观阿理,身、口、意三业相应",才能获得法身如来的"三密加持",收"即身成佛"之速效。他认为中国人畏烦就简的文化特性大概率导致了唐密在中国失传,而密法"教理博恰,事相繁密,其修证之途径,有严整之规定,非可杂越"。② 但是,华严宗"圆顿一乘"的大乘教义和弘扬"立地成佛"的大乘禅宗教理相结合,与密教教义互通补充,也是密教得以在汉地兴盛的重要原因。《华严经》曰,释迦牟尼如来成道的初一七日,当自受法乐时,为金刚诸大菩萨说此真言。持松在《密教通关》中总结宗派源流,对密教和华严宗教主说法进行了梳理。他说:"唐密往往论说法教主,大日与释迦各别。释迦所说,定是显教。毗卢遮那所说,是为密教。然则大日、释迦,法身、化身,一耶异耶? 今谓三身一体,唯是法身,其理决定,不可犹豫。故《圣位经》云:自性及受用,变化并等流,佛德三十六,皆同自性身。故一切应化,无非法身。"③释迦如来受毗卢遮那如来教敕,将内证三密之法传于世间,须俟其机缘已熟,方可传授。

冯达庵认为,以"秘密内法"在三摩地中所感六大缘起妙境为根本,禅宗有"立地成佛"之理,唯约般若门言之,只见无相法身;密宗"即身成佛"之事理,唯三摩地门而言,兼见有相法身,此其别也。④ 李世杰在其《密教哲学大纲》中用"异本即身义"解释空海二颂八句圆融即身成佛说,分为理具成佛的本来成佛义、三密加持成佛义和父母所生身速证大觉位的显得成佛义。即身成佛是彻底的自觉。持松撰著《即身成佛》《贤密教衡》等提出唐密传统即身成佛有三种:理具成佛依据体的六大缘起,加持成佛依据相的四大曼陀罗,显得成佛依据用的三密相应。其果位在于显得成佛,而不是理具成佛、加持成佛。辽代觉苑的《大日经义释演秘钞》,同此解一致。

---

① 显荫:《真言宗义章》,第 2 页。
② 显荫:《真言密教与中华佛法之关系》,张曼涛主编:《现代佛教学术丛刊》第 71 册《密宗概论》,第 202 页。
③ 杨毓华主编:《持松大师全集》第三册《密教通关》,第 1145 页。
④ 冯达庵:《佛法要论》,第 263 页。

第六章 沪密理论构建和内涵(上)

——与佛教诸宗的交叉、融合关系

在前文中,笔者概括总结了中外学者从各种角度探讨中国"密宗佛教传统"的性质,但远远没有达成共识。近些年来,新的研究持续进行。例如,美国俄克拉荷马大学宗教学教授杰弗里·格勃尔(Geoffrey Goble)[①]将其归类为独特的与密宗僧侣开元三大士相关的教派。另一方面,罗伯特·沙夫[②]暗示这三位印度来的僧人所宣扬的密教文本和实践技术在中国唐代时期并未被视为一个独特的教义或书目类别,因此"密教宗派"是用词不当。与此同时,耶鲁大学东亚语言和文学及宗教学教授篠原孝市[③]和亨利克·索伦森(Henrik Sørensen)[④]认为,虽然印度僧侣在某个具体时间段将"佛教传统"引入唐朝宫廷,但其相关的实践和思想早在数百年之前已经在中国存

① Geoffrey Goble, *Chinese Esoteric Buddhism: Amoghavajra, the Ruling Elite, and the Emergence of a Tradition*, Columbia University Press, 2019.

② Robert Sharf, *Coming to Terms with Chinese Buddhism: A Reading of the Treasure Store Treatise*, University of Hawaii Press, 2002; "*Buddhist Veda and the Rise of Chan*", In *Chinese and Tibetan Esoteric Buddhism*, edited by Yael Bentor and Meir Shahar, Brill, 2017, pp. 5 – 120.

③ Koichi Shinohara, *Spells, Images, and Maṇḍalas: Tracing the Evolution of Esoteric Buddhist Rituals*, Columbia University Press, 2014.

④ Henrik H. Sørensen, "The Presence of Esoteric Buddhist Elements in Chinese Buddhism during the Tang". In *Esoteric Buddhism and the Tantras in East Asia*, pp. 294 – 233.

在。查尔斯·奥尔泽赫（Charles Orzech）①在其研究《伟大的瑜伽教法，中国对密宗的挪用和密教问题》中强调说，虽然没有证据表明唐密祖师不空打算在唐朝建立一个新的密宗"教派"，但是他和他的第一代弟子确实承认他们是一种特殊"瑜伽"传统的实践者，具有与《金刚顶经》密切相关的独特灌顶和仪轨形式。虽然，主要使用"密宗"作为一个操作术语，来指代不空、他的直接弟子以及在朝廷和全国范围内的信众所倡导的特定形式的佛教和相关意识形态。查尔斯·奥尔泽赫和陈金华②挑战了汉地密教最早传承形成于宋代的一般说法，证明早在唐代中期密教就已经具有连贯的瑜伽部传承。他们通过可以追溯至更早时期的文献证据表明，不空的俗家弟子模仿他们的禅宗前辈而建立了最早期的密教传承，并通过密教来获得精英的支持与赞助，以提高他们在中国社会的地位。查尔斯·奥尔泽赫将这一运作过程总结如下，通过排他性的密宗法脉传承的出现，表现为一种最强烈意义的宗派概念，可以最好地被理解为八世纪末在中国大都市背景下通过各种手段来谋取瑜伽教派和禅宗信徒的赞助与支持的一种形式。

密宗和其他佛教诸宗派有着复杂多元的交叉、融合关系。显荫在《真言密教与中华佛法之关系》一文中陈述了显宗诸家和密宗的契合："天台宗徒，欲速净六根，华严学者，欲速入法界，唯识家欲速显二空，三论家欲疾证八不，净土家欲见佛脱苦，参禅者欲见性明心，其各依真言经轨而修行，必能成满所愿，可操券也。"他同时也指出了显密修学次第："真言宗表德实相之秘旨，尤非浅学所能窥，且有误解而陷入邪道者。故欲入真言门，须先研究诸家大乘而后入密，庶不致误。"③胜又俊教认为，从佛教思想史的角度来看，《大日经》《金刚顶经》等诸密教经典继承了之前存在的杂部密教的诸思想和

---

① Charles Orzech，"The 'Great Teaching of Yoga', the Chinese Appropriation of the Tantras, and the Question of Esoteric Buddhism"，*Journal of Chinese Religions*，2006(34)，pp. 29 - 78.

② Jinhua Chen，"Crossfire: Shingon-Tendai Strife as Seen in Two Twelfth-Century Polemics, with Special References to Their Background in Tang China"，*The International Institute for Buddhist Studies*，2010.

③ 显荫：《真言密教与中华佛法之关系》，张曼涛主编：《现代佛教学术丛刊》第71册《密宗概论》，第207，208页。

修行法等,同时也受到早、中期大乘佛教思想的影响,从而发展形成了密教思想。换言之,在纯粹的密教经典中也吸收了作为大乘佛教基本思想的般若和中观系的论"空"的思想,以及瑜伽唯识系的阿赖耶识思想和如来藏系的如来藏思想,甚至也导入了初期大乘以来的华严宗和天台宗等诸思想。在唐代,随着弘法因缘条件具足而展现出公开的强大的宗派生命力。在不成熟的弘法时期和环境中,密宗会隐默起来,甚至以"寓宗"的面貌出现在其他佛教诸宗派中。这同时也构成了其强调密宗显密圆融的客观特色。安娜·索科洛娃(Anna Sokolova)博士考察了唐代密宗与禅宗和律宗的关系。她发现,总的来说,似乎无论是密宗僧人还是禅宗北宗僧人,以及唐朝皇室精英成员,在重建会善寺戒坛的事件过程中都发挥了关键作用。事实上,这个案例研究也许表明了密宗可能不宜被简单解读为传统意义上的佛教诸宗或教派的一种,而是作为大量社会形态的结合体,形成了共享宗教仪轨的多点交叉网状体系。其中这些特定的历史人物的宗教隶属关系、法脉血统以及他们对于戒律专业知识的掌握水平,可能被定义为他们是否属于密宗和(或)禅宗法脉的认证基础。总的来说,她认为似乎无论是密宗僧人还是北禅僧人,以及唐朝皇室精英成员,在重建会善寺戒坛时都发挥了关键作用。她这个发现为关于中国唐代密教性质的长期存在的学术争论提供了新的视角,尤其是否应将密宗定义为一个单独的宗派分类,其包含自己独特一套的文本、技术、义理学说,甚至复杂的社会文化属性。本章在前述华严宗和密宗的关系的基础上,还对密宗和其他佛教诸宗的复杂的交叉、融合关系进一步考证分析,以验证密宗这种广泛而大量的社会形态多点结合属性。其中,对密宗称之为寓宗的说法找到了根据。在具有复杂宗教派别交叉联系的密宗中,其祖师和传承者如何弘扬密法以及如何处理所在道场的历史传统和僧人的关系成为理解密宗宗派概念的核心问题。哈佛大学戈尔茨坦教授(Elon Goldstein)认为,印度原始佛教中的大乘教义以及主张其说的祖师辈出,但是在印度,这些祖师普遍没有从他们所居住的已存在多年、具有各式古老佛教传承历史的祖庭寺院中搬离出去,而去创建所谓的新的专门的大乘佛法寺院弘扬佛法,这一点和东亚佛教的认知非常不同。这些主张大乘教义的印度祖师在通晓其原始佛教传承和行法的同时,同时也在宣扬大乘佛法,并且和居住在周围的可能有其他信仰的僧侣相处和谐,求同存异。

　　开元三大士入唐伊始就受到皇室以及上层阶级的迎请和供奉。在善无畏途经北印度时,"声誉已达中国",唐睿宗诏将军史献等出玉门塞表迎候。唐玄宗"唯尊奉长老宝思惟三藏而已"。① 不空与玄、肃、代三朝皇帝关系密切,授正一品,甚至当面称呼唐玄宗昵称"三郎"。② 随后在汉地,《大日经》《金刚顶经》《苏悉地经》三部通用、互相补充,和谐地继承了印度佛教同源关系,汉地密宗诸部并行同传,甚至产生后期与汉地其他宗派"寓宗"共存的现象。西方学者已经对把早期印度密教"寓宗"现象的详细场景描述可以运用到后期中国"寓宗"的发生和发展进行了解读,以理解其相似之处。印裔英国学者散朱答·古普塔(Sanjukta Gupta)、荷兰学者简·霍恩思·德克(Jan Hoens Dirk)、荷兰学者高德里安·图恩③以及戴维·戈登·怀特④等对印度密教的研究表明,当由于各种原因失去皇室统治阶级的支持时,这些曾拥有皇家内廷僧侣或国师身份的密教术士精英们便会躲进封闭的寺院或其他宗教场所,将密宗理论不断学术化,并不断使曾经外在的密宗仪轨进行内部化、语义化的升华、升级。甚至在极端情况下,这种密教学术化趋势已主动将密宗从现世关怀中切割分离出来,而转化为一种只适合存在于精英群体内部的理想化、知识化的封闭式内循环。演变的一种后果是密教教义哲学化和纯粹理论必然产生自我提升,以神秘的隔阂与外界相隔断。杰弗里·塞缪尔提出了另一种演变后果,即这种伪装或者隐藏于正统性的学术理论外衣的情况在加德满都谷地的尼瓦佛教密宗⑤以及日本佛教密宗、巴厘佛

---

① (宋)赞宁:《宋高僧传》卷二《善无畏传》,第 21 页。

② (宋)赞宁:《宋高僧传》卷一《不空传》,第 11 页。

③ Sanjukta Gupta, Jan Hoens Dirk, Goudriaan Teun, *Hindu Tantrism*, p. 124.

④ David Gordon White, "Transformations in the Art of Love: Kamakala Practices in Hindu Tantric and Kaula Traditions"(《爱之艺术的转变:印度教密续中的性爱艺术和家族教派》), *History of religions*, 1998(2), pp. 172 - 198.

⑤ 英文 Newar Buddhism, Newari Buddhism, Nepalese Buddhism。尼瓦佛教与印度佛教的发展几乎同步,当年回教徒毁寺灭佛到尼泊尔边境戛然而止,唯独留下这支印度佛教的后裔。由于尼瓦佛教曾遭受印度教国王的无理压迫,为避免被毁灭,教徒被迫以"印度教化"作为掩饰,变得保守,不愿外传。

教和印度教密宗中也同样发生。① 在中国汉地密教场景中,已经发生的白衣传法、居士传教现象更增加了理解密宗作为"寓宗"概念的复杂程度。

公元 800 年编著的《贞元录》较七十年前编著的《开元录》增补了三百三十二部密教经典,其中很大一部分即是对《大日经》《金刚顶经》中的教义、仪轨等进行解释、补充的作品。② 汉文密教经典的大量涌现可视作汉传密宗发展成熟的标志,但密宗作为当时汉传佛教的热门宗派在接下来的"会昌法难"中首当其冲。汉传密教传承链条断裂,大量造像、经卷遭到毁灭破坏,以仪轨为重要特色的密教受到重创。随后,王室出于稳定社会的目的,进一步限制密教在民间传播,密教于是只能在有限的社会上层阶级中继续传播,或者以"寓宗"③的形式,隐存于天台宗、华严宗、净土宗、禅宗等佛教宗派之中流传并续延法脉。如大智、大慧禅师均是"开元三大士"之一金刚智的弟子,其中大慧禅师即是一行。密宗遭遇社会面严厉打击后,法脉并未完全断绝,据考证,明清时仍有专修密教的僧侣,如清代僧人弘赞。而唐代雪峰禅师更是传下了"秽迹金刚宗",由于择徒严苛,几乎每世只传一人,故较为隐秘。少林一指禅宗师海灯大师成名后赴美国表演,才显露出密法修为。秽迹金刚宗传人之一普力宏法师在发现海灯与自己同修密法之后表示:"真正的密宗行者不但不会到处炫耀自己已得密法,反而不愿轻易让人得知自己学密的身分。因为一般人对密宗缺乏了解,易生误会、好奇、嫉妒等心理,反而造成行者的烦恼与障碍。"④"寓宗"并不是密教发展到后期才呈现出的特点,而是从萌芽到成熟再到衰落的必然存在形态,甚至其立教的根本经典即是"寓宗"这一发展方式的成果。中国密教的传承在大多数情况下是通过其他宗派的僧徒进行的。"寓宗"有着比所有其他中国佛教诸宗更为平易近人的面貌。

----

① Geoffrey Samuel, *Civilized Shamans*, *Buddhism in Tibetan Societies*, p. 432.

② 吕建福:《中国密教史》,"黄心川序",第 10—11 页。

③ 严耀中将"那些没有自身独立的传受系统,但却在其他诸宗中流传不息的佛学"界定为"寓宗"。参见严耀中:《中国东南佛教史》,第 170 页。

④ 《汉传秽迹法脉禅门传承略说——摘录普力宏上师开示录》,http://www.zhunti.net/contents/56/1222.html(访问时间:2023 年 6 月 5 日)。

　　笔者赞同安娜·索科洛娃关于密教宗派定义已经提出的新的思考维度。我们可以把持松创建沪密与空海开创东密传统时的社会环境和思想基础进行类比,并且详细地考察密宗与佛教诸宗派复杂的交叉、融合关系,以此提出构造沪密的理论框架和内容。赵连泰认为:"空海作为日本佛教的集大成者,其卓越业绩在于使外来的佛教日本化。"①而持松被太虚赞誉为"真能荷负吾国密宗复兴之责任者",吴立民认为持松是近代唐密复兴中所作贡献"最突出者",林光明称其为"不空以来第一人"。其卓越贡献在于创建了近现代复兴唐密传统的沪密,保持了印度原始密教传入汉地形成唐密的风格,结合了汉地华严和日本回传密法的详细义理内容,以上海静安寺为根本道场,以精英僧侣和知识分子来推动密教弘法的中坚力量,表现出国际化的上海"海派"文化特点,具有如安娜·索科洛娃所说的宗教社会与文化多点交叉的结合体属性。如前所述,密宗和其他佛教诸宗有着密切的交叉联系,我们可以说沪密是在历史长河中唐密演化的一种新的表现形式。

　　"近代中国佛教接受外来影响之多,首推日本。而日本佛教最显眼的影响,是从日本取回的真言密教之一度盛传。"②真言密教(Shingon Bud-dhism),亦称日本密教(Japanese Esoteric Buddhism)。在明治维新以后,日本学术界对佛教密宗教法义理以及仪轨的研究已经形成体系,其表现形式与印度原始密教传统已有很大差别,也和唐朝时汉地密宗原貌不同。有唐代,印度密教的中国化过程极大丰富了经本翻译、注疏、修证的教相内容,密教在中国完整存在的成体系的历史少于两百年,其密教祖师在仪轨行持内容方面始终坚守原典传承与阿阇黎亲传,在教相方面和汉地本土天台、华严、唯识、禅宗、净土、律宗等其他宗派圆融汉化。唐密东传日本以后一千多年中,空海、最澄等入唐八大家在教相方面发展的内容、规模、性质和普及程度则远超出唐密范围。经过汉地佛教历史上多次法难,汉地密教教义风格从开元三大士时期唐密纯粹和严谨的风格转变为民国时期显著的汉地显密圆融思想。持松法师以华严和密法圆融的教义思想演变过程完美地展示了

---

　　① 　师敏:《日本来华僧人研究综述》,增勤主编:《首届长安佛教国际学术研讨会论文集》第四卷,第155页。

　　② 　陈兵、邓子美:《二十世纪中国佛教》,台北:旭升图书有限公司,2003年,第405页。

密教中国化历史的缩影,在整个民国时期佛教复兴运动中始终贯穿着这种演化风格的印记。杜维荣总结持松法脉特色为以真言总持密契华严海印三昧①,而成就华严法界,畅泳于华严性海。从教义上华严宗涵摄密宗,从事相修持上则密宗优于华严。② 持松在其修持前期与中、后期的不同阶段对教义部和事相部有着不同侧重,对日本真言宗事相行法的继承和汉化,持松还原唐密时有选择性地维持了唐密神圣性的延续。

回顾近代太虚、持松与王弘愿涉及的显密之争这段历史,再比较唐代禅宗神秀与慧能的南北之争,我们可以看到民国时期宗教作为一种文化现象对社会的影响巨大。在涉及宗教的上层统治阶级、社会团体组织、宗派、僧侣与居士、广大民众、国外宗教势力、各类媒体刊物的混合作用下,中国近代佛教复兴运动走向了历史高潮。在这场文化运动中心的佛学思想争论中,这种复兴提升了当时整个汉地佛学思想研究的发展水平。唐代徐岱《唐故招圣寺大德慧坚禅师碑铭并序》曾记载:"又奉诏与诸长老辩佛法邪正,定南北两宗。禅师以为开示之时,顿受非渐;修行之地,渐净非顿。知法空则法无正邪,悟宗通则宗无南北,孰为分别而假名哉!"③这种批判的角度不在于各执一端。在本书中,笔者从"学术义学"角度更注重如何断定和评估这场文化运动对社会发展的价值。本书以持松佛学思想演化为主线,探讨如何实现华严与东密圆融的沪密理论来验证中国文化传统的特色,尤其强调持松带有人格特征的佛学思想演化过程,在现代国际宗教社会学方法论框架中研究持松神圣性僧格的形成历程,这对我们重新研究民国时期中国佛教复兴运动以及人间佛教有着特别重要的现实意义。

---

① 海印三昧属于《华严经·十定品》所讲十种"三昧",修习"善入"此十种三昧者,"则名为佛,则名如来"。又称海印定,是《华严经》所依之根本定。海印三昧是约果立名,华严三昧则是从因立名,由于因果本无别,故二者可谓一体两用,即法藏《妄尽还源观》所言自性清净圆明之体有二用,一是海印森罗常住之用——海印三昧;二是法界圆明自在之用——华严三昧。

② 杜维荣:《试论持松阿阇黎复兴唐密之特色》,宽旭主编:《首届大兴善寺唐密文化国际学术研讨会论文集》第一编,第333页。

③ 吴钢主编:《全唐文补遗》第四辑,王京阳点校,西安:三秦出版社,1997年,第11页。

第一节　密宗教派形成的历史

　　从教派历史发展阶段来看,密教相对于原始佛教、部派佛教和大乘佛教之后出现;从宗派格局来看,相对于汉传佛教天台、华严、净土、禅宗等而独具风格。在佛教中国化的过程中,密宗融合了中国儒道"和合包容"的思想和性格,愈发彰显出佛教原有的圆融不二的本质。"印度密教和中国道教之间有着生来俱成的、历史的联系。"①"道教是经西南流入印度阿萨姆等地后才促成密宗的。"②笔者认为从文化地理的角度并且遵从历史习惯叫法,中国密教可以指称中国内地的密教,又称汉传密教,也就是在中国内地流行的密教信仰和流传的密教宗派体系。针对中国佛教宗派的中国化特色,汤用彤曾经在多篇论文中有过重要且精辟的论述。③ 夏广兴认为:"隋朝之前,中国佛教只有学派。……唐时产生了不同的佛教宗派,各树一帜,判教立宗。由于这些适应中国国情的佛教宗派的形成和发展,唐代佛教才有了坚实雄厚的理论基础,并最终完成了佛教中国化的进程。"④美国学者威斯坦因发现,唐代前期的佛教发展出了极为复杂的形而上学体系,至安史之乱后才逐渐走向通俗。⑤ 密教和密宗的名称常被混用,在本书中指唐开元年间(713—741)由善无畏、金刚智建立的密宗教派,用以同当时其他宗派诸如天台宗、贤首宗、禅宗等名称相对应,即唐密。在历史上唐密思想已形成体系,而且有明确法脉传承谱系。密宗在唐代及后期在佛教经典和文献中的称谓包括"真言陀罗尼宗""真言陀罗尼门""秘密真言教""真言密教""瑜伽密教""瑜伽秘密之宗""总持教""五部持念"等。晚唐行琳明确使用"密宗"来称呼这一师资传承有序的教派。

---

　　① 　N. N. Bhattacharyya,*History of the Tantric Religion*,p. 90.
　　② 　Joseph Needham,*The Shorter Science and Civilisation in China*,pp. 271 - 272.
　　③ 　汤用彤:《论中国佛教无"十宗"》《中国佛教宗派问题补论》,《汤用彤学术论文集》,北京:中华书局,2016 年。
　　④ 　夏广兴:《密教传持与唐代社会》,上海:上海人民出版社,2008 年,第 154 页。
　　⑤ 　[美]斯坦利·威斯坦因:《唐代佛教》,第 67 页。

"密宗"概念的明确化,使得佛教的判教学说也在不断发展。① 从判教概念来看,有唐代一行的一道二教四乘四心、天台智颛化仪四教、法相窥基三教八宗、华严法藏五教十宗、日本空海十住心论、台密安然五时五教、藏传宁玛九乘次第、近代太虚三系三宗教判等分类;从经典类别来看,密教的契经(sūtra,sutta,修多罗),特指仪轨,被称为"怛特罗",是流行于喜马拉雅山麓南北广大地区的、具有某种共同特征的宗教实践以及教义。从被使用的经轨文献来看,密教可以分为原始密教(陀罗尼宗)、早期密教(持明宗)、中期和后期密教。其中的中期密教按照教义来源和流派又可细分为真言宗和瑜伽密教(金刚乘);后期密教则以藏传佛教为代表,分为密集、胜乐、时论三派,前两派被分别称为瑜伽父(主要是《密集》《大威德》教法)、瑜伽母(主要是《胜乐》《喜金刚》教法),也被合称为俱生乘或无上瑜伽密教。八世纪初印度僧人金刚智、不空携带《金刚顶经》通过海路传往中国大陆。藏传包括:传承大瑜伽密集教法的以大圆满法为主的宁玛派、传承无上瑜伽胜乐教法的以大手印②为主的噶举派、传承喜金刚教法的以道果法③为主的萨迦派④、传承时轮教法的夏鲁派⑤和觉囊派⑥、最后形成的显教派别格鲁派。⑦十二世纪以后,印度本土的密教在伊斯兰教武力干涉下逐渐消亡。悠久的密教历史跨越了印度、南亚、中国、日本和韩国诸多国家,在每一段特定历史

---

① 史全超:《佛教中国化下的华严判教思想研究——韩焕忠〈华严判教论〉述评》,《全国新书目》2014 年第 12 期,第 50—51 页。

② 大手印一般指大手印法门(梵语:Mahāmudrā),是藏传噶举派、息结派、觉域派等所传法的心髓,直接传承自印度晚期瑜伽成就诸师之传,以简易明了的诀要总摄一乘佛法之见、修、行、果。

③ 道果法源于印度,是萨迦派主要的不共特法,主张显密圆融、摄果于道最初由龙树弟子释迦善友(shvakya-bshes-gnyen)传出。道果法在显宗立论是:"首应破非福,次则破我执,后破一切见,知此为智者。"在密宗立论上修持"明空无执"或"生死涅槃无别"之见,即亲证内心实相。

④ 萨迦派主张显密兼修,先显后密。此派于十一世纪由昆·贡却杰布(又译作昆·滚曲杰波、款·贡却杰布)创立,教主之位由该家族世袭。

⑤ 夏鲁派由布顿·仁青珠(1290—1364)创立,故又被称作布顿派。

⑥ 觉囊派确立于十三世纪末,缘起可追溯至后藏裕莫·弥觉多杰于十一世纪首创的藏传佛教中观"他空见"学说,这一佛教派别在长期发展与传播的过程中体现出与汉传佛教如来藏思想相近而异于西藏其他教派的思想特征。"他空见"是该派的主要教义,承认真如本性,胜义有为他空。但十七世纪时,五世达赖令觉囊派寺庙改宗格鲁派,觉囊派发展此后受到打击。

⑦ 吕建福:《中国密教史》(一),第 1,8 页。

时期都有不同的文化内涵和特征。密教既是一个宗教流派，也是一种文化现象，不断演化持续至今。中国本土佛教包括汉传佛教、藏传佛教和南传佛教等，具有国际化的特点。其中汉传佛教主要在日本、韩国、越南等地传承；藏传佛教广泛流行于尼泊尔、不丹、印度、蒙古乃至俄罗斯、欧美等地区；尼泊尔、斯里兰卡、缅甸、泰国、老挝、柬埔寨则是南传佛教的大本营。佛教的名相概念经过不同语系的翻译、阐释多有歧异，同一文化系统中不同派别的佛教团体对义理的判读也难趋一致。比如日本真言宗有古义和新义之分。虽然佛教传统之根起源自印度，但都是在不同的地区适应不同的文化环境和信众根性而呈现出种种善巧方便的传法。例如，司空竺（Jonathan Silk）仔细对比了十四种不同版本的藏译《般若波罗蜜多心经》后表示，作为广泛流行的佛教经典，《心经》可谓得到了相当充分的研究，但最初的原本出处依然没有完全确定。[①]

从出现的历史时期来看，密教特指印度大乘佛教晚期所形成的一个教派；如果从流传的地区来看，又有藏密、汉密、滇密、白密（中国大理白族地区的佛教密宗）等。在考察沪密概念之前，有必要先对汉传佛教的内涵及特色进行梳理。从流传区域来看，汉传佛教是指在中国、日本、朝鲜半岛等地区传播的佛教教团体系；从经典所属语言文化来看，汉传佛教即指以汉文佛经译本和祖师著述等为文献依据的佛教体系；从思想意蕴来看，汉传佛教则指由东来高僧与汉地祖师结合自身修为及中国文化传统展开判教进而形成的诸多宗派体系。[②]汉传佛教宗派学说众多，源头上主要继承了印度大乘佛教的思想，具有鲜明的中国特色。隋朝以前，中国佛教只有学派。唐代，随着大批汉人僧侣西行南下求法、梵僧来汉地译经传法、佛经义学广泛传播和寺庙经济独立发展，"在六朝繁荣的佛教义学研究的基础上，形成了中国汉地佛教的各宗派，从而把中国佛教推到了极盛的局面"。[③]隋唐时期，中国

---

① Jonathan Silk, *The Heart Sūtra in Tibetan. A Critical Edition of the Two Recensions Contained in the Kanjur*, Wien: Arbeitskreis für Tibetische und Buddhistische Studien, Universität Wien, 1984, pp. 4 - 5.

② 宽旭：《关于汉传佛教密宗复兴的思考》，《法音》2017 年第 4 期，第 36—41 页。

③ 孙昌武：《中国文学中的维摩与观音》，第 159 页。

佛教已经具有明显的师承属性,不仅继承释迦牟尼的传统大乘思想,而且衍化成中国特色。若以教理言之,"宗"的概念才是中国佛教形成期的共通意识。中国佛教中所谓"何谓佛教本来思想"的疑问,也被归结到"宗"的意识上,成为中国佛教的特色。① 在印度大乘佛教思想中,"宗"的原始意义由vada 称名,比如"唯识学派"称为 Vijnana-vada,后来"宗"用 siddhanta 代替vada,其主体意识突出,体系严谨、定义化的宗的概念开始确立。东晋净土宗祖师慧远称"宗"为宗趣,隋唐三论宗创始人吉藏称"宗"为宗旨,隋唐华严宗二祖智俨视"宗"为"宗之所归者趣也",唐代唯识宗窥基认为"宗"是宗旨和宗趣,以宗为崇、尊、主。他们对"宗"的观点已经形成所属教派独一无二的特性。同时在"宗"的内部,同一教义和信仰又存在诸多教团组织,比如华严宗细分为终南山系法藏和五台山系华严四祖清凉澄观,更加明确"宗"的观念问题,由此进一步引申到各宗判教的理论。隋唐之际,终南山至相寺堪称专弘华严的大道场,名僧辈出,承绪持久。法顺、智正、智俨等华严祖师均活动于此。② 其中法藏继杜顺、智俨之后,甚至被视为中国华严宗的实际创教者,致力于华严经义学的阐释与华严教义学以及中国化佛教思想的理论建构。③ 综上可见,以"宗"命名流派乃汉传佛教的特色,故"密宗"应专指汉传密教。汉传佛教宗派在传统意义上分为唯识宗、三论宗、天台宗、华严宗、禅宗、净土宗、律宗和密宗。"各宗派别虽不同,而其教人背妄归真之修行趣旨则皆共赴一的。"④其中密宗形成于公元八世纪唐玄宗时期,印度僧人"开元三大士"善无畏、金刚智、不空来到中国,翻译多部佛教密宗经典,是"密宗"这一佛教宗派的开宗之祖,现今称为唐密,又称真言陀罗尼宗、真言宗、金刚顶宗、毗卢遮那宗、开元宗、汉密、秘密乘。神林隆净认为:"真言宗名出自《金刚顶经》,为弘法大师(空海)随顺所安立。"⑤吴立民指出:"若三师不

---

① [日]中村元:《中国佛教发展史》,余万居译,台北:天华出版事业股份有限公司,1984年,第242—249页。

② 汤用彤:《隋唐佛教史稿》,第162—163页。

③ 陈永革:《从"华严和尚"到"华严宗主":贤首法藏与唐代长安华严学》,增勤主编:《首届长安佛教国际学术研讨会论文集》第五卷,第125—141页。

④ 蒋维乔:《佛学大要》(民国石印本),天津:华北印书馆代印,第7页。

⑤ [日]神林隆净:《密宗要旨》,第1页。

来中国而弘通于印度,则印度密教必能保持一种深厚之势力,同时中国密教,或竟不起,亦未可知,即不然,其起亦必甚后矣。"①更有学者认为,印度密教随后引入婆罗门教的性瑜伽内容即由于"开元三大士"入唐,印度本土缺乏能够传授金、胎两部大法的阿阇黎,性瑜伽内容的引入显示出婆罗门教对佛教的同化。②

　　东密在空海之后,有日本僧人常晓(?—865)、圆行(799—852)、慧(惠)运(800—871)、宗叡(808—884)入唐求法;加上台密在最澄以后的圆仁(794—864)和圆珍(814—891),合称"入唐八家"。在日本立宗之后,创立和发展密教流派的理论建设基本完成,空海等密宗祖师对显密判教的关注开始转移到教相尤其是事相部分,也就是密法本身的问题。在汉地,唐武宗时发生"会昌法难"(845年灭佛事件),唐密传播一蹶不振。在印度早期的佛教密宗发源地,自"开元三大士"入唐朝传法后,由于缺乏高僧大德在印度持续传播密教,同时为应对婆罗门教的挑战和后期伊斯兰势力的入侵,早期密教在印度几近消失。自此早期密教的传承中心转移到日本,直至现代。但需要注意的是,日本东密从汉地传承和同时期唐密自身在汉地演变的两条途径也截然不同。在汉地,由于唐代皇室的直接迎请和信奉,"开元三大士"开创唐密作为国教的定位在民间根深蒂固。但是,密教在空海、最澄从中国接法之前在日本基本上没有信仰基础。这一新式佛教思潮在面对日本已有的奈良诸宗时,要有一套完整的密宗理论体系才能站稳脚跟,存活下来。空海独创的六大缘起和十住心论在"开元三大士"的原始教相中是没有的,也正是空海这一套以密教殊胜定位的教义、思想、观念体系化得到了日本皇室对密教"即身成佛"的信仰和支持,此后密宗派系繁衍,名匠辈出,义学迭兴。弘仁七年(816)空海于高野山创设金刚峰寺,弘仁十四年嵯峨天皇赠予东寺即教王护国寺,遂与金刚峰寺同为东密之根本道场。空海法缘鼎盛,薪传大地,其门人真济、真雅、实慧、道雄、圆明、真如、杲邻、泰范、智泉、忠延等称为十大弟子,世称十哲。空海与其弟子大扬东密宗风,在日本平安时代对

① 吴信如:《台密东密与唐密》,第34页。
② 《佛教唐密概述》,https://www.getit01.com/p201806052693036/(访问时间:2023年5月1日)。

社会各阶层影响极深。大师弟子真雅为诸流根本,续东密慧命,延盛法嗣。东密事相之传承随后分小野、广泽两大流派,各有六流,合称野泽十二流。然而真言宗僧众对大日如来之本地身与加持身说法不同的争议,又形成了以根来寺为本山的新义真言宗、以智积院为本山的真言宗智山派、以长谷寺为本山的真言宗丰山派、以室生寺为本山的真言宗室生寺派等。坚持传统法义者为古义真言宗,以高野山为总本山,其主要分为八个流派,被称为古义八派。古义八派是指:真言宗高野山派、御室派、大觉寺派、东寺派、山阶派、泉涌寺派、醍醐派、小野派。入唐八家中,传教大师最澄入唐跨天台、真言、禅宗、律门四种兼学融贯,开创日本台密比叡山道场。其法脉一系慈觉大师圆仁、智证大师圆珍、安然台密根本流派,至今分成寺山六流、台密十三流。

日本密宗传统各流派由本寺经营本宗派大学及中学,各有道场,教育本派弟子。比如大正大学(Taisho University),是一所日本私立大学,位于东京都丰岛区西巢鸭,成立于1926年,以佛教研究为主,是新义真言宗丰山派教育机关。丰山派宗务所设在大本山护国寺(东京都文京区)内。在古义真言宗高野山中院流①兼醍醐寺三宝院流为历史正统传授,还有子岛流、西院流、持明院流、常喜院流、安祥寺流等。中院者代表高野山八叶之中心,空海心髓所在之地,即今之金刚峰寺龙光院,传有龙现瑞于此,故改名龙光。近现代以来高野山中院与三宝院二流并传。三宝院流成贤②传道教、宪深、深贤、慈教为四杰弟子,其中道教、宪深、深贤三人各开一流:道教之地藏院流,又云道教方;宪深之报恩院流,又云幸心方;深贤之意教方。持松所学习者,为宪深之报恩院流。

---

① 高野山是日本天皇敕赐予空海弘扬真言教法的根本道场,因位于京都之南,故又称南山。高野山中院流是日本真言宗的主要流派之一,第二代祖师真然[生年不详,宽平三年九月十一日(891年10月17日)]是平安时代前期的真言宗僧人。也被称为中院僧正、后僧正。俗姓佐伯。赞岐国多度郡人。据传是空海的外甥。后来成为空海的弟子,接受了真雅的灌顶。在空海之后,致力于复兴和发展逐渐荒废的高野山(金刚峰寺)。传说空海委托他经营高野山。

② 成贤(1162—1231),是镰仓时代前期的真言宗僧人。出身于藤原南家,是中纳言·藤原成范之子,人称遍智院僧正、宰相僧正。

　　空海对《大日经》的注疏和善无畏有一定区别,也区别于一行。① 空海之后古义和新义真言宗教义也发生了变化。如关于即身成佛法身三密观的理解和解读,伊藤弘宪在《真言宗小史》曾提到真言宗新、古两派教义的差别在于"教主法身位之异其解释",古义提倡自证说,新义认同加持说,并称"所谓自性加持身说法之论据,实新义派学说之渊源也,赖瑜据此二成立其教义"。② 新义真言宗甚至提出加持身说之"无相至极"概念。根据《大殊百条第三种》所收取的"无相至极"加持说将无相法分为四重。③ 初重留无相为显家极理,即无相菩提亦名一切智智,无相胜义空与有相烦恼执著分别对治,即遮情无相。第二重开有相定表德实相者,以无相不可为极事。依密教六大四曼悉遮那内证境界,字印形像并性德轮圆法门故。说有为法的种种实有法相变化,真言行者建立差别相智,说有相之有相,为表德门之劣惠有相。第三重自证极位法佛内证法门不被机之位,为表德门之胜惠无相,说无相之有相,建立差别有相与无相空性不二,六大五蕴与空性无碍,有相即无相,表真胜义谛种无有真实离相胜义建立。第四重说胜劣二机法住法位自证法门,为表德门无相之无相,有相无相重重,显密对弁,密密对弁,最胜义谛佛果境界,实相无相,有相无相本性平等,如华严十法界一相中圆满一切相。古义真言宗和藏密都讲加持即自性身,认为遮情无相与表德有相二元相对,以无相方便自觉,有相圆满为最胜义,但是新义真言宗主张加持身说认为表德门依三重观修次第入究竟果地无相,其中有相表德还是是加持方便权宜,无相至极与有相至极相对。但是王弘愿并不完全认同,他认为"自性加持身"是空海后人日本僧人赖瑜自己的注释,空海本人并没有在其判教理论中提到"教主不同",也没有指明显教教主是释迦如来佛,密教教主是毗卢遮那佛。《金刚顶经义诀》曰:"梵云毗卢遮那,此翻最高显广眼藏如来。毗者,最高显也。卢遮那者,广眼也。先有翻为遍照王如来也,又有翻为大

---

　　① ［日］权田雷斧:《密教纲要》影印本,王弘愿译,潮州:潮安刻经处,1919 年,第 18—20 页。

　　② ［日］伊藤弘宪:《真言宗小史》,王慧兰译,王弘愿著述,于瑞华主编:《密教讲习录》第四册,第 578 页。

　　③ 佐藤裕彦:《「無相至極」における加持身説について》,《智山学报》第 58 期,2009 年,第107—115 页。

日如来也……又此如来亦名佛菩萨眼如来,亦名诸佛菩萨母,亦名诸佛菩萨最上广博清净藏也……又此大日如来,常住满虚空法界量微尘等诸佛身相,一一身相,皆无中边,又无增减,故《毗卢遮那大经》说为无尽庄严藏三昧也。"①《大智度论》卷五曰:"若有人行空、无相、无作,是名得实相三昧。"②权田雷斧在《〈大日经住心品疏〉续弦秘曲》中曰:"实相三昧者,阿字本不生之三昧。此有教相与事相之别:约教相,则《疏》所释之从因至果,皆以无所住而住其心也。约事相,则有三句:一、有相之有相,谓择地、造坛等事业之三密行。二、有相之无相,如阿、月之观等,观阿字、月轮等相,故曰有相。然无种种事业相,故曰无相。但观菩提心,亦此之分齐也。三、无相之有相,无择地、造坛等,又无阿、月观等之特殊相,故曰无相。然有举手投足、开口发声等相,故曰有相。"③

　　笔者认为,汉传唐密原貌并非与空海开创的日本真言宗所主张的完全一样,也不同于持松、王弘愿回传中国以后的密法。持松第二次东渡日本时曾经在新义真言宗大师权田雷斧门下学习,但在其回国后所撰的密教著作中有意或者无意回避了"无相至极"概念的阐释和讨论。在近代显密争辩的历史中,持松在其前期华严摄密宗思想影响下,以其深厚的佛学功底对王弘愿"密教十殊胜论"、译著《密教纲要》以及日本的真言宗对空海判教经典著作《十住心论》《辨显密二教论》《即身成佛义》的误解部分进行了细致批驳:"吾之所以有《贤密教衡》者,亦吾之所以尊吾师吾祖之所宗者,令去其十住心教之小疵,而还成其真言宗之良规。"④重新整理了汉传佛教密宗思想的系统性总结和理论定位,恢复了对原始唐密理解的本来面貌。正如常惺所说:"窃以密教之在中国,教内教外,正在疑神疑鬼。今两大德旗鼓对扬,引起吾人研究之兴味,斯亦密教前途之曙光也欤。"⑤其中密教的复兴上绍唐

---

①　《大正藏》第39册,第815页上。

②　《大正藏》第25册,第97页上。

③　权田雷斧:《〈大日经住心品疏〉续弦秘曲》,第22页。

④　持松:《贤密教衡释惑》,张曼涛主编:《现代佛教学术丛刊》第73册《密宗思想论集》,第82页。

⑤　王弘愿:《与常惺法师书》,王弘愿著述,于瑞华主编:《密教讲习录》第五册,第170页。

代"开元三大士"之伟业,可谓是中国近代佛教史上最耀眼的一页。^① 冯达庵认为,唐密传至日本以后,因长期受到日本民族性的影响,汉传佛教传统戒律明显偏离,修持偏重事相和义理,不重视性理和实证,中国密教应该发扬不空、惠果的思想,从而使"唐密"宗风得到重振。其法脉延续至今。1992年,冯达庵弟子唐普式在广州召开"庆祝唐密重兴、筹修华塔六十周年"纪念会宣扬冯达庵的密教思想。

郭朋甚至将密宗界定为"佛教世界观上的'杂家'"。^② 大村西崖则点明密教的事相和教相分别在印度和中国走向成熟:"抑密教事相,虽全成于印度。至于教相,则专成于唐土。且籍显教以始唱道之。"^③这表明,事相、教相并重的密教作为独立的佛教教派并不是在印度确立起来的,相关事相从印度传入中国后,吸收中土显教养分发展出与事相结合的教理,才促成了这一佛教新宗派的诞生。正是由于密教善于接纳、吸收新鲜事物的"杂家"特点,才会在流传过程中与不同文化相结合,形成汉传密教、藏密、东密、滇密等具有强烈地域色彩的支流,而汉传密教在广袤的中国本土流传的过程中还进一步形成了江南密宗、长安密宗乃至四川密宗等具有地域差异的派别。^④

第二节 沪密概念理论基础构建

民国时期汉地密教复兴的研究必须回溯到东渡日本的汉地僧众所学到的日本密教原始面貌,以及日本学界如何看待日本密教的思想和讨论。在原有的汉地"宗"的概念上,日本佛教又加入了作为组织形式的"宗派"这一含义,并扩展到"八宗""十宗""十三宗"等新的宗派分类范式。在当时,中国佛学界在引进日本佛经典籍的同时,也普遍接受了日本这种研究方法的影响。这种方法始于清末杨文会所整理的日本镰仓时代华严宗沙门凝然

---

① 参见张兴:《王弘愿密教思想研究》,陕西师范大学 2016 年硕士学位论文。
② 郭朋:《隋唐佛教》,济南:齐鲁书社,1980 年,第 610 页。
③ 大村西崖:《密教发达志》第二卷,第 797 页。
④ 严耀中:《江南佛教史》,第 172 页。

(1240—1321)的《八宗纲要钞》,其论证优势在于把《八宗纲要》中的宗派模式自然化,使中国学者把日本佛教研究中的宗派偏见透明公开化。"宗派模式"是研究中国佛教特别是佛教中国化不可否认、不可或缺的基本视角和重要方法,它确实能够有效地反映出隋唐以来中国佛教发展的基本向度和重要趋势。① 而且,中国佛教宗派自始至终具有调和和圆融的特征。② 汉地佛教自隋唐开始已经表现出宗派自觉意识,并逐渐形成诸宗的独立形象和理论架构。本书提出的沪密理论内容为学术界审视隋唐以来的中国佛教宗派演化提供了新的重要线索。

笔者对沪密概念的构建也采用了日本对佛教宗派的研究方法。埃里克·席克坦茨认为,近代中国佛教史学的开端是《八宗纲要》中所体现出的以宗派为中心的佛教史观。因此日本近代佛教学并非是中国学者楼宇烈、周霞、葛兆光所说的起到次要作用,而是对中国佛学界直接产生了巨大的影响力,体现在使他们形成了历史观。杨文会和梁启超都受到凝然的宗派模式影响。杨文会受其启发编撰了《十宗略说》和《佛教初学课本注》两册佛教入门书刊,此外,也有先行研究指出从杨文会的思想中能看到《八宗纲要》的影响。③ 而梁启超借鉴凝然《三国佛法传通缘起》中所列十三宗,在其著作《论中国学术思想变迁之大势》中将中国的思想史分为八个时代,然后在"佛学时代"中又列举了十三宗,在书中他提到有关佛教的章节参考了《八宗纲要》《佛教十二宗纲要》以及《佛教各宗纲领》等书籍的内容。④ 境野黄洋的著作也体现出以宗派为中心的佛教观。近代日本的佛教研究是以学习欧洲佛教学为原型发展而来的,虽然其最终目的是在摆脱欧洲学界对于知识研究的权威支配。1876 年,南条文雄奉东本愿寺 22 世大谷光莹之命去英国留学,从牛津大学马克斯·缪勒学梵语经典。其后铃木大拙效仿其研究历

---

① 王雪梅、曹振明:《唐代华严宗道统构建省思》,《浙江社会科学》2022 年第 12 期,第 113—122、159 页。

② 吕澂:《中国佛学源流略讲》,第 335 页;任继愈主编:《中国哲学发展史》(隋唐卷),北京:人民出版社,1994 年,第 214 页。

③ 陈继东:《清末佛教の研究—杨文会を中心として》,东京:山喜房佛书林,2003 年,第367 页。

④ 梁启超:《论中国学术思想变迁之大势》,北京:中华书局,1989 年,第 72 页。

程,致力于把梵文经典的原始教义和汉译佛经进行对比,找出差距。斯蒂芬·田中指出,亚洲各国夹在西欧列强和日本的意识形态竞争之中,被来自双方的意识形态所左右。[①] 近代中国最终选择接受了日本的影响,由此以宗派为中心的佛教观成为了近代日本和中国的共同认识。水原梅晓《支那佛教近世史の研究》(1925)介绍了杨文会的十宗模式。[②] 即在引文中,已经完全看不到十宗模型是从凝然那里借用而来的人工痕迹,宗派被认为是中国佛教的原始自然状态。日本基于以宗派为中心的佛教观自然成为中国佛教复兴的典范。对此,埃里克·席克坦茨认为,宗派概念就与日本佛教徒所感受到的"文明化的使命"联系在了一起,虽然中国佛教观以宗派为中心,与日本佛学家言论空间并无显著不同,但其起源已经成为中日两国佛教研究中的自然认知基础。因此,可以说以宗派为中心的佛教观在近代东亚形成了循环论法的且难以跨越的共同思想空间。

埃里克·席克坦茨总结了多位日本学者的观点。日本学界普遍认为日本真言宗僧侣佐伯觉随以及中国居士杨文会最早开始共同致力于汉地密教复兴,但是佐伯觉随在中国的活动并不广为人所知,其对于汉地密教复兴的影响难以评估十分有限。为了更客观、全面地理解汉地密教复兴的思想背景,还是要把焦点放在中国佛教徒身上,特别是杨文会及其弟子桂伯华的创始贡献。随后在杨文会的影响下,太虚开始关注密宗,王弘愿翻译的《密教纲要》也对中国佛教徒产生了巨大的影响。日本真言宗在中国开始引起关注,诸多僧侣东渡日本学习密教,其中包括大勇、持松、显荫。1923 年,结束高野山修行的持松回到中国,开始在上海和杭州两地传法,次年担任武昌洪山宝通寺住持。持松在宝通寺建造了"瑜祇堂",购买法器,绘制曼荼罗,开始向数以万计的湖北地区的僧众传授灌顶。大勇回国后也随即设立密教坛场,传授灌顶,引起了巨大的、积极的社会反响。此时在中国,密教已然成为一种流行现象。当时密教相关书籍的刊行活动十分活跃,王弘愿将日本真言宗的著作翻译并刊载在太虚创立的佛教杂志上。此后,王弘愿成立了震

---

① Stefan Tanaka, *Japan's Orient: Rendering Pasts into History*(《日本的东方:把过去变成历史》),University of California Press,1933,p. 104.

② 水原梅晓:《支那佛教近世史の研究》,东京:支那时报社,1925 年,第 19 页。

旦密教重兴会,作为在家阿阇梨开始传法,由此与太虚及僧众产生冲突。此外,中国产生了对日本密教在中国布教的质疑,例如太虚批判"对华二十一条要求",认为这是日本出于政治目的而索取布教权利并计划对中国进行文化侵略。从1920年后半期开始,汉地密教复兴遭遇了重重困难。不幸的是显荫和大勇都英年早逝。进入1930年代,只有持松继续开展密教复兴活动。1937年抗日战争爆发,密教在汉地的复兴也受到了严重打击。在1953年持松于上海静安寺开设了近代以来中国最有代表性的密教坛场之一,但该坛场在"文化大革命"时遭到了破坏。如今静安寺中密教陈列室已经重建,寺中屋脊和飞檐置五轮塔,五轮依下而上分别为方、圆、三角、半月、团形相叠,底座莲花,五轮代表密教五方佛地、水、火、风、空义,为空海所说"六大无碍常瑜伽",加上空为六大构成世间本质,佛与众生本性平等无碍,能周遍法界。据持松考证,五轮塔省称曰塔,翻为高显之义。又有舍利者,曰率都波;无舍利者,曰制底,又曰支提,翻为福聚。言五轮者,即五部、五智,乃大日如来三昧耶形,自性所成功德也。[①] 其与日本古义真言宗总部高野山奥之院五轮塔林相互对应。但是静安寺密教法脉传承的正统性亟需重新连接起来,这就不可避免地回到了如何客观、全面地回顾和评价民国以来唐密复兴这一历史悠久而又复杂的问题上。

而评价这段唐密复兴历史最重要的前提之一,就是如何分析持松早期到晚期以显密圆融为特色的华严密法的佛学思想的形成过程和成果。持松以华严结合密法的做法并不是首创。汉地大乘佛教华严宗和密教发展联系紧密,唐朝华严三祖法藏已经开始尝试华严观法与十一面观音密法的结合。华严第四祖澄观的华严教义理论明显掺杂着密教内容。比如澄观引用金刚智译《金刚顶经》来诠解《华严经》"字义为门"的概念,即赞成以密咒入道。远藤纯一郎考证出,澄观精通密教咒术,甚至在阐释《华严经》的诸多书籍中都援用或者对比密教的观念。[②]《六十华严·十回向品》主张:"令一切众生得最胜陀罗尼,悉能受持诸如来法。"契合密教灌顶仪轨,"一切阎浮提内,大

---

① 杨毓华主编:《持松大师全集》第三册《密教通关》,第1161页。
② 远藤纯一郎:《澄観と密教—『大方広佛華厳経疏』に見られる密教の要素》,《智山学報》第53期,2004年,第117—143页。

力灌顶王法以灌其顶,具功德力"。①《八十华严·离世间品》介绍陀罗尼及其功能说:"菩萨摩诃萨有十种陀罗尼。何等为十？所谓：闻持陀罗尼,持一切法不忘失故；修行陀罗尼,如实巧观一切法故；思惟陀罗尼,了知一切诸法性故；法光明陀罗尼,照不思议诸佛法故；三昧陀罗尼,普于现在一切佛所听闻正法心不乱故；圆音陀罗尼,解了不思议音声语言故；三世陀罗尼,演说三世不可思议诸佛法故；种种辩才陀罗尼,演说无边诸佛法故；出生无碍耳陀罗尼,不可说佛所说之法悉能闻故；一切佛法陀罗尼,安住如来力无畏故。是为十。"《八十华严·十回向品》具体指出受持真言陀罗尼法以及行菩萨道方法:"以无着无缚解脱心,成就普贤一切劫住陀罗尼门,普于十方修菩萨行。"《八十华严·十地品》指出灌顶之果:"若蒙诸佛与灌顶,是则名登法云地,智慧增长无有边,开悟一切诸世间。"②

有学者认为,需要基于应对禅宗的挑战这一历史背景来理解华严宗在安史之乱后蓬勃发展的原因。③ 但还应考虑到其他宗派的影响,龚隽即指出,为了充实华严的教理和法门,自澄观起就主动吸纳融通密宗、天台宗的精义。④ 澄观明确论述密教咒语是入般若无相智的一种法门:"从字入于无相智故,字义为门故。《毗卢遮那经》中皆言不可得,智无所得即般若故。又《文殊五字经》云：受持此陀罗尼即入一切法平等,速得成就摩诃般若";"二多者,彼经第二当啰字,是清净无染离尘垢义。今云多者,《毗卢遮那经》释多云如如解脱。《金刚顶》云：如如不可得故,谓如即无边差别故"。⑤ 此外,澄观还借助密教来阐发华严的实践观门,在显密圆融的方法论层面具有示范意义,他主张:"夫欲顿入一乘,修习毗卢遮那如来法身观者,先应发起普贤菩萨微妙行愿,复应以三密加持身心,则能悟入文殊师利大智慧海。"还表示:"修瑜伽者若能与是旋陀罗尼观行相应,即能现证毗卢遮那如来智身,于

① 《大正藏》第 9 册,第 514 页下、505 页上。
② 《大正藏》第 10 册,第 281 页下、165 页中、210 页中。
③ 魏道儒:《中国华严宗通史》,南京：江苏古籍出版社,1998 年,第 184 页。
④ 龚隽:《从〈华严经〉到〈圆觉经〉：唐代华严教学中的经典转移》,《世界宗教研究》2018 年第 1 期,第 87—95 页。
⑤ (唐)澄观:《大方广佛华严经疏》卷五九,《大正藏》第 35 册,第 953 页上。

诸法中得无障碍。"①据传说,《华严经海印道场忏仪》为唐代一行所著,被认为是为唐代佛教仪忏确立了基础。② 宗密著《圆觉经道场修证仪》被明确为唐代华严教学中标志性的忏法仪轨。宗密所在的唐代时期,密教大兴,他以《圆觉经》来制定忏仪,也参考了密教仪轨的方式方法。但复杂的是,宗密迎请佛菩萨加持的方法完全不杂以密咒持诵,其礼忏与坐禅的结合更加鲜明地表示了华严与天台止观的圆融合流。北魏净土宗僧人昙鸾认为名和物的统一会产生咒语和咒符效力。同时期汉地的天台、华严和密宗的高僧大德之间也互相借鉴。例如,澄观也曾跟随湛然学习天台的止观、《法华》《维摩》等经疏。③ 澄观主要吸收了天台宗的心性学说,用以阐释华严宗的性起论,进而提出"如来不断性恶"④的观点。宗密大量借用智𫖮的天台教义,比如用行门止观来阐明菩萨行法。天台宗《小止观》几乎原封不动地为《圆觉经道场修证仪》所借用,然后被转化为道场禅观修证的坐禅法八门。⑤ 但需要注意的是,天台智𫖮的忏仪方式强调礼忏、禅修止观与密教持咒的结合,如《摩诃止观》卷二说"受二十四戒及陀罗尼咒",于行法方面则强调"一旋一咒,不迟不急"等。⑥ 另外,其撰著的《法华三昧行法》《方等三昧行法》《请观音三昧行法》《金光明三昧行法》中也有对修行法门的描述。为什么宗密的《圆觉经道场修证仪》是以《圆觉经》为根本思想的华严教门忏仪,却没有吸收现成已有的密教流行因素,尚需进一步思考。

　　辽代华严精英僧侣觉苑和道殿继承了唐代密教的经典与实证理念,当时觉苑和道殿已经提出华严密法的显密圆融主张。觉苑跟随印度摩尼三藏学习瑜伽精义,受诏开讲密乘要旨。觉苑认为《华严经》与《大日经》同属圆教,密超越显,并以密宗字门瑜伽观行作为基础,以华严宗四法界观来融会《大日经》的阿字不生观,⑦如实自如,悟无生智,获无相悉地。辽兴宗(耶律

① (唐)澄观:《大方广佛华严经随疏演义钞》卷八九,《大正藏》第36册,第692页上、中。

② 镰田茂雄:《宗密教学の思想史的研究:中国华严思想史の研究第二》,第499页。

③ (宋)赞宁:《宋高僧传》卷五《澄观传》,第105页。

④ (唐)澄观:《大方广华严经随疏演义钞》卷一,《大正藏》第36册,第8页中。

⑤ 镰田茂雄:《宗密教学の思想史的研究:中国华严思想史の研究第二》,第524—608页。

⑥ 《大正藏》第46册,第13页中。

⑦ 吕建福:《中国密教史》(三),第89—96页。

宗真,1016—1055)、道宗(耶律洪基,1032—1101)时期,觉苑是当时讲论《大日经》以及《大日经义释演密钞》最为有名者。当时几乎所有华严名家皆有密教著作:辽兴宗时期的海山大师郎思孝著《八大曼荼罗经疏》《八大曼荼罗经科》《般若理题分经科》,高丽僧侣义天著《新编诸宗教藏总录》,辽道宗时期圆通悟理大师鲜演著《仁王护国融通疏》《菩提心戒》,志实著《八大曼荼罗经崇圣钞》,悟玄通圆大师道弼抄解《大日经义释演密钞》,另有佚名《曼陀罗疏钞》《仁王经钞》《心要集》引用说流传。在居士中,辽道宗时期参知政事、朝议大夫赵孝严为觉苑《大日经义释演密钞》作序。道㲒继承觉苑的显密圆融思想,自创准提仪轨(包含法界真言、护身真言、六字大明咒、一字大轮咒等),与显教华严思想融合。道㲒著《显密圆通成佛心要集》试图解决善无畏的独部别行准提法过于复杂的汉化问题,从而提出中国化的显密双修特点的准提法,融入了华严义理,这种显密圆融的修持方法比不空等翻译的印度准提法要简便许多,迎合了当时显密争辩的佛教思潮。① 翰林学士及宣政殿学士、中敬大夫及金紫荣禄大夫陈觉为《显密圆通成佛心要集》作序,道㲒门人性嘉作《后序》。② 这一切反映了在辽代唐密复兴的气象。台湾学者蓝吉富将"开元三大士"引入汉地的准提法称为"印度式准提法",而将辽代道㲒所研拟之仪轨称为"中国式准提法",作为印度佛教中国化的早期尝试。③ 学者通常将道㲒视为创发显密融合的立论者。④ 据《全辽文》记载,诸多辽代僧侣同时闻修大乘经典和诵持密咒。比如燕京弘法寺崇圣院华严法师讲授《华严经》的同时亦传授准提密法;安次县宝胜寺玄照法师持诵《华严经》《般若经》,同时也诵准提咒、灭罪真言、佛顶尊胜佛母心咒、一字顶轮王咒等。

　　到十一世纪后期,道㲒在其《显密圆通成佛心要集》中明确区分了显教

---

① 关静潇:《准提佛母及其信仰研究》,陕西师范大学硕士论文,2011年。

② 唐希鹏:《中国化的密教——〈显密圆通成佛心要集〉思想研究》,四川大学硕士论文,2005年,第37—38页;袁志伟:《辽代华严思想研究》,西北大学硕士论文,2011年,第12—22页。

③ 蓝吉富编:《准提法汇》,台北:嘉丰出版社,2005年,第33—34页。

④ 唐希鹏:《〈显密圆通成佛心要集〉与元明准提信仰的流行》,《宗教学研究》2003年第3期,第123—126页;唐希鹏:《中国化的密教》;唐希鹏:《五台山沙门道㲒与密教中国化》,《西南民族大学学报》2005年第4期,第285—287页。

和密教。他把密教等同于真言和陀罗尼,将经、律、论所代表的显教义理和密教内容区分开来,并借鉴了法藏的华严判教体系。赞宁和道殿是最早明确论述汉传密教有着和显教截然不同的教义或者文献类别的学者。道殿和空海在判教中都把《华严经》列为显教经文中地位最崇的,密教和显教教理虽然并列,但是密教在事相层面优于显教。像唐朝皇室对唐密的慷慨资助,这在宋辽以后就不再出现。与此相对的,因为日本平城上皇(774—824)和之后的嵯峨天皇(786—842)等皇室对空海及其法脉传承的支持,东密在日本能够兴盛并发展至今。

郭祐孟以准提法的演变为中心,重点考察了道殿的《显密圆通成佛心要》,并点明《准提经》梵本是直接来自印度,并非在他地撰作。而《显密圆通成佛心要》的考察时段涵盖持明密教、纯正密教直至后期密教,并认为该书对准提法的精华、方便进行了总结。郭祐孟进一步指出,准提镜坛法的新模式在辽代五台山的华严密教中形成鲜明的特征,从地婆诃罗译介的准提经典传入中国,至辽代道殿完成《显密圆通成佛心要》一书,准提法终于实现了中国化。① 美国学者詹密罗和罗伯特·沙夫都曾从事《显密圆通成佛心要》的释经学研究。他们认为道殿在法藏的华严判教体系基础上更上一层楼,加入了显密区分。理查德·麦克布莱德和罗伯特·沙夫认为"密教"一词的概念化最早发现于道殿的《显密圆通成佛心要集》(英译本: *Anthology on the Essentials of the Heart of Attaining Buddhahood and the Perfect Interpenetration of the Exoteric and Esoteric*)中。道殿精研华严佛法和密法的结合,他的注疏全部引用法藏的华严教义(他称为贤首 worthy head)典故来解释"真言教"(mantra teaching),接近学界所称的"密宗佛教"概念。道殿曰:"密教心要者,谓神变疏钞、曼陀罗疏钞,皆判陀罗尼教是密圆也。前显教圆宗须要先悟毗卢法界,后依悟修满普贤行②海,得离生死,证成十

---

① 郭祐孟:《印度佛教密宗的汉化——以唐、宋时期准提法为中心的探索》,吕建福主编:《密教的思想与密法》,北京:中国社会科学出版社,2012 年,第 259—288 页。

② 普贤行通常指华严宗五十二地诸菩萨所修成的所有方便法门,参见《大方广佛华严经》卷三三,《大正藏》第 9 册,第 607 页上—611 页上。

身无碍佛果。"①道殿把真言（mantras）与陀罗尼（dharani）的修习分为两种不同的密法，其精髓都是对华严教义的应用。这一华严法脉摄入密教因素的传统无疑对持松前期的佛学思想有着极大的影响。

此外，美国华严学者彼得·格里高利在《宗密与中国佛教化》中详尽分析了法藏的判教思想，即：将显教分为小乘、大乘始教（瑜伽与中观）、大乘终教（《法华经》等）、顿教和圆教（《华严经》）。彼得又认为，在法藏之后澄观把禅宗等同于顿教，道殿把密教归于圆教范畴，并将道殿的论据概括为以下四点：

第一，圆教有《华严经》代表显教成分，又有陀罗尼教义，可视为密教要素。

第二，陀罗尼典籍与每一乘都有交集，涉及五教每一类。②

第三，藏通别圆每一种都包含密教成分。

第四，密教之真言陀罗尼教义与显教所有教义并存，同时又优于显教。

罗伯特·沙夫认为，道殿竭力把密教描述为一支截然不同的教义或文献类别的中文文献。虽然其辩论晦涩难懂，但其目的是把密教融入已经存在的华严判教。这种释经方法证实了空海密教传承的真实性，也为民国时期持松的显密结合打下了思想构建和实践基础。

元朝初期，僧人一行慧觉造《大方广佛华严经海印道场十重行愿常遍礼忏仪》，试图整合华严宗、净土宗教义与藏密无上瑜伽部《吉祥胜乐轮本续》的内容。③ 明朝末期，莲池、憨山及蕅益等高僧皆修持与传授准提法。④ 民国时期常惺法师曾说："以后唯识法相最合于现代社会，然后再从唯识扩大

---

① （辽）道殿：《显密圆通成佛心要集》卷上，《大正藏》第 46 册，第 993 页下。

② 道殿指出陀罗尼出现于小乘《阿含经》文献，大乘始教《般若波罗蜜多经》文献，大乘终教《金光明经》文献，顿教《楞伽经》文献，圆教《大乘庄严宝王经》。

③ 一行慧觉的义学在诸多方面承接了西夏与辽代华严学特色，而其《华严忏仪》则融合了中国密教和藏传密宗的因素，可视为西夏晚期佛教代表著作。参考李灿：《元代西夏人的华严忏法——以〈华严经海印道场忏仪〉为中心》，北京大学硕士论文，2010 年；李灿、侯浩然：《西夏遗僧一行慧觉生平、著述新探》，杜建录主编：《西夏学》第 6 辑，上海：上海古籍出版社，2010 年，第 176—190 页。

④ 谢世维：《汉传准提佛母经典之嬗变：以〈显密圆通成佛心要集〉之"密教心要"为核心》，《新世纪宗教研究》2016 年第 2 期，第 87—119 页。

而成贤首,由贤首而进入真言宗,这是我最近思想的变化的途径。虽然,唯识兴盛,也不离密教。将来中国汉地与蒙藏沟通后,密教当然有复兴的可能。"①常惺与持松交往密切,他这种以贤首(华严)入东密的途径,恰好也和持松求法的历程一致。在民国唐密复兴文化运动中的中国南部,王弘愿居士也是由华严入东密,皆体现了汉地密教华严和密宗圆融的历史传统和不断尝试。在持松与王弘愿的显密之争中,两者皆具有华严教学的深厚功底,并且各自使用华严义理来阐释其判教观点。王弘愿撰著《口义记·理趣经》总结了他对佛教大小乘显密之差别的观点。他提出,佛未下世前,印度外道已经能证到"空"。小乘之所以高出者,以能明一切法之皆从因缘生灭耳。哈佛大学珍妮特·嘉措教授在西藏佛教课程上解释了藏传佛教中因缘的概念:藏语"tendrel"全称"ten ching drelwar jungwa","ten"即"依赖","drel"即"连接"或"关系"。"tendrel"描述了现象的本质以及它们如何相互关联,意译"依赖和连接",是佛陀关于相互依存或依赖的起源或因果律的理论。佛陀解释说,我们的生命和存在是因果关系的结果。这一概念在佛教小乘(称为南传佛教更加准确)、大乘和金刚乘的观点和实践中都起着关键作用。王弘愿在其文中说,《心经》所谓"苦集灭道"即小乘教法,谓人空法有。大乘最初为法相宗,小乘知六识,法相宗知第七和第八识,万法只唯有识,偏重于相,故其言性者较鲜,未到圆融。再进为法性宗,主张"一切众生皆有佛性",其见理亦较法相高,然于虚空之真处,都未说及,不能圆融,故其成佛亦须三大阿僧祇劫。再进为天台宗,亦名一乘,推为一乘圆教,从其不异一边说,性相即一,虽似尽矣;依不一一边说,事理二法,犹有所不融。其上为华严宗,为圆教,又为一乘别教。事事无碍,显周遍含容之真理。且事之起因,非是缘起,而是性起。若事若理同一缘起,又事周遍于理,理周遍于事。故举一尘即见法界,一尘即依即正,即人即法,即三身即十身,重重法界,帝网无尽,圆融自在。故立"一大圆教"。然其于法尔实德,犹有未详,虽云法尔,未明所由。当知方圆之体,包含法界,虽曰无碍;方圆之相,未称可法性理,犹于事理中间有所不会也。今真言宗始明其实义,即事而真。在王弘愿明显继

---

① 常惺:《密宗大意》,张曼涛主编:《现代佛教学术丛刊》第 71 册《密宗概论》,第 17 页。

承空海《十住心论》密教判教思想的言论痕迹中,他这段对于理事不二和帝网重重的显教思想的刨析来自华严四祖澄观撰著的《三圣圆融观门》。澄观借用天台止观不二思想来解释华严理事无碍与普贤大行。他说:"法界寂照名止,寂而常照名观。观穷数极,妙符乎寂,即定慧不二。又,即体之用曰智,即用之体曰理,即体用无二。是以文殊三事融通隐隐,即是普贤三事涉入重重,此二不异,名普贤帝网之行。"①持松深谙华严,又以密法解释定慧不二为:"以身、语、意三平等法引摄一切(佛菩萨)功德归于自身,故言等引也。定慧等合为一,名为等引,能如此,即是住佛戒也。又从初发菩提心,乃至修学业果,皆能一相一味,离一切相而住于戒,此戒即是佛戒,其所作业即佛业,其所得果即佛果,以其一相无相,离作业故。又此戒者,即如来无师之慧也,由住如来智故,即于一切诸法而得自在,以于法自在故,照了一切众生真实之性,亦能如实而利益之,令一切皆等于我也。"②道殿在《显密圆通成佛心要集》中也提出"先悟毗卢法界,再修普贤行海"的修行次第。他解释说:"初悟毗卢法界者,谓《华严经》所说一真无障碍法界,或名一心。"他根据《华严经·普贤行愿品》来解释"后修普贤行海",着重提出了"帝网无尽观"的观法。道殿曰:"后修普贤行海者,既得了悟无障碍法界于自本心,于中本具十华藏世界微尘数相好,帝网无尽神通功德,与十方诸佛更无差别。"③根据唐朝华严学者李通玄的修行思想,他对《华严经》的阐释主要是为了解决顿悟和修行的关系问题,他把《华严经》中的华藏庄严世界解释成对智慧修行因果体用的象征和证明。④

在唐密东传日本后,日僧明惠(1173—1232)的思想被认为是"严密(华严密教)",即密教与华严并重。持松继承汉传华严与密宗相结合的汉地传统,撰著了大量显密学说。但是,目前中国和国际学界对持松佛学思想的研究基本上止步于持松1939年撰作《密教通关》之前,但是对其1939年至1964年中、晚期所著《满月世界依正庄严颂》的华严密法成熟思想的解读基

---

① 《大正藏》第45册,第671页下。
② 杨毓华主编:《持松大师全集》第一册《真言宗之戒》,第327页。
③ 《大正藏》第46册,第990页上、991页上。
④ 姚之均:《试析李通玄的修行观——以"万行一时"说为中心》,苏州大学硕士论文,2008年。

本空白,以至学界不能全面客观地总结和评判持松整体的华严密法的思想成果。产生这部分缺陷的客观原因包括,在国内可供分析的资料文献不足;大量日文原始材料阅读难度高,就是现代日本非佛学专业的学者读起来也吃力;大量民国期间繁体字文献散落全球各地,搜集、整理困难;可以用来比较持松晚期华严密法思想的参照对象稀少。其客观结果就是民国时期密教复兴文化并不能全面客观地体现持松的佛学思想,学界需要加入新的研究资料和分析工具来弥补这一短板,本书即基于新的文献和思想形成的研究成果提出沪密佛学理论的构建。在书中,笔者使用了日本华严密法的创始者明惠的晚期思想作为参照物,来思考持松晚期著作《满月世界依正庄严颂》的佛学思想。

　　关于明惠的完整、客观的华严密法论述,目前日本学界主要集中关注的是他晚年对密教光明真言的实践。虽然对其华严密教思想全貌的阐明还不是非常充分,但是已经可以开始建构华严密法的祖师大德的思想轮廓,用来分析对比持松晚期佛学思想进而构建沪密理论。相比较持松清晰的汉地华严法脉传承,明惠上人被认为是日本华严宗中兴之祖。他年轻时就兼学、兼修密教,到晚年时期,他创造了一套成熟的融合华严和密教的独特思想和修行体系。明惠的华严密法思想在他所著《佛光三昧观秘宝藏》中极具代表性,但至今为止即使在日本也还没有得到充分的研究,在中国更是基本空白。明惠晚期华严密法思想的形成过程和成果,对研究持松 1939 年著《密教通关》之后的中、晚期华严密法思想是极其具有参考对比价值的。除《佛光三昧观秘宝藏》之外,明惠弟子们所记录的闻书类也是帮助全面客观理解华严密法思想的重要文献资料,特别是《解脱门义听集记》,但目前还没有被日本和国际学界通透精读和研讨。这是明惠本人在讲解其主要著作《华严修禅观照入解脱门义》时的注疏记录,揭示了其中没有讲述的密教修证内容。笔者首先采用日本学者铃木贯太的研究来考察明惠是如何尝试在密教行位和成佛思想上实现显密一致的。①

---

① 铃木贯太:《『解脱門義聴集記』における明恵の「厳密」思想》,《印度学佛教学研究》第 58 卷第 2 期,东京:日本印度学佛教学会,2010 年,第 698—701 页。

　　铃木贯太开篇即论述了明惠显密一致思想来自李通玄。这个源头笔者思考了很久。按照正常的华严研究逻辑,其研究对象应该首先设定在华严五祖范围内,即初祖终南杜顺、二祖云华智俨、三祖贤首法藏、四祖清凉澄观以及五祖圭峰宗密。持松华严正统不离华严五祖所传,为什么日僧明惠华严研究的源头来自李通玄呢? 比如澄观也有融合诸宗思想的趋势,宗密从《圆觉经》入手对华严与禅的全面融合起了先导作用。李通玄为帝室之胄,初唐著名居士、华严学者,据《宋高僧传》卷二二(附记)、《金石续编》卷一七、《唐李长者通玄行迹记》、《居士传》卷一五等记载,李通玄著《新华严经论》共四十卷,唐开元十八年(730)完成,不久即坐化于龛中。学者对《华严经》的理解通常集中在法界缘起、三界唯心、理事无碍、事事无碍等基本思想,但是李通玄强调在"一真法界"中凡圣平等,无所谓有情、无情之分,无成佛者,无不成者;根本没有净土、秽土之别,不要妄求他方,以为别有净土,而应当着眼于现实世界。李通玄充分考虑了民众的世俗化特点,批判盲目崇信,主张以自身文化素养和哲学思想观念把握佛教精神,保持人格独立。① 笔者认为在李通玄的华严思想中,显密一致的主张是始终明确和客观存在的。在显教立场上,印度瑜伽行派的"三自性说"(见《成唯识论》卷八)和《华严经》是华严宗的主要印度佛教理论来源,大乘佛教唯识学派、如来藏学派重视的《解深密经》也强调三性(tri-lakṣaṇā/tri-svabhāva)和三无性(trividhā niḥsvabhāvatā)之说。另外马鸣菩萨所作,真谛法师译出的《大乘起信论》等对华严宗理论的形成也有一定的影响。法界思想是华严宗哲学在法界观法之理解纲领下整体地涵摄了佛陀说法之所有要目,是以法界观法来作为表达华严佛学的形式体例及内容义理之概念纲领。② 在法界的思想上建立的圆融思想是华严宗教哲学的最主要特征之一。"法界缘起"是华严圆融哲学的基础,"十玄门"与"六相圆融"均为对事事无碍法界原理之论述与阐释,是华严宗里面最高的哲学智慧。③

---

　　① 潘桂明:《李通玄的东方智慧论——〈新华严经论〉札记》,《中华佛学学报》1999 年第 12 期,第 377—391 页。

　　② 刘漪:《华严宗圆融思想研究》,安徽大学硕士论文,2007 年,第 5—8 页。

　　③ 李志军:《疏离与圆融——方东美华严宗教哲学研究》,武汉大学博士论文,2013 年,第 1 页。

目前学术界涉及唐代华严的"三圣圆融观"的相关研究并不多见,①其对密教影响的有关论述基本空白。这种华严"三圣圆融观"法在法藏的六相圆融思想、李通玄的三圣一体说和澄观的三圣圆融观说中都各有陈述。"华严三圣"指以毗卢遮那佛为主尊,文殊、普贤二菩萨为胁侍的组合信仰模式。中国佛教文化中最早出现的三圣信仰是"华严三圣"。② 黄韵如在《唐代天龙山第9窟》一文中提出华严三大士(观音居中,文殊、普贤两侧)是从"华严三圣"概念中转化出来的"观音华严三圣"。③ 法藏认为观音、文殊、普贤三位菩萨在《华严经》中具有代表地位;李通玄在《新华严经论》文中主张合观音、文殊、普贤一体即为毗卢遮那佛;澄观在《三圣圆融观》和《普贤行愿品别行疏钞》中提出,三圣中文殊代表"能证"智慧,普贤象征"所证"法界,能所合一即是毗卢遮那佛,而观世音是"能观"之智与"所观"之境合一的法界境界,与毗卢遮那佛无异。在汉地所发现的华严三大士造像中,其主尊观世音菩萨大多以十一首、八臂、三十二臂、千手千眼密教观音形态出现,例如山西太原天龙山西峰第9窟和敦煌莫高窟第161窟的图像。崔致远所作《唐大荐福寺故寺主翻经大德法藏和尚传》记载了法藏以华严禅观结合十一面观音的造像、仪轨,以《佛说十一面观世音神咒经》修法助朝廷平定对契丹的战争屡有灵验。④ "三圣圆融观"对华严五祖宗密的影响巨大,成为其禅教一致佛学思想的理论基础,促成了汉地具有华严特色的华严三圣忏法。而在日本,明惠在宗密去世两百年之后借鉴李通玄的三圣一体说而进一步发展出日本华严宗独特的"五秘密与五圣同体说"的思想。在持松《密教通关》中的判教部分,他明确提到了"昔辽苑法师曾以贤首五教解《大日经疏》,日本明惠上人亦曾以《华严》合于密教",这些华严密法祖师对持松的思想形成的影响是肯定的。

对比持松晚年著作《满月世界依正庄严颂》提出九重轮密严净土观,明

---

① 慈莲:《唐代华严的三圣圆融观》,南京大学硕士论文,2014年,第1页。
② 刘光雨:《四川地区华严三圣信仰研究》,西华师范大学硕士论文,2016年,第6—8页。
③ 黄韵如:《唐代天龙山第9窟——"观音华严三圣"像起源初探》,李振刚主编:《2004年龙门石窟国际学术研讨会文集》,郑州:河南人民出版社,2006年,第455—467页。
④ 蓝慧龄:《华严三大士研究》,陕西师范大学硕士论文,2010年,第1—28页。

惠晚年著述的《华严佛光三昧观秘宝藏》中,提出了"五秘密与五圣同体说"的思想,即将文殊、普贤、观音、弥勒、毗卢遮那五圣和欲、触、爱、慢、金刚萨埵五秘密尊视为"同体"。同体这一概念可以说是明惠晚年华严密法显密合行的核心理论思想,在探寻明惠对显密理论的全面理解上可以说是极其重要的。关于明惠在教学上是如何定位显教(华严)和密教的,石井教道说:"在教义上,华严经和密教是同等价值的。"但是,末木文美士认为:"明惠有把显密定位在同等地位的时候,也有把密放于之上的时候。"①前川健一认为明惠是站在显密一致这一立场上,指出了密教说的优势性。② 至今为止,同体观点由石井教道提出后,学界没有再出现过以本说为中心的更多研究。

明惠对华严和密教融合的思想见于他的代表著作《华严佛光三昧观秘宝藏》(以下简称《秘宝藏》)③。在文中,明惠将密教的思想引入华严观法的"佛光三昧观"中,使华严观法成为密教的行法。这部著作分为上、下两卷,上卷从义理角度对华严的观法进行了解释,下卷记载了具体的修证实践方法等,可以看出明惠想要将"佛光三昧观"与密教思想相融合的意图,其中值得注意的一点是他提出的五秘密和五圣同体化的理论框架。可以说,正是将五秘密和五圣同体化的思想体现出了明惠对华严和密教的融合。所以,日本学者元山宪寿以五秘密与五圣的关系为中心考察明惠是如何在思想与实践上将华严与密教融合的。④

元山宪寿介绍了华严三圣和五圣的概念。所谓佛光三昧观即观毗卢遮那、文殊、普贤三圣的理智功德。又以此三圣为佛光观的观门之主。根据柴崎照和的说法,佛光三昧的原形是《华严经》中的"光明觉品"。⑤ 关于三圣,

---

① 野吕靖:《明恵の顕密観》,《印度学佛教学研究》第 54 卷第 2 期,东京:日本印度学佛教学会,2006 年,第 283—286 页。

② 石井教道:《厳密の始祖高弁》,《明恵上人と高山寺》,京都:同朋舎,1981 年,第 20—41页;末木文美士:《明恵と光明真言》,《鎌倉佛教形成論》,京都:法藏馆,1995 年,第 258—259 页;前川健一:《明恵の教判説について》,《东洋哲学研究所紀要》第 14 期,东京:东洋哲学研究所,1998年,第 70—87 页。

③ 《大正藏》第 72 册,第 87—99 页。

④ 元山宪寿:《明恵における五聖と五秘密について》,《智山学报》第 62 期,2013 年,第157—168 页。

⑤ 柴崎照和:《明恵と仏光三昧観(一)》,《南都佛教》第 65 期,1991 年,第 44—70 页。

可见于唐代李通玄所著《华严经合论》和华严第四祖澄观所著《大方广佛华严经疏》卷三中。三圣被认为是佛光观的观门之主,而明惠将这三圣发展为五圣。明惠开始修"佛光观"时,是以三圣为观门之主来修的,其理论背景则是基于"三圣圆融观"的教理。可以说明惠著作《入解脱门义》就是以"三圣圆融观"为中心来说的。此外,《入解脱门义》中所示图印中也记载了"文殊毗卢遮那普贤尊"三圣。由此可见,在著《秘宝藏》之前,明惠本人曾以三圣为观门之主。这一点,在很多日本的现行研究中也已经被指出过了。那么,明惠是如何将"佛光观"中作为观门之主的三圣发展为五圣的呢?明惠在撰述《秘宝藏》之前就已经修"佛光观"了,并在其中得到了观相,然后基于李通玄的著作将三圣发展为五圣。在这里,笔者并没有发现明显证据证明明惠受到了汉地"华严三大士"表述的直接影响。关于他修行时所得的观相的记录见于《华严佛光三昧观冥感传》①中,即他在修行中体得自己与普贤、文殊、观音一起登上弥勒说法的楼阁。在这里已经出现了五圣中的四位菩萨。而所谓的五圣,见于《秘宝藏》上卷,这里以《华严经合论》为出处,虽然提出了"佛光观"中的观想对象由真言行者自己决定,但也列出了五圣,即:毗卢遮那、文殊、普贤、观音、弥勒。而在李通玄的著作中并没有同时记载这五圣,所以元山宪寿认为五圣概念是明惠基于李通玄的著作再加上自己所得的观相发展而来的。至于从三圣发展到五圣的理由,可以认为是明惠想与五秘密同体化,达到华严与密教在思想上、行法上的融合。对此,明惠在《秘宝藏》下卷中提出了毗卢遮那、文殊、普贤、观音、弥勒五圣和五秘密尊同体的说法。作为其根据,明惠是以大悲大智、体用这两个特性为核心进行解释的。他认为,根据大智大悲之义,五秘密瑜伽与佛光三昧观是相同的,并引用《五秘密仪轨》②作为依据,阐述了大悲大智、体用的二元关系。即:五秘尊曼荼罗视觉化的同一大莲花,代表大悲之义,也代表同一月轮大智之义。大悲以大智为体,大悲为大智之用。所以,通过五圣的功德,真言行者可以证得理、智、大悲。③　此外,四位菩萨(欲、触、爱、慢)也同样适用于大智大

---

① 《日本大藏经》第 74 册,第 107 页。
② 《大正藏》第 20 册,第 535—539 页。
③ 《大正藏》第 72 册,第 96 页下。

悲、体用关系,也能与五圣的特性相配。明惠解释说,这不是对《五秘密仪轨》等的引用,而是个人认为欲、触是文殊的大智、体、用,欲是文殊的大智,以文殊为体,以普贤为用。此外,爱、慢是大悲的体、用,爱是观音的大悲。以观音为体,以弥勒为用,在五秘中也对应四圣的大智、大悲、体、用,这就是同体的根据。然后,明惠引用《五秘密仪轨》和《秘记》,列举了五秘密和五圣同体的依据。第一,转五尊为五圣是因为五秘密即五部诸尊一切曼荼罗。第二,引用《五秘密仪轨》中"金刚萨埵三摩地,名为一切诸佛法。此法能成诸佛道,若离此更无有佛"所说来解释。一切诸佛之法,不离金刚萨埵之三摩地,所以转五尊为五圣亦无问题。第三,如果从大日如来生出四佛、从四佛生出四波罗蜜的话,那么普贤、文殊、观音、弥勒也出自大日如来。换言之,四位菩萨(四圣)都被统摄于密教中。明惠在《秘宝藏》的结尾处记载了对密教(五秘密)和显教(五圣)同体的最终解释。原文为:"问曰:五密瑜伽等是密教也,今三昧观是显宗也,何通修之耶? 答:显密通修义不可殆疑,即如法华法等是也。……两宗证果何强好差异乎。"①换言之,明惠认为五秘密瑜伽是密教,佛光三昧观是显教,而真言(密教)包摄了华严,所以两者没有区别,即使同体也没有问题。明惠在《秘宝藏》中所述五圣和五秘密同体说,可以说在实践和教理上都形成了一套完整的说教体系。从同体说开始,明惠又进一步思考了真言和华严的关系,最终在《秘宝藏》中实现了两者的融合。虽然在《秘宝藏》之前的著作中,明惠也试图融合华严与真言,但直到《秘宝藏》的完成才可以说是真正实现了华严与真言的理论融合。将佛光观从三圣发展到五圣,并认为五圣与五秘密同体,这是思想上的融合。而将佛光观从华严的观法发展到密教的行法,可以说是实践上的融合。

　　元山宪寿介绍了与五圣和五秘密相关的次第和著作,先按照年代顺序罗列了这些文献,再将年代不详的罗列于后,认为从这些文献中能追溯五圣和五秘密同体说是如何展开的。这里特别要注意的是,在《佛光观广次第》(撰述年代不详)②和《佛光观略次第》[承久二年(1220)七月二十五日]③中

---

① 《大正藏》第 72 册,第 99 页上。
② 《明惠上人资料》(3),《高山寺资料丛书》,东京:东京大学出版会,1998 年,第 571 页。
③ 《明惠上人资料》(3),同上,第 601 页。

所记五圣与胎藏曼荼罗的中台八叶院中所画的佛菩萨有相同的印和形像。因此,如果将五秘密作为金刚界的尊格、将五圣作为胎藏曼荼罗中的佛菩萨的话,那么不仅可以说这是华严、真言的融合,也可以说体现了金、胎两部的关系。但明惠自己是否是这样理解的还不能断定。无论如何,在《秘宝藏》撰述之前,他就已经在其他著作中提及五圣和五秘密的同体说,并依此行法。由此可以认为,他在比较早的阶段就已经对华严和密教的融合有了构想尝试。在此处,笔者还不能明确将明惠早期思想限定于和持松一样的华严摄密法的方法论上。

明惠将密教光明真言作为佛光观的相应真言更多依据的是他在修行中所得观相。这在《梦记》[①]和《冥感传》中有记载,虽然多少有些不一样,但所表达的意思一致。例如明惠在修佛光观时,一束白光出现在他面前,并发出声音,告诉他:"我是光明真言。"得此观相之后,明惠遂认为与佛光观相应的真言就是光明真言,修佛光观时就要用这句真言。明惠撰述《秘宝藏》以后,为了普及光明真言,还撰写了很多关于光明真言的著作。在《秘宝藏》中他认为这句真言是五佛(大日、阿閦、宝生、弥陀、不空成就)的真言。明惠将光明真言作为佛光观的相应真言,如前所述,也将五圣和五秘密作为同体,将华严和真言融合在一起。此外,光明真言是五佛的真言,所以与五圣和五佛的同体有关。也因此,他认为将光明真言作为与佛光观相应的真言使用是可以的。

总结来说,明惠试图在思想、实践上融合华严和真言的努力在《秘宝藏》中有具体记录。关于《秘宝藏》中所见华严和真言的融合,其核心就是五圣和五秘密的同体化。明惠在华严三圣——毗卢遮那、文殊、普贤基础上,又补充了观音、弥勒,再将此作为华严的五圣,并与五秘密尊相对应,将五圣和五秘密同体化。作为同体化的依据,引用了《五秘密仪轨》和《秘记》来说明。在列举了诸问题之后,他认为真言包摄华严,所以五圣和五秘同体是成立的。五圣和五秘密同体之后,可以认为五秘密是金刚界的尊格,五圣则可套用在胎藏曼荼罗中台八叶院的五尊上。关于这一点,明惠本人没有具体记

---

①　《明惠上人资料》(2),《高山寺资料丛书》,东京:东京大学出版会,1998年,第149页。

载,所以只能作为猜测。即使这样,五圣与五秘的关系不仅可以引出华严与真言的关系,也可以体现出金、胎两部的关系。这是因为《佛光观广次第》和《佛光观略次第》中记载的五圣的印、形像与中台八叶院的佛菩萨相同,因此可以认为明惠本人也意识到了两部二而不二的思想。明惠将光明真言作为佛光观的相应真言,是基于他修佛光观时所得到的观相,但是从明惠将光明真言解释为五佛的真言这一点来看,也并不完全取决于观相。因此,光明真言被认为是佛光观的相应真言。但是,作为相应真言的根据,只记载在《梦记》和《冥感传》中,所以,这里认为其理由还是根据其观相。

日本学者野吕靖通过对《秘宝藏》中所见同体说的考察,继续探讨在思想上明惠是如何定位华严密法教义的。野吕靖重新梳理了同体说的形成过程,认为明惠从很早开始就对五秘密法表现出了关心,而五秘密法的传授是由幼年时期与其关系密切的上觉房行慈(1148—1226)施行的。《明惠上人资料》中提到,建保六年,关于五秘密法的印相,因为理明房兴然(1120—1203)所说与上觉房行慈不同,所以可以认为上觉房行慈所授印相是来自劝修寺流(小野流)的法流。此外,明惠从承久二年(1220)左右开始修佛光观,在佛光观修行中的承久二年七月也讲授五秘密法。根据《冥感传》记载,承久三年八月他感受到了普贤、文殊、观音三菩萨一起登上弥勒楼阁的四圣现化之相。由此推测,在《秘宝藏》撰述之前,以上的实践和经历可能对同体说理论的形成产生了影响。

接着野吕靖论述了《秘宝藏》中的同体说。《秘宝藏》下卷针对佛光观从三个部分进行了解说,即:① 总示大意、② 出教证、③ 料简正修义,而同体说在③料简正修义中被论述。作为本书解释佛光观的基本立场而应受到关注的是,在《入门解脱义》中,基于李通玄的三圣圆融说而解释的佛光观在本书中被规定为"今此三昧法门,文殊、普贤等五圣,并五十五知识所成三摩地门"。①换言之,在《秘宝藏》上卷中提到,作为行者观想对象的眷属菩萨应根据意乐而进行选择,并在此基础上认为"其中,普贤、文殊或可加观音、弥勒"。而作为论据,明惠将李通玄的《华严经合论》作为出处:"何者? 广论(《华严经合

---

① 《大正藏》第 72 册,第 94 页上。

论》)三圣义中,说行者成佛三圣,云文殊、普贤、弥勒。又说大悲行三圣,云文殊、普贤、观音。出已成果三圣,云文殊、普贤、毗卢等故也。"①像这样,将佛光观的证果境界在象征文殊=智、普贤=理的传统三圣圆融说的基础上,再加上表示大悲的观音和表示成佛相的弥勒的境界来把握和理解,可以说是明惠的独特之处。在此基础上,明惠又提出了此五圣与五秘密尊同体说,认为:"又准三圣为体大智大悲相导义,五秘密瑜伽全是彼三摩地也。"②接着又将《五秘密仪轨》所说与五圣说进行了对比。换言之,在《五秘密仪轨》中指出,五尊所住曼荼罗之上的"同一大莲花""同一月轮"各自代表大悲、大智,因为月轮象征着大智,大悲是大智之用,所以两者并非别体,因此,在佛光三昧观中,引导行者成佛的五圣之理、智、大悲之义,在以智和悲为体这一点上是相同的。而明惠将此大智和大悲的关系进一步与欲、触、爱、慢四菩萨的关系相配对。像这样的同体说是以大智、大悲为媒介,将华严与密教的尊格联系在一起,因此,在修证佛光观时,将五圣或五秘作为观想对象都是没有问题的。明惠认为,"两宗证果何强好差异乎",也就是显密的证果没有区别。值得注意的是,作为五圣与五秘密尊同体说的根据,明惠从密教的立场来揭示教证这一点。换言之,为什么五尊可以转换为五圣,明惠认为有三点理由。第一,五部的诸尊,即一切诸尊与五秘密不是别体,因为此五秘密尊住于代表大智大悲的同一月轮、同一大莲花上,所以象征智悲体用的五圣被包摄其中。第二,正如《五秘密仪轨》中所说:"金刚萨埵三摩地,名为一切诸佛法。此法能成诸佛道,若离此更无有佛。"一切诸佛法不离金刚萨埵的三摩地。第三,从毗卢遮那佛中生出文殊、普贤、观音和弥勒其他四圣。归根结底,华严的四圣是被大日如来所包摄的存在。关于这里提及的《秘记》这一文献,虽然具体出处未详,但是从明惠的解释来看,华严和密教的"同体"并不是定位在各自教说的对等上,而是以密教教义为基础,将华严的五圣说收摄其中。

野吕靖关于明惠的同体说的研究结论指出,从密教的立场来看,五圣和

① 《大正藏》第72册,第93页中。
② 《大正藏》第72册,第96页下。

五秘密尊"同体"的根据是五圣被包摄于五秘密中。一直以来,同体说中的华严与密教的关系被认为是对等一致的,但从同体说的构造来看,明惠的基本立场是,基于"大日所成诸尊"这样的密教教义来理解显密。换言之,同体说是基于密教乃包摄华严等显教法门的存在这一思想或立场而形成的。他的思想形成过程对理解持松晚期以密法摄华严的思想有着非常重要的参考意义,表现出华严密法在教相和事相的内涵上有共同源头,只是各个祖师大德的解读形式有所不同。

明惠依于《华严经》所立宗,其所著《解脱门义听集记》主要是以李通玄的论书为基础,对华严宗的修行体系进行了描述,但其目的是为了使真言行者实现大日如来的智慧而说明了其修行顺序,并根据金刚界次第的特点而论说。明惠认为显密二门的要路在于心起人法二空之智,在此基础上再加上身语而形成三密行,这就是显密的不同点。此外,他认为显教只是缺三密行而已,显教速疾成佛义其实与密教相同。接着,铃木贯太论述了明惠的信满成佛和即身成佛观点。关于行位,明惠从显密一致来看,"显宗云初发心时便成正觉,真言云现世证得欢喜地",即认为显教的初住等于密教的初地。显教初住与密教初地相等的观点,也还见于台密教学的大成就者安然的论述中。《菩提心义钞》第三说:"天台圆初住、别初地证道同位,即是真言佛慧初心净菩提心门也。"①在天台教学体系中,别教初地就等于圆教初住。安然认为,密教经论中所说的以初地、十地为基准的行位,是拟教别位,就等于圆教的初住。而明惠在《听集记》第一说:"真言教主,璎珞庄严之御形,大旨与华严之教主相等也。至于教相位次等的分别,大概可以寄于三乘来谈。"此外,明惠在文书类中也常引用安然的观点,由此可见安然对明惠的影响。明惠基于华严十住和十地来展开五位的修行阶位次第,认为其行相一一相应,以佛地为因果,以十地为证位,以十住为观位。虽然十行、十回向被认为是十住智之上的诸行,但明惠将此三贤位与三密行相对应,认为意密行对应十住,身密行对应十行,口密行对应十回向,三密和合之处与十地相对应。此外,他还将与十住相应的意密行作为根本,认为三密行被包摄在初住中。

---

① 《大正藏》第75册,第496页上。

也使初住与信位一致,认为三密行为信位之行,即身成佛等同于信满成佛。《纳凉坊谈义记》中明确说:"信位宿佛果,如云初发心时便成正觉,真言之即身成佛,当信位之即身成佛。"①《栂尾御物语》下卷中认为,知即事而知真则为真言的信位,并将其与知事事无碍的华严圆教的信位相对应。然后铃木贯太论述了明惠的佛光观。这里从信的角度、站在实践的视点来看行位,认为一切行位,只不过是信智的增幅,被包摄于信位中。关于这一点,明惠从论述《华严经》信的六品来说明,如下所示:

　　所信之德:名号品(佛之身业)、四谛品(语)、光明觉品(意)

　　能信之行:问明品(解、十住)、净行品(行、十行)、贤首品(德、向、地、佛)

　　在以上诸品中,明惠认为最重要的是"光明觉品",即论述了佛的意业。这里提到观想从佛足下放出来的光明遍照,以此体得二空之智,这就是来源于李通玄的佛光观。李通玄在《新华严经论》卷一四中阐述此佛光与自心的光明是一致的,并认为观察佛光遍照,可以入十住初心。② 此外,这与善财童子在初住位善知识德云比丘处入"忆念一切入诸佛智慧光明门"是相同的。通过佛光观可以进入善财童子所领悟的同样境界,而此华严的行果和真言行者通过密行所得境界相一致的证文是《大日经疏》卷一中将进入净菩提心门比喻为善财童子进入弥勒的楼阁门这一处说明的。③ 明惠则将三密融会贯通于此场景中,认为在善财童子的恳求下,弥勒弹指打开楼阁之门,弹指为身密,其音为语密,门户为心密,这与真言行者在初心中通过三密行证得除一切盖障三昧之义是相同的。此外,明惠将这种佛光观视为三密行中的意密行,在《华严佛光三昧观秘宝藏》下卷中说,应通过念诵光明真言,再结智拳印、五股印、施无畏印来实践三密行。④ 明惠总结认为舍名利、顺二空是成就佛道的要路,在心中起智这一点上发现了显密二门的一致。明惠对显密不同的理解在于是否说三密行,显教所主张的速疾成佛和密教中

---

① 铃木贯太:《『解脱门义听集记』における明惠の「厳密」思想》,《印度学佛教学研究》第58卷第2期,第698—701页。

② 《大正藏》第36册,第808页上。

③ 《大正藏》第39册,第590页上。

④ 《大正藏》第72册,第93页下、95页上。

的成佛都是同义。换言之,初发心时便成正觉与现世证得欢喜地一致,显教的初住等于密教的初地。另外,三密行被认为与三贤位相应,这些位都被包摄于初住中。而且,初住的因分是十信,从信位的角度来看,所有的行位都是信智的增幅。在这个信位中,愿求速疾成佛的具体的实践行源自李通玄的佛光观,再加上光明真言和诸印,就成为明惠所修的三密行,是其晚期华严密法大成的特色。

日本学者前川健一整理了明惠弟子们留下的闻书类中的相关文献记载,以揭示其华严密法思想中的一些特点。[①] 其中所见明惠的密教思想皆出自明惠弟子之手的闻书类,现存近二十件。在本书中作为考察对象的主要有三件(均收录于《明惠上人资料·第三》中):《真闻集》隆弁记(七卷)、《栂尾御物语》仁真记(三卷)和《高山随闻秘密抄》(灵典记·光经类聚)一卷。这三部书不是关于特定主题或著作的闻书,而是汇编了明惠不时提出的说示。这些闻书中涉及的主题很多,前川健一归纳了频繁出现的以下几种。

首先,从事相来说,主要是五秘密法和光明真言。此外,还言及宝楼阁、随求陀罗尼、弥勒法界印、护身法。也对各种各样的陀罗尼和种子进行了解说,同时针对梵字、梵语的读法提出了不同见解。这是因为明惠认识到梵字在密教实践中的重要性,所以从中也可以看出他的密教实践及研究实态。持松从日本回国后,也编辑出版了《悉昙入门》。该书由北京佛学书局印行(石印本),是民国以来为数不多的一本悉昙梵文入门书,从中可见持松对东西方梵语研究的融通之努力。

其次,在教相方面,对《大日经疏》的理解体现在《栂尾御物语》中所收录的建历三年十月十九日的谈义中。此外,如大家所知道的那样,明惠主张出自《华严经》的佛光观和密教的光明真言、五秘密是一致的。除此之外,在这些闻书中,还以各种形式主张显密一致。例如,他认为大日如来的相好在《华严经》"相海品"中有记载,五相成身之时在定中礼诸佛,与《华严经》等中

---

① 前川健一:《聞書類に見える明惠の密教思想》,《印度学佛教学研究》第 49 卷第 1 期,东京:日本印度学佛教学会,2000 年,第 191—194 页。

所说的不从灭尽定起而现诸威仪相同。

然后,明惠对当时的日本真言行者持批判态度。他认为这些人多"以我慢偏执为宗",并且对于他们拘泥于事相中的细枝末节这样的"秘事"观,提出"离名利""若离名利,一印一言皆真实出离之要门也"的观点。对此明惠经常引用护身法来互相引证。他认为护身法是修法等的前行,由净三业、佛部三昧耶、莲花部三昧耶、金刚部三昧耶、被甲护身五步构成。根据明惠的解释,通过净三业加持五处是熏种子,被甲护身加持五处是成五智。此外,从净三业到被甲护身的五个次第依次代表十信、十住、十行、十回向、十地。他还认为显密和浅深在于人心,为了例证这一观点,他说护身法中包含深义。不仅如此,他也主张初心中包含此后到达的全部佛果。对此,他常引用不空的例子,说不空在授法之时,先说阿字不生理,使其证大觉位,然后授法。明惠对初心的重视与华严教学中所说的"初发心时便成正觉"是相同的。虽然此"初发心"被认为是十住中的发心住,但是明惠认为"实从信之初成也"。

由此参考分析持松晚年的华严思想,很遗憾的是他最重要的表现其核心思想的《金刚顶大教王经疏》在"文革"中散佚。此乃中国第一部《金刚顶经》经疏。惠果曾撰有与《金刚顶经》相关的《金刚界金刚名号》《阿阇黎大曼荼罗灌顶仪轨》等,但至今不见流传,也许是在"会昌法难"中遗失了。他的另外一部晚期大成的华严密法著作《松华如来密行修正了义经》也缺失。但他所著《满月世界依正庄严颂》以七言共二百八十八句,加末尾空海成佛偈共二百九十六句,分二十二个段落,描写了以佛力、法界力、自力三合力佐持庄严自身正报和依报,成就松华如来净土称满月世界,殊胜无尽。杨毓华著《〈满月世界依正庄严颂〉敬释》[①]解释说,满月世界九重轮第一轮乃十方诸佛国土无上庄严之智光轮,统摄满月世界为中心;第二轮乃松华如来彩焰辉烁自性五智光明轮;第三、四、五、六、七轮乃属方便有余土及凡圣同居土,众生、声闻、缘觉、辟支佛等居住其中;第八轮妙觉宝廊乃十地菩萨等觉妙觉所居为宝报庄严土;第九轮常寂光土乃密严院,院内五重宫殿又普摄各显教大

---

① 杨毓华主编:《持松大师全集》第五册《〈满月世界依正庄严颂〉敬释》,第 4047—4072 页。文中收有《满月世界依正庄严颂》颂文。

乘及密乘次第行者。九重轮大愿海,从信、愿开始,十信位、十住位、十行位、十回向位、十地位、等觉、妙觉、金刚地、佛身圆满,都蕴于此九轮之中,即福智圆满。杨毓华认为,持松经金山穆昭上师和本尊不动如来授记后,以十种胜因,经三观(欲界观、色界观、无色界观),转识成智,得证光明三摩地,依照大悲胎藏和金刚界仪轨,经各阶位,成就《松华如来密因修证了义经》一卷,发十种大愿,愿于南方庄严满月世界,得大安乐。显示正报松华如来日月双轮光明法相,具自性轮身、正法轮身、教令轮身三面六臂二足。尽密教佛国净土微妙庄严,无边殊胜。满月世界九重轮者,在持松著《胎藏界行法记》中有"九字月轮观",由外而内为眼、耳、鼻、舌、身、意、末那、赖耶乃至第九白净识九个圆月轮,为真言行者观想九识转五智之前的方便法门。九重轮的第一、二重为诸佛智光轮,第三至九重以证量层次,由识转智、由显入密至中央圆轮—第九白净识转法界体性智,各智成就,因果同具。依持松著《心经阐秘》般若层次奥义,理解此满月世界庄严层次,故为心—觉(般若)—涅槃—无上正等正觉—正依报佛国净土次第。

区别于明惠的五圣和五秘密尊同体事相构建,持松在《密教通关》(第三立教分别)中明确提到了明惠曾以华严合于密教。但是笔者没有找到持松其后著作关于明惠中、晚期密摄华严的成熟思想。笔者推测,明惠从早期华严密法融合的摸索尝试到中、晚期以密法摄华严的最终思想的形成过程,持松也同样经历过,虽然明惠的思想成果以"无圣和五秘密法"来实现,而持松则形成了九重轮的另外示现。其在 1964 年著《满月世界依正庄严颂》中反复提到的九重轮在 1939 年《密教通关》(第四教相义理)中也有描述:"九重月轮观者,亦是于八叶及中台,各观一月轮也。""又修月轮观时,著有著空,种种妄执,展转而起,故虽观心如月轮,而须知此形色,为自在色,无碍色,无量色……故《守护国界主经》云:善男子!十方世界,如恒河沙三世诸佛,不于月轮作(om)字观,得成佛者,无有是处。又真言行者,寝时坐时,一切时中,各有观法。"[1]在其晚期佛学思想中,持松以九重轮代表累劫修行功德果位,依次第普摄法眷属于常寂光轮密严净土、实报庄严轮、方便有余轮以及

---

[1]　杨毓华主编:《持松大师全集》第三册《密教通关》,第 1976—1080 页。

凡圣轮。经过对比可以看出,持松和明惠基于密教教义来理解华严密法显密合行的方法论是完全一致的,和辽代觉苑以及道㲻所主张的华严和唐密显密圆融的努力尝试也是一致的,也就是说,密教是包摄华严等显教法门的存在这一思想立场的构建,在华严密法祖师大德的全面客观论述中是一致的,只是在日本、在中国由于不同时代的社会和文化背景产生了差异,在中国形成了持松主张的沪密理论的佛学思想基础,这是不容质疑的。从持松事相实践来看,持松在《随行一尊供养念诵私记注》中详细指出了饮食、衣服(汉地传统僧衣)、花鬘(日本习俗使用木雕莲花,汉地供养时令鲜花)、胡跪(以右膝着地为通相正仪,竖左膝危坐,行事久时交互而跪。日本采用正跪坐姿势)、转诵(汉地传统使用依文直诵法)等日本僧侣行持特点,以及对日本传统的经论注释的修正,比如修订日版《理趣经》偈颂文字的不妥之处。日本真言宗圣地高野山早期曾规定女子朝礼只能到宗门女人堂地带,持松奉行在汉地的"人间佛教"运动,提倡男女平等。在 1950 年上海应请修大孔雀明王息灾法会和 1953 年在上海静安寺建坛时,持松所使用的大孔雀明王法相、密宗传承八祖画像、唐密十二天圣像,以及后来绘制的大日如来像、不动明王像皆邀请张大千女弟子王慧如和潘贞则绘制。其晚期传法时也倚重女弟子杨毓华,后者介绍真圆法师效仿持松东渡日本接法。韩金科撰文点明了持松付法俗家弟子杨毓华的缘由:"持松付法超晔,认为超晔智慧过人,是其修学密法精进悟入的结果,也离不开'文革'环境的历史原因。在那个时期,静安寺改建成工厂,持松受冲击,只得寄居在一民居栖身,昔日的一些弟子也因各种原因,或失去联系,或不敢继续看望他。而超晔在那样的环境下,仍一如既往地照顾持松,随其修学,是非常难能可贵的。"[①]持松所倡导的华严密法佛学思想的根源一直有其历史传承,并不是其独自创造的,但是他在保持传统的基础上融入了自己的理解和发挥。在本书中笔者通过寻找、发掘、归纳、总结其佛学思想和修证实践的起源以及形成过程,认为他奠定了沪密的理论基础,对全面、客观认识"人间佛教"的弘扬做出了重大学术

① 韩金科:《持松对长安密教的传承与弘扬》,增勤主编:《首届长安佛教国际学术研讨会论文集》第二卷,第 180—204 页。

贡献。华严密法在以后的新时期中根据社会文化的新内容也会出现新的演变。本书为华严密法义理的全面汇总研究打下了基础,以后更多、更深入的研究课题亟待开展。

沪密理论的构建也离不开其地域和社会文化因素,而这些因素都处于现代化、全球化的环境当中。李天纲认为,佛教现代性呈现出明显的"现代都市性"特色。上海作为中国近代佛教复兴的大本营,其都市佛教风格和北京的宫廷佛教有明显区别。在上海,佛教的社会基础和资源支持广泛来源于市民社会的信仰,同时一大批上海本地精英(社会贤达和闻人巨擘)人士盛宣怀、罗迦陵、王一亭、施省之、简照南、简玉阶、关絅之、闻兰亭等人皆是忠实的佛教信徒与居士,对上海的佛教复兴事业,提供了大量资金捐赠和资源支持,极大扭转了明清以来汉传佛教的衰退态势,使佛教快速转型为适应现代社会发展的都市宗教,佛教复兴在以上海为代表的大都市拥有了规模化的民众信仰土壤,人间佛教在上海的上层阶级、中层精英知识分子和广泛的平民中获得了新的信仰资源。相比中国早期历史上在西安、洛阳、北京、南京等城市形成的帝制宫廷佛教,在上海的近现代都市佛教取得了上层政界权贵的大力支持。在上海,原北京范式的皇家宫廷佛教的地位已经不复存在,传统士大夫为主的精英佛教团体被提倡佛学义理复兴的精英知识分子所取代。太虚倡导的人间佛教复兴(教理革命、教制革命、教产革命)也获得了广泛的群众基础。这些新兴的上、中、下层社会资源的整合是儒教、道教和其他民间宗教所严重缺乏的。以上海静安寺、玉佛寺、龙华寺为代表的佛教基地逐渐复苏振兴。在静安寺,以持松为代表的汉传密教逐渐成为佛教复兴运动中一大亮点。

埃里克·席克坦茨采用日本学界多位学者的观点,讨论了汉地密教复兴的社会与思想背景,并论述了在众多宗教派别中,为什么密教在社会中能够持续广泛受人关注这一问题。其主要观点总结如下:

1. 从参与者的社会结构的成分来看,密教复兴是以知识分子这一精英阶层为核心的现象。

2. 从思想背景来看,密教信徒期待获得咒术效果,甚至达到救国护国目的。以持松为例,1925 年,持松结束在高野山的修行回到中国后,接到了湖北省政府的祈雨请求。佛教信徒中有一人叫汤芗铭,他对密教非常感兴趣,于是向因干旱而困扰的当地官员推荐了佛教祈雨仪式。据湖北地区的新闻报道,持松接受此委托,在湖北省开设密教坛场,举行了祈雨仪式,并展现了下雨的灵验,印证了唐代"开元三大士"应皇室要求祈雨、求雨的传说。中日密教研究会的中国会员许丹在访问高野山时,就佛教的超能力"悉地"热切地提出了问题,并向高野山的僧侣们询问现在的真言宗是否也有人通过修行获得成就。

3. 密教之所以能受到关注并在诸多宗派中脱颖而出,是因为除了咒术的效果,也被寄予了能为近代中国社会、国家统一作出贡献这一期待。

二十世纪二十年代以后,除新义真言宗权田雷斧之外,古义真言宗的山本忍梁也曾与中国密教信徒联系紧密。他认为中国精英知识阶层对密教的关心在于通过密教仪轨来拯救中国。[①] 他因为密教授受之缘有机会直接接触中国的僧侣和居士,通过他们了解到中国佛教界的真实情况以及中国佛教徒对日本佛教的需求。他认为中国佛教徒在日本所求的不是经论、疏钞等典籍或释义研究方法,也不是一味的合掌礼拜,而是在中国几乎灭绝的密教传统。中国佛教徒在解释经律论三藏的问题上,普遍认为自己相比于日本人是前辈或者更有优势,但是对于已经不见踪迹的密教来说,他们抱有很强的好奇心以及憧憬去探索。具体而言并非是教相方面,而是坛仪、印契、作法等事相方面。中国信徒强烈追求现世利益,相信通过密教的行轨向佛、菩萨祈愿实现现世利益是最合适且快捷的。中国信徒追求密教的态度真挚而热诚。密教的"道场事作法"以现世为基调,重视修证修显的自力开悟,对当时的中国来说是无与伦比的秘术。因此,烧尽烦恼业障的护摩供、主要功能为驱除贫病二苦的欢喜天供、降伏怨敌魔障的太元法等都受到当时中国信徒的欢迎。

加地哲定认为,在二十世纪二十年代,中国密教的研究者对事相方面的

---

① 山本忍梁:《真言密教徒の大陆教化》,《六大新报》第 1752 号,1938 年 1 月 1 日,第 64—68 页。

兴趣要远甚于教义，精英知识分子是推动密教发展的中坚力量。[1] 在欧洲战乱后，人心滔滔不知归路，再加上内乱频频，中国处于四分五裂的状态，人们的不安感与日俱增。有识之士为如何获得精神上的安定而焦虑起来，其结果是高呼佛教复兴，特别是对中国佛教现状不满，而希求密教的流传。上海的居士们即在积极推动密教复兴运动。例如，加地哲定寄宿的江昧农家位于北京路，旁边设立了功德林佛教流通处，陈列了佛书及相关书籍，并出版了很多密教经典。此处功德林是在上海有名的学者、文人富豪等齐心协力所建，其中有温厚笃实的学者黄幼希、曾任山东政务厅长的丁桂樵，还有早年在革命军中占据一方势力的孙厚在。这些佛教徒团体皆持斋戒，在功德林的后面建了一个很大的蔬菜棚，其他佛教徒也会聚集于此一起食素。北京也有虔诚的密教信徒，例如时任陆军部医务科科长的张修爵，或在天津的罗远耀。他相信，如果再有密教僧人出现传法的话，在上流社会中很快就会掀起宣扬密教的大运动，在有识之士之间逐渐唤起宗教上的自觉。一般人民的信仰也会发生改变，从希求永世的福报变成希求超脱轮回、自证本性。当年八月二号的《中外日报》，以及八月六日的六大新报等，以中国密教复兴运动为题，报道了十一面会的密教（日僧佐伯觉随在北京组织的密教团体）研究及清梵寺释大勇在日本留学的事。大勇曾来上海卡德路希望加地哲定能教授日语，此后，大勇去了高野山金刚三昧院学习。冈村宥照是日本真言宗在上海唯一的开教传法僧侣，他在吴淞路建立了高野山别院，在租界外买下近五百坪的土地，准备兴建一座宏大的道场开展传法活动。

到了二十世纪四十年代，在中国南部汕头市的日本领事高井末彦也认为，由于密教教义的晦涩难懂，对密教的关心主要局限在中国精英知识阶层。他在给弘福寺住持扇谷重宪的信中提到了这一点（写信时间是 1942 年 10 月 12 日）。[2] 1943 年春天，真言宗总本山希望将真言密教从日本重新传播到中国，派遣户川少僧正前往汕头、潮州等地弘法。在田野调查资料中，

---

[1]　加地哲定：《支那に於ける现代の宗教》，《六大新报》第 978 号，1922 年 8 月 27 日，第 3—5 页。

[2]　杉本良智：《华南巡锡》，第 14—15 页。

杉本良智发现当地的精英知识分子一直支持户川的密教工作。的确如此，佛教在整个中国的发展都离不开精英知识分子的推动。正如王雷泉所指出的那样，佛教存在的根本价值在于导俗化世，一味突出宗教的经济作用和文化属性容易本末倒置，在争取外延层面合法地位的同时丧失自身的主体性与宗教品格。为了避免这一问题，亟需对"文化"的内涵进行厘定。在王雷泉看来，佛教应该与中国的主流文化如儒家文化一样，共同观照文化精英所着眼的无所不包的广义的"文化"。在广义的中国文化中，天道和圣人之言最具神圣意味和终极价值，而作为文化精英的士人则肩负着保守、传播、监督天道的重任。佛教的中国化是在士人求索天道的大背景下展开的，一方面佛教通过士人的转化和宣扬与中国文化深度融合，并产生了广泛的社会影响力；另一方面，士人在研习佛教的过程中，深受救世思想的震撼和感染，内心的使命感得到激化，在精神境界层面得到进一步的拔升。文化精英对佛教的弘扬切实"提升着佛教的文化品位，改善了佛教存在的环境"，甚至"日益形成佛教教团的屏护"。太虚曾于 1929 年发表的题为《文化人与阿赖耶识》演讲中点明，全人类的共业与个人所具备的阿赖耶识息息相关，而教育的意义正在于造就庄严完美的文化人，使之具备继承历史文化、吸收异域文化及开创未来的能力。时至今日，"人间佛教"的发展也须尽可能广泛地面向普罗大众，不能局限于佛教信众，如果能培育出更多所谓的"佛教文化人"，自然有助于世道人心向好的方向发展。[①] 从培养佛教文化人的角度来考察民国以来兴办的佛教学校，便不难理解其中大部分兼收僧俗、聘请居士授课之用心所在，这彰显出创办者对佛教文化乃至中国文化的深刻理解，即佛教在中国的兴盛从来不能单单依靠教内僧众，还要积极吸纳文化精英，向白衣居士借力。

　　韩传强在其博士论文《禅宗北宗研究》[②]中对宗派特色的研究，可以用来帮助思考如何构建"沪密"理论。他认为北宗注重修行是其修道论的最基本特征，无论是"端坐看心""端坐敛思"还是"看心若净"，决定了其禅修的基

---

　　① 王雷泉：《中国佛教走出围墙困境及进入主流社会的路径》，《法音》2013 年第 1 期，第 18—24 页。

　　② 韩传强：《禅宗北宗研究》，南京大学博士论文，2013 年，第 307—308 页。

本场所最好是在寺院。例如法如入住嵩山少林寺以后，此处便成为禅宗北宗传法的主要道场。以两京为中心、嵩岳为基地的寺院都多有北宗僧侣驻锡，诸如安国寺、嵩岳寺、慈恩寺、圣善寺、化感寺等。然而"安史之乱"和"会昌法难"带来的动荡和浩劫抽空了北宗作为一个宗派而存在的道场根基，北宗元气大伤。除了依赖寺院道场，北宗对于修行过程的注重还限制了其信众对象的层次。无论是"藉教悟宗"还是"方便通经"，其修行方式都将信众限定在特有的中、上层"市民"群体。对于普通的下层群体而言，北宗的这套修行解脱理论很难得到"推广"。例如禅宗老安第三代弟子大都督李孝逸、工部尚书张锡、国子监周业、国子监崔融、秘书监贺知章、睦州刺史康诜等皆为朝廷权贵。[①] 北宗高僧除法如外，皆和王室贵族有着千丝万缕的联系，北宗禅说是"官禅"[②]也不为过。"安史之乱"动摇了王室贵族代表的上层阶层，北宗的信众对象则出现了"真空"。另外北宗主张自力修道，强调自力解脱，在"安史之乱"时期信众很难接受这种依靠自力的难行之路。相反，依靠他力的净土思想势不可挡，西方极乐世界的"廉价"乃至"免费门票"则相对来说更受欢迎。[③]

李天纲在和笔者的讨论中指出，中国近代"人间佛教"有两个倾向特别明显，一即以唯识论为代表的"理性化"，另外是以梵学复兴的"世界化"。这两个巨大变化，是比"中国化"更重要的两个向度。可以说，中国近代佛教就是因为"世界化"得到了复兴，因为"理性化"站稳了脚跟。沟通汉传、藏传、南传佛教，并将之放在世界（包括欧美日）佛学复兴运动背景中，即是中国近代佛教世界化的一个突出而可贵的现象。在近代民族主义思潮中，相比儒教、道教的本土特征，佛教是最为国际化的一个宗教团体。"人间佛教"当然还是扎根中国社会、文化和思想资源，帮助解脱十九、二十世纪的各种危机，但是它主要是通过与全球佛教复兴运动交往沟通获取信仰资源和发展动力。结合本书研究主题，笔者认为，在第一种人间佛教倾向中，世俗化和神圣性的二元张力使得认知的主体通过理性化、科学化的需求来看待宗教在

---

① （宋）赞宁：《宋高僧传》卷八，第 183 页。

② 杜继文、魏道儒：《中国禅宗通史》，南京：江苏古籍出版社，1993 年，第 122 页。

③ 赖永海：《中国佛性论》，北京：中国青年出版社，1999 年，第 308—310 页。

社会中的地位和意义;在第二种人间佛教倾向中,在全球化程度不同的历史时期,世俗化和神圣性的侧重点表现不同。在民国时期佛教复兴文化运动中,佛教世俗化的主张更像是现代化过程中的必经之路,当时人们的思想刚刚从迷信、宗教和封建阶级统治中解放出来,对现代化本身产生了热切的期盼和希望,在当时以为现代化就意味着终极意义,于是将自己的理念和行动寄托在自由、科学、理性、进步、富强这些世俗价值的基础上。然而,随后全球化的扩展,尤其近几年新冠疫情的全球传播,人们逐渐认识到这些世俗价值本身并不能构成人类真正的终极目标,也并不能提供一个人类存在的完整意义,以至在当前"去全球化"的今天,人们的视野又重新回到了对宗教神圣性价值的思考。由此,在"人间佛教"发展的历程中,因为密教有对宗教神圣性教义的独特理解以及可以具体实践的完整的培训技术和指导方法,人们对其的关注和热情持续高涨,以密教为主线来梳理"人间佛教"运动则变得非常有意义,而且亟待展开。

张祎娜指出,相较于主张世俗与神圣二元对立的西方基督宗教,中国宗教倾向于将两者统一起来,这主要体现在三个方面:一是中国传统宗法性宗教"神圣与世俗"相互涵蕴;二是儒释道三教"神圣与世俗"的融合度较高;三是儒释道三教依附世俗政权、辅助世俗政权谋求发展。中西方宗教处理"神圣与世俗"的策略各有优缺点,值得对照反思。就中国宗教而言,由于在"神圣与世俗"关系上注重二者的统一,故发展较为平稳,从未引起剧烈的社会矛盾和战事;但由于不注重"神圣与世俗"两者的独立性,甚至有意回避两者的对立关系,使得中国宗教在神圣性和超越性方面远不及基督宗教。①由此可见,"神圣性"不足不仅是"人间佛教"在发展中遭遇的困境,更是中国宗教应该直面的问题。

近二三十年以来,以彼得·伯格(Peter Ludwig Berger)为代表的世俗化理论倡导者逐渐开始反思此前提出的论断,在宗教研究领域产生了明显的非世俗化转向。彼得·伯格立足于西方基督教的发展近况,修正了自己

---

① 张祎娜:《中西宗教中"神圣与世俗"关系的异同比较》,《武汉大学学报》2011 年第 6 期,第98—104 页。

数十年前发表的观点,指出,尽管"世俗化理论"被公认为发端于十九世纪五六十年代的学术研究领域,但"世俗化"的主要内涵在启蒙运动时期就已萌发,即认为宗教的衰退是现代化的必然结果,然而值得注意的是,现代化的发展同样孕育出了"反世俗化"的呼声和现象。① 李天纲教授进一步点明:"西方基督教遇见的情况,在东亚同样发生。……自 20 世纪 80 年代以后,中国社会不是单个教会的复苏,而是各种宗教整体性地恢复和发展。基督教、天主教、伊斯兰教、佛教、道教、民间信仰,乃至新兴宗教都有相当程度的振兴,成为 20 世纪后期全球非世俗化运动中特别值得注意的倾向。中国的非世俗化运动,有不同于欧洲、北美、中东、南亚以及东亚其他民族的特殊背景,最主要的不同,在于中国大陆曾进行过 30 年的苏联形态无神论改造。宗教领域的改造运动被独有的统一战线理论中和,程度上没有东欧那样强劲,由此造就一条不同于东欧、东亚民族的道路。改革开放后的 30 年,中国大陆的落实政策,让宗教生活回归,有一些非世俗化的含义。但是现代化、程式化的现实生活很快就作用于信仰,当代各大宗教的信仰热情,已经不是老年信徒们的回光返照,而是有新血加入。政界、学界、教界,还有商界、信众界,或者回复统一战线,或者提倡国际接轨,与各地信仰中的非世俗化运动有沟通、合流的趋势。"②

宗教学研究界的巨擘米尔恰·伊利亚德在其所著《神圣与世俗》中论证了神圣与世俗从本质上说即是人类生命存在的两种基本形式或者方式,他以神圣与世俗的样式剪裁了古代社会中的一切行为和观念:时间、空间、节日、劳动、生活、居住、婚育、入会式……这种神圣与世俗的样式在伊利亚德那里几乎成了一种方法论,用来说明历史,也解读神话,用来分析一切神圣的现象,也用来说明所有世俗的生活。③ 正如王建光在翻译其著作中的感言部分所总结的那样,人类精神世界的存在维度包括神圣和世俗两方面,在

---

① [美]彼得·伯格等:《世界的非世俗化:复兴的宗教及全球政治》,李骏康译,上海:上海古籍出版社,2005 年,第 3 页。

② 李天纲:《金泽:江南民间祭祀探源》,北京:生活·读书·新知三联书店,2017 年,第 26—27 页。

③ [罗马尼亚]米尔恰·伊利亚德:《神圣与世俗》,王建光译,北京:华夏出版社,2002 年,"中译本导言",第 2—3 页。

实证主义时代,人们通常认为两者截然对立:神圣属于混沌的过去,为了现代社会的发展必须加以摒弃;世俗这一工业时代的产物为科学和理性所孕育,似乎更值得追求。然而当现代人被世俗裹挟向前时不免感到空虚。面对现代社会强势的科学主义和理性主义,与神圣性息息相关的宗教也禁不住自我怀疑,甚至不得不进行自我革新。米尔恰·伊利亚德的这个观点是反对站在非理性的神性基础上来理解神圣性的。德国宗教学家鲁道夫·奥托对神圣的认识是:"一种绝对的道德性质,指道德上能到达的极致。"①这种神圣性带有非经验、非功利、非理性的神秘特征。米尔恰·伊利亚德这种脱离理性和非理性关系来解读宗教社会学要素的理念目前在学界广受支持,他这种"神圣就是世俗的反面"的认识论带来了宗教制度和社会制度的分化。

阿奎那认为研究神圣性的神学(拉丁语:theologia;圣道,拉丁语:sacra doctrina)是一种科学,以文字记载的经籍和教会传统作为学术的基本资料。而这些基本资料则是来自天主在漫长历史中给予人类的启示。信仰和理性虽然是不同的,但却是互相关联的,这两者是研究神学资料的主要工具。阿奎那相信这两者是研究神学所不可或缺的,更确实地说,若要了解有关天主的知识,信仰和理性的交叉点是必需的。阿奎那混合了希腊哲学和基督教的原则,主张应该理性地思考并研究自然,就如同研究天主启示的方法一样。依据阿奎那的说法,天主透过自然给予人类启示,也因此研究自然便是研究天主。而神学的最终目标,在阿奎那来看,便是要运用理性以理解有关天主的真相,并且透过真相获得最终的救赎。

法舫曾说:"宗教的建立,根本是信仰;信仰的目的,是人生向上求趣的快乐的象征。"②李天纲认为,法舫就是试图把"人间佛学"加入终极信仰的佛学家。法舫的"向上求趣"探索和蒂里希的"终极信仰"很是相像。清华大学教授田薇基于"形而上学宗教性"的轴心概念,确立宗教性、生存性、伦理性一体同构的"宗教性生存伦理"观念。其中,宗教性彰显着人的生存限度

---

① ［德］鲁道夫·奥托:《论神圣》,成穷、周邦宪译,成都:四川人民出版社,1995年,第6页。
② 法舫:《宗教在人间》,梁建楼整理:《法舫文集》第四卷,第136页。

以及由此关切终极而试图超越的信念取向，为此在现代西方思想家西美尔关于灵魂存在的天性、蒂利希的终极关切、卢克曼的世界观与个人同一、史密斯的个人信仰与累积传统的学说中获求"宗教性"的理论支持。① 托克维尔在其著作《论美国的民主》中认为，当人们一旦领悟到世俗领域的有限意义时，就会重新回到神圣的领域，在此基础上重建自己的终极关怀。笔者认为他的这种宗教信仰意义上的主张，在一方面适应现代化的世俗社会，为宗教的现实存在提供理性、自由、合法性等适应现代化要求的依据，而另一方面又超越了世俗世界，在全球化不同的阶段对世俗世界的未来发展提供了批判性价值的理论基础。和其他佛教诸宗派比较来看，密教更具有世俗性和神圣性二元张力持续变化的平衡属性。阿奎那认为人类存在的目标是要与天主结合并且建立永恒的连结。更具体地说，这个目标可以透过"乐福直观"（beatific vision）达成，乐福直观代表的是当人了解到天主的本质，因而获得了完美、无止尽的幸福的境界。这个境界是在死后才能达成的，是由天主给予那些在世时透过耶稣基督教诲而获得了救赎和赎罪的人的礼物。这个终极目标也与人在世时的作为有关。阿奎那指出，个人的意志必须被指挥朝向正确的方向，例如慈善、和平以及神圣，他认为这是达成幸福的途径。阿奎那以幸福的观念作为他有关道德生活的理论的轴心。意志与目标在本质上是互相联系的，因为"意志的正直可以指挥人类正确地走向最后的目标（乐福直观境界）"。那些真正试图了解并发现天主的人也必然会爱慕天主所爱慕之事物，这样的爱慕则需要人在每个行为的选择上坚持贯彻道德并承受结果。② 当代法国最负盛名的哲学家和社会学家雷蒙·阿隆将托克维尔视作十八世纪与孟德斯鸠同样重要的社会学大师。1831 年，托克维尔在美国考察时发现，在决定美国社会政治结构的诸因素中，宗教、风俗习惯比地理环境和法律起着更重要的作用，尤其是从欧洲带去的基督新教，在美国与自由精神"紧密配合，共同统治着同一国家"，"基督教不只是作为一门经

---

① 田薇：《从"形而上学宗教性"看"宗教性生存伦理"的可能性——宗教伦理的重释》，《清华西方哲学研究》2018 年第 1 期，第 155—175 页。

② Thomas Aquinas, *Aquinas's Shorter Summa*, Sophia Institute Press, 2002, p. 241, 245—249.

过论证而被接受的哲学在发生支配作用,而且是作为一种无需论证就被信仰的宗教在发生支配作用"。他认为:"一个社会要是没有这样的信仰,就不会欣欣向荣;甚至可以说,一个没有共同信仰的社会,就根本无法存在。"①

　　美国学者罗德尼·斯达克和罗杰尔·芬克认为:"人们作宗教选择跟作其他选择采取的是同样方式,即权衡代价和利益。"②这种赋予信仰者的宗教满足感是通过其他选择无法实现的,信仰者的信仰形态在权衡(多种信仰选择)而作出的最理性选项之后也会调整自身来适应这种选择,主动、被动、人为、自然的选择范式只是选择过程中的表现形式。但当神圣性发生于信仰者、信仰群体或环境的选择时,神化便成了世俗化的产物。而"神化"表现为人们为某种理论、存在、力量或境界赋予神圣意义,其原因可能来自崇拜、渴求、向往、祝愿心理,也可能是不可知。这种神圣的意义在世俗中会不断地被神化。③ 回顾汉地密教的历史,密教根本要素包括对圣尊和神祇的崇拜与祈愿、真言与手印的仪轨功能、念佛加持、行者对悉地成就的长期严谨的闻思和修证等。在上层统治阶级、中层精英僧侣、士大夫和学者以及社会大众中存在着对汉传密教传承的神秘属性深信不疑的粉丝团体,甚至产生了盲目崇拜的现象。马克斯·韦伯认为,所有强烈的宗教意识里都会产生出一种与卡理斯玛(个人魅力)禀赋之差异相对应的身份性分化,此即"英雄的"或"达人的"宗教意识与"大众"的宗教意识之对立。对宗教"音盲"的大众自然不是指在世俗的身份秩序中那些社会地位低的人。④ 在"人间佛教"世俗性与神圣性二元张力的争辩转化之中,"人间佛教"本体概念是在中国社会由传统向现代迈进的转折点上应运而生的。在其宣扬者看来,佛教所具有的宗教层面的神圣性因通常被视为迷信而一度与世俗化的现代社会格格不入,为了使佛教切实参与到社会的现代化进程之中,对其神圣性含糊其辞甚至有所遮蔽似乎成为振兴佛教的权宜之计。而当"人间佛教"逐渐沦为

---

　　① [法]亚历克西·德·托克维尔:《美国的民主》,董果良译,北京:商务印书馆,1988 年,第 342、522、524 页。

　　② [美]罗德尼·斯达克、罗杰尔·芬克:《信仰的法则》,杨凤岗译,北京:中国人民大学出版社,2004 年,第 103 页。

　　③ 高慧:《〈心经〉神圣性问题研究》,西北大学硕士论文,2017 年,"绪论",第 2 页。

　　④ [德]马克斯·韦伯:《中国的宗教　宗教与世界》,第 485—486 页。

一般的慈善性组织而饱受质疑和诟病时,发掘"神圣性"资源、恢复宗教特质又成为其长远发展的题中之义。本书的研究即着眼于此,力求充分考察持松法师在恢复汉传密宗方面的贡献,提炼近代复兴的密宗在兼顾"神圣与世俗"方面的经验,以期在大乘佛法之外发掘增益"人间佛教"宗教性的宝贵资源。其实,纵观世界历史,如何处理"神圣与世俗"的二元关系是所有宗教须不断根据社会变化进行反思、调整的问题,并不存在一劳永逸的对策。佛教哲学中对二元关系的论述众多,例如论述"自我"和"无我"的论证逻辑。①

笔者对于持松在"世俗性"和"神圣性"兼容立场的理解为,"世俗性"观念必须要在与"神圣性"的对照中才能成立。虽然二者各有其概念范畴和界限,但是我们语言逻辑所形塑的认知方式把"世俗性"排除于"神圣性"之外的绝对二元对立关系是受到批判的。而且,这种由心念相续不断地认同"世俗性"观念的认知,会持续把"世俗性"视为独立存在而与"神圣性"分离形成坚固的谬见。笔者认为,对"人间佛教"中正确的"世俗性"的理解就是要破除这种虚妄的知见,这种错误的知见把"世俗性"从因为缘起而产生的万物本有的、相互共存、相互联结的交叉关系中切割出来,而违反了缘起的深义。"世俗性"和"神圣性"两者都是因缘和合才得以生起和存在的,故"世俗性"不可能独立存在而和"神圣性"分离对立。在这里,逻辑重点在于不是从观念或者名相层面去否定或肯定"世俗性"和"神圣性"的单独存在,而是要破除对"世俗性"和"神圣性"单一观念排他性存在的执着。我们的语言的形式逻辑描述了事物的表面现象,但其实质不能把"世俗性"和"神圣性"脱离开来理解,这也是龙树所说离二边的中道正见。

在以上思考基础上,笔者提出了沪密理论,其作为佛教宗派的定义、内容和特色如下:

1. 沪密的定义

沪密是持松法师在上海创建的一个新型的与华严密法相结合的佛教宗派。从教义内容上来看,沪密继承了唐密祖师"开元三大士"所传的纯粹密

① 陈玉玺:《从佛教心理学重新探究"无我"教说——兼论印度教"梵我"与"自我"意识之分际》,《新世纪宗教研究》2011年第4期,第1—25页。

教的正统性和合法性,又在不同时期顺应社会文化环境发生了演变。沪密的密法教义内容和传统与佛教其他诸宗派有着非常复杂的交叉、融合关系。在这种复杂性中,如果把密宗主体换成其他佛教诸派,都不能构成如此多元错综交织的网型结构。这种交叉关系不仅仅在密宗和华严宗、天台宗、唯识宗、禅宗、净土宗、律宗之间体现出一对一的关系,更是两宗以上的多层面的互融互立关系,形成了你中有我、我中有你的动态局面。持松把华严和"开元三大士"的传统密法相融通,以上海静安寺作为核心道场广泛弘扬密法,同时结合上海地域和社会文化特点,创造出具有现代化和全球化属性的弘法特色,也体现出其神圣性和世俗性兼容的特点。

持松佛学思想完整地延续了唐密祖师大德的治学态度和弘法精神,在从人格向神圣性僧格的转化过程中,其佛学思想表现形式并不是从还未开悟的凡夫变成了觉醒的佛菩萨的一种单向跳跃,而是在闻思修过程中同时完成了其人格和僧格的完善,二而不二。持松在秉承"人间佛教"的践行中,其教理行果表现为世俗性和神圣性二元关系的二而不二,即世俗性中含有神圣性,神圣性中包容世俗性,而不是按照有和无的绝对二分、互斥的二元对立逻辑来理解。未觉悟时凡夫习惯性地用二分法来理解有无、是非和善恶,其分别心的障碍掩盖了本有佛性的升起。《般若心经》提到的"以无所得故"即为此义。他依次受持了发起的清净出离心受别解脱戒、依菩提心受菩萨戒和即身成佛受真言三昧耶戒,其三戒合一的戒体完美地融合了自利、利他、成佛三种诉求,转识成智,三密相应,即身成佛。这形成了其创造的沪密的主要特色。

2. 沪密的特点

(1)持松主张的教义是在唐密祖师"开元三大士"所说纯密教义内容基础上提出的华严佛学思想和密法相结合。唐朝华严三祖法藏开始尝试把华严与十一面观音密法相结合,华严四祖澄观的华严教义理论明显掺杂着密教内容。比如澄观引用金刚智译著《金刚顶经》来诠解《华严经》"字义为门"的概念,即赞成以密咒入道。辽代时期,以觉苑和道殿为代表的诸多华严僧侣和居士尝试华严和密法的显密圆通融合。日本华严宗初祖明惠也进行了尝试,并在其晚期形成了成熟的华严密法思想体系。持松和觉苑、道殿以及明惠华严密法的源头都来自汉地华严宗祖师和"开元三大士",但是在义理和修证实践上受到了当时自身所处社会文化环境的影响,同时融入了自己的弘法特色。

(2)沪密的密法基础与东密传统和仪轨也有差异。

(3)笔者发现《蒙山施食》密宗仪轨传承里收录了惠果阿阇黎—弘法大师—持松阿阇黎—慈舟法师—忏云法师的法脉传承,[①]表现出持松在密教理论和实践中仪轨特色的权威性和传承。据持松弟子记载,静安寺真言宗坛场建成之后,每夜在五大坛上座完成之后,在楼下后厅放显密五堂焰口,持松端坐主座,参观者不计其数。

(4)在藏密、东密在汉地盛行之时,持松法师所弘扬的华严密法独树一帜,并形成了沪密特色的唐密复兴主流。持松在1972年涅槃之前曾交待弟子杨毓华说:"船(法)要交于堪能弟子。弟子你认为具善根、能为法眷属者,皆为密林加持之化人。"大师入涅槃三十八周年(2010)时,持松之"众"字辈、"妙"字辈再传弟子达二十多位,目前有相当证量者七位,较大成就者五位。[②]

(5)沪密在上海这座具有海派文化特色的城市中生根发芽进而发展,明显具有都市佛教的文化特点。

(6)沪密表现了"人间佛教"世俗性和神圣性的高度统一。这种二元属性不是一种对立的关系,而是一种你中有我、我中有你的互相依存、互相支持的结构性支撑。如果离开神圣性的诉求,"人间佛教"的世俗性主张就是片面和不完整的。正是因为密教在教义和宗教实践中具有较其他佛教诸宗派更突出的神圣性底色,民国时期密教复兴的研究对于"人间佛教"的客观和全面认识是一个必不可少的环节。

(7)上海刊行的密教经典以及刊物和社团组织支持了持松在上海的沪密理论创建和发展。

---

① 慧律法师讲授,释法印整理:《蒙山施食念诵说法仪轨》第二册,高雄:财团法人文殊文教基金会,1999年,第2页。

② 杨毓华主编:《持松大师全集》第一册,第70页。

第三节　密宗与法相唯识宗

中国学界有诸多关于唯识学说的探讨。比如在印度瑜伽行派论师陈那把经部的带相说引入唯识学后,在其《观所缘缘论》中以因义和有形象来定义所缘缘。持松著《观所缘缘论讲要》,以因明三支之法,说明心外之所缘缘非有,心内之所缘缘非无。[1] 1922年持松曾著《瑜伽师地论浅释》,可惜已佚失。傅新毅《玄奘评传》详细论述了带相说和所缘缘的成立,在《玄奘法师〈制恶见论〉考》一文中论述了带相论的改进,证成唯识。[2] 胜又俊教认为,唯识思想被引入密教的经论仪轨中,对密教思想的形成起了很大的作用,这也是历来诸多学者所认同的观点。但严格地说,即使称为唯识思想,也存在唯识思想的发展与变迁。具体来说,必须确认密教经论仪轨中所阐述的唯识思想属于哪个流派、系统,是基于什么经论的唯识思想。另外,唯识思想在密教思想的形成上起着怎样的促进作用,必须在与如来藏系思想的对比上加以阐明。胜又俊教在说到唯识思想时,注意到存在不同学说的唯识系统以及学说的变迁,他对密教经论仪轨中所阐述的唯识思想进行了详细探讨。[3] 他关于唯识思想诸形态的讨论是以密教经论仪轨中所说唯识思想为中心来展开的,首先考虑了唯识系诸经论的成立及其内容。他从经论的成立史这一角度将诸经论分为三个时期:第一时期揭示了唯识思想的初期形态,第二时期揭示了唯识思想的大乘形态,第三时期揭示了对唯识思想的注释解析形态。从第一期到第三期的诸文献以作为有漏识的阿赖耶思想为中心,然后考察第七识(末那识)、第六识(意识)、前五识及与其相应而生起的心所。胜又俊教和水野弘元等日本佛教学者相信心所的概念是在部派佛教时期出现的。水野弘元分析汉传《阿含经》出现的相似于心所的名词,在与其相对应的早期部派经典中却没有提到。所以他认为在汉传《阿含经》中这些提到心所的段落是在后世才被补充加进去的,心所概念应起源于说一切

---

①　持松:《观所缘缘论讲要》,《佛学半月刊》第220期,1941年1月1日。

②　傅新毅:《玄奘法师〈制恶见论〉考》,《世界宗教研究》2011年第6期,第16—23页。

③　胜又俊教:《唯識思想と密教》,第147—180页。

有部及分别说部思想。胜又俊教分析对照了梵文与巴利文对心、意、识的构词和经典中的相关叙述,认为在《阿含经》中还没有出现实体的心与心所概念。此外,他也介绍了一些有特殊意义的唯识思想系文献,例如《入楞伽经》和《大乘密严经》。《入楞伽经》中承认真识、真相,这是将如来藏思想导入到以往的阿赖耶识思想中,然后融合如来藏思想以及阿赖耶识思想后的产物。而且,《入楞伽经》中的阿赖耶识与《摄大乘论》《唯识三十颂》等中所说的阿赖耶识的概念不同。《大乘密严经》则被认为继承了《入楞伽经》的学说,与密教思想直接相关的地方有很多,这是因为本经除了地婆诃罗译之外,大多是唐朝不空再译的。接着,他列举了《大乘密严经》①中的思想特质,其特色是融合了印度中期大乘佛教的两大思潮——阿赖耶识思想和如来藏思想。具体有以下七点:

第一,知道以阿赖耶识为中心的八识说,并多次反复阐述第八识与七转识的关系。

第二,关于心意识,或是论述了五法、三性、八识、二无我等要点,是继承了《入楞伽经》的学说。

第三,有能熏、习气等用语。

第四,阿赖耶识的解释与无著、世亲、护法等的说法不同,与如来藏同一视点。这一点属于《入楞伽经》学说的系统。

第五,基于第四点,关于阿赖耶识有两种理解。一方面认为阿赖耶识是有漏杂染之识,从阿赖耶识来论述意、意识、五识的转起。另外,也将阿赖耶识与如来藏、如来清净藏、本心、佛性、自性清净心同等看待。又说如来清净藏与世间的阿赖耶识的关系犹如黄金与戒指。

第六,《大乘密严经》中也有根据《如来藏经》《胜鬘经》等独自阐述如来藏思想的情况,也提到了《十地经》《华严经》等经名,这表明本经是集诸经典之大成的著作。

第七,比《入楞伽经》的思想更进一步。例如,在经典的开始部分讲述如来藏,接着用许多比喻来说明阿赖耶识是清净识,再得出如来藏即阿赖耶识

---

① 《大正藏》第 16 册,第 723—747 页。

的结论,这与以往的阿赖耶识思想不同。

接着,胜又俊教又指出传入中国并发展起来的地论宗和摄论宗中阿赖耶识思想的特质。他认为地论宗中的阿赖耶识多半受到《入楞伽经》和《摄大乘论》中的阿赖耶识思想的影响。换言之,菩提流支—道宠系统的地论宗"相州北道派",与勒那摩提—慧光—法上—慧远系统的地论宗南道派分立。北道派认为由阿赖耶识生出一切法,由此建立了阿赖耶识依持说;而南道派承认存于阿赖耶识根底的真如、法性,认为真如、法性生出一切法,由此建立了真如依持说。慧远则受到真谛三藏所译《摄论释》思想的影响,创立了阿赖耶真识依持说。在真谛三藏的摄论宗中,将阿赖耶识作为第八识、阿陀那识为第七识(染污意)、阿摩罗识(无垢识)为第九识。将阿陀那识称为第七识(染污意)的说法不见于玄奘所译诸论书,而是真谛三藏译书的一大特色。另外,玄奘将阿摩罗识译为如来的无垢识,也称第八净识,但并没有在第八识之上再加第九识。真谛三藏的这种特异思想,也应该被看作是他在印度所学唯识学说的一个独立系统。

胜又俊教进一步完善了转识得智的思想内容,从四智思想发展到五智思想。

(1)第五智法界体性智的源流

四智思想的源流虽然已经无法追溯,但是可以认为四智思想是基于玄奘译《佛地经》而成立的。《佛地经》论述了如来的大觉地由清净法界和四智构成。① 在四智部分分析了如来智的内容,而清净法界被认为是如来智所照耀的觉悟世界。但是,在密教经典中,清净法界被称为法界智或法界体性智,被归入智的系列,合为五智。即使到了六世纪半叶成立的亲光《佛地经论》中也没有将清净法界认为是法界体性智。但是,在《佛地经论》②中有说一切有情是如来藏、一切有情皆有佛性、心性本净,所以到了《佛地经论》,清净法界的思想也有可能被纳入心性的问题,从这一点来看,也为智的思想的形成找到了立足的根据。另外,《佛地经》中的四智说虽然是佛所具有的四

---

① 《大正藏》第 16 册,第 721 页上。
② 《大正藏》第 26 册,第 302 页上、305 页中—下。

智,但一旦将其作为唯识思想体系中转识得智的四智时,若考虑其成立过程,则是有为无漏之智,而非本有无漏之智。与此相对,心性、自性清净心指的是本有无漏智,所以在四智之外,还成立了考虑这种本有无漏心的思想。《大乘庄严经论》阐述了作为转识得智的四智,同时在心性本净说中也发现了值得注意的法性心、心真如这一用语。梵本的修行品(Pratipatti)第十三的第十九偈说,心本性净,常因客尘之过而污,但若离法性心(Dharmatācitta),就无法于他心的自性中考虑清净。在其注释中解释道:"离开法性心,无法考虑其他依他相的心的本性清净。故应知此处的心即心真如(Citta-tathatā)。"汉译偈中说:"不离心真如,别有心性净。"①注释中又将此心真如解释为自性清净心或阿摩罗识。通过比较梵本与汉译可知,梵本的法性心相当于汉译的心真如,梵本的心真如相当于汉译的阿摩罗识,这里心真如、法性心、阿摩罗识是同义词。由此可见,《大乘庄严经论》通过唯识思想阐述转识得智,同时也通过心性本净说阐述法性心、心真如。如果认为《佛地经》所说的清净法界与自性清净心是有关联的,那么从这一点出发,可以认为清净法界最终发展为清净法界智、法界智,再进一步发展为法界体性智的思想。因此,在这里也可以找到法界体性智的源流。

(2)转识得智的问题

《佛地经》认为四智是如来之智,并详细论述了不同智的特点,但是完全没有触及从识到智的转换(即"转识得智")。在早期的唯识系经论中并没有提及四智,到了《大乘庄严经论》和《摄大乘论》才开始说四智,并成立转识得智说。到了《成唯识论》和《佛地经论》则论述得更加详细。首先是《大乘庄严经论》中说:"四智镜不动,三智之所依,八七六五识,次第转得故。"②然后是《摄大乘论》说,转五蕴中的识蕴之体而得自在,那是因为得大圆镜智、平等性智、妙观察智、成所作智。③ 世亲的《摄论释》同样只说转识蕴之依而得四智。④ 而在无性的《摄论释》中则说,转八识而得四智,并明确阐述了八识

① 《大正藏》第 31 册,第 623 页上。
② 《大正藏》第 31 册,第 606 页下。
③ 《大正藏》第 31 册,第 149 页下。
④ 《大正藏》第 31 册,第 372 页上。

与四智的关系。① 深受陈那影响的护法在《成唯识论》中,不仅说转八识得四智,而且在唯识观的实践中明确指出,转八识得四智并非只是将四智作为佛的四智,也要注意四智转得的次第。② 后世的学者将此称为"平等妙观初地分得,大圆成所唯佛果起"。亲光的《佛地经论》继承了《成唯识论》的转识得智说,并进行了详细阐述。③ 但是被认为是唯识系经典的《入楞伽经》中并没有提到转识得智说。此外,《大乘密严经》也是如此。这表明,这两部经典与阐述四智思想的诸论书的系统不同。而在密教经论中的四智转得说是在接受唯识系转识得智说的同时,从密教角度进行解释的。

(3) 五智说的成立及所说的诸形态

或许是由于密教经论仪轨类的成立,也可能是由于唯识论中所阐述的四智阐述之后又出现了新的五智思想。如何看待五智思想的形成过程呢?《大日经》中说一切智智、如实知自心,又说中台八叶的五佛或九尊,但都尚未提及五智思想。在《金刚顶大教王经》和《金刚顶瑜伽中略出念诵经》中虽然说了五佛或三十七尊,但五智思想尚未成立。五智思想是在《金刚顶经》系统的仪轨中被阐述的。但是,关于五智的说法呈现出各种形态,并不是一致的。五智学说的说法大致分为以下四类情况:具体揭示五智之名、将五智和五佛相联系、只列举五智之名、以五智赋予事物特色等。胜又俊教根据这四类的诸多例子得出结论,他认为,具体揭示五智名称的第一类情况意外地少,而在五智配五佛的说法成立以后,五智的转用例子则变得非常多。而且,五智是在五佛思想成立后,作为使五佛的智具有不同特色的方法,重新形成了五智思想。而在五智思想成立后,五智作为佛智的表现方法而被大量使用,也被添加到密教的印、宝瓶、宝冠、杵、贤瓶等内容上,作为表示其特色的词语。在中国和日本的文献中虽然也有阐述五智转得的文章,但在印度密教中,五智说是对应五佛思想而形成的,并不是作为转识得智的思想而形成的。

---

① 《大正藏》第 31 册,第 438 页上。
② 《大正藏》第 31 册,第 56 页上—下。
③ 《大正藏》第 16 册,第 302 页中—下。

接着,胜又俊教论述了阿赖耶识思想的诸相。在密教经论中经常可以看到阿赖耶识这个词,这是密教接受阿赖耶识思想的证据,但有时指的是有漏的阿赖耶识,也有将阿赖耶识与如来藏同等看待的情况,在理解上是绝对不一样的。《大日经》《大日经疏》以及持松著作中多次出现阿赖耶识。如《大日经·住心品》中说,大乘修行者观察"蕴阿赖耶",知道阿赖耶的自性如幻、阳焰、影、响、旋火轮、乾闼婆城。① 但是,此蕴阿赖耶是五蕴所依的阿赖耶识的意思,指的是作为有漏识的阿赖耶识。《大日经疏》称阿赖耶识为阿陀那识,说三界唯心、心外再无一法可得。也可以说这样的思想是根据《入楞伽经》和《解深密经》等的八识说而来的,也可以看作是继承了《解深密经》以来的阿陀那识、阿赖耶识思想。但是,唐朝一行祖师在解说了作为有漏阿赖耶识的蕴阿赖耶的含义之后,又说:"然阿赖耶有三种义:一者分别义,二者因缘义,三者真实义。"② 并引用《大乘庄严经论》求真实品的偈文,其内容是阐述分别性、依他性和真实性的三性说。胜又俊教认为这样的长篇引用未必合适,因为超出了作为《住心品》疏的注释书的界限。"阿赖耶有三种义"这段并非指阿赖耶这个词的意思,如果从唯识八识学说来看的话,依他性的识有可能成为分别性,也有可能成为真实性,所以是为了明确关于识的三性说。此外,同样是《住心品》中说:"有情类业寿种除,复有牙种生起。"③ 对此,《大日经疏》中的解释是:"今修平等三业清净慧门,一切蕴阿赖耶业寿种子皆悉焚灭,得至虚空无垢大菩提心。"④ 这里的蕴阿赖耶也指的是有漏种子的有漏杂染的阿赖耶识。因此,《大日经》和《大日经疏》认为阿赖耶识是有漏识,并没有继承将阿赖耶识等同于如来藏的思想。

在不空译的仪轨中,《金刚萨埵五秘密仪轨》是一部受唯识思想影响同时又宣扬密教思想的仪轨。胜又俊教通过对比该仪轨⑤和《成唯识论》⑥中的相关内容,认为仪轨中阐述俱生的我执和法执的文字大概是受到后者的

① 《大正藏》第 18 册,第 3 页中。
② 《大正藏》第 39 册,第 602 页上—中。
③ 《大正藏》第 18 册,第 1 页中。
④ 《大正藏》第 39 册,第 584 页中。
⑤ 《大正藏》第 20 册,第 535 页下。
⑥ 《大正藏》第 31 册,第 2 页上、第 6 页下。

影响。接着,变易俱生的我执和法执的种子,即减少有漏种子而生出无漏种子并成长,则是以转识得智的思想为背景成立的。同时,该仪轨中也将金刚界种子代替此无漏种子,说"于阿赖耶识中种金刚界种子"。① 此外,他还指出该仪轨中所说的阿赖耶识是有漏识,也论述了转末那识、意识、五识而得平等性智、妙观察智、成所作智,所以是原封不动地继承了唯识思想。接着列举了《般若理趣释》②,其中说与净阿赖耶识相应的智是大圆镜智。这是有漏的阿赖耶识被净化变成清净无垢之所,也就是将如来的无垢识作为净阿赖耶识。他又列举了《金刚顶瑜伽修习毗卢遮那三摩地法》③,其中对阿赖耶识进行了阐述,并将其视为清净识,也能看出与心性本净思想相关联。例如,将心作为阿赖耶识,认为阿赖耶识本非染、清净无垢。从这一点来可以看出,这是以心性本净思想为基础的,此外,也属于《入楞伽经》和《大乘密严经》所说的阿赖耶识即如来藏的思想系谱。但是,在进一步强调观心为净月轮、证得菩提心这一点时,可以看出心性本净说、如来藏即阿赖耶识说与菩提心思想的融合。由此,也可以将其作为密教思想发展的一个侧面。另外列举了《普贤金刚萨埵略瑜伽念诵仪轨》④,这里的阿赖耶识指的是有漏识,因为在这个识中含藏杂染种子。还有《仁王般若陀罗尼释》⑤,这里的阿赖耶识也指的是有漏识,因为这个识包含俱生的我执和法执种子。此外,论述俱生的我执和法执这一点与《金刚萨埵五秘密仪轨》相同。又举例《大佛顶首楞严经》卷九⑥,这里所说的阿赖耶识、末那识指的是有漏。但是在《大悲空智金刚大教王经》卷三⑦中说此阿赖耶识是诸佛宝藏,即作为如来藏的阿赖耶识之意,可以看出融合了如来藏思想。从以上的众多例子可见,在密教经典或仪轨中所说的阿赖耶识,有时指的是有漏的阿赖耶识,有时指的是融合了如来藏思想的阿赖耶识,它们在不同经典中的特定含义是不一

---

① 《大正藏》第 20 册,第 535 页下。
② 《大正藏》第 19 册,第 610 页中。
③ 《大正藏》第 18 册,第 329 页上。
④ 《大正藏》第 20 册,第 532 页上。
⑤ 《大正藏》第 19 册,第 523 页中。
⑥ 《大正藏》第 19 册,第 146 页下。
⑦ 《大正藏》第 18 册,第 596 页上。

样的。因此,在理解密教经典或仪轨中所说阿赖耶识时,必须注意它们是继承了唯识思想中的哪个流派、系统的思想源头。

然后,胜又俊教论述了转识得智思想的诸相。在密教经论仪轨中,可以发现一边接受唯识思想中的转识得智说,一边没有矛盾地对密教的诸问题进行解释。他先列举了《金刚萨埵五秘密仪轨》中欲触爱慢四金刚得四智一文。① 这里把唯识思想中的转识得智说作为四大金刚的活动内容赋予了意义。转识得智说在《大乘庄严经论》《摄大乘论》《摄大乘论释》中都有阐述,特别是在《成唯识论》《佛地经论》中也有详细论述,而《金刚萨埵五秘密仪轨》的解释可能是继承了《成唯识论》《佛地经论》等的思想。除了转识得智说,也从三性说的角度来论述,由此可见在思想上的自由,应该将其理解为密教中的发展性解释。他又列举《般若理趣释》来说明,他并没有阐述处于有漏四识与无漏四智关系中的转识得智,而是以如来境界为中心,阐述如来无漏四识与相应的四智。经中引文说的是:现证金刚平等、义平等、法平等、业平等等时,如来的净阿赖耶、第七无漏末那、清净意识、无漏的五识依次与大圆镜智、平等性智、妙观察智、成所作智四智相应。金刚、义、法、业是《般若理趣经》中被称为证悟法门的一段,讲述大日如来为诸菩萨而成就般若波罗蜜多的理趣、寂静法性的现等觉。其觉悟有四相,即金刚坚固、一义、自性清净、无分别。在解释这四相时,将其作为无漏四识与无漏四智相对应的状态,形成了大菩提四相的唯识学解释。此外,又列举了《般若理趣释》中的一文②,在这里论述了因四种妄识而积集烦恼的状态是以凡夫为对象,所以将处于凡夫之位称为识。与此相对,到达如来地的则称为智。由此可以认为这是继承了转识得智的思想,但从以四智来对治四种妄识这一点,也可以认为是继承了本觉法门的思想。后面又列举了两段以说明这里在继承如来藏思想的同时,也吸收唯识思想系的四智说,并将两者结合了起来。但与以有漏杂染的八识说为中心的转识得智的唯识思想不同,这里论述了如来藏四智的本具。从这一点来看,很明显可以推断密教是以如来藏思想为基

① 《大正藏》第 20 册,第 538 页中。
② 《大正藏》第 19 册,第 610 页中。

础的。阿赖耶识思想和如来藏思想本来就是思想根源不同的两大思潮,但在《入楞伽经》和《大乘密严经》中显示出这两种思想的融合倾向,可以认为是在继承这些经典思想倾向的同时,努力阐明密教的学说。

胜又俊教又导入了摄论学派祖师无著、世亲之学而推阐摄论宗影响的思想,以"古学"唯识来区别玄奘所继承的陈那、护法的"今学"唯识思想,来阐述其和密教内容的关系。他主要以《佛顶尊胜心破地狱三种悉地真言仪轨》为对象展开论述。该仪轨被认为是善无畏译,其中的识说,无论是用词还是解释方法,都与其他密教经论仪轨完全不同。其显著之处有以下三点:[1]

(1) 本觉阿字本佛。

(2) 阿字如阿摩罗识,阿摩罗识体阿梨耶识用,阿字含藏万法,犹如藏识含诸法也。

(3) 三识者,一波陀那即六识,二阿陀那识即七识,三阿梨耶识即八识也。今第四加阿摩(罗)无垢净识,当为九重心月轮义也。

根据这三点得知,第一点中存在阿字本觉本佛的思想;第二点中阿字虽是阿摩罗识,但其体与阿赖耶识(藏识)相同,其用含藏万法,犹如阿赖耶识含藏诸法一般。这两处是作为阿字所具有的意义,提出了本觉、本佛阿摩罗识,强调了它们在思想上具有一系列的关联,以及人的本性与佛是本来不离的。而第三点则提到了八识说和九识说,在说前三识时,所说的与天台智颉《维摩经玄疏》卷五的句子相同,估计是基于此而来。首先,将六识称为波陀那,这在真谛翻译的诸论书中都没有找到,所以现在还不清楚其出处。第七识为阿陀那识,则见于真谛翻译的诸论书中。第八识为阿梨耶识,这也被认为是根据真谛翻译而来。进而提出九识说,将第九识称为阿摩罗识,这也见于真谛译诸论书中,被认为是真谛三藏的学说。因此,《三种破地狱仪轨》并非玄奘所译或后来的新译,而是真谛所译,从他也知道天台智颉的著作这一点来看,可以推测是在中国撰述。

除了引用中国的文献,胜又俊教还引用了日本撰述的诸著作来阐述九

---

① 《大正藏》第18册,第913页下。

识五智。在被推测为弘法大师之后的日本作者所撰述的密教著作中,可以看到诸多有关九识、五智的说法。首先,在《秘藏记》①中,慈悲喜舍四无量心被认为是如来的四种佛智,然后引入转识得智的思想来解释佛智的体现方式。将四无量心配以四智的想法,在以往的传统学说中是找不到的,但考虑到慈悲喜舍之心的精神特色,可以将其设想为与四智相当。但由于四智是由八识转换而得,所以有必要对应转换的八识的特性进行界定,也因此说第八阿赖耶识是如来藏、法界智,第七末那识是分别识,第六识是无染识,但是关于五识没有被说明。将阿赖耶识与如来藏等同看待的想法,是根据《入楞伽经》以来的传统解释,而将末那识作为分别识,也是根据《入楞伽经》中"分别事识"而来的。然而,将第六识作为无染识,即使可以考虑其相等的意义,这样的解释基于什么也并不明确。无论如何,在日本著的《秘藏记》是将转识得智说应用于四无量心观的解释中。此外,在《秘藏记》中,从密教及语义的角度对五智做了详细的解说。② 另外,《秘藏记》为了弄清显密对于识的数量的差异而设置了问答。③ 其中对法相宗的阿赖耶识、末那识、意识、五识等八识说,提出了密教独有的识说。即认为一识是指中台大日心王摄一切心,八识是指中台八叶尊的心,九识是指中台的大日尊和八叶尊,十识是指九识心摄一切心,并论述了一切一心识。这是基于将密教中诸尊的心作为识的数量,以及《释摩诃衍论》卷二所说的一切一心识的思想而来的。他接下来又探讨了《异本即身义》和《五大明王义》这两本并非空海的日本著作。在《异本即身义》(《真言宗即身成佛义问答》)中,可以看到用转识得智的思想解释九识和五智的篇章。④ 该文中第七识为阿陀那识,第九识为阿末罗识,这不是玄奘译论书的用语,而是真谛译论书的用语。另外,转第九识而得法界体性智的思想,不见于印度密教文献中。因此,《异本即身义》中转九识得五智的思想,没有思想史上的传承,可以说是错误的解释。不过,从《五大明王义》来看,有与《异本即身义》类似的说法,可以认定两者有密切

---

① 《弘法大师全集》第 2 卷,第 16 页。
② 同上,第 8 页。
③ 同上,第 42 页。
④ 《弘法大师全集》第 4 卷,第 6 页。

的关联,也就是将密教曼陀罗中的东南西北的四明王依次转八识而得到四智的内容。在论述中台的不动明王时,①将第九识称为阿末罗识(音写语)或无垢识(译语),认为是从第八识中显现出来的识。玄奘译论书中说净分的阿赖耶识是如来的无垢识,因此法相宗的定论是,没有必要在八识之上并列建立第九识。然而在真谛所传的摄论宗学说中,认为净分的阿赖耶识是独立的识,并建立第九识,所以主张九识说。但即便是九识说,那也是五智思想尚未形成的时候,所以转识得智只是在八识四智的关系中被考虑。然而,在《异本即身义》和《五大明王义》中,并没有充分考虑思想史上的意义,而是将九识说和五智说相结合,形成了转新建立的第九识而得法界体性智的说法。但即使建立了第九识,因为它指的是如来无垢识,所以显然没有必要再将其转为法界体性智。

由此总结来说,胜又俊教考察了唯识思想在密教思想中的继承或影响,能体现思想发展的是从四智说到五智说、从三身说到四身说的有关佛智和佛身观的问题,而能体现唯识学思想被原封不动地继承下来的则是阿赖耶识说与转识得智说。从四智说到五智说,即法界体性智的设定,是在五佛思想成立后不久要对五佛佛智的特性进行界定时成立的,首先是将唯识论书中所阐述的四智分配给四佛,然后必须再重新思考大日如来的绝对智。而且,法界体性智的思想源流很明显直接来自《佛地经》《佛地经论》中的清净法界,但另一个可以考虑的情况是,不是从阿赖耶识思想体系,而是从心性本净说、如来藏说的思想系谱中挖掘的。总之,从四智到五智的发展成为明确密教统一佛陀观的主要原因,随着五智思想的形成,最终又发展为五智庄严的密教世界。

从三身说到四身说的展开,包含了两个方面。其一是原封不动地继承了唯识诸论书中所阐述的三身说,同时将法身或自性身的内容定位为大日如来这一特定名称的佛身,重新构建了以大日如来为中心的三身说。另一方面是根据《入楞伽经》等思想,从变化身进一步派生出等流身,构成了四身说。四身说出现在以不空译为中心的少数仪轨类文献中,流传到中国、日本

---

① 《弘法大师全集》第 4 卷,第 858 页。

以后则成为密教佛身观的特色。

其二是唯识诸经论的中心思想阿赖耶识说被密教仪轨类经典原封不动地继承下来,在思想上没有什么发展。但是,在唯识诸论书中,将阿赖耶识作为有漏识,《入楞伽经》和《大乘密严经》融合了阿赖耶识和如来藏,密教仪轨类经典则继承了其中的一种。因此,要注意密教仪轨类经典中所说的阿赖耶识(藏识)究竟是哪个系统的思想。

然后是转识得智,这又是原封不动地继承了唯识诸论书所说的转八识得四智的说法,同时套用四大金刚、四大明王等智的内容来解释,虽然在此尝试过密教的解释,但绝对看不到转九识得五智的思想。那是因为法界体性智指的是大日如来的智、作为统一四智的智,而不是在转识得智思想的发展延长线上所设想的智。然而,在后世日本的密教文献中,提到了转九识而得五智,这从印度密教思想史上看并无根据,从思想构造的角度来看,也包含着矛盾。另外,在密教仪轨类经典中使用了很多与唯识思想相关的术语,例如阿摩罗识、末那识、俱生的我执法执、无始熏种子、无漏种子、有漏种子等。但是,也有像《破地狱三种悉地真言仪轨》那样根据真谛译经而产生的特殊仪轨,所以必须对各种仪轨类经典进行充分的斟酌。总的说来,第一,以文献资料为中心来看的话,唯识思想被集中继承于不空译的仪轨类文献中,并没有涉及被翻译的密教经典的全部。第二,从思想内容来说,唯识思想中摄取了四智、三身、作为如来藏的阿赖耶识等有关佛陀、佛智和成佛可能性的思想,有漏识不过是被用于说明凡夫之心。这是因为构成密教思想根底的不是阿赖耶识思想,而是如来藏思想。密教仪轨类经典中所阐述的心性本净、如来藏、菩提心、佛性、自性清净心、自心佛等思想,其重要性是阿赖耶识思想无法比拟的。

权田雷斧《曼荼罗通解》一文中也详细解读了唯识和密法之间的关系。他说:"胎藏界曼荼罗,示因位之九识,即心王,诸尊心所也。心所中有烦恼之心法,(恶心所)现诸外部金刚等,现佛菩萨者。善之心所法也。金刚表因位之九识,到佛果之位转而成五智,故金刚界之曼荼罗,为五月轮。月轮有当体与譬喻之二义,自当体言,则月有自晦至望之差别,示此之差别智者,金刚界之曼荼罗也。""胎藏界为从果向因之曼荼罗。故为下转化他之曼荼罗。大日如来自证之三菩提,究竟圆极,以本有之大悲及因位悲愿,广利益一切众生界使成得道。金刚界者,从因向果之曼荼罗,上转修证之曼荼罗也……此中有五智由五方代表……故云金刚界于此之位,因位万行,悉皆辐凑,而无量之功德,一场无缺。""金刚界以五智三十七智等,具足圆满,故为多法界,胎藏者理平等而无相,故为一法界。"[①]

　　由于汉地密教研究的滞后,很多从密教入手来阐明佛教诸派义理关系的思考还远远没有开展。作为权田雷斧的灌顶传法弟子,持松对于密宗和唯识学说义理的圆融同样有着迫切的要求。持松先为禅门临济宗第四十三世传人,后赴日本学习东密,同时亦兼及唯识法相的研究与弘扬。他非常仰慕唐代玄奘大师,由其自号"师奘沙门"可见一斑。持松刚继任兴福寺住持时,由于年纪太轻,不免受到当地各界人士的怀疑。然而,他随后便用实际行动证明了自己足堪大任,其中就包括发表大乘佛教方面的释经论著。在兴福寺管理寺务和华严预备学校授课期间,他登台授课之余也著书立说。例如,持松开设的课程中有《摄大乘论》,此外也撰写了《摄大乘论义记》《释迦如来一代记》《大乘起信论讲义》《观所缘缘论讲要》《瑜伽师地论浅释》等。1921年8月起,《摄大乘论义记》在《海潮音》上连载十九个月,震动了整个佛教界。吕澂曾经谈到,就传入中国的印度诸家学说而言,奘、净二家可谓尽得真传,此后由于印度政治形势大变,各种学说趋于混乱,传入西藏者较奘、净二家所传多不足征信。[②] 在近代佛教复兴的风潮中,太虚法师和欧阳竟无乃近代法相唯识学说的领军人物。当时,南京支那内学院的欧阳渐(竟无)居士和杭州净慈寺的太虚法师正围绕唯识与法相展开激烈的笔战,欧阳竟无得知《摄大乘论义记》的作者"虞山兴福寺师奘沙门密林持松"乃二十余岁的青年僧人,喜出望外。而太虚法师此前虽与持松见过面,仍深感意外。两位大德认为持松"将来必为佛界龙象,故甚器重之"。欧阳竟无对持松关心有加。持松在上海弘法期间,欧阳竟无花费八千余银元在上海淡水路57

　　① 〔日〕权田雷斧:《曼荼罗通解》,张曼涛主编:《现代佛教学术丛刊》第74册《密宗仪轨与图式》,第62—66页。

　　② 吕澂:《佛学分科及其传承》,《法音》2005年第3期,第21页。1938年4月3日讲于支那内学院蜀院,2005年1月肖永明整理。

号购置了一间两厢一厅的楼房,并将其改造为圣仙慈寺,作为道场供持松居住,二人的友谊由此可见一斑。

根据《持松大师年谱》记载,持松与太虚初识于 1919 年夏,当时太虚任杭州弥勒院住持,持松到杭州西湖养病时,经华严大学同学郎然介绍,遂与太虚结识。此后应太虚之邀,持松于多处讲经、传授梵文,对弘扬法相宗作出诸多贡献。持松发表《摄大乘论义记》后,太虚于 1921 年底邀请持松到杭州净慈寺内永明学社(太虚创办)讲授《八识规矩颂》,又请持松任《海潮音》撰述,并为《海潮音》封面题签。1922 年 9 月,太虚创办的武昌佛学院举行开学典礼,持松受邀参加,并向新生讲授《观所缘缘论》,后据此编成《观所缘缘论讲要》,此书与同年撰写的《瑜伽师地论浅释》均为唯识法相方面的研究成果。1928 年,世界佛教居士林聘请持松与太虚等人担任佛学研究会指导,研究对象主要是法相唯识方面的典籍,如《解深密经》《大乘入楞伽经》《八识规矩颂贯珠解》《唯识方便谈》等。1934 年,太虚还邀请持松为其所著《法相唯识学概论》一书作序,可见持松在法相唯识方面的造诣深受认可。如果从密宗角度来认识法相唯识学的理论,无论是有余依的空或者无余依的空,都是一个真实不虚的大"有"。所谓空是意识达到平静的现象,所谓不空便是意识平静的实体本来如是而已。①

持松著述在得到太虚、欧阳竟无两位法相宗泰斗的认可后,声誉日隆。在持松的影响下,其弟子亦对法相唯识宗的发展有所贡献。如 1931 年,朱子桥将军(法名"超愿")在陕西赈灾期间,曾以工代赈修葺慈恩寺、慈恩塔,不仅恢复了慈恩寺的正常弘法活动,还与李福田、唐慕汾、康寄遥等人在寺内创建慈恩学院,聘请了太虚、持松、妙阔等法师主持学院教学工作。持松由于法务繁忙,未能亲临。当时陕西编辑出版的《佛化随刊》第十七期载有持松与朱子桥、康寄遥等人往来的七封信件,题为《持松法师与各居士往来函件》,从中可见持松并非偏执于弘传密宗,对慈恩学院的发展亦十分重视,多有奔走串联的推动之功。例如,原文有载:"长安古道场寺塔,得诸大居士

① 高公孙:《道家、密宗与西方神秘学》,张曼涛主编《现代佛教学术丛刊》第 73 册《密宗思想论集》,第 34 页。

次第修复,实非常之盛举,德业广大,不可思量,因之叹赞不已。密宗固应恢弘,学院亦当务之急,甚愿早观,顾咸承召,既符私愿,敢不乐从。徒以武汉宁沪各地,尚坚约讲经传戒,既已前诺,未便贸然置之,种种羁绊,西行之期,遂不得不稍展时日,容俟可行,即便莘发。至邀延弘一师,俟得晤,当代为致意,再函奉覆可也。"①法相唯识宗由玄奘法师开创,持松对朱子桥等人的支持,推动了玄奘遗风的弘扬。

第四节　密宗与天台宗

近来学界关注到唐代密教与华严、天台宗、禅宗、律宗以及净土宗教义都有密切关联,但是全面具体的综合研究却非常少,因而许多内容尚待深论。如日本学界也提出,唐代密教与其他佛教宗派的关系以及对后者的影响究竟如何尚无清楚的解释。② 以成佛观点为例,唐密的"即身成佛"概念和内涵不同于净土宗的"即心是佛",也不同于禅宗的"见性成佛"或"即心成佛"和天台宗的"六即佛"③。本节阐述密宗与天台宗的交叉关系,以说明沪密定义中广泛而大量的社会形态的多点结合属性。后面接着叙述密宗与禅宗、律宗以及净土宗复杂的交叉、融合联系。

在会昌法难发生前,汉传密宗传入日本发展为东密和台密两脉。公元

---

① 杨毓华主编:《持松大师全集》第八册,第 3803 页。
② [日]冲本克己编:《兴盛开展的佛教(中国Ⅱ:隋唐)》,第 422 页。
③ 六即指天台圆教所立的六种行位。根据《观无量寿佛经疏妙宗钞》卷上,六即佛为:1. 理即佛。一切众生本具佛性与如来平等无别。2. 名字即佛。从善知识或经典闻知得见于名字中通晓万法皆是佛法。3. 观行即佛。依佛法修行,心观明澈、理慧不二、言行如一证得此位。此位又细分为随喜品、读诵品、说法品、兼行六度品和正行六度品等五品位。4. 相似即佛。观行中明达清净,断灭见思惑,降伏无明,此位分为十信位。5. 分证即佛,又称分真即佛。分断无明而证中道位。6. 究竟即佛。断除四十二品无始无明,成就究竟圆满觉智,证极果妙觉佛位。此六即佛虽有分别,但其佛性不二,彼此互即。蕅益大师之《教观纲宗》对藏通别圆四教,都有论六即佛之文。但藏通别三教而论六即,此是权义,只有圆教,才是实义。何以故? 藏通二教,仅断见思,未破无明,何来佛果? 故可不论;别教虽破无明,仅十二品,只有分证资格,没有究竟佛果,亦可不论。唯圆教方可论六即佛也。即就圆教而论六即佛。

805 年，留学中国的日本天台宗传教大师最澄学成归国，为日本天台宗注入了密宗的教相与事相，创立了台密。次年，弘法大师空海回国，带回从惠果法师处继承的金、胎两部大法，及中印密教的诸多法器，在嵯峨天皇所赐京都东寺建立真言宗道场，被视作东密的最早创始人。吴立民指出，东密名称并非对东寺以外之真言密教而言，乃是对台密而立的学语。但东密一语始自何时、创自何人，并不清楚。他尝就东密学者问之，明确答复者亦无一人。东密与台密针锋相对的状况由此可见一斑。唐密传到日本形成东密，中国天台宗传到日本之后形成日本天台宗，最澄及其弟子圆仁、圆珍把日本天台宗和唐密的一部分、空海代表的东密一部分以及其他显教诸宗思想结合创造出台密（日本天台密教）。持松从日本回来以后，对日本东密和日本台密教义也并非全盘接受，认为他们和中国本土流传的传统唐密和天台比较已经发生了变化。持松本人坚持华严和密宗相结合的道路，天台和密宗的结合是密教复兴运动中另外一个方向。1925 年，太虚还在庐山发表了题为《论即身成佛》的演讲，后发表于《海潮音》。在讲稿中，太虚运用天台宗六即佛理论重新阐释"即身成佛"，认为"即身成佛"为显密共有，"非密教独有的胜义"，天台教义可以统摄真言宗"即身成佛"论。

严耀中对密教与天台宗的紧密关系进行了论述。例如，天台僧侣们学习并运用密法咒术，或是融摄密宗经咒仪轨而开创出天台的教仪法规。他认为中国文化的圆融性是汉传密教与天台宗，乃至与其他诸宗能够在一定程度上结合的一个背景。① 持松法嗣华严，兼研天台宗义。后转习密教，既入东密之古、新义真言宗，也学台密之天台宗。其流传最广泛的密教思想主要体现在《贤密教衡》《贤密教衡释惑》《密教通关》中。他融贯多宗，认为各宗派互有所长，"显密乃化法仪式之不同，各有权实"。在其著作中，持松要求弟子显密兼学以宗真言。他以大疏释阿字故得知真言同《法华》：阿字长声是菩提心，即《法华》开佛知见，阿字短声是菩提行义，即示佛知见；暗字长声是证菩提，是悟佛知见，暗是短声是涅槃义，即入佛知觉；第五噁字（短声）是具足方便义，即是总《法华》之开示悟入也。他不完全赞成东密的判教方

---

① 严耀中：《汉传密教》，第 76、170—171 页。

法论。持松认为空海《十住心论》判教实是"不得已而为之","又约佛果说，则《华严》胜于密教；约众生进趣方便说，则密教胜于《华严》。故弘法大师将真言判在《华严》之上，不能谓不当。特以十住心配属，为权宜之计耳"。[①]

　　持松认为台密判教思想也不究竟为了义。安然著《教时问答》为台密的判教经典理论。在其中，他以天台立场尊崇《法华经》，认为《法华经》《般若经》《维摩经》等为理密教，《大日经》《金刚顶经》等为理事俱密教，其他三乘为显教。安然以不空提出的"一大圆教"学说而创始终"一佛、一时、一处、一教，以收摄十方三世一切"的"唐密"。对此，持松提出不同意见："夫曰判教，乃判一音中随机之教，亦即萨婆若(一切智智)平等心地中差别之乘，及一解脱味中五种三昧耶道耳(五种三昧耶藏)。至于如来垂教之本，谁不曰同一解脱味，一音、一大事因缘哉。何劳更判一佛、一时等耶？故此所立，言虽无过，而以判教则不可也。然则究准何法而判教耶？曰：昔辽苑法师曾以贤首五教解《大日经疏》，日本明惠上人亦曾以《华严》合于密教。余意古今判教诸师，以华严宗贤首大师所立之小始终顿圆五种教门，最为圆满。今将密宗根本两部大经，用五教判摄，当是第五圆教。而圆教中，又分同圆、别圆，此宗属同圆教也。何以故？以与《法华》同为开权显实，摄末归本之教故。但《法华》为显一类机，两部为密一类机也。《大日经疏》既广引《法华》对证。台密所立一佛、一时、一处、一教，虽本于不空大圆教之旨而立，然亦不能判一代教。何以故？昔菩提流志依《维摩经》所说，佛以一音演说法，众生随类各得解，而立一音教。贤首大师破云：此一音之法乃是教本，不能判教浅深。"[②]

　　日本学者村上专精《日本佛教史纲》详细论述了东密和台密的关系及其异同。东密根据《大日经》说教，把天台宗列为显教，在空海《十住心论》中，把天台宗归为"第八心"、华严宗列为"第九心"，以真言密教为"第十心"，由此把《法华经》降低到《大日经》与《金刚顶经》以下的地位。而台密依据《法华经》说教，其地位与《大日经》《金刚顶经》在教理上相等，但是承认密教在事相方面优胜。

---

① 持松：《密教通关》，第 15 页。
② 杨毓华主编：《持松大师全集》第三册《密教通关》，第 1966—1970 页。

　　吴立民进一步从教主、教义、教判、教法、教释等方面对东密和台密两者的不同之处进行了总结：①

　　（1）教主上，东密以毗卢遮那佛（大日如来）法身为体，与释迦牟尼佛别体；台密以大日如来与释迦牟尼佛同体。

　　（2）教义上，东密无理密事密（事理俱密）之分，除《大日经》《金刚顶经》以外的经典所持教派皆为显教；台密有理密和事理俱密之分，故《法华经》《华严经》亦称理秘密教经典，《大日经》《金刚顶经》《苏悉地经》亦说身、口、意事相之法，故称事理俱密教经典。

　　（3）判教上，东密以空海《十住心论》为本；台密依天台化法四教，圆为密教，藏、通、别为显教。

　　（4）教法上，东密以六大缘起为体大；台密依阿字为本体。

　　（5）中心上，东密围绕《金刚顶经》系金刚界为中心；台密以《大日经》系胎藏界为中心。

　　（6）教释上，东密以《摩诃衍论》为基础；台密以《大日经义释》为本。

　　（7）次第上，东密偏重金刚界、胎藏界先后次第，不另立不二；台密依胎金次第，两部大法之外另立苏悉地部不二之法。

　　（8）传承上，东密一系法流统一；台密两部各分系门。

　　（9）修法上，东密以爱染法为至极大法；台密以炽盛光佛顶为至极大法。

　　笔者在吴立民的基础上增加了两点区别：台密以三乘教说为显教，一乘教说为密教，而东密以大日如来法身说法为密教，释迦应身说法为显教；台密宣称圆密一致，而东密认为密胜显劣。程宅安在《密宗要义》一书中进一步区分了"秘密"的两个层次，有助于理解东密的独特之处。"所谓秘密且有二义。一众生秘密，二如来秘密。众生以无明妄想，覆藏本性真觉，故曰众生自秘。应化说法，逗机施药，言不虚者，故所以他受用身。秘内证而不说其境也，则等觉希夷，十地离绝，是名如来秘密。"②所谓"如来秘密"突出

① 吴信如：《台密东密与唐密》，第11、266 页。
② 程宅安：《密宗要义》，第9 页。

了东密即身成佛、由果向因的果位成就,从而与由因向果的"众生秘密"区分开来。

笔者进一步引用日本学者山内舜雄的观点阐述密宗与天台宗以及禅宗的复杂的交叉、融合关系。山内舜雄曾就卫藤即应博士学习研究眼藏,即禅僧道元(1200—1253)所写的佛教思想书《正法眼藏》。此外,他善修真言,师承近代密教学泰斗、新义真言宗大僧正权田雷斧。他也讲唯识、华严、天台。山内舜雄认为,日本天台宗本觉法门的成熟是以台密为土壤的,如果不将此作为背景来考虑的话,是无法想象道元禅师关于本证妙修等的丰富思想是如何展开的。从思想史的角度来看,这远远超过了当时中国佛教界的水平。因此,单从中国的如净禅来演绎本证妙修等的思想背景,从思想史上看也是完全不允许的。[①] 此外,在其老师卫藤即应的著述中反复指出过密教与眼藏的密切关系,也举出过很多例子。但大多数只是简单地陈述了结论,几乎没有尝试从教理上进行有组织有系统的阐明。对于密教的入门指导以及与其宗学(密教的教义、历史等)有关联的按顺序进行的教学性理解问题并没有提及。所以,山内舜雄主要在其老师的研究基础上,进一步明确日本天台宗的即身成佛义和道元禅的关系。他通过引用并列举他老师的《宗祖としての道元禅师》《正法眼藏序说》中的例子,归纳了以下六点:

第一,道元禅师站在真言宗十住心的教判上,对作为当时日本佛教核心教学的天台、华严、真言三宗进行了批判。

第二,作为批判三宗标准的真言宗才是"佛法之极妙",特别是作为与正传佛法相通的东西,他提出了师资相承和即座成佛这两点,并且暗示了从真言宗到正传佛法的教理史的展开是可能的。

第三,根据以上结果,认为佛教教学的终极是真言宗,以其自受用三昧为旋转轴,由教转行就是正传的佛法。

第四,真言宗所说的即身是佛,与禅宗一超直入如来地有相通之处。

第五,道元禅师精通密教学。

---

① 山内舜雄:《日本天台宗における即身成仏义と道元禅》,《道元思想大系》第 16 号,京都:同朋舍,1995 年,第 267—300 页。

第六,坐禅的姿势即是五智五佛的身体表现,真言宗在宗旨上与道元禅师是相通的。

接着,山内舜雄认为比起真言宗,台密所说的即身成佛义更接近道元禅。道元禅虽说本证妙修,但始终不放弃修行,并认为这是始觉门的特长。而日本天台宗虽基于本觉思想,却摄取始觉门。所以从某种立场和教理来看两者是相近的。但即身成佛毕竟是真言密教所说的根本教理,因此还是有必要以此为标准进行理解。故而他先介绍真言密教(东密)中的即身成佛义,再谈论日本天台密教(台密)的即身成佛义。

他认为真言宗依据三经一论提出"即身"是父母所生身之义,以此肉身成佛,故称之为"即身成佛",这相对于显教的"历劫成佛"。道元对空海的论述也表示赞同,认为真言密教已经把即身成佛义说透了,没有必要再说了。但是,如果将东密的即身成佛义移到台密,从圆密一致的立场来看的话,圆教的即身成佛说法还是有问题的。例如,不能像安然那样单纯地用圆教的六即佛学说去揭示即身成佛义。换言之,归根结底,尽管台密是以密教为基础的,但其圆教性质具有显教的立场,这也是为什么真言宗方面会提出"天台所说的即身成佛只不过是教理上所谈,并不是事相上"这样的反对意见。如果不是事相上(或者说不能实践)的即身成佛,就不能说是真正意义上的即身成佛。所以,不可否认的是,台密在这一点上有不能令人释然的地方。但是,从禅宗来说,站在显密一致立场上的即身成佛义,才会让人感觉到亲近,而将显密截然区分开来成为两者的密教本身所说的即身成佛义,则会让人意识到显密立场上的差异和对立,也不容易与实践相联系起来。不管怎么说,如何使圆教和密教和谐共处是日本天台的重要课题,这个时候不得不提的就是安然的"教时诤论"。他正是通过此教判将真言密教置于天台圆教之上,并站在天台这一边承认密教的优越性。也正因为如此,他的显教即身成佛义才引人注目。在何名同圆、别圆的解读中,持松引用《大日经疏》来表明其即身成佛的密义,云:"于萨婆若平等心地,画作诸佛菩萨乃至二乘八部等,四重法界圆坛。此一一本尊身语心印,皆是一种差别也。且如有人志求五通智道,即于大悲胎藏现韦陀梵志形,为说瞿昙仙等真言行法,行者精进,不久成此仙身,更转方便,即成遮那身也。如是或现佛身,说种种乘,随类形声,悉现真言密印,或久或近,皆归一乘,此非会三归一之诚证耶?"①

　　山内舜雄接着谈论了安然的显教即身成佛义。他先是论述了《台密二百题》的"问要"中所提及的"显密即身成佛",这部分内容是比叡山自古以来对"即身成佛义"的总结。从圆密一致的立场来看,显教中也有即身成佛。即身成佛应该并列存在于显密二教中,并非只限定于密教。例如,显教的法华一乘中也有即身成佛,这里列举了龙女成道的典故。而显教中的即身成佛,之所以能像《法华经》中的龙女作佛那样,被禅宗非常直接地接受,当然是因为两者都站在显教的事成这一基础上。关于这一点,山内舜雄引用安然的即身成佛学说来进一步论述。安然一方面通过《即身成佛义》来表现密教的即身成佛主张,另一方面又通过与此相对应的《即身成佛义私记》来论述止观中显教的即身成佛立场。《即身成佛义私记》在卷首先强调《摩诃止观》中有即身成佛之义,接着进入六即位的即身成佛。在主张止观中有即身成佛义之后,又进入到具体的细论中。主要内容涉及:

　　第一,立六即成佛之义的因由,是因为法华十胜中有"即身成佛化导胜";三种止观中有一圆修证的圆顿观。

　　第二,详细按照六即位(一理即、二名字即、三观行即、四相似即、五分证即、六究竟即)来论述即身成佛。

　　第三,因为理即,所以初后虽然都是佛,但要从"名字"修证到"究竟"才能体现。虽然初后都是佛,但在修行中经历了六个阶段,可以说这才是即身成佛的精髓。换言之,立足于本觉思想,并且不放弃始觉的修行,才是其要诀。

　　由此可见,山内舜雄认为,道元之离开比叡山天台宗,既非出于对"本来本法性"等思想的质疑,也并非意味着其对天台宗本觉法门的舍弃。此外,道元的本证妙修思想构造是基于日本天台宗的圆密一致而充分酝酿出来的。

---

① 杨毓华主编:《持松大师全集》第三册《密教通关》,第 1972 页。

第五节　密宗与禅宗

在二十世纪的佛教复兴运动中,除早已失传的密宗外,各宗均有本土僧侣、居士奋发振兴。持松不仅追随月霞,在身体力行弘扬华严的同时,也对禅宗的发展有所贡献。刚出家时,持松虽对精深的佛法尚不明了,但已倾心于禅悦之乐。他长时间在观音洞中独居,自耕自食,远离喧嚣,在了然禅师的指导下,静心修养。之后嗣法月霞,更是接续了禅宗一脉。月霞乃禅门宗匠冶开禅师的法徒,他在天宁寺跟随冶开参禅三年后,还前往江苏句容赤山真如寺,跟随另一位禅宗大师法忍长老修行。月霞后来嗣法冶开禅师,为南岳下第四十六世。这是以南岳怀让祖师为第一世而计算的,若以临济义玄为第一世的话,则为临济宗第四十二世。[1] 美国学者韩光(Eric J. Hammerstromyan)指出:"在华严大学学习过程中的传法确实发生过,但是通过禅宗临济宗法脉进行的。其法脉于1906年由冶开在天宁寺传法给月霞,再传应慈。1918年,应慈替月霞传法给持松、惠宗、潭月,这三人被视作天宁寺下院(常熟虞山)兴福寺的住持候选人。"[2]冯达庵在其著作《佛法要论》中将临济宗宗义总结为三玄,即相大、用大、体大。先显后密,为进一步深入东密六大缘起(体大)、四大曼陀罗不离(相大)、身口意密加持(用大)构建了坚实的义理基础。值得一提的是,常州天宁寺是中国禅宗四大丛林[3]之一。持松嗣法月霞后,培养了不少禅门子弟。他的皈依弟子之一畲贵棣曾表示,自己幼时便从祖父先后跟随天台寺冶开、应慈和持松修禅,与持松相处时间尤长,禅宗门径虽根植于冶开和应慈,得力端却在于持松法师的引导。1946年11月,持松应中国佛学会杭州市分会的邀请,赴杭州讲经传法,结缘灌顶,杭州佛教界僧俗进而礼请持松住持杭州名刹径山禅寺。持松亦欲重振古刹,但因法务繁忙,不能久居径山,鉴于径山寺历代均为禅宗大寺,遂与惠

---

① 焦得水:《九华山近现代高僧传略》,《池州学院学报》2013年第2期,第66—68、86页。

② Erik J. Hammerstromyan, *THE HUAYAN UNIVERSITY NETWORK*:*The Teaching and Practice of Avatamsaka Buddhism in Twentieth-Century China*, p. 66.

③ 另外三所寺庙分别是镇江金山寺、扬州高旻寺、宁波天童寺。

宗一道,传禅宗法脉于续祥和度寰,使其成为临济正宗第四十四世法嗣。此后,续祥以监院名义常住径山寺,负责寺院的日常事务。就禅宗一脉而言,持松后继有人。

严耀中在《禅密二宗关系述论》一文中指出,禅宗和密宗之间的共同点远超两者的分歧,与中国其他佛教宗派相比,禅宗与密宗的共通性更为明显。[①] 肖永明认为,禅宗别具中国文化特色,密宗尤具印度文化特色,两者具有极其不同的文化外衣。[②] 禅宗是中国化的佛教宗派,是印度佛教大、小禅学在中土衍化发展,并与中国传统思想文化交流融合的产物。[③] 唐代前期皇室推行开放多元的文化政策,在哲学思想上鼓励儒、释、道三教并存。这引发了三教地位之争,以及讲论不断。这种不同文化的互相碰撞和交融直接导致了后期六祖慧能对禅宗进行的根本性改革,"从根本点上把佛教(禅宗)由一种外在的宗教,变成一种内在的宗教,由一种外来的宗教,变成一种中国的宗教"。[④] 禅宗自梁朝达摩以后依据南朝宋求那跋陀罗译《楞伽经》四卷传承宗门禅,到六祖慧能以后依据《金刚般若经》为宗,禅道大兴,广播汉地。到五代时期达到极盛,宋元明清时源远流长,推崇"直指人心,不立文字"。禅宗虽然高扬顿悟,但是如唐代沩山灵祐禅师所说仍需渐修,以涤除无量劫以来的烦恼习气。自唐代起,禅密兼修不乏其人。例如,天竺寺僧宝思惟,"幼而舍家,禅诵为业";[⑤] 提云般若,"学通大小,解兼真俗,咒术禅门,无不谙晓";[⑥] 青龙寺僧光仪,"洞明经律,善其禅观";[⑦] 善无畏,"讲《毗卢》于突厥之庭,安禅定于可敦之树,法为金字,列在空中"。[⑧] 唐代慧警《无畏三藏禅要》序文记载,善无畏"共嵩岳会善寺大德禅师敬贤和上,对论佛

① 严耀中:《禅密二宗关系述论》,《上海师范大学学报》1999 年第 1 期,第 80—88 页。
② 肖永明:《禅宗与密宗的比较研究》,《五台山研究》1993 年第 3 期,第 11—13 页。
③ 夏广兴:《密教传持与唐代社会》,第 156 页。
④ 吴小娣:《浅析佛教中国化的发展阶段》,《艺术科技》2013 年第 3 期,第 311—312 页。
⑤ (宋)赞宁:《宋高僧传》卷三,第 42 页。
⑥ (宋)赞宁:《宋高僧传》卷二,第 33 页。
⑦ (宋)赞宁:《宋高僧传》卷二六,第 655 页。
⑧ (宋)赞宁:《宋高僧传》卷二,第 19 页。

法,略述大乘旨要,顿开众生心地,令速悟道,及受菩萨戒羯磨仪轨"。① 唐代李华《大唐东都大圣善寺故中天竺国善无畏三藏和尚碑铭并序》文后附跋陀罗系坦缚缮装记,有云:"嵩岳会善寺景贤禅师从无畏三藏受菩萨戒羯磨仪轨,谘问大乘微妙要旨,西明寺惠警禅师撰集为一卷《禅要》是也。"②据羊愉撰《唐嵩山会善寺故景贤大师身塔石记》,景贤于中宗朝应召入京。故景贤有可能在西明寺事善无畏受法。

《景德传灯录》卷四记载,普寂法嗣四十六人,其中第二十二人为嵩阳寺一行禅师。③ 成尊《真言付法纂要抄》记载:一行"从嵩山大照禅师谘受禅法,契悟无生一行三昧,因之名焉"。④ 一行初叛禅门,再投密宗,是禅宗北宗投师密宗人物中被密宗史籍录入谱系的唯一者。一行从学禅宗高僧普寂,最澄著《内证佛法相承血脉谱》称其"每研精一行三昧,因以名焉",⑤故法名一行。开元五年(717),一行受诏从学善无畏,协助翻译《大日经》,深明密法,拜入密教。一行融会禅宗心法与密教教法,以三密方便,自净三业,主张自力成佛,强调今生成佛,以初发心直达正等觉,阐释禅宗顿悟成佛之宗义。一行认为心有妄执,便成三劫,若能一生除掉三种妄执,净除三业,就能成佛,无所谓时间长短。⑥ 宽旭认为一行是沟通禅宗和密宗的关键人物。禅宗即事而真的解脱知见指向见性成佛,和密宗事相即真相、现象即理体的即身成佛观念有着相似的本体观。禅宗"不立文字"重视语言之意,密宗以真言陀罗尼重视语言之音,密宗词语如"十二面观音阿那面正"和"十二面观音向什么处去也"成为禅师所参话头之一。⑦

吕建福认为密宗有善无畏禅法传承,直到晚唐,它与禅宗北宗可能有密切关系。禅宗禅法的特点在于凝心、住心、起心、摄心,与密宗的发心、即心、

① 《大正藏》第 18 册,第 942 页下。
② 《大正藏》第 50 册,第 292 页上。
③ 《大正藏》第 51 册,第 224 页下。
④ 《大正藏》第 77 册,第 417 页下。
⑤ 《传教大师全集》第 1 卷,京都:日本比叡山图书刊行所,1926 年,第 239 页。
⑥ 徐文明:《禅宗北宗与密教关系研究》,《社会科学研究》2013 年第 4 期,第 125—132 页。
⑦ 宽旭:《让唐密文化大放异彩(代前言)》,宽旭主编:《首届大兴善寺唐密文化国际学术研讨会论文集》第一编,第 11 页。

见心、证心几无二致,而住心和观心是二者共同的特点。《观心论》反映了北宗思想,认为成佛的关键在于是否了知心:"心者,万法之根本也。一切诸法,唯心所生,若能了心,则万法俱备。"菩提达摩曾说:"唯观心一法,总摄诸法,最为省要。"①神会述、独孤沛集并序《菩提达摩南宗定是非论》(附《答崇远法师问》)总结了北宗神秀、普寂法嗣特点为"凝心入定,住心看净,起心外照,摄心内证"。吕建福认为禅宗南宗无一人投师密宗,其中原因是,密宗的思想及其禅法与北宗相近,与南宗相去较远。密宗之住心所说,是以《大日经·住心品》之百六十心来认识心之实相,即是净菩提心。《大日经疏》卷一曰:"今真言行者,于初发心时直观自心实相,了知本不生故。即时人法戏论净若虚空,成自然觉,不由他悟,当知此观复名顿悟法门也。"②此处顿悟为悟入,但禅宗北宗修治是渐,顿悟对应于密宗对治《住心品》中百六十心相。当时《无畏三藏禅要》正是结合了密宗与禅宗北宗的特点,由善无畏与景贤论法,惠警撰集为文,后人详补而传。这与宗密《中华传心地禅门师资承袭图》《禅源诸诠集都序》以及《六祖坛经》中所述神秀的佛学思想大体一致。其中《无畏三藏禅要》提到"今者且以《金刚顶经》设一方便";以所谓"解脱一切盖障三昧"指密教月轮观,符合神秀《观心论》中除三毒、净六根的思想;"以一贯之,自然通达,能开一字,演说无量法"的一字观法,符合禅宗五祖弘忍的禅观法,③也符合密教的阿字观法;收录受戒、忏悔等文和禅宗发心、忏悔、受戒仪式一致。密宗以其受菩提心戒、诵真言陀罗尼、结印、如灌顶陀罗尼位吸引了禅宗的关注与会融。李华曾云:"彼《禅要》惠警禅师所撰,一行禅师加再治钤。"④西方学者伊斯特曼在其《敦煌大乘瑜伽经文》中指出:"使善无畏金刚部密法具备了最后形态的无论是惠警还是一行,这部作品理所当然应该认为是属于禅宗北宗的著作,是北宗的成员征求、记录了它,好像

---

① (唐)佚名:《少室六门·破相论》,《大正藏》第48册,第366页下。

② 《大正藏》第39册,第590页上。

③ (唐)净觉:《楞伽师资记》,《大正藏》第85册,第1289页下。

④ (唐)李华:《大唐东都大圣善寺故中天竺国善无畏三藏和尚碑铭并序》,《大正藏》第50册,第292页上。

也是他们使它得以传播开来。"①

唐朝时期的佛教文化繁盛,禅宗神秀北派和密教两家互动来往密切,形成了禅密互通的兴旺景象。吕建福在《密教论考》中论证了禅宗北宗与密宗的关系。禅宗自五祖弘忍以后分南北二宗,北宗神秀主要弟子普寂、义福、景贤(亦作敬贤)都与密宗有直接或间接的师徒授受关系。《宋高僧传·金刚智传》记载,开元八年(720)金刚智到达洛阳之后,"所住之刹,必建大曼拏罗灌顶道场,度于四众。大智、大慧二禅师,不空三藏皆行弟子之礼焉"。②根据严挺之《大唐故大智禅师碑铭并序》,义福于开元十年(722)应长安道俗之请住慈恩寺。据清代王昶撰《金石萃编》记载,义福随驾洛阳,敕居福先寺。考证大智应为义福。西方学者伊斯特曼、马克瑞和日本学者柳田圣山考证了义福是神秀的法脉传人。719 年,义福和一行一起在长安接受了金刚智的灌顶。716 至 723 年间,景贤像义福一样也是神秀的得法弟子,曾邂逅善无畏,很可能也师从他学习。③ 又按照李邕(天宝元年,742)《大照禅师碑铭》(《全唐文》卷二六二)以及《旧唐书》本传,普寂自开元十三年(725)应召入洛。考证大慧应是普寂。普寂(651—739),蒲州河东(今山西永济)人,谥号大照禅师。早年学儒,闻《法华经》《成唯识论》《大乘起信论》后皈依佛门。从洛阳端和法师受具足戒,从弘景法师学习律宗,后去荆州玉泉寺从神秀学习禅宗,并跟随神秀奉武则天召入京。神龙二年(706)神秀圆寂,普寂领导众僧。后依诏驻锡弘法于洛阳敬爱寺(后改为兴唐寺)。开元二十七年圆寂。敕赐大照禅师,因曾居洛阳华严禅苑,故称华严和尚、华严尊者。普寂门下的禅宗弟子转投密教者众多,但是,也有弟子转投华严宗学习。普寂

---

① Kenneth W. Eastman, "Mahayoga Texts at Tun-huang"(《敦煌大乘瑜伽经文》),*Bulletin of the Institute of Cultural Studies at Ryukoku University*(《龙谷大学文化研究所纪要》)1983(22),p. 54.

② (宋)赞宁:《宋高僧传》卷一,第 4 页。

③ Kenneth W. Eastman, "Mahayoga Texts at Tun-huang"(《敦煌大乘瑜伽经文》),*Bulletin of the Institute of Cultural Studies at Ryukoku University*(《龙谷大学文化研究所纪要》)1983(22),pp. 42 - 60;John Robert McRae, "The OX-head School of Chinese Ch'an Buddhism:From Early Ch'an to the Golden Age"(《中国禅宗牛头宗:从早期禅宗到黄金时代》), In Robert Gimello & Peter Gregory eds., *Studies in Ch'an and Hua-yen*, University of Hawaii Press, 1983, pp. 169 - 252;柳田圣山:《初期の禅史》I,京都:筑摩书房,1971 年,第 323—324 页。

弟子道璿受日僧之招请赴日弘法,乃禅法传入日本之初期重要人物。

无名和尚(722—794),先师从普寂,是一个转投华严宗学习的例子。后跟随南宗荷泽神会,接承南宗顿教法系,曾于五台山佛光寺弘法。华严宗四祖澄观早年从牛头宗慧忠及径山道钦参学,后至洛阳从无名和尚学习"咨决南宗禅法"。在五台山佛光寺附近发现的《无名和尚塔铭并序》记录了这段历史。禅宗传承到澄观时已是神会的第二代传人。但是澄观以华严宗作为根本信仰,以华严会通禅宗和其他诸教,吸收了禅宗和天台宗教义。澄观在《华严经随疏演义钞》卷二中提出以十项宗旨注释《华严经》,"用以心传心之旨,开示诸佛所证之门,会南北二宗之禅门,撮台衡三观之玄趣,使教合亡言之言,心同诸佛之心,无违教理之规,暗蹈忘心之域,不假更看他面,谓别有忘机之门"。① 把禅宗以心传心、以心法契合佛心的一心法界的宗旨,结合天台止观,义理与心法相融,遵循忘心,注疏弘法。守真(700—770),天台宗、律宗、禅宗、密宗、华严宗等数宗并弘高僧,为杭州密宗祖师,齐信安太守瑝的第八代孙,亦称坚道守真。唐开元十四年(726),从苏州支硎寺圆大师受具足戒,后在玉泉寺从惠真参学天台宗和律宗,又跟随普寂传楞伽心印,为中国禅宗八祖。后从善无畏习密宗,受菩萨戒香。后又入五台山参学华严。公元767年,在杭州灵隐寺传法,圆寂于杭州龙兴寺。寺旧址内龙兴寺唐经幢刻经文《佛顶尊胜陀罗尼经》为佛教密宗教义。皎然为守真撰写的《唐杭州灵隐山天竺寺故大和尚塔铭》记载:"乃发殊愿,诵持《华严》。遂于中宵梦神人施珠一颗,及觉,惘然,如珠在握。是岁入五台山,转《华严经》三百遍,追宿心也。"②其后,龙兴寺南操、灵隐寺道峰、北宋"华严中兴教主"晋水净源在龙兴寺宣讲《华严经》。

另外禅宗北宗僧人宝思、明思与景贤等同事善无畏,史称"双宝绍明,教尊言密"。③ 咸通三年(862),日本真言宗僧人宗叡入唐,曾到圣善寺善无畏旧院瞻礼,从善无畏门人受所传宝杵及梵夹经轨。善无畏门人者,即宝思、

---

① 《大正藏》第36册,第17页上。
② (清)董诰等编:《全唐文》卷九一八,第9560页。
③ (唐)李华:《大唐东都大圣善寺故中天竺国善无畏三藏和尚碑铭并序》文后附延享四年(1747)跋陀罗系坦缚缮装记,《大正藏》第50册,第291页下。

明思再传弟子。普寂法嗣惠隐为光天寺僧人。大历四年(769),不空奏请以惠隐所在光天寺东塔院充五台山往来停止院,奏文中明确说惠隐为其弟子。①

　　月霞、应慈、持松皆为禅宗法脉传人,持松本人为禅门临济宗第四十三世传人。民国时期东密回传汉地,密宗和禅宗又是如何融通的呢? 关于这一点,僧俗界都广泛出声,阐明了观点。太虚在立论上主张"摄密归禅",以复兴禅宗作为汉传佛教中兴的意旨。在众多排密的显教界人士中,慧明是少数正面认定禅密兼蓄的僧人。② 此外,禅宗与藏密也可见融通之处。例如,禅宗具有参话头的方便,藏密则有具体的诵咒观想、修气脉点法门施设与修法,但见地和宗旨并无高低之分。清雍正皇帝曾参禅,并由章嘉活佛印证。近代西康诺那活佛,称汉地禅宗为"大密宗"。③ 为促进东密和禅宗融合,冯达庵在《圆音月刊》④先发表《禅宗明心见性与密宗即身成佛》论文,随后撰著《学密须知》进一步梳理显密交融论。

　　冯达庵在其著作《佛法要论》中认为:"禅、密两宗皆直显佛性法门,一超直入为上机,纡回渐进为中机,滞于半途为下机。既与佛性相应者,从而上开佛境,与金刚波罗蜜相应,⑤密宗本旨也。成佛之时,无论完全局部,十方诸佛法流必集中其身。而能摄受全体佛性——保持之者,乃金刚波罗蜜菩萨特性。是故密宗真实行者,必与金刚波罗蜜相应。二空真如所显之圆明,藉示菩提心妙相。从此归于无所得,即与般若波罗蜜相应。依此三昧,泯入涅槃妙心,任运应世,自身等佛,是为禅宗宗趣。依此三昧,进求如来果位,精修三密,即身成佛,是为密宗宗趣。"他引用六祖惠能《法宝坛经》之《机缘

---

① (唐)不空:《请光天寺东塔院充五台山往来停止院表》,《代宗朝赠司马大辨正广智三藏和上表制集》卷二,《大正藏》第 52 册,第 837 页上。

② 刘婉俐:《汉传佛教的现代化转折:兼谈藏传佛教入民间的互涉与影响》,《世界宗教学刊》2008 年第 12 期,第 29—68 页。

③ 陈明晖:《藏密"光明"论》,《法音》1990 年第 6 期,第 10—15 页。

④ 《圆音月刊》1947 年 3 月创刊于广州,主编为汤瑛,主要面向佛教界中高级知识分子,主要撰稿人有冯达庵、苏无涯、岑学吕、胡毅生、汤瑛、刘汉甫、罗时宪、黄叔向、一还居士等。

⑤ 空海《密藏记》有言:"(金刚界)五部定母主如何? 阿閦,金刚部主,金刚波罗蜜为母。"冯达庵《金刚界坛场法》有言:"如来智力,佛母定力,共同支持坛场。……佛母在法界三昧中净应一切精神性为金刚波罗蜜。"(孟晓路:《七大缘起论》,第 32、40 页)

品》(第七之五答智常)曰:"汝观自本心,莫着外法相,法无四乘,人心自有等差。见闻转诵是小乘;悟法解义是中乘;依法修行是大乘。万法尽通,万法俱备,一切不染,离诸法相,一无所得,名最上乘。"惠能认为佛法本一家,万法归一,诸法无高下之分,迷悟全在人心。冯达庵解释六祖之一乘教和三乘教分别说时,认为:"小乘凭耳目所及虔诵佛经,是声闻类;中乘尽思维贯通教义,是缘觉类;大乘信解且行依法修行,是菩萨类;最上乘直指本心本性,离诸法相,即心即佛,心佛一如,万法无二,统归无所得,既般若波罗蜜多。"冯达庵接着阐释对禅宗"明心见性,即心成佛"的理解。他认为"明心"的功能可谓"万法尽通,万法具备",本心包括真如、生灭两门,若有无量无边性种,一切染净法皆从此出,即法界总体,摄一切法故。所谓"见性"指"明心"的实习过程,其特征为"一切不染,离诸法相"。"见性"有先后次第之分,首先舍离意识,发自心本具佛性,见性之始,即庵摩罗识清净见分;①开悟之后,绵密用功,对于六尘,确能一切不染,离诸法相,然犹未脱内识分剂;第三重尽离内外识,一无所得,理致不昧,灵活自如,是名般若波罗蜜。禅密两宗之趣义,在透重关后分途。禅宗依此三昧,泯入涅槃妙心,任运应世,自身等佛,是为禅宗宗趣;密宗进求如来果味,精修三密,即身成佛,是为密宗宗趣。密宗即身成佛乃指金刚法界之果位;禅宗见性成佛则指破除情识之果位。②

　　禅宗认为自心、自性是众生的本体,是众生成佛的根据。所以,禅宗的"即心即佛"理论是以"本心本体本来是佛"的"心本体"这一本体论为其根据的。③按照尘隐的解释,密乘有"有相三密"与"无相三密"之别:"有相三密须习仪轨,着重事修。……无相三密,着重心地,以见性为主修无相三昧,得无生法忍,即达摩门下所传之禅宗也"。他认为,根据《大日经·住心品》《菩提性品》《三三昧耶品》《如来品》《无相三昧品》,"说无相三密,直指心源,顿修赖证,乃密乘之精髓也。入曼陀罗品,乃至百字密印等品,示有相三密,未

---

① 此为瑜伽行唯识学派护法学系理论,属唯识四分之一。
② 冯达庵:《禅宗明心见性与密宗即身成佛》,《圆音月刊》第9、10期合刊,1948年6月6日。
③ 白宗军、李靖:《中国佛教本体论思想略探》,《商》2013年第31期,第345页。

离攀缘,仅能得世间悉地,密乘之粗迹也"。[①]

在持松的著作中,他以极大的篇幅阐述了华严和密宗相融通的见解,但没有进一步论述禅宗和密宗互相融通的义理和修证实践方法。这个问题值得进一步补充。持松为汉地禅门临济宗第四十三世传人,而其密法传承源自日本,而在日本学界,关于密宗和禅宗关系的论述已经非常丰富。

山内舜雄论证了道元的本证妙修思想构造是基于日本天台宗的圆密一致,笔者接着引用日本学者山田灵林的观点补充说明。根据日本永平义云禅师[②]所著《正法眼藏品目颂》对道元的"即心是佛观"进行禅宗角度的解读。[③] 该著作是从道元遗著《正法眼藏》中选出六十卷,再对每一卷附上颂文,每篇颂文都用鲜明的语言体现出该卷的精髓。例如第五"即心是佛"卷的颂文是:"江西直说透波心,从此大梅卜绝岑。三十年来人不识,香风馥馥在而今。"山田灵林在唱诵这二十八字颂文时能感受到以下三点:马祖大师的风采及提示、修行者法常的身证及感激以及对后世的影响。马祖道一(709—788,或 688—763)为六祖惠能之再传弟子,师承南岳怀让门下,是洪州宗的开创者。马祖保持了曹溪禅的原始特色,强调平常心是道和即心即佛。他所创立的丛林制度(马祖创丛林,百丈立清规)对于后世汉传佛教的发展影响深远。其创立的洪州宗,在宋代开衍出临济宗、沩仰宗二宗。山田灵林关于道元的"即心是佛观"可以总结为"即心是佛"的"即"指的是彻底、将错就错、究尽,"佛"指的是觉醒的人。意为彻底贯彻"无自性不可得"这一宇宙观基础,然后发动这一基础成为"不可得中什么得"这样的存在者,即悲智圆满者,是以无限的慈悲力、无限的智慧为生命的生活者。既不偏于有为也不偏于无为,而是观察各自的意义,即诸法实相,使其意义得以实现,中正

---

① 尘隐:《禅密或问》,张曼涛主编:《现代佛教学术丛刊》第 71 册《密宗概论》,第 285—286 页。

② 永平义云(1253—1333),称义云和尚,日本京都人氏。幼时出家,二十四岁参于寂圆(中国僧),寂圆于 1227 年随从道元(日本僧)东渡(日本)。道元灭后嗣孤云法,寂于 1299 年。义云接受寂圆的遗嘱,住永平寺十余年,道风极盛。晚年令上足昙希补席。遗偈云:毁教谤禅,八十一年;天崩地裂,汲火里泉。

③ 山田灵林:《道元禅师の即心是仏観》,《印度学佛教学研究》第 4 卷第 2 期,东京:日本印度学佛教学会,1956 年,第 24—33 页。

温雅，平稳和悦。随后总结说道元在禅宗角度来看的"即心是佛"就是说，不管我们有多么丑陋的心、多么邪恶的心，不管愤怒、贪婪、愚痴，将现有的心逼入绝境，将其究竟，将错就错。然后就此贯彻"无自性不可得"，作为"不可得里面什么都可得"这样的存在来实现悲智圆满之实。

　　笔者进一步采用日本学者高柳さつき(タカヤナギ サッキ，Satsuki Takayanagi)的考证总结这种禅密交叉、融合关系。① 她在其文中考证了日本镰仓时代(1185—1333)临济禅中禅密关系的思想系谱。此文主要考察圆尔(1202—1280，开启了日本临济禅的兴隆时代)在《十宗要道记》(1246 年左右)中将禅作为兴盛时期的判教思想对赖瑜《显密问答钞》(1260 年左右)、《真禅融心义》(著者不详，1263)的影响。高柳さつき首先论述了圆尔的《十宗要道记》及其中的判教思想。《十宗要道记》是一本类似律宗凝然(1240—1321)编撰的《八宗纲要》(1268)那样关于佛教各宗纲要的著作。此书可以理解为圆尔的十宗教判，分析了圆尔是如何考虑诸宗兼修的思想。圆尔在构建将禅作为顶点的教判理论时，也思考着《宗镜录》中的"一心"概念，也将荷泽宗所主张的空寂、灵知，以及天台宗一心三观中的"一心"和密教大日如来教主的"一心"编织在一起。此外，虽然在其教判中将密教置于禅宗之下，但是在其另一部对《大日经》的注释著作《大日经见闻》中，圆尔认为在禅和密教的觉悟境界中都可以发现同质性。

　　高柳さつき接着介绍了赖瑜及其著作《显密问答钞》。赖瑜(1226—1304)是新义真言宗之祖，兼备学问和实践、教相和事相，也是真言宗真空(1204—1268)的弟子。真空曾与圆尔一起参禅。赖瑜与圆尔提倡的圣一派对抗，主张密教相对于禅宗的优越地位。其著作《显密问答钞》分为上下两卷。上卷基于空海的《十住心论》中的教判，针对第六他缘大乘心之后的法相、三论、天台、华严这四宗论述了赖瑜的见解。在这四宗中，主要以天台宗和华严宗的比较为中心展开，最终论述了密教相对于显教的优越性。其下卷是从真言宗教徒的立场出发，比较了真言宗和禅宗，主要论述了与禅相关

————————

　　① 高柳さつき：《鎌倉临济禅における禅密关系の思想的系譜》，《禅学研究》第 88 号，京都：禅学研究会，2010 年，第 27—49 页。

的批判性见解，从而论述真言密教的优越性。

　　高柳さつき在论文《镰仓临济禅中的禅密关系之思想谱系》中认为，《真禅融心义》的写作目的是对赖瑜《显密问答钞》的反驳，但是她在另一篇论文《〈真禅融心义〉与〈显密问答钞〉》中论述了其反驳理由。① 她认为在《显密问答钞》中，关于禅密关系的三个问答全部都是对《真禅融心义》的主张提出异议。这是否表明，《显密问答钞》下卷很有可能是承继了《真禅融心义》，作为对其的反论性立场而写成的呢？ 即使不能确定两者的前后关系，也可以确定一方是站在反对另一方的立场上写成的。据这种讨论的背景可以认为，十三世纪中期在高野山的周边，禅宗有兴盛的趋势。包括《菩提心论开显抄》在内，禅宗与密教通过这样的讨论互相竞争，禅宗思想也由此得以广泛传播。另外，据日本学者大久保良峻所说，有相无相的四重秘释始于安然，后被天台、东密共同使用。② 在《真禅融心义》中，为了揭示禅的四重秘释，引用了《圆觉经》《十不二门指要钞》等，可见不能单纯地将其说成是东密系。《真禅融心义》中的密教和禅宗内容不能仅仅放在东密和圆尔系的禅宗框架下思考和讨论，可以看出，《真禅融心义》中又加入了台密和达摩一系禅宗的内容，构成了更广泛、多重复杂的思想结构。

　　高柳さつき认为必须注意下卷中能体现赖瑜对于禅密交叉关系思考的部分，以及这些与《十宗要道记》的关联性。例如，文中有人问，禅的"以心传心"和密教宗义是一样的，但为什么禅指"无相一心"，始终是显教的极理呢？而空海所使用的"以心传心"是阐述禅与密教同质性的依据，作为禅密一致的证据曾经被频繁使用。赖瑜的回答提到了讲法的主体区别不同。他认为说禅的不过是有血有肉的人，是应身，而密教有六大法身，所以"以心传心"的性质不同。赖瑜还阐述了禅相当于三乘极理之说，并将焦点放在"心＝一心"的论述上，以此来阐述禅与密教的区别。其核心观点就是"显乘最顶，密乘初门。所谓于显教难最极醍醐妙果，望于真言是入佛之初门"。

---

　　① 高柳さつき：《〈真禅融心义〉与〈显密问答钞〉》，《印度学佛教学研究》第 65 卷第 1 期，东京：日本印度学佛教学会，2016 年，第 111—115 页。

　　② 大久保良峻：《三密行について》，《台密教学の研究》，京都：法藏馆，2004 年，第 71—106 页。

接着,赖瑜通过真言宗四重秘释的教判,试图提供证据,以证明禅宗的无相一心的无相与密教的无相有着质的区别。在这里需要指出的是,高柳さつき引用赖瑜的新义真言宗的主张,与高野山系古义真言宗对此的解释有所区别。虽然持松东渡日本先后继承了古义和新义真言宗两宗,但其根本上师金山穆昭出自古义真言宗。在文中赖瑜梳理了四重秘释和无相的关系如下:

遮情(指显教)

(1)浅略,显教的极理＝无相＝遮情的无相

表德(指密教)

(2)深秘,两部五部的施设＝诱劣慧的轨则

(3)秘中深秘意,为胜慧的无相

(4)秘密中深秘,中台自证的极理、真实的无相＝本无言之位＝秘奥寂然之义＝表德的无相＝即使是胜慧也不能到达的境界

相比较而言,禅的无相不过是对应密宗初重的无相(遮情无相),而密教无相是表德无相分类中属于不同次第直至秘中深秘的无相,作为无相的本质虽然不同,但可以通过四重秘释表现出来。虽然没有直接使用"有相""无相"这样的词语,但可以认为"一"相当于有相有相,"二"是有相无相,"三"是无相有相,"四"是无相无相。之后,赖瑜针对显宗说一法界、密宗说多法界这样的差别展开了论述。

高柳さつき认为,从《显密问答钞》下卷的内容可以看出,否定了一心和灵知说,也否定了圆尔在《十宗要道记》中所阐述的以禅宗为中心的思想性连锁。此外,赖瑜之所以判定禅宗为次而阐述密教的优越性,是因为禅宗与密教在宗教体验上都有类似之处。随着圆尔圣一派的兴起,真言宗中受其影响的人不断增加,赖瑜对此不能视而不见。

然后,高柳さつき论述了《显密问答钞》和《真禅融心义》的关联性。《真禅融心义》上卷讨论密教(真言),下卷讨论禅宗,是阐述真言密教和禅宗在根本上实为相通的著作。具体来说,上卷将密教分为有相有相、有相无相、无相有相、无相无相四门,认为后者比前者更为殊胜,下卷则将禅分为佛事佛事、佛事实际、实际佛事、实际四门,同样是后者比前者更为殊胜。下卷最

后以密教的无相无相和禅的实际实际相会通为结论。作者以有相、无相构成的理论结构为中心,从结构上认为密教相比于禅更有吸引力,但从根本上来说,提倡禅密一致。高柳さつき认为《真禅融心义》并非荣西真撰,如跋文所述,极有可能写于弘长三年(1263)。当时,作为其核心的有相无相四重秘释,是从赖瑜使用的四重秘释那发展而来的,而且引用了很多与赖瑜的《显密问答钞》共通的经典、佛典。高柳さつき甚至认为,《真禅融心义》的写作目的就是直接以真义真言宗与金刚三昧院的不同立场为背景,从金刚三昧院方面对赖瑜进行的反驳。

最后高柳さつき从整体上把握这三个文献,思考它们之间的关联性。首先,关于《真禅融心义》与圆尔(圣一派)的关系。说到《真禅融心义》中禅的无相和密教的无相是一致的,由此联想到圆尔《十宗要道记》中"一心"的系谱和《大日经见闻》中"无相一心"的说法,通过这些,可知圆尔发现了禅宗与密教(台密)在"无相"这一点上的共通性。圆尔通过建立以禅为中心的教判,将密教置于禅之下(大致等同)的阶段,从"无相一心"的角度阐述了禅密的类似性。而《真禅融心义》是从密教的无相论出发,阐述了禅与密教的同等性。像这样从各自的立场出发,证明了禅和密教在思想上的同一性。另外,从时间顺序来看,三个文献的关系如下:《十宗要道记》(圆尔)→《显密问答钞》(赖瑜)对圆尔的反驳→《真禅融心义》对赖瑜的反驳。经过这样的争论,禅宗与密教作为实践性宗教的近似性在逻辑上得到了更强的印证,以禅密为中心的兼修禅的联系也变得更加牢固。此外,禅行的意义也得到了提高,可以说这是禅宗得以独立作为佛教宗派的思想背景之一。

接下来,笔者通过引用日本学者卫藤吉则对日本禅僧仙厓义梵哲学思想的研究,进一步从禅宗的角度来解释真言宗和禅宗的复杂的交叉、融合关系,在仙厓义梵案例中甚至可说折中了天台宗、真言宗和禅宗三派的观点,也是继承了荣西以来代代相传的近世禅思想。本书通过仙厓义梵的著作为文献依据,以他著名的圆相图(即图1"□△○图")为线索来展开。① 以往大

---

① 卫藤吉则:《著作分析を通した仙厓の禅思想: 円相図を手がかりとして》,《伦理学研究》第10号,广岛:广岛大学伦理学研究会,1997年,第91—111页。

多数的研究都是从仙厓义梵在八十一岁时所著《三德宝图说并序》(图 2)入手来解读"□△○图"。其中的一种解释如图 3 所示,认为"□△○图"体现的就是真言宗所说的身口意三密以及佛教中构成世界的五大要素,即唐密所说的胎藏界地、水、火、风和空。在这些说法当中,铃木大拙认为与仙厓在《三德宝图说并序》中所揭图象不同的是,身、语、三密用△表示,构成世界的四大要素(地、水、火、空)用□表示,将成立两者的现实世界用○表示。① 但大多数学者以仙厓义梵在《三德宝图说并序》中所使用图形的对应关系来解释。例如,柳田圣山和 Kurt Brasch 根据《三德宝图说并序》的对应图,认为构成身体的要素被描绘出的地大、水大和火大的形象即"□△○图"。② 另外,古天绍钦认为此图体现的是仙厓所通的天台宗、真言宗和禅宗。③ 事实上,在仙厓义梵的其他著作(例如《触鼻羊》、《仙厓和尚语录》的"台密禅"一项等)中,可见他对这种折中思想的支持,但是天台、真言、禅与"□△○"的对应关系并不十分明确。此外,泉武夫提出"□△○图"体现出神道、儒教、佛教三教的一致。④ 但笔者从仙厓的著作中并不能看出实际具体的对应关系。而且,泉武夫指出,因为在"□△○图"的左边有"扶桑最初禅窟"这样的落款,所以该图是从右往左,按照"○△□"的顺序被创作出的。但是从墨色以及墨印的深浅来看,则是按照"□△○"的顺序。换言之,该图包含了仙厓义梵所期望的顺序和意义,并且,在最后用力画出的"○"中注入了他从禅的角度对识大的理解。卫藤吉则认为,仅从《三德宝图说并序》来看的话,仙厓义梵把构成世界要素的五大再加上同样是空海所说的识大组成了六大。而且,把过去即使在密教中也没有被视觉形象化的识大放在禅的立场上思考,并且用"○"将其表达出来。这点是仙厓义梵特有的想法,值得我们关注。笔者认为这样的解释或许可以用来重新思考真言宗五轮塔的真实含义。

---

① Daisetu Suzuki: *Sengai The Zen Master*, Eva Van Hoboken, 1971, p. 36 - 37.

② 柳田圣山:《仙厓の思想》,《仙厓の禅画—悟りの美》,东京:日贸出版社,1984 年,第 34—38 页;Kurt Brasch:《仙厓义梵》,《禅画》,东京:二玄社,1962 年,第 249—256 页。

③ 古天绍钦:《悟りの表象》,《仙厓》,东京:出光美术馆,1991 年,第 28—37 页。

④ 泉武夫:《白隐・仙厓》,东京:讲谈社,1995 年,第 85—89 页。

类似于持松的论著，笔者从仙厓义梵的著作来具体分析他的佛学思想的形成过程。从仙厓义梵的求学经历和继承荣西禅(被称为"荣西再来")来看，他作为修行僧时受到了古月禅的影响，将神道、儒教、佛教等不同宗教立场进行融合，此后加入了自己的宗教立场见解。在此过程中，可以看出他接受了荣西禅的佛教立场，即试图融合天台宗、真言宗和禅宗三宗义理。他的思想可以称为仙厓禅，在佛学思想上的立场更具有融合性。首先，仙厓义梵将他所代表的禅宗与其他宗派进行了定位。从《三德宝图说并序》中可见，他在思想上与神道教、儒家和佛教有很多重叠。关于这一点，在其著作《圣福寺普门圆通禅师语录》的"三圣论"一节表述得很明确。他将儒教的"三德五常"和佛教的"三德五智"并述，再与神道的"三德五智"合称为"一道三教"。其次，关于仙厓义梵被称为"荣西再来"，也继承了荣西的佛教观，即天台宗、真言宗和禅宗的融合思想。这在《三德宝图说并序》《触鼻羊》或《仙厓和尚语录》的"台密禅""台密心身"项、《瞌睡余稿》或《触鼻羊》的"书兴禅护国论之后"项、《百堂三书》《点眼药》中皆有详述。仙厓义梵想要证明的是天台宗、真言宗和禅宗的融合是有充分论据的，他从自己独特的视角出发将这三宗的身心论有机地结构化。具体来说，他在"书兴禅护国论之后"中，从最澄创立的天台宗看禅宗的起源；在"台密禅"中，认为日本临济宗开祖荣西将天台宗、真言宗和禅宗构成了一个鼎状结合体，并将这种思想发挥到了极致。但是，仙厓义梵并不是简单地把这三个宗派并列以及罗列他们各自之间的关系，而是明确了这三宗的思想立场及其关联交叉、融合关系。在阐述其思想的关联时，仙厓义梵采用了"身心一元论"的核心观点。他在《触鼻羊》和《仙厓和尚语录》的"禅密身心"中，认为"密教是即身成佛，禅是即心是佛"。而且，密教和禅宗两者没有孰优孰劣的区别，身心原本就不是两分的，而是相互关联的一体。仙厓义梵主张的是不对事物进行比较或区分，也没有固定界限范围内的教义。虽然他不赞成比较各宗派的优劣以及身心的区别，但同时也在与其他宗派的关联交叉关系中明确了自己所主张的仙厓禅的独特立场。例如，他说："以显为内，以密为外。又合二教为内，我禅宗为外。"(见图4表述)这种融合显、密、禅三教的佛学思想，多见于镰仓时代(1185—1333)前期弁圆一流的临济禅中。

仙厓义梵将荣西禅包容不同流派的禅宗思想也吸收到了自己的思想中，而且他更想强调的是自己的禅立场，即超越语言的理解，不设一切形式和框架，向无限的外部开放。

从身心一元论的立场，仙厓义梵论述了心和身的关联。具体来说，他在《三德宝图说并序》中，将五大中的"地大""水大""火大"和"风大"分别对应于真言宗三密中的"身密"和"口密"。他认为密教的本质是"即身成佛"，进而将"识大"对应"意密"并将此作为禅的立场，认为其本质是"即心是佛"。这里作为密教本质的"身体"和"语言"与作为禅本质的"心"相关联，认为它们在一起是作为一个整体而发挥作用的。然而，必须注意的是，在图5中，仙厓义梵对密教所说的五轮塔和五大之间的对应关系(□＝地大、〇＝水大、△＝火大、半圆＝风大、宝珠形＝空大，图6)进行了修改。他将一般用"〇"表示的"水大"改写为"□"，用"〇"来表示"识大"，他认为这是禅的根本立场。而且，他还将"识大"与"意密"相对应，认为"意密"代表了作为他的禅思想核心的"心"。由此可见，仙厓义梵把重点放在了"心"上，虽说是基于身心如一，但给予开悟契机的是心境，身体则根据心的所处立场而发生了连同反应。此外，仙厓义梵将自己的禅的立场定位于注重理论的天台宗等显教诸派和重现世成就的密教两者之间的某个位置。他在《仙厓和尚语录》的"定相无定相"中说："菩萨住中道，得究竟慧。"在"肯定即否定"的禅宗理论中，他主张采取避免两个极端的中道立场，或者站在超越内外、贤愚、正邪等区别的高度，或者超越表面的相对性，通过净化本性本身来把握真理。只有超越这些对立、区别和执着，才能确立不受任何束缚的自在境界。如上所述，虽然仙厓义梵以"心身一如"这一立场为前提，但他认为走向开悟的第一步在于心。他认为通过"大死一回"的心，可以达到身心无碍的平和开悟境地，他在自己的著作和绘画中曾多次试图展示这种状态。

心身一元论，在西方哲学中也称身心一元论、心物一元论。对其准确的理解离不开对心身二元论(在此文中又称心物二元论)历史背景的解读。心身二元论的根本论据是指人是由"心灵"和"肉体"两部分组成，与心身一元论对立。而一元论可分为物理主义(Physicalism)和观念论(Idealism)两种实体类型。其中物理主义认为世界上只有物质存在,而观念论则认为这世界上只有心灵与观念存在,是现实世界建构的唯一实体,物质本身只是人的心灵建构(Constructs)。两个阵营的争辩持续在进行中。在古希腊和罗马时期,以苏格拉底、柏拉图、普罗提诺为代表的西方哲学家扬心抑身的同时,德谟克利特、亚里士多德、伊壁鸠鲁、卢克莱修等则肯定身体的地位与意义。① 这种思想对峙的局面经过中世纪进入近现代仍然存在。笛卡尔的身心二元论(主要见于他的第二和第六沉思录)的表现形式为心与物截然二分,心灵非物质,物质也非心灵,两者互相排斥而又穷尽。"我思故我在"强调,既有思想,便必须有思想者(thinker)或即思想主体(thinking)、心灵(mind)、精神(spirit),也即"我"的存在。作为人的终极存在依据的是灵魂,而灵魂与身体在根本上没有什么关系。与此相对,以梅特里、狄德罗、霍尔巴赫、爱尔维修为代表的唯物主义者则肯定了身体的物质机体主导性。以费尔巴哈、梅洛-庞蒂(Maurice Merleau-Ponty,1908—1961)为代表的西方哲学家,还有如王晓华考察披露的那样,二十世纪西方哲学家如柏格森、胡塞尔、杜夫海纳、米歇尔·亨利、詹姆斯、杜威、海德格尔、萨特、波伏瓦、维特根斯坦、福柯、阿多诺等,以及那些即便强调具身化(Embodiement)的认知科学家,如乔治·拉克夫、马克·约翰逊等都普遍地陷入了既肯定身体,又否定身体的摇摆的不彻底的理论困局之中。② 张再林使用中国古代哲学中主导性的身心关系理论来论证西方的身心论说。他认为中国身心论本质与其说是一种笛卡尔式的身心二分理论,不如说是一种梅洛-庞蒂式的身心一体理论。其理论把心当作"生命意向",同时把身视为这种"生命意向"的具体体现,从而最终把身心视为显微无间、能受不二的活生生的生命整体。③ 从佛教立场上解读心身一元论这个世界范围内的哲学议题,可以进一步做出宗教学角度的具体明确的解释。密宗金刚界和胎藏界理智不二,色心不二,两者之间的二元关系是你中有我、我中有你、既肯定又否定的辩证关系,

---

① 方英敏:《身体美学与身心一元论的证成——基于马克思历史唯物主义的一种解答》,《文艺理论研究》2020 年第 1 期,第 200—210 页。

② 王晓华:《西方美学中的身体意象——从主体观的角度看》,北京:人民出版社,2016 年。

③ 张再林:《中国古代哲学中的身心一体论》,《中州学刊》2011 年第 5 期,第 149—154 页。

可以对西方学界这个古老且普遍的问题提供解决方案的线索。而且,从密宗具体修证实践中可以提供心身一元的现实证明。

接下来卫藤吉则在文中又回到了对"□△○图"的解读。他引用了一份仙厓义梵写给本山妙心寺的书简,①将其作为解读"□△○图"的钥匙。在那份书简中,可以看出仙厓义梵的意图,即通过该图来体现时时刻刻不断变化的自心。书简的部分内容如下:"我若不能完全体会三密、获得平安之心,即使失去此身,也不会停止修行。……我还没有获得平安心。……尽管如此,听说了推举大紫衣的事,却一直为自己的身体感到羞愧并反省。我还没有将心、语言和身体引向安宁,它们依然不协调。若接受紫衣,必将成为天下笑柄。"(笔者将仙厓义梵古代日语原文先转成了现代日语解读,然后根据现代日语再翻译中文)在仙厓义梵的原文中,用"三角"来表示自己尚未开悟的心。此外,根据表记可知,仙厓的意图是在自己的修行生涯中将"三角"转化为代表和谐完美状态的禅,即"圆"。仙厓的一生都在践行着"如果不能完全提高身、语、心三密,即使失去此身也不会停止修行"这一初衷。

图1　□△○图(左边的字是"扶桑最初禅窟",意思是由荣西创建的日本最初的禅寺)

---

①　《大通和尚宛书简》,日本福冈市美术馆所藏。

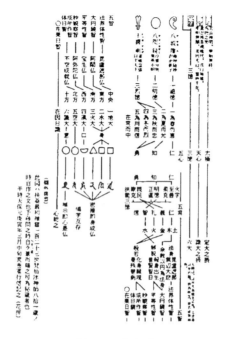

图 2 三德宝图

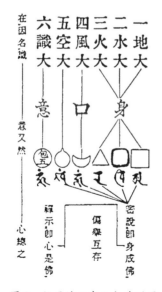

图 3 仙厓的三密六大关联图

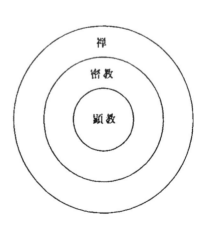

图 4 仙厓所见显·密·禅的位相

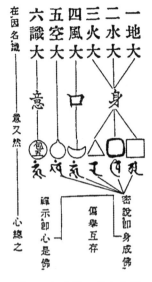

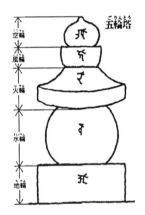

图5　仙厓的三密六大图　　　图6　五轮塔和五大的关联图

在笛卡尔的身心二元论中,他的理性观所体现出来的从本体论到认识论的转向是比较模糊的。但是从宗教体验上,密宗的"三密加持"观想法和禅宗修行的禅观(冥想)都提供了对身心一元论的有力支持。这些宗教观想的特征可以在六大缘起的范围内来解释身和心的关系,以实现禅宗"见性成佛"或者密教"即身成佛"的修行目的。笔者采用日本学者藤谷厚生《关于禅和密教中的成佛和冥想的一些私见——无相禅和有相禅的定位》一文中的观点来进行论证。[1]他着眼于禅宗"见性成佛"和密教"即身成佛"的差异,讨论作为两者实践修行的观想具有哪些特征。

首先,藤谷厚生论述了"见性成佛"与无相禅的关系。以日本镰仓时期的道元著《正法眼藏》、华严宗居士证定著《禅宗纲目》、南都学匠良遍著《法相二卷抄》、江户中期的禅僧白隐著《坐禅和赞》以及中国南宋慧开法师著《无门关》为基础,藤谷厚生概括性地主张,见性即"知见自性"。这里的"自

---

① 藤谷厚生:《禅と密教における成仏と冥想についての一私見——無相禅と有相禅の位置づけ》,《四天王寺大学纪要》第57号,大阪:四天王寺大学,2014年,第361—369页。

性"是指自己的本性,也就是自己的实存本身。觉知自己的实存本身,才是"见性成佛"的本义。若能知见"自性"即"无自性",是"空",那就是"见性成佛"。但是这样的开悟绝不是用头脑就能想明白的,而是要自己在实践修行中去体会。禅宗通过坐禅(冥想)的实践修行,追求"见性"这一宗教体验。通过坐禅将心统一、断除烦恼,然后心自然会清静,得到深三昧(Samādhi)。然后,在这个深三昧的境界中,般若智慧就会起作用。禅宗中,作为进入深三昧的方便,大致可分为"看话禅"和"默照禅"。"看话禅"是临济宗的一种禅法,用拈提公案的方法来达到顿悟的目的。与此相对,"默照禅"是曹洞宗的禅法,不使用公案,只实践打坐。这两种都是通过实践修行来实现的,即彻底成为实存本身,彻底成为"绝对无"。本书中,藤谷厚生把这种实践修行命名为"无相禅"。其特征是从一开始就以对无(空)本身的体验为前提,因此,不需要知性的观念、意象,而是利用公案等,将意识的作用定在一定的方向,是一种斩断心中妄想、烦恼的冥想。以上就是以"见性成佛"为目的的无相禅的特征。

其次,藤谷厚生论述了密教"即身成佛"和有相禅的关系。他主要根据空海著《即身成佛义》来阐述。他认为,作为物质原理的五大(地、水、火、风和空)以及精神原理的识大(第六大)构成了我身(身体的存在)以及宇宙本身。六大是没有排斥而互相融合的,我身和宇宙是一体的,构成了绝对开悟的世界,这就是真言密教所说的即身。由六大生起的现象可以总括为四曼(大曼荼罗、三昧耶曼荼罗、法曼荼罗、羯磨曼荼罗),在曼荼罗的中心一定有大日如来,周遍则围绕着很多佛、菩萨。在这样的开悟境界中,我即大日如来,凡夫即佛。虽然说是四曼,但在本源上并没有区别,只是稍微改变角度来看宇宙的本质而已。六大是无碍的同时,四种相大也都是相互不离的。在密教中,有很多具体的观法(冥想法)可以体验"即身成佛"这种觉悟境界。例如,入我我入观、字轮观、阿字观、道场观等。这些观法也可以说是瑜伽法或三摩地法。密教有各种观法(冥想法),与其他显教诸宗派的观法有很大的不同。持松在《密教通关》中略举十种密教观法,以见一斑:一体速疾力三昧、双身观、三平等观、四无量观、五字轮观、六大无碍观、七空点观、八叶肉团心观、九重月轮观和十缘生观等。[①]

在前面提到的禅宗"无相禅"中,为了消除所谓的"分别",将意识定于一定的对象,进行了将心带入无的状态的冥想。但是,密教的观法明显朝着肯定"分别"的方向发展,即通过"分别"在心中创造形象、观念,朝着想象佛开悟的世界(曼荼罗)的方向发展。话虽如此,这并不是承认所谓的虚妄分别。这些密教的观法,是善分别,不是单纯的妄分别。也就是说,站在如来悟道的境界,通过从那里看到的世界的善分别,来打破我们的烦恼——妄分别。从树立特定的相(形象)这一点来看,藤谷厚生把密教的禅观命名为"有相禅"。这是密教观法的特征,也是对"即身成佛"的实践修行。那么"即身成佛"是如何体现的呢? 即通过身口意的"三密加持"。"三密加持"是将凡夫的污秽三业转化为佛的清净三业,而其成立条件是如来的大悲(如来加持力)和众生的信心完全合为一体。密教将三密加持的实践具体地称为"三密观",即手结印契、口念吽字、心想月轮,在八叶莲花上观想金刚五股杵以净化自己的十恶业等一系列观法。通过这种冥想法,自己的身、口、意三业变得清净,是一种念想转变为佛三业的禅观。三密观是前面提到的其他密教诸多观法中最基本的一种观法,也是"有相禅"法的一个典型。

最后,藤谷厚生总结了以上内容,可知"见性成佛"和"即身成佛"分别是"无相禅"和"有相禅",也明确了它们各自的特点。这种差异归根到底是源于如何断灭心中的妄想、烦恼这一方法论的不同。我们的心经常被各种妄情、妄想、烦恼所封闭,因此,作为本来的佛性之光的智慧是绝对不可能发挥作用的。在无相禅中,断除一切妄想、烦恼,达到绝对实存的究极。从这个意义上说,是将自己的心识彻底纯化为无,最终获得无(空)的宗教性体验。另一方面,有相禅并没有要断除我们内心产生的妄想、烦恼,反而是通过冥想将这些分别置换为佛所开悟的世界的"善分别"。即使我们坐禅,也不能马上进入无念无想的境界。换言之,我们的内心总是怀着某种印象,来进行分辨。那么,如果要对其分别,那就好好地活用它,作为善分别来彻底地分别,这就是有相禅。但是,即使修习了佛开悟世界的善分别,得到了深三昧,

---

① 杨毓华主编:《持松大师全集》第三册《密教通关》,第 1077 页。

那也不是真正的悟道。因此,密教最终要舍弃这一切善分别。也因此,虽说密教是有相禅,但最终有相禅还是舍弃了有相转为无相。而且,有相禅最终也会和无相禅一样,达到无(空)的宗教体验。归根结底,佛教的冥想实践(禅观)最终在于亲身体验无(空),由此实现身心一元。即使说到顿悟或成佛,也都离不开这种宗教体验来印证。

第六节　密宗与律宗

持松总结了小乘、大乘、真言密教戒律的区别。他认为,小乘戒律,"假使千百劫,所作业不亡。因缘会遇时,果报还自受",过去所犯"波罗夷"罪是无法忏悔的;大乘初级戒律,"众罪如霜露,慧日能消除。若欲忏悔者,端坐念实相";大乘高级戒律,"罪性本空将心忏,心若灭时罪亦亡。心亡罪灭两俱空,是则名为真忏悔";真言密教戒律,"定业不可转,三昧加持力;无始诸障碍,一切皆消灭"。又说:"贪欲即是道,疑恚亦复然。譬如除积薪,所用功太多。若以一火焚,悉成光明焰。烦恼亦如是,断之需多劫。智慧火燃烧,尽入般若海。"①持松点出了密教初门和无上密教之别,但并未详述。

比利时根特大学的安娜·索科洛娃(Anna Sokolova)博士在其 2020 年学术论文中考察了唐代密宗与禅宗和律宗的关系。② 她探讨了唐代宗(762—779)时期的亲佛教政策背景下,公元 767 年嵩山会善寺戒坛的重新翻修工程。此次参加的戒律专家和国家官员在重建过程中被确定和两个著名佛教人物的传承关联密切,即在宫廷的唐密领袖不空和神秀弟子禅宗北宗七祖嵩山普寂。这两位祖师的信徒们在会善寺授戒道场再造过程中扮演了关键角色,也证明中国唐代密宗和禅宗团体之间在授戒和出家戒律仪轨式实践中表现出来的明显的一致性。这些被召集而来监督会善寺戒坛重建

---

① 杨毓华主编:《持松大师全集》第六册《小乘、大乘、真言密教戒律区别之一斑》,第 2914 页。

② Anna Sokolova, "Esoteric, Chan and Vinaya Ties in Tang Buddhism: The Ordination Platform of the Huishan Monastery on Mount Song in the Religious Policy of Emperor Daizong", *Buddhist Studies Review*, 2020(2), pp. 219 - 239.

工作的僧侣都是律宗方面的专家,他们都来自禅宗北宗和密宗。历史上在汉地有普遍共识的正式出家戒通常是根据印度上座部系统法藏部的毗奈耶律(四分律)来授予的,这是在汉地唐朝时期最卓越的律宗文本。然而,安娜·索科洛娃发现的证据表明,密教祖师金刚智和不空都倾向选用与这个四分律存在竞争关系的、从上座部流传下来的说一切有部戒律。根据他的传记作者赵迁记载,多年来不空是唯一一位在中国的说一切有部戒律上师,在汉地他按照自己偏好的传统亲自登戒坛剃度了两千名弟子来接受说一切有部戒律。不空本人则于公元724年从其上师金刚智在洛阳广福寺受具足戒,而成为精通说一切有部戒律的大师。金刚智在广福寺驻锡直至741年圆寂。在那里,唐玄宗下诏专门为金刚智按照说一切有部传统建立了佛塔塔院。金刚智本人也舍衣钵自费兴建了另外一座遵循一切有部传统的古石戒坛院。772年,不空进具之日亦有诚愿,获得允许修葺。不空从其他寺院选拔了十四名僧侣来做监理,其中七名密宗僧侣监理佛塔塔院,另外七名律师僧侣监理古石戒坛院。鉴于不空精通说一切有部戒律,以及考虑古石戒坛的原始仪式用途,这也可以合理地假设不空希望持续传承根本说一切有部戒律。根据《嵩山会善寺戒坛碑》《嵩山会善寺戒坛记》中对戒坛的记载和不空对于广福寺古石戒坛的描述,这些戒坛都有精通戒律的僧侣监理,并且有一年一度的坛场授戒活动,然而在"安史之乱"中遭到了破坏。唐朝著名诗人王维的弟弟王缙(700—781)曾为唐代宗年间宰相,在登封为官时与大证禅师的师父广德禅师素为知交,大证禅师弟子正顺又视王缙如父,故王缙为大证作《东京大敬爱寺大证禅师碑》。文中称"大照(普寂)传广德,广德传大师",为禅宗北宗第九祖,"遂适太原,受声闻戒,习根本律"。[①] 这是禅宗北宗僧人受说一切有部戒律的案例。笔者发现,安娜·索科洛娃在此考证北禅宗第九祖为昙晟禅师有误。由上述发现可以推测,在唐代宗时期密宗和禅宗僧侣受戒时都有可能参加受说一切有部戒律的仪式。

日本东密戒律的传统也受到唐密的极大影响。善无畏译本《七佛俱胝佛母心大准提陀罗尼法》提出不共说法,曰:"佛言:'此咒印能灭十恶五逆一

---

① (清)董诰等编:《全唐文》卷三七〇,第3757页。

切重罪,成就一切白法,具戒清洁,速得菩提。若在家人,纵不断酒肉妻子,但依我法,无不成就。'"①辽代道㲀《显密圆通成佛心要集》卷上解释善无畏译此经曰:"今为俗流之辈,带妻挟子,饮酒啖肉,是其常业。虽逢僧人教示,习性难以改革。若不用此大不思议法救脱,如是人等,何日得出生死?"道㲀以"方便为究竟",广开"救度众生"权宜之门,但是他并非废弛戒律,相反,他非常提倡持戒的殊胜:"其有斋戒清净依法持诵者,更为胜妙,故《准提经》云,何况更能结斋具戒,依法持诵,不转空身,往第四天,得入神足是也。"②他根据众生机缘、器性不同,开许在家人毋须持戒的权益,待"先以欲钩牵,后令入佛智"后,提倡"斋戒清净"修行正道。

《遗教经》说:"戒是正顺解脱之本。"在经中佛陀临终涅槃时教导弟子要以戒为师,说:"汝等比丘,于我灭后,当尊重珍敬波罗提木叉,如暗遇明,贫人得宝。当知此则是汝大师,若我住世无异此也。"③汉地律宗形成于唐代,是中国佛教的主要宗派之一。中国佛教律宗把佛制戒律分以"四科":戒法、戒体、戒行和戒相。宋僧元照(1048—1116)《四分律行事钞资持记》上卷曾说:"圣人制教名法,纳法成业名体,依体起护名行,为行有仪名相。"④汉地戒律的形成和发展都是以"戒体"理论为中心的。戒体作为四科之核心,戒体即戒之本体、体性、根本和本质,也就是佛教徒接受佛教戒律(受戒)后于身、心所生的强制性的防止毁犯戒律的功能、效力、意志。佛陀没有提出过戒体的概念。⑤环庵护信在其《断戒体章》中考证说,戒体一词并未见诸经论,而是南北朝时代佛教教团所用的语汇。⑥佐藤达玄认为这里指原始佛教经论中没有本体论意义上的"戒体"一词。⑦戒体的思想虽然起源于印

---

① 《大正藏》第 20 册,第 186 页中。

② 《大正藏》第 46 册,第 996 页上。

③ 《大正藏》第 12 册,第 1110 页下—1111 页上。

④ 《大正藏》第 40 册,第 180 页中。

⑤ 王建光:《"戒体":一种本体论的追索》,《南京农业大学学报》2005 年第 3 期,第 86—91 页。

⑥ [日]佐藤达玄:《道宣与戒体》(上),关世谦译,《妙林》第 12 卷 4 月号,2000 年 4 月 30 日,第 34—37 页。

⑦ [日]佐藤达玄:《戒律在中国佛教的发展》(上),释见愍等译,嘉义:香光书乡出版社,1992 年,第 282 页。

度原始佛教理论,但该词最早出自部派佛教时期说一切有部的主张,即戒体是一种无表色的色法,由身业与口业所形成。一切有部经典《大毗婆沙论》卷一四〇提到过:"问:何故戒体唯色?答:遮恶色起故。又是身语业性故,身语二业色为体故。问:何故意业非戒?答:不能亲遮恶戒故。"①在汉传佛教历史上,天台宗智颛是最早承认戒体学说的,其在《菩萨戒义疏》中说:"初戒体者,不起而已,起即性无作假色。经论互说诤论有无。一云都无无作,色心假合共成众生。善恶本由心起,不应别有。顽善顽恶,皆是指心。誓不为恶即名受戒。《璎珞经》云:'一切圣凡戒尽以心为体,心无尽故戒亦无尽。'或言教为戒体,或云真谛为戒体,或言愿为戒体,无别无作。……若因中别有顽善共为佛因,佛地亦别有此善共为佛果。当知心为因果,更无别法。二云大小乘经论尽有无作,皆是实法。……然此二释,旧所诤论。言无,于理极会,在文难惬;言有,于理难安,在文极便。"②智颛《释禅波罗蜜次第法门》卷二中说:"大乘教门中,说戒从心起,即以善心为戒体。"③这种以心性为戒体的说法和真言密教以本有净菩提心为佛性三摩耶戒之戒体的说法一致。汉传佛教律宗南山宗初祖道宣的《四分律行事钞》中卷认为,别解脱戒"以义推,要唯有二种,作及无作。④ 唐义净(635—713)从印度取回的律典《根本说一切有部百一羯磨》中,也出现了"护戒"一词。义净认为这就是戒体的表现形式。王建光认为,以道宣为代表的戒律思想家对戒体理论作出本体构建,尝试解决佛教徒持戒修行"因何而成"和"如何而成"的问题。通过探讨戒体所具有的"业力"和体用功能,其实质即是通过"善种子"的本体化思维来完成对实体化的"色""心"的超越。笔者认为王建光的论述更多地是在别解脱戒语境中完成的,在这里引用的别解脱戒实质即称戒体,可分"作"与"无作",名"表"与"无表"。能知其内为"表",受戒后获得阻止犯戒的能力而不可见为"无表"。佛教诸派对其性质说法各异。例如说一切有部认为是色法,经部说非色非心。唯识宗说其是思心所所熏成的种子,中观一派

---

① 《大正藏》第 27 册,第 723 页下。
② 《大正藏》第 40 册,第 565 页下—566 页中。
③ 《大正藏》第 46 册,第 484 页中。
④ 《大正藏》第 40 册,第 52 页上。

说出离心发起。唐律宗三派中的东塔派奉行一切有部说法，相部派依经部说，南山派依唯识要义。南山律宗祖师道宣曾将窥基的大乘唯识学法义精要融入其律学。虽各家所说不同，但共同点在于通过特定的受戒仪式能引发持戒的功能。

在此，在密宗的语境中，如何梳理别解脱戒和菩萨戒以及三昧耶戒的关系是正确理解密教思想不可回避的核心一环。这个问题也同样具有现实意义。历代佛学家从不同角度和层面研究过这个问题，有些注重三者的戒体本质、戒体关系等抽象层面，还有些关注三者的戒相殊异、受法差别等具体层面。笔者对这三种戒律概念及其关系进行了梳理。在藏密体系中，格鲁派大师宗喀巴、萨迦派第四祖萨迦·班智达·贡噶坚赞①（Sakya Pandita Kunga Gyaltshen，1182—1251）和现代宁玛派大师敦珠仁波切②（Jigdral Yeshe Dorje，1904—1987）都详细解释了这三种戒的区别，以及如何在实践中持这三种戒而不引起相互矛盾。③ 首先，笔者采用宗喀巴的观点阐述了别解脱戒和菩萨戒的关系。宗喀巴是藏传佛教格鲁派创始人，其所在时期藏区佛教界戒律废弛，僧人腐化堕落，修习混乱，僧俗不分，出现了"颓废萎靡之相"，戒律也受到严重忽视。他1395年在西藏进行的宗教整顿中规范了戒律，称其为一切佛法修行的基础。

别解脱戒共分八种：优婆塞、优婆夷、沙弥、沙弥尼、正学女、比丘、比丘尼戒以及在家居士的八关斋戒，包括了在家和出家、男众和女众等弟子修行佛法所须遵守的戒律行为准则。根据各类弟子不同，所受戒律也要求不同。哈佛学者、祖古吞珠仁波切（Tulku Thondup Rinpoche）认为，别解脱戒的重

① 班智达的称号来源于印度，意为学识渊博的大学者。萨迦·班智达·贡噶坚赞是西藏佛教史上第一位被誉为班智达者，精通五明、智慧卓群，因此被称为雪域三大文殊化身之一。其著作包括《萨迦格言》《正理藏论》《三律仪论》。

② 敦珠仁波切，吉札耶谢多杰（敦珠二世），伏藏取者。致力于弘扬宁玛巴教法以及由法身佛普贤王如来、莲花生大师等传承之缘起，为红教法王。

③ Sakya Pandita Kunga Gyaltshen, *A Clear Differentiation of the Three Codes*：*Essential Distinctions among the Individual Liberation*, *Great Vehicle*, *and Tantric Systems*, State University of New York Press, Part Ⅱ, pp. 39 - 204; Jigdral Yeshe Dorje, *Perfect Conduct*：*Ascertaining the Three Vows*, translated by Khenpo Gyurme Samdrub and Sangye Khandro, Wisdom Publications, 1996, pp. 14 - 148.

点是通过禁止某些身体行为来避免消极行为,尤其是不伤害他人。它是菩萨戒的基础,因为负面行为是精神烦恼的根源,它会阻止个人在道路上进步并获得解脱。因此,别解脱戒是保护我们自己免受精神烦恼的一种方式。①

菩萨戒指大乘菩萨所受持的戒律,又称大乘戒、佛性戒、方等戒、千佛大戒等。其内容为三聚净戒,即摄律仪戒、摄善法戒、饶益有情戒三项内容,僧侣和居士都可以受持。彭瑞花考察了菩萨戒起源于印度大乘佛教,认为其与居士佛教的发展关系密切,其前身就是居士戒和十善。菩萨行以六度为核心,其中的戒度宣称菩萨应当守戒。目前普遍认为五戒十善是一切戒律的基础,比丘戒则是僧伽步入佛门的先决条件。菩萨戒有多种重戒和轻戒。关于菩萨戒的律典可总分为梵网与瑜伽二类,聚集了持律仪、修善法、度众生三大门的一切佛法。菩萨戒没有独立的律藏全集,其文本基本可分为经戒一体、经中单列戒品和独立的菩萨戒经三种形式。彭瑞花考证了菩萨戒形成于大乘佛教兴盛的西域,发展形成为原始密教戒律,即陀罗尼戒。向南传入印度发展形成了瑜伽系、优婆塞系菩萨戒,向东传至中国发展形成了梵网系菩萨戒,以《梵网经》为典型代表。《伅真陀罗经》被认为是菩萨戒初步形成的标志,由大月氏人支娄迦谶传译至中国。陀罗尼戒主要流行于敦煌地区。唐朝大云寺僧人惠真曾在甘州修多寺,伪托方等二十四戒编写《佛说善信菩萨二十四戒经》,是陀罗尼戒流行的重要依据。在印度的瑜伽系、优婆塞系菩萨戒,地位正统,经典数量和总类众多,体系完整,但和中国本土思想并不能有效地相融。《法镜经》是中国首部独立的汉译菩萨戒经。在中国流传的梵网系菩萨戒融合了中国的传统儒家思想包括孝道等,所以受到了皇室贵族和僧俗两界的信奉。东汉是居士佛教兴盛的时期,大月氏、安息、康居、罽宾、于阗、龟兹等西域各国的僧俗把大乘佛教和菩萨戒以经典传译形式带入中国。从隋唐时期到明末清初,出现了大量的菩萨戒著述和注疏。菩萨戒的授戒师必须由符合条件的出家僧人担任,而受戒人在南北朝和隋唐时期以皇室贵族为主,随后扩展到僧俗各个社会阶层。敦煌遗书中出现

---

① Thondup, Tulku, *Perfect Conduct: Ascertaining the Three Vows. Commentary by His Holiness Dudjom Rinpoche, Jigdral Yeshe Dorje*, Translated by Khenpo Gyurme Samdrub and Sangye Khandro, Wisdom Publications, 1996, "Preface", p. viii.

了大量《梵网经》写卷、菩萨戒仪、戒牒、布萨文、羯磨文等各种菩萨戒古文献，在敦煌石窟中发现了多幅戒律壁画，以及仅见于敦煌石窟的三幅梵网经变、不律仪变相等，都反映出当时菩萨戒在敦煌地区的广泛流行。① 菩萨戒又从汉地输出至韩国、日本等地，通过入唐僧侣的求法，如新罗慈藏、日本最澄等。最澄入唐回到日本后创建日本天台宗，开展了纯大乘戒运动，使日本佛教形成了独立的戒律系统。或者汉地僧人到国外弘法，例如鉴真东渡创建日本律宗，为日本皇室贵族广授菩萨戒。

祖古吞珠仁波切认为，菩萨戒或大乘戒主要强调菩提心的培养和观察，即出于慈悲心而非利己心，下定决心为一切众生带来快乐和开悟。从这个意义上说，它被称为启蒙之心。藏传佛教徒以菩提心的态度发愿出离。也就是说，发誓和守戒是为了一切众生，而不仅仅是为了个人的解脱。因此，修行者不仅不伤害他人，而且致力于为他人服务。不同传统的戒律有不同的结构，但大体上是一致的。主要分为三类：克制有害行为、累积善业和为他人服务。"积德行"是指修六波罗蜜（布施、持戒、忍辱、精进、定、慧），而"利益他人"是指四种使他皈依佛法的行为（布施、乐语、带领他人归向佛法、坚守正道）。这样一来，菩萨戒比别解脱戒更难持守，因为它需要持续保持正确的心态。不是简单地避免烦恼，而是需要积极参与破坏烦恼。② 在别解脱戒和菩萨戒两者的关系上，宗喀巴引述觉贤论师《律仪二十颂释难论》的观点，说别解脱戒的实质和动机就是断除十不善或七不善。受菩萨戒者无论原先是否领受过别解脱戒，在这一点上完全相同。没有离杀生等十不善的意乐，则无法成为生起菩萨戒的容器。宗喀巴总结了"菩萨律仪戒"与"别解脱戒"的同异关系如下：③

（1）是菩萨律仪戒，但不是别解脱戒，例如天身具足菩萨戒者相续中断除十不善或七不善的菩萨律仪戒。

---

① 彭瑞花：《菩萨戒研究》，陕西师范大学博士论文，2016 年。

② Thondup, Tulku, *Perfect Conduct: Ascertaining the Three Vows. Commentary by His Holiness Dudjom Rinpoche, Jigdral Yeshe Dorje*, "Preface", pp. viii - ix.

③ 朱竞旻（土登云丹）：《宗喀巴"菩萨律仪戒"与"别解脱戒"戒体关系论初探》，《戒律思想与实践——第三届国际佛学论坛》（论文集萃），北京：中国人民大学国际佛学研究中心举办，2013 年 10 月 30 日。

（2）是别解脱戒，但不是菩萨律仪戒，例如声闻资粮道苾刍相续中的苾刍律仪。

（3）既是菩萨律仪戒，又是别解脱戒，例如大乘资粮道苾刍相续中的苾刍律仪。

（4）既不是菩萨律仪戒，又不是别解脱戒，例如静虑律仪、无漏律仪。

在两者的关系上，宗喀巴根据《道炬论释》和迦湿弥罗智祥友论师的《不应违越尸罗律仪三昧耶论》本颂内容，认为在理论上应该先受持别解脱戒，然后再受持菩萨戒，这是最为圆满殊胜的次第。但是菩萨戒的生起不以别解脱戒为基础，同时菩萨戒更注重对"心"的把握。① 他尤其强调菩萨戒依靠别解脱戒，尤其是依靠出家别解脱戒生起及持续。宗喀巴主张以菩萨戒的思想统摄三乘戒律，并将其融入"三士道"次第的修证系统之中，统一大小乘戒律。所谓"三士道"，指下士道重止恶，以十不善法为主；中士道重行善，以行一切善为主；上士道重利益一切众生，以六度四摄为主。其中下士道与中士道所受持的戒律内容类似于别解脱戒，而上士道与菩萨戒内容更为相似。

三昧耶戒属于密宗戒法，又称三摩耶戒、秘密三昧耶戒、佛性智三昧耶戒。戒法通显密诸大戒，即含摄五戒、八戒、具足戒等。密教三昧耶戒即以此菩提心为体，行法受真言三昧耶戒称受戒灌顶，这要和得度、皈依受四分律戒区别分开。行密教灌顶仪式时真言行者需发三昧耶誓，以结缘、传法、传心三种灌顶深浅次第，依照不同次第分有见、入睹、具坛、传教、秘密等五种三昧耶。在东密传统中，真言宗根本上师亲自为密授弟子灌顶，设道场先授此三昧耶戒法，其道场称为三昧耶戒场、三昧耶戒坛。授戒作法称为三昧耶戒仪，或称三昧耶戒作法。在藏密中，此戒重点是证悟圆满智慧与方便的结合。密宗戒律的基本特征之一就是受戒者接受密续上师的灌顶，培养其对上师毫无疑问的虔诚心。上师不仅将教法传授给弟子，还指导他们通过重重困难进行修行。藏密宣称密宗戒律包含了别解脱戒和菩萨戒，其论证基础是密宗受戒包括"加行仪式"，其中就有这些内容。由于密宗修行的危险性，人们普遍认为持密宗戒律变得更加重要。正如祖古吞珠仁波切在其

---

① 王二莎：《宗喀巴律学思想研究》，宁夏大学硕士论文，2020 年。

文中解释的那样："违背密宗三昧耶戒比违背其他戒律更有害。与从马上坠落相比,这就像从飞机上坠落一样。"然而,何时保持誓言以及何时打破誓言并不总是令所有人同样清楚。有时候,密宗上师能够以看似违反戒律的方式行事,而实际上并没有。祖古吞珠仁波切举例说："有大成就的密宗大师以证悟力,即使有明妃也能持守独身誓愿,但只有当他们也能使死者复活时,这种成就才是真实的。"

日本真言宗关于密教三昧耶戒的研究成果非常宝贵。例如,上田灵城对于净严和尚①(1639—1702)根据密教经典和仪轨形成的三昧耶戒观有过完整的理论阐述。② 净严认为真言行者修行的过程分为受三昧耶戒、受明灌顶入坛、诸尊瑜伽、传法灌顶入坛等四个步骤。这也是空海从惠果那里继承而来的唐密传统。但不同是的,空海认为在受三昧耶戒之前必须在东大寺戒坛受显教的具足戒。具足戒指佛教信众在出家成为比丘或比丘尼时所应接受与遵行的戒律,是成为僧团成员的先决条件。在家居士可以依照自己所处的环境与期望,选择遵守或不遵守某些戒条。但是一旦成为出家众,就必须要遵守完整的波罗提木叉,故称为具足戒。比丘戒是为了解脱,而菩萨戒是为了成佛。净严认为没有必要受具足戒,因为三昧耶戒的受戒轨已经包摄了五、八、十、具(即五戒、八戒、十戒、具足戒)。他的这种受戒观与之前的西大寺派的真言律不同,后者的做法是重楼受戒,即在显教的三聚通受的基础上再受密教的三昧耶戒。例如,集西大寺派真言律大成的法操论述过重楼登梯说,即小乘戒—大乘戒—密戒。除了前面提到过的空海,延命院的元杲(914—995)也提出过重楼说。他认为在受三昧耶戒前还必须坚持五篇、七具、三具、四重、十无尽戒。相比较,净严的三昧耶戒式的构成包含二重羯磨,在关于授戒、说戒、忏悔、结界及各种僧事的处理中,第一重为三聚

---

① 净严,日本真言宗僧人。河内(大阪府)人。在高野山出家,于仁和寺学习野泽诸流,集其大成而创立新安祥寺流。又研究各宗之教学与悉昙、仪轨。有感于戒律之衰微,遂倡导如法真言律,以延命寺为根本道场。又在江户开创灵云寺,有将军纲吉等诸侯归依其门,门下有契冲等四百余人。著有《悉昙三密钞》《诸真言要集》等百余部。摘自《净严大和尚年谱》、《续日本高僧传》卷一、《和汉三才图会》卷六七。

② 上田灵城:《淨嚴の三昧耶戒觀》,《印度学佛教学研究》第16卷第1期,东京:日本印度学佛教学会,1967年,第154—155页。

通受羯磨,第二重是三昧耶戒羯磨。他认为菩萨的三聚戒和作为密戒的四重禁戒等都属于三昧耶戒的前方便戒,在秉三聚羯磨时将圆满。净严的立场认为五篇七聚的小戒、瑜伽梵网的诸戒、《苏悉地苏婆呼童子经》等说密戒,像这样的显密大小一切戒全部已经含藏在三昧耶戒中。因此,已经受三昧耶戒的真言行者必然会同时受持显密两教的一切戒。空海虽然坚持主张受持显密二戒,但没有具体提及由显入密这样的重楼方式,而净严的特色在于将受戒密教化,即通过二重式的三昧耶戒作法统摄显密诸戒。那么,具体来说,怎样将诸戒摄属在作为前方便的三聚戒中呢? 根据净严的《真言律辨》和《梵网菩萨戒题谚注》可知,他将五、八、十具作为"摄律仪戒",将梵网、瑜伽诸戒作为"摄善法戒、饶益有情戒"。而这样的三聚摄属是从《瑜伽论》《地持经》《善戒经》等中发展而来的。这些瑜伽系的经论以七众的别解脱戒作为律仪戒,瑜伽的四他胜处法以及四十二轻戒等声闻和不共戒都摄属于摄善和摄众生这后二戒。将这种说法发展之后,梵网戒就变成了声闻和不共戒,因此被摄属于后二戒。这是站在瑜伽系的立场上来说的,在律仪戒中坚持声闻戒的同时也重视梵网戒,然后将其包摄在三聚戒中。净严沿着此道再进一步涉及密戒时,认为密戒也会因为不共戒的缘故而被摄属于后二戒。虽然在净严的著作中没有直接提及关于密戒的摄属,但是净严宗派门人莲刚编撰的《受戒师口》中将密戒和梵网、瑜伽并列,也摄属在后二戒中。他也是一位真言行者。

　　净严接着提出了关于戒相的描述。他主张《大日经》《大日经疏》《略出经》都将谤诸法、舍离正法、舍离菩提心、悭吝、恼害众生这四重禁内容作为三昧耶戒相一并宣说。善无畏《禅要》和《大日经疏》中将十重禁作为三昧耶戒相,并且认为小律的所谓四波罗夷在密乘菩萨中只不过是偷兰遮轻戒,而四重、十重才是波罗夷重罪。空海虽然不认同显密二戒中有轻重之差,但是对于三昧耶戒相说了四重戒和十重戒。而净严认为,四重和十重戒是三昧耶戒的前方便有为戒,然后用《大日经疏》所说三昧耶戒四义(即平等、本誓、惊觉、除障)来思考戒相。即如果能住于生佛平等的三摩地,那么就能看见现实的自己,生起胜义心,然后能看见迷惘的众生,生起对他们除障、警觉的行愿心。如果将惊觉、除障面向自己那就是上求的作用,如果面向他人那就是下化的作用。换言之,以生佛平等的三摩地菩提心为体,在此基础上生出上求下化的一切作用。这样的体用合一即是净严所认为的密教三昧耶戒相。

民国时期,汉地密教并没有建立成体系的密教戒仪、戒相论典。持松引进真言宗戒律,编著《真言宗之戒》详述七类密宗戒法,明确论述开、遮、持、犯等戒相。[①] 持松编写《三昧耶戒义释》,引言中嘱咐:"俾学者仿显教半月布萨之法,不时读诵。渐薰其无为戒体,以至于尽众生法,毕竟成佛而后已也!"[②]持松在《真言宗之戒》《三昧耶戒义释》中详细列举了真言宗三昧耶戒条的内容。他继承了日本真言宗对戒律的理解,认为三昧耶戒有平等、本誓、除障、惊觉四义:

(1) 行者初发心时,知身语意三三平等之理,安住佛地,照见心、佛及众生三无差别。此为三昧耶戒根本义,故称生佛不二戒。

(2) 既以三平等之理为缘,乃起本身大愿,修行四无量、四摄等,能利益众生。

(3) 由本誓发得三三平等之戒体时,能除灭过去、现在、未来的恶业罪障,即为除障。

(4) 自惊察身心,制止放逸懈怠。

第七节　密宗与净土宗

持松和净土宗法脉渊源甚深。民国二十六年(1937)10 月间印光驻锡灵岩山寺后,灵岩山成为全国仰止的净土道场。妙真以监院身份主持灵岩寺。印光往生前,吩咐妙真说:"你要维持道场,你要弘扬净土,不要学大派头。"印光往生后,妙真升任方丈,真达为他送座。妙真继承印光法脉,为净土宗第十四祖。妙真曾在宁波观宗寺(观宗学社)和持松、显荫一起师从谛闲法师学习天台教观,在持松东密求法回国后又师从持松学习密法,后在灵

---

① 持松:《真言宗之戒》,油印本,1936 年,第 3 页。
② 持松:《三昧耶戒义释》,油印本,1936 年,第 2 页。

岩寺授法于胡建宁。胡建宁 1932 年生于上海,幼时受佛教思想熏陶,皈依佛门拜妙真、持松为师修习佛法,受五戒为居士。又曾先后师从颜文梁、张充仁等艺术大师,学习绘画和雕塑多年。他献身佛教艺术事业,研学佛经的造诣也极深。其设计依据佛教之经典,为海内外名山古寺延请,以上海为例,慈修庵、静安寺之十八罗汉、沉香阁等均是他的代表作。

　　冯达庵认为:"阿弥陀如来具其大弘愿,凡夫苟信、愿、行三事具足者,临终亦得往生。此中国净土宗所由起也。中国净土宗自东晋慧远开始,深明通达《涅槃经》和《华严经》,许其得预报土。"①元魏初译《摄大乘论》,阐发了往生极乐之义,非初地以上菩萨不可。法藏在因地发愿建立化土,圣、凡摄受。昙鸾、道绰提倡此义于陈、隋之间,随后道扰、僧衍、善导、比丘尼大明月继之。中国净土宗既为凡夫所设,往生当以化土为限,然亦有因根机、方法两殊而得径生报土者,不可不先明其原理。1924 年,显荫曾以真言宗观点阐释净土法门以体现密意。他认为:"对于极乐净土之真解,则谓开显自己本具之两部曼荼罗严净佛国土,斯为真净土。"中国传统净土教义提倡的真信、切愿、实行等三种资粮,"必履真言门乃能圆满成就",希望归心净土者能取法乎上,志取上品上生。② 1939 年,持松撰著《密教通关》,讨论了东密和净土宗的关系。他认为净土法门虽然行法简捷,易被大众接受,谓"深契于末俗",但密宗认为只是毗卢遮那如来妙观察智所现之用,"若依密法修之,仍属密教之一部。若以显教行之,则如今之念佛法门,持名唱号,乌能与真言并流而竞注耶!"③印光在《印光法师文钞·复周志诚居士书一》中明确指出:"禅律密净,皆是了生死之大法。然末世众生分上论,则非修净土法门,决难现生了脱。以余法门,皆仗自力。净土法门,兼仗佛力。佛力自力,奚啻天渊悬殊。不知此义,妄效大力量人之修法,殊难得其实益。"④

　　净土思想源于印度。东汉时期起传入中国的净土经典包括支娄迦谶译《无量清净平等觉经》《般舟三昧经》,竺法护译《弥勒菩萨所问经》《佛说弥勒

① 冯达庵:《佛法要论》,第 166 页。
② 显荫:《真言宗之净土往生观》,《世界佛教居士林林刊》第 7 期,1924 年。
③ 持松:《密教通关》,真禅主编:《持松法师论著选集》,第 6 页。
④ 释印光:《印光法师文钞全集》,第 644 页。

下生经》等。净土思想具有大乘佛教特色，十方诸佛所证法、报、化三身，必有身所相应安住之"土"，所谓"身土不二"。诸佛在圣贤位修因证法身周遍法界，名法界身，住"常寂光土"。诸佛发愿修行成就功德圆满"报身"，安住"报土"，如阿弥陀佛西方极乐世界、药师佛东方琉璃世界、阿閦佛东方妙喜世界等，此清净"报土"称"净土"。诸佛应众生示现种种化身，如释迦牟尼佛在婆婆世界化土成佛国，弥勒将来下生的人间净土。近代人间净土思想起于太虚，其后印顺明确了人间净土概念。印顺把佛教早期净土思想分为天国净土和人间净土，但"发愿上生弥勒兜率，也还是为了与弥勒同来人间，重心仍在人间的净土"。① 人间佛教的兴起也带来了对佛教世俗化的广泛讨论。比如欧阳竟无对太虚参与政治持有异议，而印顺对此的态度则有不同。密教同样有相应的净土概念。东密真言宗台湾传人悟光法师认为，显教净土境界融摄在大日如来所说华藏世界中，西方极乐世界十万亿佛土就是密教"五转"的证菩提，阿弥陀佛国土即净土，像莲花洁白清净，叫莲花部。② 他认为密教华藏世界和净土宗极乐世界相同，只是密教极乐净土并不是真言行者的主要追求和最终目的。③ 密教净土思想是人间佛教文化运动的彻底贯彻，佛国即人间，净土秽土本性相同，只是凡夫的主观意识执着流转于世界表象而产生分别而已。"舍开宇宙，别求净土，别求天国，是一种极其幼稚不合理的迷情，确实是可怜者也。"④悟光认为依靠自身才能实现净土思想，人间佛教为社会服务，是密教思想对外自然展示，是即身成佛义的人间实践。持松所创的南方满月世界密严净土观即是从密教角度有力补充和完善了人间佛教的理论建设。

净土一词即指佛国，称清净土、清净国土、清净佛刹、佛刹等。佛教有多种净土，一佛一净土。净土信仰是指相信某一佛国净土真实不虚、无上庄严，发愿往生其净土，并以实际行动，诸如观想念佛、实相念佛、持名念佛等

① 释印顺：《净土与禅》，北京：中华书局，2009 年，第 12 页。
② 释悟光：《般若理趣经讲记》（下），台北：艺敏出版社，2003 年，第 663 页。
③ 李永斌：《真言宗悟光法师的般若思想和人间佛教思想》，宽旭主编：《首届大兴善寺唐密文化国际学术研讨会论文集》第二编，第 160—166 页。
④ 释悟光：《心经思想蠡测》，台北：派色文化出版社，1992 年，第 79 页。

形式来实践其信仰。印度马鸣、龙树、世亲和汉地慧远、昙鸾、智颛、善导、窥基等祖师大德皆称扬大乘净土法门。净土理论须彻了显密诸乘诸宗的教理行果以及众生的根性时机，才能深识其奥义。① 释迦牟尼佛的庄严清净国土在支谦译《佛说维摩诘经》中是如此描述的："贤者舍利弗，承佛威神，心念是语：'以意净故得佛国净，我世尊本为菩萨时，意岂不净，而是佛国不净若此？'"②《华严经》中普贤菩萨以十大愿修行实践，归于极乐净土。小乘三学、大乘六度、唯识、中观、四部瑜伽③皆通净土法门，依阿弥陀佛果位功德加持，接引众生。《无量寿如来观行供养仪轨》曰："以我功德力，如来加持力，及以法界力，愿成安乐刹。"④华严宗认为，因分可说，果分不可说。阿弥陀佛如理成就的本愿功德净果与行者信愿净因交涉，以究竟方便产生妙用，不可思议。印光大师以《观无量寿经》"是心作佛，是心是佛"为净土法门，称缘缘集合，必成净果，即唯心净土。净土宗祖师道绰引用《大集经·月藏分》"我末法时中，亿亿众生起行修道，未有一人得者"作为明证，推崇净土法门，认为在末法时代，唯有净土一门可以使人得到解脱。⑤

在汉地佛教净土信仰中，弥勒与弥陀是最大的两个流派。从语源和语义学角度研究，弥勒和弥陀两词都可以追溯到对早期波斯太阳神、光明之神密陀罗和印度太阳、光明之神密多罗（Mitra）的崇拜。在多种佛国净土的描述版本中，关于弥勒及其兜率净土的形成传说最早可见于古波斯神话中阿契美尼德王朝时代的祆教和印度教以及婆罗门教吠陀传统。关于弥勒及其兜率天净土的信仰在公元一世纪印度贵霜王朝迦腻色迦王时期可见其叙述，其信仰体系于公元二世纪东传西域和汉地。普慧考察发现，佛陀造像的兴起伴随着弥勒造像出现，流行于印度西北、波斯东北、中亚及西域地区，而弥陀造像四世纪前在上述地区没有出现，四世纪后却在中土兴盛起来。汉

①　陈兵：《净土法门实似论》，《法音》1995 年第 8 期，第 8—10 页。

②　《大正藏》第 14 册，第 520 页中。

③　金刚乘的修持法门可分为事部、行部、瑜伽部、无上瑜伽部四个层次，统称为四部瑜伽或四部密续、四续部。

④　《大正藏》第 19 册，第 69 页中。

⑤　王公伟：《末法思想背景下的中国佛教拯救意识》，增勤主编：《首届长安佛教国际学术研讨会论文集》第一卷，第 344 页。

译佛典中专门宣讲弥陀及其西方净土的经典似乎比弥勒兜率净土的经典成熟得要早，两晋以后影响更大。弥勒一词汉译梅怛丽耶、弥帝隶、梅低梨、梅怛丽、每怛哩、昧怛履曳等，波斯语"慈爱"与《奥义书》中的"慈氏"同为"Maitri"，与梵文"弥勒"（Maitreya）和健陀罗语"弥勒"（Matraya）词音和语义同源。根据吐鲁番考古发现的于阗语佛教文献《佛说阿弥陀经》《无量寿经》等描述，唐朝时期吐鲁番诸地净土信仰已经流行。西域僧人安世高、支娄迦谶、支谦、竺法护、鸠摩罗什、康僧铠、畺良耶舍、沮渠京声等先后翻译有关弥勒、弥陀信仰的佛教文献。弥勒的经典在中土译出，如后汉安世高译《佛说大乘方等要慧经》、西晋竺法护译《弥勒菩萨所问本愿经》《佛说弥勒下生经》①、曹魏康僧铠译《无量寿经》、姚秦鸠摩罗什译《阿弥陀经》、刘宋畺良耶舍《观无量寿经》、世亲著北魏菩提留支译《无量寿经论》为"三经一论"净土经典。

两晋时期，弥勒信仰在汉地流行。南朝宋明帝《龙华誓愿文》、齐竟陵王《龙华会记》、齐周颙《京师诸道造弥勒像三会记》、齐沈约《弥勒赞》皆有记载。道安开创修习弥勒净土法门，推崇弥勒思想，至南北朝时期达到鼎盛。由于北魏宣武帝时期的冀州僧人法庆自称弥勒转世，以"新佛出世，除去旧魔"号召农民起义，官方开始打压弥勒教派，弥勒净土信仰逐渐衰落。五代时期，布袋和尚这一完全汉化了的弥勒形象，形成另具特色的弥勒菩萨信仰。唐朝时期，弥勒信仰大昌汉地。《旧唐书·姚璹传》："臣又见《弥勒下生经》云，当弥勒成佛之时，七宝台须臾散坏。睹此无常之相，便成正觉之因。"②《旧唐书·薛怀义传》记载："怀义与法明等造《大云经》，陈符命，言则天是弥勒下生，作阎浮提主，唐氏合微。"③玄奘也信仰弥勒，"生常以来愿生弥勒，及游西域，又闻无著兄弟皆生彼天，又频祈请咸有显证，怀此专至益增翘励。后至玉华，但有隙次，无不发愿生睹史多天见弥勒佛"。④ 李华为天

---

① 该经与后秦鸠摩罗什译《佛说弥勒下生成佛经》为同经别译本。
② （后晋）刘昫等：《旧唐书》卷八九，北京：中华书局，1975 年，第 2902—2903 页。
③ （后晋）刘昫等：《旧唐书》卷一八三，第 4742 页。
④ （唐）道宣：《续高僧传》卷四，《大正藏》第 50 册，第 458 页上。

台宗左溪玄朗造碑文《故左溪大师碑》提到:"奉观音上圣,愿生兜率天。"①
《续高僧传·会通传》、《宣室志》卷四、《报应记》"于昶"条、《纪要》"马子云"
条、敦煌石室中大量遗存"净土三经"写经本,②以及《净土乐赞》(斯 2945
号)等,皆显示阿弥陀净土得到狂热崇拜。《遍照金刚空海大师御遗告》(第
十七)也明确记载了空海选择弥勒净土信仰:"我闭眼之后,必方生兜率他
天,可待弥勒慈尊御前,五十六亿余之后,必慈尊御共下生。"③民国时期,人
间佛教复兴运动中的僧人热衷"留惑润生""扶习润生",契合弥勒"不断烦
恼,不修禅定"的大乘思想,生前愿往生兜率净土的不乏其人。

　　弥陀在中国六朝时期意译为无量寿,唐代时期音译为阿弥陀。简称弥
陀,音译阿弥多、阿弥多婆,意译无量、无量光、无量寿、甘露。汉魏时期阿弥
陀净土信仰(包括净土观音信仰)和相关经卷传入汉地,北魏后期净土信仰
开始流行。④ 在唐朝,围绕两种净土信仰选择的争论,阿弥陀信仰开始盛
行。唐朝善导从道绰学净土要义,继承北魏昙鸾的净土思想,后至长安光明
寺、慈恩寺弘扬净土教义。宋明后净土宗与与禅宗相会融,天台宗、华严宗、
律宗等也兼修念佛法门。到民国时期,印顺提倡人间佛教,反对具有他力救
济属性的弥陀净土观念,他认为西方极乐净土是阿弥陀佛的果报,佛教徒应
该努力修行实践,秉持"诸恶莫作,众善奉行,自净其意"的德性,才能获得净
土果报。弥陀佛愿力只是一分因缘而已。⑤

　　佛教诸宗对净土的概念和分类多有描述。《弥陀疏钞》根据往生者机感
不同,把所往生的诸佛国土分为四种:常寂光土、实报庄严土、方便有余土
以及凡圣同居土。智俨《华严孔目章》卷一《十种净土章》说:"依小乘义,无
别净土;依三乘义,有别净土。略准有四:一、化净土……二、事净土……
三、实报净土……四、法性净土。"⑥唯识宗立佛土为法性土、自受用土、他

①　(清)董诰等编:《全唐文》卷三二○,第 3241 页。
②　黄永武主编《敦煌宝藏》第 57 卷,基本为净土三经写本。
③　性洋:《空海大师与人间佛教》,邓友民主编:《空海入唐 1200 周年纪念文集》,第 161 页。
④　孙昌武:《中国文学中的维摩与观音》,第 211 页。
⑤　释印顺:《净土与禅》,第 24—25 页。
⑥　《大正藏》第 45 册,第 541 页上。

受用土、变化土。《法华经·普贤劝发品》描述普贤净土时说，普贤菩萨来自东方宝威德上王佛国，至娑婆世界参加法华经圣会。《悲华经·诸菩萨本授记品第四之二》描述，宝藏佛授记普贤菩萨未来将成佛，名为智刚吼自在相王佛。民国时期王净心认为："十方皆有佛陀，十方皆有净土，弥陀因地，发四十八愿，愿度此土众生，凡信佛者，无不以西方为目的地，然禅净密三宗之论各有不同。禅宗论曰：唯心净土，自性弥陀。净土宗论曰：一心不乱，花开见佛。又云：若得见弥陀，何愁不开悟。又有带业往生语。夫禅之论佛上，指心而言，理论而已。净之论佛上，指境而言，事相而已。重心者每忽境，重境者必轻心，心境而二，事理自隔阂。《大日经》云：自心求菩提，即心具万行。见心等正觉，证心大涅槃。发起心方便，严净心佛国。真言宗宗论曰：即事成真，当相即道。真言、印契、佛像及道场供具等即事也，当相也。观想而真也，即道也。"①1955 年，持松发表了关于慈愍三藏的净土观点，也敬佩和推崇其禅净双修的实践。持松从赞宁《宋高僧传·慧日传》说起，比较了坐禅和净土的难易，肯定了慈愍以戒定慧具足为基础，禅教、禅净、戒净一致的主张。②

　　净土的十方概念指普遍摄受十方世界的一切众生。龙树造、后秦鸠摩罗什译《十住毗婆沙论》卷五《易行品》所引《大乘宝月童子问法经》记载了十方世界与佛名号。西晋竺法护译《灭十方冥经》记载了佛教面善悦童子念十方之佛名以除恐怖。玄奘译《称赞净土摄受经》记载了"十方"他方世界诸佛证诚。弥勒内院净土亦属十方净土，欲界众生有缘者修习十善福德皆得往生，属于得果。依境起行，由行趣果，上生者得不退菩萨果位。《陀罗尼集经·乌枢沙摩轨》记载，成就阿修罗悉地法，可生于修罗宫殿。诸天修罗宫指阿修罗宫、夜叉宫、紧那罗宫等。行者成就下品悉地，往生明王诸天宫殿，为佛变化等流身之国土。比如记载入海龙王宫说法，在楞伽山顶罗婆那夜叉王说法等。

　　汉地华严宗与净土宗都在长安创立，但其净土观异同共存。华严宗对

　　① 王净心：《禅密净之论净土弥陀各不同说》，于瑞华、中国人民大学佛教与宗教学理论研究室主编：《民国密宗期刊文献集成》第 41 册，第 225—228 页。
　　② 杨毓华主编：《持松大师全集》第五册《慈愍三藏的净土教》，第 2776—2782 页。

描述华藏世界的文献最早可见于东汉支娄迦谶译《佛说兜沙经》。笔者于2022年春季在哈佛艺术博物馆借阅日本平安时期神护寺的该写经版本,由Hervey Wetzel(1888—1918)捐赠,横轴蓝底,金图金字,描述过去、现在、未来时间无限,四面八方上下十方空间无尽。后由东晋《六十华严经》、唐代《八十华严经》和《四十华严经》,提出"华藏庄严世界海"概念,又称"莲花藏世界""华藏世界"。有学者认为,此佛国世界原型出自《大悲经》卷三、《大智度论》卷八,记载印度教神祇毗湿奴身生大莲华,华中有梵天王,由其心创造天地万物,创造华藏世界的神话原型。① 龙树《十住毗婆沙论》、坚慧《究竟一乘宝性论》、世亲《无量寿经论》皆宣扬阿弥陀佛与净土信仰。华严华藏世界与弥陀净土皆有共同的大乘佛教思想背景,佛国世界的构建来源于传说,都强调佛国净土庄严吸引众生的归属感。但是二者的差异也非常明显。华藏世界崇拜大日如来,强调法、报、化三身合一的功德智慧,表示"清净常寂然"和"寂灭无相无照现"。经论对华藏世界的描述使用大量计数数量单位的夸张手法尽显无限空间与无尽时间,以学菩萨行、修菩萨道途径进入佛国世界。而后者中信徒崇拜阿弥陀佛及其极乐世界,凡夫修行都可以往生净土的说法深获人心。使用文字和图像对弥陀净土的描述极大丰富了所期望的微观(物质色法)世界,与众生现实世界中的苦难和迷惑形成了巨大反差。为去往阿弥陀佛的西方极乐世界,修行往生可通过出家、修积功德、居士专念佛号等实现,净土法门的可操作性具有极强的现实意义。唐朝以后弥陀净土逐渐取代华藏世界,同时吸纳了其他佛教宗派的思想内容,成为汉地佛教的主流。近代圆瑛亦主张:"密净兼修好,万修万人去。"

　　密教关于密净土之说非常丰富。密教经典如《密严经》《瑜祇经》等描述了众生以业力而感依正,诸佛以愿力而现身土。《大日经疏》卷三说,密宗净土有三品悉地,上谓密严佛国,中谓十方净土,下谓诸天修罗宫等。三品悉地皆平等相当,皆大日如来之净土,无深浅之分,只应根机不同。《五轮九字明秘密释》曰:"十方净土皆是一佛化土,一切如来悉是大日。毗卢、弥陀,

---

　　① 梅雪松:《浅论长安佛教中华严宗之华藏世界与净土宗之弥陀净土的异同》,增勤主编:《首届长安佛教国际学术研讨会论文集》第一卷,第426—431页。

同体异名。极乐、密严，各异一处。"①密严佛国即大日如来所居净土。密者，金刚三密。严者，具种种德，是无尽恒沙微尘数三密庄严的金胎两部大曼陀罗道场，即法佛自证佛土。真言行者成就上品悉地时往生此密严佛土。在东密传统对金刚界曼陀罗五方佛的描述中，阿閦佛位于东方妙喜世界净土，因其特殊因缘，纵使少善根者都能培植善根，往生其佛国。推崇出家菩萨，兼容声闻，讲究学道修行。行者自力智证，修头陀行，发大乘菩萨心得无生法忍。药师佛位于东方净琉璃净土，强调现世关怀，立足有情众生的现生安乐，趣入究竟解脱。弥勒净土分为现在兜率天净土和未来下生的人间净土。兜率天是欲界六天的第四天，分为补处菩萨说法内院和五欲乐天人外院，行者往生兜率净土追随闻法修行，未来与弥勒一起下生。另外真言行者成就得道时也可以创造出自己的净土，但是不一定都是不退转净土。在极乐净土中不退转的原因包括：阿弥陀佛大悲愿力摄持，往生者受加持，业无得造起，堕落亦不可得；阿弥陀佛光明恒照，往生者菩提心增进不退转；整个世界恒常讲经说法，往生者三宝不失；与诸佛菩萨、善知识俱会常驻；寿命永恒无量，寿就不退转。显教教义通常认为初住菩萨才可称不退转位，在十信位阶段的初信到六信位，都有退转的可能性。密教说经历三大阿僧祇劫成佛，是从不退转开始计算。可退转净土有多种原因。比如释迦牟尼佛的娑婆化土，末法时期出现正报不庄严的情况。例如众生在世间难遇圣人，难闻正法，众生周围环境变化莫测，众生身心恶妄炽盛难以调伏，持续造作恶业等。还有出现依报也不庄严的情况，例如众生所在国土环境恶劣、资源匮乏等。只有别教初地以上的菩萨才可能往生灵鹫山净土。藏密莲花生大士的邬金刹土在南阎浮提西方，②通常为宁玛派行者祈愿往生处。邬金刹土对密教圣者是极乐净土即报土，但是对凡夫是罗刹鬼国即秽土。二乘圣者能

---

① 《大正藏》第79册，第11页上。

② 南阎浮提有五大圣地，包括：1. 中央释迦牟尼佛成道的金刚座，又称菩提迦耶，三乘（声闻乘、菩萨乘与金刚乘）共同崇拜；2. 东方文殊师利菩萨净土五台山；3. 南方观世音菩萨净土南海普陀洛迦山；4. 西方莲花生大师净土邬金刹土；5. 北方法胤胜王的净土香巴拉国，据传在西藏雪山中，时轮金刚尊者加持之地。2 和 3 是大乘（菩萨乘及金刚乘）行者向往的，4 和 5 是金刚乘行者圣地。1、2、3 有方志、历史可循，4、5 世间无踪迹。

自求涅槃,大乘圣位成就菩萨甚至能自生华藏净土,故不须求往他佛净土。佛菩萨变现净土,专门接引和其有特殊因缘的已发大乘心摄学而未自在的行者,属于十方净土概念。持松自创的南方满月世界密严净土的描述可参考附录。

　　现代学者夏广兴归纳了密教体系中大量的净土要素,①其表现为:

　　(1)汉地早期和中期的密教经典中存在关于净土思想和净土世界的描述。例如在早期杂密时期,东晋竺难提译《请观世音菩萨消伏毒害陀罗尼咒经》提到说:"有佛世尊名无量寿,彼有菩萨名观世音及大势至,恒以大悲怜愍一切救济苦厄。"②阿地瞿多译《陀罗尼集经》、三国支谦译《佛说无量门微密持经》《佛说句神咒经》中的净土思想在传入汉地之初就伴随着净土信仰。③　不空译《无量寿如来观行供养仪轨》记载:"依此教法正念修行,决定生于极乐世界上品上生。"④不空译《大宝广博楼阁善住秘密陀罗尼经》《一切如来心秘密全身舍利宝箧印陀罗尼经》《无量寿如来观行供养仪轨》《九品往生阿弥陀三摩地集陀罗尼经》、善无畏译《慈氏菩萨略修瑜伽念诵法》,法贤译《佛说慈氏菩萨陀罗尼》《佛说慈氏菩萨誓愿陀罗尼经》、法天译《佛说大乘圣无量寿决定光明王如来陀罗尼经》《阿弥陀法说咒》、南朝宋求那跋陀罗译《拔一切业障根本得生净土神咒》等密教经典都出现过关于净土的记载。

　　(2)在密教部之外的佛教经典中也出现了密教净土思想。昙无谶译《大方等大集经》卷二一说:"唯愿如来为如是事,颁宣广说是陀罗尼。"⑤北凉法众译《大方等陀罗尼经》也开始流传。

　　(3)净土三经、疑伪净土经典和出土文物中含有密教思想。如南朝宋求那跋陀罗译《拔一切业障根本得生净土神咒》(及其后附《阿弥陀经不思议神力传》)、《阿弥陀鼓音声王陀罗尼经》、《五千五百佛名神咒除障灭罪经》、《阿弥陀佛根本秘密神咒经》等。另外,《佛祖统记》卷二七《往生传》大量记

---

① 夏广兴:《密教传持与唐代社会》,第164—171页。
② 《大正藏》第20册,第34页下。
③ 严耀中:《汉传密教》,第117—130页。
④ 《大正藏》第19册,第67页下。
⑤ 《大正藏》第13册,第144页中。

载了密教行者往生的记录。山西出土的密宗文物石刻记载："修净土宗，若依密教行，不只十方净土，随意化现，且上品上生，如《理趣经》就阐述此思想。"①严耀中认为唐代由于金刚智、不空的影响，净土宗和密宗兼修的倾向明显，比如密宗僧人飞锡、法照都采用了阿弥陀佛咒。

唐代传译的密教经典中包含了弥勒信仰的内容。汪娟根据玄奘译《八名普密陀罗尼经》，道世《法苑珠林·咒术篇》之"弥勒部"所引《七佛所说神咒经》以及敦煌写卷（斯 5555 号写本）的"慈氏真言"，认为："这些密教系统的大乘陀罗尼经，很显然包含有弥勒净土思想成分，宣扬通过听闻、书写、读诵密咒，可得往生兜率净土奉事弥勒，并随弥勒下生，乃至究竟成佛。道世在（咒术篇）中特别立弥勒部，和观音部一样，极可能都是当时流传较广的修行法门。"②

显密两教经典中多有对阿弥陀字义的详解。民国时期王净心云："《华严经》云：一切法无生，一切法无灭。若能如是解，诸佛常现前。阿字义也，奈无始以来不觉念起，名为无明。《金刚经》云：应无所住而生其心。无住，二执不着也。生心，真性炳现也，是弥字义也。如是则无来无去，不一而异。《起信论》云：一切法无可立，悉皆真故。一切法无可遣，皆同如故，陀字义也。引用兴教大师觉鍐密宗观点，以密义解释'阿弥陀'三字说，阿字即一心平等本初不生义，又为因义，表佛部，示一心法界体性；弥字为一心平等无我大我义，又行义，表莲花部，示二空实相本来不染；陀字为一心诸法如如寂静义，又果义，表金刚部，示如来妙智果德。阿弥陀，是自性法身观察智体，一切众生觉了通依也，唐翻无量光、无量寿等。妙观察智，生法二空实相，本来不染六尘如莲花故。不字金刚部，如来妙智，自性坚固，能破一切妄想怨敌故，又阿字空义，弥字假义，陀字中道义。阿字有义，弥字空义，陀字不空义。

---

① 《山西日报》2006 年 11 月 16 日讯：晋城青莲寺 11 月初出土了一件密宗文物石刻，经佛教考古学家罗昭教授考证，这件石刻是世界上现存最早的密宗实物，比唐代法门寺密宗实物早了 150 多年，而且早于古印度现存的密宗实物。青莲寺分属净土宗、天台宗道场。

② 汪娟：《唐代弥勒信仰与佛教诸宗派的关系》（1），《中华佛学学报》1992 年第 5 期，第 288 页。

密宗之释阿弥陀,其妙理不胜于显教乎密宗之修阿弥陀,其圆融不优于常见乎。"①净土宗"南无阿弥陀佛"六字洪名即是往生净土神咒首句,亦是藏密所传阿弥陀佛心咒"南无阿弥达拔雅"(namoamidabhaya)。"尤其《观无量寿经》所示十六观法,全符密法事相,具道场观、本尊观等,其入手之日想观,与密乘弥陀法的'红玻璃密法',可谓同出一辙。"②太虚在《王师愈净潮中的闲话》曾赞同王净心的密法见解。他在文中说:"答《海潮音》密宗问题专号中列名者十五六人,惟此王净心居士理智尚清,及杜腾英居士中毒未深耳。"③

净土宗和密宗在教理内容上都信奉忆念诸佛加持。龙树著《十住毗婆沙论》卷五说,忆念、称名、礼敬十方诸佛,是达到阿惟越致地的易行道。但是他本人则反对这种以信愿为核心的修法,认为"是乃怯弱下劣之言,非是大人志干之说"。④ 龙树强调需要自力精进修行菩萨行,得至佛地的难行道才是佛教的正道。⑤ 在此论中,龙树认为忆念十方诸佛都是可以的,并没有强调一定要忆念阿弥陀佛。在密教传入汉地早期,密教已经接受了净土概念。孙吴支谦译《佛说无量门微密持经》有见阿弥陀佛的记载。随后译《阿弥陀鼓音声王陀罗尼经》《佛说陀罗尼集经》和《佛顶尊胜陀罗尼经》都有提出诵念咒语修行就能往生净土。已经出土的尊胜陀罗尼经幢记多处记载了"乘诸功德,坐西方净土"。唐密形成时,金刚界曼陀罗中阿弥陀佛住西方,证实了净土观念在密宗的重要地位。

严耀中认为华严宗的模式给了密宗许多启迪。⑥ 蒋维乔《密教史》一文中提出:"不空解密教,往往取资于华严,观(不空译)《〈金刚顶十八会〉指归》所引华严之文,可以明矣。"⑦夏广兴也认为不空译《金刚顶经瑜伽十八会指

① 王净心:《禅密净之论净土弥陀各不同说》,于瑞华、中国人民大学佛教与宗教学理论研究室主编:《民国密宗期刊文献集成》第41册,第225—228页。

② 陈兵:《净土法门实似论》,《法音》1995年第8期,第8—10页。

③ 太虚:《王师愈净潮中的闲话》,《太虚大师全书》第33卷,第393页。

④ 《大正藏》第26册,第41页中。

⑤ 杨惠南:《龙树与中观哲学》,台北:东大图书股份有限公司,2005年,第54页。

⑥ 严耀中:《汉传密教》,第82—94页。

⑦ 蒋维乔:《密宗史》,张曼涛主编:《现代佛教学术丛刊》第72册《密宗教史》,第15页。

归》引用了《华严经》文句，胎藏界"胎藏"一词在《华严经》中可以找到出处。①《华严经》中也有关于密教灌顶的描述。例如东晋佛驮跋陀罗译《华严经》卷一六曰："大青宝珠王，胜藏宝珠以为庄严，明净犹日，清凉如月，众星庄严如海胜宝，海坚固幢，离垢明净，阎浮檀金妙色宝缯，以冠其首，一切阎浮提内大力灌顶王法，以灌其顶。"②

　　华严宗和密宗对净土世界的描述也有诸多相通之处。密严世界（梵文 Ghanavyūha）又称莲华藏世界（Kusumatala-vyūhālaṃkāra-lokadhātu-samudra、padmagarbha-lokadhātu），简称华藏世界。密教中毗卢遮那佛身语意三密相应，如来真如法性自受用身所处庄严净土，其自性佛现圆满报身—卢舍那佛相，表证得佛果而显示了佛智慧的佛身。《华严经》专门有《华藏世界品》一品，说此世界无穷无尽，西方极乐世界与娑婆世界皆在华藏世界内。依《密严经》叙述，此国土超越欲、色、无色及以无想有情界，非外道、声闻、缘觉所行之境，非居于特定时空，实为一切有情本有真如法性，为如来藏所显佛土。《华严五教章》卷三记载，十佛之境界可分为国土海（果分不可说）与世界海（因分可说）。世界海即十佛摄化诸世界，分为莲华藏庄严世界海、三千界外十重世界海、无量杂类世界海三种。由于众生根机不同，所感国土也不同，证入生位所感见即为莲华藏世界。根据世亲的净土思想，阿弥陀佛极乐世界即莲华藏世界。日本真言宗以弥陀报身净土为加持身的莲华藏世界，以大日如来法身为本地身的莲华藏世界，以众生汗栗驮（肉团心）为行者身的莲华藏世界。《清凉疏》卷一一曰："莲华含子之处，目之曰藏。今刹种及刹，为大莲华之所含藏，故云华藏。"③诸佛报土也通称莲华藏世界，此佛国净土以如来藏无垢净识为本体。密教特指法身大日如来之净土。以九识配五佛，第九阿摩罗无垢识为体性之净土，大日如来所住。《大乘密严经》广说密严净土之相，所说金刚界、胎藏界二部法身之依处，相通于《华严经》之华藏世界。《金刚顶瑜伽中发阿耨多罗三藐三菩提心论》说："若修证出现，

---

①　夏广兴：《密教传持与唐代社会》，第 169—171 页。
②　《大正藏》第 9 册，第 505 页上。
③　《大正藏》第 35 册，第 578 页下。

则为一切导师,若归本则是密严国土。不起于座,能成一切事。"①《密严净土略观》亦说:"密严净土者,大日心王之莲都,遍照法帝之金刹,秘密庄严之住处,曼荼净妙之境界。形体广大等同虚空,性相常住超过法界。十方净土为前栽,诸佛妙刹为后园。"②

　　藏密传统非常重视净土法门。宁玛派龙钦巴(无垢光尊者)《四心滴》、宁玛派麦彭仁波切《净土教言》、宁玛派法王如意宝晋美彭措《文殊大圆满》等诸多密教著作中都描述了极乐世界的殊胜,以劝导世人向善,往生极乐净土,以及具体修法。噶举派恰美仁波切临终前也预言他自己会往生极乐净土。伏藏大师列绕朗巴的著作中就有多种净土灌顶与修法仪轨的内容。格鲁派宗喀巴、恰美仁波切、麦彭仁波切都曾造《极乐愿文》。藏传密教还有破瓦法修往生佛国法门的传统。民国时期宁玛派诺那活佛认为,修任何本尊皆必须兼修西方净土。他解释了显密净土的差别在于,修显教净土须往生西方,得阿弥陀佛授记后方能成佛。而修密宗净土即身相应阿弥陀佛,不得弥陀授记,即能成佛。显密修净土的共同之处都在于信心二字。佛教徒所去净土的品位高下与迟缓乃由信众菩提心与信心的坚固程度所决定。此信心一说与印光开示内容一致。民国时期贡噶活佛也认为往生极乐世界即是密宗即身成佛。他宣说显宗的往生净土与密宗的即身成佛两者互不相违。黄念祖著《净土资粮》曰:"净土宗及密宗均为果教,从果起修,故称易行道。两者皆为无上殊胜究竟方便妙法,行者只需发菩提心,随修一门,皆有所成。"他在多个场合中皆认为净土宗是密教的显说。③ 他幼年跟随舅舅梅光羲居士闻习佛乘。梅光羲(1880—1947)为杨文会弟子,与夏莲居并称"北夏南梅"。他不仅唯识学识深厚,而且通晓藏密知识。笔者2021年在哈佛大学燕京图书馆善本室借阅过钢和泰遗留的文献,发现梅光羲在民国十七年(1928)2月9日给钢和泰的手札中写到了他对藏密观想、手印和密咒的理解。

---

　　①　《大正藏》第32册,第574页下。
　　②　《大正藏》第79册,第22页下。
　　③　黄念祖:《净宗心要》《弥陀愿王大愿核心——善导大师独尊之五真实愿》,《心声录》,北京:广济寺,1989年。

　　日本密教传统中亦非常重视净土学说，甚至出现过密教净土教流派。笔者参考日本大正大学教授苫米地诚一对于密教和净土宗的文献研究，他分析了日本密教和净土宗的交叉、融合关系。① 苫米地诚一考察了从平安时代的摄关时期到镰仓时代都是日本净土教（宗）的繁盛期。在此期间，编撰了许多将往生的人证收集起来的往生传。他主要考察成立年代最早的庆滋保胤（931—1002）编《日本往生极乐记》（成立于 983—985 左右）②及其中所见的密教净土教。《溪岚拾叶集》中将净土教分为四种，即密教的净土教、天台的净土教、诸大乘教共同的净土教、善导流的净土教。然后介绍了平安时代的净土教。一般认为密教以即身成佛为理想，只关注现实，与来世无关。而来世是净土教所关注的，所以密教和净土教两者在信仰上是有区分的。对此，苫米地诚一认为，虽然在史料文献中普遍强调密教修法的现实利益及功德，但这并非是密教的全部，也不是密教的本质。换言之，在密教中，对于作为理想的即身成佛，顺次生的净土往生也可以被定位为在成佛路上的一个阶段，或是作为随机方便的现实利益中的一个阶段，不能单纯地说密教与来世无关。接着苫米地诚一考察了密教净土教的定义，即通过密教行业而祈愿往生到诸圣尊的世界。这里的往生世界被认为是大日如来的净土（密严净土），但实际上从许多往生传记来看，密教修行的净土往生也多是极乐净土。当然，对于往生传的作者来说，净土教是以阿弥陀净土教为中心的，所以这也是理所当然的。这种情况下的阿弥陀佛是否应该被视为金刚界和胎藏界曼荼罗中的阿弥陀佛呢？但是从《高野山往生传》、经冢遗物类，以及与弘法大师空海的入定信仰相关的高野山净土信仰中可以看出，在密教净土教中，除了阿弥陀的净土以外，也有人祈愿往生以弥勒净土为首的其他许多净土。然而，这个往生净土是他方世界，还是曼荼罗世界，未必能确定。另外，关于净土之主的本尊，是否按照曼荼罗的佛身观来理解，也还不能确定。此外，是站在新义真言宗觉鑁主张的现生（现身）往生等于即身成佛的立场上，还是顺次往生，苫米地诚一并没有纠结于此，他把这种现身往

① 苫米地诚一：《『日本往生極楽記』と密教净土教》，《佛教文化学会纪要》第 2 号，1994 年，第 1—38 页。

② 庆滋保胤：《日本往生极乐记》，《大日本佛教全书》第 107 卷，第 1—15 页。

生说看作是后世教理的发展。换言之,这里所说的密教净土教,归根结底要看往生的行业是否是密教的行(密教修法和陀罗尼、真言的读诵等)。当然,即使是口称念佛或其他的行业,只要是在密教的立场上进行的,就可以被认为是密教净土教。这种密教净土教,一方面也可以说是根据《佛顶尊胜陀罗尼经》《无量寿如来念诵仪轨》等许多密教经轨而来,其中宣说了作为修行功德的往生净土、消灭罪障。换言之,基于这些密教经轨的所说,为了对亡者的追善供养或是从恶趣解脱往生净土而做修法。另外,根据《大日经疏》(三品悉地说)中提及的往生密严国土乃至十方净土、阿修罗窟等往生说,也可以以此考察密严净土教的成立基础。

此外,根据空海《理趣释》中把《法华经》理解为观自在王如来(即阿弥陀如来)的三摩地法门、法曼荼罗,在以此为根据的密教《法华经》信仰中也可以看到净土教的身影。苫米地诚一认为,这样的密教净土教,其实是密教内部含有的净土教要素内容与显教净土教的发展相呼应、相互影响,然后成为一体而共生发展起来的,绝不是将各自独立发展的密教和净土教融合后的产物。苫米地诚一使用自己做的平安时代净土教的构造概念图来解释他的看法(见下),图中的箭头表示影响关系,×符号表示否定关系。他对《往生极乐记》中关于《法华经》信仰所体现的净土教内容进行了分析。作为问题点,他介绍了七位《日本往生极乐记》中提及的人物。他们都以受持、书写、供养《法华经》为往生行业。所以,他认为他们的这种信仰可以体现出《法华经》信仰中的净土教。然后又介绍了《日本往生极乐记》中的十四人特别是圆仁和密教净土教的关系。根据现行本《慈觉大师传》,圆仁抄写《法华经》(如法书写),修四种三昧,将纳经堂改为如法堂,仁寿元年(851)导入五台山念佛三昧之法,始修常行三昧,又于临终净头面、着洁衣、焚香合掌向西,令诸弟子诵念释迦、阿弥陀、普贤、文殊、观音、弥勒等佛号,又与弟子同念阿弥陀佛,手结印契、口诵真言、北首右胁而后迁化。此外,在成立时间更早的《三代实录》中也记录了圆仁事迹,但与《慈觉大师传》的记录不同的是,没有提及四种三昧的修行、抄写《法华经》或是始修常行三昧的事。此外也完全没有发现临终时与净土教相关的事迹。因此,这些《圆仁传》中的净土教要素,只见于现行本《慈觉大师传》,之后的僧传和其他书籍也继承了这些要素。这让人怀疑圆仁自身是否具有净土教信仰的要素。苫米地诚一认为圆仁所修的常行三昧,实际上是密教法会,在那里作为密教的赞佛法而进行五会念佛的咏唱。他的理由是,安然《金刚界大法对受记》在说明《略出念诵经》中咏唱金刚言词(=赞)的赞咏法时,引用了五会念佛,并说:"慈觉大师入五台山学其音曲,以传叡山。云云。"①由此可以推测圆仁所传的五会念佛之法,是咏唱梵赞、汉赞等颂赞的方法(也被称为佛教音乐),作为法会中赞佛法的一种,而不是作为往生业的阿弥陀念佛。其次,圆仁在《金刚顶大教王经疏》《苏悉地经略疏》中主张事理密教判,认为《法华经》等一乘经典与《大日经》等密教经典在理上都是密教的理秘密,但如来内证的秘密之行的事作法只在密教经典中被宣说,所以密教经典是事理俱密。从这一点来看,圆仁以《摩诃止观》所说的常行三昧之名来做密教行法的可能是存在的。此外,圆仁在《金刚界净地记》中,结束金刚界法的奉送以后,叙述了往生阿弥陀净土,例如"总愿往生安乐国"。虽然仅凭这一段话,圆仁自身是否有积极的密教净土教信仰还是个疑问,但至少可以窥探到密教净土教的内容要素。除此之外,被认为是圆仁所传、始于天台净土教的常行三昧是密教行的可能性很大。其后介绍的与圆仁同一时代的人物的相关记录中体现出,从那个时代起,密教净土教得到蓬勃发展。例如,根据《拾遗往生传》及《三代实录》的记载,右大臣藤原朝臣良相(817—867)习内典、精真言、事念佛,在崇亲院中建一小堂安放佛像,每日诵观音名号,植后世善根,临终时面向西方,作阿弥陀根本印。良相从圆仁处受法灌顶,从其精通真言、临终时结阿弥陀根本印,完全可以认为他是密教净土教的信仰者。阿弥陀根本印是外缚印,竖合两中指作莲叶状,所以是金刚界三昧耶会的阿弥陀的印。该印出自《略出念诵经》《莲花部心念诵仪轨》《无量寿如来念诵仪轨》《金刚顶经观自在王如来修行法》等中,在金刚界法中作为四佛印之一,或者在作为别尊法的阿弥陀供养法中作为本尊印。除此之外,是不可能在显教净土教的立场上结此印的。他后面又举了一些密教中体现净土教要素的例子,主要从以下几个方面切入:

---

① 《大正藏》第 75 页,第 179 页中。

第一,通过修两界曼荼罗和阿弥陀供养法往生极乐。例如延历寺沙门真觉于三时修两界法、阿弥陀供养法,一生都不懈怠,在他临终时看见白鸟来迎接他前往西方,一闭眼就看见了极乐之相现前,于是他誓愿将自己十二年修行的功德回向给极乐世界。

第二,念诵尊胜陀罗尼、千手陀罗尼或大佛顶真言等往生极乐。例如,陆奥国小松寺的住僧玄海,读《法华经》、诵大佛顶真言,在梦中以大佛顶真言为左翼、以《法华经》卷八为右翼到达极乐边地,返回后不断诵读真言经典。这被认为,因为大佛顶真言与《法华经》一起成为前往极乐世界的翅膀,所以在诵读《法华经》的同时,念诵大佛顶真言也是往生行业。

日本名古屋大学教授、新义真言宗智山派管长宫坂宥胜从横竖教判论证了密教净土教是如何确立的。[①] 他认为觉鑁的“己身弥陀、唯心净土”这一密教的净土教观点是以空海的自心佛、心即自性法身、众生本具的曼荼罗为基调展开而来的。密教净土教(或密净融合)是觉鑁密教的一大特色,表现为大日如来即弥陀、十方净土(=密严净土)即西方极乐净土作为真理命题。觉鑁是如何将复兴弘法大师的教学以及向净土信仰的倾斜这两个极端融合在一起的?正如到目前为止已经被论述的那样,他确立了金胎两部的二而不二思想。基于这样的曼荼罗理论,他将净土教定位为密教。或者说,在密教的世界中确认阿弥陀信仰,并将即身成佛和往生信仰相结合,创造出觉鑁密教特有的二重构造论。

苫米地诚一总结道,觉鑁的密严净土往生观是站在密教的立场对极乐净土往生信仰的解释基础上的,或者也可以理解为密教和显教的阿弥陀净土教、极乐往生信仰的融合,即密净融会思想。[②] 然而,平安时代的净土教不仅是祈愿极乐净土的阿弥陀净土教,也有祈愿往生兜率天的弥勒净土教,以及祈愿往生南海补陀洛迦山的观音信仰(旧译《华严经》卷五一、新译《华严经》卷六八等所述)等。而且,它们都有共通之处,即与《法华经》信仰有关。此外,不仅是显教净土教,从很早的时期开始,也同时存在密教净土教,

---

① 宫坂宥胜:《密教的净土教の根拠—横竖の教判を中心として》,《现代密教》5,京都:智山传法院出版,1993年,第36—49页。

② 苫米地诚一:《平安期真言密教の研究》,东京:ノンブル社,2008年,第117—153页。

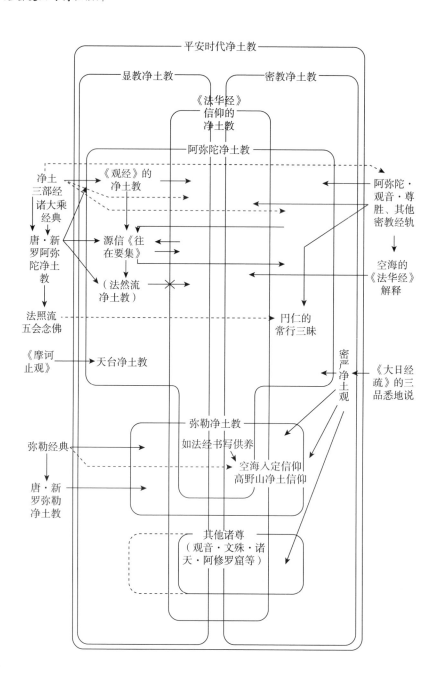

即存在于密教中的净土往生信仰。例如,在密教经轨中已经有宣扬净土往生的内容,另外还可以看到与弘法大师空海的入定信仰相关联(基于《御遗告》诸本)的兜率往生信仰。至少,日本的密教净土教信仰可以追溯到圆仁时代,不能简单地说这是"流行一时的从密教角度对显教阿弥陀净土教的解释"。笔者认为重新完整地梳理和探讨苫米地诚一对觉鑁的净土往生思想的论述是全面理解密教理论的重要环节。具体如下:

1. 密严净土

从觉鑁的所有著作来看,可以发现很多都提到密严净土,而论述极乐净土的却很少。当然,在论述极乐净土的著作中也同时会说到密严净土,这里将研究对象限定在只论述密严净土的著作中。此外,正如北尾隆心指出的那样,除了"密严净土",还有"密严""密严国土""密严法界""密严海会""密严华藏"等用语。

首先,列举了撰述于1124年的《心月论密释》。① 该书主张通过将净菩提心观作月轮的修行从而即身成佛(又称现生成佛)。其中,作为即身成佛的果位揭示了"密严国土"。换言之,即认为法身大日如来的国土等于法界。但是这里看不见"往生净土"这样的旨趣。

接着,列举了《两部曼荼罗功德略抄》中自性、受用、变化、等流四种佛身。其中,作为即身成佛后自心所住的国土为"密严国土"。换言之,认为此"密严国土"即法身大日如来的国土、即身成佛者所住的国土。《菩提心论题释》中将秘密庄严心的人和法的所依、所住之土作为"密严国土"。秘密庄严心是密教中觉悟的境界,也是法身大日如来自内证的境界,所以,此"密严国土"也是大日如来法身常住的国土。《秘密庄严两部一心颂》中将密教教主法身大日如来的世界称为"密严"。② 《谢德成佛颂》中将"密严"与"法界""法性界""海会"等并置,认为"密严"即法界、曼荼罗。书中还举了很多例子,都是为了说明这样的"密严国土""密严法界"等同于法身大日如来的世界、法界、曼荼罗。但是在这些例子中却没有看见"密严净土"这样的用语,

---

① 觉鑁:《兴教大师全集》卷下,东京:真言宗丰山派宗务所,1992年,第1074页。
② 觉鑁:《兴教大师全集》卷上,第314、66、202页。

也不见与净土往生相关的记述。对于这一点,下面将讨论视野放在与密严净土或净土往生相关的记述上。例如,《宝剑颂》中将佛国土称为"净土"。① 《不动讲式》第一段"赞内证秘密德"中将"密严国土"和"华藏世界"②共称为法界、两部曼荼罗,此外在第三段"发愿回向"中说,若将今生的显密修善回向于无上菩提的话,"归于阿字不生一理",若回向给父母师长、善友知识、法界群类的话,则"登净土之莲台"。③ 从这里多少能看出一点"净土往生"的意思。此外,在《金刚界沙汰》中将花喻为行者,认为将花投于诸佛是行者往生净土之意。④ 可见这是在密教的行法中赋予往生的含义。在《立申大愿事等》中,虽然没有直接出现"密严净土"一词,但是将密严等同于法界并将它们作为净土。⑤ 这里的"净土"是单纯的佛国土的意思,还是包含往生之意,尚不明确。但是从"净土不远"这一表现形式上看,可以认为包含了往生之意。如果这样认为的话,原文就变成了"往生密严净土"。在《卒都婆十种秘释》和《日卒都婆式》中,认为密严、华藏以及十方诸佛的净土皆被摄于遍法界的卒都婆中。另外,因为十方诸佛的净土即此卒都婆,所以能随缘往生并被接引。⑥ 这里的净土往生即往生十方诸佛的净土。不管是哪个净土,因为都在法界中,所以就能往生。此外,这里所说的密严和华藏与十方净土共摄于法界中。密严和华藏是两部曼荼罗、法身大日如来的国土及法界,所以往生十方净土也可以理解为往生密严净土、华藏世界。往生十方净土也见于《爱染王讲式》中,说的是通过密教的修行而即身成佛(现生成佛),随行者之意乐、回向之志趣不到而到十方净土。⑦ 这里到或者往生十方净土指的是现生成佛还是顺次往生,还不太清楚,但是,从"不到而到"来看可以认

---

① 觉鑁:《兴教大师全集》卷下,第 1323、909 页。

② 在此处两者意思是一致的。《日本国语大辞典》中有"密严华藏"一词,对其的解释是:"〈名〉佛语。密严国与莲华藏世界。前者是密严经等所说的大日如来世界。后者是华严经中所说的毗卢舍那佛世界。在密教中,后者是前者的别名。"源自:https://kotobank.jp/word/％E5％AF％86％E5％8E％B3％E8％8F％AF％E8％94％B5-2085370。

③ 觉鑁:《兴教大师全集》卷下,第 1238、1239 页。

④ 觉鑁:《兴教大师全集》卷上,第 734 页。

⑤ 觉鑁:《兴教大师全集》卷下,第 934 页。

⑥ 觉鑁:《兴教大师全集》卷上,第 383、384 页。

⑦ 觉鑁:《兴教大师全集》卷下,第 1250 页。

为是指现生成佛。另外,这里的往生十方净土还可以指往生密严净土的意思,此密严净土包摄十方净土。在《𑖗字义》将大日真言的鑁字作为"大日法身的妙体""遍照自性身佛的密语"等,也论述了见闻、持念此字的功德,其中提到即使是法身净土也容易往生,应化佛净土更是如此。这里所说的往生法身的净土,也可以换一种说法叫往生密严净土,被认为是现生成佛。与此相对的,往生应化的净土则应该被认为是顺次往生。换言之,通过大日如来的真言的功德,能够轻易往生密严净土或现生成佛,而往生应化的净土或顺次往生则是更加轻而易举的。在《大日真言开题》中也说持诵大日如来的真言(五字真言),即通过密教之行而现生成佛。但是,其中提到的"生生世世游净土"是顺次往生的意思。① 换言之,通过密教的修行、真言的加持功德,既可以实现持念和信仰修行的现生成佛,也可以实现善男信女通过持诵的净土往生。虽然不明确往生的是哪个净土,但是这里的往生是与成佛不同的顺次往生。

在以上的例子中基本上都没有直接使用"密严净土"一词,该词只出现在《密严净土略观》中。这里所说的密严净土,是指法身大日如来的世界(或"大日心王的莲都""曼荼净妙的境界"等),是包括十方净土、诸佛妙刹、万尊身土、三身依正的法界。其法界宫殿四方的四门是阿閦、宝生、阿弥陀、释迦的净土所在。而对于皈依大日如来,愿生于密严净土者,法身大日如来将与分身的一切诸佛,赴应机满愿门,与无量圣众一起,无来而迎行者,无去而返本土,换言之,即通过大日如来的来迎而往生密严净土。而在那时,无明消失、智慧开启、秽土变净土,本尊与修行者互相涉入(入我我入),也就是即身成佛(现生成佛)。② 因此,这里的往生密严净土也就是即身成佛(现生成佛),也可以说是现身往生而成佛的现身往生。此外,本书中也提到,愿行浅弱、机缘未熟者暂时先安于应化佛的净土,接着再迎接他们到法性的妙国(密严净土),使他们即身成佛。这里所说的应化佛的净土是密严净土的一部分。然后往生的行业是密教行,构成了密严净土往生的一部分。除此之

---

① 觉鑁:《兴教大师全集》卷上,第 337—338、355 页。
② 觉鑁:《兴教大师全集》卷下,第 1183—1190 页。

外,"密严净土"一词还出现在《传法院供养愿文》(1130 年 4 月 8 日),或是觉
鑁晚年所作的《五轮九字明秘密义释》《一期大要秘密集》等中。据此,苫米
地诚一推测"密严净土"一词可能是大治年间(1126—1131)末尾时才开始使
用的。此外,对于这一用语,传法院和密严院的实际建立可能是其契机。

关于觉鑁的密严净土往生信仰是从何时开始的,苫米地诚一列举了《述
怀词》①中对觉鑁的记载,认为往生密严净土是他二十七岁时立下的誓愿,
而且,当现生成佛这一主要愿望无法实现而迎来临终时,作为次善的愿望,
祈愿顺次往生密严净土。所以,可以将往生密严净土理解为次要的别愿。
另外,即使最初愿求往生密严净土(法身大日如来的世界),那也不是即身成
佛(现生成佛),而是以凡夫的状态顺次往生,往生密严净土之后再成佛。对
此,《爱染王讲式》《✸字义》《大日真言开题》《密严净土略观》等中,将往生密
严净土作为即身成佛(现生成佛),认为愿行浅弱、机缘未熟者虽顺次往生于
应化的净土,但是此应化的净土也是密严净土的一部分,顺次往生者在应化
的净土中也能即身成佛(现生成佛)。这或许是对觉鑁的密严净土往生观的
深化和发展。

2. 兜率天往生

除了密严净土往生观,觉鑁的著作中也有论述兜率天往生的记载。例
如,《舍利供养略式》②中说,自性法身大日如来因慈悲显现应化身,留下舍
利。此舍利即法身的全部,其真性是大日的五字真言。若供养此舍利,观此
舍利,就能现生即身成佛。此外,本书所提到的"己身所具净土"指的是作为
自心净菩提心的密严净土。即通过密教的舍利赞叹供养"上升兜率之胜行,
顿证菩提之妙因""速成二世所愿,且伽蓝安稳而远继三会之晓"。"三会之
晓"指的是下生的弥勒如来在龙华三会的说法(龙华树下的三次说法),兜率
天是现在弥勒菩萨宫殿所在的净土。也就是说,祈愿现生成佛和即身成佛
的同时也可以往生作为弥勒净土的兜率天。当然,往生兜率天这一信仰的
背景是基于"具净土于己身"的密严净土的理解,并非单纯想要往生他方净

---

① 觉鑁:《兴教大师全集》卷下,第 1339—1340 页。
② 觉鑁:《兴教大师全集》卷下,第 1277—1279 页。

土,那么觉鍐为什么要在这里论述兜率天往生呢? 苫米地诚一认为,觉鍐不是为了自己考虑,而是为了那些祈愿往生兜率天的人而论述的。此外,在作为传法堂谈义的《打闻集》(年代不详)[①]或作为《十住心论》谈义的《打闻集》[②]中,将阿弥陀与弥勒、观音与弥勒、阿弥陀与观音与弥勒、弥勒与大日作为一体。这是站在曼荼罗中的诸尊都与法身大日如来一体这一立场上来论述的。由此也可以说,觉鍐认为作为弥勒净土的兜率天不是他方世界,而就是密严净土。无论如何,兜率往生是根据密教祈愿现生成佛、即身成佛实现的,可以说是以密严净土观为背景的密教净土教。

3. 极乐净土往生

关于觉鍐的极乐净土的讨论可见于比较有代表性的《五轮九字明秘密义释》《一期大要秘密集》《阿弥陀秘释》等著作。在这些著作中,觉鍐将阿弥陀如来作为法身大日如来的妙观察智看待,并认为阿弥陀佛和大日如来是一体不二的,极乐净土和密严净土是同一个净土。他这样的理解是基于密教的曼荼罗观、佛身观,或是由安然首创的四一教判中的佛身和佛土论,[③]此说把三世十方一切诸尊、四种身一元化为不二总佛、自性法身。

首先,《阿弥陀秘释》[④]中说阿弥陀佛是"自性法身观察智之体""一切众生觉了之通依",若证其一心则即身成佛(现生成佛)。"于己身外说佛身、于秽土外示净刹"是为了利益众生而劝导"深着的凡愚"和"极恶的众生"。迷悟若在我,则三业之外无佛身,若真妄如一,则于五道之内得极乐,若觉此理趣,则即时之心名为观自在菩萨。又因十方三世诸尊名号悉为法身大日之异名,所以若颂阿弥陀三字,念阿弥陀一佛,则灭无始之重罪,得无终之福智。取舍彼此是妄心的分别,厌娑婆、欣极乐、恶秽身、尊佛身都是无明妄想。即使在浊世末代,若常观平等法界,则能入佛道。换言之,示他方净土是为了深着、极恶的凡夫,阿弥陀佛即是法身大日如来,所以称名、观念阿弥

---

①　觉鍐:《兴教大师全集》卷上,第 442 页。

②　同上,第 525 页。

③　苫米地诚一:《兴教大师觉鍐の教主観について(2)——本地法身と四種法身》,《佛教文化学会纪要》创刊号,1991 年,第 139—166 页。

④　觉鍐:《兴教大师全集》卷下,第 1191—1195 页。

陀,即称名、观念大日如来,能消无始重罪,得无量福德智慧。不论末法或机根,若观平等法界则能即身成佛(现生成佛)。《三界唯心释》中说:"心佛不异,我即弥陀。依正不二,意是极乐。"①这里所表述的与一生成佛含义相同。

接着,《五轮九字明秘密义释》②中将法界作为密严净土,并认为在那里的十四曼荼罗(大日如来的五字真言加阿弥陀如来的九字真言合为十四字)是"大日的内证""阿弥陀的肝心",由此可以现生成佛,也可以顺次往生。如果信根清净并修行的话,现生成佛也很容易,与称名的极乐往生一样容易。另外,虽然显教中释尊和弥陀是别佛,但是密教中一切如来悉为大日如来,阿弥陀佛即大日如来,密严、华藏、极乐(安养)、兜率都是同一处的不同名称,皆是出自一心。极乐往生、兜率往生也都是密严往生。③ 觉鑁认为九字真言是从五字真言中的诃字门中所出,④又列举了阿弥陀佛的曼荼罗观(器界观),⑤将阿弥陀佛的根本秘印命名为"决定往生印""九品往生总印"。⑥其三密行的功德虽然是"刹那修行""偏修偏念""无智修行",但是若坚信不疑,则可超过显教的无量劫修行。即使没有深智,只要对应那一点真信,那么无量的重障、重罪、无明、妄想等就会回归清净。不过,一旦对此真言产生疑惑,就会成为无间业,所以对非时机者要保密。⑦ 但即使是疑谤的逆缘也比三乘的顺行要殊胜。⑧ 众生的机根有差别,有大机利根、大机钝根、小机利根、小机钝根,但都能即身成佛。此外,五轮门(五字真言)之机中有两种,上根上智即身成佛,但信行浅期顺次往生,他们中的大多数都能往生密严净土,也兼有期望往生十方净土者。⑨ 五字真言是"十方诸佛的总咒""三世萨

---

① 觉鑁:《兴教大师全集》卷上,第 372 页。
② 觉鑁:《兴教大师全集》卷下,第 1180、1137、1146、1160 页。
③ 同上,第 1121—1122 页。
④ 同上,第 1163 页。
⑤ 同上,第 1161—1162 页。
⑥ 同上,第 1165—1166 页。
⑦ 同上,第 1179—1180 页。
⑧ 同上,第 1129 页。
⑨ 同上,第 1178—1179 页。

埵的肝心",所以若诵持五字真言则能随心所愿往生十方净土乃至弥勒之所(兜率天)及阿修罗窟等。此外,在真言门中,诸言语即真言,阿弥陀佛的名号中摄三句法门,无量的三句是顺次往生的顺因,所以必须作浅略思。关于真言行者的往生,因为于现世证得欢喜地,所以他们中的大多数都是上品上生,三归、五戒、六行、四禅、十善、无我观、四谛、十二因缘观等诸行都是往生业。那些上根者通过密教的三密行即身成佛称为现身往生,但信行浅者将顺次往生于密严净土。另外,极乐净土、兜率天等十方净土都是密严净土,可以随其所愿往生任何净土。觉鑁提到了一些人和相关著作中出现的阿弥陀佛、顺次往生中的极乐往生、临终正念,可以看出他明显受到了显教净土教的强烈影响。

然后,《一期大要秘密集》(撰述年不详,可能是1132年以后成立)说显教认为极乐世界是西方净土,阿弥陀佛是宝藏(法藏)比丘的证果(报身),然而密教认为十方极乐只是一佛之土,一切如来是一佛之身,并提出四一教判之说。婆婆和极乐没有不同,大日如来即阿弥陀佛,弥陀是大日的智用,大日是弥陀的理体,密严净土是极乐的总体,极乐是密严的别德,将密严中汇集的最上妙乐称为极乐,极乐遍满十方,观念的禅房即是极乐,不起婆婆而生极乐,与弥陀入我我入,将弥陀作为大日,这就是即身成佛的妙观。觉鑁还论述了修阿字观的功德。他认为在修此阿字观而不带疑惑的真言行者中,懈怠小机者能达成顺次往生的大愿,精进大机者能现身成佛。他围绕临终行仪论述了通过临终正念往生极乐。换言之,《一期大要秘密集》的要义在于临终前的用心。九品往生取决于临终正念,出离生死在于临终的刹那,若依临终轨仪,破戒的僧尼或造恶的男女,也必定往生极乐世界,有戒、有智、善男、善女更是如此。[①] 这里的临终行仪是祈愿顺次往生,是为了浅观小行、懈怠小机而设的,他们往生的净土不限于极乐,而是行者所愿的本尊的净土。十方任何净土都被认为是密严净土,但往生密严净土不是即身成佛(现生成佛),而是顺次往生。

觉鑁针对显教净土教的往生极乐观念,论述了作为往生密严净土的密

---

① 觉鑁:《兴教大师全集》卷下,第1214、1213、1197页。

教净土教的义理。他认为上根上智、深修大勤、精进大机者通过真言密教行能现生成佛、现身成佛（往生法身的净土）。但信行浅、浅观小行、浅观但信、愿行浅弱、机缘未熟、懈怠小机者能顺次往生应化的净土，这也是上品上生，在那里将即身成佛（现生成佛）。若没有智慧但能和信相应，那么，即使是刹那修行、偏修、偏念、无智修行、不法持诵，也超过显教的无量劫修行，甚至是疑谤的逆缘也超过显教的修行，其行果就连即身成佛（现生成佛）都很容易，更何况是往生应化净土，无论是密严净土中的十方任何净土，都能随心所欲地往生。从果位来看，超过显教净土教的下品往生（参考珍海《决定往生集》智说）。此外，虽然要求与信相应，但即使是不法、无智之行也能往生上品，强调了比起显教的密教实践更加易行、易修。他也认为起信修行不论时机，同时批判显教净土教的时机观（末法时代、下劣机根）。他更强调以真言功德消除罪障或去除五逆罪、无间重罪、无明、妄想等。

4. 密教净土教

由此可见，觉鍐是以往生密严净土为核心内容，然后再在密严净土范围内又论述了作为其中一部分的净土和兜率天往生，而极乐净土往生是其晚年时才开始提出的。所以，在他的方法论框架中，不能说是将显教净土中的极乐净土往生作为前提然后将其密教化。此外，也如前所述，在觉鍐二十七岁的保安二年（1121）立下了往生密严净土的誓愿，但这是受谁影响的呢？苫米地诚一认为，在1114年12月觉鍐登高野山的时候，还没有产生往生密严净土之愿，所以是在高野山上才确立的。再看当时的密严净土往生者，首先是授与觉鍐求闻持法的隐岐上人觉俊房明寂。根据《高野山往生传》记载，天治年中（1124—1125），觉俊房明寂知道自己临终，于是旁挂鍐字、手引彩幡、口诵真言、手结密印，十念成就而往生。[①] 这里旁悬的鍐字，即金刚界大日如来的种子真言。换言之，其往生是密严净土往生。其次，是醍醐寺座主三宝院权僧正胜觉（1057—1129），虽然不能确认他与觉鍐是否有直接的互动，但是，其弟子醍醐寺座主三宝院大僧正定海或理性院贤觉（1080—1156），受持了其法流，所以对于觉鍐来说，胜觉也是其重要的老师之一。胜

---

① 《大日本佛教全书》第107卷，第173页下。

觉有一个同父异母的弟弟,名源师时,根据其日记《长秋记》的记载,①将胜觉的入灭理解为往生大日的净土(密严净土),虽然这并非胜觉亲自所说,但是也可以作为理由之一,即胜觉是有密严净土往生信仰的。此外,根据沙弥莲禅撰《三外往生记》中的胜觉传②以及劝修寺慈尊院荣海撰《真言传》卷七、③虎关师炼撰《元亨释书》卷一〇④等中的"胜觉传",在其入灭时都有孔雀飞来的记载。孔雀在《略出念诵经》中指阿弥陀佛的座骑,⑤《密严净土略观》中也将其作为五佛中阿弥陀的座骑。⑥ 换言之,胜觉的往生虽是极乐往生,但此极乐世界是金刚界曼荼罗中的阿弥陀的净土,而其前提是具有密严净土观。此外,据《高野山往生传》记载,宝生房教寻以文殊为本尊,往生金色世界(文殊的净土)。⑦ 在觉鑁的《五轮九字明秘密义释》中也提到教寻的化现:"吾是金色世界古众,汝亦密严净土新人",这被认为是祈愿往生以密严净土为前提的文殊净土。在中川实范的《病中修行记》中,虽然是祈愿极乐往生,但其内容是密教净土教,祈愿的是金刚界曼荼罗中的阿弥陀净土。此外,在台密系中也有人主张密严净土往生,例如谷阿阇梨皇庆口(古日文翻译直接叫法)、大原长宴记《四十帖决》卷一五中有相关记载:"真言之意修行成就作持明仙,游戏十方生密严净土,以之为其素意耳,又以阿字观为究竟成就耳。"⑧关于持明仙,觉鑁也在1142年8月的作为《即身成佛义》谈义的《打闻集》⑨中有所论述。他认为持明悉地身是即身成菩提之身,通过持明之身来度化众生,而且持明行者设化十方,其身不会终结,将一直度化众生。对于觉鑁所说的"持明行者",从他的泻瓶弟子兼海的理解⑩来看,指的

---

① 源师时:《长秋记》一,《增补史料大成》第16卷,京都:临川书店,1965年,第259页上。
② 《大日本佛教全书》第107卷,第143页下—144页上、173页下。
③ 《大日本佛教全书》第106卷,第173页下、244页上—245页下。
④ 《大日本佛教全书》第101卷,第132页下。
⑤ 《大正藏》第18册,第227页中下。
⑥ 觉鑁:《兴教大师全集》卷下,第1189页。
⑦ 《大日本佛教全书》第107卷,第173页下、175页下。
⑧ 《大正藏》第75册,第950页上—中。
⑨ 觉鑁:《兴教大师全集》卷上,第573页。
⑩ 苫米地诚一:《栂尾高山寺所藏阿弥陀并極楽証文について》,《智山学报》第43期,1994年,第107—142页。

是游戏十方净土者。若根据前面提到的皇庆流之说,则指的是往生密严净土者。虽然觉鑁和兼海没有使用"净土往生"这样的表述,但可以充分推测他们继承了皇庆流之说。在以《高野山往生传》为中心的诸往生传中也有以密教净土教等于密严往生为前提的往生传。觉鑁的密严往生信仰也直接与明寂、教寻、胜觉等的影响有关,但比起他们是超越了当时的东密、台密的密教净土教信仰。此外,到了晚年,他重视作为密严净土中十方净土之首的极乐净土,这与当时的信仰密教净土教的宗教家大多以阿弥陀为本尊并祈愿极乐有关。但是,他在批判珍海皈依显教净土教的同时,也有可能受到了珍海的影响。

密教理论的核心是强调即身成佛义,但其事相部分多讲究次第和仪轨修证来实现往生。东密金刚界法义说真言行者证入初地,虽不提十地,但需再经十六大菩萨生身成佛。藏密无上瑜伽部普遍修生起次第,得往生本尊化土,上品往生西方极乐佛土。宁玛派行者皆求往生西方。诺那活佛说:"任修何佛为本尊,均须兼修西方净土。因其他佛土,多赖自力,须修证至二地以上之菩萨果位,方可随意自在往生。""千佛万佛,不离阿弥陀佛。"莲华生大师原著、达赫释著(1945年赵洪铸译本)①《中有闻教得度密法》文中说,生前未得成就者,最可靠之法,是在中阴境,不管任何境界现前,一心称念阿弥陀佛、观世音菩萨名号,便得接引生西。东密金刚界曼陀罗以阿弥陀佛位在西方,对应胎藏界曼陀罗以无量寿佛在西方,第六意识转妙观察智。地前众生多持阿弥陀佛名号,受佛力加持增益第六意识,转烦恼贪爱之业火为无量光寿,转想蕴为妙观察智。《金刚怖畏起分》曰:"无量光以口为要,持三乘一切密法。持阿弥陀佛名号表诸佛口密相应。"②

行者修持密法往生佛国时,上、中、下品三种悉地中皆有接引。上品悉地是不退转净土,行者以自力入三摩耶正定,其果位功德依佛力加持降伏业

---

① 莲花生大师著,达赫译《图解西藏生死书》,西安:陕西师范大学出版社,2006年。《图解西藏生死书》是藏传佛教关于死亡与超脱的传世经典《中阴闻教救度大法》的图解本,书后附有《中有闻教得度密法》原文,为1945年赵洪铸译本。传说这部经是八世纪莲花生大师以伏藏形式埋藏保存,十四世纪由西藏掘藏师卡马林巴发现而流传给世人。

② 陈兵:《净土法门实似论》,《法音》1995年第8期,第8—10页。

力障碍,以愿力回向招感有缘的佛菩萨前来接引。西方极乐世界是阿弥陀佛依因地修行所发之四十八大愿感得庄严、清净、平等的世界。显教净土宗和密教金刚界教法皆有崇拜西方极乐世界阿弥陀佛的传统。阿弥陀佛又称无量寿佛、无量光佛,与观音菩萨、大势至菩萨合称西方三圣。其净土为不退转刹土,其特殊愿力感召行者对极乐世界的信心和持诵阿弥陀佛名号,蒙佛接引,对凡夫入门要求宽泛。根据阿弥陀佛所发大愿,凡是众生信奉弥陀且发愿往生极乐世界,只要发心忏悔,修福向善,就可以带业往生本尊报土。净土宗第二代祖师善导说阿弥陀佛和众生有着特殊因缘,依靠其愿力加持,凡夫必定得入极乐世界报土。这种他力接引的特殊情况注重果德,和自力往生有所不同。

在二十世纪早期,净土宗印光大师和王弘愿争辩时主张往生密严刹土只是方便学说。他认为密严刹土是大日如来净土,佛果地自性受用身唯佛果地可见,对想去的行者资质要求极高。印光常以天台宗谛闲大师得意弟子、东密行者显荫为例说明对密宗的谨慎保留态度,而宣称净土宗的相对优势。印光曾对恒渐法师和太虚弟子大醒指出显荫天资极高,贯通显密诸宗,但是修密功德仍然不够,临终时一念不明。印光认为显荫不该修习东密,其英年早逝乃自取其祸。王弘愿等东密传人对印光此论点颇有微词。而显荫在高野山学密时和持松、大勇皆是同学,其师金山穆昭对显荫颇多赞赏。

密严净土的特色不离"庄严"两字,其词义指布列众宝、杂花、宝盖、幢、幡、璎珞等种种妙色以装饰严净道场或佛土。显密两教经典皆记载诸佛菩萨成就诸种功德法门,以严饰其圣格而说庄严,皆表对佛崇拜,迎接他方菩萨,令众生产生欢喜心,受佛力加持变现。显密经典皆记载有庄严之相。《大般若经》载有智慧与福德庄严,《华严经》列举菩萨十种庄严,《大方等大集经》说菩萨有戒璎珞(持禁戒)、三昧璎珞(修禅定)、智慧璎珞(知圣谛)、陀罗尼璎珞(持善法)四种庄严法身,《大法炬陀罗尼经》列举菩萨发心、修行、资财三种庄严等。藏密也有记载对应三密的三庄严说:行者受持戒定慧严饰佛土的外庄严,佛土以烦恼习气本性为内庄严,心性、气脉明点、器世界不二极内庄严。密严净土指佛法身和众生身心功德不二。印度天亲菩萨造

《往生论》,以偈颂将西方极乐世界依正庄严分为三类二十九种功德成就。十七种描述彼佛国土庄严功德,八种说阿弥陀佛庄严功德,四种介绍彼诸菩萨庄严功德。唐译《无量寿经》讲到修持往生四因。藏密宁玛派益西彭措堪布 2021 年在《往生四因开示》论证说,作意净土庄严为第一因。极乐世界净土有依报器世间和正报阿弥陀佛及其眷属的功德庄严。正报为众生前所作业招感而得五蕴身,依报即器世界。正依庄严为自身所作善业净业产生的感应。《华严经》主张"一即是多、多即是一、一即一切、一切即一",十法界依正庄严平等如一,都为自性所现。《无量寿经》《阿弥陀经》《观无量寿佛经》这三部经中十方三世一切诸佛以清净平等觉普度法界一切众生,性德圆满,庄严美好。阿弥陀佛依正庄严其性究竟,由究竟显体故依正庄严,众生由加持力愿生即得此体,方广平等。

去净土世界的途径不离往生法门。往生指现前业报身在命终时,摆脱过往恶业之业力束缚,得以受生,往生新业报身所处之世界。业报身指色身,或心之业力所化业报身。蒋维乔中年跟随持松修习东密,晚年又跟从诺那和圣露受灌顶学习颇哇法开顶,以求往生净土。东密新义真言宗祖师觉鑁著《密严刹土略观》中主张密严净土佛果地相应时入如来藏,转识成智,当下即如实知见,佛法身所住世界皆成密严。《华严经·十地品》说十地菩萨入等觉位前得"一切佛国土体性三昧"。[1]《金刚顶经》宣称真言行者成正觉时见五方佛密严刹土,成普贤身,行菩萨道,受大正觉位。密教上品悉地指菩萨入初地得果见道,可得密教五方佛正定加持见密严刹土,但恒常久住其中的条件要求极高。但是西方极乐世界阿弥陀佛因为发愿可摄受一切凡夫众生,得特殊因缘以及其应化身加持功德,凡夫众生持六字洪名和念诵往生咒可求往生,具德凡夫临终示现接引相。由此《华严经》中有普贤菩萨劝善财童子借助阿弥陀佛他力加持,往生极乐世界报土的说法。

显密两教皆强调净土与心净的重要性。《维摩经·佛国品》曰:"菩萨欲得净土,当净其心。随其心净,则佛土净。"[2]王弘愿解释说:"心净矣,自居

---

① 《大正藏》第 10 册,第 207 页下。

② 《大正藏》第 14 册,第 538 页下。

实报之净土,而已同体大悲故,超度众生而示生秽浊,虽生秽浊而其土自净,此佛菩萨之境界也。凡夫则蕲以念佛清净其心,得生净土,已生净土,则净缘偏强,心自渐得清净也。至此语本出《净名》,佛之本意,则言菩萨心净,他日成佛,国土亦感清净。此'佛土'字,乃心净之人,成佛之国土耳。"①其心净说与禅宗一致。《六祖坛经·疑问品》亦曰:"人有两种,法无两般。迷悟有殊,见有迟疾。迷人念佛求生于彼,悟人自净其心。所以佛言,随其心净即佛土净。"②

---

① 王弘愿:《答汤瑛先生问》,王弘愿著述,于瑞华主编:《密教讲习录》第五册,第355—358页。

② 《大正藏》第48册,第352页上。

第七章　沪密理论构建和内涵(下)

——地域与社会文化要素

　　密宗作为宗派范畴离不开祖庭概念的文化源头。祖庭作为一种文化的记忆象征与历史的传承,承载着中国佛教宗派的诸多信息,以其崇高的历史地位向人们昭示着中国佛教的理论辉煌,并作为一个综合性的文化载体,连接着中国佛教的历史与现实。祖庭的灵魂在宗派,讲祖庭离不开宗派和传承的讨论。而要完整保存并精准宣扬祖庭资源,就必须对祖庭文化展开全方位、系统性的研读。祖庭使其成为别具优势的佛教寺院,从而使其比一般寺院具有了更高的品位和更大的发挥作用的空间,也引起了更多关注。目前汉地密宗祖庭留存至今的是大兴善寺、青龙寺、大荐福寺、广化寺、大福先寺。但是,上海静安寺作为持松法师的核心道场,其在静安寺开创沪密的重要性尚未得到中外学者的广泛关注和系统论证评估,严重低估了密宗在近代汉传佛教复兴运动中所起到的社会文化影响,不能客观反映上海在江南佛教史中的地位。尹邦志认为,在讨论传承时应该尊重两个方面:一是事相上的付嘱,一是心地上的印证。传承的含义包括师承可考和学说渊源。如果只是把宗教传承当作学术传承来研究,那么就会得出否定印藏佛教的结论。学者的偏激,可见一斑。① 如果忽略静安寺在沪密理论构建中的传

---

　　① 尹邦志:《从长安到拉萨:摩诃衍禅师对藏传佛教的影响》,增勤主编:《首届长安佛教国际学术研讨会论文集》第四卷,第159—174页。

承属性,密宗的现代化和全球化、沪密的海派文化①等重要特征就会黯然失色。

　　近代中国佛教密宗复兴也是中国"现代化"和"全球化"进程的一个重要部分。何顺果阐述道:"'现代化'把'全球化'看作自己向各地传播和扩散的形式和条件,而'全球化'也把'现代化'当作自己进行联系和交往的内容和动力。"②近代中国经历了多种动荡,伴随着现代性转型到现代化而多元发展的全球化历史进程中,汉传佛教进入了国际学界和信众的视野。从哲学范畴讲现代性,应该从思想观念与行为方式上把握现代化社会的属性、意识与精神。二十世纪八十年代以来,以以色列社会学家艾森斯塔特(S. N. Eisenstadt)为代表的一批学者提出"多元主义现代性"(multiple modernities)或"多重现代性"的概念,用来重新描绘现代性的叙事。所谓"多元主义现代性",与传统的"现代性"理论背道而驰,认为:"现代化与西方化并不相同;西方模式的现代性并非是唯一的本真性的现代性,尽管它们享有历史的优先地位,并继续成为其他人的基本参考点。"③"多元主义现代性"的另一个倡导者查尔斯·泰勒提出了现代性的文化论(cultural theory of modernity)。即便在西方社会,现代性也是某种文化的产物。而以不同文化为起点所产生出来的变化就不可忽视了。在传统社会向现代社会转型的过程中,"一种成功的转变包含着一个民族在自己的传统文化中寻找资源,这种传统文化经过改变和调整之后,将使他们获得新的实践方式"。④ 张志强认为"现代性"在不同的文化中有着不尽相同的发展视野,在参考西方学界有关"现代性"的规范性解释的基础上,我们应该重点考察这样的解释与中国历

---

　　①　上海的文化被称为海派文化。其实质是在中国江南传统文化基础上,融合开埠后传入的对上海影响深远的欧美近现代工业文明而逐步形成的上海特有文化现象。形成了东方国际大都市的现代性,开放而自成一体的独特风格。其特色为海纳百川,兼容并蓄,尊重多元化、个性化、理性化,个人和社会利益兼容。

　　②　何顺果:《全球化、国际化与现代社会》,《光明日报》第 11 版,2010 年 10 月 26 日。

　　③　S. N. Eisenstadt, "Multiple Modernities", *Daedalus*, Winter, 2000(1), pp. 2‑3.

　　④　参考张路杨:《从认同到承认》,黑龙江大学 2015 年博士学位论文;金海:《论查尔斯·泰勒的"现代社会想象"》,《现代外国哲学》2022 年第 21 期,第 256—258 页。

史发展事实之间存在的张力,从而阐明中国走向现代化的独特历程。① 就佛教而言,如何认识佛教在中国近代思潮中的作用,以及中国从传统向现代转型过程中的佛教发挥什么作用,成为对中国现代性的理解基础。

游祥洲认为,在全球化的背景下我们可以看到,在佛教本质以及历史的发展上,佛教一直都具有两个看似相反实则相成的性格,即"出世"和"入世"。② "入世佛教"与"人间佛教"在理论上可说是一体两面。黄夏年从"人间佛教"思想的理论来源、思想背景、理论依据和实践特色等方面做出了详细评析。③ 从"人间佛教"角度看,"入世佛教"只是"人间佛教"的一个子集。但是西方学者把研究焦点放在"入世佛教"(socially engaged Buddhism)的概念上时,"人间佛教"也同时成为"入世佛教"研究领域的另一种叫法。在"入世佛教"现代化和全球化的实践进程中,从近代的中国太虚、法舫、印顺的开创性理论建构,到美国慧空(Ven. Karma Lekshe Tsomo),英国僧护(Ven. Sangharakshita)及其弟子世友(Dharmachari Lokamitra),泰国佛使(Ven. Buddhadasa)和素拉克(Ajan Sulak Sivaraksa),现代越南一行,韩国法轮(Ven. Pomnung Sunim),中国台湾证严、星云、圣严、传道、净耀和昭慧,印度安贝卡博士,斯里兰卡阿里博士等活跃在现代佛教全球化视野中,"人间佛教"运动在全球蓬勃开展。

与前几次佛教衰落时期相比,在近代中国,二十世纪初期是传统汉传佛教从衰落转向复兴的关键时期,其人间佛教运动具有独特的国际化和现代化特点。这个时期同时又是近代西方基督宗教文化向中国加速传播的时期。基督教已经完成教制改革,全方位融入到近代西方资本主义各个方面,在向东方传播的过程中已经打破政治阻碍,积累了丰富经验,并形成成熟的组织形式和有效的传教方法。基层神职牧师的传教热情、救苦济贫的奉献精神和服务教义、重视推行科学、文化、教育、卫生、习俗等方面的社会改革活动、积极创办教会学校培养人才、办报刊、开办医院孤儿院等传教实践在

① 张志强:《中国"现代性"视野中的近现代佛教》,《博览群书》2004 年第 2 期,第 67—70 页。
② 游祥洲:《太虚、安贝卡:人间佛教与入世佛教》,《原典》观察篇,2020 年 10 月。
③ 黄夏年:《印顺的人间佛教思想》,《佛学研究》2005 年,第 34—58 页。

中国影响极大,迅速扩展。这两种极具影响力的宗教文化为在中国谋求生存空间而产生碰撞,对汉传佛教而言,带来了史无前例的挑战,需要汉传佛教适应近代中国历史时期的特点,同时重新进行宗教观的自我审视和创新。而这种挑战衬托出密宗在发展中所表现出的顽强生命力,继承了汉传佛教的传统精神,同时实现社会和文化的自我更新和发展。

在现代化转型中,密宗也吸取了西方社会带来的现代"理性"思想体系和内容,包括语言、文献、神话、民俗、哲学、宗教等方面的学术化和国际化,进而以新的人文主义价值理念来看待佛教改革以及复兴。这种新的价值理念明显具有"现代性"的特征(The Modernity)。值得注意的是二战后宗教社会学在美国的发展变化。作为当时世俗神学(Secular Theology)和现代基督教神学思潮的代表,美国社会学家塔尔科特·帕森斯(Talcott Parsons)在《现代社会的结构和进程》(1960)中指出,二战后宗教在美国社会变动中起到了重要整合作用,特别是在维护社会均衡方面。但是六十年代以来,伴随着美国社会工业化、都市化、现代化的进程,宗教走向世俗化的发展趋势。美国哈佛大学神学院教授哈维·考克斯(Harvey Cox)在《世俗城市》(1965)中指出,在现代社会中的宗教已被改造,可以在没有神的概念下存在,不论在教会中,在社区的群体,甚至在政党和服务性事业中,都可以找到宗教。

中国的现代化转型实际上由城市化进程主导,"都市佛教"自然也成为近现代佛教再度兴盛的主要实体。沪密强烈地表现出"都市佛教"的特色。正如王雷泉所指出的,随着山林和都市两种地域空间的隔绝在网络时代走向消融,山林佛教在秉持神圣清净特质的基础上也要主动了解、参与社会发展进程;而都市佛教作为现代佛教的新形态,要注意避免过度沾染"市井气"。① 持松法师晚年作为静安寺的住持,利用该寺地处上海市中心的区位优势,大力恢复、传扬唐密,广泛吸纳各阶层信众。也凭借自身深厚的密宗教相、事相修为,在复兴静安古刹的同时,发展出具有"都市佛教"特色的沪

① 王雷泉:《中国佛教走出围墙困境及进入主流社会的路径》,《法音》2013年第1期,第18—24页。

密,在全国范围内产生了巨大的影响。此外,又能坚守佛教的文化品格,不仅使静安寺超脱于闹市区的"市井气",更在动荡的时局中苦苦经营,其坚毅的精神气魄和非凡的人格魅力无疑对静安古刹神圣的宗教格调有所加持。

第一节　上海佛教的历史源流与传统

　　李天纲曾指出:"17 世纪以后,江南社会就进入'早期全球化'。19 世纪上海大都市崛起,只是江南社会早期发展的延续。清代康熙、乾隆年间,继元代朱清、张瑄开辟的'海运'事业,上海再一次'以港兴市'。1843 年,上海开埠,中外贸易枢纽从澳门、广州转移到上海,各项新兴事业发展。上海周边地区的社会体系剧烈改组,长江三角洲市镇面临着亘古未有之'大变局',江南市镇渐次融入现代体制。上海县的法华、龙华镇,宝山县的江湾、殷行、吴淞、真如等近郊市镇,首先被大上海吸附。远郊市镇,如七宝、闵行、南翔、大场、罗店等,也承接了上海的近代产业,更新市镇上的传统产业。"①

　　上海和佛教历史有着深刻的联系。关于佛教最初从何地传入中国,学界历来存在不同看法。塚本善隆、白鸟库吉、汤用彤等学者认为佛教经由汉代开辟的丝绸之路从西域传入中国。② 梁启超亦在《佛教之初输入》中肯定佛教从海上传入中国一说,但认为佛教来华最初的落脚点并非京洛等地,而是在江淮一带。③ 梁启超的这一观点对沿袭了千余年的佛教从西域传来之成说造成了巨大的冲击,很快便遭到汤用彤的否定。除梁启超外,镰田茂雄等学者鉴于南海航路的发展历程,亦提出佛教最早应该是通过海上传入中国的。④ 季羡林对中印佛教的研究表明,虽然不能确定佛教是通过陆路还是海路传入中国的,但印度佛教未经西域小国直接传入了中国却是不争的

---

　　① 李天纲:《金泽:江南民间祭祀探源》,第 45—46 页。
　　② 参考塚本善隆:《中国佛教通史》第 1 卷,东京:春秋社,1979 年,第 54—59 页;白鸟库吉:《西域史研究》上册,东京:岩波书店,1981 年,第 497 页;汤用彤:《汉魏两晋南北朝佛教史(增订本)》,第 48 页。
　　③ 梁启超:《饮冰室专集》第 52 卷,上海:中华书局,1936 年,第 7 页。
　　④ 镰田茂雄:《中国佛教史》第 2 卷,东京:东京大学出版会,1982 年,第 76 页。

事实。① 吴廷璆、郑彭年通过进一步考辨史料，于《佛教海上传入中国之研究》中肯定了梁启超的观点，指出佛教从西域传入中国的史料相对晚出，更为早期的文献表明佛教最初是从海路传入中国的，传入时间不晚于信奉佛教的汉光武帝之子楚王英在世之际。该文指出佛教与商人的关系值得重点考察，据佛经记载，释迦牟尼成佛后从菩提树下站起身来，首先便是两位商人向他供养食物，而随后传播佛教的主力也是商人。中印海上贸易的兴盛促使佛教由印度传入中国南方，著名的佛经翻译家诸如后汉末年的安玄、东晋时期的竺难提（Nandi）均为商人，分别来自安息和印度，这些商人在来华进行贸易的同时极大地推动了佛教的传播乃至南方文化的发展。② 在江南佛教史上，佛教传播具有典型的海派文化特征。

从三国两晋南北朝开始，江淮一带逐渐成为中国佛教最为发达的地区，这与繁荣的寺院经济息息相关，而南朝时期佛学的兴盛更促使中国佛教产生出诸多宗派。作为江淮的一部分，上海佛教的历史亦可追溯至三国时期。东吴赤乌年间（238—250）康僧会从交趾（今越南北部）到上海传教，并兴建龙华寺塔。《龙华志》原为宋代释道渊撰写，清代张宸重新辑录，保存了龙华寺的创建信息及历代僧众情况、题咏作品等，是研究龙华寺及上海佛教史的重要史料。③ 相传静安寺亦始建于东吴赤乌年间（赤乌十年，247），后于南宋嘉定九年（1216）改迁，寺址至今未变。④ 其后随着南朝梁武帝在建康（今南京）建都并大力提倡佛教，吴淞江北岸南翔等地（今上海嘉定）兴建起菩提寺、方泰寺、护国寺、南翔寺等诸多佛教寺庙。到了唐代，上海吴淞江跃升为太湖排水的主要河道，青龙镇港由此在吴淞江支流青龙江诞生，佛教信仰在此地颇为流行。⑤ 张晓东在《古代上海如何参与海上丝绸之路》一文中指出，有关青龙镇的文献和考古资料表明，上海地区自唐宋成为丝绸、瓷器及

---

① 季羡林：《浮屠与佛》，《中印文化关系史论丛》，北京：人民出版社，1957 年，第 9 页。

② 吴廷璆、郑彭年：《佛教海上传入中国之研究》，《历史研究》1995 年第 2 期，第 20—39 页。

③ 周录祥：《曹永安抄本〈龙华志〉整理本校勘札记》，《韩山师范学院学报》2014 年第 2 期，第 71—75 页。

④ 龚万幸：《上海静安寺简介》，《现代声像档案》2016 年第 6 期，第 I0004 页。

⑤ 杨文棋：《上海佛教专项旅游开发浅析》，《旅游科学》1997 年第 1 期，第 40—41 页。

其他商品的始发港之一,在宋代之后成为东亚佛教乃至文化交流的中心地带。上海青龙镇在唐宋时期十分繁荣,是海上丝绸之路的重要港口之一,曾带动上海乃至江南地区的对外贸易与文化交流。据方志记载,青龙镇曾建有寺院十三座,塔七座,亭三座,考古发掘的成果表明,其中隆平寺有塔高达48米,一度用作航标。值得注意的是,元代临济宗名僧清拙正澄曾住持松江真净寺,当时许多来华日僧跟随其修行,清拙正澄开创的"清拙派"后来成为日本禅宗二十四流派之一。① 到了五代时期,上海地区又兴建了保宁寺、七宝寺、兴圣寺,南翔寺内又新建了两座佛塔。南宋期间,佛教在上海地区的发展更为兴盛,呈现出"江浦之聚"(今南市小东门十六铺)的繁荣态势,积善寺、华严庵、真一禅院等均纷纷涌现。即使在元明清时期佛教相对衰落的情况下,上海佛教仍得到了一定的发展,如明代一朝共增建佛教寺庙二十余所,佛塔一座。②

　　目前关于上海佛教从古至今发展状况的研究还有待深入,大量方志材料尚未被充分利用。何建明在《地方志文献汇纂与中国宗教史研究的新趋向》一文中指出,佛教和道教研究者大多对地方志文献利用不足,这类文献应该得到充分的重视。以上海为例,阮仁泽、高振农主编的《上海宗教史》论述了从古代至1949年上海地区的宗教发展历程,包括"上海佛教史""上海道教史""上海伊斯兰教史""上海天主教史""上海基督教史"五部分,其中前两部分利用了《宋绍熙云间志》《元至元嘉禾志》《万历嘉定县志》《乾隆奉贤县志》《同治上海县志》《乾隆金山县志》《嘉庆松江府志》《光绪南汇县志》等二十二种方志中有关佛教和道教的资料,但从上海社会科学院出版社2005年出版的《上海方志提要》来看,1949年前上海地区的方志留存有一百四十种以上,若充分利用地方文献,或有助于"从以往的单线条静态史研究走向多维时空的动态史研究,并将改变过去在三教关系、政教关系等重大问题上以意识形态和政治为中心的思想史和政治史解释模式而趋向以民众现实需

---

① 张晓东:《古代上海如何参与海上丝绸之路》,《月读》2017年第3期,第70—74页。
② 杨文棋:《上海佛教专项旅游开发浅析》,《旅游科学》1997年第1期,第40—41页。

要及其生活方式为中心的社会史解释模式"。① 综合运用地方志和考古材料,对于以密教为主线来还原上海佛教在江南乃至中国佛教发展史上的地位及其变化至关重要,而吴廷璆、郑彭年所强调的佛教传播与商业贸易之间的关系或许可以作为考察上海佛教历史源流的重要线索。

第二节 上海都市佛教是人间佛教的延续

虽然相传上海佛教的历史可以追溯至三国时期,但在开埠之前,上海佛教在中国古代佛教史上可谓默默无闻。清末尤其是民国时期,随着上海逐渐发展为国际化工商业大都市,上海地区的佛教得到了长足的发展,成为中国佛教复兴的先锋。② 二十世纪初的二十年中,上海工业发展迅猛,工业文明冲击了传统的农业社会结构,大量移民涌入上海,各行各业中各类方言流行。按照伯格尔的城市分类学,国际上把宗教中心诸如布教机构和神圣遗迹,以及世俗文化中心诸如学校、科研机构、文娱场所视作文化中心城市必不可少的核心要素。③ "洋务运动"以来,中国近代文化事业大都在上海勃兴,各类文化艺术机构、场所的龙头都落脚于上海。基督教、佛教、道教、伊斯兰教的全国机构及圣堂名刹也大都在上海。④ 民国时期的上海当之无愧成为中国文化中心。李天纲认为,自宋代以来,中原地区被长江流域所取代,后者逐渐发展为中国经济、文化的核心地带。称冠全国的江浙明清文化在剧烈的国际化、工业化、城市化冲击下交汇至上海,这座城市成为十九世纪东方国家在西方文明的冲击下发展出的外向型城市典范,上海文化在新文化运动兴起之际已然形成了较为稳定的近代化形态。王国维、蔡元培、陈独秀、胡适、鲁迅等文人学者创作或研究理念、方法的革新都受到了这一城

---

① 何建明:《地方志文献汇纂与中国宗教史研究的新趋向》,《中国人民大学学报》2014年第3期,第140—146页。

② 业露华:《五台山与上海佛教》,《五台山研究》1989年第3期,第26—28页。

③ 康少邦、张宁等编译:《城市社会学》,杭州:浙江人民出版社,1986年,第111页。

④ 李天纲:《人文上海——市民的空间》,上海:上海教育出版社,2004年,第212—213页。

市文化环境的深刻影响。① 于光在《江浙佛教联合会成立的背景》一文中点明:"江浙地区的佛教是中国佛教最发达的地区,也是中国经济文化发展的中心,中国佛教的调整与革新,也是从这一地区开始的。"民国时期成立的江浙佛教联合会集结了江浙两地的佛教精英,而这一组织正是"以上海为联络站"。② 杨文棋在《上海佛教专项旅游开发浅析》一文中更指出,从 1911 年辛亥革命到 1937 年淞沪抗战,上海佛教的发展态势极为迅猛,诸多来自不同地区和宗派的高僧大德陆续至此弘传佛法、广收法嗣,佛教寺院、僧俗信众的数量增幅甚大。③ 如谛闲住持龙华寺期间重视佛学教育,培养了诸多天台宗僧才、居士;兴建于晚清的玉佛寺经过数代住持的苦心经营,成为闻名中外的禅宗名刹;应慈在沉香阁(又称慈云寺)大力弘扬华严宗;持松担任静安寺住持期间重建密宗道场,在相当程度上复兴了唐密;等等。佛教各宗各派在众多高僧的引领下在上海蓬勃发展,再加上许多佛学修为极高的著名居士汇集此地,促使民国时期的上海地区成为各宗佛教复兴、中外佛教交流的中心。李向平在《顺应时代的佛教文化》一文中从三个方面对上海佛教在民国时期的发展成果进行了概括:一是诸多的佛教领导机构在上海成立,如成立于 1912 年的中华佛教总会和成立于 1929 年的中国佛教会;二是众多高僧和知名居士在上海创建了一大批佛学院、佛教团体、佛学刊物,撰写并出版了大量佛学著作;三是在慈善事业方面发挥了引领作用,创办了上海佛教慈幼院、上海佛化医院、慈联救济战区难民委员会、佛教医院、佛光疗养院、佛教平民诊所等慈善组织。诚如李向平所言,上海佛教在民国期间把握住了时代所给予的发展契机,从古代佛教史上默默无闻的区域跃升为振兴中国佛教的重镇,在新中国成立后持续影响着中国佛教事业的走势。④

民国以来,上海佛教的大发展与此地的都市化进程同步,故对上海近现代佛教的考察宜采取觉醒于二十一世纪初提出的"都市佛教"视角。而觉醒

① 李天纲、苏勇:《现代城市文化断想》,《复旦学报》1986 年第 5 期,第 55—59 页。
② 于光:《江浙佛教联合会成立的背景》,《浙江学刊》2012 年第 1 期,第 14—20 页。
③ 杨文棋:《上海佛教专项旅游开发浅析》,《旅游科学》1997 年第 1 期,第 40—41 页。
④ 李向平:《顺应时代的佛教文化》,《上海大学学报》1994 年第 5 期,第 60—64 页。

提出这一概念的初衷是"希望能用它来延续'人间佛教'的使命"。① "人间佛教"由太虚法师首倡,被视作其倡导的近代佛教革新运动的基本精神,一直延续至今。② 太虚所倡导的面向人生、服务社会的"人间佛教"最初仅得到个别弟子的响应,至1934年《海潮音》刊行《人间佛教专号》,这一佛教革新思想已得到诸多僧众的认同。③ 太虚的友人和弟子,如大醒、法航、谈玄、慈航、印顺等,均基于个人所长对"人间佛教"思想进行了阐发。印顺将这一思想扩展成了较为严整的理论体系,包括"法与律合一""缘起与空性的统一""自利与利他的统一"等要点。值得注意的是,在太虚法师处,"人间佛教"即"人生佛教",他在《人生之佛教》一文中对"人生佛教"的表述与"人间佛教"一般无二,即"在整个人类社会中,改善人生的生活行为,使合理化、道德化,不断的向上进步,这才是佛教的真相"。④ 印顺特对以上两个概念进行辨析,在著述中点明:"虚大师说'人生佛教',是针对重鬼重死的中国佛教。我以印度佛教的天(神)化,情势非常严重,也严重影响到中国佛教,所以我不说'人生'而说'人间'。希望中国佛教能脱落神化,回到现实的人间。"⑤"这不但对治了偏于死亡与鬼,同时也对治了偏于神与永生。真正的佛教,是人间的,唯有人间的佛教,才能表现出佛法的真义。"⑥印顺进而立足于《阿含经》以人为本的宗旨,将"人间佛教"思想溯源至早期佛教经典,建构出这一近现代佛教复兴主张的教理渊源,使其更具合法性和权威性。

在印顺之后,星云和赵朴初是发展"人间佛教"思想的重要代表,但觉醒在总结这一理念的发展状况时指出,从太虚、印顺到星云乃至赵朴初均未界定"人间佛教"的具体形态,他们对这一思想的解释较为宽泛,努力适应时代

① 觉醒:《人间佛教的新形式》,复旦大学2011年博士学位论文,第22页。

② 参考洪修平:《太虚与近代佛教的革新运动及人间佛教的提倡》,《佛学研究》1995年,第131—135页;何劲松:《中国佛教应走什么道路——关于居士佛教的思考》,《世界宗教研究》1998年第1期,第22—30页。

③ 单侠:《民国时期佛教革新研究(1919—1949)——以革新派僧伽为主要研究对象》,陕西师范大学2012年博士学位论文,第37页。

④ 太虚:《人生之佛教》,《太虚大师全书》第3卷,第208页。

⑤ 释印顺:《游心法海六十年》,《华雨集》(下),北京:中华书局,2011年,第13页。

⑥ 释印顺:《佛在人间》,北京:中华书局,2010年,第15页。

的变化。正是因为"人间佛教"关注的核心是人在现世的生活,故其具体内容定然需要与时俱进。觉醒认为,当务之急并非辨析"人间佛教"是指佛教的某种发展形态还是某个发展阶段,而应该根据实际情况将"都市佛教"明确为如今的"人间佛教"。这一观点得到了学界的广泛响应,如李建欣认为上海佛教界提出"都市佛教"一说体现出其对中国佛教发展现状及未来的极富洞见的判断;徐文明认为,"'佛法在世间'的现代版本就是'佛法在都市'";邓子美、毛勤勇认为中国佛教在本世纪完成现代化转型的关键即是都市佛教取代乡村佛教扛起发展的大旗。① 徐东来更总结出"中国佛教的发展在于都市佛教的发展"之六大原因:一是现代社会的人口主要集中于都市之中,佛教在此传法效益最大;二是都市相对发达的经济状况能够为佛教的发展提供强有力的支持;三是都市人口的文化水平较高,更能领受佛教的精义;四是都市的文化思想趋于多元,与不同文化碰撞、交流有助于佛教突显自身的优长;五是都市中各类人才汇聚,佛教发展的后备人才库充足;六是都市政府统筹资源的能量较强,对佛教的支持力度更大。②

虽然"都市佛教"作为"人间佛教"在当代的新形态得到普遍认可,但正如觉醒所指出的那样,对"都市佛教"的界定"大多停留在感性描述的层次"。这一概念似乎与"人间佛教"一样只能作描述性的规定而无法作出精确的定义。为了充分发挥这一理念引领当代佛教发展的潜能,觉醒立足于"人间佛教"的真义,将"都市佛教"定义为"以都市寺院为主要活动场所,根据现代都市特点及要求,由僧团为主对市民进行佛法弘扬和开展宗教活动的人间佛教"。在对这一概念进行辨析时,觉醒特别指出,相较于"山林佛教","都市佛教"的影响力更大,是人间佛教在当代发展的主导方向;而"都市寺院"则是"都市佛教"的主要组成部分,"都市佛教"立足于"都市寺院",与所在城市的政治、经济、文化等进行互动,形成具有城市特色的风

① 觉醒:《人间佛教的新形式》,第24—25页。
② 徐东来:《都市佛教与中国佛教的未来》,https://www.fjdh.cn/wumin/2009/07/07330587422.html(访问时间:2009年6月18日)。

貌。① 就上海的佛教发展情况来看,自民国以来的佛教革新已具备"都市佛教"的特点,通过考察龙华寺、玉佛寺、静安寺等沪上著名佛教寺庙的近现代发展历程,不仅能丰富我们对"都市佛教"内涵的体认,更有助于发掘上海佛教的地域特征。

天台宗是中国佛教史上确立的第一个宗派,在古代上海虽有传播,但信徒并不是很多,影响力有限。觉醒在《沪港佛教天台宗的殊胜法缘》一文中指出,清末以来,诸多高僧于上海创建佛学研究社、法藏学社等,致力于培育天台宗僧才,促使这一佛教宗派在上海风行。早在 1884 年,晓柔法师就率先在龙华寺讲授《法华经》,此后迹端法师继任龙华寺住持,除亲自弘扬天台宗外,还时常邀请天台宗僧人来讲授经论,使龙华寺成为上海天台宗的基地。在诸多天台宗高僧中,谛闲和兴慈对上海天台宗的发展贡献最大。谛闲结合时代局势和社会需求,勇于尝试新型的办学形式,通过创办佛学研究社、佛教学校等,培养了诸多弘传天台宗的僧才和居士。《上海宗教志》有载,谛闲于 1910 年(宣统二年)担任绍兴戒珠寺兼上海龙华寺住持,并且受聘为江苏僧师范学堂总监督,通过培养僧才促进了中国僧伽教育的现代化转型;后于 1913 年驻锡上海留云寺,又创办了"佛学研究社",先后主讲《八识规矩颂》《圆觉经》等经典;当年冬天辗转至宁波观宗寺担任住持,在修整寺庙的基础上设立研究社,随后创办"观宗学社",继续践行培育僧才这一历史使命;四十年代曾受上海玉佛寺邀请讲授《楞严经》。诚如其弟子倓虚在《劝发菩提心文讲义录要序》中所言,谛闲在当时威望极高,社会名流纷纷皈依。谛闲培养了一大批弟子,其中较为著名者有宝静、常惺等僧人,以及蒋维乔、王一亭等居士。对上海天台宗贡献甚巨的另一位高僧兴慈嗣法于从镜法师,十余岁即在国清寺修习天台宗。1918 年,哈同夫妇曾邀请兴慈入爱俪园讲授《天台四教仪集注》,广受好评。1924 年,兴慈法师于新建成的法藏讲寺中创立瞻风学社,专门传扬天台教义。法藏讲寺位于黄浦区吉安路 271 号,是二十世纪在上海建立的唯一弘扬天台宗的佛教道场。"瞻风学社"于 1943 年更名为"法藏学社",培育的数十位僧才中许多在新中国成立

---

① 觉醒:《人间佛教的新形式》,第 33—37 页。

后仍留沪弘法。兴慈于 1950 年圆寂后法藏讲寺的住持由静权法师接任,静权坚持讲授天台宗教义,进一步强化了天台宗在上海的影响力。① 当时法藏寺集禅、律、密、净于一堂的讲经弘法成为盛景,如应慈宣讲《华严经》、圆瑛讲《楞严经》、持松讲密宗、弘一讲南山律。

　　禅宗临济宗亦是从清末开始在上海发挥日益重大的影响,玉佛寺是临济宗在上海的重要道场,该寺的镇寺之宝为从缅甸国迎请的玉佛,寺名也由此而得。1882 年,慧根法师创办玉佛寺,在虚云、太虚、圆瑛、谛闲等名僧的支持下,经过可成、震华、苇舫等住持的苦心经营,使玉佛寺发展为闻名中外的上海名刹,对中国近代佛教的发展产生了重要影响。觉醒在《都市中的佛教》一书的前言中感叹,玉佛寺从名不见经传的小庙迅速发展为闻名全国的宝刹,既离不开佛教领袖、历代住持的积极开拓和苦心经营,更得益于自身的区位优势,其兴隆的历程与上海跃升为国际经济中心的步伐同频共振。② 1946 年 5 月,太虚应信众邀请抵达上海,在玉佛寺讲授《佛说弥勒大成佛经》,后来沪多居于此寺,期间创办了《觉群周报》,并成立觉群社,玉佛寺一度成为其践行佛教革新理想的阵地。1947 年,中国佛教整理委员会第七次常务会议在太虚的主持下于玉佛寺召开,其后不过数日,不到四十岁的玉佛寺退居方丈震华法师英年早逝,太虚为此悲恸不已,竟中风不起,圆寂于玉佛寺内。震华(1909—1947)乃玉佛寺第六任住持,与太虚法师的交情深厚,住持玉佛寺期间创办了"上海佛学院"及《妙法轮》杂志,在提高学僧素质的基础上积极发扬佛教的救世功能。沪上名僧苇舫(1908—1969)是玉佛寺第九任住持,曾随侍太虚法师多年,于"七七事变"后主持武昌佛学院的工作,编辑《海潮音》月刊。"文革"期间,玉佛寺一度仅有五位僧人驻留,包括住持苇舫、监院真禅等,他们通过糊纸盒做工勉力营生。这使玉佛寺成为上海唯一保存完整的寺院,并于 1978 年成为"文革"后首个再度开放的上海佛教寺院。③

---

① 觉醒:《沪港佛教天台宗的殊胜法缘》,《法音》2012 年第 1 期,第 23—25 页。

② 觉醒主编:《都市中的佛教》,北京:宗教文化出版社,2004 年,"前言",第 2 页。

③ 金易明:《法院清流觅知音——上海玉佛禅寺梵乐团巡演马、新、印尼三国随想》,《法音》2007 年第 12 期,第 50—51 页。

1979 年,上海市佛教协会召开第三届理事会,曾协助震华、随侍应慈、与苇舫患难与共的真禅当选为玉佛寺住持,及上海市佛教协会会长;1993 年,真禅法师又在中国佛教协会第六届全国代表会议上当选为中国佛教协会副会长。据温金玉考察,真禅在"文革"结束后充分利用上海作为中国经济中心的种种优势,着力开展佛教制度建设,促进了中国佛教的再度振兴,其中包括秉持农禅并重的理念,解决了建设寺院的资金问题和返寺僧众的生活问题,进一步建立健全了学戒、教育、文化、慈善、信仰、外事接待等制度。① 惟贤长老曾在《遗德高风,后继有人——纪念真禅长老圆寂十周年》一文中,回顾了多次与真禅赴北京中国佛教协会开会共商新时代佛教建设问题的往事。② 由此可见真禅始终在践行民国以来革新佛教的理想,而玉佛寺正是他进行佛教各方面制度建设的试验田。2000 年,觉醒被诸山长老推选为玉佛寺第十一任住持,并于 2002 年中国佛教协会第七届全国代表会议上当选为中国佛教协会副会长,根据都市佛教的新特点推动玉佛寺的管理制度进一步走向了现代化。③ 觉醒在《都市寺院与人间佛教——上海玉佛寺在当代的探索与实践》一文中点明,自其接任住持起,玉佛寺顺应时代提出了"文化建寺,教育兴寺,奉献社会"的寺院发展理念,逐渐在管理、文化和慈善方面形成自身的特色。就管理而言,玉佛寺曾于 2004 年、2005 年两次委托上海交大安泰经济与管理学院对中高层寺院管理者展开了培训,并于 2006 年、2007 年陆续派出六名高层管理人员赴大学修读 EMBA 高级工商管理硕士学位,以上举措有力地提升了寺院的管理水平。④ 此外,玉佛寺还积极在海外弘传佛法。金易明在前文中记载,2007 年觉醒法师曾率领玉佛寺梵乐团一行一百五十人赴马来西亚、新加坡、印度尼西亚举行了以"玉佛·吉祥颂"为主题的梵乐巡回演出,共计七场,开上海佛教界乃至中国大

---

① 温金玉:《真禅法师与当代佛教制度建设——以玉佛寺为中心》,《佛学研究》2005 年,第263—272 页。

② 惟贤:《遗德高风,后继有人——纪念真禅长老圆寂十周年》,后更名为《以真禅长老为榜样,为建设人间佛教而努力》,《中国宗教》2005 年第 10 期,第 29—30 页。

③ 温金玉:《真禅法师与当代佛教制度建设》,《佛学研究》2005 年,第 263—272 页。

④ 觉醒:《都市寺院与人间佛教——上海玉佛寺在当代的探索与实践》,《法音》2011 年第 7 期,第 48—54 页。

陆佛教界赴海外开展佛教音乐演出的先河。玉佛寺与时俱进的努力由此可见一斑。

上文已提及相传始建于三国东吴赤乌年间的静安寺见证了中国近代佛教发展的诸多重大事件。1912年2月,由寄禅等高僧联合全国八十余所寺院共同发起成立了中华佛教总会。该会是民国初年影响力最大的现代宗教社团,其总部即设立在上海静安寺。1947年3月,持松被推选为中国佛教会上海市分会常务理事,会址设在静安寺。日本投降后上海的局势一度十分动荡,关于静安寺寺产的纷争不断。此外,住持德悟法师、监院密迦法师被罗织罪名逮捕入狱。3月24日,德悟在狱中函请律师联系上海市佛教会,表示愿将该寺改为十方丛林,推选贤能担任住持。3月29日,静安寺召开理监事及诸山联席会议,经与会的诸山长老、护法居士及寺僧二百余人共同商讨,决议实施十方丛林制,一致推举持松担任住持,并兼任静安寺佛教学院院长。时任上海市市长的吴国桢乃持松同乡,亲自为持松送座,国民党元老居正亦出席升座典礼。持松十分注重佛教文化事业,在赴任前提出的四条规约之一便是"静安寺应作为佛教文化事业中心,逐渐减少应酬,以期成为纯粹弘法之道场";担任住持期间亦常言"静安古寺是沪上名刹,海内外卓著影响,应该成为佛教文化事业发展的中心,而静安寺佛教学院则应成为传授佛教文化、宏宗传教、培养高级佛教人材的重要基地"。持松要求学僧须通过佛学、国文、英语等考试方能入读静安寺佛教学院,他甚至率先垂范,聘请外籍教师学习英语,其与时俱进、不断学习的精神令人钦佩。上海解放前夕,静安寺监院白圣法师赴台湾用寺内积蓄购买了十普寺等作为静安寺下院,这导致静安寺难以为支,幸有持松弟子陈承辉、许华瀚等慷慨出资,再加上持松组织僧众生产自救,才渡过了难关。随后,白圣数次返沪劝持松赴台湾担任十普寺住持,均被拒绝,持松认为此土彼土都是净土,没有分别,他愿意和众僧一起留下来同甘共苦。据游有维所撰《持松法师传》记载,1952年4月,人民政府拨款修理静安寺;1953年4月,持松在政府的帮扶下于静安寺内修建真言宗坛场,《持松大师年谱》将此举称作持松从日本取回密宗这一千年绝学后"又一标志性成果"。

要全面考察民国时期上海佛教的发展情况,还须对其间日本在沪传教情况予以关注。上海自开埠以来逐渐发展为中国的经济、贸易中心,觉醒所总结的"都市佛教"的重要功能之一就是对外交往,①在此地可谓得到了充分的锻炼。近代以来,日本经过明治维新国力日强,在对中国展开军事侵略的同时,也着力进行宗教渗透。忻平在《近代以来日本佛教真言宗在华的宗教活动》一文中指出,禅宗各派和真言宗等都致力于扩大自身在中国的影响力,其中真言宗通过修建寺院、创办学校和报刊等成为发展态势最为迅猛的一支,其传入中国的历程可被视作近代以来日本佛教在华扩张史的缩影。②真言宗东本愿寺派是入华最早、势力最大的日本佛教宗派,其主要传教阵地"中国开教总部"即设在上海,被称为"上海别院"。为进一步扩大教派影响,上海别院先后成立了诸多宗教团体,包括成立于 1885 年的上海教会、成立于 1910 年的佛陀会、成立于 1911 年的真宗妇人法话会、成立于 1912 年的日曜礼拜会与宗祖降诞会、成立于 1916 年的上海佛教青年会、成立于 1927 年的妇人恳话会与裁缝练习会。③值得注意的是,上海别院自创立之初即致力于兴办各类学校以传播教义,所办学校大致可分为面向日本学生和面向中国学生两类,后者包括 1897 年创办的金陵东文学堂由上海别院派出的北方蒙担任负责人,教学内容亦以语言学习为主,教义次之,并兼及生产知识;1898 年由谷了然创办的杭州东文学堂与杭州开导小学,教学内容主要为日语和真言宗教义;1899 年创办的苏州东文学堂由上海别院派出的林孝纯担任负责人,日语、英语教学内容多于教义;1922 年创办的上海日语学校位于天潼路,兼聘日本、中国、西洋教师,运营三年,已有学生 80 名,毕业生 50 名。④此外,上海别院还创办了《上海佛教》《佛道杂志》等报刊读物,以及医院、育婴堂、火葬场、公墓等。上海别院以上海为基地,向中国各地渗透宗教主张。日本学者道端良秀曾对此进行批判,认为东本愿寺派在中日关系最为紧张、对立的时期于长江以南地区创办了众多教育中国子弟的学校,显

---

①　觉醒:《人间佛教的新形式》,第 69—70 页。

②　忻平:《近代以来日本佛教真言宗在华的宗教活动》,《史学月刊》1996 年第 5 期,第 49—54 页。

③　[日]高西贤正:《东本愿寺上海开教六十年史》,第 133、345、372 页。

④　(日本)《上海新报》,1911 年 7 月。

然受到了国家主义的鼓动。① 为了扩大影响力,上海别院可谓煞费苦心,不仅注重语言教学,更尽力顺应中国人的习俗,如为了避免中国人的反感,寺庙、学校平时不挂日本国旗。然而,经过几十年的经营,仍未能与基督教、天主教鼎足而立。对此,忻平认为主要有三点原因:一是"传教宗旨狭隘,教义拘禁僵化";二是"缺乏稳定的经费来源";三是"从支持日本对华侵略到参与侵略战争"。② 通过考察日本佛教各宗派尤其是真言宗近代以来在华传教七十年的情况可见,其中虽有对教义的传播,但始终以日本的侵华目标为宗旨,正如柏原祐泉所言,日本佛教在华扩张期间满怀使命感地宣传"殉国"精神,实际上成为日本帝国主义实现侵略目标的工具。③

　　虽然日本侵华政策展开的传教活动引起关注,然而不能忽视中日佛教徒之间自发、友好的沟通交流。邢东风在《铃木大拙与上海——关于铃木大拙中国佛教访问的追踪考察之一部》一文中即指出,日本著名佛教思想家和学者铃木大拙的"精神世界——即知识、学术、思想等方面——有许多与中国难分难解的成分",铃木曾于 1918 年、1934 年两度访华,"对中国的兴趣及其和中国的接触,比起有的专门从事中国问题研究的人来也未必逊色多少"。1934 年铃木大拙乘船从神户抵达上海,首先拜访了著名居士王一亭。王一亭曾两次担任上海总商会主席,于辛亥革命期间加入同盟会,与陈其美、沈缦云等人组织、参与上海起义,与武昌起义遥相呼应,袁世凯称帝时亦不惧危险资助二次革命。受母亲影响信奉佛教,曾任中国佛教会执行委员兼常委、上海居士林林长、上海佛学书局董事长等,先后创办上海孤儿院、中国救济妇孺总会、上海慈善团等十多所慈善机构,热心公益事业。早年即学画,与吴昌硕交谊深厚,曾在上海创办美术学校,多次组织中日画家举行画展,曾于 1923 年 9 月义卖书画作品救济日本关东大地震灾民,被日本人称作"王菩萨"。又于 1931 年 4 月作为中国艺术家访问团团长与张大千等艺术家同访日本,引起热烈的社会反响。早在 1925 年,王一亭便作为中国佛

　　① [日]道端良秀:《日中佛教友好二千年史》,第 125—127 页。

　　② 忻平:《近代以来日本佛教真言宗在华的宗教活动》,《史学月刊》1996 年第 5 期,第 49—54 页。

　　③ 柏原祐泉:《日本佛教史》"近代部分",京都:吉川弘文馆,1990 年,第 165 页。

教代表团成员跟随团长太虚赴日参加东亚佛教大会,当时应该已与日方代表之一铃木大拙相识。铃木大拙来沪期间,经过王一亭的介绍,参访了玉佛寺等名胜并拜访了鲁迅等名流。[①] 铃木大拙访华以上海为主要落脚点,而他对中国其他地区佛教发展情况的考察也依靠沪上佛教名流的沟通、安排得以顺利进行,由此亦可窥见上海在中国近代佛教界的国际交流中所具有的重要地位。

第三节　静安寺作为沪密道场的特色

唐末五代时期,地方势力割据,战乱频繁,佛教在北方的流传和发展受到严重制约。至宋代,江南地区才是密教信仰最有势力的地区,这在《夷坚志》中有充分的反映。[②] 民国时期藏密和东密在汉地的传播离不开当时佛教文化复兴运动所面临的政治和社会环境。东密的传播以武汉、江浙、粤为中心,而藏密以班禅、白普仁、多杰等喇嘛为首集中于北平,后渐及鄂、湘、赣、江、浙、川诸省。[③] 对应二次革命和护法运动时期南北对峙的政治局面,当时北洋政府在政治上的优势代表了以北京为中心的合法政府,而藏密在北京的传播也取得了主流地位。太虚倡导的中国佛教改革复兴运动是辛亥革命前后中国人政治思想文化大变革的一部分,入日学密的潮流也是经太虚大力推动的。由于清政府在长江以南的统治较弱,当时中国革命思潮和政治运动的中心多发生于南方诸省,而太虚、月霞、应慈等倡导的佛教复兴运动也集中于此,赴日求法的学僧和他们归国弘法及建立密宗道场也都是围绕这一地域展开的。[④] 这种历史选择的背景也使上海具有了民国时期佛

---

① 邢东风:《铃木大拙与上海——关于铃木大拙中国佛教访问的追踪考察之一部》,《佛学研究》2009年,第373—379页。

② 刘黎明:《宋代民间密宗信仰——以〈夷坚志〉为中心的初步考察》,《江西社会科学》2004年第2期,第68页。

③ 吉祥子:《欢迎谈玄法师归国》,《海潮音》第17卷第2期,1936年。

④ 郑浩:《浅谈近代密教的回传(1911—1936)——兼论大变革背景下传统文化的复兴》,宽旭主编:《首届大兴善寺唐密文化国际学术研讨会论文集》第一编,第256—260页。

教文化复兴的引领地位。月霞、应慈、持松在上海长时间驻锡,1947 年 3 月
17 日,太虚在上海玉佛寺圆寂。持松前期在杭州菩提寺(昭庆寺)、武汉宝
通寺设真言密坛,中、后期主持上海静安寺,将其作为弘扬沪密的核心道场,
传承至今。例如,静安寺五轮塔建筑也表现出其浓厚的密宗传承特色。相
比唐密祖庭大兴善寺,隋代隋文帝尊崇其国寺地位,唐代辉煌时期曾于寺中
"铺基十亩"修建兴善大殿,当时三寺三位一体分大兴善寺为护国译净道场、
青龙寺为传法道场、法门寺为供养道场。"后值五代,法运中缀,宋元寥寂,
僧无闻者。"1924 年康有为慕名参访时感慨:"怅惘千房今尽毁,斜阳读偈证
真空。"①所以,笔者认为,大兴善寺在唐朝是作为弘扬密法的核心道场。但
是,时过境迁,民国以来静安寺逐渐成为在汉地弘扬密法的核心道场,继续
继承唐密祖师的神圣性特质,又融通了人间佛教所倡导的世俗性特征,是宗
教社会性在历史演化中的体现。

印顺强调,人间佛教具有集体性,即需要把松散的僧众组织成"更合理
化"的僧团。这一诉求秉承近代佛教革新的主张,而全国性佛教组织的建立
正是佛教教团化的重要体现。② 1912 年 3 月,中华佛教总会在上海静安寺
正式成立,总部设立在上海静安寺,由寄禅等高僧大德联合全国八十多个寺
院共同发起,其基层组织曾发展到二十二个省会,六百多个县级分会,是我
国历史上第一个具有现代意义的全国性现代宗教社团,③是"人间佛教"运
动正式进入实践阶段的标志之一,在中国佛教史上具有重要地位。但遗憾
的是,至今学术界对以静安寺为发源地、由上海佛教引领的中华佛教总会的
研究还很薄弱。④ 1947 年,太虚在玉佛寺直指轩圆寂,其"人间佛教"的精神

---

① 张启忠:《畅游大兴善寺随想》,《中国宗教》2007 年第 2 期,第 30 页。
② 何子文:《菩萨公民:佛教僧人的社会身份及其近代转变》,上海大学 2010 年博士学位论
文,第 106 页。
③ 许效正:《中华佛教总会(1912—1915)述评》,《法音》2013 年第 4 期,第 10—15 页。
④ 目前涉及中华佛教总会的主要学术成果包括:释东初《中国佛教近代史》、邓子美《传统佛
教与中国现代化:百年文化冲撞与交流》(上海:华东师范大学出版社,1994 年)、王永会《中国佛教
僧团的发展及其管理研究》(成都:巴蜀书社,2003 年)、温金玉《中国社会的剧变与近现代佛教的转
型》(觉醒主编:《佛教与现代化:太虚大师圆寂六十周年纪念文集》,北京:宗教文化出版社,2008
年)等。总体而言,目前缺少对中华佛教总会深入、系统的研究。

衣钵留在玉佛寺。太虚生前对密宗复兴的设想提出了完整的目标和宗旨，以实际行动对持松的弘法表示肯定和支持，甚至日本方面一度认为持松是作为太虚的弟子留日学习的。上海实际上已经成为密教复兴的大本营，直到今天，上海浦东的法华学问寺在大熙法师的住持下，寺庙的建筑具有唐密东传的日式风格。

李天纲研究表明，一百多年来，上海佛教在教育、医疗和文化等社会服务事业中做了大量工作。学校方面，有华严大学(1914，哈同花园)、育英中学(1933，觉园)、兴慈中学(1947，法藏寺)、同岑学堂(1906，上海佛教公会)、留云小学(1906，留云寺)、仁惠小学(1927，世界佛教居士林)、静安小学(1932，静安寺)、国民小学(1933，国恩寺)等。医院方面，有佛教施医处(1930，世界佛教居士林)、佛化医院(1936，陈其昌)、佛教医院(1937，中国佛教会)、中西医药诊所(1948，佛教青年会)等。慈善组织方面，有普济慈善会(1924)、僧侣救护队(1937)、佛教同人会(1939)等。此外，佛学书局还兼有华光电台(1936)，全天播音，专业讲授早晚课、讲经、演说、文艺等，传播佛学知识。世界佛教居士林还设立规模颇大的图书馆(1933)，供公众阅读。[1]这一系列的社会服务事业赢得了社会领袖们对现代佛教的认可。[2]

由于"人间佛教"最初由太虚提出，之后由其友人、弟子继续发扬，故这一思想通常被认为属于大乘佛教。觉醒甚而认为"都市佛教"作为"人间佛教"的一种，也同属大乘佛教的范畴。[3] 然而学术界在考察"人间佛教"乃至"都市佛教"时可能会无意地忽视密宗的贡献，甚至窄化"人间佛教"的意旨，对考察近现代佛教复兴而言亦是一种损失。"人间佛教"可谓民国以来中国佛教复兴的根本理念，以持松、王弘愿为代表的法师、居士亦是乘着此一思潮从日本传回密宗，并基于中国在近现代的境遇尽力弘传密法，发扬密宗引导人生、服务社会的功能。无论是近代以来密宗的主要传法地点、传法规模，还是持松、王弘愿等密宗领袖在佛学教育、公益事业、国际交往等方面的

---

① 张化：《上海宗教通览》，上海：上海古籍出版社，2004年，第199—216页。

② 李天纲：《神圣性：当代中国佛教振兴的前景》，觉醒主编：《当代佛教的历史使命与社会责任》，第59—71页。

③ 觉醒：《人间佛教的新形式》，第38页。

作为,均表明密宗具有"都市佛教"的特质,可被纳入"人间佛教"的谱系进行考察。其实追根溯源,密宗在唐代就已发展为"人间佛教"乃至"都市佛教"的代表,不仅通过"援孝入密""提倡忠义"与儒家思想充分结合,还敏锐地捕捉到唐代社会状况的突变,及时重译、改造经典,突出护国息灾思想并积极践行,因利于现实的功能一度成为唐朝国教。① "人间佛教"研究若将密宗纳入其中,在教理和实践层面均将收获更丰富的资源和内涵,有助于解决从亡事转向人事引发的"神圣性"不足之问题。②

其实,太虚本人即主张"显密之理,相应一贯",不仅支持后学赴日修习真言宗,对藏密亦有深入了解,在重振密宗方面有引导之功,而密宗的复兴是其佛教革新理想的一部分。③ 太虚曾明确表示:"今应普容遍摄锡兰等三乘共法律仪及大乘性相与中国藏地密法,乃可将汉地佛法发达兴旺,一天一天的充实复活。而在复活的过程中,发挥台、贤、禅、净总合的特长,将律、密、性、相,彻底容摄成整个的佛法,于是中国的佛教因之重新建立,而亦可成为现代的世界佛教了。"④ 由此可见,对太虚"人间佛教"思想的理解和阐发须建立在其"显密总合"的佛教复兴主张之上,不能只重大乘而偏废密宗。在太虚之后,印顺法师和赵朴初居士被公认为发扬"人间佛教"精神的巨擘。但有法师和学者认为赵朴初虽然在践行"人间佛教"理念方面颇有建树,却未能从教理层面对"人间佛教"的内涵进行发展,以应对在实践过程中暴露出的现时问题。亦有学者立足于太虚法师以禅的精神保障"人间佛教"神圣

① 谢路军、潘飞:《唐密与儒、道之关系》,宽旭主编:《首届大兴善寺唐密文化国际学术研讨会论文集》第四编,第21—28页。

② 李天纲指出,"人间佛教"理念提出之初更注重"世俗性",是为了在世俗社会立足,但站稳脚跟之后需要考虑如何保持"神圣性",因为"佛教参与改造社会,不同于其他社会改造方案,它要坚持自己的'神圣化'",否则"连补充其他组织、配合其他理论、参与'统战'的价值都没有了"。参见李天纲:《神圣性:中国佛教振兴的回顾与前瞻》,释仁炟、李四龙主编:《佛教与当代中国文化建设》,上海:复旦大学出版社,2017年,第86页。

③ 罗同兵:《显密之理,相应一贯——太虚大师融通汉藏显密佛教的思想》,《宗教学研究》2001年第3期,第137—142页。

④ 太虚:《汉藏教理融会谈》,《太虚大师全书》第1卷,第369页。

性的理路,努力挖掘赵朴初佛学思想中"禅"的成分。[1] 但不可否认的是,赵朴初是持松弟子,在佛教领域的深厚造诣是其崇高威望的基础,也是其践行"人间佛教"的根本性力量,与其局限于大乘佛教对赵朴初"人间佛教"思想进行探源,不如直面密宗与"人间佛教"之关系。如将密宗纳入"人间佛教"的框架进行讨论,持松是最值得重新考察的对象之一。持松多次东渡日本修习真言宗,回国后辗转上海、武汉、杭州等各大城市弘传密法,受法民众常常多达上万人,弟子中兼有僧人、高官、文士和平民等各社会阶层人士,这些实践不仅可被看作太虚倡导的佛教复兴、革新运动的一部分,更可谓开启了"都市佛教"的先河。此外,在持松辗转的诸多城市中,上海具有最重要的意义,其早年即与这座城市结缘,就读于月霞在上海创办的华严大学,坚定了学佛志愿;壮年多次在上海弘法,收获了社会各界的赞誉;抗日战争期间,在上海圣仙慈寺居住,坚持闭门不出、潜心修密;解放战争期间拒绝了赴台之请,继续留在上海,以静安寺为基地,大力弘扬密法、普济众生。经过持松的着力建设,静安寺实际上发展为沪密的中心,成为"都市佛教"的典范之一。从"人间佛教"的新形态即"都市佛教"出发,对持松住持静安寺期间的弘法实践进行考察,不仅能更充分地探讨其对近现代中国佛教发展所做出的贡献,还能为"人间佛教"思想补充密宗内容,为"都市佛教"研究开创沪密这一重要研究主题。

持松自 1947 年担任中国佛教会上海分会的理事长[2]并被推举为静安寺住持以来,一方面承担起引领静安寺乃至上海佛教在动荡的局势中平稳过渡、寻求发展的社会重任;一方面潜心修持,达到了贤密圆融的境界,并于

---

[1]　对赵朴初佛学思想中"禅"的成分的挖掘旨在揭示其与"人间佛教"思想的联系,参考金刚师红:《赵朴初"无尽意"人间佛教思想的佛教经典探源》,《南京晓庄学院学报》2015 年第 1 期,第 116—120 页。

[2]　据《持松大师年谱》记载,1947 年 1 月,持松与圆瑛、应慈、兴慈被公推为静安寺监护;3 月 7 日,持松被推选为中国佛教会上海市分会(简称上海市佛教会,会址设于静安寺)常务理事,随后原理事长止方法师因朝山离沪辞去理事长职务,持松遂被公推为继任理事长。上海市佛教会是上海佛教界的自律组织,因会员单位较多,另设有浦东、闸北、南市三个办事处,为加强管理还于 9 月起聘请东观法师、林子青、白圣法师、黄涵之分别担任总务、秘书、教务、福利各组主任。参考杨毓华主编:《持松大师全集》第八册,第 3860 页。

新中国成立后建成静安寺真言宗坛场,广弘密法,使失传千余年的唐代密宗得到了极大的恢复。静安寺也成了在中国范围内重要的密教弘法场所。1950年2月28日,《觉有情》月刊载文对静安寺的发展情况作如下介绍,肯定了持松任住持以来做出的贡献:"静安寺为上海市佛教首刹,自持松老法师被推选为住持以来,寺务颇有发展。解放以来,注意生产劳动,设有织袜机关,僧众皆从事工作。中国佛教会上海分会亦设在该寺,并附设有文化服务部,内部陈设新时代社会文化各种新书及报纸,每日开放,以供众览。最近,持松老法师复聘请亦幻法师为该寺首座代都监,德悟退居为都监,中定法师为监院,强化内部组织,静安寺前途当益光明云。"据《持松大师年谱》记载,由于圆瑛、应慈、持松等高僧大德坚留大陆,使上海佛教在大变动的局势下没有受到根本性的动摇,再加之上海市军管会和人民政府对上海特殊的地位和浓厚的宗教氛围十分重视,采取了诸多优惠政策以维持宗教界的稳定,故上海佛教得以实现较为平稳的过渡,与全国其他地方相比,上海佛教至五十年代仍然维持着相当繁荣的发展态势,未曾发生毁寺驱僧等恶性事件,实属难得。① 新中国成立前后,以静安寺为代表的上海佛教寺庙亦不免受到军队驻扎的困扰,甚至遭遇勒逼强占,持松作为中国佛教会上海分会的理事长及静安寺的住持,勇于为上海佛教寺庙及各方难僧争取权益,并大力促进佛教文化事业与社会慈善事业,在维护上海佛教平稳过渡乃至推动其进一步发展方面可谓功莫大焉。

日本战败投降后,上海的局势一度曾经十分动荡,关于静安寺寺产的纷争不断。持松担任静安寺住持可谓临危受命,接了一个"烂摊子"。1947年7月,持松接受《申报》记者采访时表示:"民初以来,静安寺为了争夺寺产,纠纷不绝。其实静安寺至今还是负债,就只去年年底还靠借贷才渡过了年。目前寺里共有僧众一百余人,作佛事收租所得,刚够勉强维持开支。"记者在文末总结道:"静安寺从师徒相传的剃度制而改制为选贤的十方丛林,不能不说是一个重大的转变。今后争夺寺产的纠纷,或可因此而减。老法师是一个学者,目前对寺务正在加以整理改革,计划今后将佛事减少,而能多做

① 杨毓华主编:《持松大师全集》第八册,第3875页。

一点慈善公益事业,在文化上亦有所贡献。这样就真正符合了佛教救世利生的教旨了。"①唯有充分考察持松初任上海市佛教会理事长和静安寺住持之际,静安寺乃至上海佛教的实际处境,才能对其所作贡献予以公允的评判。1947 年 8 月 11 日,持松作为上海市佛教会理事长,属文呈报淞沪警备司令部、上海市政府、港口司令部、后勤司令部、师管区,捍卫本市佛教寺庙产权,竭力维护佛寺在宗教上的尊严与不可侵犯性。② 9 月 13 日,持松签署呈文,呈报上海市民政局、社会局、教育局、淞沪警备司令部,详细说明上海提篮桥区保长翁安邦等强行勒逼三官堂监院法空法师签据献校文件,进而强占寺庙的情况,请求严令翁等迁出,交还寺庙,后经据理力争,终助法空法师收回了三官堂。③ 1948 年 4 月 12 日,持松签署呈文,呈报上海市各界招待慰问过境出征军人委员会,敦促占住静安寺、玉佛寺、护国寺等上海各寺的军队尽快迁出,以保障寺庙的正常运转,发挥寺庙救济贫弱、收容难僧的

①　杨毓华主编:《持松大师全集》第一册,第 123 页。原文载于《申报》1947 年 4 月 7 日第 4 版。

②　呈文主要内容如下:"钧府(区、府、部)复有禁止军队入驻市区,并禁占民房之命令。佛教寺庙就产权而论,有其完粮细税,且本市寺庵多系自建或租房居住,缴地产税、完纳房捐无异于人,绝非公产可比,自应与普通民房受一律之保障。若就宗教而论,佛寺为人民信仰所寄托,内错名胜古迹,有其宗教上之尊严与不可侵犯性,与其他宗教之天主堂、礼拜堂本无二致,更宜平等尊重保护。最近本市市区内佛教会寺庙先后被军队占住者不一而足,清净殿堂多遭污损,僧众修持横遇妨碍,尤以香火经忏无法供应影响僧人生计,甚为严重。"(杨毓华主编:《持松大师全集》第六册,第3026 页)

③　呈文主要内容如下:"窃会员衲法空系上海华记路七六号新三官堂监院,现寺内住有僧侣难胞数人。本年九月三日突有提篮桥区三十二保保长翁安邦,保干事吴震亚等,率领武装人员十余人,声势汹汹,闯入本寺,声称:须借本寺房屋暂作献校之校址,当经会员婉言拒绝。讵该武装人员等一面持手枪威吓,一面勒逼签据,会员无奈,只得依照翁等携来之收据原稿照抄一份,但未及盖章即被抢去,并丢下支票二纸,计二千九百万元,现钞一百万元,徜祥而去。翌晨翁等强行迁入。似此籍献校之美名,而实行其抢占寺宇之非法行为,实属痛心。除翁等丢下上项支票等款,著其取回外,用特具文呈请钧会主持正义,严行交涉,并转呈民政局、社会局、教育局、淞沪警备司令部,严令该翁等另觅校地以保庙宇,而安僧民。……查保护寺庙,迭经政府明文规定,而祝寿献校,不得出于强迫,并奉主席一再谕示有案。该提篮桥区三十二保保长翁安邦等,强占新三官堂庙宇之行为,经本会派员详查属实。根据监督寺庙条例,寺产之变更须经所属教会之决议,暨主管官署之许可。即使出自住持自愿,既未经教会决议亦属违法,况乃以勒逼手段横施强占,显系侵害宗教权利,干犯刑章。"(同上,第 3028 页)

职责。① 当时从东北、华北、各灾区逃亡至上海的僧侣众多,持松除安排本市各寺尽量容纳外,还特于 4 月 19 日致函於潜西天目山禅源寺妙定法师、临安东天目山昭明寺雪庵法师、杭州招贤寺弘伞及宁波育王寺住持,寻求援助。② 6 月 15 日,持松又函请上海财政局,声明本市各寺庙代办素斋的非盈利性质,请求顾念各寺之困难免征营业税。③ 综上可见,持松作为上海市佛教会理事长和静安寺住持,在联合各方力量保护上海寺庙产权、维护佛教僧众权益方面付出了巨大的心血,使上海佛教在动荡的局势下得以平稳发展。而在持松的组织下,上海乃至周边地区的佛教寺庙对来自全国各地的难僧予以收容,更是极大提升了上海佛教的威望。数年后,持松在五十九岁生日当天的日记中写下“生生世世常居学地,此我世尊学习精神也”以自勉,而他确实一直在践行。

持松在静安寺系统地创建了僧伽教育体制,为全面提高学僧素质,不仅亲自授课,还广聘名师:请原金陵大学哲学系主任本光法师讲授佛学概论、比较宗教学、唯识论等;请道源法师讲授贤首教义;请度寰法师讲授因明学;请林子青教授讲授印度佛教史;先后聘请关德栋、陈诒先教授讲授国文;并请秀奇法师讲授美术。此外,还邀请周叔迦、苇舫法师、能海上师、雪嵩法师以及暨南大学牟润孙教授、金陵大学文学院院长倪青原教授等来佛学院做

---

① 呈文主要内容如下:“本会先后据静安寺玉佛寺护国寺等呈报,最近各该寺均有军队前往占住,致寺务无法进行,请求洽商迁移等情。查寺庙之经济来源,全赖经忏佛事之收入。寺屋驻兵佛事无法进行,不但寺庙之维持,立成问题。且供职寺庙人等及间接赖寺庙生活者,为数不下数万人,均将立即遭受生活威胁,此其一。近年来寺庙所办学校、诊疗所、医院等为数渐多,开支浩繁,亦赖经忏收入以为补助,寺屋驻兵后,间接影响各项事业之生存,此其二。近来各地僧众纷纷逃难至沪者,均由本寺庙供其膳宿,予以救济。如寺屋驻兵,难僧无处安置,将成社会之负担,而现住寺内之僧众,亦将成为难僧,关心社会者,实不容轻视,此其三。基于上述事实上困难情形,相应函请大会体念佛教为宗教之一,佛教寺庙与他教寺庙应受同一之保护。准将各寺驻兵迅速迁出,以重宗教而安人心,至纫公谊。”(杨毓华主编:《持松大师全集》第六册,第 3023 页)

② 呈文主要内容如下:“迩来东北、华北、各灾区之逃难流亡僧众,来沪甚多,且常有集团来沪,多至百数十计,除本市各寺尽量容纳外,目前来沪者日见其多。本市寺庙久有人满之患,且迩来各寺常川驻扎军队,佛事大受影响,大众生活,实难维持,故特函请贵寺共体时艰,本同袍慈悲之心肠,生怜悯爱护之宗旨,尽量协力援助,予以受容挂单,贵处能容纳几人,即请火速示知,为荷。”(同上,第 3024 页)

③ 同上,第 3025 页。

讲座。此后,持松为增广学僧见识,又兴办了静安寺图书馆,请黄忏华居士掌其事。雪嵩法师曾在一次演讲会中对静安寺佛教学院的办学水平予以高度评价,认为静安寺佛教学院的历史虽然不长,但成果却在全国处于领先地位,能在内乱中坚持运营尤为难能可贵。由此可见持松非凡的能力与担当,学僧们更是对他敬重有加,称:"院长恬静寡言,而学养深厚、身体力行","他是一位思想家,又是一位教、法融合之佛门教育家"。① 静安寺佛教学院的学习氛围十分浓厚,1948年元旦,学僧自发创办的《学僧天地》正式创刊,持松任名誉社长,亲题刊名,并表达了对学僧的殷殷期待:"你们要结合学习,运思命笔,能诗善文,使这块园地繁荣茁壮、春色满园……全体学僧,应该心不旁骛,专心致志,刻苦学习佛教知识,精研教理,培养自己成为发展光大佛教文化的专门人材。"持松国学修养深厚,能诗善文,在其言传身教的影响下,刊物品味高雅,除发表本院学僧的研究文章外,还吸引慈航、大醒、法尊、育枚、霭亭、南亭、雪嵩、演培、苇舫等法师及邵福宸、林子青、季羡林、叶圣陶等学者赐稿。虽后因经费困难,《学僧天地》仅印行六期,但在佛教界产生了较大的影响。②

除大力发展佛教文化事业,持松自担任上海市佛教会理事长和静安寺住持以来,在慈善公益事业方面亦做出了突出贡献。1947年9月,鉴于社会动荡不安、物价飞涨、灾民日增的状况,上海市佛教会与静安寺准备合办佛教平民诊疗所,持松与圣白法师、赵朴初等七人组织筹备委员会,静安寺拨出沿街楼房一处用作诊疗所场地,内设二十余张病床。次年1月6日,平民诊疗所正式开诊,持松亲任所长,分内外科室,聘请裴士东、秦乔卫、费仲华、郑葆湜、李光佑、李根源、丁祖训等担任医师。这一善举引发了社会各界强烈的反响,《申报》《大公报》《时事新报》《新晚报》等各大报刊争相报道,其中《申报》的报道内容如下:"佛教会与静安寺合办之平民诊疗所,设于静安寺内,自一月六日开诊以来,贫苦病人求诊者每日达百余人之多,服务精神,深得各方赞许。中国福利会特捐助牙科用具及药品一批,郭良氏捐助大批

---

① 杨毓华主编:《持松大师全集》第八册《持松大师年谱》,第3863页。
② 同上,第3867页。

西药。该所以夏令将届,病者恐将激增,拟注射伤寒霍乱等预防药针。惟西药近来价格高涨,昨该所董事持松法师等招待新闻界,续请各界踊跃捐助,施惠平民。又本市名书画家唐云、邓散木、白蕉、施叔范、丁白丁、张炎夫等,已允就任该所董事,并将捐助作品变卖,以助施药。"①

由此可见,持松作为当时上海佛教界的领袖,切实发挥了自身的影响力,号召社会各界名流践行佛教救世利生的教旨。此外,1947 年 10 月 30 日,持松还签署中国佛教会上海市分会呈文,呈报上海市社会局设立"济寒处",由黄涵之任主任,赈济无衣无食的老弱妇孺过冬。12 月 16 日,中国佛教会社会服务团在上海福州路天蟾舞台成立,章嘉、持松以及黄涵之、赵朴初等九人被推选为主席团成员。社会服务团的总团部设在静安寺,办事处设在玉佛寺,该团体的宗旨为"团结教徒,发扬大乘佛教精神,服务社会,护国护教",计划以上海带动全国广泛开展社会救济工作。② 这表明上海在当时可谓中国佛教的发展中心,这当然与上海这座城市在经济发展等方面的领先程度息息相关,亦离不开以持松为领袖、以静安寺为龙头的高僧名刹所发挥的典范效应。

持松在身体力行佛教救世利生的教旨之余,还培养了一大批有为弟子,这些弟子在守护静安寺、发展上海佛教、普济众生等方方面面成为中坚力量。1949 年初,上海佛教界曾组织过近代以来规模最盛大的息灾法会,持松应邀主修尊胜坛,并为众多社会名流传法灌顶,极大扩展了密宗的影响力。是年 5 月上海解放,此后静安寺一度有军队驻扎,戒备森严,持松弟子许华瀚遂向驻扎军官反映,军队的入驻导致民众不敢前来烧香拜佛,寺院由此失去了经济收入,在自身难保的情况下还要为军队产生的水电费用买单,僧众苦不堪言。军官立刻向上级汇报,部队一周后便迁出静安寺,向寺内支付了所有费用,陈毅司令员还签署了一道华东军事委员会通令,规定任何军

---

① 杨毓华主编:《持松大师全集》第一册,第 126 页。原文载于《申报》1948 年 3 月 12 日第 4 版。

② 对持松在慈善事业方面所做突出贡献,参考杨毓华主编:《持松大师全集》第八册《持松大师年谱》,第 3865—3866 页。

队不得在寺庙内驻扎。①

新中国成立后,持松继续发挥领袖作用,引领上海佛教,尤其是密宗,在新的国家形势下得到进一步发展。1950 年 9 月 10 日,上海市法明学会于静安寺举行座谈会,由持松法师主持会议,赵朴初、李思浩、胡厚甫等出席,会议决定近期内与国内外佛教团体交换书报文物,并恭请持松住持星期佛学讲座。法明学会乃国内唯一的佛教学术团体,自解放以来因会员解散曾一度停办,此时又在持松等人的组织下恢复开展弘法工作。1951 年,持松与圆瑛、应慈等上海诸丛林长老召开一系列会议,努力引导各寺积极适应国家的新形势,结合佛教的优良传统,主张僧众于修行之外从事农工生产,以实现佛教生存方式的战略转型,将因形势变化所导致的收入锐减等经济困难防范于未然。②

1952 年 4 月,上海市政府响应中央人民政府保护佛教名胜古迹的号召,特拨专款用于修缮具有重大历史文化价值的玉佛寺、静安寺和伊斯兰教小桃园清真寺。上海佛教界也立即于静安寺召开讨论会议,成立"玉佛寺静安寺兴修委员会",公推圆瑛、持松、清定及赵朴初等任委员。1953 年 4 月,持松又在政府的帮扶下于静安寺内修建真言宗坛场,《持松大师年谱》将此举称作持松从日本取回密宗这一千年绝学后"又一标志性成果"。早在抗战期间,持松蛰居圣仙慈寺,废寝忘食地钻研、著述,进一步融通了密宗的教相与事相,已逐步放弃早期以贤统密的设想。1956 年,中国佛教百科全书编纂委员会成立,共撰写条目四百余则,共二百余万字,后来这些成果汇编成《中国佛教》四辑,由知识出版社于 1989 年出版,其中第四辑收录了持松撰写的《金胎两部》和《即身成佛》。

在静安寺内修建真言宗坛场时,持松根据多次传法的记忆,夜以继日地查对资料,一丝不苟地求购法器,并请著名画家共同商讨绘制曼荼罗诸尊像的细节,画像均出自张大千及持松弟子之手,再据此雕刻成像。持松还精选了部分从日本采购的法器(当时存放于陈承辉处),其中最珍贵的乃"十二

①　杨毓华主编:《持松大师全集》第八册《持松大师年谱》,第 3871—3874 页。

②　同上,第 3875—3879 页。

天"画像以及号称日本国宝的金、胎两部巨幅曼荼罗。持松第二次东渡时，金山穆昭赠予其两巨幅曼荼罗，乃是将真言宗教义的结晶托付于持松，而持松亦未辜负根本上师的期望，通过潜心修习，贯通了教相、事相，终得密宗真义。自 1953 年之后的十五年中，在静安寺真言宗坛场受结缘灌顶者有数十万人。每逢阴历四月初八浴佛节和九月十九观世音菩萨出家日，静安寺举行为期三天的修法大会，并传法灌顶。之后，又于阴历每月初一、十五及诸佛菩萨圣诞日举行密宗修法，持松出国访问期间由弟子代为修持。"至此，失传千余年之唐代密宗基本得以恢复，大师多年夙愿亦得以实现。"①在持松的苦心经营及其巨大影响力的号召下，静安寺逐渐成为上海乃至全国弘扬唐密的中心，甚至可以说，随着静安寺真言宗坛场的建成，沪密也初具雏形，经过十余年的蓬勃发展，已在中国佛教诸多宗派之中占据一席之地。

　　静安寺真言宗坛场并非完全照搬日本的密宗坛场布局，而是融台密、东密和自己的特色为一体。据持松弟子回忆，当时静安寺真言宗坛场分为五大坛：孔雀坛、护摩坛、大坛、圣天坛、诸天坛。建成以后，每日清晨，先有二坛上座，及下午持松修《金刚界》上座。每晚，先放焰口，接着五坛同时上座。大坛中央密教法身佛大日如来说真言秘经《大日经》及《金刚顶经》场景，其自性轮身金色，头戴五智毗卢冠。右边站立爱染明王身红色，三目六臂现正法轮身。左边供养不动明王，为持松本尊，现忿怒相明王教令轮身。中央大坛右侧圣天坛供养六臂如意轮观音，跏趺千叶白莲之上。大坛左侧护摩坛供养金刚萨埵骑四头大象。东西两壁秉承真言宗传统，悬系密宗八大祖师——龙猛、龙智、金刚智、不空、善无畏、一行、惠果、空海彩色画像。东屋孔雀坛供养一头四臂孔雀明王，头冠璎珞，孔雀为坐骑。西屋诸天坛供养三面六臂青色大黑天像和诃利帝母像。五大坛两壁悬挂十二诸天图像。1984年修复重建静安寺真言宗坛场时，日本福冈十轮寺藤本善光阿阇黎帮助找来京都博物馆十二天画像原型，再经持松弟子潘贞则和王智圆、张善孖之女张德嘉、画家钟金斐修复。五大坛供奉法器由日本、中国香港佛教人士出力置办，期盼日后持松法脉传人上座修法。

---

　　① 杨毓华主编：《持松大师全集》第八册《持松大师年谱》，第 3889 页。

随着持松多次代表国家出访展开佛法交流,静安寺的国际声望日隆。1956 年,持松当选上海市佛教协会会长,同年应邀作为中国佛教代表团成员赴尼泊尔首都加德满都参加"世界佛教徒大会"第四次会议。大会的主题是宣扬佛法,宣导和平,制止战争,同时商讨复兴释迦牟尼佛诞生地蓝毗尼遗址的方案。1957 年 5 月,持松更是作为负责人率领中国佛教代表团参加了柬埔寨王国政府所举行的"释迦牟尼佛涅槃 2500 周年纪念"庆典,在归国途中又应越南民主共和国政府的邀请,在越南作了为时一周的友好访问。①此后,持松还多次出访他国,如 1964 年,作为中国宗教代表团成员赴日本东京参加首届世界宗教和平会议;1965 年,作为中国佛教代表团的一员出访印度。持松多次出国访问,与各国佛教界建立了深厚的友谊,1959 年尼泊尔佛教代表团访问静安寺,特向持松献礼,并参观寺内密宗坛场,可视作沪密发扬光大的明证。但是与静安寺作为沪密道场在宗教历史上的贡献相关的研究严重不足,急需关注。

杨毓华在《持松大师全集》第一篇《持松大阿阇黎传略》文中如此总结持松法师一生的成就:"显密圆融的第一代佛教大宗师;密教真言宗集大成者、大阿阇黎;唐密复兴初祖;贤密初祖;松华如来。"②每一个身份都与密宗相关,而最后一个身份最能体现持松的成就。持松 1936 年第三次东渡考察日本佛教时,在定中得金山穆昭上师授记、不动如来灌顶、海会众圣证明嘱咐,已洞悉将来成佛,号"松华如来"。杨毓华在文中追忆,持松生前多次对其说:"超佛越祖,当仁不让。"1964 年持松曾作《满月世界依正庄严颂》,1967 年又撰《松华如来密因修正了义经》,于颂文和经文中以松华如来的身份发十种大愿,愿众生于满月世界中共乐、空、明住。真言宗的警句乃"如实知自心",持松的言行可证其修持境界之高,而根本上师金山穆昭的教导和护持是持松克服种种困难的力量源泉。《持松大师年谱》对此多有记载。例如,1967 年,持松在外购食时,不慎染上黄疸型肝炎,病情一度严重到轻微的情绪波动即有肝昏迷甚至死亡的风险,住院治疗四十余天后出院,一个月后到

---

① 持松作有《访问了尼泊尔、柬埔寨、越南民主共和国以后的感想》一文,详细记录了访问经过及所见所感。此文收录于杨毓华主编:《持松大师全集》第六册,第 3001 页。

② 杨毓华主编:《持松大师全集》第一册,第 69 页。

医院复查,肝功能指标竟全部恢复正常。联系其在"文革"中所遭劫难,再加上当时所处生活环境之差,短期内全然好转令医护人员都感到不可思议。持松在1972年向杨毓华讲起这段经历时,将自己的康复归功于真言宗的加持,以及金山穆昭、权田雷斧的接引教化。"1967年初所患重症肝炎恢复,虽后常亦有种种障难,但均能安心于道,亦吾晚年完成宏誓志愿之因缘际遇也,感甚!幸甚!此是密教真言宗一脉相承历代佛祖之加被,三密加持功用所显,能以平等心对治各种境象,此三宝院流第五十代传法阿阇黎穆昭根本上师和传法院流第四十八代传法阿阇黎权田雷斧大僧正无上接引教化之功德也,是故殷重顶礼、上报佛恩、下化众生之愿更坚定矣。"再如1969年端午节前夜,持松于梦中"遭罗刹之女牵阻",于是"祈根本上师以济","穆昭祖师应声而与相融,慰谕壮志"。持松"醒来之时,魔散踪影,朝晖映窗,大地光明,因记兹而作《解救》一篇"。在生命的最后两三年,持松频繁遇魔试探,天魔有时以天女身示现,有时竟现作穆昭上师的模样,但每一次皆得金山穆昭上师现身解救。其中一次,金山穆昭教导持松:"不是白莲成就了就止了,还要努力修持,成就快了,光明快了,虽然在修,但理多事少,你最近疏忽了,烦恼在钻空子呢。"金山穆昭所言"理多事少",是指对教相的钻研较多,但对事相的修持少了。可惜当时正值"文革",无法施设密宗坛场,持松只能依"方便为究竟"之义,"安住于方便事修之中了"。此后,金山穆昭还多次现身,鼓励持松"要继续精进",并每每在持松困惑时予以开示。1972年10月16日,持松圆寂,这一年春节期间,金山穆昭再次于持松入定时现身,开示"松华如来正报定型","法身塔已备好"。而前一年,持松已于晚定中见自身坐于释迦如来对面,"头上之明星甚亮甚近,似抬手即可摘取一般"。① 综上种种,可见正是密宗教义引导持松修得圆满,其言其行对后期密宗为上的判教思想切实的践行和印证,在自我成就的同时也充实了沪密的内涵,体现了沪密的特点。

　　持松法师的皈依弟子众多,在国内可分五类叙述。第一类是持松在华严大学、常熟兴福寺华严法界学院和静安寺接办静安寺佛教学院所收的学

_____

① 杨毓华主编:《持松大师全集》第八册《持松大师年谱》,第3944、3951、3954、3975页。

僧弟子,如大醒、常惺、苇舫、苇乘、存厚、正道、福善等。当时静安寺佛学院课程涵盖中学到大学,教授《大乘起信论》《梵网菩萨戒经》《印度佛教史》《八宗纲要》《八识规矩颂》等佛学课程。来院作讲座的先后有太虚、周叔迦、法舫、能海、雪嵩、牟润孙、倪青原等。1947年,学僧创办了《学僧天地》杂志。1948年初,静安佛学院曾易名为静安学苑。① 台湾法鼓山农禅寺住持圣严法师在四十年代时曾经是静安寺佛学院学僧。圣严在静安寺住了五个学期,直到1949年入伍为止。② 上海静安寺曾经的住持真禅、德悟、度寰(修复后曾任静安寺第一任方丈)皆受到过持松不同程度的栽培熏陶。曾经在静安寺佛教学院的学僧毕业后在中国香港、台湾和新加坡等地弘法。第二类是显教弟子,为持松早年在兴福寺以及后来在全国各地讲经弘法的皈依弟子,多出自禅、净二宗。第三类是国内外社会各阶层的皈依和结缘灌顶弟子。第四类是受菩提心戒灌顶修行的密教弟子。第五类是持松在日本学习时的结缘弟子。各类弟子拜师目的,包括在显教基础上再学密乘、仰慕持松威望高德、求教皈依、好奇心驱使学习密教以及求法等等。

　　韩金科在《持松大师全集》序文中整理了持松的付法以及著作出版情况:"因无缘有僧宝弟子承继唐密大法,后又遇'文革'浩劫,坎坷非常。所幸在那个特殊的环境里,终于'付法得维摩',将铁塔正传付予杨毓华居士(法名超晔),使法脉得以承继,实是国家之幸、众生之福。现今,持松的沪密传承已经有了第三代众字辈、第四代妙字辈传人。持松涅槃后,杨毓华默默地接过了唐密复兴大旗,保存整理持松大师手稿,悉心培养弟子,方便接引有缘者,无一日虚度,也无一时声张。当时她亦耄耋之龄,拖着病弱之躯,连续编辑推出了《持松大师论著选集》、《持松法师论著选集(二)》(上、下两册),主编了《持松大师选集(六)》。后又得国际著名梵文专家、持松再传弟子林光明(大师传日本的稻谷佑宣,林光明为稻谷佑宣弟子)协助,主编出版《持松大师全集》。可以说,这是唐密复兴的一项标志性工程。自民国初年以

　　① 中国佛教协会官网:上海静安寺介绍,https://www.chinabuddhism.com.cn/zdsy/55/2012-03-13/288.html(访问时间:2023年6月5日)。

　　② 《圣严法师学思历程》,《圣严法师年谱》第三册,《法鼓全集》第3辑第8册,台北:法鼓文化,2002年,第22—23页。

来,唐密复兴各家虽各有所长,弘传不绝,但为一位大阿阇黎出版全集的,这还是第一次。"①持松的付法弟子杨毓华虽为无锡人,但大学就读于上海第二医科大学,后一直在上海曙光医院工作,1952年三十岁时家庭遭遇变故,经同事劝说,开始走访上海各丛林,先于天台宗高僧静权座下受三皈依,复追随净土、禅宗、藏密(根造、密显、贡噶、诺那祖师、清定)等八九位师尊求学问疑,最终依循上海佛教青年会—佛教期刊资讯前往静安寺拜谒持松,并长久追随。② 杨毓华见证了静安寺的修缮及真言宗坛场的建设,目睹了唐密在静安寺的复兴盛况,"文革"期间仍坚持追随持松左右,其本人修习佛法的历程几乎与沪密的发展同步;而持松最终突破中国佛教常规,效仿权田雷斧付法王弘愿,将密宗法嗣传予杨毓华居士,亦体现出沪密相对于中国其他佛教宗派的独特之处。1979年,迟来的追悼会宣布推倒强加在"上海市佛教协会会长持松法师,上海市佛教协会副会长苇舫法师、阿檀法师、余伯贤居士"身上的"一切诬陷不实之词"。③ 持松从此彻底平反,名誉得到了恢复。此后持松法师诞辰九十、九十五、一百周年,上海市佛教协会乃至中国佛教协会等单位均在静安寺为其举办了诞辰纪念仪式,通过组织研讨会、出版法师遗著等方式,在缅怀持松的同时也对其密法的传统和内容进行了研究。

1947年,《申报》记者采访了持松后在稿件中如此感叹:"要不是它(静安寺)随着上海的繁荣而繁荣,这东南佛教名刹,当可减少许多为名利而引

---

① 韩金科:《唐密复兴的标志性工程》,杨毓华主编:《持松大师全集》第一册,"序四",第11—15页。

② 杨毓华主编:《持松大师全集》第八册《持松大师年谱》,第3884页。

③ 《文汇报》1979年3月21日对追悼会情况进行了报道:"上海市佛教协会会长持松法师,上海市佛教协会副会长苇舫法师、阿檀法师、余伯贤居士,因受林彪、"四人帮"左倾修正主义路线的迫害,先后于一九六六年至一九七七年间逝世。持松法师、苇舫法师、阿檀法师、余伯贤居士追悼会,于一九七九年三月二十日上午在上海玉佛寺举行。遗像前陈设了香花和供品。国务院宗教局、中国佛教协会、政协上海市委会、市委统战部、市宗教事务局、市佛教协会、上海基督教三自爱国运动委员会、上海天主教爱国会、上海伊斯兰教协会等单位送了花圈。市委统战部副部长叶尚志和有关方面负责人出席了追悼会。参加追悼会的还有上海佛教界许多法师和居士及生前友好共四百人。市佛教协会负责人李若人主持了追悼会。佛教协会负责人真禅法师、度寰法师、松岩法师、钟吉宇居士分别致悼词。悼词宣布:推倒强加在持松法师等四人的一切诬陷不实之词,彻底平反,恢复名誉。追悼会后,遗像、骨灰盒由八位法师护送安放在玉佛寺祖堂内。"(杨毓华主编:《持松大师全集》第一册,第138页)

起的寺产纠纷。寺刹不会像今天那样位处于大都市中，在它旁边也不会是那些银行舞厅之类的世俗场所，静安寺也许就出现于小桥流水竹篁密林之中，在高大的红墙内，'出家人'当可清静许多，持松老法师亦不会再说'所有琐务应酬幸勿相累'那样的话了。"身处繁华大都市的静安寺的确由于自身的地理位置招来了诸多纷扰，使住持持松殚精竭虑，但这样的处境也使得持松及上海佛教界受到了更充分的历练，在此过程中孕育发展的上海各佛教宗派，也因这一地理位置在国内外产生了广泛而深刻的影响，持松所倡导的静安寺可以说成为"都市佛教"的典范。

　　1994 年，中国佛教文化研究所、上海市宗教局研究室、上海市佛教协会、上海社会科学院宗教研究所、上海静安寺等单位在静安寺联合举办了"持松法师佛学思想研讨会"，共计有一百五十位国内外代表列席，其中包括日本奈良市大安寺河野清晃长老，他是持松初次东渡日本在高野山共修密宗的室友。会后，农醒华撰写的《持松法师佛学思想研讨会综述》发表于《佛学研究》。据该文介绍，与会代表高度肯定了持松对密宗的弘扬，并呼吁当时健在的弟子尽快将持松七十余本亲笔手记整理出版。文章还着重回顾了吴立民的发言："过去我们常说完整的佛教在中国，完整的佛教经典在中国，其实不是这样的。例如唐代密教后来就失传了，可是日本的东密却流传下来，一直很盛。因此才有人想到日本去把东密再引回来。王弘愿是到日本传回东密的第一人，可是他不当机，提出了密教高于显教，居士地位高于出家人，有失偏颇，遭到很多人的反对，也引起了很大的争议。所以他的行动很快就失败了。持松法师传回来的是东密和台密二部大法，主张融合，所以取得了成功。"①这表明持松在中国近代密宗乃至佛教发展史上的地位举足轻重。

　　印顺在总结中国佛教复兴的关键时指出，中国佛教复兴的关键在于重视"在家的佛教"，关注年轻人和知识分子群体。② 而综上可见，持松在担任静安寺住持期间，尤其注重引导、联合佛教居士弘传密法、服务社会，可谓深

---

① 农醒华：《持松法师佛学思想研讨会综述》，《佛学研究》1994 年，第 276—277 页。
② 释印顺：《佛在人间》，第 22 页。

谙中国佛教复兴的关键。民国时期,权田雷斧传法王弘愿居士一事曾在僧俗两界掀起轩然大波,多年之后持松仍毅然选择突破中国佛教传统,付法于在家弟子杨毓华,这正是彻底践行"人间佛教"的明证。相较于对居士传法进行猛烈抨击的太虚等人,持松的所作所为恰恰是对"人间佛教"思想的开拓和落实,而从其晚年判教思想的转变可见,此等境界与勇气当源于密宗的加持。将"人间佛教"局限于大乘显教范畴,致使持松创建沪密的贡献长期被学界忽视,希望本书的研究只是这一话题的开始。

第四节　密教护国爱民实践是
人间佛教的入世特色

李四龙教授引用朱元璋《三教论》提出:"佛教历来被帝王认为有助王化,暗助王纲。"[①]2023 年春季,哈佛大学罗柏松教授在"中国宗教阅读"课程上,以"治化"观点来解读佛教与帝王之家的关系。他引用了波士顿大学教授艾普丽尔·休斯(April D. Hughes)对"治化"的考证。休斯认为传统佛教经典在翻译各种梵语词汇时使用到了治化(govern and convert)这个词,但重要的是要认识到这个词并非有关弥勒的经典或佛经所独有,最早可见于战国时期的哲学著作。[②]她举的例子是武曌(690—705)和杨坚(581—604)两人以弥勒佛和月光童子本尊转为佛教的世俗救世主和转轮圣王面貌出现在世间,而使他们的统治合法化。帝王自称作为"媒介"救世主,意味着他们在佛法衰落但在最后的末法时代来临之前降临世间,以暂时改善世间福祉。由此,宗教和政治领域在中国唐代就不是孤立的,而是相辅相成和重叠的,统治阶级就像社会其他阶层人士一样,经常参与到宗教信仰和实践当中。维也纳大学宗教学教授约瑟夫·查德温(Joseph Chadwin)在其书评中

---

①　李四龙:《佛教在当代中国的文化价值》,释仁炟、李四龙主编:《佛教与当代中国文化建设》,第 21 页。

②　April D. Hughes, *Worldly Saviors and Imperial Authority in Medieval Chinese Buddhism*, University of Hawaii Press, 2021, pp. 6-7.

借鉴了一系列在中国古代丝绸之路上发现的皇家历史文献、佛教经典、伪经,以及中世纪的注疏考证,支持了休斯的观点。①

　　追根溯源,唐代密宗就已通过"援孝入密""提倡忠义"与儒家思想充分融合,同时立足于唐代社会状况的变化及国家、民众的现实需求,积极翻新佛学经典,以护国息灾思想为核心,一度发展为唐朝国教。② 与显教其他宗派比较,密宗更重视护国思想,并且有完整的仪轨实践方式,以期净化人心、祈福延寿、扶助统治、护国保家、度灾御难、国泰民安。增勤认为,密宗与中国哲学结合的过程即是密教中国化的过程。密宗建立宗门之初即与佛教传入中国的强烈出世间倾向相反,大力圆融"忠君"和"孝亲"的儒家思想,表现出明显的入世趋向。自武则天迎神秀进京,其后弟子普寂为禅宗祖师,唐朝统治者及王公显贵再以普寂弟子一行引入密宗为国教,进一步发展为佛教护国及大乘理国思想。不空译《王法正论经》和《仁王护国般若波罗蜜经》,以及明朝永乐大帝《御制佛顶尊胜总持经咒序》都极具这种密教护国思想。唐密尊崇《守护国界主陀罗尼经》。此经第九卷的《陀罗尼功德轨仪品》说:"有一陀罗尼,即是一切陀罗尼母,名守护国界主。……若诸国王得一字观,一刹那顷,便得五种三昧现前,所有烦恼不复现起。善男子,此大金刚城曼荼罗所有功德不可思议。若善男子善女人有能入此曼荼罗者,则为已见一切诸佛、一切菩萨。"③陀罗尼之母以"唵"字,用金刚城曼荼罗言词表达,即可成就大日如来,一字金轮。这种以密教来护持国王为中心的国家,等同于以咒术为特色的陀罗尼经的护国思想。唐代不空、惠果都被敕封为国师,他们作为统治者的灌顶上师不仅代表了王室统治政权的神圣性,更作为国家的宗教顾问,对整个政治、社会、文化产生深远影响。而且,自唐朝起密宗的护国思想及实践将文武将相、平民百姓团结在一起,起到了维稳的社会作用。这种思想理论的创立亦影响了近代佛教界在抗日战争中的佛教护国实

---

　　① Joseph Chadwin,"Review on Worldly Saviors and Imperial Authority in Medieval Chinese Buddhism",*Religious Studies Review*,2022(1),p. 151.

　　② 谢路军、潘飞:《唐密与儒、道之关系》,宽旭主编:《首届大兴善寺唐密文化国际学术研讨会论文集》第四编,第21—28页。

　　③ 《大正藏》第19册,第565页下—567页下。

践,与不空的佛教护国思想和实践可谓一脉相承。①

　　在日本历史上,佛教护国思想的实践最早出现在为后白河天皇祈愿,于承安三年(1173)六月六日,在山王院进行《金光明最胜王经》讲赞,以祈求镇护国家。此传统流传至今,日本高野山每年旧历六月十日至十一日都会在山王院举行御最胜讲。东密创始人空海所宣扬的护国思想代表了其密教特色。例如,空海继承了鸠摩罗什和不空汉译本《仁王经》,并在此基础上加入了《仁王护国念诵仪轨》内容,另撰《仁王经开题》。② 弘仁元年(810)嵯峨天皇即位,空海上表《奉为国家修法表首》,主张根据《仁王经》护国护家。弘仁三年(812),嵯峨天皇符文"以代代国王,为我寺檀越,若伽兰兴复,天下兴富。伽兰衰弊,天下衰弊",明确了护国信念寄予东寺。另于弘仁十四年(823),赠东寺于空海作为真言密教根本道场,空海改寺名为教王护国寺,组建立体曼荼罗安置《仁王经》中五菩萨正法轮身。③ 空海另撰《最胜王经开题》并上呈《宫中真言院正月御修法》,其中建议每年正月八日至十四日共七日间,为祈求皇体安泰、国泰民安在宫中之真言院修后七日御修法,此外,还办"御斋会"集合高僧演讲《金光明经》。又在《法华经开题》中提出灭罪的信仰,即通过密教推广对《法华经》的书写与诵读,并进一步传播护国理念。二十世纪二十年代以后,要将民众从生灵涂炭之苦中解救出来,其难度不是人力所能及的,唯有仰仗佛天的加持。而救国安民的秘术正是密教的独门秘笈。在国难当头、民族危亡之际,持松一直以密宗特有形式,或公开或秘密修法以护国息灾,为时人所敬仰。④ 持松以密教护国实践,一方面阐明佛教护国理念,另一方面觉醒民众积极的护国意识。1933 年,持松曾在汉口圆

---

　　① 增勤:《长安密教的历史渊源与展望》,宽旭主编:《首届大兴善寺唐密文化国际学术研讨会论文集》第一编,第 28—29 页。

　　② 《弘法大师全集》第 1 卷,第 753 页。根据《仁王经开题》所写"秦本盛传宇内。今所讲者是其本耳",可推断空海采用鸠摩罗什译本。

　　③ 参考果宝《东宝记》(收入《续续群书类丛》第十二卷第 11 页),真然《无障金刚略念诵次第》(《大日本大藏经》真言宗事相章疏第一,第 569 页),亮尊《自宝口抄》第三十八(《大正图像》第六,第 542 页)。

　　④ 慧严:《持松大师抗日护国事迹管窥》,宽旭主编:《首届大兴善寺唐密文化国际学术研讨会论文集》第一编,第 222 页。

照寺讲《金光明经》。此经与《仁王经》和《法华经》并称护国三经。①

马克斯·韦伯曾指出,任何政治权力都带有一定政教合一的"卡理斯玛"(个人魅力)意味,难以完全摆脱巫术起源的影响。②黄阳兴认为:"尤其是唐代密教,各类咒术都呈现出高度的仪轨化、组织化与系统化,形成了特殊的解脱宗派即密宗,而密教僧多善诸般变化、驱役鬼神之术。密宗僧人与道教徒如此的道法表演刺激了皇族与士庶各阶层对其神秘力量的崇拜。"③赖富本宏也支持这一说法:"三大士于盛中唐时期大开灌顶道场,密教真言咒语的神秘迅速流传,与内廷道士的较量也常常发生。"④意大利学者达瓦马尼指出:"可以说巫术是这样一种信仰与实践,人们按照这种信仰和实践坚信他们可以直接影响自然的力量,那些把握了必要秘诀的人就能够了解主宰世界的无形力量并按照操纵者的兴趣来控制这些力量。"⑤英国学者马林诺夫斯基(1884—1942)承认:"咒语是巫术的一部分,常在法师世系中严格地传授。咒语最重要的作用是在用神秘言语及名词来驱使某种力量。"⑥晚唐新罗崔致远所撰唐初华严宗僧法藏的传记中曾叙述过十一面观音菩萨护国解救官兵的故事:"诏从之,法师盥浴更衣,建立十一面道场,置光音像,行道始数日,羯房睹王师无数神王之众,或瞩观音之像浮空而至。"⑦黄阳兴在其著作《咒语·图像·法术:密教与中晚唐文学研究》中通过诸多文献详细描述了毗沙门天王护国信仰。新加坡学者古正美注意到,四世纪前后,大乘经典开始出现"密教化"和"政治化"两大倾向。所谓"政治化",即指大乘神祇已有护国及护王的个性和作用。⑧

---

① 持松:《自述》,《觉有情》(半月刊)1941年第33期。

② [德]马克斯·韦伯:《宗教社会学》,简惠美、康乐译,台北:远流事业出版公司,1993年,第365页。

③ 黄阳兴:《咒语·图像·法术:密教与中晚唐文学研究》,第167、182页。

④ 赖富本宏:《道教と密教の交涉》,《日本佛教学会年报》第62期,1996年,第15—33页。

⑤ [意]马利亚苏塞·达瓦马尼:《宗教现象学》,高秉江译,北京:人民出版社,2006年,第30页。

⑥ [英]布罗尼斯拉夫·卡斯珀·马林诺夫斯基:《文化论》,费孝通译,北京:中国民间文艺出版社,1987年,第62页。

⑦ [新罗]崔致远:《唐大荐福寺故寺主翻经大德法藏和尚传》,《大正藏》第50册,第283页下。

⑧ [新加坡]古正美:《于阗与敦煌的毗沙门天王信仰》,《从天王传统到佛王传统:中国中世佛教治国意识形态研究》,第459页。

密教的护国思想也体现了中国传统的儒家忠信、仁义政治化的伦理思想。伦理与政治二者相辅不离。伦理即人道,政治则是人道中的"道之大者",谓"人道政为大"。笔者在2023年春季哈佛大学普鸣教授的"战国历史研究"课程上,专门讨论了战国楚竹书《忠信之道》,这是郭店楚墓竹简之一,于1993年10月出土于湖北省沙洋县郭店村。竹简共九枚,简文列举了忠信的各种表现,最后归结为"忠,仁之实也。信,义之期也"。"忠"是"仁"的核心实质,"信"则是"义"的目标。当时,仁、义已成为儒家思想的核心道德范畴。课程中又学习了楚简《五行》篇,其与马王堆汉墓帛书《五行》篇之经部内容基本一致,其"五行"说指仁、义、礼、智、圣。在这里,"忠信之道"体现出治国亲民的道理。根据《论语》所载曾子义,"忠"释为尽心为人谋,朱熹曾注:"尽己之谓忠。"《忠信之道》云"其言尔信","信"意为守信用。"信积则可信也"的后一"信"字可等同于孔子说"民无信不立"之"信",表现了人民对国家的信任。虽然孔子思想体系中的忠恕之道和曾子的"三省吾身"之说对忠和信有更广泛和丰富的内涵,强调应尽的基本责任和义务,涉及我们在工作和生活中的方方面面,但是《忠信之道》则是将忠、信专门理解为最朴素的政治伦理原则范畴。其云:"忠积则可亲也,信积则可信也。忠信积而民弗亲信者,未之有也。"楚简《尊德义》篇云:"……忠信日益而不自智(知)也。民可使道(导)之,而不可使知之。民可道也,而不可使强也。"《六德》篇云:"聚人民,任土地,足此民尔(?)生死之甬(用),非忠信者莫之能也。"其他楚简如《缁衣》《鲁穆公问子思》《唐虞之道》《成之闻之》以及《语丛》中部分语句所表述的"忠信"思想都反映出政治伦理思想的倾向。结合同期出土的战国楚墓竹简《缁衣》《语丛一》可以看出,其政治伦理主张和董仲舒之后的儒家思想颇为不同。

皈依三宝报四恩之一就是报国王恩,唐密对此尤为重视。《仁王护国经》《圣不动尊安镇国家法》《大佛母孔雀明王法》《尊胜佛顶息灾法》等护国大法在盛唐时期受到皇室重视。以密法护国是唐代密宗开元三大士之一不空法师的思想核心,并贯穿于其宗教实践中。永泰元年(765)四月,不空上《请再译仁王经表》,主张"弘阐真言,宣扬像教";点明"如来妙旨,惠矜生灵,《仁王》宝经,义崇护国";但认为"前代所译,理未融通",故亲自"依梵匣再译",使之"永无漏略,更益详明"。① 在总结自己的宗教实践时,不空表示:"所翻圣典四十余年,三朝已来赞修功德,志在宣传,上资王室,下润生灵。"②可见无论是译经讲经,还是设坛作法护摩③,护国均是不空的主要目的。正如唐肃宗近侍史元琮所言:"度灾御难之法,不过秘密大乘,大乘之门,灌顶为最。……其道场有息灾、增益之教,有降伏、欢喜之能。奉此功力,以灭群凶,上滋圣寿无疆。"④无怪乎擅长祈福消灾的密宗最为当时的统治者所青睐。在宋代赞宁《宋高僧传》中,记载开元三大士的神迹很多,其中祈雨、招魂方式还上升为国家行为,牵动人间和神灵、天道的沟通,干涉社会政治活动。向世山认为,这些不可思议的事件会导致崇信的宗教情感,从时代的局限,或教育程度的高低,或环境的限制,或个体差异等等,这种情感不分古今中外发生着。法术就是最好的宣传工具,而不是言教理论。开元三大士以法力建立崇信,是当时密宗发展的关键性因素。这就使神迹获得了永恒价值。探究宗教的生命力,其一个原因就在于有证有验,尤其对于信众至关重要。甚至他们(密宗祖师)不在人世间也在继续发挥作用,比如从唐到宋,遇到旱灾水灾时去善无畏不朽肉身前举行祈祷仪式。⑤ 善无畏曾在中印度和唐玄宗时期祈雨,金刚智也在洛阳祈雨并为唐玄宗第二十五公主招魂,不空也曾祈雨(三条案例、一条通则),这使统治阶级尊崇密教宗师和他们代表的密宗成为必然结局。吕建福指出,不空的护国思想实际上关乎政教关系问题,他提出政教应当互利,主张佛教须有益于国家,如此方能促

---

① 《大藏经》第 52 册,第 831 页中。

② 《谢恩许翻经论入目录流行表》,《大正藏》第 52 册,第 840 页中—下。

③ 护摩法属密宗四部加行。密教行者受传法灌顶成为传法阿阇梨后,除十八道法、金胎两部大法外所修之法。护摩,为密教秘密法,凡求成就,必作护摩仪轨。护摩为焚烧之义,将供物投入火中烧食供养,依之行法,能烧尽其灾之业火,灭烦恼诸苦之薪之义。又可分为内护摩出世之法,烧尽内心烦恼,增长菩提智火;外护摩为作法事业,以供养功德力与佛加持力就事相息灾、增益、调伏敬爱四法。行者修护摩法祈祷光明清净,消除无明障碍烦恼,增加福报智慧。根据《不空行状》记载,不空在唐乾元二年(759)受请入见内道场,修护摩法,为肃宗授转轮王七宝灌顶。不空主要弟子含光、觉超、惠海、昙贞等皆在内。

④ 《清于兴善寺置灌顶道场状》,《大藏经》第 52 册,第 829 页中。

⑤ 向世山:《唐密法力效验与神迹信仰探奥》,宽旭主编:《首届大兴善寺唐密文化国际学术研讨会论文集》第二编,第 41—51 页。

使国家扶持佛法。其所言护国既指捍卫国土与民众,也指借助佛事活动来为国家、帝王驱灾求福。① 日本古来以皇室为中心,尤其以平安时代为盛。皇室皈依之真言、天台两宗,国家之平安、皇室成员身体之康健,悉委于密教之修法,天灾、地变、疾病、风雨、寒热、丰作等事每依于祈祷。更有天皇(五十六代清和天皇三十岁退位从宗睿受灌,法讳素实;五十九代宇多法皇改法讳空理)、皇子、摄关②等出家入道之举。自天平胜宝元年(749)至正德三年(1713),据统计出家之天皇四十余众。③

"开元三大士"千余年后,持松在国家动荡之际修建各种密宗护国法会,并培养弟子修持护国密法,实际上通过实践对唐密思想与传统予以了相当程度的恢复。持松从日本将汉地隐没千余年的唐密回传,他宣扬佛教护国经咒,多次启建密宗坛场修法护国,弘传佛教护持国家的传统理念。持松曾注释关于真言宗坛场的四种法明其功用,所谓"息灾""增益""降伏""敬爱",又加"钩召",合成五种。④ 其主要活动和事迹如下。

1924—1925 年,持松初次学密归国后任武昌洪山宝通寺住持期间,曾两度修建仁王护国法会。1924 年,湖北督军萧耀南念及国家连年战乱,灾害频仍,生民涂炭,遂于 10 月 24 日(阴历九月二十六)亲往宝通寺,礼请持松法师庄严道场,敬修"仁王护国般若经大法"七永日,祈保国泰民安。1925年,萧耀南因顾虑河南督军对其有煽谋之举,可能于己不利,遂前往宝通寺诚请持松建法会以禳之,持松于是再次修仁王法,萧耀南安然无事。《持松大师年谱》指出,持松修建护国法会乃千余年来密教之创始。第一次护国法会给当地信众带来了巨大的震撼,激发了他们对密宗的浓厚兴趣,众僧俗进而恭请持松于法会期间修建结缘灌顶坛,并期望以后每年开坛六天。自1924 年 10 月 31 日(阴历十月初四)起,每日来受法者不下百数十人,包括武

---

① 吕建福:《密教论考》,第 206—207 页。

② 摄关政治是指平安时代身居摄政或关白职位者以天皇代理人或辅佐者的名义独掌朝廷权力的一种政治制度,类似于中国的外戚干政,这一现象的产生标志着日本中世以来律令制度的瓦解。

③ 吴信如:《台密东密与唐密》,第 105—107 页。

④ 持松:《息灾之意义》,分别载《己丑度广利生息灾法会音声》特刊第 1 号,1949 年 3 月 1 日;《觉讯》第 3 卷第 3 期,1949 年 2 月(题为《息灾的意义》)。

汉名流居士陈元白、赵南三、杜汉三、邓梦光等人在内,共有数千人在法会中灌顶受法,可谓盛况空前。持松亲撰《结缘灌顶缘起》,表达了接续唐密、弘扬密宗的决心:"夫结缘灌顶者,乃密教中五种灌顶之一也,谓一入此坛,则可结比卢遮那成佛之因缘。'顶'谓头顶,表大行之尊高。'灌'谓灌持,明诸佛之护念。在唐开元间,西域三藏善无畏及不空法师,赍持密藏,传行我国。于时九重万乘,恒观五智之心;阙庭百僚,尽持三密之印。自后禀持乏人,法系中断,流传日本,盛行于今。壬戌冬,密林亲涉彼都,输回绝学,尽心传持,希延法住。今日在会诸人,宿植胜因,遭逢斯会,宜深庆幸,如法修行,莫自踌躇,致丧大利。"①值得一提的是,1925 年春,前一年在直奉第二次大战中败兵的北洋直系军阀吴佩孚以"十四省联军总司令"之名在汉口开府,还邀请持松至岳州军舰讲授《金刚经》。其时,武汉大学校长陈叔蕴亦邀请持松到学校演讲,可见持松当时的名声之隆。

1927 年持松第二次东渡日本回国后,即应邀于上海居士林宣讲《仁王护国经》。②

1929 年春,朱子桥将军与奉天省政府主席翟文选(熙人)邀请持松赴东北讲《仁王护国经》,正是在此机缘下,朱子桥成为持松的俗家弟子。他在清末时曾辗转于奉天(今辽宁沈阳)各厅县服官,才干初显,后调至奉天督练公所巡警总局,深受时任东三省总督的赵尔巽赏识,随之赴蜀,任职于四川巡警道。袁世凯称帝时,他被封为一等子爵。1916 年,袁世凯病死,黎元洪继任,朱子桥任广东省长;1917 年,改任广西省长,但未赴任,退居上海。1922年,朱子桥应奉督张作霖之邀出任中东铁路护路总司令,兼哈尔滨特别区行政长官。1925 年解职后脱离军政生涯,从此献身于社会救济事业。朱子桥早年不仅不信佛法,甚至以拆庙毁神为能事,后经友人程德全劝导,转而信奉佛教,并积极兴建寺庙、四处劝募赈灾。持松接到其邀请后,于是年夏天启程,途经南京时曾在古林律寺为程潜(颂云)将军授戒。6 月 24 日,持松与常惺等人抵达北平,被迎至柏林寺暂居。持松在寺中一月,编《仁王经阐

①　杨毓华主编:《持松大师全集》第八册,第 3777 页。
②　持松:《自述》,《觉有情》(半月刊)1941 年第 33 期。

秘》四卷,并传法于华北居士林。这在 1941 年 1 月 1 日的《佛学半月刊》第
220 期中有专文介绍,1932 年出版后在汉口武汉印书馆重刊时,湖北省政府
主席夏斗寅为此题跋称:"右《仁王般若经阐秘》,阿阇黎持松法师著述也。
经契显密,义摄浅深,若《阐秘》诠释密义,尤为希有。十八年(1929)秋,辽宁
法会印有仿宋本。为广流传,再付剞劂(雕刻用的曲刀),乘此般若,内护菩
提,外护国土,以普利自他,庶亦助道之资也。"《持松大师年谱》指出,自古以
来,《仁王经》注疏众多,但在持松之前,尚无据真言宗教理进行解读者。朱
子桥十分佩服持松的佛学修养,遂皈依持松,接受灌顶,被赐法名"超愿"。
此后,持松又至北平居士林演讲并灌顶传法,受邀担任居士林最上导师。7
月,持松抵达沈阳后于 25 日(阴历六月十九)在风雨台关岳庙修建"仁王护
国法会",张学良将军与翟文选一道入法坛护摩受戒。法会毕,道出榆关,为
奉直战争枉死者施食回向。此时距东北易帜不久,张学良任国民政府陆海
空军副司令、东北边防司令长官。1930 年,持松于武昌莲溪寺讲《仁王经》。
1931 年,震惊中外的"九一八"事变拉开了日本侵华战争的序幕,全国民众
群情激愤,佛教界人士也积极投入护国事业中。据《威音》上刊登的《沪上仁
王护国法会之发起》一文可知,朱子桥、王一亭、张啸林、杜月笙等社会名流
联合发起仁王护国法会,延请持松自 11 月 7 日起于功德林讲经传法以祈国
泰民安,持松以通俗口语宣讲仁王护国要谛。1933 年持松在"汉口圆照寺
讲《金光明经》护国息灾"。①

　　1936 年 1 月,持松应朱子桥之请,作《仁王护国般若经跋》,并公布《仁
王护国般若心咒》,包括手印、真言(梵文、汉文、拼音)、种子字、观想法等,附
录于《仁王护国般若经》中。在跋文中,持松通过辨史论今,强调了修持《仁
王经》的重要性:"仁王护国之功,在淡国之灾,却寇以护国。《旧唐书·代宗
本纪》载:永泰元年三月庚戌,吐蕃数十万寇邠州,邠州节度使白孝德不能
御,京师戒严。时以星变羌虏入寇,内出《仁王经》两舆,付资圣、西明二佛
寺,令僧众不断诵持。更于光顺门置百尺高座,诏天竺三藏不空,讲《仁王
经》义。帝与百官日禳祷数次。庚辰副元帅郭子仪,先锋将白元光,合回纥

---

① 持松:《自述》,《觉有情》(半月刊)1941 年第 33 期。

军与吐蕃之众,会于灵台县之西原。锋镝未交,贼众惊骇奔去。寻使人刺之,乃知贼众见郭营中有金甲神无数,直冲其垒,左右击刺,贼应弦而毙者五万余。吐蕃大将尚结息赞,以为天助,遂相率而去。迨欧阳永叔修《新唐书》,则将讲《仁王经》事删而不书,使千载实录不彰,亦可慨矣。今东邻日本,于海山胜处,皆有护国寺、仁王门,而《仁王》之名,家崇而人敬之,夫岂无因者哉?我国近数载以来,内忧外患,交逼而至。有识之士,亦知所以崇重三宝。凡吾佛弟子应如何上体如来之悲愿,下愍斯民之困苦,虔心受持《仁王般若》,庶可以挽浩劫之方至,弭灾难于无形者哉!"① 当时,经过戴季陶、叶玉甫等人的请求,中国佛教会已下令通知全国各分会及各大丛林僧众,将"仁王护国咒"加入早晚课诵,以祈国家太平。但由于《仁王护国经》流通不广,各方无从购请,中国佛教遂请护法爱国的朱子桥募印此经,朱子桥承担下这一重任,并恭请持松作跋。

　　这一年持松第三次赴日,停留月余即返,归国时正值多地洪灾肆虐,朱子桥、王一亭、屈文六、太虚、圆瑛、江味农、范古农、赵朴初、简玉阶、关炯之等二百二十九人和十四个佛教团体联合发起,自 5 月 28 日至 6 月 3 日,在上海觉园启建为期七天的"丙子息灾法会","敦请荣增堪布、持松阿阇黎修建大威德、尊胜佛顶息灾大法,届时并请能海、觉拔、常惺同转法轮"。此次主持法事的高僧"均是当代悲愿最广、行解最深的大德"。② 持松任东密主座,修尊胜佛顶法,禳灾祈福,祈请国泰民安。③ 据《持松大师年谱》记载,法会期间,持松接续唐密传统,吸引了大量信众:"大师头戴五智佛冠,长缨飘浮垂膝,身披金缕袈裟,端庄严丽,威仪非凡,上座入坛,从容进止。每日皈依受灌顶者川流不息,沪上一时呈现如此盛况,各界人士奔走相告。盖自唐惠果阿阇黎主法长安以来,迄未见过如此庄严胜妙之道场,而今上海有唐密之坛场弘传密法,实令沪上人士大开眼界,广种善根,遂法喜充满,庆幸异

---

① 杨毓华主编:《持松大师全集》第八册《持松大师年谱》,第 3813 页。

② 参考《丙子息灾法会办事处通告》和《丙子息灾法会功德殊胜》,《丙子息灾法会特刊》第 2 号,《佛学半月刊》第 127 期,1936 年 5 月。

③ 参考《丙子息灾法会缘起》,《丙子息灾法会特刊》第 2 号,《佛学半月刊》第 127 期,1936 年 5 月。

常。"①持松与众合影留念,并赋诗一首,书于半身彩色照片之上:"挂锡何尝有立锥,衲衣钵袋自相随。唯思法乳恩难报,一卷真言却付谁?"此照片至今保存在静安寺"持松法师纪念堂"内。盖自唐朝惠果主法长安以来,持松在上海重开唐密之庄严胜妙道场弘法,为沪密的形成拉开了序幕。

1937年1月20日起,持松应上海菩提学会、佛教净业社以及王一亭、简玉阶、朱子桥、屈文六、关炯之、黄涵之、胡厚甫、闻兰亭、赵朴初等著名居士之邀,在上海觉园(现址在上海佛教居士林)密坛修建"尊胜佛顶大法护国息灾法会"七永日。尊胜佛顶法是消灾除障、祈请国泰民安的密宗大法之一。持松曾为此法辑录三书印行,一是《佛顶尊胜陀罗尼经及别行仪轨合刻》;二是《佛顶尊胜陀罗尼经及别行仪轨合刻》(青龙寺仪轨,唐法全和尚撰),附有持松所撰《佛顶尊胜陀罗尼纂释》;三是《尊胜陀罗尼(十一种)合纂释》。此外,持松还手书了《梵文佛顶尊胜陀罗尼》,1978年收入《佛教大藏经》,由台湾佛教出版社出版。"尊胜佛顶大法护国息灾法会"结束后,上海佛教界名流即于1月28日在觉园发起成立"佛教徒护国和平会",旨在联合国内外佛教徒,弘扬佛法,维护国家和平。到会五百余人推选大悲法师任临时主席,持松法师、常惺法师、王一亭、黄涵之等五十三人为理事。7月,日本侵华战争全面爆发,持松率先于上海觉园为国启建百日调伏法会,国民政府主席林森特派参军长吕超,并函嘱王一亭、屈文六等人作为代表入坛致敬,各地前来入坛、皈依、结缘灌顶者难以计数。受到政府高度重视,社会各界反响强烈。12月28日至次年1月3日,上海佛教界在牛庄路佛教医院启建超荐战地英灵水陆法会,再次为战区殉难军民启建大悲普利消灾佛七道场七永日,超度自"八一三"事变以来各地牺牲的军民。此次法会分设净土、法华、般若、华严暨大、内、密等七坛。上海法藏寺华严座主应慈主法,持松主修密坛,作为密宗阿阇黎与正道大法师虔修。各界参与踊跃,各地信众参与者日以千计。

1941年,《佛学半月刊》曾载文介绍持松所著《仁王护国般若般若蜜多经阐秘》,肯定了持松在弘扬密宗护国方面的重要贡献:"仁王指当时十六大国之国王也。佛对诸王各护其国使之安稳,故为说般若波罗蜜多深法之经

① 杨毓华主编:《持松大师全集》第八册,第3816—3817页。

文也。谓受持请说此经,则七难不起,灾害不生,万民丰乐,故古来以之为护国三部经之一,公私皆为禳灾祈福读诵之,自来注疏最多。依真言宗讲者甚少。师奖法师,显密双修,依照真言解法,用浅略、深秘二种意义,解其秘要,开此土讲未阐之法要,而将十方诸佛修行正路,使吾辈同类,不致枉费功力,因明之曰阐秘。"①1943 年农历 7 月 13 日持松生日之际,应信众恳请,持松启建"护国息灾和平法会",并结缘灌顶。1944 年 6 月 6 日至 12 日,持松在上海圣仙慈寺(欧阳竟无 1937 年购置给持松居住)启建尊胜息灾法会,坚持护国斗争。1945 年 7 月,在日本投降前夕,持松有感于国难深重,偕弟子陈承辉、许华瀚秘密修建"仁王护国法"。此次法会为期九日,许华瀚首先上座,陈承辉次之,持松压轴,每人各修三日。9 月 5 日,持松应众弟子之请,在圣仙慈寺内结坛修地藏法,祈愿息灾度亡。1946 年 7 月 1 日,太虚、持松、弘伞、袁希濂、黄涵之、聂云台等于觉园佛教净业舍启建和平息灾法会七日。1947 年 7 月 23 日,灵隐寺邀请持松开讲《仁王护国般若波罗蜜多经》以祈国家和平,并追悼死难同胞。当时听讲的人甚多,包括复性书院院长马一浮等社会名流,并受结缘灌顶。后赴香港弘法,任香港菩提学会会长。1949 年 2 月 15 日,鉴于"四十年来永惺法师亦是听众之一,内忧外患,迄无宁岁,民生疾苦,如水益深",上海佛教界屈映光、李恩浩、黄庆润、陈其来、胡厚甫、祝华平等居士决定共同启建"以超度历年死难军民,回向世界和平,灾难永息"的"己丑度亡利生息灾法会",为期四十九日。此次息灾法会是近代以来规模最盛大的一次,发起者请中国佛教会和蒙藏委员会通电全国汉、蒙、藏各佛教寺院及团体一道修法祈祷,上海地区分设尊胜坛、大威德坛、讲经坛、念佛坛四坛,其中持松主修尊胜坛,前来受其灌顶者甚多。据持松弟子葛昌权居士回忆,己丑度亡利生息灾法会期间得持松灌顶传法的有陆双扶、王春生、陈林贞、王大华、沈华棣、施淦涛(及时)、朱荣华、潘贞则、陆渊雷等人,而此前已皈依持松得灌顶传法者有李海环、易蔼如、赵朴初、陈承辉、许华瀚、梁惠慈、袁希濂、胡厚甫、朱子桥、汪书诚、钱薇新、王智圆、张竞亚、杨俊生、欧阳任、韩惠安及其女儿、程宅安及其女儿等人。

---

① 杨毓华主编:《持松大师全集》第八册《持松大师年谱》,第 3837 页。

1950 年，为响应保卫世界和平运动，上海佛教界诸多大居士如方子藩、屈文六、赵朴初、黄涵之、祝华平等发起"祈祷世界永久和平护国息灾法会"，以期"息灾弭祸、国泰民安、佛日增辉、正法久住"，自 8 月 15 日起，为期二十一天。法会启建大威德金刚道场、大悲道场和大孔雀明王道场，其中持松主修最后一个道场。由于修持大孔雀明王道场须准备佛像及法器，故稍后于前两个道场。自 10 月 19 日起，持松主修"佛母大孔雀明王和平息灾法会"二十一天，诸弟子协助修法，同时请应慈法师、大悲法师先后开讲《金刚三昧经》和《孔雀明王经》，并应信众请求，于 10 月 29 日、11 月 5 日和 9 日三天传法灌顶。结坛时，法会发起人请持松传授"孔雀明王法"，持松亦感叹："数千年来复现庄严道场，真不容易啊。"1953 年静安寺真言密坛建好后，持松于新修的坛场内举行了为期三天的佛母大孔雀明王和平法会。1956 年秋，持松应众居士之请，于静安寺内修孔雀明王和平法会七天，易蔼如、陈承辉、许华瀚、施淦涛等弟子协助修持。此时，能协助持松上坛修法的弟子已不乏其人，可见持松在推广密法护国方面成果卓著。

新中国成立后，持松作为德高望重的高僧，在国内佛教发展方面贡献突出，并多次代表国家出访展开佛法交流。1953 年真言宗坛场在上海静安寺建成后，持松专门书写"信仰自由成政策，爱国传统是优良"的对联挂于寺中客厅，作为座右铭。1954 年，持松与应慈、苇舫三位法师作为上海市佛教界人士被选为市人民代表。1956 年，持松当选上海市佛教协会会长，苇舫、如三、阿檀法师及钟吉宇任副会长。同年，持松法师随中国佛教代表团赴尼泊尔首都加德满都参加"世界佛教徒大会"第四次会议暨南传佛教国家纪念佛陀涅槃 2500 周年庆典。大会及庆典的主题是宣扬佛法，宣导和平，制止战争，同时商讨复兴释迦牟尼佛诞生地蓝毗尼遗址的方案。11 月 4 日，周恩来总理在北京中南海紫光阁亲自接见了即将出访的中国佛教代表团全体成员，国务院宗教事务局局长何成湘、外交部亚洲司副司长陈叔亮等列席。《持松大师年谱》生动地记载了当时的接待场面：接见开始，总理笑容可掬地走来与大家亲切握手。可是当握住持松的手时，发觉他的手冰凉，经询问，方知会议厅供暖设备出现了故障。总理立刻向持松法师致歉，要求更换会议室，甚至要做检讨，持松不及回答，总理紧接着风趣地表示决不能把持松法师"打入冷宫",大家都会心大笑。在接见过程中,总理不仅询问了此次出访的准备情况,还竭力鼓舞大家,结束时再次握住持松的手强调:"我们新中国成立还不久,一些外国人对我们新中国还很不了解。你们到了国外,总有一些人会提出一些问题,你要有个思想准备,用新中国巨大的建设成就,用社会主义国家佛教徒的生动事实,去打消他们的猜测和疑虑。国际上有很多人以为我们共产党不尊重佛教,说什么我们国内没有一个真和尚。"讲到这里,总理指了指持松继续说道:"难道持松法师不是真和尚?"大家都哄然大笑,总理进而郑重地表示:"我们共产党人是无神论者,但我们尊重所有信仰宗教的人。"[1]由此可见,在二战后国际政治局势异常紧张的年代,持松等佛教界人士出访交流佛法时亦肩负着维护国家形象的重任,这何尝不是密法护国的延伸。此后,持松还多次出访他国,如 1964 年,作为中国宗教代表团成员赴日本东京参加第一届世界宗教和平会议;再如 1965 年,随中国佛教代表团访问印度。

李天纲在《神圣性:中国佛教振兴的回顾与前瞻》一文中一针见血地指出了"新佛教"或"人间佛教"发展困境的根源,即以"人间佛教"为代表的新佛教欲将传统佛教改造为科学的、理性的、与哲学类似的思想体系,为了摆脱"迷信"的标签竭力与鬼神观念划清界限,以至于当今许多佛教寺院、佛学院乃至佛教信徒倾向于否认佛教属于"有神论"宗教。由于对"人间"的过度强调,推崇"理性","人间佛教"很容易沦为仅供知识分子欣赏的纯理论,丧失宗教实践能力,既不能感召普通民众,也不能吸引上层统治者。李天纲进一步认为,由于藏传佛教始终坚守"有灵论",这一佛教流派如今的影响力远超汉传佛教,向欧美社会深度渗透,在"神圣性"层面能够联结社会各个阶层。[2] 笔者认为,汉传佛教自近代以来对所谓"迷信"的过度回避,不仅是中国佛教"神圣性"大大减弱的原因,也导致了"人间佛教"宣扬者对密宗教理和实践的忽视,而在"人间佛教"的框架下充分探讨持松创建的沪密在联结僧人、居士,及社会上、中、下层所发挥的作用,应有助于解决

---

[1]　杨毓华主编:《持松大师全集》第八册《持松大师年谱》,第 3909—3911 页。

[2]　李天纲:《神圣性:中国佛教振兴的回顾与前瞻》,释仁炟、李四龙主编:《佛教与当代中国文化建设》,第 85—93 页。

"人间佛教"当下的发展困境,在相当程度上恢复中国佛教的"神圣性"。

第五节　民国时期上海佛教社团与密宗发展

正如高振农在《上海佛教发展的特点》一文中所指出的那样,到了近代,弘传佛教的中心由寺院转向新兴佛教团体,而上海出现的一些新兴佛教组织和团体,不仅开展广泛的弘法活动,还举办各种佛教文化事业和慈善事业,从而成为弘扬佛教的中心。[①] 笔者认为,密宗也在这样的时代潮流中得以发展。例如,成立于民国七年(1918)3月的上海佛教居士林的工作主要是:设立演法堂,聘请高僧名士讲经演法。根据《上海宗教志》的记载,曾请心慈法师讲《观无量寿经》《佛说阿弥陀经》,吴作霖讲《心经》《四十二章经》,沈德桂讲《龙舒净土文》《净土圣贤录》,张眠生、刘抱一、刘华穗等讲《大乘止观》《成唯识论述记》《密宗教义》等。民国八年(1919)5月,广东王弘愿汉译刊印了权田雷斧所撰著的《密宗纲要》,凡六万余言,将东密修法译介进来。此译作刊刻后,曾向全国众多寺院僧人赠送,由此拉开了民国初期"密宗复兴"的序幕。民国十一年(1922)8月,世界佛教居士林在上海成立,该佛教团体出版了《世界佛教居士林林刊》,当时在社会上很有影响。从1924年到1925年陆续刊载了十一篇有关密教的文章,现将其整理如下:

期刊号	作者	文章名
1924 年第 6 期	显荫	《志林:四度加行记》
1924 年第 7 期	H. Y.	《杂俎:密教发达志指谬》
1924 年第 7 期	金山穆韶、显荫	《宗乘:秘藏宝钥大纲(真言宗教相传授第一种)》
1924 年第 7 期	王弘愿	《志林:震旦密教重兴纪盛》
1925 年第 6 期	显荫	《四度加行记》

---

① 　高振农:《上海佛教发展的特点》,《上海社会科学院学术季刊》1990 年第 1 期,第 80 页。

期刊号	作者	文章名
1925 年第 6 期	显荫译	《真言宗纲要》
1925 年第 7 期	王弘愿	《真言疑问之答释》
1925 年第 7 期	显荫译	《真言宗纲要(续)》
1925 年第 8 期	显荫译	《真言宗纲要(完)》
1925 年第 14 期		《金光明法会宣言及通启》
1925 年第 15 期	弘愿	《高祖弘法大师加持土沙记》

从上表可见,显荫、王弘愿等积极弘传日本东密,这为密宗在上海的发展提供了土壤。例如,在此后的不少佛教刊物中都增设了"密宗"专号,这一点将在下一节论述。这些刊物虽然并非创刊于上海,却由上海佛学书局代办发行。该机构成立于 1929 年的上海,发起人有王一亭、李经纬、范古农等,并成立董事会,由王一亭任董事长,聘沈彬翰为经理,范古农为编辑室主编。经营业务有出版、翻印、流通、代办四部,主要出版经书、佛像以及流通佛教法器用品等。在上海佛学书局的第九期图书目录(1937 年 5 月编印)中,可见图书 3337 种,共分为经部、律部、论部、各宗典籍、佛教通籍五大类。经部包括华严部、阿含部、方等部、般若部、法华涅槃部五部;律宗包括大乘律部、小乘律部二部;论部包括大乘论部、小乘论部二部;各宗典籍包括华严宗、天台宗、三论宗、法相宗、禅宗、净土宗、律宗、密宗、成实俱舍(见小乘论部)八宗。据笔者不完全统计,其中密宗典籍超过三百种以上。在各宗纲要部分,还可见《密宗要义》《密宗纲要》《密宗大纲》等书。1935 年,谈玄赴日本学习密宗,回国时带回在中国早已失传的佛教典籍和密宗法物,这些都被陈列于上海佛学书局内,并公开展览。在佛教期刊《微妙声》(1936 年 11 月创刊于北京,后改由上海佛学书局发行)1937 年第 3 期中,刊载了《新闻:密乘珍籍二种将由上海佛学书局出版》一文,可见上海佛学书局的影响力。又如前文所叙,持松的皈依弟子李圆净曾邀约蒋维乔、黄幼希等其他弟子将持松著作分为显、密二编,并经持松本人详加校订后,于 1940 年以《师奘全集》为名刊印。爱俪园主罗迦陵十分敬重持松,在支持刊印《师奘全集》的同时,

又邀请持松系统性地选编显密典籍,并以《师奘选述》命名之。该著作后委托上海佛学书局出版。傅教石在评价上海佛学书局的地位与作用时,认为它促进我国近代佛教文化事业的发展,在一段时间内,使佛学思想广为普及,学佛者与日俱增。① 笔者同样认为,该机构也积极推动了密宗在上海乃至全国的发展,并逐渐使上海成为密宗发展的中心,让更多的人能接触到密宗相关典籍及教义、思想。同时也为静安寺立足上海逐渐成为在汉地弘扬密法的核心道场提供了先天优势。

笔者整理民国时期上海佛教社团如下:②

名称	成立年月	发起人	地址	简况
上海佛教公会	清光绪三十二年十月(1906 年 11 月)	静安寺、龙华寺、青龙庵、三昧庵、海潮寺、大王庙等住持	曾在大佛厂(今黄浦区中华路大南门)召开佛教公会成立大会,在西门内关帝庙开会,商议静安寺、太平教寺等住持人选,整顿佛教各议案等。	该会成立后,协助地方政府处置县境内的庙产纠纷。此后,当社会团体谋占庙产时,该会从维护佛教界权益出发,常从中调停,甚至诉诸法庭。
全国性的佛教会(未成立)	民国元年(1911)	李证刚与欧阳渐、桂伯华、黎端甫等七人		曾得临时政府孙大总统复函准予筹设,这一机构的缘起和章程由欧阳渐撰写,旨在勉励僧侣在佛教衰颓之际团结自救,文字沉痛感人,不料却引起出家缁众的误会,认为他们斥骂僧尼四众,显欲一举而摧灭之,由此而引起佛门缁素之诤。后来,证刚、竟无等解散筹备中的"佛教会",诤议始息。

---

① 傅教石:《民国年间的上海佛学书局》,《法音》1988 年第 11 期,第 21—26 页。
② 上海宗教志编纂委员会编:《上海宗教志》,上海:上海社会科学院出版社,2001 年;张化:《上海宗教通览》。

续表

名称	成立年月	发起人	地址	简况
中华佛教总会	民国元年(1911)4月	天童寺住持寄禅(八指头陀)	静安寺	辛亥革命之后,全国各地继清末掀起"庙产兴学"后,占寺逐僧之风更加激烈,危及佛教生存。民国元年2月,宁波天童寺住持寄禅(八指头陀)为团结佛教徒,保护寺产安全,特邀谛闲、圆瑛、太虚等在上海留云寺集会,拟定将各省僧教育会改组为中华佛教总会,太虚等组织的佛教协进会亦并入该会。
上海佛教居士林	民国七年(1918)3月	王与楫、沈惺叔、关絅之	初设海宁路锡金公所,后迁爱文义路(今北京西路),现址常德路418号	宗旨是:"集在家善信,熏习佛法,力行善举,宏扬佛教,自利利他。"
松江县佛教研究会	民国十年(1921)12月			
上海佛教净业社	民国十一年(1922)春	沈惺叔、关絅之	爱文义路(现北京西路),后迁至觉园	该社最初未设社长一职,仅设社董负责管理,所立宗旨是:"集合在家善信,皈依佛教,专修念佛法门,兼修教典,广行善举。"随后推选施省之担任董事长,姚慧证、陈听涛、黄涵之、简玉阶等九人担任董事。该社的活动成果颇丰,于民国二十四年10月建立起馆藏丰富的图书馆,还创办了《净业月刊》(于民国十五年5月创刊,民国十七年10月停刊)、《佛教英文杂志》(民国二十年创办,民国二十二年停刊)等多种佛教刊物。

名称	成立年月	发起人	地址	简况
功德林佛学会	民国十一年（1922）4月	简照南、简玉阶、赵云韶	初在北京路，后迁至帕克路（今黄河路）白克路（今凤阳路）路口	入会者多数为沪上工商界人士，余伯贤、郑颂英为该会负责人，薛鸿江、薛鸿勋、丁立卿等为该会骨干。功德林佛学会经常邀请圆瑛、大悲、兴慈、虚云、印光等著名法师到会讲经、开示。1956年，该会并入上海佛教信众会。
世界佛教居士林	民国十一年（1922）8月	王与楫、朱石僧、李经纬、曾友生、陈佐明等	海宁路锡金公所	以佛教"竖穷三际，横遍十方"之意义，组建世界佛教居士林。名曰"世界"，实际并非国际组织，林员主要在上海。组织唯识研究学会，请太虚讲《法相唯识学》，弘一开示《在家律学》，出版《世界佛教居士林林刊》，当时在社会上很有影响。
西方法会	民国十五年（1926）	兴慈、月泉、王一亭、关絅之、黄涵之、施省之	南市法藏寺	兴慈法师担任主持，月泉法师为代座，旨在弘扬净土宗。
上海佛教维持会	民国十五年（1926）	施省之、王一亭、黄涵之、关絅之		该会规定："会员限于在家居士。"该会宗旨是："凡关涉佛教重要事件，誓当尽力维护，不涉其他私人无理争讼。"又据该会缘起说："幸承夙福，得睹遗规。纵遭尘网之缠，难预僧宝；当作法城之卫，藉报佛恩。痛狂象之杀人，摧残寺庙；哀狮虫之食肉，破坏门庭。爰同信解之伦，合组维持之会。"
浦东佛教居士林	民国十六年（1927）11月			

续表

名称	成立年月	发起人	地址	简况
中国佛学会上海市分会	民国十七年(1928)	沈仲钧、李紫峰、张孝行等	虹口东有恒路(今东余杭路)雪窦寺,该会两度迁移会址,先由雪窦寺迁至西藏路佛慈药厂,后再迁至小南门三昧寺	曾出版《上海市佛学会特刊》。
上海特别市佛教会	该会前后有两个,在抗战前(民国十八年,1928)及汪伪时期(民国三十一年,1942)分别成立。			1928年成立于上海觉园的上海特别市佛教会,属中国佛教会的分会,抗战时期停止活动。1942年成立的上海特别市佛教会,由正道、白圣、关絅之等发起。
中国佛教会	民国十八年(1929)4月	圆瑛等	总办事处设在上海觉园(今常德路418号)	为全国性的佛教组织。
上海市佛教会	民国十八年(1929)		在静安寺召开成立会议	成立之际通过《上海市佛教会章程》,选举执监委员,大悲为会长。上海解放以后,该会恢复上海市佛教会原名,续可为临时主席。继续负责联系寺庵、团体及佛教信徒,组织佛教徒学习时事政策,维护佛教界利益。
嘉定县佛教会	民国十九年(1930)3月	谛参为执行委员	外冈吴兴寺	
省心莲社	民国二十年(1931)	江味农	陕西北路慈惠里6号	弘扬天台宗。江味农主讲。民国二十七年(1938),江味农逝世后,由邹粹华主持。1956年并入上海佛教净业居士林。

名称	成立年月	发起人	地址	简况
上海西方莲华会	民国二十二年（1933）10月	韩愚卿	海宁路锡金公所内	念佛为主,法师讲经。
佛教徒护国和平会	民国二十五年（1936）1月	赵朴初等		该机构的宗旨为:"联合国内佛教徒弘宣佛教慈悲喜舍之教义,实行菩萨利他救苦之愿行,维护国家、倡导和平。"实际目的是为了抗日救国,反对内战,实际上起到了在佛教界促进抗日救国,要求停止内战的作用。王一亭、黄涵之、屈映光、大悲、常惺、赵朴初等五十三人为理事,大悲为理事长,赵朴初为总干事。
嘉定县佛教分会	民国二十五年（1936）2月			由天明、妙性、姚明晖等发起,理事长妙性。
佛学研究社	民国二十五年（1936）3月	灵岩	虹口圆通寺内	品觉法师主讲《法华玄义》《教观纲宗》。
劬劳社	民国二十五年（1936）12月	真达	成都北路太平寺内	
上海净业省修社	民国二十六年(1937)	潘更生、孟望渠、邹粹华	延安东路	
中国崇德会	民国二十七年(1938)	张纯华、姚鹤亭	凤阳路侯在里2号	姚鹤亭、徐炽昌坐堂设义诊。高旻寺来果法师主讲禅法。1956年自行解散。
真净莲社	民国三十年(1941)	田永林、张克强、储矿源等	云南中路254弄10号	弘扬净土法门。1956年并入上海佛教信众会。

续表

名称	成立年月	发起人	地址	简况
印心精舍	民国三十年(1941)	王骧陆	海宁路锡金公所内	
芳林莲社	民国三十二年(1943)	黄善茂、戴传礼、周士达	虹桥路芳林寺内	
崇明县佛教居士林	民国三十二年(1943)		崇明城桥镇	
弥陀法会	民国三十三年(1944)	谛明	寿圣庵内	
上海市佛学会	民国三十五年(1946)6月	震华	安远路玉佛寺内	民国三十五年(1946)7月,召开第二届会员大会,太虚及国民党上海市党部代表列席。第一届会员大会召开日期失考。民国三十六年,太虚、震华逝世后,曾召开理监事会议,大醒、灯霞出席。
寿圣精舍	民国三十五年(1946)		贵州路	请慧山、觉澄法师讲经。
弥陀精舍	民国三十五年(1946)		贵州路	请慧山法师讲经。
上海佛教青年会	民国三十五年(1946)秋	林森中路(今淮海中路)觉林内	上海青年学佛者方子藩、郑颂英、罗永正、王兆基等就有发起组织适合青年特点的居士团体的想法,得到李石曾、范古农等居士的赞助。	8月25日,在觉林召开成立大会。太虚到会祝贺。该会"循佛教途径、本青年精神,以弘法利生、服务人民为宗旨"。1949年,会员最多时达三千余人。

续表

名称	成立年月	发起人	地址	简况
嘉定县南翔佛学会	民国三十六年(1947)		南翔寺	民国二十四年(1935)，姚明晖、妙性等发起成立南翔佛学会。民国三十六年5月，经嘉定县政府批准成立，改名为嘉定县南翔佛学会。
金山县佛学会	民国三十七年（1948）4月		松隐禅寺	
法相学社	民国三十七年（1948）12月	范古农	陕西北路慈惠里6号	范古农主讲法相经论，并编辑《法相社刊》。1951年4月，范古农逝世后，由畲雷、章伟川迁往世界佛教居士林，后停顿。
金刚道场护法会	1949年5月	倪正和、方子藩	常德路觉园内	作为金刚道场的居士外护团体，护持藏传佛教格鲁派在沪的道场。屈映光、李思浩、黄涵之等任正副主任。新中国成立后，由赵朴初、方子藩、李思浩为正副主任。1955年停顿。
上海市佛教协会	1954年		安远路160号	成立之际选举赵朴初为会长，持松、苇舫、方子藩为副会长，苇舫兼秘书长。该会的宗旨是："遵循佛陀的遗教，庄严国土，利乐有情。发扬佛教优良传统，团结全市佛教徒，遵守宪法和法律，坚决拥护中国共产党的领导和社会主义制度，协助政府贯彻宗教信仰自由政策，维护全市佛教徒的合法权益，为祖国四个现代化建设和统一大业、维护世界和平作出贡献。"

续表

名称	成立年月	发起人	地址	简况
虹口佛教居士林		蒋文瑞、吴毓卿	东长治路 668 号	1950 年 12 月改组为上海佛学会。1960 年并入上海佛教信众会。
阐化法会		许明琪、沈诚培	江宁路 1242 弄 39 号	弘扬净土宗,1956 年并入上海佛教净业居士林。
观音文殊阁		陈护龙、陈竹义、石忠悟	江宁路 1080 弄 91 号	1956 年并入上海佛教净业居士林。
积善念佛林		邵仁茂	泰康路车海坊 52 号	1956 年并入上海佛教净业居士林。
祥生念佛会		舒荣华、邹俭斋、李经士	济南路定海会馆内	1956 年并入上海佛教信众会。
念佛科学研究会			北京西路	系佛教界知识分子组织,曾编印《科学说法》。
上海正心念佛会				
莲池法会		徐至诚	虹口圆通寺内	请海印法师讲《弥陀经要解》。
上海佛教莲社			北四川路丁兴里	念佛为主,法师讲经。

第六节　民国时期上海佛教刊物与密宗发展

　　佛典的刊行活动也构成了近代中国佛教活动的重要背景,而日本宗派模式的引入之所以成为可能,是因为蒋维乔曾经评价过的佛教书籍的普及,以及作为其背景的近代出版文化改革。杨文会于 1866 年创办的金陵刻经处开始推广,到民国时期,刊行藏经和创办佛教专刊等出版活动在中国蓬勃发展。① 而印刷技术的改革和书店的创办也为佛经典籍在社会上的广泛流通提供了可能。民国时期刊行的佛教入门书籍很多都受杨文会采用的宗教模式影响,例如黄复士的《佛教概论》(1933)和黎锦熙的《佛教十宗概要》(1935)。此外,在刊载于杂志的报道或讲演录中也能频繁看见对十宗模式的使用,例如佛教杂志《频伽音》中有对《十宗法门释略》的报道。但是,民国时期出版活动的急剧扩张也使得出版物质量良莠不齐。印光在其《复(韩宗明、张宗善)二居士书》中曾说:"近来交通便利,佛法经典,得以流通,实为大幸。然不得既学佛法,又修外道法,以至邪正混乱,则为害不浅。"中华民国成立以后,政府对佛教宗派对立的局面屡屡提出警告,其文章中也多次出现"宗"的概念,《佛教月报》②《现代佛教》③皆有相关记载。其文中所表现出的对"派系间的纷争"的戒心是将以宗派为中心的佛教认识作为告知前提的。这种以宗派为中心的佛教观不仅在书刊层面上被广泛使用,在佛教徒具体的行动和实践中也表现出来。例如净土宗印光对基于自力的禅宗主张他力和念佛,即是以宗派为中心的佛教史观内在张力影响的结果。这种主张会被认为是"派系间的纷争"存在的直接证据。

黄夏年教授主编的《民国佛教期刊文献集成》(正编)收集了一百五十二种民国时期的佛教期刊,其中未见他书著录者有十七种,各地馆藏孤本二十九种,其中《海潮音》《威音》《内学》《微妙声》《世间解》《狮子吼》等知名刊物均以完整面貌再现,异常珍贵。④ 尉迟酣在《中国佛教的复兴》书末附录了

---

① 关于清末民国时期的佛教出版文化的详细研究,可以参考哥伦比亚大学 Scott Gregory 于2013 年完成的博士论文"Conversion by the Book: Buddhist Print Culture in Early Republican China"。

② 《佛教月报》,佛教期刊。1913 年在上海创刊,编辑部设在上海平桥路清凉寺。是中华佛教总会会刊。太虚任主编,清海任经理,开如、应乾任协理,智府任编辑。撰述员有文希、象先、黎端甫、仁山、圆瑛、天磐、宗仰、高鹤年、卜隐松、韶善、邱晞明、芜城、无妄、轶池等。分图像、论说、学理、史传、专件、要闻、艺林、丛录等栏目。尤以刊载中华佛教总会的决议、消息和报道各地佛教动态为重点。出至第四期即停刊。

③ 《现代佛教》,宗教刊物,继承自 1928 年 4 月创刊于厦门的《现代僧伽》。1932 年改为《现代佛教》,期数亦延续前刊。初仍由现代僧伽社编辑出版于福建厦门,为月刊,自第六卷开始,即 1933年 6 月,改由现代佛教社编辑出版于广东汕头,并改为周刊。该刊厦门时期,芝峰仍担任主编,第五卷第八期中宣布脱离该刊。馆中存有该刊出版于 1933 年的第五卷第八期和第六期前八期。

④ 黄夏年主编:《民国佛教期刊文献集成》(正编)全 209 册,北京:全国图书馆文献缩微复制中心,2006 年。

数十种其在撰写该书的过程中得见的民国佛教刊物,笔者在此基础上按照
出版时间及出版地对刊物进行了整理,并对上海出版的刊物进行了增补。
从下表可见,作为中国现代报纸发源地的上海是民国时期佛教报刊杂志出
版最多的地区,刊物主办者或主编涵盖佛教高僧和著名居士,其中很多刊物
的主办方为佛教社团及寺庙。据华东师范大学图书馆研究馆员、古籍部主
任吴平统计,民国期间上海出版的佛教刊物约有三十三种,占当时中国佛教
刊物的 60％以上。①

刊物名称	出版时间	出版地	主办者或主编
《佛学丛报》	1912—1914 年 1913 年改名为《佛学丛刊》	上海	狄楚青
《佛教月刊》	1912 年	上海	上海佛学月刊社
《佛教月报》	1913 年	上海	中华佛教总会
《觉社丛书》	1918—1919 年	上海	太虚
《觉悟》	1919—1926 年	上海	《民国日报》副刊
《佛化杂志》	1921 年	上海	上海佛化出版社
《世界佛教居士林林刊》	1924—1935 年	上海	太虚、范古农、余了翁
《心灯旬刊》	1926—1927 年	上海	太虚
《净业月刊》	1926—1928 年	上海	顾显微
《中国佛教会公报》	1930 年	上海	仁山
《威音月刊》	1929—1935 年	上海	顾净缘
《佛学半月刊》	1930—1943 年	上海	范古农、余了翁等
《中国佛教徒》	1930—1939 年	上海	黄茂林
《佛教出版界》	1932—1933 年	上海	余了翁
《佛教特刊》	1932—1934 年	上海	《市民报》副刊
《护生报》	1932 年	上海	郭介梅

① 吴平:《民国年间上海地区的佛教报刊杂志大集合》,http://bodhi.takungpao.com/ptls/wenhua/2014-10/2801046.html(访问时间:2023 年 6 月 5 日)。

刊物名称	出版时间	出版地	主办者或主编
《上海慈航画报》	1933—1934 年	上海	刘仁航
《佛学研究》	1935 年	上海	《新夜报》副刊
《上海慈航周报》	1935 年	上海	
《佛教日报》	1935—1936 年	上海	太虚、范古农等
《大生报》	1936 年	上海	陈其昌
《佛教新闻报》	1937 年	上海	上海佛学书局
《觉有情》	1939—1955 年	上海	陈法香
《罗汉菜》	1941—1945 年	上海	荣柏云
《弘化月刊》	1941—1958 年	上海	上海印光大师永久纪念会会刊,发行人为德森
《妙法轮》	1943—1945 年	上海	震华
《中国佛教季刊》	1943 年	上海	锡兰佛教徒克兰佩
《觉群周报》	1946—1947 年	上海	太虚
《觉讯月刊》	1947—1955 年	上海	方子藩
《佛教公论》	1947 年	上海	太虚
《学僧天地》	1948 年	上海	持松为名誉社长
《心声月刊》	1948 年	上海	愣竟
《佛光》	1915 年	武昌	
《海潮音》	1920 年创刊,前身即《觉社丛书》	杭州、汉口等	太虚等
《佛学月刊》	1921—1943 年	北京	先后由广济寺、中国佛教研究所编辑
《佛心丛刊》	1922 年	北京	
《佛化新青年》	1923—1924 年	汉口、北京	太虚等
《佛教评论》	1931 年	北京	太虚等

续表

刊物名称	出版时间	出版地	主办者或主编
《佛化月刊》	1935 年	北京	
《微妙声》	1936 年	北京	菩提学会
《通愿月刊》	1943 年	北京	松竹寺
《现代僧伽》	1927—1939 年	厦门	太虚等
《人间觉》	1936 年	厦门	
《现世丛刊》	1936 年	厦门	
《大乘月刊》	1943 年	厦门	
《内学》	1924—1931 年	南京	
《正信周刊》	1930—1939 年	汉口	正信会
《人海灯》	1933—1937 年	广东	后迁至香港、上海
《弘法社刊》	1932—1935 年	宁波	观宗寺
《净土宗月刊》	1934 年	武昌	
《觉津月刊》	1936 年	淮阴	大醒
《长沙居士林刊》	1935 年	长沙	
《华南觉音》	1939 年	香港	
《中流杂记》	1943 年	镇江	焦山寺
《慧灯》	1943 年	南通	
《心灯》	1926 年	南京?	
《狮子吼》	1940 年?	桂林	

在民国时期,密教的发展高潮迭起,不少刊物曾设"密宗"专号,如 1920 年《海潮音》发行"密宗研究"专号,1933 年《海潮音》又发行"密宗问题"专号,1934 年《佛学半月刊》发行"时轮金刚法会专号",1936 年《佛学半月刊》发行"丙子息灾法会特刊",1937 年《佛教月刊》发行"护国息灾法会特刊号",1942 年《佛教月刊》发行"真言宗专号"等。除此之外,还有一些民国期刊文献与密宗有关:1925 年发行的《班禅东来记》,1925 年夏季发行的《佛

化季刊》,1926 年发行的《天津金光明法会特刊》,1926—1935 年发行的《密教讲习录》,1928 年发行的《息灾专刊》,1930 年发行的《西南和平法会特刊》,1930 年发行的《威音》,1932 年发行的《解行精舍特刊》第一期,1933 年《密教讲习录》发行的"读《海潮音》'密宗问题'专号",1934 年发行的《世灯》1—4 期,1934 年发行的《中日密教》,1937 年《佛海灯》发行的"纪念超一专号",1938 年发行的《班禅国师追悼会特刊》,1941 年发行的《弘法大师纪念特刊》,1948 年发行的《已丑度亡利生息灾法会音声》。其中在弘扬密教方面比较系统的期刊主要有王弘愿主持的《密教讲习录》、顾净缘主持的《威音》以及汕头密教重兴会(王弘愿担任导师)主办的《世灯》。尤其是《密教讲习录》和《威音》,代表了民国弘传密教的两大居士派系,即王弘愿系和顾净缘系,详尽记录了王、顾两大居士对密宗教义及仪轨的见解。《海潮音》"密宗问题"专号、《密教讲习录》"读《海潮音》'密宗问题'专号"和《佛学半月刊》"真言宗专号"则汇集了民国显密之争的主要资料,为深入考察民国僧人、居士及不同佛教宗派人士的判教思想提供了坚实的文献依据。《中日密教》和《弘法大师纪念特刊》主要探讨中日密教的关系,从中可以一窥唐代密宗对日本真言宗以及日本真言宗对中国近现代佛教的深刻影响。《班禅东来记》《班禅国师追悼会特刊》《时轮金刚法会撮要》等无疑是研究九世班禅大师1925 年来到内地弘传藏密最重要的原始文献。此外《天津金光明法会特刊》、《息灾专刊》、《西南和平法会特刊》、《时轮金刚法会撮要》、《佛学半月刊》"时轮金刚法会专号"、《佛学半月刊》"丙子息灾法会特刊"、《佛教月刊》"护国息灾法会特刊号"和《已丑度亡利生息灾法会音声》等有关护国息灾法会的特刊专号值得多加关注,这些文献展示出二十世纪二十年代到四十年代东密和藏密相继传入汉地的过程中,都肩负着化解民族危难的重任,通过各自或联手作息灾祈福法会,中国近现代密教复兴与保国利民的时代思潮建立起了紧密的联系,而保国利民正是唐密的核心特征。①

---

① 何建明:《民国密宗期刊文献汇编序言》,http://www. xslh. org/tangmiwenhua/tangmiy-anjiu/200907104921. html(访问时间:2023 年 6 月 5 日)。

结　论

　　我们对世界的客观认识离不开佛教的哲学思想和对其进行研究的方法论。汉传佛教发展到隋唐时期，昌荣兴盛，其主要宗派的说法也于此时形成，并演变至今。汉传佛教宗派的分类是印度佛教传入汉地后经本土化过程，演变成有中国文化特色的对不同时期的佛教义理、经典、注疏及仪轨的不同解释而形成的普遍公认的主要宗派，普遍说法共有十宗，在汉地大致起源于清末杨文会整理日本僧侣凝然著《八宗纲要钞》而成。其中包括南传部派佛教宗派的俱舍宗、成实宗，以及大乘佛教宗派的天台宗、三论宗、律宗、净土宗、法相宗、禅宗、华严宗、密宗等。龙树菩萨对汉传佛教的影响非常深远，其中观论广泛影响了绝大多数大乘佛教宗派的立宗教义基础。虽然瑜伽行唯识、法相学派尊无著、世亲、护法、戒贤为祖师，但其教义与马鸣、坚慧所立的如来藏缘起学派也多以龙树著作来印证本宗教义。太虚甚至将大乘佛教分为"法性空慧宗""法相唯识宗"和"法界圆觉宗"三宗。龙树在日本佛教传统中被称为"八宗共祖"。藏传佛教的传统尊龙树与其弟子提婆（亦称圣天）为传承上师，唐密以及日本真言宗亦尊龙树为祖师，有大日如来、金刚萨埵、龙树的正统法脉传承说法。汉传佛教长于融会贯通、圆融诸派学说。密宗在唐朝时期受到高度认同，大师辈出，密教经典和注疏在大藏经中所载非常丰富。随后密宗衰落，直至民国时期密宗复兴，对密宗的研究才重新回到学界的视野中。胜又俊教认为，从佛教思想史的角度来看，《大日经》《金刚顶经》等诸密教经典继承了在它们之前成立的杂部密教中的诸思想和修行法等，同时也受到初中期大乘佛教思想的影响，从而发展为密教思想。换言之,在纯粹的密教经典中也吸收了作为大乘佛教基本思想的般若和中观系的论"空"的思想,以及瑜伽唯识系的阿赖耶识思想和如来藏系思想,甚至也导入了初期大乘以来的华严宗和天台宗等诸思想。

本书梳理了民国时期佛教密宗复兴运动中,以持松为人物主线,结合其东密真言宗和汉地华严宗圆融的佛学思想发展演变,对近代密宗教史和义理思想作比较分析,深入讨论东密回传汉地的历史问题,以及密教复兴对民国以来"人间佛教"运动的影响和启发,以学术的研究态度尽量还原其客观事实和本来面貌。通过本书提出的"沪密"理论构建,以密宗为逻辑主线和载体,重新梳理了唐密以来佛教诸宗派之间错综复杂的义理、修行之法和传承的交叉关系,勾画出汉地密教以及"沪密"的内容和特色,客观真实、全面系统地还原了佛教中国化的诸宗派的面貌和内涵,以及其现代性、国际性、科学性、哲学性的学术解读。如果不使用密宗作为核心载体来论述佛教诸宗派的交叉、融合关系,而换作以其他宗派为载体,我们对汉地佛教历史发展的全面理解可能是模糊甚至矛盾的。"沪密"的地域和文化属性也反映了全球化过程中"人间佛教"的宗旨和思想。随着中国的国力与日俱增,振兴佛教的意义也更为重大,倡导"世界佛教"与我国构建人类命运共同体、发展"一带一路"的主张相契合,有助于中国佛教乃至中华文化进一步向西方社会传播。近代以来,中国社会经历了一系列重大变革,民族危机与各种社会矛盾不断加剧,救亡图存、争取科学与民主成为这一时期思想文化界的主旋律。在社会急剧变革、中西文化剧烈碰撞的背景下,已成为传统文化重要组成部分的佛教亦显示出一种革故鼎新、顺应时代潮流的新气象,并由此引发了一场广泛的佛教复兴文化运动。在这场运动中,佛教界人士在发扬传统、重振祖风等方面都取得了辉煌的成绩,其中自日本回传中国的密宗即颇具典型性与影响力。在近代佛教复兴运动中,诸多中国佛教僧徒都抱着复兴唐密的宗教理想东渡日本,学习密教。

密教的历史和对其解读是非常复杂的。虽然西方学界对密教的研究已有近二百年的历史,但迄今仍然未能形成对密教的统一定义。本书使用了大量丰富的东、西方交叉解释的名相概念,试图勾画出汉地密教的概念,以密教为主线,运用民国时期佛教复兴文化运动场景的历史叙事范式,来尽量还原当时的客观事实。本书围绕持松法师的生平、著作、佛学思想以及他对中国近现代密宗复兴的贡献做了考察,尤其构建了以持松为代表的沪密的理论基础和内涵。而这正是在十九世纪末以来全球范围内的佛教复兴文化运动的背景下进行的。中西方学界关于宗教现代化的反思启发笔者关注中国近现代密宗复兴过程中对"神圣与世俗"的二元兼容关系,有助于从密教思想和实践两个层面极大地丰富学界对"人间佛教"的认识和期许。

本书导论总结了国际和国内学界对密教以及东亚密教的研究成果,构建了在西方宗教社会学框架下将民国时期以密宗为主线的佛教复兴文化运动作为研究对象和研究方法的基础场景,梳理了以持松为代表的密教人物以及与其有关的其他重要人物、弘法场所、组织团体、密宗刊物、主要事件等。主要文献资料来源于持松的灌顶传法弟子杨毓华于 2013 年编纂的《持松大师全集》(八册),以及国内外关于持松的研究文献和历史报道。着眼于持松"转益多师是我师"的习佛宗旨,详尽梳理了其修习华严、禅宗、法相唯识以及密宗的人生历程。《持松大师全集》是自民国初年以来首次为汉传佛教密宗大阿阇黎编纂、出版的全集,这部全集的出版对研究中国近现代密宗复兴史乃至"人间佛教"发展史而言意义重大,是对密宗相关研究可以转向深入专项研究的基础性文献,但此前并未引起学界的充分关注。

接下来,本书进一步梳理了密教中国化所形成的诸多概念和特征,着重探讨了其与中国文化的融合情况及白衣传法的独特现象,为深入论析持松法师显密圆融的佛学思想做足准备。其中白衣传法现象尤其值得注意。"白衣"本指古代无官职的平民,随着佛教与中国文化的充分融合,逐渐用以指代未出家为僧、在家修习佛法的饱学之士。"白衣传法"是近代以来中国密宗复兴的突出现象,曾一度引发僧俗两界的激烈争论,甚至导致了不同群体的嫌隙,在一定程度上削弱了僧俗合作促进密教复兴的凝聚力。太虚及其追随者曾猛烈抨击日本新义真言宗大阿阇黎权田雷斧传法于中国居士王弘愿的举动,这或许是随后的"人间佛教"研究者对密教复兴和"人间佛教"的联系有意或者无意视而不见的原因之一。但从"人间佛教"所标举的切实参与到社会发展进程中的入世主张来看,密宗在传法方面突破佛僧和居士的界限可谓是更加大胆的实践。后期由于"文革"浩劫等原因,持松法师与

众多弟子失散,晚年未能选定合适的僧宝弟子传付其苦心恢复的唐密真义,
于是同权田雷斧一样,不固守佛僧与居士的区隔,传法于不离不弃、勤奋钻
研的在家居士杨毓华。持松圆寂后,杨毓华在整理、发表其遗著,培养密宗
后学方面建树颇丰,她以居士身份受法、传法本身可视作"神圣与世俗"相融
合的经典案例。

随后,本书深入剖析了持松显密圆融佛学思想的发展过程和特点,其显
密判教思想的前后明显转变非常值得探究,但此前这个转变并未引起学界
的广泛注意。笔者结合《持松大师全集》所辑录的生平资料和其他相关资料
研究发现,自从1939年《密教通关》出版之后,持松关于显密关系的判摄思
想明显发生了变化,他已认识到密宗与包括华严在内的其他显教宗派的根
本不同,通过随后对密宗教相和事相的进一步研习,最终放弃了前期以华严
摄密的思想构建,转而借助密教经义对传统的华严教理予以升华,形成了华
严密法的新理论。他的这种显密判教思想的转变不仅是长期研习大乘佛法
的自我进阶,也是对"人间佛教"创立之初太虚提出的"显密之理,相应一贯"
设想的真正意义上的实现,完全值得纳入"人间佛教"理论的框架内予以进
一步探讨。这有助于我们对"人间佛教"内涵及发展状况进行客观和全面的
考证。在持松的密宗弘法实践过程中,其传法对象的范围也在不断扩展,兼
有僧俗,广泛涵盖各个社会阶层的精英人士和普通民众,而无论是持松本人
还是其重要弟子,均以用实际行动护佑国家、救济社会为思想和行为准则。
李天纲教授在《神圣性:当前中国佛教困境与前景》一文中指出,"人间佛
教"在明清社会崩溃之后尝试将中国各个社会阶层凝聚起来,积极参与到民
族救亡、社会慈善等世俗活动中,发展成果举世瞩目;然而"人间佛教"的主
要受众乃知识分子和政府官员,其与普通民众的联系相对薄弱,普通民众的
佛教信仰依然围绕鬼神观念展开,"人间佛教"要取得进一步发展就不能回
避、贬斥民众非理性的佛教信仰,而应主动去回应、引导。在这一点上,注重
道场布置、传法意识隆重的密宗能够与一般信徒的宗教意识共振,故在设坛
传法时动辄有上万民众前来受法。总而言之,持松在教理方面达到了显密
圆融的佛学境界,于精英知识分子而言是可敬可从的高僧大德;在事相方面
精通护国护民的密宗仪轨,获得了社会各个阶层人士的认可和敬重。其对

唐密庄严神圣性的静安寺道场的恢复,对民众产生了巨大的影响和吸引力。此外,从持松在慈善教育、社会救助等公益事业上的贡献来看,他对汉传密宗的恢复实际上针对上、中、下各个社会阶层,可谓是兼顾了"神圣与世俗"两端。在本书中,笔者采用了米尔恰·伊利亚德对"神圣性和世俗性"的批判观点,他不是站在理性和非理性层面来解读宗教社会学要素,而是认为"神圣就是世俗的反面"带来了宗教制度和社会制度的分化。因此,对持松佛学思想和行为进行详尽梳理、深入剖析将有助于丰富和完善"人间佛教"的神圣性理论基础和内容。

最后,本书构建了"沪密"理论和内涵。密宗和佛教其他诸宗派有着复杂多元的交叉、融合关系,在唐代随着弘法因缘具足而展现出公开的强大的宗派生命力。在不成熟的弘法时期和环境中,密宗会隐默起来,甚至以"寓宗"的面貌出现在其他佛教诸宗派中。这同时也构成了其强调显密圆融的客观特色。本书立足于"人间佛教"运动的宏大历史文化背景,聚焦持松担任静安寺住持数十年期间的佛学思想和弘扬密宗的实践,构建了持松所创立的"沪密"的理论基础、概念、内涵和特色,进一步阐发其对"人间佛教"尤其是"都市佛教"的发展所做出的贡献。静安寺是历史悠久的沪上名刹,上海中心地带的重要区位优势使持松对该寺的振兴尤其具有典范意义。持松担任住持期间,不仅在寺庙管理层面较早实现了现代化转型,更是因真言宗道场的修建和密宗弘法而使静安寺成为闻名全国的密宗名刹。持松的显密判教思想正是在这里完成了最终转变,其修建的真言宗道场又吸引了为数甚巨的密宗信徒,可以说静安寺在持松的引领下实际上发展出了都市佛教的一个典型。笔者认为沪密理论的形成是对这一发展成果的学术确认,对于梳理上海都市佛教研究的思路意义重大,同时也为"人间佛教"在国内以至在全世界范围内发展中"神圣与世俗"兼容提供了具有典范意义的案例。全书穿插了关于印度原始密教、藏密、东密、台密和汉地密教的比较研究,在结论部分,笔者总结了本书的学术贡献,并对未来进一步的研究方向提出了具体课题。

1. 以持松倡导的密教弘法为主线,重现梳理了民国时期佛教复兴文化运动的过程,更加客观地评判了太虚提倡的"人间佛教"的宗旨和意义,扩大了"人间佛教"研究的视野。

2. 以民国时期佛教复兴文化运动作为研究对象,丰富了西方宗教社会学研究的内容。

3. 在对密宗的宗派概念和密宗教义以及事相的解读分析中,笔者追溯到持松在日本学法时日本学界和佛教界的看法,扩大了国内外学者对民国时期佛教复兴的关注视野。

4. 构建了持松所开创的沪密的理论和内涵。

5. 在以密宗作为研究对象的过程中,剖析了印度原始密教、藏密、唐密、东密和台密的相关性。

6. 对密教与部派佛教和大乘显教诸派如华严宗、天台宗、法相唯识宗、禅宗、净土宗、律宗等的交叉、融合关系作了详细的异同比较,梳理了有关这些人物、道场、教义和弘法实践中的主要历史事件。

7. 补充增加了大量西方和日本的文献资料和学者观点。

持松的华严密法并非首创,在唐代法藏和澄观开始将密法融入华严,在辽代汉地僧人觉苑和道㲋已经宣扬华严密法的显密圆通,在日本明惠(1173—1232)也已经提出了华严密法的教义理论。在持松著作《密教通关》中的判教部分,他明确提到了"昔辽苑法师曾以贤首五教解《大日经疏》,日本明惠上人亦曾以《华严》合于密教",这些华严密法祖师对持松的思想形成影响是肯定的。持松中、晚期成熟的华严密法思想表现在 1939 著《密教通关》和 1964 年著《满月世界依正庄严颂》中,由于其他主要代表性著作遗失,目前学界尚不能以直接文献证据表明这期间其最关键的佛学思想是怎么形成的。

持松从现实人间的缘起中倡导人间的佛教,是由其佛学思想的研究倾向决定的,其佛学理论成果的深刻现实意义是不容否定和忽视的。在民国时期佛教复兴文化运动的社会背景下看待其佛学思想的现代化和全球化特征,持松所关注的中国社会的现代性转化的问题是对佛教中国化的积极探索,也秉承了当时社会中精英知识分子如吕澂提倡的积极入世的"佛法与世间"的大乘菩萨行精神,是对"空谈性命,无补人群"的消极思想的批判。他以佛学适应当时社会现代化转型的人文关怀,而且以佛学来实现现代价值转换的尝试,扩大了"人间佛教"的社会文化影响力。持松倡导的密教复兴可以被认作是一个现代社会"多元通和"的典型案例,极大丰富了"人间佛教"的文化内涵,更加突显了在世界文明对话中的中国化佛教的重要地位。本书可以看作对民国时期以来以密教为主线的佛教复兴文化运动的全面梳理,引出了诸多非常重要的问题,留待后期作进一步的展开和深入讨论。笔者认为后期可以进一步研究的问题包括但不限于:

1. 藏密和东密的教义与文本研究已经开展,但关于是两者传入汉地以后演化成的汉传藏密和汉传东密的比较研究非常匮乏。在历史上,汉传藏密和汉传东密对中国社会都带来了巨大影响。太虚在佛教复兴文化运动中明确提出了"中密"的概念,其弟子法舫继承了太虚的理念,强调发展有中国特色的密教。汉传藏密和汉传东密在"中密"理论框架中的比较研究急需开展。

2. 在新冠疫情之后,全球化的进程在世界主要国家遭到了不同程度地减速。"去全球化"的呼声日益高涨,这对于人间佛教在世界范围内践行入世人文关怀理念造成了实际上的困难。那么,人间佛教的世俗性和神圣性在"去全球化"的压力下如何调整其二元张力的平衡?是否宗教神圣性的属性会演化成为社会大众更加关心的层面?"人间佛教"运动在未来的发展是否更加向宗教"神圣性"的方向来演变,以适应社会大众在政治、经济、文化领域中的新的需求?

3. 在佛教世俗化和神圣性的平衡中,持松实现了其人格和僧圣格的转化。从其著作风格跨越的时间来看,他的著作在前期和中、后期对华严和密法的关注点切换经历了大概十五年时间,是一个既肯定又否定的新的认识论形成过程。释迦佛出家后经过六年苦行,在鹿野苑为阿若憍陈如等五比丘第一次宣说佛法,称初转法轮。《因果经》卷三曰:"尔时太子……即便前进迦阇山苦行林中……宜应六年苦行,而以度之。"①《佛说无量寿经》上卷曰:"剃除须发,端坐树下,勤苦六年,行如所应。"②在有密宗特色的白衣传

---

① 《大正藏》第 3 册,第 638 页中。
② 《大正藏》第 12 册,第 266 页上。

法实践中,居士修法,以及居士在年龄偏大时出家修法,这种心理上的转型需要极大的勇气、毅力、努力,对于产生恶业障的贪嗔痴的断舍离过程本身会经历难耐的痛苦之后,离苦得乐的清净菩提心才会发起。太虚的"人间佛教"思想主要体现在人生改善、后世增胜、生死解脱和法界圆明。星云提出了"人间佛教"的六个特性:人间性、生活性、利他性、喜乐性、时代性、普济性。圣严的"人间佛教"思想强调用佛法的观念来净化人心。那么,"人间佛教"的践行如何结合现代心理学的理论观点,以严谨的科学方法来研究人们主观思想中满足、满意、幸福、快乐、乐观和希望等积极体验?其研究目的是践行"人间佛教"积极入世的宗旨,将人的素质和行为纳入整个社会生态系统来考察,塑造积极的人格品质。积极心理学作为一个新出现的研究领域,其研究方向是以主观幸福感为核心的积极心理体验,而体验的快乐水平是积极心理学的基本建构基础。积极心理学是以人类的自我管理、自我导向和有适应性的整体为前提理论假设的。笔者认为这种佛教与心理学结合的研究方向值得关注。

4. 在"人间佛教"的主张中,太虚关注僧伽教育,认为只有培养僧才才足以住持佛法,佛法久住世间,人民才可受益。太虚一生两次赴日,远游欧美,弘化南洋,始终坚持寻找僧伽教育的正确道路。持松参加过华严大学的学习,二十世纪四十年代在静安寺举办教育学院继续培养僧侣人才。那么,在现代化和全球化的进程中,当前的僧伽教育又应如何开展和进行?

5. 密宗对汉地的多层面的复杂影响是已经发生的事实。如果不考虑密宗,我们对太虚发起的民国时期佛教复兴文化运动以及"人间佛教"的诠释是片面的、模糊的甚至不完整的。如果承认密宗的存在与作用,现代学者就可以打开一扇新的门来看待这段历史,来全面评估其实际发生情况。在其中,通过梳理密宗和佛教诸派的复杂的交叉、融合关系,这段历史的轮廓、其产生原因、过程、结果将逐渐清晰起来。在此基础上,日本学者所做的诸多基于密教的研究就变得重要起来。后期需要进一步梳理日本学者关于这些方面的研究成果,来丰富汉地佛教的内容和中国化特色。

在研究民国时期佛教复兴文化运动这一主题时,本书重新梳理了对密宗的认识并阐述了"沪密"理论的概念和内涵,并对下一步研究的方向进行了探索性思考。如果我们困扰于密宗这一名词,其存在本身就是大乘佛法的甚深要义;如果其不存在的话,那么它所指的无非也就是大乘佛法的甚深要义。正如德国学者赫伯特·君特所说,鉴于佛教丰富的词汇和概念系统,故任何解释尝试都必然是复杂的。无论怎样,对密宗这一逻辑主线和载体的研究对全面客观地理解汉地佛教诸宗派是不可缺少的,也是关于民国时期佛教复兴文化运动以及太虚所倡导的人间佛教运动的研究必须面对的重要课题,而且需要尽快开展起来。

附　　录

一、《高野山时报》(1922—1924)
关于民国时期留日中国佛教徒学习真言宗的报道

1. 纯密法师登山记录①

上个月的 25 号，中国广东省潮安县的修道僧纯密法师到达金刚峰寺后会见了土宜大僧正，并笔谈了数小时。纯密法师尚未满二十二岁，却已通达佛学，在其头部可见十二处比丘戒的烧印，目前正住宿在高野山大学教授久保雅友师的私宅——山内的善集院中，同时也在研究高野山密教。

2. 纯密、大勇两师登山学习密教报道②

去年(应该是今年，可能是笔误)中国僧人纯密登山，借宿于高野山大学久保教授家中，从事密教事相的研究。不久之前，又有另一位来自杭州某一寺院的住持——大勇法师，在东寺大学的长谷教授的介绍下登山拜访了土宜大僧正，并在大僧正的建言下，为了能彻底地研究密教事相，于数日前也

---

① 《支那修道僧登山》，《高野山时报》第 259 号，1922 年 4 月 5 日，第 8 页。
② 《密教を研究せろ支那僧二人——近く四度加行の奉修》，《高野山时报》第 272 号，1922 年 8 月 15 日，第 10—11 页。

同样在金刚三昧院中拜金山教授为师。近来则在金山师的口授下奉修四度加行。

顺便一提的是,据大勇法师所述,在中国没有合适的研究密教的法师,所以希望将其逆输入到中国,并在中国复兴密教。另外,还下定决心,即使完成加行以后,也要彻底地学习密教的精髓,否则不下山。

此外,纯密法师最近在修道院,从高冈院长那被授予四度加行。这两位法师皆是戒律坚固之人,不喜欢和俗人来往,并认为和女人同宿是犯了波罗夷罪的,整天埋头于研究。

3. 提到纯密法师修四度加行的报道①

从本月 10 日起,在高野山修道院开始了第二学期的课程。近日在高冈院长的传授之下,院生们开始四度加行及授戒灌顶等,有众多修行者聚集在一起,恐怕这是未曾有的事。

此外,如之前报道过的中国僧人纯密法师也在修道院中修行,作为加行前的准备,纯密师自七月以来一直在写经、诵经等,未有懈怠,在做足准备后开始了连日的四度加行。

4. 高野山中国留学生的近况报道②

去年以来,以修得密教为目的而来到高野山的中国学僧共有三名。一名是中国广东省潮安县开元寺的僧人释纯密(二十三岁);一名是四川省巴县出生、现为浙江省杭州西湖南山净梵院住僧的释大勇(三十一岁);一名是江苏省常熟县兴福寺的住僧释密林(三十岁)。三人都在高野山三昧院久利僧正的好意下住宿于该院中。土宜大僧正将三人委托给高野山大学教授金山穆韶师,但三人比起教相更热衷于事相,并都开始了四度加行。其中的第一人已经完成了加行。第二人在加行中。而且,作为留学僧他们都准备学成后回国。此外,因为他们对学习的热情,在加行中,金山教授还教他们悉

---

① 《高野山修道院授業開始と加行灌頂》,《高野山时报》第 275 号,1922 年 9 月 15 日,第 12 页。

② 《高野山支那留学僧の近况》,《高野山时报》第 300 号,1923 年 5 月 25 日,第 10 页。

昙、梵语、真言陀罗尼之释、梵文理趣经之释以及同经的讲传、两部曼荼罗的讲传等。三人中，大勇法师中学毕业后又在某专门学校进修过；密林法师毕业于华严大学，学习了五年左右。他们在佛学上都具备丰富的知识，而且持律坚固、积极修习。他们也都是以复兴中国密教为己任、前途有望的青年僧侣。

5. 中国留学僧回国报道①

前年（应该是去年，即 1922 年，这里可能是笔误）三月，中国广东潮州开元寺的僧人释纯密登山，志愿学习并研究密教。土宜管长将其嘱托给天德院的金山僧正。此后纯密法师进入设立于宝寿院的修德院，跟随院长明王院的高冈法印修习加行并受传法灌顶。此外，来自杭州净梵院的僧人释大勇、苏州兴福寺的僧人释密林分别于同年七月及本年二月登山，借宿于金刚三昧院，同样在金山僧正的指导下修行。而纯密法师虽已于去年完成加行灌顶，但因同国之好也搬入金刚三昧院中。三人时常一起旁听金山僧正对诸经的讲义。到了本年十一月，后两人也完成了加行灌顶，因此，三人准备携手归国。十三日，金刚峰寺授予三人法具各一面，金山僧正授予他们十五条袈裟各一领。此外，以奈良长谷寺藏版为原型的两界曼荼罗有三双，分别是成福院、天德院、山口师捐赠的，三位法师也各受领了一双。十九日早上，三人辞别山门后从神户乘船回国。在从本山受领的法具上有以下记文：

> 释某（名各通）师，崇向真言秘密之教义，追景弘法大师之德风。志抱冰霜，求法之维笃，程涉鲲鹏，视险之如夷。南山道场，久累时月，遮那妙旨，苦积研钻，完修四度加行，虔受传法灌顶。既饱素慊，乃告归锡。夫中华西安，古相传密法，我祖师之所承衣钵，连城美璧，今独存赵家。彼荆山之土，既归荒废，师之回槎，灯之默明，一意精进，十方济度。树立既倒之法幢，长育性萌之宝芽，成就真俗合谛之教，裨补日华善邻之义，是本山之所以系望于师也。因赠修法器用一设，以存其意云。

此外，十二日，三人向金刚峰寺提交的回国申请如下所记：

---

① 《支那留学僧の帰国》，《高野山时报》第 319 号，1923 年 12 月 5 日，第 6 页。

归国御届

（三人连名）

右长々当山ニ留学致シ土宜鎌田両管长猊下其他诸大德ノ恳笃ナル御指导御恳教ニヨリ当初诣山ノ志业ヲ了シ候ニ付本月十九日山门ヲ拜辞シ归国ノ途ニ就キ候留学中八本山及诸寺院ニ于テ学业以外ニモ御厄介ヲ蒙リ候段深ク感铭致候图ラスモ両管长猊下ノ御示寂被为在候ニ值ヒ沛恩陈谢ニ由ナシ惟师国ノ后八更ニ发愤精进致シ密教弘布ニ从事シ以テ诸大德ヨリ受ケタル浩恩ノ万一ニ报スヘク候兹ニ留学中修得シ从事セシ事目ヲ略付シ归国ノ期ヲ拜告致候也

大正十二年十一月十二日

赠纯密师别密公尝写赠六无相句故及

久保桧谷

有相无相纷乎错，有必无心更难索。

曾闻仲尼貌取失子羽，最是人必难忖度。

仲尼虽圣亦误相，眼华囚心易系缚。

又闻夷齐尝不思旧恶，何乃避谷西山托。

黄钺白旄徂牧野，夷齐之目映暴虐。

虽然圣人待物不存私，道义洗心无着感。

吾于佛说未能悟六无相句难咀嚼，且道心相离不离，

从君茅塞愿开拓。

赠大勇师别次志圆上人韵

久保桧谷

问法瀛洲志业清，青山读坐烛千茎。

想君杖履东来意，不似一苇当日轻。

散落天花纷似尘，无门关钥待谁开。

吾侬久矣溯洙泗，未免水心模月来。

赠密林师别次其留别韵同

久保桧谷

寡默钦君性，中存重卦离。禽鱼宜志乐，山水在襟期。

礼佛虚心地，题诗传口碑。世间多少客，功业诧长垂。

方寸已冥合，何须赋别离。忘形求契好，重法急归期。

拈句愧依玉，存赠藏拓碑。吟珠君且喑，名刹易名垂。师曾见赠其
所住兴福寺记胜诗拓本故

自题墨梅

释志圆

为认梅花彻骨清，寒光映透宝芝茎。

仙人只在云深处，尽日春风杖履轻。

为写寒香三百树，柴门镇日不会开。

苍苔白石横斜路，尽有山僧把月来。

6. 对当时的中国密教的报道①

（以下内容来自加地哲实写给藤村密幢僧正的通讯稿，写于 8 月 22 日）

一言蔽之，现在的中国密教处于萌芽时代，也是最为重要的时期。我必须回过头来问一下，此密教的种子是由谁再次播撒于中国的。如大家已经知道的那样，数年前，日本有一位叫佐伯觉随的怪僧前往中国，在各个方面宣传密教，例如，在北京组织十一面会，在汉口、上海、天津等地接受皈依，几乎被认为是大师再来。后来因为一些事情而信用扫地，至今下落不明。但是，他所播下的种子，与他的人格无关，它正在逐渐成长。现在的密教已经蔓延至中国的南北。之前权田大僧正的来华亦非偶然。小生前年来到上海之时，被认为是觉随和尚的后继者而受到当地人的欢迎，即使去了北京，也

---

① 《支那と密教》，《高野山时报》第 347 号，1924 年 9 月 15 日，第 15—16 页。

受到很多居士们的礼遇。这对我来说,就好像在几乎被砍去荆棘的肥沃旷野上收获已经成熟的禾果那样。当然,我到这里来不是为了布教,但是居士们借引风之机,请我前来并询问有关教理的解释以及密教礼仪等问题,我也因此与南北知名人士有了交往,在各方面都得到了便利。要将发生的事一一汇报也会让人觉得厌烦,但其中有一件事是最有必要提及的。天津的传良佐将军(原陆军次长、湖南督军)发愿明年春天在北京西山,以他所拥有的土地筹集两万元以作建筑费,准备建造一个纯密教式道场。这或许是千百年来已绝迹的密教在中国复兴中的最初道场。他对密教有很深的归依,前几天我也被邀请去参观他在天津官邸。设计是仿照日本风格,并计划从日本购买密教法具。若实现之时,出于弘扬祖风之意,本山也应对其予以表彰,届时他一定会深受感动。

今年春天,太虚师(武昌佛学院)出版的《海潮音》公开揭露了日本密教的腐败,这也许是受到了反密教徒这一派的煽动。否则,就像一些人诽谤别人的话一样,作者应该为他的不谨慎而受到责备。大勇师数月前到北京教授十八道,但很多人指责他只知道事相的一面,徒然流于形式。我认为今后一定要先学习日语,然后在事教两相方面都要有教养,如果没有这样的计划,可能会错误地介绍日本密教。

7. 有关密教重兴会的报道①

为了使权田雷斧大僧正在中国的密教传法在未来更有意义,以及为了促进密教在中国的传播,此次以大僧正为中心,成立了密重兴教会以作后援。此外,密教的弘传如果只靠文书的话,那么在事相的传授上就会有欠缺之处。所以,明年若有来自民国的有志之士希望前往日本拜访权田老僧正并受其事相之传的话,本重兴会将给予帮助。

---

① 《密教重興会》,《高野山时报》第 347 号,1924 年 9 月 15 日,第 19 页。

8. 金山穆韶：关于中国求法僧的渡来①

从去年起，高野山来了三名中国留学僧，他们的态度都很认真，我想这也是对惠果和尚的一种报恩，所以就决定教授他们。

我不太了解他们那边的宗教界的近况，所以一开始认为他们这些笃志的求道者只是偶然来到这里的。然而，水野梅晓先生在中国呆了多年，也熟悉中国宗教情况，从他那得知，因为基督徒巧妙的宣传方法，所以中国可能会在一段时间内被基督教化，而随着他们辛辣手段的出现，近来在许多青年中兴起了反基督教的热潮，因此，复兴佛教并使其成为全国人民精神修养的基础这样的趋势汹涌澎湃。甚至听到了这种现象在普通青年中兴起，也了解到三名求法僧的到来也是受当地佛教复兴的氛围所驱动，他们是应这一要求而来的。近来，日灾普济会的僧侣代表显荫法师，从中国来到日本，安慰地震的受害者，并决定留在高野山学习密教。

密教在中国已经绝迹很久了，但如果能看到秘密金刚乘因这些来此的留学僧而在中国再次兴起，那我真的会非常高兴（诚不胜法贺）。

身为本邦的密教徒，我必须以诚意指导，并帮助这些留学僧，努力使他们完成志向回国。关于这一点，我有一二愚想，并将渡来的三名留学僧的事情陈述出来，希望当路诸师（有重要地位的僧侣）及一宗诸德（本宗德高望重之人）能够谅解，并请给予帮助。我们所属的宗派应该逐渐将教线扩大到满洲和朝鲜，然后再扩大到内地，在作为本山的高野山这样的地方，如果有一位会朝鲜语或汉语的人居住的话，在各方面都会变得非常方便。今后，来自朝鲜和中国的留学僧应该也会不断吧，如果他们能来，那么有能让这些留学僧寄宿的地方就好了。等他们回国时，希望他们能带回曼荼罗、八祖尊影、佛像佛具、灌顶法具、密教的经典等，可以作为密教流布之资。此外，也可以派遣有远大志向的我宗之人去他们那传授密教，也可以组成考察团，与那里的僧侣建立亲密联系，讨论布教的方案。如果只有几个人可以完成这样的

---

① 金山穆韶：《支那求法僧の渡来に就て》，《高野山时报》第 322 号，1924 年 1 月 1 日，第 32—33 页。

壮举的话,那么我们就必须等待阖宗诸德的齐心协力了。为了给诸师作参考,下面将叙述一些留学僧的事。

留学僧的态度都很认真,三个人一起持斋。来山后,他们希望在教相、事相方面以事相为主,所以让他们修习加行,他们也忍耐了长时间的修行,在修完加行后又进行了别行,与其说是修学,不如说是专心于修法。大勇法师说,回国后将在其师父太虚法师开办的佛学院先讲六个月左右的密教,并在之后的三年间将与世隔绝,专修佛法。即使不了解中国僧人的全部风貌,但他们的修行比较严格,坐禅观佛的实修实行更是日本佛学家所无法比拟的。

据说在中国,在俗人,即居士之间,佛教热盛行。大勇法师出身四川名门,毕业于北京某法政大学,当过地方官(听说是郡长,也从显荫法师的随伴那听闻大勇过去是某县的知事),最后出家为僧。这只不过是其中的一个例子,不能让人了解他所在的地方的一般风尚。

三名留学僧从已故土宜大僧正、修道院长高冈僧正、金刚峰寺执行诸师、藤村僧正、高野山大学教职员诸师、当时监事关僧正、久保雅友先生、三枝宥畅师以及中田觉船师等处得到种种指导。此外,在一年半的时间里,使这些留学僧能得以借宿,并且为他们修加行提供了极大的便利。金刚三昧院的久利僧正也以善心和同情回应了他们的请求,在大师的御住坊龙光院道场为他们进行了灌顶。此外,在加藤老僧正等人的厚爱、援护下,他们得以顺利回国。如果因为他们而使密教在中国重新萌芽的话,那一定是诸德之赐。回国之际,他们从金刚峰寺得到了一般行法用的秘密法具,藤村僧正、山口耕俊师和我也赠送了两部曼荼罗的素图和高雄曼荼罗模木等。此外,如果可以的话,还想让他们带回彩色的尊形曼荼罗、八祖的尊影、灌顶的法具等,但没能轻易运过去。这是今后在诸位大德的帮助下一定要送去的。

虽然国家不同,但是人情相通,在回国的前一天,他们来到了小院内,互相惜别,哭泣半日,不忍离去。弘法大师曾在青龙寺给义操阿阇梨的留别诗上写道:"一生一别难再见",虽说近来交通便利,以后也有见面的机会,但是留别之感还是很强烈的,他们在女人堂忍住泪水辞别而去。他们回国时向金刚峰寺提交的修法记如下所示。

修　法　记

一、纯密从高冈僧正受四度加行和两部传法灌顶。

一、三人共从金山僧正学悉昙三陀罗尼梵语梵赞梵文理趣经。

一、受了四度加行两界传法灌顶。

一、学十卷章、秘藏记、宗秘论、大日经疏、金刚顶经、苏悉地经、释摩诃衍论、悉昙三密钞字记等。

一、受两部曼荼罗及秘密仪轨之传授且听闻其讲传及梵文法理趣经之讲义。

一、受诸尊之次第及口诀结缘持明传法灌顶等之法则次第口诀等之传授。

一、受中院流之传授。

以上

二、《高野山时报》(1925—1927)
关于民国时期留日的中国佛教徒学习真言宗的报道

1. 日本人从中国回来，提到中国僧三名以及显荫从中国归来①

之前高野山培养了三名中国僧人，去年又有权田老僧正将密教逆输入回中国，现在有秀才显荫师在高野山钻研密教，这些似乎对日中亲善有所贡献，但还只是九牛一毛。我衷心希望身处宗教政治、教育机关的豪僧藤村、冈本、久保、金山等诸师能够坚决执行中国之行。我认为这是比单科大学或统一问题更迫在眉睫的问题。这会让我们了解到各宗的平衡和力量以及现在不是谈论京高问题(京都和高野山的势力之争)的时候，同时也可以知道中国人民是如何热切欢迎密教的。如果我们以此为基础再来决定并执行宗是(宗教方针)的话，我毫不怀疑，我们将穿过封闭的隧道，打开一片新的天地。

2. 显荫法师归国报道②

前年秋，代表中华民国佛教徒前来我国作震灾慰问的僧侣共有二十人，其中一人是显荫法师。据报道，他为了研究密教而登临高野山，在高野山大学金山教授的指导下日夜兼行地开展修行。然而，在中国佛教界他作为后起之秀被抱以厚望，世界居士林正在筹备一块土地以建立佛教学院。所以，显荫法师在高野山的研究告一段落后决定回国。在留日本的中国人于11日在神户为其举行了热烈的送别会。

也有来自高野山的代表前往神户送别了显荫法师。总领事代表在留的中国人对高野山的厚意表示了感谢。此外，显荫法师希望通过这旅居异乡的一年之余，能积具萤雪之功，为复兴中国的佛教事业作出贡献。在送别辞

---

① 西川显勇：《支那より帰りて》，《高野山时报》第 358 号，1925 年 1 月 5 日，第 60 页。
② 《顕陰法师帰国》，《高野山时报》第 360 号，1925 年 1 月 25 日，第 18 页。

中则对显荫法师的这种远大理想以及由始至终的信念表示了赞赏。此外，也希望祖国的文化能因为显荫法师而在未来绽放光芒。随后，显荫法师感谢在留中国人的盛意，并谈到了自己的研究以及在高野山短暂时间内取得的巨大收获。在场的中国人遂感叹宗教无国界，也对大师的高风千岁犹壮表达了敬仰和崇敬之情。就这样，显荫法师于 11 日拜谒了在东寺进行御修法的高野山座主泉大僧正猊下，当面表示了感谢，并携带了金刚峰寺捐赠的密具回国。

3. 显荫法师迁化报道①

之前来高野山留学研究密教并于今年 1 月回国的显荫法师，于旧历五月二十一日在上海的居士林中因病突然迁化。他是年少有为的学僧，对其迁化感到甚是惋惜。

4. 中国僧的教育问题②

在宗教运动的国际化中，最需要我们注意的问题是，近来逐渐盛行的在日中国僧人的教育问题。

在我宗，先后有在高野山大学学习、现在在本国从事布道工作的密林、大勇等外教师以及前些时候迁化的显荫法师等人，目前有数十人在胜尾寺留学。

中国佛教现在普遍进入了复兴期，并且试图通过日本佛教的传入来完成复兴大业。但反过来说，如果不弄清中国佛教为何衰亡的原因以避免重蹈覆辙的话，日本佛教的传入也只能是徒劳的活动吧。

那么，中国佛教为何衰落呢？这当然不能一概而论，硬要说的话，是因为宗教学术化了。因此，现在如果我们在对中国僧侣的教育中只注重学术的话，又会以麻烦的结果收场。我们必须一丝不苟、精心准备，培养的不是学问僧，而是以道念为生的人格僧，从而振兴中国佛教。

---

① 《高野山留学僧——支那显荫法师迁化》，《高野山时报》第 379 号，1925 年 8 月 5 日，第 24 页。

② 《支那僧教育问题》，《高野山时报》第 388 号，1925 年 11 月 5 日，第 1 页。

5. 关于曼殊法师和密林法师的报道①

在出席东亚佛教大会的中国僧人中,有两人为求法以及做佛教研究而滞留在日本,他们分别是曼殊法师和密林法师。前者是中国真言宗第三十九世,也曾经是袁世凯大总统的军政顾问。去年,他在中国从权田雷斧氏那受灌顶,到了日本后,曾前往越后受教于横田氏。而密林法师于两三年前来过日本,这次是继续求法之旅,并准备进行真言研究,虽然尚未确定跟随哪位老师。

6. 曼殊和持松法师希望来高野山留学报道②

之前来山的中国僧侣一行中,有两人希望来高野山留学。其中一人是曼殊揭谛氏,前几年在权田大僧正处受灌顶,这次来日本也得到了权田大和尚的许可,跟随其到明年的夏季,夏季之后他将登高野山拜金山教授为师。另一位是密林法师,前几年在高野山留学过,这次学习了日语,准备明年春季再入高野山,并且十分仰慕金山教授的指导,准备专心研究密教。

7. 中国留学生三人来高野山报道③

这次来高野山留学的中国僧人有三人。根据以往的经验,我们决定只照顾那些有能力的人。此外,给予入学允诺的还有十余人。到四月开学为止,到底能来多少名中国人,还要等他们到了神户才能知道,不过,本月三号,有以下三人已经到达神户,并相继得到了南坊的不二庵、大阪的了德院的照顾,七日又去了胜尾寺。

释源印法师,字悲观,湖北省汉阳府人,父姓刘,今年二十四岁,民国九年在同省襄阳府谷城县金牛寺跟随了尘大德出家,同年随荆州江陵县章华寺乘常法师受戒,第二年毕业于汉口华严大学。民国十二年毕业于武昌佛

---

① 《支那来宾僧中的留日求法者》,《高野山时报》第390号,1925年11月25日,第21页。
② 《野山留学希望の支那僧二师》,《高野山时报》第391号,1925年12月5日,第17页。
③ 《支那僧の留学　佛学院来信》,《高野山时报》第402号,1926年3月25日,第23页。

学院。这一年被任命为北京第一模范监狱教诲师兼北京佛教讲习会布教师，第二年被任命为北京佛教新青年会宣传委员。至今任教于杭州西湖灵隐寺佛学研究社。

释谈玄法师，字昙禅，湖南省永州零陵县人，父姓张，今年二十六岁。民国二年在南岳智胜寺出家，同年冬，受戒于南岳大善寺大智法师。民国八年毕业于浙江宁波观宗寺佛学研究社。至今任教于杭州西湖灵隐寺佛学研究社。

释照恩法师，字晓悟，今年二十五，俗姓李氏，河南省光州人，民国四年毕业于河南美术学校。后随同州远铎庵寂参法师出家。民国六年受戒于湖北省汉阳归元寺福田大法师。民国十年毕业于华严大学。现与以上两位同学一样任教于西湖佛学研究社。

8. 持松法师报道①

前几年来高野山留学的中国僧人密林法师于今年春天再度来到山上，跟随金山穆韶教授学习悉昙、事相两部大经等。密林法师现为武昌宝通寺的现主（现任住持？），前几年回国后将宝通寺作为密教的道场，并且在湖北省督军萧耀南等有势的信徒的帮助下，仿造高野山的金堂、大塔等，建造了法界宫、南天铁塔、瑜祇堂等。宝通寺是自唐代就流传下来的古刹，现住有僧众七八十人，被认为是武昌、汉口方面最大的寺庙。此外，密林法师还兼领江苏省的兴福寺（华严宗，该寺有佛学院，学众六十七名）以及杭州的菩提寺，据说回国后想将这些寺庙作为密教道场以宣扬真言密教。下面是他与金山师来往的诗以及宝通寺之缘起。

再登高野山参金山阿阇梨一日课毕向日随侍师检杜诗数册相示

密　林

昔日登山苦跋涉，今年道路已康庄。

方经郊野花俱放，乃至孤峰蕾仍藏。

---

① 《高野山に於ける支那僧》，《高野山时报》第 415 号，1926 年 8 月 5 日，第 14 页。

云伴香烟飞篆远,泉和梵呗留声长。

旧时师弟亲如故,品杜评苏共向阳。

密林法师再来高野山惠诗余亦野诗二章以充谢

金山穆韶

入定留身自性宫,至今铁塔仰遗风。

昨持密印归西国,重索秘经来日东。

高野山头翻梵筴,密严净土摘芳丛。

为言弘法回天力,唯在深修三昧中。

重值法槎至,相迎道气清。

青龙瓶水等,白马遗风明。

为问开元事,苦谈巴蜀程。

草堂相对处,烟雨旧古情。

丙寅六月三十日写

同门显荫法师一周忌辰以诗悼之

同学弟　密林

昔年聚首虞山边,自幸平生一面缘。

五智堪钦法重佩,三摩犹待慧灯传。

天乎胡欲天才尽,命也岂当阻道全。

每过塔前伤草绿,忽逢周忌更怆然。

同

佛身不灭自安然,何事人生说变迁。

遥想天台山上月,照将万境镜光圆。

久保雅友

香祀坛前忆昔游，一檐梅雨冷于秋。

遗容宛看岭头树，旧怆遥思海上鸥。

能赋尤伤昌谷李，通玄犹记少年周。

神仙却享在天寿，抽笔裁词白玉楼。

（宝通寺缘起略，参见原件第 15 页）

9. 久保桧谷：送密林法师序[①]

我邦武夫之信佛，所由来远矣。其奉公重命，守节轻躯，鸿毛泰山，志趋不变。祖宗教化之虽深，而亦实为其信佛之效也。佛之为教，说三世，言往生。凡人之恶死，恶一死之不再生也。今乃听虽死于此，而得生于彼之说，可以减恶死之情。是以，武夫之赴战，或背旗题妙法数字，或截髻献佛，自祈冥福。一旦对敌，则勇进奋斗，不待斧钺驱之。其慧者往往脱士籍，归桑门，如文觉、西行、铁牛等，指不暇楼。前焉则叡山南都，后焉则加贺越前。其僧兵之强，与武门抗衡。盖武夫之披缁者，与僧人之一死生者，相党聚而致然也。抑忠勇节烈，舍生而取义，非有道之士则不能。尝阅奉汉以来史乘，其用兵也，厚赏劝之，严刑威之，才乃得令其赴死地。所以然者，不管民情之与我同，又无佛教之薰化民心，如我武夫者也。乃知教化之众庶者，忠孝仁义之言，不若三世往生之说矣。荆门密林上人，留学我纪之高野山者再，今兹大正十有五年九月，将去归住武昌宝通寺。上人平生恭谦持身，镇密制行，其造诣内外之学者盖深，而又克修完密法，其化导民众之功，将益广且深也。顾十数年来，禹城兵扰，无有宁岁。夫士之勇于战，则有致治之道，民之舍生奉公，则有全生之道。吾切愿上人善导，成就不惧死之民志，以致之于生道也。抑荆州东汉以来，英雄所用兵之处。上人法暇抵乡土，顾眄其江山丘壑，审其攻守胜败之状，则于建所以熄乱消祸之图，必有可资参考者焉，岂特令众庶轻其生死而已乎。令众生齐其生死者，固非慈悲济众之本旨也哉。

---

① 久保桧谷：《送密林法师序》，《高野山时报》第 420 号，1926 年 9 月 25 日，第 16 页。

于上人之行,聊举是言,质诸上人。

10. 上海近况①(冈村宥照师无异活动)

上海宝山路秋字三六号高野山别院的冈村宥照师近况:三月二十一日的暴动以来各国军队来袭,以保护在留民的名义到处施展图威,高野山别院也在大约一年半左右的时间里,每天都被军队要求站岗,虽然很难受,但也没遭遇多大的暴力。革命军大将蒋介石仅寿一年便将下野,孙传芳再次将上海纳入到五色旗之下,目前正在逼近上海。眼下远东奥林匹克大会正在大陆如火如荼地进行着。冈村师向来喜欢运动,所以每天连法事也忘了,反而出去看热闹。但即便如此,为了上海高野山的将来,也正在做各种各样的活动计划。

11. 中国青岛通信(青岛高野山大光寺举行法会)②

青岛高野山大光寺十月二十九、三十、三十一日三日间举行了"寺号公称披露"以及"住持晋山法事"。作为法类总代寺院的代表,四国灵场六十一番的香园寺住职山冈瑞圆师以及执事谷口光范师远渡中国担任青岛法要的导师。

二十九日　法要次第

一、一同着座

一、导师登坛

一、表白

一、各宗寺院读诵观音经

一、烧香

一、结愿

一、大师宝号

一、光明真言

---

① 《上海近况》,《高野山时报》第 455 号,1927 年 9 月 15 日,第 25 页。
② 《支那青岛通信》,《高野山时报》第 463 号,1927 年 12 月 5 日,第 63 页。

三十日 子安日曜学校奉祝会

三十一日 在奉祀纪念布教演讲电气馆中,谷口师以山冈师密教与现代社会世相为题,作了幻灯布教演讲。

持续三天且如此盛大的法事,将成为宗祖大师的甘露慈雨,给在动乱的余弊中有所渴望的青岛侨民们带来法益。

十月一日

三、《高野山时报》(1936)①

关于持松法师再登高野山的报道

为参拜高野山而访日的上海高僧持松法师与其居士中国全国民营电业联合会主席汪哕鸾二人,于三十日上午抵达高野山,并投宿在天德院。持松法师曾于大正十一年(1922)来日本留学。当时师从天德院金山穆韶师学习真言密教,之后在中国努力复兴真言密教。圣僧一行预定于四日在高野山金堂接受结缘灌顶。中国现在还有一位纯密法师也在努力复兴密教。千古以前的弘法大师将密教从中国带回,现在反而在中国不见其踪迹了,而目前这两位法师正试图将密教逆输入回中国。

① 《上海の持松法师再び高野に登る》,《高野山时报》第 767 号,1936 年 5 月 5 日,第 17 页。

四、金山穆昭：密教在中国的现状(1927)①

　　如上所述，自西晋的尸黎蜜多罗首次将密教从印度传入中国，直至唐代初期，密教经典被许多人翻译。还有修秘密法门的，这些都是所谓的杂部密教。而密教的根本圣典《大日经》《金刚顶经》被译出后，密教的光辉灿烂闪耀于中外，在唐玄宗、肃宗、代宗、德宗等时代，先后涌现了金刚智、不空、善无畏、一行、惠果等大阿阇梨，他们都发挥出了密教的正意。惠果灭亡后的第四十一年，即武宗帝的会昌五年（西历 845），举行了破佛运动，特别是密教受到了极大的打击，佛殿、经卷几乎被夷为灰烬。真如亲王在惠果灭后第五十七年入唐，曾感叹道："佛寺之大不如日本大安寺，访名师不及日本空海上人。"由此也不难推测当时的形势。宋代虽有法贤、施护三藏等，也译出了不少密经，但都属于杂部密教，并非纯部密教。自武宗破佛以来，已没有大阿阇梨出世，也没有"依有相悉地而得无相大菩提心"之教法的流传。并且沦落到与世间的邪教一般，甚至到了明代，与邪教一起被禁。换言之，晚唐以后已经没有密教真正的精神流传，虽多少存在一些形骸者，但后来连形骸也看不见了。从近年前往中国内地旅游的人那里听到说在寺院里看到过密教佛像，或说满劢山龙泉寺有大日如来像，或说长安城外九十里地的青龙寺有密教的佛像留存。或说在长安卧龙寺、南京毗卢寺等地，向信徒授与阿弥陀佛、文殊、普贤的种子曼荼罗。或说存在与准提陀罗尼、大悲咒、施饿鬼法等相关的秘密法。从这些可以看出，密教自唐代以来虽然没有断绝，还在继续流传中，但是恐怕已经变成了类似与喇嘛教的一类，真正的密教无论是其形骸还是精神都已经在中国灭绝了。

　　不过在二十年前，杨仁山居士把真正的日本密教传至了中国，并邀请桂伯华先生到日本留学，让其跟随已故的浦上和尚学习密教。当时有很多从

---

　　①　金山穆韶：《支那に於ける密教の现状》，《弘法大师の信仰观》，第 218—220 页。最早出自金山穆韶：《支那に於ける密教の复兴に就て》，《高野山时报》第 430 号，1927 年 1 月 5 日，第 7—8 页。

中国来到日本的留学生,掀起了修习密教的风潮,像前教育总长王九龄先生
在日本留学期间,曾于横滨东福寺跟随浦上和尚修习十八道。另外,从我这
学习密教一尊法的有佐伯觉随师等人。广东的王弘愿氏翻译了权田雷斧师
所著的《密教纲要》,使密教之声在中国佛教徒中流传,以至于有人为了求得
密教而远赴日本留学。从大正十二年左右陆续前来修习密教的人来看,有
广东潮安县开元寺的僧人纯密、武昌太虚法师的弟子大勇、武昌洪山宝通寺
的僧人密林、宁波观宗寺的僧人显荫,其间也有广东的妙光等诸法师来山求
法。他们回国后,都在为宣传各自的大法而努力。而王弘愿氏在广东发行
了《佛化》杂志以宣扬密教。大勇法师回国后,在武昌佛学院将密教传授给
了很多僧侣;密林法师在湖北省督军萧耀南氏等有势力的信徒的支持下,在
武昌宝通寺建造了一座雄伟的密教大伽蓝;显荫法师在高野山留学期间,以
《居士林》《海潮音》等杂志为引子,鼓吹密教思潮。此外,在汉阳、南京、上
海、广州、杭州、北京等地设立了密教研究所,密教的教风被酝酿着并且愈演
愈烈。但是此后,被寄予厚望成为中国密教核心人物的显荫法师病死,大勇
法师远赴西藏,密林法师因武昌变成了战乱之巷而离开了中国的中部,纯密
法师则远在广东,虽然他们近来都不在中央地区开展活动,但相信不久的将
来,在普遍需求的驱使下,将出现中心人物,大法复兴的时机也应该会到来。
也就是说,现在是中国密教复兴的准备时期,日本密教徒应尽最大的努力予
以指导和善诱。

五、吉井芳纯：中国和密教(1935)[①]

为什么密教必须在中国复兴呢？这是一个似解非解的问题，不过我可以确信如下：

东亚的复兴以及人类的和平可以通过密教在大陆的复兴而得以最大程度的实现。

这不单是我在脑子里或桌子上想出来的，也不是受最近的风潮刺激而突然想到的。这是一个严肃的事实，只要稍微注意一下中国大陆的历史和现实，谁都可以接受。下面我将对此进行论述，最后也会论述一下复兴密教的必要性。

一、中国的社会机构

最近有句话很流行，说中国"不是国家，却存在社会"。从政治上来看，这句话有侮辱中国政府的意思。但我认为不是这个意思，这句话描述了中国社会机构的一个方面，从这点看很有意思。不仅是现在，在五千年的古老历史中，不同的民族建设了不同的国家。尽管如此，中国的语言、习惯、日常生活方式乃至万般文化，不仅从来没有减少过，反而将征服的民族从语言到生活完全中国化了。也就是说，中国的社会民众超越了国家的兴亡，永远无穷无尽地迈着同样的步伐前进。虽然国破山河在，这是一首感伤的诗，但国亡而社会独存，这就是中国。这一点与其他国家完全不同。因此说没有国家却有社会，也不是强烈侮辱的意思，而是指出了民族的特点。

超越各国兴亡而独自前行的中国社会，是由怎样的机构构成的呢？这是此时的中心问题。

我一再强调，中国社会是由各种宗教团体组成的。也就是说，构成中国

---

① 吉井芳纯：《支那と密教》，《中日密教》第 1—2 卷，第 32—34 页。

社会的单位都是宗教团体。乍一看有些奇怪,但仔细观察就会发现这都是事实。迄今为止,谁都知道中国是"秘密结社"(秘密社会)的国家。例如,现在在日本也十分有名的红十字会、红枪会、大刀会、青帮、红帮、天道一真教、救世新教、在理教等。除此之外,如果要算类似的秘密组织的话,光是名字,据我所知的实体就多达百余种。而且他们都是宗教团体。如果说宗教团体仅限于我们所知道的既成公认的,那么他们都属于宗教性团体。因为这些团体一旦失去宗教的成分,就会失去团结的力量。此外,纯粹的宗教团体还有佛教、基督教、天主教、回教、道教、犹太教等。

凡中国四亿之民,无不与某一宗教团体有关。但并不意味着中国是一个宗教国家。在中国,不单是信仰或信徒,生活的一切都被这些宗教的信条或教权规定着,或根据严格的秘密规约,以保证从生命财产到社会的秩序安宁。换言之,我们通常认为的国事,在中国却是由这些宗教团体进行的。

例如,回教徒至今仍不吃猪肉。另外,"我在理"(我是在理教)这句话的意思是,我既不抽烟也不喝酒,一旦入了在理教的人,卖老婆孩子、抽鸦片等也完全被禁止,此后也再不吸食了。像这样,这些宗教团体的信仰规定了他们生活的基础。此外,在中国被称为匪贼或土匪的人也都是这些宗教团体。单纯的法令和单纯的武力统一并不能使中国得到治理,过去之所以失败的历史会反复都归因于没有体察到这些宗教团体的动向。另外,外国人之所以不能抓住中国战争的真相,包括买卖、叛变,是因为中国社会是由不同宗教组织形成和运行的。一旦你加入了这个组织,成为这个组织的一员,你将永远受到非常友好和舒适的欢迎,就像在家里一样,无论你来自哪里,无论你是什么种族或国家。

如果说人是一种不能孤立存在的动物,那么只要加入这样的宗教组织,即使不是中国人,也能从孤立中得到解救,也能体会到活着的喜悦和活着的意义。同时,你会真正了解到那些不信教的人的生活是多么的寂寞和不安。从这个意义上来说,中国的宗教团体还孕育着十足的魅力和未来性,如果不了解这一点,就无法真正了解中国的实际情况。(待续)

六、吉祥真雄：中国密教的现状(1936)^①

　　一千一百多年前,唐朝开元、贞元时期繁荣起来的中国密教,因会昌破佛而遭受重创,宋以后逐渐衰灭。清朝为了更好地统治蒙古、西藏而在政策上尊崇并优待喇嘛教,所以喇嘛密教在中国北方传播开来。因此有人说"南中国完全是显教,北中国则杂有密教",这种倾向流行于清代,到了民国以后,特别是最近,南北的区别似乎已经很淡薄了。从南方各地有密教重兴会之类的运动可以知晓。毋庸置疑,这是由于随着社会形势的转变,喇嘛密教在南方也得到了传播,以及日本密教的逆输入等原因。对于前者,有一个例子是,前年的四月二十八日,班禅在杭州灵隐寺修时轮金刚法。这在铃木大拙博士的《中国佛教印象记》中也有记述,根据当时新闻杂志的报道,可以看出那是规模相当大的活动。又于同年十一月三十日起的三天内,在汉阳的佛教正信会迎接了诺那呼图克图并开坛灌顶。由此可以看出,喇嘛密教从很早以前就在各地传教了。

　　关于日本密教的逆输入,大正十三年(1924),权田雷斧大僧正前往中国进行密教的修法传授等,虽然不能说这是最初,然而因为此行产生了一个很大的机缘,即涌现了中国的显荫法师、持松法师、谈玄法师等留学我国为学密教的学界人士。融空居士也是研究日本密教的学者。另一方面,吉井芳纯老师的中日密教研究会,虽然位于中国北方的天津,但也为中国密教的兴盛做出了贡献。在其他居士林的章程中虽未见有关密教的规定,但在天津的居士林章程第六条中写道:"真言密教中土失传已久,本林为重兴绝举起见,特专设密教部,建立藏密东密坛场,随时举行结缘灌顶传法灌顶等法,以收显密圆通之益。"与其他居士林不同,这里特别设置了密教部,这是因为平津地区自古以来就有西藏密教的存在,另外,不能忘记的是中日密教研究会的影响。

---

　　① 吉祥真雄:《支那密教の现状について》,《日华佛教研究会年报》第1号,第22—28页。

　　即使统称为密教,日本密教、喇嘛密教、唐代古密教或古昔杂部密教,这三者也有很大的不同。有必要判断哪一种密教具体流行于哪个地方,但这里就不一一赘述了。

　　在天津的居士林中有"普佛课诵规则",收录了日常勤行的法则,以《阿弥陀经》《般若心经》为首,密部则有拔除业障得生净土陀罗尼、在我国用于施饿鬼的真言、三昧耶戒真言等十首左右。虽然这些也是禅宗、净土宗等常使用的密咒,所以不能以此来说明密教的传播,但可以肯定的是,那是密部的密咒。

　　太虚法师在题为《居士学佛之程序》的小册子中提到,学习佛道要以戒定慧为本,再加礼佛、称名、诵经、拜经、参话、持咒。其中,关于"持咒"有如下叙述:

　　　　持咒、在通常之照音称诵,殆与诵念经佛无异;其受真言密教之传授,依一定之仪轨,设特立之坛场,身手结印,心观字种,同时口诵真言,三业玄密相应,行者因心与本尊之果德,同融于六大无碍之交加相持中,则更能总摄前来诸观而速疾成就也。

　　以上是密教流传的概观,从著述出版方面来看,可举的第一个例子是满汉蒙藏四体文大藏全咒的出版。这里面收录了显教经典中提到的咒以及在密教中也完全用不上的咒,将大藏经中的咒收集以后出版了数十卷,十分豪华。由此可以看出对密教的关注。还出版了《真言密咒集要》。著述方面则有持松法师的《大日经住心品纂注》《悉昙入门》,显荫法师的《真言宗义章》,黄忏华居士的《菩提心论浅略释》等。此外,融空居士在《佛学半月刊》上连载了五六回,内容包括般若心经释、三归依印言略释、金胎曼荼罗、一座修法之组织与效果等。该杂志的药师如来专号中有很多与药师如来相关的密教说。

　　其次,作为现在仍被信仰的密咒,六字大明咒(即唵嘛呢叭弥吽)似乎是最受重视的。此咒出现在天息灾译《大乘庄严宝王经》第三卷末及第四卷中,如下:

　　　　此六字大明陀罗尼,是观自在菩萨摩诃萨微妙本心。若有知是微妙本心即知解脱。若复有人以此六字大明陀罗尼,身中项上戴持者,善男子,若有得见是戴持之人,则同见于金刚之身,又如见于舍利窣堵波,又如见于如来,又如见于具一俱胝智慧者。若此戴持之人以手触于余人之身,蒙所触者,是人速得菩萨之位云云。

以上内容论述了该咒的殊胜功德,而在第四卷中则将此咒论述为"唵么扼钵讷铭'二合'吽"。该咒在西藏也受到了很大的尊重。在南京附近的栖霞寺,该咒用藏文被刻在轮形的摩崖上。这是前几年由梅光羲等人发起雕刻的。汉口的佛教正信会在堂内设有像圆柱一样的圆筒,并在上面用藏汉蒙三种字体书写六字大明咒,一边念诵此咒的同时一边转圆筒。庐山西林寺曾发行过六字大明咒的印刷物,根据该印刷物的前言,西藏多杰觉巴喇嘛于今年春天(或前年?)应南省诸居士之邀,在杭州灵隐寺传法时,显示出此咒甚深奥义的一面。另外该印刷物还提到:一普通念诵法、二念诵特别观想法、三表法之奥义、四救灾祈祷法。其中,表法的奥义如下所述:

> 此六字顺次表法,以六道轮回言之:唵表天道,嘛表阿修罗道,呢表人道,叭表畜生道,弥表鬼道,吽表地狱道。念此六字即能断轮回,出三界证圣果。此六凡之表法也。又唵字由菩提心发生,初入十信位,由是增进,嘛字入十住位,呢字入十行位,叭字入十回向位,弥字入十地位,吽字入金刚乘至大觉位。故念此六字,即能立超十地,成无上正等觉。此四圣之表法也。

此外,同样由庐山西林寺发行的印刷物中,也曾摘记过如来顶咒(即悉怛多般怛啰咒)及其功德的经文。观其经文,以阿难为对告众,虽明为杂部经,但具体为何经却看不出来。悉怛多钵怛啰是白伞盖之义,广大仪轨等中所说的白伞盖佛顶真言是"归命蓝悉怛多钵怛啰邬瑟扼沙莎诃"。

汉口的佛教正信会在堂内悬挂如下图的曼荼罗(图略,请参见原书第26页)。那是华丽的彩色画,长两尺、宽一尺五寸左右,同样的东西还有很多,均被挂在墙面上。此曼荼罗当然是西藏系的,但中央的金刚波罗蜜和四方的菩萨配置,与日本密教的仁王经曼荼罗有相似之处,这一点无论是谁都能注意到吧。

　　在向正信会书局询问是否能将右边的曼荼罗卖给自己后,只得到了用金刚胎藏的青红两色印刷的两界曼荼罗,没有其他的曼荼罗。也就是说,他们似乎不太考虑日本密教和中国西藏密教的区别。至少不太考虑中国古密教与日本密教的差异,就是将其作为大藏经中所说密教进行流传并信仰的。但即使在信仰上没有考虑中国古密教、日本密教以及喇嘛密教的区别,作为研究也已经认识到了这一点。

　　从佛学书局的发行书目中,也可以窥知想要日本密教逆向输入的一面。在佛学书局翻刻并发售日本撰述的书籍中,净土部只有《融通念佛圆门章》,杂集部只有《三界义节要》,纂集部只有《八宗纲要》,除此之外几乎找不到其他宗教的书籍,而真言密教的书籍有很多,如下所示:

一、弘法大师杂著八种

一、弘法大师著述辑要(收录空海的著述二十八种)

一、弘法大师释经十三种

一、显密二教论

一、十住心论

一、秘藏宝钥

一、宗秘论

一、三学录

一、付法传

一、理趣经开题

一、真实经文句

一、实相般若答释

以上为弘法大师撰述

一、兴教大师全集精华录

一、秘键略注

一、弘法大师真迹模写摩多体文

一、真言名目

一、佉汀一异义愚案钞

一、即身义蒙钞

一、造塔供养戒说

一、菩提心论教相记

一、大疏秘记集

一、十卷章解题

一、曼荼罗通解

以上为古今诸家之编述

有如此之多的密教书籍被发售，由此可见对密教的热情十分高涨。

另外，还有一件事可以作为补充。我们在他们的欢迎会上，在谈到日华佛教相关的历史时，他们只说"从前日本弘法大师来中国学佛教并将其传至日本"，而不言其他入唐入宋诸师。他们可能是根据本国的史传记住了弘法大师之名吧？或者是由于日本佛教的逆向输入而给他们留下了印象，关于这一点还没有进行调查。但是，总而言之，在日本佛学家中，弘法大师的名字给人留下了最深刻的印象，这既是对日本密教产生需求的原因，也是结果吧。

以上只是我的管见，我知道这不会招致井蛙之见、辽豕之耻。

（昭和十一年 3 月 20 日稿）

七、持松作《满月世界依正庄严颂》(1964)[1]

本尊事业研磨勤，光热熔铸般若心。
般若观欲为净欲，获得非一非异身。
般若观色为妙色，微妙端严殊特身。
智观无色色无尽，随意分身遍刹尘。
三界情识三密转，五色虹光五智成。
自力佛力法界力，解脱人间最后生。
虹光右绕长空转，结成大界满月形。
报化暂留人间住，法身护持在顶门。
残余习气根本惑，补阙端赖作加行。
断除我法二执障，遍礼十方三世尊。
坚固不退宏愿誓，庄严依正利群生。
正报身具法报化，松华如来佛授名。
密支三面具门臂，光明赫奕二严身。
顶有净光似月轮，背有炽光如日轮。
正面肉色慈悲相，两手胸持三昧印。
右赤肉色说法相，爱染萨垂正法轮。
双手伸出金刚拳，右握杵兮左持铃。
左首青色忿怒相，不动明王教令轮。
右齿咬唇左目眇，两手胯前结定形。
尊身威严石上立，右前左后弓步形。
左足踏伏二天魔，右踏天妃二魔身。
周围无量诸眷属，姿态一如本双轮。
满月世界南方现，依报庄严妙绝伦。

---

① 杨毓华主编：《持松大师全集》第七册《满月世界依正庄严颂》，第3228—3229页。

圆满清净无瑕秽，金刚众宝所严成。
欢乐自在多受用，无有昼夜寒暑分。
松华共发十大愿，愿诸众生悉往生。
一愿众生寿无限，二愿衰老病不侵。
三愿清凉无热恼，四愿和悦无纷争。
五愿永离三恶道，六愿衣食应念生。
七愿身轻具相好，八愿眷属常相亲。
九愿利根多闻法，十愿不退菩提心。
满月世界九重轮，统摄佛国为中心。
曼荼诸尊常护念，无上庄严第一轮。
大宝莲花承大地，金刚杵立标志清。
闪烁交光千日盛，彩焰腾辉第二轮。
第三轮为大愿海，四方四海四色分。
东琉璃色南玛瑙，西方金色北碧青。
云锦水色随方映，彩霞晴空透碧曛。
海若兴作冯夷舞，长空伴奏蛟龙吟。
其水清澈无咸味，波平无有骇浪惊。
白鹭银鸥天真戏，金鳌玉虬自来亲。
水族鱼类沾法味，岛屿星罗胜蓬瀛。
二严山为第四轮，秀拔雄伟宝聚成。
千岩万壑不同态，横岭侧峰各异形。
瑶草琪花随处发，红梅青松茂成林。
名蔬佳果非凡品，参术苓芝绝世珍。
狮虎熊猿忘机戏，天鹅云鹭互应声。
孔雀凤凰常栖止，麒麟犀象自在行。
修罗窟宅神仙洞，雕坞鹏砦药叉坪。
一湾湾水天池蓄，几蓬蓬花岩间生。
灵泉瀑布银练泻，瞻蔔香挥瑞气氲。
三聚净道第五轮，柔软明洁胜颤茵。

宝莲花发随步履,朵朵莹光可鉴人。
道树行列花交映,溪流常演说法音。
池沼园林参差布,亭台楼阁结构精。
神龙曳引莲车过,丹凤轻御宝辇行。
第六轮为四摄城,七宝砌就高入云。
金环玉阙琉璃垛,波罗密开十城门。
密迹力士门门守,旌旗伞盖处处升。
四无量心鸣号角,警悟众生菩提心。
五智河为第七轮,金沙布底碧波青。
翠条金枝沿岸垂,千红万紫接成荫。
轻舟荡漾宣教化,雅乐盈空颂德音。
丹桥横锁如宝带,倒影交晃织锦纹。
采禽翩翩穿梭戏,游鱼队队任浮沉。
众宝莲花光闪闪,一莲花内一天人。
天人载歌还载舞,满空花雨落缤纷。
金堤两岸停泊处,翼然各有一艘亭。
妙觉宝郎第八轮,精雕细绘美无伦。
丹檀香柱翡翠瓦,碧玉栏杆金地坪。
丹桂芙蓉参天茂,杜鹃海棠匝地生。
世间名花般般有,不同凡花有凋零。
宝廊十方各一轩,十地名称作轩名。
轩轩陈列珍万品,万行方便是前因。
欢喜轩前妙音塔,众宝乐器所组成。
琵琶箜篌自然奏,箫管琴瑟和雅音。
妙音塔对阿字门,门内寂光第九轮。
青狮白象当门侍,丹凤神鸾展翅迎。
众宝栏杆沿阶饰,幢幡华盖列森森。
摩尼珠网悬空际,重重摄入无尽灯。
金盘绚烂承日转,瑶盏玲珑托月行。

但用日月为装饰，不假日月照光明。
微风飘动鸾玲响，琉璃喷水彩霞升。
猫眼骊珠晶并贮，龙脑郁金玉柱檠。
万种名花高下舞，百味妙供间错陈。
四摄八供天女使，曼舞清歌满阶庭。
梵音嘹亮绕梁柱，彩帛飘扬接彩云。
内院丹墀正方形，四方四智为四门。
环堵宸庑井然布，自性眷属拱卫森。
更升九级崇阶上，五重宫阙次第深。
第一重为普光堂，黄金筑就正方形。
鎏瓦玉槛丹檀树，彩壁朱檐翠氍茵。
击大法鼓吹法螺，金钹响应神钟鸣。
八万四千狮子座，海会诸尊常降临。
第二圆形华严殿，银瓦银柱银为门。
象牙廊扉光敞亮，理趣幽深演大乘。
四壁金刚宝为镜，一镜之前一明灯。
法身不退诸大士，普贤文殊圣观音。
辅翼松华宣教化，常在此中说法深。
金刚峰众宝楼阁，三角赤色金铸成。
宣说三密初级道，色心理事截然分。
庄严坛场诸供具，奉迎理智二部尊。
铁塔龙宫秘密库，金刚萨埵一脉承。
第四重为法界宫，帝青宝作半月形。
二谛圆融观一致，瑜伽深入不二门。
四十八代诸祖聚，尽将法统付双轮。
从此绵延永不绝，两代一脉汇一根。
最深密处密严院，庄严清净妙园林。
短垣围护琉璃砌，山石玲珑宝叠成。
荷花池馆海棠树，芍药栏杆牡丹坪。

红梅芝兰玫瑰圃，山茶芙蓉玉兰村。
石榴碧桃紫藤架，杜鹃山栀月季塍。
西栅蔷薇东篱菊，南岭丹桂北阜樱。
清明涧底鱼入定，玉树枝头鸟谈经。
园林正中妙宫殿，碧琉璃瓦穹窿形。
五峰八柱摩尼顶，翠玉镶嵌莲瓣盛。
璇玑玉轴环地转，方隅开阖任意更。
藻井瑶池中庭树，威仪区分四面宸。
巽方受用三昧处，内证如来法报身。
龙髯编织为幔帐，明珠灯琬玳瑁檠。
象牙雕榻镶猫眼，麒麟顶毳绣绵墩。
香云叆叇薰龙麝，名花交替饰金瓶。
坤隅为受妙供处，禅悦上味尽馐珍。
琼浆玉液酌满鼎，甘露醍醐妙盈樽。
雅乐鸣空轻悦耳，香积盛馔扑鼻馨。
上供十方诸贤圣，下施六道诸众生。
悉令自他皆饱满，精进不退菩提心。
西北隅有七宝池，八功德水时充盈。
瞻卜玫瑰芬陀利，百花露滴酿菁英。
鸡舌龙脑沉檀麝，众香馥郁和水温。
松华自性离诸垢，随缘澡浴净法身。
浴罢宴自莲花座，眷属执拂侍巾瓶。
艮隅为证因果处，观察宿命悟前因。
无始以来本生事，眼前智照悉分明。
六趣往来轮回转，悲欢离合累劫经。
有时随处修万行，有时则任业升沉。
十种殊胜妙成就，总集因果条理清。
而今现身非一异，任意一身或多身。
有时分赴十方供，有时共迎海会尊。

有时摄体入正定，有时户外任经行。
誓愿一致行一致，续佛慧命转法轮。
虚空有尽愿无尽，不动如来作证明。
六大无碍常瑜伽，四种曼荼各不离。
三密相应速疾显，重重帝网名即身。
法然其足萨婆若，心王心所过刹尘。
各具五智无际智，圆镜力故实觉智。

参 考 文 献

一、西文文献

1　Abe Ryūichi(阿部隆一). *The Weaving of Mandra：Kukai and the construction of Esoteric Buddhist Discourse*. Columbia University Press，1999.

2　Almond P C. *The British Discovery of Buddhism*. Cambridge University Press，1988.

3　Asad T. *Genealogies of religion：Discipline and reasons of power in Christianity and Islam*. JHU Press，1993.

4　Aquinas Thomas. *Aquinas's Shorter Summa*. Sophia Institute Press，2002.

5　*Benjamin Walter Gesammelte Schriften*. Suhrkamp，1972.

6　Bianchi Ester. "The Tantric Rebirth Movement in Mordern China". *Acta Orientalia Academiae Scientiarum Hung*，2004(1).

7　Bhattacharyya B. *An introduction to Buddhist esoterism*. Motilal Banarsidass Publishers，1989.

8　Bhattacharyya N. N. *History of the Tantric Religion：An Historical，Ritualistic and Philosophical Study*. Manohar Publishers & Distributors，1999.

9　Brooks D R. *The Secret of the Three Cities：An Introduction to*

Hindu Sakta Tantrism. University of Chicago Press，1990.

10 Brown Peter. *The cult of the saints*. The University of Chicago Press，1981.

11 Brown Robert. "Introduction" to *The Root of Tantra*. State University of New York Press，2002.

12 Chadwin Joseph. "Review on Worldly Saviors and Imperial Authority in Medieval Chinese Buddhism". *Religious Studies Review*，2022(1).

13 Chen Jinhua. *Crossfire：Shingon-Tendai Strife as Seen in Two Twelfth-Century Polemics，with Special References to Their Background in Tang China*. The International Institute for Buddhist Studies，2010.

14 Ch'en K K S. *Buddhism in China：A historical survey*. Princeton University Press，1964.

15 Chou Yi-Liang. "Tantrism in China". *Harvard journal of Asiatic studies*，1945(8).

16 Clearly Thomas Translate. *The Flower Ornament Scripture*. Shambhala，1933.

17 Cronin Vincent. *The Wise Man from the West*. Dutton，1955.

18 Dalton Jacob. "Observations on Dharani Ritual Practice in the Tibetan Dunhuang Manuscripts". San Antonio，Texas，2004. 11.

19 Davidson Ronald M. *Indian Esoteric Buddhism：A Social History of the Tantric Movement*. Columbia University Press，2003.

20 Davidson Ronald M. *Tibetan Renaissance：Tantric Buddhism in the Rebirth of Tibetan Culture*. Columbia University Press，2005.

21 Dean Kenneth. *Taoist Ritual and Popular Cults of Southeast China*. Princeton University Press，1995.

22 Dorje Jigdral Yeshe. *Perfect Conduct：Ascertaining the Three Vows*，translated by Khenpo Gyurme Samdrub and Sangye Khandro.

Wisdom Publications, 1996

23 Dudbridge Glen. *Religious Experience and Lay Society in T'ang China: a Reading of Tai Fu's Kuang-i Chi.* Cambridge Press, 1995.

24 Dyczkowski Mark S. G. *The Stanzas on Vibration: The SpandaKārikā with Four Commentaries, The SpandaSaṃdoha by Kṣemarāja, The SpandaVṛttti by Kallatabhatta, The SpandaVivṛti by Rājānaka Rāma, The SpandaPradpīkā by Bhagavadutpala.* State University of New York Press, 1992.

25 Eastman Kenneth W. "Mahayoga Texts at Tun-huang". *Bulletin of the Institute of Cultural Studies at Ryukoku University*, 1983(22).

26 Eisenstadt. "Multiple Modernities". *Daedalus*, 2000(1).

27 Eliada Mircea. "Tantrism", in *The Encyclopedia of Religion*. Macnillan, 1987.

28 Eliot Charles. *Hindish and Buddhism.* Vol III, Routledge & Kegan Paul Ltd, 1968.

29 Elliott M C. *The Manchu way: the eight banners and ethnic identity in late imperial China.* Stanford University Press, 2001.

30 Elliott M C. "The limits of Tartary: Manchuria in imperial and national geographies". *The Journal of Asian Studies*, 2000(3).

31 Faure B. *The red thread: Buddhist approaches to sexuality.* Princeton University Press, 1998.

32 Hammerstromyan Erik J. *The Huayan University Network: The Teaching and Practice of Avatamsaka Buddhism in Twentieth Century China.* Columbia University Press. 2020.

33 Gernet Jacques. *A History of Chinese Civilization.* Cambridge University Press, 1982.

34 Goble Geoffrey. *Chinese Esoteric Buddhism: Amoghavajra, the Ruling Elite, and the Emergence of a Tradition.* Columbia Univer-

sity Press, 2019.

35　Gray David B. "Eating the Heart of the Brahmin: Representations of Alterity and the Formation of Identity in Tantric Buddhist Discourse". *History of Religions*, 45(1).

36　Gregory Peter. *Tsung-mi and the Sinification of Buddhism*. Princeton University Press, 1991.

37　Groot Jan Jakob Maria de. *The religious system of China, its ancient forms, evolution, history and present aspect, manners, customs and social institutions connected therewith*. E. J. Brill, 1892-1910.

38　Goudriaan, Teun, ed. *Ritual and speculation in early tantrism: studies in honor of André Padoux*. State University of New York Press, 1992.

39　Gupta Sanjukta, Dirk Jan Hoens, Teun Goudriaan. *Hindu Tantrism*. E. J. Brill, 1979.

40　Günther Herbert Vighnāntaka. *The Life and Teaching of Naropa*. Oxford University Press, 1963.

41　Gyaltshen Sakya Pandita Kunga. *A Clear Differentiation of the Three Codes: Essential Distinctions among the Individual Liberation, Great Vehicle, and Tantric Systems*. State University of New York Press, 2002.

42　Hammer O. *Claiming knowledge: Strategies of epistemology from theosophy to the new age*. Brill, 2021.

43　Hayward V E W. "Reviewed Work(s): Buddhism under Mao by Holmes Welch", *The China Quarterly*, 1973(56).

44　Hughes April. *Worldly Saviors and Imperial Authority in Medieval Chinese Buddhism*. University of Hawaii Press, 2021.

45　Hume David. *Dialogues concerning Natural Religion*. Oxford University Press, 1976.

46 Hume D. *The natural history of religion*. Stanford University Press，1957.

47 Kelly John Dunham. *A Politics of Virtue：Hinduism，Sexuality，and Counter colonial Discourse in Fiji*. University of Chicago Press，1991.

48 Kripal Jeffrey J. *Kali's Child：The Mystical and the Erotic in the Life and Teachings of Ramakrishna*. University of Chicago Press，1995.

49 *Kukai：major works*. Translated by Yoshito S. Hakeda. Columbia University Press，1972.

50 Lama Anagriha Govinda. *Grundlagen tibetischer Mystik*. Aquamarin Verlag，1956.

51 Lincoln Bruce. "Theses on Method". *Method and Theory in the Study of Religion*，1996(3).

52 Lopez Jr Donald S. *Elaborations on Emptiness：Uses of the Heart Sutra*. Princeton University Press，1996.

53 Mayer R. *A scripture of the ancient Tantra collection：The Phurpa bcu-gnyis*. Kiscadale，1996.

54 McBride Ⅱ Richard D. "Is There Really 'Esoteric' Buddhism?". *Journal of the International Association of Buddhist Studies*，2004：329 – 356.

55 McBride R D. "Dhāraṇī and Spells in Medieval Sinitic Buddhism". *Journal of the International Association of Buddhist Studies*，2005：85 – 114.

56 McClintock Anne. *Imperial Leather：race，gender and sexuality in the colonial contest*. Routledge，1995.

57 McRae John Robert. "The OX-head School of Chinese Ch'an Buddhism：From Early Ch'an to the Golden Age". In Robert Gimello & Peter Gregory eds.，*Studies in Ch'an and Hua-yen*. University of

Hawaii Press, 1983.

58　Monier-Williams M. *Sanskrit-English Dictionary*. Рипол Класс-ик, 1963.

59　Müller Friedrich Max. *Biographical Essays*. Charles Scibner's Sons, 1884.

60　Nattier J. *A Few Good Men: The Bodhisattva Path According to the Inquiry of Ugra (Ugraparip? cch?): a Study and Translation*. University of Hawaii Press, 2003.

61　Needham Joseph. *The Shorter Science and Civilisation in China*. Cambridge University Press, 1978.

62　Ong Aiwa. *Spirits of Resistance and Capitalist Discipline: Factory Women in Malaysia*. State University of New York Press, 1987.

63　Orzech Charles D. "Seeing Chen-Yen Buddhism: Traditional Scholarship and the Vajrayana in China". *History of Religion*, 1989(2).

64　Orzech Charles D. *Political and Transcendent Wisdom: The Scripture for Humane Kings in the Creation of Chinese Buddhism*, Pennsylvania State University Press, 1998.

65　Orzech Charles D. "The 'Great Teaching of Yoga', the Chinese Appropriation of the Tantras, and the Question of Esoteric Buddhism". *Journal of Chinese Religions*, 2006(34).

66　Padoux André. *Vac: The Concept of the Word in Selected Hindu Tantras*. State University of New York Press, 1990.

67　Padoux André. "Tantrism", in *The Encyclopedia of Religion*, Vol. 14, edited by Mircea Eliada, Macnillan, 1987.

68　Pandit M. P. *Traditions in Mysticism*. Sterling Publishers, 1987.

69　Ray R A. *Secret of the vajra world: The tantric Buddhism of Tibet*. Shambhala Publications, 2001.

70　Samuel Geoffrey. *Civilized Shamans, Buddhism in Tibetan Societies*. Smithsonian Institution Press. 1993.

71 Sanderson A. "Saivism and the Tantric traditions". *The world's religions*, 1988.

72 Sharf Robert. *Coming to Terms with Chinese Buddhism: A Reading of the Treasure Store Treatise*. University of Hawaii Press, 2002.

73 Sharf Robert. "Buddhist Veda and the Rise of Chan". in *Chinese and Tibetan Esoteric Buddhism*, edited by Yael Bentor and Meir Shahar, Brill, 2017.

74 Shinohara Koichi. *Spells, Images, and Maṇḍalas: Tracing the Evolution of Esoteric Buddhist Rituals*. Columbia University Press, 2014.

75 Silk Jonathan. *The Heart Sūtra in Tibetan. A Critical Edition of the Two Recensions Contained in the Kanjur*. Wien: Arbeitskreis fuer Tibetische und Buddhistische Studien, Universität Wien, 1984.

76 Skorupski T. "The canonical tantras of the new schools". in *Tibetan literature: Studies in genre*, edited by Jose Ignacio Cabezon and Roger Jackson, Snow Lion, 1996.

77 Smith J Z. *Imagining religion: from Babylon to Jonestown*. University of Chicago Press, 1982.

78 Sokolova Anna. "Esoteric, Chan and Vinaya Ties in Tang Buddhism: The Ordination Platform of the Huishan Monastery on Mount Song in the Religious Policy of Emperor Daizong". *Buddhist studies review*, 2020(2).

79 Sørensen Henrik H. "The Presence of Esoteric Buddhist Elements in Chinese Buddhism during the Tang". in *Esoteric Buddhism and the Tantras in East Asia*, edited by Charles D. Orzech, Henrik H. Sørensen and Richard K. Payne. Brill, 2011.

80 Sproul Robert Charles. *Renewing Your Mind: Basic Christian Beliefs You Need to Know*. Baker Books, 1998.

81 Sanford James H. "The Abominable Tachikawa Skull Ritual". *Monumenta Nipponica*: *Studies in Japanese Culture*, 1991(1).

82 Seiwert H. *Popular religious movements and heterodox sects in Chinese history*. Brill, 2003.

83 Snellgrove D. *Indo-Tibetan Buddhism*: *Indian Buddhists and Their Tibetan Successors*. Shambhala, 2003.

84 Stein Gertrude. *Everybody's autobiography*. Random House, 1937.

85 Strickmann Michel. *Mantras et mandarins*: *Le bouddhisme tantrique en chine*. Gallimard, 1996.

86 Strong John S. *The Buddha's Tooth*: *Western Tales of a Sri Lankan Relic*. University of Chicago Press, 2021.

87 Sundberg Jeffrey Roger, Giebel Rolf W. "The Life of the Tang Court Monk Vajrabodhi as Chronicled by Lü Xiang (呂向): South Indian and Śrī Laṅkān Antecedents to the Arrival of the Buddhist Vajrayāna in Eighth-Century Java and China". *Pacific World*: *Journal of the Institute of Buddhist Studies*, 2011(13).

88 Suzuki Daisetu. *Sengai The Zen Master*. Eva Van Hoboken, 1971.

89 Tanaka Stefan. *Japan's Orient*: *Rendering Pasts into History*. University of California Press, 1933.

90 Ter Haar B. *Practicing Scripture*: *A Lay Buddhist Movement in Late Imperial China*. University of Hawaii Press, 2014.

91 Thondup Tulku. "Preface". in *Perfect Conduct*: *Ascertaining the Three Vows*. Commentary by His Holiness Dudjom Rinpoche, Jigdral Yeshe Dorje. Translated by Khenpo Gyurme Samdrub and Sangye Khandro. Wisdom Publications, 1996.

92 Tōyō Bunko(Japan). Kenkyūbu. *Memoirs of the Research Department of the Toyo Bunko*. Toyo Bunko, 1926.

93 Urban Huge B. *Tantra*. University of California Press, 2003.

94 Urban Hugh B. "The Extreme Orient: The Construction of 'Tantrism'

as a Category in the Orientalist Imagination". *Religion*，1999(4).

95　Urban H B. *Tantra：Sex，secrecy，politics，and power in the study of religion*. Motilal Banarsidass Publishers，2012.

96　Wedemeyer Christian K. "Tropes, Typologies, and Turnarounds：A Brief Genealogy of the Historiography of Tantric Buddhism". *History of Religions*，2001(3).

97　Wedemeyer Christian K. "Beef,Dog and Other Mythologies：Connotative Semiotics in Mahyoga Tantra Ritual and ture". *Journal of the American Academy of Religion*，2007(2).

98　Wedemeyer Christian K. *Making Sense of Tantric Buddhism：History，Semiology，and Transgression in Indian Traditions*. Columbia University Press，2012.

99　Welch Holmes. *The Practice of Chinese Buddhism：1900 – 1950*. Harvard University Press，1967

100　Welch Holmes. *The Buddhist Revival in China*. Harvard University Press，1968.

101　White David. "Transformations in the Art of Love：Kamakala Practices in Hindu Tantric and Kaula Traditions". *History of religions*，1998(2).

102　White David Gordon. *Tantra in Practice*. Princeton University Press，2000.

二、日文文献

103　大村西崖. 密教発達志[M]. 东京：日本国书刊行会,1918.

104　大村西崖. 密教発達志[M]. 东京：日本国书刊行会,1972.

105　田中海应. 豊山小史[M]. 东京：杏林舍,1924.

106　荻原云来. 尊胜陀罗尼の研究[J]. 密教,第 2 卷第 1 期,1912.

107　权田雷斧.《大日经住心品疏》续弦秘曲[M]. 东京：国译密教刊行会

印刷部,1921.

108 水原梅晓. 支那佛教近世史の研究[M]. 东京：支那时报社,1925.

109 藤井草宣. 最近日支佛教の交涉[M]. 东京：东方书院,1926.

110 中田觉船. 支那僧の日本仏教研究熱を充たすべく——支那全土に密教の大宣伝 真言宗徒の大奮発[N]. 中外日报,1926.3.5.

111 许丹. 支那密教復興之必須條件[A]. 中日密教(第2卷)[C]. 东京：中日密教研究会,1935.

112 吉井芳纯. 支那と密教[A]. 中日密教(第1—2卷)[C]. 东京：中日密教研究会,1935.

113 吉祥真雄. 支那密教の現状について[J]. 日华佛教研究会年报(1). 京都：日华佛教研究会,1936.

114 杉本良智. 华南巡锡[M]. 东京：护国寺出版,1943.

115 镰田茂雄. 華嚴と密教[J]. 智山学报,2000(49).

116 山田灵林. 道元禅师の即心是仏観[J]. 印度学佛教学研究,1956(4).

117 镰田茂雄. 中国華嚴思想史の研究[M]. 东京：东京大学出版会,1965.

118 镰田茂雄. 宗密教学の思想史的研究——中国华厳思想史の研究第二[M]. 东京：东京大学东洋文化研究所,1975.

119 镰田茂雄. 中国佛教史[M]. 东京：东京大学出版会,1982.

120 镰田茂雄博士古稀纪念会编. 華厳学論集[M]. 东京：大藏出版社,1997.

121 镰田茂雄. 華嚴学研究资料集成[M]. 东京：大藏出版社,1993.

122 高西贤正. 东本愿寺上海开教六十年史[M]. 东本愿寺上海别院,1937.

123 金山穆韶. 弘法大师の信仰观[M]. 和歌山县：高野山大学出版部,1944.

124 金山穆韶. 弘法大师の仏教観[N]. 高野山时报,1925.11.25.

125 Brasch Kurt. 仙厓义梵[A]. 禅画[C]. 东京：二玄社,1962.

126 上田灵城. 淨嚴の三昧耶戒觀[J]. 印度学佛教学研究,1967(1).

127 柳田圣山. 初期の禅史[M]. 京都：筑摩书房,1971.

128 滨田隆. 曼陀罗の世界：密教绘画の展开[M]. 东京：东京美术,1971.

129　松长有庆. 密教の歴史[M]. 京都：平乐寺书店,1974.

130　松长有庆. 密教経典成立史論[M]. 京都：法藏馆,1981.

131　冢本善隆. 中国佛教通史[M]. 东京：春秋社,1979.

132　南条文雄. 懐旧録[M]. 东京：平凡社,1979.

133　石井教道. 明恵上人と高山寺[M]. 京都：同朋舍,1981.

134　白鸟库吉. 西域史研究[M]. 东京：岩波书店,1981.

135　长部和雄. 唐宋密教史論考[M]. 京都：永田文昌堂,1982.

136　栂尾祥云. 曼陀罗の研究[M]. 京都：临川书店,1982.

137　栂尾祥云. 栂尾祥云全集[M]. 和歌山县：高野山大学密教文化研究所,1982.

138　柳田圣山. 仙圧の禅画—悟りの美[M]. 东京：日贸出版社,1984.

139　福永光司. 道教と日本思想[M]. 东京：德间书店,1985.

140　続真言宗全書刊行会. 続真言宗全書[M]. 京都：同刊行会,1987.

141　胜又俊教. 唯識思想と密教[M]. 东京：春秋社,1988.

142　赖富本宏. 中国密教[M]. 东京：中央公论社,1988.

143　高木紳元. 空海入門[M]. 京都：法藏馆,1990.

144　柏原祐泉. 日本佛教史[M]. 京都：吉川弘文馆,1990.

145　则田瑞穗. 中国の呪法[M]. 东京：平河出版社,1990.

146　柴崎照和. 明恵と仏光三昧観[J]. 南都佛教,1991(65).

147　苫米地诚一. 興教大師覚鑁の教主観について(2)——本地法身と四種法身[J]. 佛教文化学会纪要,1991(1).

148　苫米地诚一. 栂尾高山寺所蔵阿弥陀并極楽証文について[J]. 智山学报,1994(43).

149　苫米地诚一. 『日本往生極楽記』と密教浄土教[J]. 佛教文化学会纪要,1994(2).

150　苫米地诚一. 平安期真言密教の研究[M]. 东京：ノンブル社,2008.

151　古天绍钦. 仙崖[M]. 东京：出光美术馆,1991.

152　密教的浄土教の根拠——横竪の教判を中心として[J]. 现代密教,1993(5).

153 相田洋. 中国中世の民衆文化：呪術、規範、反乱[M]. 福冈：中国书店,1994.

154 山内舜雄. 日本天台宗における即身成仏義と道元禅[J]. 道元思想大系,1995(16).

155 泉武夫. 白隐·仙厓[M]. 东京：讲谈社,1995.

156 末木文美士. 鎌倉佛教形成論[M]. 京都：法藏馆,1995.

157 赖富本宏. 道教と密教の交渉[J]. 日本佛教学会年报,1996(62).

158 田中公明. 印度·西藏曼陀罗[M]. 京都：法藏馆,1996.

159 高木訷元. 空海：生涯とその周辺[M]. 京都：吉川弘文馆,1997.

160 卫藤吉则. 著作分析を通した仙厓の禅思想：円相図を手がかりとして[J]. 伦理学研究,1997(10).

161 前川健一. 明恵の教判説について[J]. 东洋哲学研究所纪要,1998(14).

162 松长惠史. インドネシア密教[M]. 京都：法藏馆,1999.

163 松元浩一. 中国の呪術[M]. 东京：大修馆书店,2001.

164 前川健一. 聞書類に見える明恵の密教思想[J]. 印度学佛教学研究,2000(1).

165 陈继东. 清末佛教の研究——杨文会を中心として[M]. 东京：山喜房佛书林,2003.

166 大久保良峻. 三密行について[A]. 台密教学の研究[C]. 京都：法藏馆,2004.

167 武内孝善. 弘法大师空海之研究[M]. 京都：吉川弘文馆,2006.

168 野吕靖. 明恵の顕密観[J]. 印度学佛教学研究,2006(2).

169 佐藤裕彦.「無相至極」における加持身説について[J]. 智山学报,2009(3).

170 铃木贯太.『解脱門義聴集記』における明恵の「厳密」思想[J]. 印度学佛教学研究,2010(2).

171 高柳さつき. 鎌倉临济禅における禅密関系の思想的系谱[J]. 禅学研究,2010(88).

172 元山宪寿. 明恵における五聖と五秘密について[J]. 智山学报,2013 (62).

173 藤谷厚生. 禅と密教における成仏と冥想についての一私见——無相禅と有相禅の位置づけ[J]. 四天王寺大学纪要,2014(57).

174 高柳さつき.《真禅融心義》与《显密问答钞》[J]. 印度学佛教学研究, 2016(1).

175 Schicketanz Erik(エリック シッケタンツ). 堕落と復興の近代中国仏教：日本仏教との邂逅とその歴史像の構築[M]. 京都：法藏館,2016.

176 韦杰. 中国における仏教の復興運動について―持松の動向と思想を中心にして―. 京都：株式会社 田中プリント. 2022.

177 月轮氏. 邬瑟怩沙尾惹野陀罗尼の研究[J]. 六条学报(133).

178 田中氏. 尊胜陀罗尼信仰史观[J]. 大正大学学报(15).

179 [日]金刚界念诵次第[A](Kngōkai nenju shidai). 副题：中院流,室町写,高野本.

180 真言宗伝法血脈[A]. 哈佛燕京图书馆藏.

三、中文专著

181 [苏]伊·尼·亚布洛柯夫著. 王孝云,王学富译. 宗教社会学[M]. 成都：四川人民出版社,1989.

182 [美]任达著. 李仲贤译. 新政革命与日本：中国,1898—1912[M]. 南京：江苏人民出版社,1998.

183 [美]罗德尼·斯达克,罗杰尔·芬克著. 杨凤岚译. 信仰的法则[M]. 北京：中国人民大学出版社,2004.

184 [美]彼得·伯格著. 李骏康译. 世界的非世俗化：复兴的宗教及全球政治[M]. 上海：上海古籍出版社,2005.

185 [美]尉迟酣著. 王雷泉,包胜勇,林倩等译. 中国佛教的复兴[M]. 上海：上海古籍出版社,2006.

186 [美]唐纳德·罗佩兹编. 周广荣,常蕾,李建欣译. 佛教解释学[M]. 上海：上海古籍出版社,2009.

187 [美]罗伯特·沙夫著. 夏志前,夏少伟译. 走进中国佛教：《宝藏论》解读[M]. 上海：上海古籍出版社,2009.

188 [美]斯坦利·威斯坦因著. 张煜译. 唐代佛教[M]. 上海：上海古籍出版社,2010.

189 [美]迈克尔·桑德尔著. 曾纪茂译. 精英的傲慢[M]. 北京：中信集团出版社,2021.

190 [英]马林诺夫斯基著. 费孝通译. 文化论[M]. 北京：中国民间文艺出版社,1987.

191 [英]罗纳德·约翰斯通著. 袁亚愚,钟玉英译. 社会中的宗教——一种宗教社会学(第八版)[M]. 成都：四川人民出版社,2012.

192 [英]约翰·布洛菲尔德著. 耿昇译. 西藏佛教密宗[M]. 拉萨：西藏人民出版社,1992.

193 [英]埃里克·J. 夏普著. 吕大吉等译. 比较宗教学史[M]. 上海：上海人民出版社,1988.

194 [法]列维·布留尔著. 丁由译. 原始思维[M]. 北京：商务印书馆,1987.

195 [法]亚历克西·德·托克维尔著. 董杲良译. 美国的民主[M]. 北京：商务印书馆,1988.

196 [德]卡尔·马克思,[德]弗里德里希·恩格斯. 中共中央马克思恩格斯列宁斯大林著作编译局. 马克思恩格斯选集[M]. 北京：人民出版社,1972.

197 [德]汉斯·格奥尔格·伽达默尔著. 洪汉鼎译. 真理与方法[M]. 上海：上海译文出版社,1999.

198 [德]马克斯·韦伯. 简惠美译. 中国的宗教：儒教与道教[M]. 台北：远流出版事业股份有限公司,1989.

199 [德]马克斯·韦伯著. 康乐,简惠美译. 中国的宗教：宗教与世界[M]. 桂林：广西师范大学出版社,2004.

200 [德]鲁道夫·奥托著. 成穷,周邦宪译. 论神圣[M]. 成都：四川人民出版社,1995.

201 [意]马利亚苏塞·达瓦马尼著. 高秉江译. 宗教现象学[M]. 北京：人民出版社,2006.

202 [罗马尼亚]米尔恰·伊利亚德著. 王建光译. 神圣与世俗[M]. 北京：华夏出版社,2002.

203 [荷]高罗佩著. 李零等译. 中国古代房内考[M]. 上海：上海人民出版社,1990.

204 [日]中村元著. 余万居译. 中国佛教发展史[M]. 台北：天华出版事业股份有限公司,1984.

205 [日]村上重良著. 聂长振译. 国家神道[M]. 北京：商务印书馆,1990.

206 [日]村上重良著. 张大柘译. 宗教与日本现代化[M]. 北京：今日中国出版社,1990.

207 [日]丸山真男著. 区建英译. 福泽谕吉与日本近代化[M]. 上海：学林出版社,1992.

208 [日]栂尾祥云著. 释圣严译. 密教史[M]. 台北：东初出版社,1992.

209 [日]栂尾祥云著. 李世杰译. 密教史（印度、中国、韩国篇）[M]. 台北：中国佛教杂志社,1962.

210 [日]道端良秀. 徐明等译. 日中佛教友好二千年史[M]. 北京：商务印书馆,1992.

211 [日]佐藤达玄著. 释见憼等译. 戒律在中国佛教的发展（上）[M]. 嘉义：香光书乡出版社,1992.

212 [日]佐佐木教悟等著. 杨曾文等译. 印度佛教史概说[M]. 上海：复旦大学出版社,1989.

213 [日]唯圆房著. 毛丹青译. 叹异抄[M]. 北京：文津出版社,1994.

214 [日]村上专精. 杨曾文译. 日本佛教史纲[M]. 北京：商务印书馆,1999.

215 [日]末本文美士著. 涂玉盏译. 日本佛教史——思想史的探索[M].

上海：上海古籍出版社,2016.

216　[日]冲本克己编. 释果镜译. 兴盛开展的佛教（中国Ⅱ：隋唐）[M].
　　　台北：法鼓文化出版社,2016.

217　[日]静慈圆著. 刘建英,韩昇译. 日本密教与中国文化[M]. 上海：文
　　　汇出版社,2010.

218　[日]平川彰著. 显如法师,李凤媚,庄崑木译. 印度佛教史[M]. 贵
　　　阳：贵州大学出版社,2013.

219　[日]神林隆净著. 欧阳翰存译. 密宗要旨[M]. 昆明：中华书局有限
　　　公司,1939.

220　[印]罗睺罗·桑克利提亚衍. 考古文集[M]. 阿拉哈巴德,1927.

221　[印]拉姆钱德拉·米什拉. 佛教悉陀德密教修行及修行诗[M]. 纳格
　　　普尔,1997.

222　白化文,李鼎霞. 行历抄校注[M]. 石家庄：花山文艺出版社,2004.

223　陈兵,邓子美. 二十世纪中国佛教[M]. 北京：民族出版社,2000.

224　陈兵,徐湘灵. 佛教与密宗入门[M]. 成都：四川人民出版社,1998.

225　陈健民. 密宗灌顶论[M]. 香港：永发印务有限公司,1956.

226　陈景富. 法门寺史略[M]. 西安：陕西人民出版社,1990.

227　陈麟书,袁亚愚. 宗教社会学通论[M]. 成都：四川大学出版社,1992.

228　陈扬炯. 中国净土宗通史[M]. 南京：凤凰出版社,2008.

229　陈永革. 佛教弘化的现代转型：民国浙江佛教研究（1912—1949）. 北
　　　京：宗教文化出版社,2003.

230　陈永革. 近世中国佛教思想史论[M]. 北京：宗教文化出版社,2012.

231　陈永革. 晚明佛教思想研究[M]. 北京：宗教文化出版社,2007.

232　程宅安. 密宗要义[M]. 上海：净乐林编译部,1929.

233　持松. 持松大师选集[M]. 北京：华夏出版社,2009.

234　持松. 持松法师论著选集[M]. 上海：华东师范大学出版社,1993.

235　持松. 密教通关[M]. 台北：自由出版社,1965.

236　持松. 三昧耶戒义释[M]. 1936.

237　持松. 真言宗之戒[M]. 油印本,1936.

238　传教大师全集[M]. 滋贺县：比叡山图书刊行所,1926.

239　慈怡编著. 佛光大辞典[M]. 北京：北京图书馆出版社,2005.

240　大日本佛教全书[M]. 东京：佛书刊行会,1912.

241　大醒. 大醒法师遗著[M]. 台北：海潮音社,1963.

242　大正一切经刊行会. 大正新修大藏经[M]. 台北：新文丰出版公司,1934.

243　道殿. 显密圆通成佛心要集[M]. 南京：金陵刻经处,1872.

244　邓子美,陈卫华,毛勤勇. 当代人间佛教思潮[M]. 兰州：甘肃人民出版社,2009.

245　邓子美. 传统佛教与中国近代化[M]. 上海：华东师范大学出版社,1994.

246　丁天魁主编. 国清寺志[M]. 上海：华东师范大学出版社,1995.

247　董诰等编. 全唐文[M]. 北京：中华书局,1983.

248　杜继文,魏道儒. 中国禅宗通史[M]. 南京：江苏古籍出版社,1993.

249　发思巴上师辑著. 萧天石主编. 大乘要道密集[M]. 台北：自由出版社,1962.

250　方立天. 方立天文集[M]. 北京：中国人民大学出版社,2006.

251　方立天. 中国佛教简史[M]. 北京：宗教文化出版社,2001.

252　房玄龄等. 晋书[M]. 北京：中华书局,1982.

253　冯达庵. 佛法要论[M]. 北京：宗教文化出版社,2006.

254　冯契,徐孝通. 外国哲学大辞典[M]. 上海：上海辞书出版社,2000.

255　高静等编. 文话东湖[M]. 武汉：武汉出版社,2017.

256　高瑞泉主编. 中国近代社会思潮[M]. 上海：华东师范大学出版社,1996.

257　高山寺资料丛书[M]. 东京：东京大学出版会,1998.

258　高宣扬. 当代法国思想五十年(第2版)[M]. 北京：中国人民大学出版社,2016.

259　高振农. 近现代中国佛教论[M]. 北京：中国社会科学出版社,2012.

260　葛兆光. 西潮又东风：晚清民初思想、宗教与学术十论[M]. 上海：上海古籍出版社,2006.

261　葛兆光.中国思想史[M].上海：复旦大学出版社,2000.

262　葛壮.宗教与近代上海社会的变迁[M].上海：上海人民出版社,2007.

263　古正美.从天王传统到佛王传统：中国中世佛教治国意识形态研究[M].台北：商周出版,2003.

264　郭朋.隋唐佛教[M].济南：齐鲁书社,1980.

265　韩金科.圣骨法门之谜[M].杭州：浙江文艺出版社,2012.

266　韩敏.民国佛教戒律研究[M].北京：宗教文化出版社,2016.

267　韩同.民国六十年来之密宗[M].台北：莲花精舍,1971.

268　何甘棠.黎乙真大阿阇梨赴告[M].香港：佛教真言宗居士林,1937.

269　何建明.佛法观念的近代调适[M].广州：广东人民出版社,1998.

270　何建明.人间佛教与现代港澳佛教[M].香港：新新出版公司,2006.

271　贺还轮,刘杰主编.中国共产党延安时期与延安精神研究系列丛书(1)：延安时期著名人物[M].西安：陕西人民出版社,2015.

272　弘法大师全集[M].京都：吉川弘文馆,1909.

273　弘赞.兜率龟镜集·后集[M].

274　洪启嵩.密宗的源流[M].北京：华夏出版社,2012.

275　黄公伟.人生哲学通义[M].台北：现代文艺出版社,1963.

276　黄念祖.心声录[M].北京：广济寺,1989.

277　黄夏年主编.民国佛教期刊文献集成[M].北京：全国图书馆文献缩微复制中心,2006.

278　黄夏年主编.印顺集[M].北京：中国社会科学出版社,1995.

279　黄心川.东方佛教论：黄心川佛教文集[M].北京：中国社会科学出版社,2002.

280　黄阳兴.咒语·图像·法术：密教与中晚唐文学研究[M].深圳：海天出版社,2015.

281　黄英杰.金刚乘事件薄：民国密宗年鉴(1911—1992)[M].台北：商周出版,2019.

282　黄永武主编.敦煌宝藏[M].台北：新文丰出版公司,1981—1985.

283 慧律法师讲授. 释法印整理. 蒙山施食念诵说法仪轨[M]. 高雄：财团法人文殊文教基金会,1999.

284 汲喆,田水晶,王启元编. 二十世纪中国佛教的两次复兴[M]. 上海：复旦大学出版社,2016.

285 季羡林. 浮屠与佛[M]. 北京：人民出版社,1957.

286 蒋维乔. 佛学大要(民国石印本). 天津：华北印书馆代印.

287 蒋维乔. 中国佛教史[M]. 上海：上海书店,1989.

288 觉醒主编. 都市中的佛教[M]. 北京：宗教文化出版社,2004.

289 觉醒主编. 佛教与现代化：太虚大师圆寂六十周年纪念文集[M]. 北京：宗教文化出版社,2008.

290 觉鍐. 兴教大师全集[M]. 真言宗丰山派宗务所,1992.

291 金安一编. 密宗辑要[M]. 台北：正伦杂志社,1969.

292 金炳华等编. 哲学大辞典(修订本上、下册)[M]. 上海：上海辞书出版社,2001.

293 近代中国对西方及列强认识资料汇编[M]. 台北："中央研究院"近代史研究所,1986.

294 康少邦,张宁等编译. 城市社会学[M]. 杭州：浙江人民出版社,1986.

295 空海. 真济编. 遍照发挥性灵集[M]. 1079.

296 宽旭主编. 首届大兴善寺唐密文化国际学术研讨会论文集[M]. 西安：陕西师范大学出版总社有限公司,2012.

297 赖炎元. 韩诗外传今注今译[M]. 台北：商务印书馆,1972.

298 赖永海. 中国佛性论[M]. 北京：中国青年出版社,1999.

299 赖永海主编. 中国佛教通史[M]. 南京：江苏人民出版社,2010.

300 蓝吉富. 认识日本佛教[M]. 台北：全佛文化事业有限公司,2007.

301 蓝吉富编. 准提法汇[M]. 台北：嘉丰出版社,2005.

302 蓝吉富主编. 现代佛学大系[M]. 台北：弥勒出版社,1984.

303 李冀诚. 佛教密宗仪礼窥密[M]. 大连：大连出版社,1991.

304 李零. 郭店楚简校读记(增订本)[M]. 北京：中国人民大学出版社,2007.

305　李世杰. 密宗的历史与教理[M]. 台北：佛教出版社,1977.

306　李天纲. 金泽：江南民间祭祀探源[M]. 北京：生活·读书·新知三联书店,2017.

307　李天纲. 人文上海——市民的空间[M]. 上海：上海教育出版社,2004.

308　李蔚. 苏曼殊评传[M]. 北京：社会科学文献出版社,1990.

309　李向平. 救世与救心——中国近代佛教复兴思潮研究[M]. 上海：上海人民出版社,1993.

310　李心苑,李永斌. 金胎合曼：密宗及其祖庭[M]. 西安：西安电子科技大学出版社,2016.

311　梁启超. 论中国学术思想变迁之大势[M]. 北京：中华书局,1989.

312　梁启超. 饮冰室合集[M]. 北京：中华书局,1992.

313　梁漱溟. 中国文化与中国哲学[M]. 北京：东方出版社,1986.

314　林世田,申国美编. 敦煌密宗文献集成[M]. 北京：全国图书馆文献缩微复制中心,2000.

315　刘立千. 刘立千藏学著译文集·杂集[M]. 北京：民族出版社,2000.

316　刘昫等. 旧唐书[M]. 北京：中华书局,1975.

317　吕澂. 印度佛学源流略讲[M]. 上海：上海人民出版社,1979.

318　吕澂. 中国佛学源流略讲[M]. 北京：中华书局,1979.

319　吕建福. 密教论考[M]. 台北：空庭书苑,2009.

320　吕建福. 中国密教史（三）：五代至近代密教的流传[M]. 新北：空庭书苑,2011.

321　吕建福. 中国密教史[M]. 北京：中国社会科学出版社,1995.

322　吕建福. 中国密教史[M]. 台北：空庭书苑,2010.

323　吕建福释译. 大日经[M]. 北京：东方出版社,2020.

324　吕建福主编. 密教的派别与图像[M]. 北京：中国社会科学出版社,2014.

325　吕建福主编. 中期密教注疏与曼陀罗研究[M]. 北京：中国社会科学出版社,2019.

326　吕铁钢,胡和平编. 法尊法师佛学论文集[M]. 北京：中国佛教文化研究所,1990.

327 麻天祥. 20 世纪中国佛学问题[M]. 武汉：武汉大学出版社,2007.

328 麻天祥. 晚清佛学与近代社会思潮[M]. 台北：文津出版社,1992.

329 孟晓路. 七大缘起论[M]. 北京：宗教文化出版社,2008.

330 妙凡,程恭让主编. 星云大师人间佛教理论实践研究[M]. 南京：江苏人民出版社,2015.

331 潘桂明. 中国居士佛教史[M]. 北京：中国社会科学出版社,2000.

332 乾隆大藏经[M]. 1733.

333 秦萌. 民国时期真言宗回传中的显密之争[M]. 北京：宗教文化出版社,2015.

334 邱福海. "即身成佛"的简捷法门——"密宗"的形成与发展[M]. 台北：淑馨出版社,1997.

335 邱陵. 密宗秘法[M]. 北京：北京工业大学出版社,1990.

336 邱陵. 密宗入门知识[M]. 北京：北京工业大学出版社,1993.

337 秋爽主编. 寒山寺佛学(第八辑)[M]. 兰州：甘肃人民出版社,2013.

338 权田雷斧著. 王弘愿译. 密教纲要影印本[M]. 潮州：潮安刻经处,1919.

339 全国政协文史资料委员会宗教组编. 名僧录[M]. 北京：中国文史出版社,1988.

340 饶锷,饶宗颐. 潮州艺文志[M]. 上海：上海古籍出版社,1994.

341 任继愈主编. 佛教大辞典[M]. 南京：江苏古籍出版社,2002.

342 任继愈主编. 中国佛教史[M]. 北京：中国社会科学出版社,1985—1988.

343 任继愈主编. 中国哲学发展史[M]. 北京：人民出版社,1994.

344 任振泰主编. 杭州市志[M]. 北京：中华书局,1999.

345 日本藏经院. 卍新纂续藏经[M]. 1905—1912.

346 沈卫荣主编. 何谓密教？——关于密教的定义、修习、符号和历史的诠释和争论[M]. 北京：中国藏学出版社,2013.

347 圣严. 法鼓全集[M]. 台北：法鼓文化,2002.

348 释东初. 中国佛教近代史[M]. 台北：中华佛教文化馆,1974.

349 释法舫著. 梁建楼整理. 法舫文集[M]. 北京：金城出版社,2011.

350 释宏涛. 空海大师——即身成佛[M]. 台北：经典杂志,2019.

351 释慧皎撰. 汤用彤校注. 高僧传[M]. 北京：中华书局,1992.

352 释慧原编纂. 潮州市佛教志·潮州开元寺志[M]. 广东省佛教协会,潮州市佛教协会印赠本,1992.

353 释仁炟,李四龙主编. 佛教与当代中国文化建设[M]. 上海：复旦大学出版社,2017.

354 释悟光. 心经思想蠡测[M]. 台北：派色文化出版社,1992.

355 释真禅主编. 持松法师纪念集[M]. 上海：华东师范大学出版社,1994.

356 宋恕. 宋恕集[M]. 北京：中华书局,1993.

357 苏曼殊. 苏曼殊全集[M]. 上海：中央书店,1947.

358 苏曼殊. 苏曼殊诗文集[M]. 上海：中央书店,1947.

359 苏渊雷等选辑. 佛藏要籍选刊[M]. 上海：上海古籍出版社,1994.

360 孙昌武. 中国文学中的维摩与观音[M]. 北京：高等教育出版社,1996.

361 索甲仁波切. 郑振煌译. 西藏生死书[M]. 杭州：浙江大学出版社,2011.

362 太虚. 太虚大师全书[M],北京：宗教文化出版社,2004.

363 太虚大师审定. 范古农校订. 慈忍室主人编辑. 海潮音文库[M]. 台北：新文丰出版公司,1985.

364 谈锡永. 解深密经密意[M]. 台北：全佛文化出版社,2012.

365 谈锡永. 密续部总建立广释导读[M]. 台北：全佛文化出版社,2008.

366 谈锡永. 密宗名相[M]. 北京：华夏出版社,2008.

367 谈锡永. 四法宝鬘导读[M]. 台北：全佛文化事业有限公司,1999.

368 谈锡永. 文殊师利二经蜜意[M]. 上海：复旦大学出版社,2015.

369 谈锡永. 闲话密宗[M]. 台北：全佛文化出版社,1997.

370 谈锡永.《无边庄严会》密意[M]. 上海：复旦大学出版社,2014.

371 谈锡永释. 幻化网秘密藏续释——光明藏[M]. 北京：华夏出版社,2010.

372 谭嗣同撰. 何执校点. 谭嗣同集[M]. 长沙：岳麓书社,2012.

373 汤用彤. 汉魏两晋南北朝佛教史（增订本）[M]. 北京：北京大学出版社,2011.

374 汤用彤. 隋唐佛教史稿[M]. 北京：中华书局,1988.

375 汤用彤. 汤用彤学术论文集[M]. 北京：中华书局,2016.

376 汪康年. 汪康年师友书札[M]. 上海：上海古籍出版社,1986.

377 王弘愿. 密宗纲要[M]. 台北：天华出版事业股份有限公司,1999.

378 王弘愿著述. 于瑞华主编. 密宗讲习录[M]. 北京：华夏出版社,2009.

379 王晓华. 西方美学中的身体意象——从主体观的角度看[M]. 北京：人民出版社,2016.

380 王永会. 中国佛教僧团的发展及其管理研究[M]. 成都：巴蜀书社,2003.

381 魏启鹏. 简帛文献《五行》笺证[M]. 北京：中华书局,2005.

382 魏收. 魏书[M]. 北京：中华书局,1974.

383 吴钢主编. 王京阳点校. 全唐文补遗（第四辑）[M]. 西安：三秦出版社,1997.

384 吴立民,韩金科. 法门寺地宫唐密曼荼罗之研究[M]. 香港：中国佛教文化出版有限公司,1998.

385 吴信如(吴立民). 台密东密与唐密[M]. 北京：中国藏学出版社,2011.

386 夏广兴. 密教传持与唐代社会[M]. 上海：上海人民出版社,2008.

387 夏晓虹编. 梁启超文选[M]. 北京：中国广播电视出版社,1992.

388 显荫. 真言宗义章[M]. 上海：佛学书局,1924.

389 肖平. 近代中国佛教的复兴——与日本佛教界的交往录[M]. 广州：广东人民出版社,2003.

390 萧登福. 道教术仪与密教典籍[M]. 台北：新文丰出版公司,1994.

391 熊月之. 西学东渐与晚清社会[M]. 北京：中国人民大学出版社,2011.

392 续群书类丛完成会. 群书类丛[M]. 1928.

393 玄奘,辩机原著. 季羡林等校注. 大唐西域记校注[M]. 北京：中华书局,2000.

394 闫孟祥.宋代佛教史[M].北京:人民出版社,2013.

395 严耀中.汉传密教[M].上海:学林出版社,1999.

396 严耀中.江南佛教史[M].上海:上海人民出版社,2000.

397 严耀中.中国东南佛教史[M].上海:上海人民出版社,2005

398 杨惠南.龙树与中观哲学[M].台北:东大图书股份有限公司,2005

399 杨文会.杨仁山居士遗著[M].南京:金陵刻经处,1919.

400 杨文会撰.周继旨校点.杨仁山全集[M].合肥:黄山书社,2000.

401 杨毓华主编.持松大师全集[M].新北:震曜出版社,2013.

402 印顺.太虚大师年谱[M].台北:正闻出版社,1990.

403 释印顺.印顺法师佛学著作全集[M].北京:中华书局,2009.

404 英武.密宗概要[M].成都:巴蜀书社,2004.

405 于凌波.民国高僧传初编[M].台北:知书房,2005.

406 于凌波.中国近现代佛教人物志[M].北京:宗教文化出版社,1995.

407 于瑞华,中国人民大学佛教与宗教学理论研究室主编.民国密宗期刊文献集成[M].北京:东方出版社,2008.

408 于瑞华编.密教讲习录[M].北京:华夏出版社,2009.

409 赞宁著.范祥雍点校.宋高僧传[M].北京:中华书局,1987.

410 增补史料大成刊行会.增补史料大成[M].京都:临川书店,1965.

411 增勤主编.首届长安佛教国际学术研讨会论文集[C].西安:陕西师范大学出版总社有限公司,2010.

412 张化.上海宗教通览[M].上海:上海古籍出版社,2004.

413 张曼涛主编.现代佛教学术丛刊[M].台北:大乘文化出版社,1976—1979.

414 张志哲编.中华佛教人物大辞典[M].合肥:黄山书社,2006.

415 章太炎.章太炎全集[M].上海:上海人民出版社,1985.

416 长春市政协文史委员会.长春文史资料(第四辑)[M].长春,1988.

417 赵朴初.赵朴初文集[M].北京:华文出版社,2007.

418 郑宇硕主编.中国与亚洲[M].香港:商务印书馆,1990.

419 中国第二历史档案馆编. 中华民国史档案资料汇编[M]. 南京：凤凰出版社,2010.

420 中国佛教协会. 中国佛教(第四辑)[M]. 北京：知识出版社,1989.

421 中华大藏经[M]. 北京：中华书局,1996.

422 周霞. 中国近代佛教史学名家评述[M]. 上海：上海社会科学院出版社,2006.

423 周一良著. 钱文忠译. 唐代密宗[M]. 上海：上海远东出版社,2012.

424 朱封鳌,曹志天,韦彦铎,释宗真. 天台山高明讲寺志[M]. 上海：上海书店出版社,2017.

425 朱封鳌. 天台宗修持与台密探索[M]. 北京：宗教文化出版社,2004.

426 朱封鳌主编. 中国佛缘人物志[M]. 上海：上海辞书出版社,2009.

427 朱杰人等主编. 朱子全书[M]. 上海：上海古籍出版社;合肥：安徽教育出版社,2002.

428 朱少伟. 渐宜斋札记[M]. 上海：上海三联书店,2010.

429 竺摩主讲. 达居记录. 维摩经讲话[M]. 澳门：文新印务公司,1941.

430 宗喀巴著. 法尊译. 密宗道次第广论[M]. 西宁：青海人民出版社,2012.

431 宗喀巴著. 法尊译. 宗喀巴大师集[M]. 北京：民族出版社,2001.

四、中文期刊、报纸、档案

432 [日]金冈秀友. 密教思想的形成[A]. [日]玉城康四郎主编. 佛教思想(二)——在中国的开展[C]. 台北：幼狮文化事业公司,1987.

433 [日]金刚界念诵次第[A](Kngōkai nenju shidai). 副题：中院流,室町写,高野本.

434 [日]赖富本宏著. 孙学雷译. 孙晓林校. 敦煌文献在中国密教史上的地位[J]. 北京图书馆馆刊,1997(4).

435 [日]佐藤达玄著. 关世谦译. 道宣与戒体(上)[J]. 妙林,2000(4).

436 白宗军,李靖. 中国佛教本体论思想略探[J]. 商,2013(31).

437 蔡惠明. 持松法师95周年诞辰纪念仪式在沪举行[J]. 法音,1989(11).

438 蔡惠明. 精通贤首 重兴真言[J]. 法音,1993(5).

439 曾楚楠. 从师愈到密宗大阿阇黎——王弘愿先生皈佛成因蠡测[J]. 饶学研究. 第1辑. 暨南大学出版社,2014.

440 陈兵. 净土法门实似论[J]. 法音,1995(8).

441 陈明晖. 藏密"光明"论[J]. 法音,1990(6).

442 陈士强.《密教通关》解析[J]. 法音,1996(8).

443 陈雪峰. 东密求法者的对立——以王弘愿和持松的论辩为例[J],青海师范大学学报,2018(1).

444 陈永革. 民初显密关系论述评——以密教弘传浙江及其效应为视角[J]. 普门学报,2004(24).

445 陈玉玺. 从佛教心理学重新探究"无我"教说——兼论印度教"梵我"与"自我"意识之分际[J]. 新世纪宗教研究,2011(4).

446 陈泽泓. 唐代佛教密宗入粤及文物考述[J]. 学术研究,2002(5).

447 程狄. 中国古代民间密教发展[J]. 大众文艺,2011(14).

448 程学华. 唐贴金画彩石刻造像[J]. 文物,1961(7).

449 慈莲. 唐代华严的三圣圆融观[D]. 南京大学博士学位论文,2017.

450 大通和尚宛书简. 日本福冈市美术馆藏.

451 单侠. 民国时期佛教革新研究(1919—1949)——以革新派僧伽为主要研究对象[D]. 陕西师范大学博士学位论文,2012.

452 德光. 东西方文化思潮中近代中国佛教的复兴[J]. 佛学研究,2018(1).

453 德田.《汉藏教理论概况》中关于课程的介绍[J]. 佛光季刊,1949(1).

454 邓子美. 20世纪中国佛教教育事业之回顾[J]. 佛教文化,1999(6).

455 邓子美. 二十世纪中国佛教智慧的结晶——人间佛教理论的建构与运作[J]. 法音,1998(6).

456 丁青. 再探日本名僧空海与绍兴的历史渊源[J]. 承德民族师专学报,2009(4).

457 丁小平. 太虚法师对藏传密教的融铸[J]. 武汉理工大学学报,2009(6).

458 段新龙.《楞严经》如来藏思想研究[D]. 陕西师范大学博士学位论

文,2011.

459　范德康.范德康谈藏学研究的发展[J].东方早报上海书评,2016.
7.24.

460　方英敏.身体美学与身心一元论的证成——基于马克思历史唯物主义的一种解答[J].文艺理论研究,2020(1).

461　冯达庵.禅宗明心见性与密宗即身成佛[J].圆音月刊,1948(9,10).

462　佛学半月刊[N].

463　佛学丛报[N].

464　傅新毅.玄奘法师《制恶见论》考[J].世界宗教研究,2011(12).

465　高慧.《心经》神圣性问题研究[D].西北大学硕士学位论文,2017.

466　高野山时报[N].

467　高永旺.论人间佛教的世俗性与超越性[J].青海社会科学,2011(2).

468　龚隽.从《华严经》到《圆觉经》:唐代华严教学中的经典转移[J].世界宗教研究,2018(1).

469　龚万幸.上海静安寺简介[J].现代声像档案,2016(6).

470　关静潇.准提佛母及其信仰研究[D].陕西师范大学硕士学位论文,2011.

471　郭萍.东亚地区认同分析[D].暨南大学硕士学位论文,2006.

472　郭青生.中日佛教入世精神的比较研究[J].浙江学刊,1998(4).

473　海潮音[N].

474　韩朝忠.近代华严宗发展研究(1840—1949)[D].吉林大学博士学位论文,2015.

475　韩传强.禅宗北宗研究[D].南京大学博士学位论文,2013.

476　何建明.地方志文献汇纂与中国宗教史研究的新趋向[J].中国人民大学学报,2014(3).

477　何建明.黄宗仰与中国近代佛教文化的振兴[J].佛学研究,2002(1).

478　何建明.民初佛教革新运动述论[J].近代史研究,1992(4).

479　何建明.清末苏曼殊的振兴佛教思想简论[J].华中师范大学学报,1994(5).

480　何建明. 中国近现代密教文化复兴运动浅探[J]. 华中师范大学学报, 2009(3).

481　何劲松. 中国佛教应走什么道路——关于居士佛教的思考[J]. 世界宗教研究, 1998(1).

482　何顺果. 全球化、国际化与现代社会[N]. 光明日报, 2010. 10. 26.

483　何子文. 菩萨公民: 佛教僧人的社会身份及其近代转变[D]. 上海大学博士学位论文, 2010.

484　洪修平. 太虚与近代佛教的革新运动及人间佛教的提倡[J]. 佛学研究, 1994(3).

485　洪修平. 重提佛教既是宗教, 又是文化——兼论传承发展中国佛教文化的两个向度[J]. 世界宗教文化, 2018(2).

486　侯慧明, 张文卓. 首届中国密教国际学术研讨会综述[J]. 世界宗教研究, 2010(3).

487　侯慧明. 近代以来中国密教研究[J]. 宗教学研究, 2011(3).

488　侯慧明. 论密教早期之曼陀罗法[J]. 世界宗教研究, 2011(3).

489　黄夏年. 印顺的人间佛教思想[J]. 佛学研究, 2005.

490　黄心川. 佛教与道教[J]. 中华佛学学报, 1999(12).

491　黄阳兴. 中晚唐时期四川地区的密教信仰[J]. 宗教学研究, 2008(1).

492　黄英杰. 太虚大师的显密交流初探——以日本密宗为例[J]. 玄奘佛学研究, 2012(14).

493　焦得水. 九华山近现代高僧传略[J]. 池州学院学报, 2013(2).

494　巨赞. 新佛教运动的回顾与前瞻[J]. 狮子吼月刊, 1940(1).

495　觉群周报[N].

496　觉社丛书[N].

497　觉醒. 都市寺院与人间佛教: 上海玉佛寺在当代的探索与实践[J]. 法音, 2011(7).

498　觉醒. 沪港佛教天台宗的殊胜法缘[J]. 法音, 2012(1).

499　觉醒. 人间佛教的新形式[D], 复旦大学博士学位论文, 2011.

500　觉有情半月刊[N].

501　教育公报[N].

502　金刚师红.赵朴初"无尽意"人间佛教思想的佛教经典探源[J].南京晓庄学院学报,2015(1).

503　金海.论查尔斯·泰勒的"现代社会想象"[J].现代外国哲学,2022(21).

504　金陵学报[N].

505　金申.西安安国寺遗址的密教石像考[J].敦煌研究,2003(4).

506　金易明.法院清流觅知音——上海玉佛禅寺梵乐团巡演马、新、印尼三国随想[J].法音,2007(12).

507　宽旭.关于汉传佛教密宗复兴的思考[J].法音,2017(4).

508　赖永海,高永旺.佛教与开放[J].江苏社会科学,2009(1).

509　赖永海.禅宗六祖与佛教的中国化[J].中华读书报,2022.6.11.

510　赖岳山.考论:"民国教育部'著作发明及美术奖励'(1941—1949)"与"吕澂、柳诒征《汤用彤〈汉魏两晋南北朝佛教史〉审查书》"[J].汉语佛学评论(第三辑).上海:上海古籍出版社,2013.

511　蓝慧龄.华严三大士研究[D].陕西师范大学硕士学位论文,2010.

512　李春远.略论梁启超的"应用佛学"[J].福建论坛,2001(4).

513　李茂宁.太虚大师显密融贯思想研究[D].湖南师范大学硕士学位论文,2020.

514　李四龙.化成天下的人间佛教[A].开放:2014人间佛教高峰论坛[C].高雄:佛光文化事业有限公司,2014.

515　李天纲,苏勇.现代城市文化断想[J].复旦学报,1986(3).

516　李天纲.佛教复兴与都市化革命[A].上海:当代佛教与文化繁荣研讨会[C].2012.

517　李天纲.神圣性:当代中国佛教振兴的前景[A].觉醒主编.当代佛教的历史使命与社会责任[C].北京:金城出版社,2015.

518　李天纲.书评:评 Wei-Ping Lin 林玮嫔,Materializing Magic Power:Chinese Popular Religion in Villages and Cities[J].汉学研究,2019(1).

519　李向平.人间佛教的神圣性构成——以星云大师的佛教思想为中心

[J]. 上海大学学报,2016(5).

520 李向平. 社会化,还是世俗化——中国当代佛教发展的社会学审视[J]. 学术月刊,2007(7).

521 李向平. 顺应时代的佛教文化[J]. 上海大学学报,1994(5).

522 李郑龙. 近代佛教界显密纷争的再探讨[J]. 中山大学学报,2015(2).

523 李志军. 疏离与圆融——方东美华严宗教哲学研究[D]. 武汉大学博士学位论文,2013.

524 梁明霞. 1920 年代的中日佛教交流——以东亚佛教大会为中心的考察[J]. 日语学习与研究,2015(5).

525 梁启超. 我对儒家的看法[J]. 庸言,1913(1 卷 15 号).

526 梁为国,黄维. 近现代汉传佛教哲学的变迁以及启示[J]. 中国宗教,2020(2).

527 林啸. 人间净土与他方净土的理论难题——以太虚对净土思想抉择的矛盾为中心[J]. 广州大学学报,2017(6).

528 刘钝. 初窥五轮塔:一个有关起源、传播与形上基础的跨学科研究[J]. 中国科技史杂志,2020(3).

529 刘光雨. 四川地区华严三圣信仰研究[D]. 西华师范大学硕士学位论文,2016.

530 刘俊哲. 宗喀巴《密宗道次第广论》的哲学思想探析[J]. 民族学刊,2020(2).

531 刘黎明. 宋代民间密宗信仰:以《夷坚志》为中心的初步考察[J]. 江西社会科学,2004(2).

532 刘婉俐. 汉传佛教的现代化转折:兼谈藏传佛教入民间的互涉与影响[J]. 世界宗教学刊,2008(12).

533 刘漪. 华严宗圆融思想研究[D]. 安徽大学硕士学位论文,2007.

534 刘栅廷. 陈兵"人间佛教"思想研究[D]. 湖南师范大学硕士学位论文,2011.

535 六大新报[N].

536 罗同兵. 太虚对"东密"的理性抉择:从密教对武昌佛学院的冲击说起

[J]. 宗教学研究,2002(1).

537　罗同兵. 显密之理,相应一贯——太虚大师融通汉藏显密佛教的思想[J]. 宗教研究,2001(3).

538　罗炤. 法门寺塔地宫及其藏品的几个问题[J]. 石窟寺研究,2014(1).

539　罗紫鹏. 近代小说中的上海[D]. 苏州大学硕士学位论文,2012.

540　骆帆. 宝通寺研究:传承、演变与影响[D]. 中南民族大学硕士学位论文,2014.

541　吕澂,柳诒徵,姚治华. 汤用彤《汉魏两晋南北朝佛教史》审查书[J]. 汉语佛学评论(第三辑). 上海:上海古籍出版社,2013.

542　吕澂. 佛学分科及其传承[J]. 法音,2005(3).

543　吕建福. 关于中国汉传密教研究中的几个问题[J]. 法音,1989(1).

544　吕建福. 近代佛教史上的显密论证[A]. 第六届台湾密宗国际学术研讨会:"佛教密宗研究的过去现在与未来"论文集[C]. 台北:国际密乘佛学研究学会,2009.

545　吕建福. 陀罗尼字门及其相关问题研究[J]. 宗教学研究,2015(1).

546　孟国祥. 日本利用宗教侵华之剖析[J]. 民国档案,1996(1).

547　妙法轮[N].

548　明杰. 从"中华佛教联合会"到"中国佛教会"——试析太虚大师建立全国性佛教组织的努力[J]. 佛学研究,2017(2).

549　农醒华. 持松法师佛学思想研讨会综述[J]. 佛学研究,1994.

550　欧阳竟无. 支那内学院院训释(上)[J]. 内学,第三辑.

551　潘桂明. 李通玄的东方智慧论:《新华严经论》札记[J]. 中华佛学学报,1999(12).

552　彭瑞花. 菩萨戒研究[D]. 陕西师范大学博士学位论文,2016.

553　秦萌. 持松法师与王弘愿居士的贤密判教之争述评[J]. 中国佛学,2012(1).

554　青龙寺仪轨[M].

555　阮荣春,张同标. 古印度佛像影响中国的三次高峰[J]. 艺苑,2011(5).

556　萨吉尔. 陀罗尼、真言及其他[J]. 宗教学研究,2005(2).

557 申宝林. 上海佛教界纪念持松法师诞生九十周年[J]. 法音,1984(6).

558 沈卫荣. 汉藏佛学比较研究刍议[J]. 历史研究,2009(1).

559 圣凯. 建构"佛教中国化"学术话语体系[N]. 中国社会科学报,2021.
9.28.

560 圣凯. 印顺法师的净土思想[J]. 佛学研究,2000(1).

561 圣凯. 智𢣷与《起信论同异略章》、《一心二门大意》[J]. 世界宗教研
究,2013(4).

562 圣凯. 中国佛学院的教育观念世界(1956—1966):以中国佛教学院和
汉藏教理院为背景[J]. 佛学研究,2020(1).

563 时报[N].

564 史全超. 佛教中国化下的华严判教思想研究:韩焕忠《华严判教论》述
评[J]. 全国新书目,2014(12).

565 世界佛教居士林林刊[N].

566 宋立道. 佛教与现代化的关系考察[J]. 佛学研究,1995(4).

567 宋立道. 佛教与中国文化[J]. 佛学研究,2017(1).

568 孙珊珊. 月霞法师复兴华严之研究[D]. 中南民族大学硕士学位论
文,2014.

569 孙严. 华严大学之研究[D]. 河北师范大学硕士学位论文,2020.

570 胎藏界七集[M].

571 太虚. 送谈玄法师扶桑学密[J]. 正信周刊,1934(11).

572 唐普式. 从法门寺地宫试论唐密教相法理体系及其曼荼罗[J]. 法门
寺文化研究通讯,1998(9).

573 唐希鹏.《显密圆通成佛心要集》与元明准提信仰的流行[J]. 宗教学
研究,2003(3).

574 唐希鹏. 五台山沙门道㲀𡧛与密教中国化[J]. 西南民族大学学报,
2005(4).

575 唐希鹏. 中国化的密教——《显密圆通成佛心要集》思想研究[D]. 四
川大学硕士学位论文,2005.

576 田薇. 从"形而上学宗教性"看"宗教性生存伦理"的可能性——宗教

伦理的重释[J]. 清华西方哲学研究,2018(1).

577 汪娟. 唐代弥勒信仰与佛教诸宗派的关系[J]. 中华佛学学报,1992(5).

578 王栋. 论智慧轮对唐密教法名称的改造——以《明佛法根本碑》为中心[J]. 佛学研究,2021(1).

579 王二莎. 宗喀巴律学思想研究[D]. 宁夏大学硕士学位论文,2020.

580 王建光. "戒体":一种本体论的追索[J]. 南京农业大学学报,2005(3).

581 王雷泉. 中国佛教走出围墙困境及进入主流社会的路径[J]. 法音,2013(1).

582 王青. 井上圆了与蔡元培宗教思想的比较研究[J]. 世界哲学,2013(3).

583 王颂. 近代日本对中国佛教教育的影响——以杨仁山和太虚为中心[J]. 佛学研究,2018(2).

584 王雪梅,曹振明. 唐代华严宗道统构建省思[J]. 浙江社会科学,2022(12).

585 威音[N].

586 惟贤. 以真禅长老为榜样为建设人间佛教而努力[J]. 中国宗教,2005(10).

587 温金玉. 真禅法师与当代佛教制度建设——以玉佛寺为中心[J]. 佛学研究,2005.

588 文史哲季刊[N].

589 吴成国. 持松法师与民国时期唐密的复兴——以武汉宝通寺为例[J]. 民国档案,2012(2).

590 吴立民. 论佛教与中国文化[J]. 佛教文化,1991(3).

591 吴廷璆,郑彭年. 佛教海上传入中国之研究[J]. 历史研究,1995(2).

592 吴小娣. 浅析佛教中国化的发展阶段[J]. 艺术科技,2013(3).

593 吴忠伟. 居士佛教与佛教中国化[J]. 佛学研究,2002(1).

594 伍先林. 太虚的人间佛教思想及其现代意义[J]. 佛学研究,2006(15).

595 肖永明. 禅宗与密宗的比较研究[J]. 五台山研究,1993(3).

596 谢世维. 汉传准提佛母经典之嬗变:以《显密圆通成佛心要集》之"密教心要"为核心[J]. 新世纪宗教研究,2016(2).

597 忻平. 近代以来日本佛教真言宗在华的宗教活动[J]. 史学月刊, 1996(5).

598 邢东风. 铃木大拙与上海—关于铃木大拙中国佛教访问的追踪考察 之一部[J]. 佛学研究,2009.

599 性洋. 空海大师与人间佛教[A]. 邓友民. 空海入唐1200周年纪念文 集[C]. 西安:三秦出版社,2004.

600 徐文明. 禅宗北宗与密教关系研究[J]. 社会科学研究,2013(4).

601 许效正. 中华佛教总会(1912—1915)述评[J]. 法音,2013(4).

602 玄法寺仪轨[M].

603 薛克翘. 关于印度佛教金刚乘八十四悉陀[J]. 东南亚南亚研究, 2011(3).

604 闫雪. 浅析佛教中国化的"进化":以宗教社会学的视角[J]. 山东工 业技术,2013(12).

605 严绍璗. 二十世纪日本人的中国观[J]. 日本学(第三辑). 北京:北京 大学出版社,1991.

606 严耀中. 禅密二宗关系述论[J]. 上海师范大学学报,1999(1).

607 严耀中. 试论汉传密宗与天台宗的结合[J]. 哲学与文化,1998(5).

608 颜娟英. 盛唐玄宗朝佛教艺术的转变[J]. "中央研究院"历史语言研 究所集刊,1995(2).

609 杨文棋. 上海佛教专项旅游开发浅析[J]. 旅游科学,1997(1).

610 杨之峰. 中国近代的百衲本大藏经[J]. 图书馆工作与研究,2009(9).

611 姚之均. 试析李通玄的修行观——以"万行一时"说为中心[D]. 苏州 大学硕士学位论文,2008.

612 业露华. 五台山与上海佛教[J]. 五台山研究,1989(3).

613 因缘具足时恢复中华唐密——访金珂玄雷上师[N]. 人民政协报, 2011.3.2.

614 游祥洲. 太虚、安贝卡:人间佛教与入世佛教[J]. 原佛·观察篇, 2020(10).

615 游有维. 持松法师传[J]. 法音,1984(6).

616 于光. 江浙佛教联合会成立的背景[J]. 浙江学刊,2012(1).

617 袁志伟. 辽代华严思想研究[D]. 西北大学硕士学位论文,2011.

618 张玲玉. 韦伯"卡迪司法"论断辨正[J]. 环球法律评论,2012(3).

619 张路杨. 从认同到承认[D]. 黑龙江大学博士学位论文,2015.

620 张启忠. 畅游大兴善寺随想[J]. 中国宗教,2007(2).

621 张强. 世俗世界的神圣帷幕——从社会控制角度看人间佛教的社会承担[J]. 武陵学刊,2011(1).

622 张晓东. 古代上海如何参与海上丝绸之路[J]. 月读,2017(3).

623 张晓林. 佛教义学的若干基本问题[J]. 西南民族学院学报,2015(12).

624 张兴. 王弘愿密教思想研究[D]. 陕西师范大学硕士学位论文,2016.

625 张雪松. 哈同夫人与中国第一所佛教大学创办始末[J]. 宗教研究, 2014(2).

626 张祎娜. 中西宗教中"神圣与世俗"关系的异同比较[J]. 武汉大学学报,2011(6).

627 张再林. 中国古代哲学中的身心一体论[J]. 中州学刊,2011(5).

628 张志强. 中国"现代性"视野中的近现代佛教[J]. 博览群书,2004(2).

629 赵建永. 汤用彤著佛教史在国际学术界的地位和影响[J]. 法音, 2017(4).

630 赵朴初. 在全国汉语系佛教教育工作座谈会上的讲话[J]. 法音, 1992(3).

631 赵朴初. 中国佛教协会三十年[J]. 法音,1983(6).

632 中流. "华严坛"三悦[J]. 人海灯,2000(4).

633 周广荣. 曼殊揭谛行实著述摭考[J]. 禅学研究,2014(11).

634 周广荣. 四部怛特罗考源[J]. 世界宗教文化,2017(4).

635 周录祥. 曹永安抄本〈龙华志〉整理本校勘札记[J]. 韩山师范学院学报,2014(2).

636 周琦. 佛教与中外文化交流[J]. 东南文化,1994(2).

637 周霞. 中国近代佛教史学探研[D]. 华东师范大学博士学位论文,2005.

638 朱竞旻(土登云丹). 宗喀巴"菩萨律仪戒"与"别解脱戒"戒体关系论

初探［A］. 戒律思想与实践——第三届国际佛学论坛（论文集萃）［C］. 北京：中国人民大学国际佛学研究中心举办，2013.

639 朱丽霞. 宗喀巴显密判教标准分析［J］. 佛学研究，2012(1).

640 朱素英. 唐代佛教的世俗化对女性家庭婚姻观的影响研究［J］. 中国佛学，2016(1).

641 诸佛境界摄真实经［M］.

五、网络资源

642 韩金科. 持松对长安密教的传承与弘扬［EB/OL］. ［2023-05-01］.
http：//news. fjnet. com//fjlw/200911/t20091110_140745. htm

643 ［日］释运敞. 大日经劫心义章（第 1 卷），国家图书馆善本佛典（第 19 册），No. 8864. ［2023-5-20］.
http：//tripitaka. cbeta. org/mobile/index. php？index＝D19n8864_001

644 普慧. 略论弥勒、弥陀净土信仰之兴起. ［2023-5-20］.
http：//www. wmxf. net/nr/1/6074. html

645 徐东来. 都市佛教与中国佛教的未来［EB/OL］. 中国佛教文化网. ［2009-6-18］.
http：//www. wuys. com/news/Article_Show. asp？ArticleID＝30163

646 吴言生. 盛世真言之一：中国唐密传承的前世今生［EB/OL］. ［2023-05-01］.
https：//fo. ifeng. com/a/20180514/44990558_0. shtml

647 吴言生. 盛世真言之二：民国时期唐密的走红及走衰［EB/OL］. ［2023-05-01］.
https：//fo. ifeng. com/a/20180515/44991877_0. shtml

648 凤凰佛教. ［2015-11-23］.
http：//www. wuys. com/news/Article_Show. asp？ArticleID＝41328

649 汉传秽迹法脉禅门传承略说——摘录普力宏上师开示录. ［2023-5-1］.
http：//www. zhunti. net/contents/56/1222. html

650　佛教唐密概述.［2023-5-1］.
https：//www. getit01. com/p201806052693036/

651　陕西省文化厅官网：陕西汉传佛教宗派历史文化历史典故,《持松法师》—师徒承传.［2023-5-1］.
https：//www. sxlib. org. cn/dfzy/sxfjwhzybk/sxhcfjzplswh/lsdg/201701/t20170122_614371. html

652　中国佛教协会官网：上海静安寺介绍.［2023-3-23］.
https：//www. chinabuddhism. com. cn/zdsy/55/2012-03-13/288. html

653　习近平. 习近平在联合国教科文组织总部的演讲.［2023-5-1］.
https：//www. gov. cn/xinwen/2014-03-28/content_2648480. htm

后　　记

　　"Per aspera ad astra"（穿越逆境，抵达繁星。循此苦旅，以达天际）。这句充满力量的拉丁谚语出自德国作家赫尔曼·卡尔·黑塞的长篇小说《在轮下》(*Unterm Rad*，1906)。这句话的场景像极了我在复旦大学、哈佛大学和日本高野山大学每一天艰苦努力的抓紧研习，唯恐被落下，一转眼已经整整四年。虽然常听说"当你觉得吃力的时候，是因为你在走上坡路"这样的励志话语，但是亲身体验的话绝不会是"风轻花落，阳光下足迹轻盈，昔日的美丽悠然卷起"这种感觉。

　　学习密法之前，我所求甚多甚杂。求故人不散，琼燕复还。去年写自序上篇时从未想过这是为自序下篇做铺垫。2014年，我获得第一个法学博士学位，2023年获第二个宗教学博士学位，从航运、金融领域跨界到哲学范畴体验人生，感慨金融投资的尽头实为玄学。近几年疫情前后，国际形势已然翻天覆地，曾经以为熟悉的商业逻辑也悄然改变。前些年我们熟悉的商界大佬纷纷淡出舞台，前所未有的科技和创业理念席卷而来，令人窒息。媒体报道香火旺盛的北京雍和宫已变成了投资圈聚会和谈创业项目的场所，常年爆满。南传佛教尼泊尔、清迈、雅加达等地成为"灵修中心"，为曾经大起大落的创业者们"重建自我"，提供有所帮助的心理和情绪价值。

　　总有红尘一缕风，填我十万八千梦。人间总有一丝情，抵我心中意难平。红尘气，催人老。红尘如劫，悲欢离合，生老病死。红尘中期盼三五好友，听琴饮酒。良缘佳侣，人间携手。风光百年，同归尘土。但问道之心难改，纵使蹉跎一生，千夫所指，天地中要寻那一线道机。纵使远家亲，抛爱侣,弃朋友,漂泊山海之间,无所依绊,孤单险境,断舍离常伴。人生百年,蜉蝣一日,长生难觅,又入樊笼。人生若棋,落子无悔。无奈自感根器粗钝,难以望及天地项背,在有限的生涯中,经历人间烟火,这就是仙佛所说的红尘劫。

《般若经》讲般若功德可以消灭定业,往生乐土。净土宗提出"带业往生"理论,只要依靠阿弥陀佛和忏悔力,不分根器与修行深浅,都可以往生西方极乐世界,解脱后不再蒙蔽于因果、业报之圈缚。此为"三根普被"。密教《大日经》卷三更是宣说:"以我功德力,如来加持力,及与法界力,周遍众生界,诸念求义利,悉皆饶益之,彼一切如理,所念皆成就。"直接说众生满愿甚至解脱不能只靠自己识变,必须依靠佛力加持及法界变现。小乘以四谛修空。大乘修空,在缘起因乘上修六度与四摄菩萨道(布施、爱语、利行、同事),依戒定慧进程。禅宗开悟即证空。在密法修习中,行者转阿赖耶识中的贪嗔痴等有漏种子为第九识无垢识的无漏种子,成就悉地,解脱自在。密宗修空,在缘起果位实德上,有灌顶、手印、密咒等方法和观想,方便为究竟。密宗各道中,大手印能见明体为空,大手印大圆满清净本空。宁玛派传规认为大圆满与菩提心、如来藏皆为法异门,彼此并无不同。已故宁玛派法王敦珠仁波切(H. H. Dudjom Rinpoche,1904—1987)曾说:"大圆满之名指自生智,无偏无私,乃因一切清净执法,毋须依心识感受而作意寻伺,悉皆于本觉法性刹那境界中圆满。"

要了解重业轻报、带业往生的途径与方法,需要正确梳理业与业力,以及业力与轮回的认知关系。业在印度教、佛教和耆那教的术语中理解为行为或造作的后果。无论善恶,行为和思想在各个方面都会产生影响力量,推动造作新的行为,又会产生新的力量,辗转相生,形成业力循环。宗萨蒋扬钦哲仁波切曾说:没有人会烧一锅水来烫自己,可是心怀恨意就是烧一锅水在心底"自烧自灼"。原谅那些伤害过得你的人,因为即便过错是别人的,但业障一定是自己的。这里所说的业障就是我们以前所造的"业",对现在人生造成的障碍,妨碍修行正果。南朝梁僧慧皎(497—554)撰《高僧传·昙无谶传》说过,进更思惟:"但是我业障未消耳。"业如线,始终贯穿在情器世间,六道轮回永无休止。中有(中阴)是佛教轮回概念中的重要组成部分。

在轮回中,众生有情在此生死亡时,中有现起,随着业力投胎时中有变灭,由因缘入住母胎,新的生命开始。中有类似于灵魂、魂魄之说。人有六道轮回,中有身亦有六道轮回。宁玛派密法具体描述了临死八相的八个阶段和境界的状态,并且以"中阴救度法"法门来拔苦救治。业的作用力和影响力会产生业力。佛陀曾将业力比喻"如种""如习"。业力概念与印度教、佛教、耆那教和锡克教以及道教中的转世观念密切相关,但是不同的宗教教义对此解释不同。甚至中欧神秘主义学说派人智学(anthroposophy)的创始人鲁道夫·史坦纳(Rudolf Steiner,1861—1925)也提到业力与轮回有关,并且在思考和探索中寻求新的精神生活方式。普遍来说,这些流派认为当前的业力会影响一个人未来的秉性,其行为之后发生的事件可以被认为是后果。由身口意所造业的每一类又分为善业、恶业、无记业。所造善、恶诸业必招感相应苦、乐果报。按照受果、受时有"定业"和"不定业"之分。再细分共业和别业、引业和满业、正报和依报,由此重业轻报的问题就会自然浮现出来。那么业力如何化解?怎么样自求多福?《根本说一切有部毗奈耶》卷四六说:"不思议业力,虽远必相牵,果报成熟时,求避终难脱。"业力常被误解为注定的命运。业力是活动的力量,人所作可以改变人生未来。

按照《西藏生死书》的说法,人在世间不可能逃脱死亡的束缚,必须面对。人在世间追求成为有钱人、有权人已经成为成功的标志,但往往忘记了人和其他生物的区别。人的存在,怎能简单以立场、血缘、功名、财富等这些身外标签来做定义呢?每个人所经历的、所思想的、所期求的这些东西聚合起来,才能定义这个人生命的本质。就像山间明月、阳光花树、亲情邻里、苦难病痛等等,并不会因为别人的看法而发生改变,我们每个人也是一样。虽有昨日之种种,但是今日现在的所作所想,依然记忆在心。即使别人很快会遗忘,但是自己总会记得,在生命的某段时间记忆有意或无意重现。为什么一切在变,没有所谓恒常的安全感?虚云法师曾经引用六祖惠能法语开示说:"今之人习染深厚,知见多端;纵有一知半解,皆识心边事。须从真实功夫朴实用去,一日彻底掀翻,从死中得活,方为真实受用。纵得小小受用,生死之际,依然不能作主。纵悟门已入,智不入微,道难胜习,舍报之际,必为业牵。"生命本是无常,我们唯一真正拥有的是此时此地活在当下。人身难得,在修道的路上,每个人真正的财富是菩提心的发起、愿力的纯净、六度的成就及生圆次第的证德,所以不需要把有限的时间浪费在身外的受用上。

解脱是什么? 生死就在心中,只是当下赤裸裸的纯真觉醒,像一朵火花一闪,散发出强烈而柔软的温暖、光明、信心和力量。寂天菩萨(Shantideva)在《入菩萨行论》中所说:"吾唯求解脱,不需利敬缚。"末法时代的典型特征是善恶不明,迷暗苦恼。恶业发力之际,轻则疾苦丧乱,重则沉沦恶道。纵使过往善因佑护,暂得幸免,有心为善,虽善不赏。一旦福报消尽,招感恶报降殃,古今不虚。心生法生,心灭法灭。一切唯心,法无自住。心邪修法,正法亦邪。是故佛教所教八万四千法门中修学密法只为留心种种事相,追求世间成就和感应神通,而忽略中有身解脱种种准备,已然辜负了佛陀的教法本意。神通成就终究不敌业力,轮回面前人人真实平等。即使有机会修持密法也要遵循身语意的缘起。我曾经请教过武汉归元寺昌明大和尚如何学佛的具体法门,他只对我说:"诸恶莫作,众善奉行。"现在想来,不管资质多高,佛法因缘多么殊胜,机锋到时,也会面临恶业引出逆增上缘的挑战。始终心怀慈悲和对天地的畏惧,真正发菩提心除障和忏悔。慈悲不是简单地对他人同情,而是证悟诸行无常,引导他人感同身受,如莲花出污泥而不染。

《庄子·至乐》说:"人之生也,与忧俱生。寿者惛惛,久忧不死。"色身不离死亡是佛教所说的娑婆世界南瞻部洲的法则。现代社会所崇尚的物质主义是冰冷的,我们真实的未来究竟存在于哪里? 现在的众生已经牢牢地陷在易变、精密、完美组织化的现代轮回场景之中,就像身处高速运转的机器,眼花缭乱的感觉蜂拥而至以至流连忘返,无止境地流转其中,持续滋生红尘中的贪染、焦虑和压抑,美其名曰希望、梦想和上进心,苦感却变得更加饥渴。2015 年龙门派第二十一代传人张至顺道长羽化前曾说:"无根树,花正幽,贪恋红尘谁肯休。浮生事,苦海舟,飘来荡去不自由。"2023 年 4 月 10日,我尊敬的胡建宁老师在上海往生。他曾是上海市佛教协会咨议委员会主席,龙华古寺、宁国禅寺、沉香阁终身顾问。2023 年 12 月 29 日,我们这个时代最伟大的宁玛派伏藏师之一祖古顿珠仁波切在波士顿圆寂,他以极大的信心示现即刻往生西方极乐净土(Dewachen)。如同世界各地的大智者一样,他们始终谦逊、幽默和无所不在的善良为身旁的人们提供了无条件的慈爱。他们一生都没有留下传法弟子和完整传承,一生朴素简出。我与胡建宁老师的最后一面是在 2022 年 12 月去美国之前的辞行。在胡老师家中,胡老师还插着呼吸器,不顾身边侍者说要休息的劝阻,花了几个小时给我讲述了他对密法的理解。出门之际,我看见他睁大眼睛坚定地注视着我,是期盼的眼光,是明亮而柔和的慈悲。想起胡建宁老师,我常常期盼着能够和他重逢的那一天,也会不自主地流泪,哽咽到说不出话,时常想起他对我真心的好,重复回忆、唠叨着他对我说过的每句话,甚至害怕忘记。如果当初没有胡老师对我的鼓励和期待,我根本不会在佛法研习的路上坚持到今天。凡圣无别,众生皆有各自因缘而生起如幻无别的大悲心,修持三摩地。

世人尤喜烧香拜佛,祈求保佑。龙树菩萨《大智度论》和《佛说兴起行经》谈到佛陀开悟前后的九个受业报的故事。令诸众生,知造善恶业因,必有苦乐果报。很多人拜佛的直接目的离不开祈求重业轻报,信或不信业力,只是想提前准备留好往生的后路,但他们往往忽视了其必须付出的足够代价,即忏悔和除障。如何拔一切众生业障之苦?如果机锋未至或者已过,即使有缘听到也未必能够照做,随后即落入轮回甚至三恶道辗转漂浮。业力和轮回的讨论纠缠在一起,不可分离。阿尔伯特·爱因斯坦、鲍里斯·波多尔斯基、纳森·罗森,以及埃尔温·薛定谔先后谈到了"量子纠缠"(quantum entanglement)这一术语。爱因斯坦把这种行为称为"鬼魅般的超距作用"(spooky action at a distance)。即在量子力学解释领域中,当基础粒子彼此相互作用之后,每个粒子的独立自有特性已综合形成了一个整体性质,从而无法再单独描述其中每个粒子的独立性质,只能描述一个集合整体系统的状态和属性。这在经典力学概念中还找不到类似的现象。应用佛学概念来解释这个至今难解的科学现象,也许人们害怕面对死亡的最恐惧的理由之一就是因为我们确实不知道我们作为自我到底是谁。密勒日巴尊者曾说:"这个我们如此害怕、所谓的尸体,此时此地就跟我们住在一起。"参考谈锡永老师的观点（《细说轮回生死书》），由此触发了三个不可回避的哲学问题：

1. 如果没有"自我"，以何留存有情之业？

2. 如果没有"自我"，以何带业往生，以何感生业果，决定其轮回路向，决定来世福祸？

3. 如果没有"自我"，以何验证有情之业是自作自受，而不是自作他受（如世俗所说福祸延及子孙）？

这三个犀利的问题，实质是在问，如果人有前世和来世的话，那么这种关系是常还是断？如何理解佛陀所说不常不断的中观本意？不常以物质的色和精神的受、想、行、识建立五蕴，前世与后世不能为常；但是生命活动的继续延续，是故不断。但是佛陀的说法并没有直接解释"无我"而有轮回的问题，就是说不常的五蕴"假我"如何承当不断的业力因果？自部派佛教以来，小乘有部、小乘经部、大乘有宗、大乘空宗以及密宗都有各自的说法。如果说轮回有实体，那只能是从一个个体的生命形态转移到一个新的生命环境，即使说这个个体的生命形态是由于产生了果报而改变，那么果报是究竟如何产生的？

小乘有部认为业体经过长时间不坏而产生果报，或者由相续、转变、差别而得果，这两种轮回形态始终不能脱离其"无表业"的说辞。虽然这种潜藏于人身体内部的物质无法经由身体动作与语言等外在形质而观察到，但是可以形成人的习惯与人格个性，却无法否定轮回是实体的流转。经部论师建立了"种子"概念，即有情造业的功能熏染在"相续"上，也就是有情的物质与物质身和精神心识，存于"相续"的业的功能形成了种子。虽诸行无常、刹那生灭，但其功能不失，等待因缘成熟而形成果报。可是经部并没有完美地解决种子存于"相续"的具体位置问题（色身还是心识）。在轮回的三界六道中，眼、耳、鼻、舌、身、五识一一被排除其满足"相续"的作用，就连第六识意识也会在无想定和灭尽定中不起，在无想天中意识间断。经部使用"等无间缘"（前一心识引出后一心识的作用）、色心互持种子（两因不能生一果）、细心（隐藏的意识）有心但无心所三种说法，但是心与心所应不相离。每一识都是一个心，称心王。其各种作用即心所。那么第六识意识如何生起？

意有意根，与法境（事物和现象）相逢，会引起触、受、想、思等心所一起活动。整个复杂的心理过程包括唤起心与心所和法境相触（作意）、心与心所和法境相触（触）、心与心所对法境领受（受）、判断评价设施名言（想）和应境而起种种造作之念（思）的遍行五心所。

大乘有宗的唯识家修正了无自我却能感受因果业力的小乘学说，建立了第八识阿赖耶识概念。他们认为三界万法皆由有情各自本具之第八识阿赖耶识所变现，三自性必须依第八识阿赖耶识为前提才能存在。唯识学派认为一切种子皆藏于阿赖耶识中，生起诸行只是种子的功能，隐藏转为显现成为现行。现行熏习种子生起业力，条件成熟便生果报。种子又生现行，因果循环。种子与现行刹那生灭，而因果同时。第八识统摄种子和现行，成为刹那生灭的连续，形成阿赖耶缘起。果报由因缘亲生引生结果，其他等无间缘、所缘缘、增上缘三种影响生果。能生起的种子和能熏习的现行可各为因缘。种子恒与转同时，果报自受的轮回由情器世界的阿赖耶识生起。第七识末那识为意，持续依附阿赖耶识（心）执着为自我，不像第六识意识会有间断（睡眠、休息等）。有情具备物质和精神两种性质，精神层面的种子成为种种精神活动，物质层面的种子则构成情器世界，故天堂、地狱、人间等各随业力而起，成为有情生命所依境，流转不息。在轮回中业力驱使无量的种子，系各种缘而生命生起，故轮回不常不断。

弥勒瑜伽行又分古学与今学。陈那—玄奘一系的唯识今学不考虑如来藏与他力的问题，因为在因明中没有引入圣教量概念，因此瑜伽今学不讨论瑜伽行者内证境和阿赖耶识的关系，只把解脱作为有情个体种子—现行的一部分。但是真谛、无著、世亲一系的唯识古学家以法相为基，以唯识为道，以如来藏为果。讲《瑜伽师地论》时是以如来藏观修为准则讲唯识，这是古圆顿教范围的唯识，关系到类似密法、禅宗的古圆顿教观修。如果说唯识所现只是有情众生缘起，但是如果以有染的阿赖耶识为有情烦恼三界变现，那么就会出现佛力加持的另外一种情况。本来看起来不可能转化的因及因所引的现行，就会不可思议地由圣力进行转化。在《瑜伽师地论》中的一个典型案例就是断灭善根的一阐提（Icchantika）在严格的识变规律中是不能成佛的，但是东晋昙无谶（Dharmakṣema，译《大般涅槃经》）和晋宋之际的竺道生都认为佛力加持可以转一阐提种子为佛种性,人人皆可成佛。

当然,唯识学派提出识与种子,是以功能来阐述缘起,而大乘空宗中观家则以缘起性空的本质来解释缘起。中观应成派论师月称菩萨在《入根本中道论颂》中说:"无外境心有何喻? 若答如梦当思择。若时我说梦无心,而时汝说即非有。"对于业与轮回的关系,月称菩萨说:"由业非以自性灭,故无赖耶亦能生。有业虽灭经久时,当知犹能生自果。业灭感果而业力留存,因缘既然无自性,业果亦无自性。"参考谈锡永老师的观点,如果将唯识"种子"说成中观"业灭",唯识"阿赖耶识"说成中观"业空",可以更好地理解轮回的本体(业灭概念)和轮回的现象与功能(阿赖耶识、六因五果四缘、种子概念)。这绝不是调和两家机理,而是以道次第不否认其中任何一种说法。印度佛学三大流派中弥勒建立瑜伽行以《解深密经》为代表经典,龙树建立中观学派主讲《般若经》,文殊建立的瑜伽行中观(如来藏)以《入楞伽经》(Lankavatara)以及《维摩诘所说经》(Vimalakirtinirde sa)为根本经典。《维摩经》提到了众生皆有"如来种"(Tathagatagotra),三界六道一切有情,皆有佛性,为成佛基础。如来藏思想又称文殊师利不可思议法门。般若依缘起说空,重点在于有为法。而如来藏依深般若波罗蜜多,由无为法之实相而说。《大乘起信论》以"一心二门"(心真如门、心生灭门)亦说如来藏,实为引导三乘行人入"究竟一乘"而造,虽未究竟,却不宜予以否定。

十四世纪时宁玛派龙青巴尊者在《大圆满心性休息大车疏》中将阿赖耶喻为镜子,将阿赖耶识喻为镜子之澄明分,阿赖耶识犹如阿赖耶发出之辉光。在业力积聚的过程中,阿赖耶与外境无关联,属于遍计执性非真实,而后者能了然呈现外境。东密在一流传授中尤其重视本尊法。东密瑜伽行者观修自身本尊时,遍计所执性为因执着而产生的幻象,谓一切法名假安立自性差别。虽然观想非真实,瑜伽行者本身却依缘起所成依他起性,观想本尊和密坛清净庄严,由此内心清净,而认知圆成实性。由此依三自性,瑜伽行者取清净而舍污染,即所谓瑜伽相应自生和对生本尊。因为本尊亦是内识所生幻境,瑜伽部观想下座时须遣送本尊。以自生起成本尊差别建立藏密四续部来说,入我我入,灌顶及部主印定后,而不作遣送本尊。虽然外境所生本尊和密坛依遍计执性非真实,但是所修内光明和空性依胜义谛本来就是法尔存在,观想中生成的境界由依他起性可视为世俗意义的真实。由此,在瑜伽行者定境中观想生成的世俗真实可以引发胜义真实,所以说东密亦修止观而得道果,只不过层次不同,得止观依修道方便故次第不同,倚重不同。在藏密宁玛派九乘次第内密修证双运。贪依大乐与空性,瞋依光明与空性,痴依觉性与空性,依空性修乐、明、无念,于方便道上不生执着,亦无能所。修大圆满时,前行和正行皆有证量,行者体悟不同而已。

虽然藏传格鲁派宗喀巴大师(1357—1419)判中观应成派为究竟,但也并没有肯定或者否定了义大中观的如来藏思想。他在当时的社会环境中是要针对破除觉囊派"他空见大中观"说法而树立宗派威严,等置(不加以评论)了宁玛派教义。他亦讲述如来藏(三解脱门)。莲花生大士授记了义大中观的大圆满法门在"铁翼行空"时传播,则是在宗喀巴大师圆寂数百年之后了。按照《一切本尊正会续》说四续部(事、行、瑜伽、无上瑜伽)乃依"四时"而教授,第四时"门诤时"以传播无上瑜伽续为主。理解佛法修习教授,体会其理趣,时代愈晚,所传愈高。不可怀疑今时今人的根器,否则即陷俗见。

宁玛派修习九乘次第至大圆满法门,属于瑜伽行中观派系统。吉祥积的宗义论著《说见次第》可见其次第体系。菩提达摩携此法门自印度航海入汉地建立"楞伽宗",至第六代改为禅宗。如今根据出土的敦煌文献,证实了达摩法门与大圆满法门的血缘关系。藏学奠基人朱塞佩·图齐(Guiseppe Tucci)在其1958年发表的《佛教小文本2》(*Minor Buddhist Texts* Ⅱ)总序中说:依我之见,禅宗没有在西藏完全消失,并且它的轨迹能在宁玛派众所周知的分支——大圆满——中找到。不败尊者造、谈锡永释《幻化网秘密藏续释——光明藏》说大圆满与汉土禅宗本属同一见地的印度大乘修持系统,即文殊师利不可思议法门。大圆满与藏传其他教派修持有所不同,宁玛派判《楞伽经》为"大中观"见地的根本经典,汉地禅宗在六祖慧能之前的时期广以《楞伽经》印心。敦珠仁波切阐释"大中观"见地时,即认为是如来藏思想的真实义。

在系统的密宗道次第修习中,以显入密,修声闻乘止观时在出离心外须发起菩提心,引导向修习菩萨乘时(如四无量心、六波罗蜜)须建立菩萨行才能证得清净见,如是趋向密法以证究竟。止观修习实不可废。谈锡永在《文殊师利二经密意》中总结说:"如来藏不是一个实体,只是一个境界。这个境界在凡夫称为识,在圣者称为智。佛智境界藉一切有情的识境而成显现,即是密智庄严。智识双运即识境须依如来法身功德而成立。如来法身智境具足周遍一切法界之生机称为'现分',令一切显现识境具有如是差别的功能称为'明分',识的功能即随缘起而显现,即随缘。"

历史上,藏传萨迦派布顿·仁钦朱大师(Bu ston,1290—1364)所著《布顿佛教史》一书是研究藏传佛教发展史的名著。他将显乘法典称为"经",密乘法典为"续",相沿至今。格鲁派宗喀巴大师在宁玛派在旧说四续部(事密Kriyatantra、行密Caryatantra、瑜伽密Yogatantra、无上瑜伽密Anuttarayogatantra)中的无上瑜伽续部中,并没有采用宁玛派大瑜伽(Mahayoga)、无比瑜伽(Anuyoga)和无上瑜伽(Atiyoga)三分法,而代用父续(Pha rgyud)、母续(Ma rgyud)和无二续(Gnyis med rgyud)新分类。新派三续并无次第关系,密乘每一个系统都阐述根(修持法义根据和见地)、道(修持方法)和果(修持证量)。

大圆满生起次第(Utpatti-krama)观修即为完备成熟道。虽然修本尊和坛城,但依如来藏离作意,成就任运,虽重唯识,其实已和中观自续相通,即可在所化机相续中生起证悟无我空性智慧,以随应破(prasanga)的方式来阐述空性。随应破起源于龙树《中论》,意为"堕于过失"。传统印度佛教逻辑称其为"应成",取执着之意。中观自续派在自相续中真实生起远离一切戏论、远离一切执着的中观境界,强调胜义中一切万法不立,世俗中万法自相成立。这种将二谛分开的中观自续执着,对应成为中观应成派的所破。《澄清宝珠论》说:在名言中承认自相,这就是中观应成派的所破。即中观应成派在抉择见解时,一定要将中观自续派承认自相存在这一观点完全破掉。生起次第在胜义谛层面说内智无作意、无整治显现,而能显的主体和所显的客体不显。但是在世俗谛层面,说内智一旦作意,则两种显现对立出现,但依宁玛九乘中不同次第侧重亦不同。在第七乘大瑜伽乘修证时,侧重世俗谛的唯识方便,究竟不离作意,与第八重无比瑜伽乘修证层次已然不同。

我赞同大圆满体系中的圆满次第观修即为完备解脱道的观点。中观应成派以胜义无自性,世俗谛中内心和外境所生起种种性相俱不真实,但作用不失,圆满次第能借观想所成而得修习功能。大瑜伽乘圆满次第以外境智慧身融入本尊三昧耶身,引生乐、明、无念。而在无比瑜伽乘层次上修细身,以气、脉、明点引生乐、明、无念。在第九乘大圆满前行时,如来藏显现自明本体,法尔如是,非染非净,自然引生大乐、光明、无念。五识转五智,证入法身空性。大圆满心部修习离因果、善恶、取舍,心生万法自然智显,即俱生法性境界。大圆满界部修证虚空为法界本体自然显露,无解脱与束缚,要显便显。大圆满窍诀部离轮回、涅槃,于无分别中证法性境。随机部随机而现,口耳部以无一法不能自显,心髓部以万法皆能自显,其中且却(Khregs Ch'od,音译立断)和妥噶(Thod rGal,音译顿超)两门直证。藏密行者亦称汉地禅宗为"大密宗",一超直入,无次第可依。

大圆满且却和妥噶之甚深见地与修持教授在《净治明相》(Nang-jang)有解。其由大伏藏师摧魔洲尊者(Dudjom Lingpa,1835—1904)所发掘,乃大圆满教授中最殊胜典籍之一。根据摧魔洲尊者造论、敦珠仁波切科判的《现证自性大圆满本来面目教授·无修佛道》中论述,大圆满修习主要为立断与顿超两种。立断者断除能所与烦恼之根本我执,而证悟本觉(本来如是之心性实相)。顿超者由修习四光(sGron Ma)而得内、外智与智慧光双运,如是能圆满四显现(sNang Ba)而证悟实性菩提。心性又称"如来藏"(藏文经论通常作"善逝藏"de-sheg nying-po)。本始基法身即如来藏,离生、离灭、离常、离断、离去、离来、离一、离多,因其不堕于八边故,周遍而无垢。当下持于自身所处者即为道。正知自身体性为实相者即证悟。于自身体性中内自证等觉者即自在。于胜义谛中无一法可求果位所依处故称无愿解脱门。于无上法性中,轮回涅槃世间摄集之一切显现万象皆自生于本始基空性即法。因种姓无量与根器有别,故无量法门、无量修持体验及无量所得果遂自生而有即身。法身者体性本空,周遍虚空界而非实有,其展现广大无间却离基离根,远离戏论。报身者即其自相任运,具自光明。化身者以大悲故,其本智光明相能无间各各显现。情器世间实不出于此三身显现之外。以其为圆满周遍于轮回涅槃之共同本始基,故为自性身。若具我执之识及如来藏界之功德双运,则依于缘起而作显现。自生正等觉中解脱道实由本觉现证四身及五智。于本始基一旦生决定见,法界体性智即因一切法之开展,即证悟于法性界中,轮回涅槃都成一味。大圆镜智即因其光明离垢,空性非是虚无,有如能生起一切之明镜。平等性智即因轮回涅槃于无上空性中皆为平等清净展现。妙观察智即因无间通达诸法自性及其别相故有,即本智能起无间观察光明而成本觉之力用。成所作智即由本觉得自在,故一切法皆以解脱及清净中法尔成就。

摧魔洲尊者又说,身者即一切智慧与功德之摄集。自性者即本始基乃一切轮回涅槃之体性,于三时之流转中,不动、不损、不坏、真实、不染、坚定、无碍、不败。土者指基界,界者指无非大种而已。密集之功德于基界中法尔任运即密严刹土。具足广大欢喜之本始基,既非外境或因缘所生,故有妙喜刹土。以智慧与功德皆圆满吉祥故有吉祥刹土。因具足乐空无量之智故有极乐世界刹土。因一切清净及自在之事业皆极圆满故有圆满妙业刹土。如是,本始基法身(如来藏)遂成周遍一切轮回及涅槃之主宰。即本始基本觉之边际解脱。由阿赖耶至法身之迁转,即本始体性基之佛道。种种明相、各各之不共显现即身庄严。法尔圆满及成就即语庄严。远离戏论边之基界本净即意庄严。凡此皆为大圆满本觉之相,即由证悟无整而法尔呈现之身智庄严而生功德,于四事业中得自在。

宗喀巴大师认为本尊瑜伽是密宗与依据佛经修行显宗的区别。在源于印度的藏传佛教的传统中,这种方法可分为生起次第和圆满次第(Nispanna-krama)。生起次第乃先于自性基续之义理生起定见,后随顺彼(定见)而串习,由是与"显现诸法悉皆清净平等"之理相应。若究竟通达如是甚深"生圆双运"义理者,自然引出圆满次第。能以方便甚深口诀,现证基续清净大平等性自在任运成就坛城。藏学家大卫·杰曼诺(David Germano)概述了两种类型的修习过程。生起次第阶段的修行者冥想本尊曼荼罗,沉思心灵终极空性本质的无相,圆满次第是利用身体产生的幸福和温暖的微妙能量来感觉的各种瑜伽。为了清净受生准备,应勤行修持生起次第,不再执着世俗显相,准备在以后的中有身阶段感受众本尊幻化形色。印度学问僧宝作寂(Ratnākaraśānti,约公元 1000 年)描述生起次第时认为所有现象和表象都由心而生起,这个心因错误而产生,即一个没有可以抓住对象的物体表象。放弃、抛弃或破坏物体表象,确定自己世界的外表被看作像是晴空万里,有着无尽和纯粹的光辉。即使天空多云,云也只是悬挂在那里,以无所归属的样子划过,没有在天空中留下一丝记号,自由而无边无际。不增不减,自然洁净地注视自己。心也悬挂在虚空之中,毫无所着。溶解到纯粹的空性之中即是本尊观想。本尊是与瑜伽行者有甚深因缘的某一尊佛或圣尊,是真理的化身,法性种种显现会纳入本尊修行法中,透过对于圣尊取相和与圣尊融合为一的训练,体悟认知圣尊的心和圣尊本身并不分离。

莲花生大士认为世俗谛与胜义谛无别殊胜,殊胜在于一切世俗显相都示现本尊清净自性。帕秋仁波切认为无上瑜伽的第一阶段玛哈瑜伽的究竟见地反映了这种非不清净之迷妄与佛智无二无别。所有一切世俗显相为本尊形色,其本质为法身、空性或万法之法界。因此,透过法、报、应三身不同力量加持,能帮助瑜伽行者解脱到不同净土。具体而言,在中有身经历先后三个时期,以真如、普显、因三种三摩地来净化中有身的习气而解脱。生起次第是修行圆满次第的充分条件。龙青巴尊者于《句义藏》中说法身为不受轮回染污之本觉,明空无别,法尔具足功德,自相任运,大悲周遍。无畏洲尊者于《大圆满三要辨别》中认为阿赖耶以无明之昏昧而令本智之明分受障,故而如浑水,而法身远离客尘,且能澄明显现一切明相,故而如清水。摧魔洲尊者于《无修佛道》中说法身乃本始基之体性、轮回涅槃之平等清净。阿赖耶即不明此本净本始基之体性。

在实证中,不败尊者造《具证长老直指心性教授·除暗明灯》为出离此阿赖耶境界而趣证法身本觉,提出了"断除生死网之口诀",若堕"明"边,则困于心识刻意造作的澄明境界,若堕"空"边,则心识执着于顽空,明空双运须遣除二取执着。丹贝旺旭尊者在释论中指出,堕"明"边者迷失于五门识和阿赖耶识,堕"空"边者则迷失于阿赖耶境界。龙青巴尊者直接指出无色界有情以阿赖耶为主,故而失去明分的执空修习往往成为往生无色界的因。谈锡永在《大乘密严经密意》导论中认为唯识今学说为唯识转依(即转其所依。转为转舍、转得,依指使染净迷悟等诸法得以成立之所依。转依即转舍劣法之所依而证得胜净法之所依),舍染得净便能舍迷得悟,此时阿赖耶识转为无漏识，真如为"迷悟依"，一切染净法都依于真如，即现证本净真如。为人于迷则依如而生死，人若悟时，则依如而涅槃。若不分法界染净，见法界本性犹如虚空，虽呈染相与净相，此二相有如客尘，如是现证法性，阿赖耶识转依真如而无分别，非是转染成净。由无分别故，则成如来转依，现证如来法身，即是如来藏，即是如来法身和功德双运境界。如来法身上有识境随缘自显现，舍离习气无明住地不起而无分别，即离戏论，即是密严刹土（又称密严佛土或密严世界。指以身语意三密所庄严，指如来所依止的真如法性之自受用净土）。

有宗与大乘空宗的中观学说并行，促进了密宗"道次第"框架的建立，即循序渐进修道的阶段不能跳越。既说空宗般若，视为法界本体，又说有宗法相、唯识，谈法界现象（相）与功能（用），相辅相成。即是密宗中观瑜伽行，瑜伽行是大小乘的止观法门。密宗亦修止观。小乘止观法门根据十二因缘来修四谛，大乘止观更强调修习菩提心，但实际修持的方法在经典中并没有公开。《阿含经》中只谈到见（理论），略过了修（止观）。止观修行必然牵扯到行者的复杂心理变化过程，若无有传承的导师指导，仅凭经典的语言文字远远不能成为修习密宗的充分条件。密宗修止（奢摩他，samatha），止寂性静，依据唯识，法由识现，观想本尊、坛城、曼荼罗、种子字等控制心的活动。密宗修观（毗钵舍那，vipassana），慧照性明，观照心识所生境界及万法而知空性般若（体）、现象（相）和功能（用）。止观双运不再侧重一边。宗喀巴大师《密宗道次第广论》中引述《悭萨罗庄严》说："奢摩他者，于三摩地思惟为相，谓心专注一所缘境。毗钵舍那即慧，是心所法择法为相。谓于定心，决择此是有漏，此是无漏，此是杂染，此是清净。"此说止观行相。

按照西藏宁玛派的修习传统，密宗修止即以"生起次第"为主，观想一切法的显现皆为本尊坛城，自身、语、意与本尊三密相应，清净自心。修观即以"圆满次第"为纲，一切法皆藏于心识，但心识被无明所染，要去除染污，就要修本身气、脉、明点，使阻塞在七轮三脉中的会生出妄念烦恼的能量转成智慧光明气，开显自性光明，成就佛陀智慧。修"气"通畅，心无能所，气离出入，成就得空。调"脉"柔和，成就得乐。净化"明点"，产生光明。谈锡永在《大乘要道密集》序言中认为，于道果中，心气摄于种子为内缘生；出世间身脉、种子、界甘露、风等四坛城显现为密缘生；初地以上，明点、心、气验相现前，为密密缘生；十三地证果为究竟缘生。气入中脉，转识成智。从现象的角度来说是生起次第，在佛身定上修空性，多分修止观、三昧耶；如幻如梦的空性是圆满次第，在佛身量上修空性，多分修智慧、三摩地。生起次第修本尊身，圆满次第修脉是修本尊法身中脉，绝不能跳跃生起次第，以智慧修脉，生起本尊三昧耶身、智慧身和三种三摩地身。显教以奢摩他量为正功，生起次第以此为基础。大圆满强调生圆双运，安住本心而得证悟，修证中现起智相（显现智、空性智和双运智）。成就寂止时光明、坚稳、清净，尽所有胜观。悟心体空，观心光明，心用大悲周遍。烦恼菩提无二，佛与众生无二。至此处以三转法轮为次第，一转四谛，二转般若空性，三转如来藏光明，即身成佛。吕澂认为《入楞伽经》提到的四门（八识、五法、三自性及二无我）必须归趣于如来藏密意，否则即非佛学。

如何正视因果？依文殊师利不二密意，如来法身智境是一切诸佛内自证智境界，随缘借识境而显现，不是简单的因缘和合，而是甚深相碍缘起，智识双运，无量无边庄严。一切法的自性便是如来智性。此如镜中影像，其自性必为镜性，即是镜影的自性，所以说"本性自性"。文殊菩萨以不二法门来说般若波罗蜜多空性不是说缘起而诸法空性，但是其说法与"缘生性空"本无相违。如果说"因为缘起，所以性空"，就与文殊师利菩萨所说不二法门相违，也与弥勒菩萨《瑜伽师地论》依《小空经》所说"善取空"瑜伽行相违。不二法门由缘生成有只是现象，不能执为实法，所说诸法本体为空。于不二中离一切相对，凡执现象为实法必依相对，超越相对即成不二，于不二中超越有法，依不二法门说一切诸法自性即说"本性自性"，本性即为如来法身智性，为如来智境上的自显现。即是"本性自性空"密意，才能说一切诸法如梦幻泡影。缘起并非究竟，一切法并不是因为缘生而自性空。空依一切诸法如梦如幻，实无本质，所以说一切诸法如镜中影、水中月。并非因为缘生说无自性，只是因为如梦、如幻、如镜影、如水月而无自性，即是"本性自性"。是故识境中的因果自性为本性，当知本性即是不可思议如来法身智境时，自然由不二而超越因果，能现证甚深般若波罗蜜多。识境中为一切法建立自性，自性于识境中十分真实，因果于识境中亦十分真实，于识境中唯识由缘生而成立诸法实有,唯识为成立外境须依内识显现,缘生为成立外境而有,在识境中唯识是不了义,缘生性空亦不说缘起为究竟。依文殊师利所说智识双运境界所证为如来藏果位,转识成智由识境入果境。依智识双运不二法门故,识境中一切法自性实在即是本性,善恶本性可说空性,由不二故,即离因果。由不二说空(一切诸行不真实、不常、恒空)、无相(观因空故,不起着于相)、无愿(无作、无欲、无所爱染愿求)三解脱门,通无漏,亦能为轮回、涅槃建立正见。此时身、智、境三无分别,无名相亦无境界,以为方便之说,智境与识境双运境界即为如来藏。以观修入此境界,即现证《心经》所说"照见五蕴皆空,远离颠倒梦想,究竟涅槃"。

按照谈锡永在《大乘要道密集》序言中的解释,相碍缘起是密密缘,宁玛派四重缘起中的其他三缘为内缘(业因缘起)、密缘(相依、相对缘起)、极密密究竟缘(任运圆成)。在本书中,以观自身心相之历劫累积无明习气,以期未来光明(自身根基不足所限)照破"惟恍惟惚,其中有物"的最细微我相薄阂,实证圆满,真如自现。是庄严大丈夫,最难得遇是纯真。发心忏悔反省,使行者得龙天佑护。生大悲、大智、大无畏,空性相应,魔以避嫌。大圆满不局限于言谈文字,必须以佛陀与上师证量打开瑜伽行者证量,心心相印,方能生起。在果位法尔如是,人我两执已斩,本体妙用为出世间道法自然。相比较道家未经过二无我道位修持,以内外丹成就阴阳调和的道法自然仍为世间法,需受劫数淬炼,方能完成修道者炼精化气、炼气化神、炼神还虚、炼虚合道的修证过程,直至粉碎虚空。

灌顶为修持密道者不可或缺之核心入门法。因为清净平等性真实无分别之本基坛城,无始以来住于自相续,此自性极难证悟。然甚深灌顶仪轨,能令(此自性)骤然现起,此乃能令四金刚智成熟之殊胜方便。由二因与四缘和合而生之不可思议因缘力,可直接生起甚深密道之殊胜证悟,或能成熟(证悟之)力植入彼自相续中。其相应因,即是于弟子之气、脉、明点、心中,相俱为无别遍满之清净平等性大乐。其俱有因,宝瓶、上师佛父母之菩提心、智慧母、标帜与言诠为四重灌顶。东密(日本真言宗)在瑜伽部阶段的历史时期盛行,倚重定慧双运,以显教止观双运融合了本尊修法和果位理趣。从见地、修法和果位来看,藏密在后期无上瑜伽部阶段更看重"现空双运""明空双运""乐空双运"和"觉空双运"等，反映了藏密前后四级灌顶（宝瓶灌顶、秘密灌顶、智慧灌顶、大圆满灌顶）当中不同的证悟境界和状态。

在历史上乃至到现代，有些观点认为唐密和东密只是涵盖了藏密第一级灌顶的内容，而藏密却有次第递进的四级灌顶，两者在接受灌顶前都必须授密乘戒。东密传统中，灌顶的种类，各经所说不一。大体说来，有结缘、息灾（包括增益、降伏）、受明、阿阇黎（包括佛、莲花、金刚部）、传法（包括印法、事业、以心）、自作、本尊七种。藏密传统中的宝瓶灌顶允许瑜伽行者听闻、修学与生起次第有关的密宗续部和论典，秘密灌顶和智慧灌顶可涉及圆满次第，譬如时轮金刚等需要在智慧灌顶以后才可以修，大圆满灌顶涵盖内密最高等级的大圆满境界以及密法的所有内容。目前世间所流行的四级灌顶一起灌的做法，并没有谨慎考虑行者根机是否成熟。东密诸多瑜伽部经典包括《一切如来真实摄大乘现证三昧大教王经》等皆具有无上瑜伽部之教义理趣，但具体修法和仪轨不如藏密系统完整，或极大地依止上师口传。东密修法中的五秘密眼法（修无上瑜伽部不变大乐基础）、五轮塔观法、五相成身观等实与无上瑜伽部生起次第加行无异。法无高下之分，应瑜伽行者因缘而已。民国时期大勇法师选择了先上高野山修学东密金刚界、胎藏界二法，再入藏学习无上瑜伽部密法。

东密四度加行指密教行者在受传法灌顶以前所必修的四种行法，即十八道法、金刚界法、胎藏界法、护摩法。另外还需修习诸经、陀罗尼、梵呗、歌赞等仪式和佛教思想、图像、历史文化等相关知识。修此四度加行结束后始入密行，得受传法灌顶之庄严仪式而成为阿阇梨，随后可以接着学习一流传授，自修密法。按照不可或缺的仪式和修行环节（剃度、受戒、加行、灌顶）的顺序修学日本古义真言宗教理和事相。其中受戒环节近年来在每年六月要用三天时间在高野山集中举行完成，其目的要做到誓守戒律，断恶行善。唐代李白的《经乱离后天恩流夜郎忆旧游书怀赠江夏韦太守良宰》写道："仙人抚我顶，结发受长生。"浪漫主义色彩中诗人直言神仙传授过长生不老术的灌顶仪式。取得东密阿阇黎位阶需要经过得度、加行、受戒、传法灌顶四个阶段，然后才有资格参加一流传授。

1. 得度。谓得以渡过生死海而登上涅槃彼岸。此真言宗科仪大约需要半天时间在高野山承认的寺院道场举行完成,戒师授沙弥十戒后入僧籍,由高野山本山授度牒法衣。

2. 四度加行。东密传统中的"加行"一词是指瑜伽行者在接受传法灌顶成为阿阇梨之前须加功用而努力修行的次第作法,是正行之预备行。一般认为是唐朝惠果大师开创金刚界、胎藏界二部合一而后再由空海大师传至日本。东密四度加行法包含了十八道、金刚界、胎藏界和护摩,穿插了《大日经》《金刚顶经》的诸尊真言再加上悉地护摩仪轨而成。加行中菩提心的开发重点,讲究种瓜得瓜,种豆得豆。另外,老师还要教授声明与法会仪轨。

3. 三坛受戒。想在高野山灌顶皆需受戒。一般三天,在六月中旬左右,地点在高野山圆通律寺。

4. 传法灌顶。先要参加教师讲习,在每年十月中旬左右,地点在高野山大师堂与教师会馆,内容包括诸经、行法、声明、悉昙梵字等。通过笔试和审查资格才能参加金胎二部传法灌顶。约在十一月上旬的一整天时间,从早上八点一直进行到晚上,全程采用金刚坐(正跪坐式)。得受密教三昧耶戒(梵文意为誓言,包含平等、本誓、除障、惊觉四种含义)。谈锡永在《密续部总建立广释》中说,藏密灌顶次第分为瓶灌、秘密灌、智慧灌、第四灌顶,即能成就虹光体金刚身,刹那现证胜义清净光明与广大空性,得如是身心双运(有学双运),再修至无学双运,成就具足七支觉分之品位。但是若违三昧耶誓未作瓶灌而直接作上三灌顶,彼虽修密道得成就,命终亦必堕地狱道。此乃经续所说,切记慎重。

在高野山,老师会问:"あなたにとって、努力とは何ですか(在你看来,努力的意义是什么呢)?"我想,努力的意义应该就是在以后的日子里,放眼看去,全部都是自己喜欢的人和事情吧。努力通读佛教经论,是所有佛教修学次第的基础。修学本意并不是一种佛学思想发展到另一种思想,而只有传播先后、传法者和修学者根器和机缘不同。佛家八万四千法门不离心地,印心者不离凡圣心理变化。《入楞伽经》解说菩萨心识,菩萨亦从凡夫起修。在密乘乐空双运、乐不离空的情器世间,空性不离情器,现证不可思议。《维摩诘经》中维摩诘尊者(Vimalakirti)向佛陀弟子舍利弗、大迦叶以及文殊师利大菩萨等宣说不思议品法门持明密意。《大日经疏》卷九称持明者,梵云陀罗尼,即总持一切明门明行。

2024 年起开始了哈佛大学神学院博士后研究阶段的学习,感谢哈佛大学珍妮·嘉措教授作为指导老师带领从事密教研究。在她的春季课程"佛教的身体、物质性、道德修养"这门课上,大量的《阿毗达磨俱舍论》(*Abhidharma-kośa-bhāṣya*)段落、佛经、密宗注疏、医学论文以及对密教仪轨和艺术领域有关身体表现的内容需要阅读,理解如何利用想象力、仪式和瑜伽来进行身体层面的道德修养的专项修习。感谢戈尔茨坦博士(Elon Goldstein)的关心和鼓励,在他的春季课堂上新学习了密教历史和传承内容。感谢罗柏松教授的继续培养,在他的春季课程中学习了《道德经》相关的注释。

衷心感谢哈佛大学世界宗教研究中心(CSWR)主任查尔斯·斯唐教授(Charles Stang)、执行主任戈西亚·斯克洛多夫斯卡(Gosia Sklodowska)和诸多友善的同事们。每学期每周一都要在中心举办的午餐研讨会汇集了世界各地优秀的宗教学领域的专家学者,大家就广泛而有兴趣的研究主题进行讨论。自 1950 年代后期成立以来,中心一直在促进对世界主要宗教和精神传统研究理解的最前沿努力工作,对宗教之间的历史和当代相互关系以及宗教团体和现代研究宗教团体的学者所面临的神学、哲学、比较学、政治和伦理挑战特别重视。

撰写本书时若有些许功德的话,祈愿回向于关心和贡献本书写作、修改、校对和出版的各位亲友、老师、同学、同行、众善知识,感谢他们极大而有效的帮助。方便多门,甘露普降。远离毒害,得见百秋。不堕恶道,不惑轮回。清净自在,吉祥如意。菩提为因,光明遍照。

金 海

2024 年立夏于美国麻省剑桥市哈佛大学燕京图书馆